A ECONOMIA
DAS FINANÇAS PÚBLICAS

ABEL L. COSTA FERNANDES

A ECONOMIA
DAS FINANÇAS PÚBLICAS

ALMEDINA

A ECONOMIA DAS FINANÇAS PÚBLICAS

AUTOR
ABEL L. COSTA FERNANDES

EDITOR
EDIÇÕES ALMEDINA, SA
Av. Fernão Magalhães, n.º 584, 5.º Andar
3000-174 Coimbra
Tel.: 239 851 904
Fax: 239 851 901
www.almedina.net
editora@almedina.net

DESIGN DE CAPA
FBA

PRÉ-IMPRESSÃO | IMPRESSÃO | ACABAMENTO
G.C. – GRÁFICA DE COIMBRA, LDA.
Palheira – Assafarge
3001-453 Coimbra
producao@graficadecoimbra.pt

Novembro, 2010

DEPÓSITO LEGAL
319997/10

Os dados e as opiniões inseridos na presente publicação
são da exclusiva responsabilidade do(s) seu(s) autor(es).

Toda a reprodução desta obra, por fotocópia ou outro qualquer
processo, sem prévia autorização escrita do Editor, é ilícita
e passível de procedimento judicial contra o infractor.

Biblioteca Nacional de Portugal – Catalogação na Publicação

FERNANDES, Abel Costa

A economia das finanças públicas. - (Manuais universitários)
ISBN 978-972-40-4337-1

CDU   336
      378

ÍNDICE

PARTE I
MATÉRIAS INTRODUTÓRIAS

1. **A Sistematização da Economia Nacional e do Sector Público** 19
   1.1. As Administrações Públicas 23

PARTE II
O FINANCIAMENTO DAS ADMINISTRAÇÕES PÚBLICAS E A TRIBUTAÇÃO

2. **O Financiamento das Administrações Públicas** 29
   2.1. A Classificação das Receitas Públicas 31

3. **Impostos – Conceito e Tipificação** 39
   3.1. Classificação dos Impostos 41

4. **Tendências Comparadas da Carga Fiscal** 45
   4.1. Impostos Directos sobre Pessoas Singulares 52
      4.1.1. Tendências da Tributação sobre o Trabalho 52
      4.1.2. A Cunha Fiscal e o seu Impacto no Emprego 57
   4.2. Tendências da Tributação sobre o Capital 59
      4.2.1. Tributação do Capital 63
   4.3. Impostos Indirectos 64

5. **As Características de um Bom Sistema Fiscal** 65
   5.1. Equidade 66
      5.1.1. O Princípio do Benefício 66
      5.1.2. O Princípio da Capacidade para Pagar 68
         5.1.2.1. A Teoria do Igual Sacrifício 70
            5.1.2.1.1. A Teoria do Igual Sacrifício Absoluto 70
            5.1.2.1.2. A Teoria do Igual Sacrifício Proporcional 74
            5.1.2.1.3. A Teoria do Igual Sacrifício Marginal 75
   5.2. Eficiência 76
   5.3. Minimização dos Custos de Administração e de Cumprimento 78
      5.3.1. Modelos Institucionais e Competências 78

5.3.2. A Autonomia da Administração Fiscal	81
5.3.3. Modelos Organizacionais	82
5.3.4. Preenchimento de Declarações, Liquidação e Controlo Relativos a Alguns Impostos	86
5.3.4.1. Pré-Preenchimento das Declarações de Rendimentos	87
5.3.4.2. Cobrança do Imposto Devido por Pessoas Colectivas	91
5.3.4.3. Sistemas de Controlo das Declarações de Rendimentos	91
5.3.5. Indicadores de Desempenho	92
6. Sistemas Tributários	**97**
6.1. Sistemas Proporcionais, Progressivos e Regressivos	97
6.1.1. Taxas de Imposto Médias e Marginais	97
6.1.2. A Elasticidades da Receita Fiscal em Relação ao Rendimento Nacional	102
6.1.3. Tipos de Progressividade	102
6.1.4. Progressividade Escondida	104
6.2. Medidas de Progressividade	106
6.2.1. O Comportamento da Taxa Média de Imposto	106
6.2.2. O Comportamento da Taxa Marginal de Imposto	107
6.2.3. O Comportamento da Elasticidade Rendimento do Imposto	108
6.2.4. O Comportamento da Elasticidade do Rendimento Líquido	108
6.2.5. A Medida da Progressão Efectiva	109
7. Conceito de Rendimento para Efeitos de Tributação Directa	**111**
7.1. Definição Periódica de Rendimento	111
7.2. Definição Exaustiva de Rendimento	112
7.3. As Dificuldades na Aplicação do Conceito	114
7.3.1. Despesas de Consumo e de Aquisição de Rendimento	114
7.3.2. Auto-Consumo e Remunerações em Espécie	115
7.3.3. Doações e Sucessões	117
7.3.4. Ganhos de Capital	118
7.3.5. Variações no Nível Geral de Preços	121
8. A Unidade de Tributação do Rendimento	**123**
8.1. A Aplicação do Princípio da Equidade	125
8.1.1. A Incompatibilidade Entre os Três Princípios	127
8.2. Fontes e Exemplos de Não Neutralidade em Relação ao Casamento	128
8.3. Eficiência Económica	132
9. Modelos Alternativos de Tributação Directa dos Rendimentos	**135**
9.1. Imposto Parcelar e Imposto Único	135
9.2. Imposto a Taxa Uniforme	137
9.2.1. A Questão da Equidade	137
9.2.2. A Questão da Eficiência Económica	141
9.2.2.1. A Dupla Tributação dos Rendimentos	142
9.2.3. A Proposta de Hall e Rabushka	143

Índice 7

9.2.3.1. O Imposto Sobre os Salários	144
9.2.3.2. O Imposto Sobre os Negócios	145
9.2.4. A Adopção em Concreto desta Proposta	147
9.3. O Imposto Dual	148
9.3.1. As Características do Imposto Dual	148
9.3.2. O Imposto Dual versus o Imposto Único	150
10. Equivalências entre Tipos de Impostos Indirectos	**153**
10.1. Tipos de Impostos Indirectos	153
10.2. Impostos Indirectos sobre Produtores e sobre Consumidores e a Equivalência entre Eles	155
10.3. A Equivalência entre Impostos Indirectos Unitários e *Ad-Valorem*	158
11. A Incidência dos Impostos	**161**
11.1. O Que é a Incidência Económica dos Impostos?	161
11.2. Contextualização da Incidência Tributária	163
12. A Incidência dos Impostos Indirectos em Equilíbrio Parcial	**165**
12.1. Incidência no Curto-Prazo e em Concorrência Perfeita	165
12.2. Incidência no Longo Prazo e em Concorrência Perfeita	168
12.3. O Caso Particular do Mercado do Trabalho em Concorrência Perfeita	170
12.4. Incidência dos Impostos Unitários em Mercados Imperfeitamente Concorrenciais	171
12.4.1. Incidência em Mercados Monopolistas	171
12.4.2. Incidência em Mercados Oligopolistas	176
12.5. A Incidência dos Impostos *Ad-Valorem* numa Análise em Equilíbrio Parcial	180
12.5.1. Em Mercados de Concorrência Perfeita	180
12.5.1.1. Ilustração	182
12.5.2. Em Mercados Monopolistas	183
12.5.2.1. Equivalência entre Impostos Unitários e Ad-Valorem em Monopólio	186
13. Incidência dos Impostos numa Análise em Equilíbrio Geral	**191**
13.1. Incidência em Mercados de Concorrência Perfeita	191
13.1.1. Equivalência entre Impostos	199
14. Efeitos dos Impostos Indirectos Sobre a Eficiência Económica	**201**
14.1. Análise em Equilíbrio Geral	202
14.1.1. A Medida da Distorção	204
14.2. Análise em Equilíbrio Parcial	206
14.2.1. A Medida de Dupuit-Marshall-Harberger	206
14.2.2. As Medidas de Hicks	208
14.3. Distribuição Equi-Proporcional da Carga Fiscal Excedentária	212
15. Teorias da Tributação Indirecta *"Óptima"*	**217**
15.1. A Regra da Proporcionalidade	218

15.2. A Regra de Ramsey	220
15.2.1. Reformulação da Regra de Ramsey para o Caso de Custos Crescentes	225
15.3. A Regra de Corlett e Hague	226
15.4. Análise Crítica da Regra de Ramsey	227
16. Os Impostos Indirectos na Prática	**233**
16.1. Os Impostos Multi-Estádio e de Estádio-Único	233
16.2. O IVA	237
16.2.1. As Variantes do IVA	238
16.2.2. Os Princípios da Origem e do Destino	239
16.2.3. O Métodos do Crédito na Liquidação do IVA	242
16.2.4. Algumas Referências às Propriedades Relativas dos Métodos do Crédito e da Subtracção	247
16.3. Alguns Aspectos Complementares na Operacionalização dos Impostos Indirectos	248
16.4. O Imposto sobre as Vendas a Retalho	249
17. A Tributação Directa dos Rendimentos	**251**
17.1. Tributação dos Rendimentos do Trabalho	251
17.1.1. O Modelo Económico	252
17.1.1.1. Restrições Orçamentais Não Convexas	258
17.1.1.2. O Caso da Progressividade com Taxas de Imposto Proporcionais	261
17.1.2. Os Resultados dos Estudos Empíricos	263
17.2. A Tributação da Poupança	268
17.2.1. O Modelo e a Análise	268
17.2.1.1. A Representação das Restrições Orçamentais	270
17.2.1.2. O Modelo Económico	272
17.2.1.3. Os Efeitos da Tributação dos Rendimentos da Poupança	274
17.2.1.4. As Críticas ao Modelo	279
17.2.2. O Comportamento da Poupança nos Países Desenvolvidos	279
17.3. A Relação entre Poupança e Investimento	281
17.3.1. O Caso de uma Economia Fechada	281
17.3.2. O Caso de uma Economia Aberta	285
18. O Imposto sobre os Lucros das Sociedades	**287**
18.1. A "Nova" Perspectiva da Tributação dos Dividendos	291
18.2. Os Canais de Transmissão da Política Fiscal para o Investimento e o Crescimento Económico	294
18.2.1. O Canal do Custo do Capital	295
18.2.2. O Canal de Resposta aos Incentivos Fiscais	300
19. Tributação e Fraude Fiscal	**305**
19.1. A Abordagem Teórica da Fraude Fiscal	307
19.1.1. Fraude Fiscal num Modelo Estático	308

19.1.1.1. Estática Comparada	310
19.2. Fraude Fiscal e Incentivos ao Trabalho	313
19.2.1. Em Termos da Oferta Total de Trabalho	313
19.2.2. Em Termos da Afectação entre os Sectores Formal e Informal da Economia	315
20. A Curva de Laffer e o Carácter Permanente ou Temporário da Redução dos Impostos	**319**

PARTE III
DESPESA PÚBLICA

21. A Despesa Pública	**329**
21.1. A Classificação Económica das Despesas	329
21.2. Classificação Funcional das Despesas	333
21.3. Classificação Orgânica das Despesas	336
21.4. Classificação por Programas	337
21.5. Despesas Ordinárias e Extraordinárias	339
22. Introdução à Análise Económica das Despesas Públicas	**341**
22.1. Razões para Haver Despesa Pública	341
22.2. Formas de Provisão e Política de Preços do Estado	346
23. Subsídios	**349**
23.1. A Incidência dos Subsídios	352
23.1.1. Incidência em Concorrência Perfeita e em Equilíbrio Parcial	353
23.2. Eficiência e Subsídios em Quantidades Fixas	357
23.2.1. Exemplos de Restrições Orçamentais com Subsídios em Quantidades Fixas em Equilíbrio Geral	359
23.2.2. Análise de Casos Quanto à Ineficiência destes Subsídios	362
23.2.2.1. O Impacto sobre o Consumo de Outros Bens e Incidência	367
23.2.2.2. O Impacto sobre a Oferta de Trabalho	370
23.2.2.3. Alguns Exemplos de Casos Concretos	372
23.3. Os Subsídios em Quantidades Variáveis em Equilíbrio Geral	375
23.4. Alguns Programas Portugueses de Subsídios em Quantidades Fixas	377
23.4.1. O Subsídio de Renda de Casa	377
23.4.1.1. O Cálculo do Subsídio de Renda de Casa	378
23.4.2. O Subsídio por Frequência de Estabelecimento de Ensino Especial	381
23.5. Transferências em Moeda	383
23.5.1. O Imposto Negativo sobre o Rendimento	384
23.5.1.1. A Restrição Orçamental do INR	386
23.5.1.2. O Impacto sobre os Incentivos ao Trabalho	390
23.5.2. O Crédito Fiscal sobre os Rendimentos do Trabalho	392
23.5.2.1. Requisitos de Elegibilidade e Taxa de Participação	394

23.5.2.2. A Tabela dos Créditos Fiscais sobre os Rendimentos do Trabalho 396
23.5.2.3. A Representação Gráfica dos Efeitos sobre o Trabalho 397
23.5.3. Alguns Programas Portugueses de Redistribuição em Moeda 398
23.5.3.1. O Rendimento Social de Inserção 399
23.5.3.1.1. Valor do RSI e Cálculo do Valor da Prestação Mensal ... 400
23.5.3.2. O Abono de Família para Crianças e Jovens 404
23.5.3.2.1. Valor do AFCJ e Cálculo do Valor da Prestação Mensal 406

PARTE IV
O ORÇAMENTO E A CONTA GERAL DO ESTADO

24. O Orçamento do Estado 411
   24.1. Enquadramento Jurídico e Âmbito do Orçamento do Estado 416
   24.2. As Regras Clássicas de Elaboração do Orçamento 416
      24.2.1. As Regras da Unidade e da Universalidade 418
      24.2.2. A Regra da Não Compensação 418
      24.2.3. A Regra da Especificação 419
      24.2.4. A Regra da Não Consignação 420
      24.2.5. O Equilíbrio Intergeracional 422
   24.3. As Novas Regras de Elaboração do Orçamento 423
   24.4. O Equilíbrio Orçamental 423
      24.4.1. As Medidas do Saldo Orçamental 425
         24.4.1.1. O Saldo do Orçamento Global ou Convencional 426
         24.4.1.2. O Saldo do Orçamento Ordinário 431
         24.4.1.3. O Saldo do Orçamento Corrente 432
         24.4.1.4. O Saldo do Orçamento na Óptica da Procura Agregada 434
         24.4.1.5. Os Saldos Doméstico e Externo do Orçamento 439
         24.4.1.6. Os Saldos Estrutural e Cíclicamente Ajustados 441
         24.4.1.7. O Saldo Primário do Orçamento 442
         24.4.1.8. O Saldo Operacional do Orçamento 443
         24.4.1.9. As Soluções Actualmente Vigentes em Portugal 445
      24.4.2. Estabilidade Orçamental 446
   24.5. Lei e Proposta de Lei do Orçamento do Estado: conteúdo formal e estrutura 447
   24.6. Prazos para a Discussão e Votação da Proposta de Lei do Orçamento 449
   24.7. A Execução do Orçamento do Estado 451
      24.7.1. Alterações Orçamentais 455
   24.8. A Fiscalização da Execução do Orçamento 456
   24.9. A Conta Geral do Estado 457

25. A Dívida Pública 459
   25.1. Tipos de Dívida Pública 463
   25.2. A Conceptualizações dos Mercados 465
   25.3. O Mercado Secundário da Dívida Pública Portuguesa 467
   25.4. A Dívida Pública Portuguesa de Curto Prazo 468

25.4.1. Os Bilhetes do Tesouro	468
25.4.1.1. Os Leilões	469
25.4.1.2. A Valorimetria dos Bilhetes do Tesouro	470
25.4.2. Os Acordos de Recompra	472
25.5. A Dívida Pública Portuguesa de Médio e Longo Prazos	473
25.6. A Sistematização das Obrigações	475
25.6.1. Classificação Quanto à Remuneração	475
25.6.2. Classificação Quanto ao Vencimento	477
25.7. A Valorimetria das Obrigações que Pagam Cupão	478
25.7.1. Quando a Valorimetria é Feita entre Dois Pagamentos de Cupões	480
25.7.2. A Valorimetria das Perpetuidades	482
25.8. A Taxa Interna de Rentabilidade (Yield to Maturity)	482
25.9. Alguns Teoremas sobre o Preço das Obrigações	484
25.10. Risco de Crédito e Rating	485
26. A Relevância Económica do Défice das Contas Públicas	**487**
26.1. Porque se Receiam os Défices?	488
26.2. A Restrição Orçamental do Estado	492
26.2.1. Mais Sobre as Condições de Sustentabilidade da Política Orçamental e do Défice	500
26.3. Défices, Dívida e Inflação	501
26.3.1. Dívida e Solvência do Estado	506
26.4. *Crowding-Out*	507
27. Equivalência Ricardiana	**511**
27.1. A Discussão de Alguns Pressupostos	514
27.1.1. Vidas Finitas e Altruismo	515
27.1.2. Mercados Financeiros Imperfeitos	517
27.1.3. Impostos Ineficientes	518
27.1.4. Incerteza sobre os Rendimentos Futuros	519
27.1.5. Jogos de Ponzi Virtuosos	519
27.2. A Evidência Empírica	519
28. Perspectivas sobre os Défices Orçamentais e da Obrigação Constitucional de um Orçamento Equilibrado	**521**
28.1. As Lições do Debate Recente nos E.U.A	524
28.2. Uma Breve Referência Histórica às Perspectivas sobre a Relevância dos Défices do Estado	529

PARTE V
POLÍTICA ORÇAMENTAL EM ECONOMIA ABERTA

29. A Política Orçamental em Economia Aberta	**537**
29.1. Condições de Equilíbrio	537
29.1.1. A Condição de Equilíbrio da Balança de Pagamentos	537

29.1.2. A Condição de Equilíbrio no Mercado Real 539
29.1.3. A Condição de Equilíbrio no Mercado Monetário 543
29.2. Política Orçamental com Taxas de Câmbio Fixas 544
29.3. A Política Orçamental com Taxas de Câmbio Perfeitamente Flutuantes . 547

Índice de Figuras 563

Índice de Caixas 567

Índice de Quadros 569

Bibliografia 571

APRESENTAÇÃO

Depois de ter publicado "Fundamentos, Competências e Financiamento das Regiões na Europa: uma perspectiva comparada" (1998, Ministério do Equipamento, do Planeamento e da Administração do Território), "Economia Pública: eficiência económica e teoria das escolhas colectivas" (2008, Sílabo), com "A Economia das Finanças Públicas" completo o tríptico que a mim próprio me impus escrever sobre temáticas relativas à economia e às finanças públicas.

Este projecto nasce tanto da insatisfação por mim sentida quanto aos manuais disponíveis no mercado versando estas matérias, quanto das minhas necessidades enquanto professor desta disciplina. Por isso, procurei que este fosse um livro diferente e que, pelo menos, correspondesse ao modelo que eu tenho tentado encontrar nas livrarias e nas bibliotecas desde há muitos anos.

É um livro que enfatiza a análise económica dos efeitos quer da tributação quer da despesa do Estado, entendido este no seu sentido mais lato; por isso, comparativamente, tem um carácter menos descritivo e institucional do que outras obras disponíveis. A componente teórica é assim bem acentuada mas, ao mesmo tempo, não quis que ela surgisse desligada dos factos que nos rodeiam e limitam, seja em termos dos níveis da fiscalidade, seja dos modelos de organização e de competências da administração fiscal, seja ainda no da aplicação em concreto de alguns tipos de impostos indirectos, com os correspondentes pontos fracos e fortes devidamente assinalados. Neste contexto, também não quis esquecer as novas propostas de reforma fiscal que têm surgido nas últimas décadas, confrontando-as com o sistema do imposto único em que nos encontramos. Julgo, além disso, que neste livro, para além de aprofundar determinadas matérias que estão comummente presentes em manuais deste tipo, introduzo outras que raramente, ou nunca, neles se encontram e que, contudo, têm enorme actualidade; são os casos da análise económica da fraude fiscal, da decisão sobre a unidade de tributação, das propostas de emendas constitucionais impondo orçamentos equilibrados, e tantos outros.

Todas estas matérias, sobretudo as relativas à tributação, são tratadas com algum formalismo matemático, pois penso que tal é aconselhável. Mas, além disso, privilegio igualmente o tratamento gráfico dos conceitos e dos efeitos das medidas. Por último, fiz deliberadamente uso generoso de citações transcritas na língua original em que foram escritas. É que julgo ser importante que estes livros sejam também um veículo de acesso directo ao pensamento e aos resultados da obra dos autores que constituem referências nossas nestes domínios do saber. Não aprecio a homogeneização e a diluição do conteúdo dos trabalhos desses homens e mulheres de pensamento, o que sempre acontece quando nos limitamos a transmitir, invariavelmente de forma anódina, breve, ligeira e impessoal, aquilo que nós julgamos perceber neles. É preferível que o nosso leitor também os possa ler e interpretar; com isso ficamos mais próximos deles e sentimo-los muito melhor. De facto, considero que um dos aliciantes maiores do estudo é confrontarmo-nos directamente com a obra e o tempo dos autores que nos vão deixando marcas. Evidentemente, tenho plena consciência do momento em que escrevo, e é também por isso que escrevo assim.

Este não é um livro que eu me tenha simplesmente limitado a escrever. O que eu penso, as minhas preferências sobre questões não consensuais, estão claramente expressas, sem me escudar em ambiguidades ou em outros jogos de pura estratégia de cobertura de riscos pessoais eventualmente percebidos.

Apesar do tempo que se escoou, presto aqui a minha homenagem ao Prof. Teixeira Ribeiro que recordo por via das suas Lições de Finanças Públicas. Um dos primeiros livros que me chegou às mãos neste domínio do conhecimento, e que muito me haveria de influenciar, desde logo porque me fez apreciar estes assuntos. Pode-se dizer que, visto hoje, é um livro simples no que respeita ao tratamento das matérias que o preenchem, mas que tem a imensa virtude de ser um livro extremamente bem escrito, fluente, num estilo quase literário, muito acessível na exposição, e que por tudo isso nos prende.

Desejo agradecer aos colegas que fizeram o favor de ler e comentar este texto antes da sua impressão, pois me permitiram melhorá-lo significativamente. Também agradeço às funcionárias da biblioteca da FEP a enorme solicitude e eficiência em fazerem chegar a mim todas aquelas obras que se não encontravam imediatamente disponíveis em suporte de papel ou em suporte digital.

E, claro está, agradeço também à minha mulher e filhas o apoio, encorajamento e paciência que demonstraram durante estes longos meses em que este trabalho se transformou para mim numa prioridade, quase numa obsessão.

ABEL COSTA FERNANDES

Freixo, MCN 27 de Junho de 2010

PARTE I
MATÉRIAS INTRODUTÓRIAS

1. A Sistematização da Economia Nacional e do Sector Público

De acordo com a sistematização adoptada pelo Sistema Europeu de Contas Nacionais e Regionais (SEC 95) em vigor entre os países membros da União Europeia (EU), entre os quais Portugal[1], e pelo *Government Finance Statistics Manual* (GFSM) (IMF, 2001), o elemento básico em que se estrutura a actividade económica residente de um país é a chamada unidade institucional.

A unidade institucional é definida como "*...a entidade económica que, por si, se encontra legalmente capacitada para tomar decisões que a tornem titular de activos e de passivos, e ainda para realizar transacções económicas com outras entidades*" (GFSM, 2001, p. 8). Neste conceito destaca-se especialmente a ideia de autonomia nas decisões, com a correspondente assumpção de responsabilidades pelas quais responde directamente. No quadro do SEC 95, a unidade institucional é entendida como um centro de decisão económica dotada de capacidade jurídica para decidir sobre a utilização dos seus recursos. A sua definição, tal como consta do regulamento acima referenciado, dispõe que "*...é um centro elementar de decisão económica. Caracteriza-se por uma unicidade de comportamento e uma autonomia de decisão no exercício da sua função principal. Considera-se que uma unidade residente constitui uma unidade institucional desde que goze de autonomia de decisão no exercício da sua função principal, disponha de uma contabilidade completa ou que seja possível e significativo, tanto de um ponto de vista económico como jurídico, elaborar uma contabilidade completa se tal for necessário.*"(CE, 1996, p. 42, artigo 2.12.).

Portanto, muito embora a fraseologia não seja, como seria de esperar, exactamente coincidente nos dois documentos que estamos a referir há,

---

[1] REGULAMENTO (CE) N.º 2223/96 DO CONSELHO, de 25 de Junho de 1996 relativo ao Sistema Europeu de Contas Nacionais e Regionais na Comunidade, (JOL 310 de 30.11.1996, p. 1).

contudo, unanimidade de entendimento quanto aos aspectos substantivos. Atente-se, todavia, que desta conceptualização resulta que, em geral, os departamentos e órgãos da administração pública (ministérios, direcções gerais, autoridades judiciais) não constituem, em si mesmos, unidades institucionais e, por isso, devem ser agrupados para formarem uma unidade institucional, o que significa que à unidade institucional corresponde, por norma, uma pluralidade de entidades orgânicas.

QUADRO 1 – **Sectores Institucionias segundo o Sistema Europeu de Contas (SEC 95)**

S.1		TOTAL DA ECONOMIA
	S.11	**Sociedades[2] e Quase-Sociedades Não Financeiras**
	S.12	**Sociedades e Quase-Sociedades Financeiras**
	S.13	**Administrações Públicas**
		S.1311	*Administração Central*
			Estado
			Serviços e fundos autónomos da administração central
			Instituições sem fins lucrativos da administração central
		S.1312	*Administração Estadual*
		S.1313	*Administração Regional e Local*
			S.13131	Administração Regional
				Orgãos dos governos regionais
				Serviços e fundos autónomos da administração regional
				Insituições sem fins lucrativos da administração regional
			S.13132	Administração Local
				Distritos
				Municípios
				Freguesias
				Serviços autónomos da administração local
				Instituições sem fins lucrativos da administração local
		S.1314	*Fundos da Segurança Social*
	S.14	**Famílias**
	S.15	**Instituições sem Fins Lucrativos ao Serviço das Famílias**
S.2		**RESTO DO MUNDO**
	S.21	**União Europeia**
	S.22	**Países Terceiros e Organizações Internacionais**

---

[2] Sociedades não financeiras são entendidas como aquelas que produzem bens e serviços não financeiros destinados a serem transaccionados no mercado, enquanto que as sociedades financeiras produzem serviços financeiros igualmente destinados ao mercado.

O que distingue as sociedades de outros tipos de organização não é a forma jurídica que possam assumir mas sim o facto de terem como objectivo o lucro, ou quaisquer outros ganhos financeiros, como forma de remuneração dos respectivos proprietários (GFSM, pp. 7-8, 2001).

Por seu lado, conjuntos homogéneos de unidades institucionais formam sectores institucionais os quais, por seu turno, se desagregam em unidades de menor dimensão, os sub-sectores institucionais.

Os sectores, tal como os sub-sectores institucionais, são agrupamentos mutuamente exclusivos entre si, entendidos eles como sendo formados pelo conjunto das unidades institucionais que apresentam comportamentos económicos semelhantes, identificados a partir das funções principais que prosseguem e da origem dos respectivos recursos[3].

Os cinco sectores em que segundo quer o GFSM quer o SEC 95, se estruturam as economias nacionais, são os que figuram no Quadro 1. Para além desses sectores, no mesmo quadro figuram os sub-sectores das administrações públicas que houvemos por conveniente explicitar, ao contrário do procedimento que seguimos para os restantes sectores de actividade económica[4].

A sub-sectorização feita pelo SEC 95 é genérica para se poder adaptar às circunstâncias específicas do modelo político-administrativo aplicável a cada país. Por isso não contempla explicitamente a administração regional como um sub-sector institucional, mas tão só a administração central (S.1311), a administração estadual (S.1312), a administração local (S.1313) e os fundos da segurança social (S.1314). O conteúdo do Quadro 1 é já a concretização da sua adaptação ao caso específico português, tendo-se em conta que a nível nacional não é utilizada a categoria S.1312, o que explica que neste quadro ela figure sem qualquer nível de desagregação apesar de pertinente ao sector das administrações públicas.

Como se percebe pela leitura desse quadro, existem dois tipos de agentes económicos que estão em condições de se qualificarem como unidades institucionais. São eles, em primeiro lugar, os indivíduos, ou grupos de indivíduos, que assumem a forma de família e, em segundo lugar, as entidades cuja existência é reconhecida por lei ou pela sociedade, independentemente da pessoa, pessoas ou qualquer outra figura que detenha a respectiva titularidade e efectivo controlo.

---

[3] O regulamento CE que temos vindo a citar dispõe expressamente que " *as unidades institucionais são classificadas em sectores com base no tipo de produtor que são e dependendo da sua actividade principal e função, que são considerados como indicativos do seu comportamento económico.*"(CE, 1996, p. 44, artigo 2.18).

[4] Considerando o objecto específico desta obra, os outros sectores institucionais não têm a mesma relevância que o das administrações públicas e, por isso, não procedemos à sua desagregação.

As sociedades e quase-sociedades, financeiras e não financeiras, que sejam detidas pelo Estado são unidades institucionais integradas nos sectores institucionais com as mesmas designações, e não no sector das administrações públicas desde que as administrações dessas empresas detenham o grau de discricionaridade e de independência na gestão do processo produtivo e dos capitais colocados à sua disposição compatível com o conceito de unidade institucional. Em suma, deverão estar sujeitas aos mesmos princípios de governo que as unidades institucionais privadas que integram esses sectores.

As quase-sociedade são unidades institucionais contempladas como tal no SEC 95, e aí entendidas como entidades não dotadas de personalidade jurídica mas que possuem contabilidade organizada e exibem um comportamento económico e financeiro distinto do dos respectivos proprietários mas semelhante ao das sociedades (CE, 1996, p. 43, artigo 2.13, al. f). Lê-se no artigo 2.24 (CE, 1996, p.46) que " *As quase-sociedades devem possuir contabilidade completa e ser geridas como uma sociedade cuja relação de facto com os seus proprietários é a de uma sociedade com os seus accionistas*".

O sector das sociedades e quase-sociedades financeiras é composto por cinco sub-sectores, de onde destacamos o Banco Central (S.121) e as Outras Instituições Financeiras Monetárias (S.122). O Banco Central é conceptualizado da seguinte forma: "*O subsector «Banco Central» (S.121) agrupa todas as sociedades e quase-sociedades financeiras cuja função principal consiste em emitir moeda, manter a estabilidade externa e interna do valor da moeda nacional, e gerir a totalidade ou parte das reservas internacionais do país*" (CE, 1996, p. 51, artigo 2.45).

O sector das administrações públicas, ou entidades governamentais, agrega as unidades institucionais a quem compete, em primeiro lugar, dar cumprimento às funções do Estado[5] nos domínios legislativo, judicial e executivo que correspondem aos três poderes independentes em que se organiza o Estado democrático, no âmbito do território onde detém legitimidade para o fazer e que, dada a sua condição não mercantil, deve ser

---

[5] Neste texto utilizamos frequentemente o vocábulo Estado na acepção que normalmente lhe é atribuída e que inclui todas as entidades públicas que exercem os três poderes acima referidos, independentemente do estrato em que se situem na hierarquia do sistema de governação. É, por isso, um conceito absolutamente inclusivo e que não coincide com o desta sistematização onde ele aparece como um sub-sector da administração central.

financiado por pagamentos obrigatórios efectuados por unidades pertencentes a outros sectores.

1.1. As Administrações Públicas[6]

Do que já escrevemos fica claro que as sociedades e quase-sociedades públicas, financeiras e não financeiras, não integram as administrações públicas desde que preencham os requisitos necessários para serem consideradas unidades institucionais. Segundo a metodologia consagrada no já várias vezes mencionado GFSM, o critério que distingue essas sociedades dos restantes órgãos ou serviços das administrações públicas, para além do seu elevado grau de autonomia, é o de venderem toda ou, pelo menos, a maioria da sua produção a preços de mercado (2001, p. 10)[7].

Para além dos fundos da segurança social, a desagregação das administrações públicas parte da consideração da existência de vários níveis de governo quanto à natureza das suas funções e competências e, ainda, da extensão territorial sobre a qual exercem o seu poder. Há, por isso, competências que são assumidas por níveis superiores de governo enquanto outras o são por níveis mais baixos. Em Portugal temos, assim, a administração central, a regional e a local. Se a organização política do país fosse a federal teríamos adicionalmente a administração estadual.

Seja o GFSM seja o SEC 95 consideram apenas três níveis de governo dentro de um qualquer Estado. Contudo, o nível intermédio está pensado mais em termos qualitativos do que quantitativos justamente para permitir o enquadramento desta sistematização no quadro dos arranjos institucionais de cada país. O GFSM (p. 12) refere explicitamente que aquele nível é o estadual, provincial ou regional; o SEC 95, através da definição que dá apresenta-se com a mesma concepção sobre esta questão *"O subsector «administração estadual» reúne as administrações que, na qualidade de unidades institucionais distintas, exercem certas funções de admi-*

---

[6] No inglês corresponde à expressão *general government*.

[7] No âmbito das actividades características das unidades do sector público nem sempre é fácil identificar, de forma inequívoca, os preços de mercado. Por esta razão recorre-se supletivamente ao conceito de preços economicamente relevantes. Esta noção de preço significa que o preço cobrado tem um impacto significativo tanto nas decisões quanto à procura do respectivo bem ou serviço como no da sua sua oferta. O conceito não exige que esse preço cubra a totalidade dos custos de produção (GFSM, p. 10).

nistração a um nível inferior ao da administração central e superior ao de unidades institucionais públicas de nível local, com excepção das administrações dos fundos de segurança social" (CE, 1996, p. 55, artigo 2.72).

O sub-sector administração central abarca as unidades institucionais incluídas no Estado, na acepção de governo central do país com autoridade sobre todo o seu território nas competências que lhe são exclusivas, com os seus serviços integrados, e ainda os serviços e fundos autónomos e as instituições sem fins lucrativos que lhe estejam associadas e quando existam.

Quanto ao sub-sector administração local ele compreende apenas as unidades de governo cujas competências respeitam apenas às mais pequenas unidades territoriais em que o país se encontra estrutrado. No caso português trata-se, basicamente, das autarquias. Porém, é agregado a este mesmo sub-sector da administração local que, na nossa classificação e sob a designação de administração regional e local, o legislador entendeu situar a administração regional relativa às regiões autónomas da Madeira e dos Açores, muito embora proceda depois à sua desagregação interna.

O último sub-sector das administrações públicas são os fundos da segurança social e que, mais uma vez nos termos do previsto pelo SEC 95, "*...inclui todas as unidades institucionais centrais, estaduais e locais cuja actividade principal consiste em conceder prestações sociais e que respondem aos dois critérios seguintes: a) certos grupos da população são obrigados a participar no regime ou a pagar contribuições em virtude de disposições legais ou regulamentares; b) independentemente do papel que desempenham como organismos de tutela ou como empregadores, as administrações públicas são responsáveis pela gestão destas unidades no que diz respeito à fixação ou aprovação das contribuições e das prestações*" (CE, 1996, p. 56, artigo 2.74).

O sector público distingue-se das administrações públicas na medida em que, para além destas, contém ainda as sociedades e quase-sociedades públicas, financeiras e não financeiras. Esquematicamente podemos representar esta estrutura organizativa na figura abaixo, Quadro 2.

A Sistematização da Economia Nacional e do Sector Público 25

QUADRO 2 – **Estrutura Organizativa do Sector Público em Portugal**

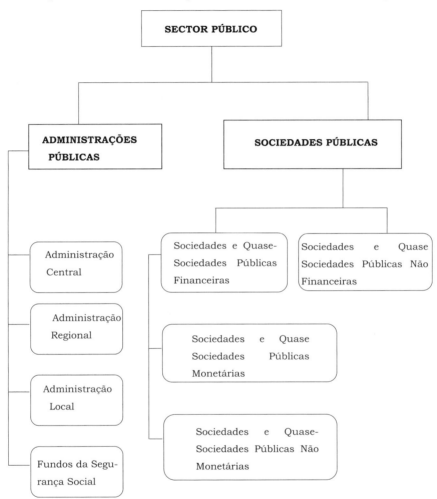

PARTE II
O FINANCIAMENTO DAS ADMINISTRAÇÕES PÚBLICAS E A TRIBUTAÇÃO

2. O Financiamento das Administrações Públicas

Para financiar as suas despesas, o Estado socorre-se de várias fontes de financiamento. Contudo, os impostos são, de longe, a sua principal fonte de receita. Para além dos impostos, o Estado[8] cobra taxas, multas e outras penalidades, aufere rendimentos da propriedade assim como receitas provenientes da venda de activos patrimoniais, beneficia de transferências unilaterais e arrecada contribuições para a segurança social e para organismos similares[9]. Para além destas, e se elas não forem suficientes para cobrir os seus gastos, o Estado pode ainda valer-se do endividamento através da emissão de títulos da dívida pública e, finalmente, da própria monetização do défice[10].

Em Portugal, os impostos representavam 15.8% do PIB em 1965, passaram a 21.4% em 1976, atingem os 30.8% em 1992 e em 2007 chegam aos 36.4%, numa tendência imparável que só em 2001 e em 2004 registou um ligeiro recuo. Assim, naquele período, o peso no PIB dos impostos cobrados aumentou a uma taxa anual de aproximadamente 2.0%. Para esse mesmo último ano, na UE a 27 o peso dos impostos no PIB variava entre um mínimo de 27.3% na Roménia e um máximo de 48.6% na Dinamarca.

Ainda que com um carácter francamente menos restritivo do que a dos indivíduos, também o Estado se confronta com uma restrição orçamental. Tal restrição expressa-se na forma da Equação (1).

1) $G_t + iD_{t-1} = T_t + \Delta D_t + \Delta B_t$

---

[8] No sentido do conjunto dos sub-sectores que formam as administrações públicas.

[9] ADSE (Apoio na Doença aos Servidores do Estado) e CGA (Caixa Geral de Aposentações)

[10] Muito embora tenha sido historicamente importante em toda a parte, a monetização do défice é actualmente proibida na generalidade dos países industrializados, incluindo todos os que fazem parte da UE, devido às suas nefastas implicações económicas.

onde os símbolos significam o seguinte: *G* as despesas do Estado, com excepção dos juros da dívida pública[11]; *i* a taxa de juro nominal que remunera o *stock* de dívida pública; *D* o stock de dívida pública contraído no passado e até ao termo do período anterior; *T* as receitas fiscais, para-fiscais e patrimoniais[12]; *ΔD* emissão de nova dívida pública no período, e *ΔB* nova emissão de base monetária no período, feita directa ou indirectamente[13] pelo Banco Central, para financiamento do Estado. Todas estas variáveis estão expressas em termos nominais. Além disso reportam-se todas elas ao mesmo período de tempo *t*, com a única excepção já mencionada da dívida pública assumida no passado e que figura no primeiro membro da igualdade dada pela Equação (1).

O montante das receitas fiscais, a sua composição entre os vários tipos de impostos, assim como as modalidades específicas escolhidas para estes, estão geralmente associados a outras preocupações que não apenas às de simples angariação dos meios financeiros imprescindíveis à cobertura das despesas públicas de funcionamento. A gestão da conjuntura económica, a redistribuição do rendimento, a protecção da família e os incentivos à natalidade, à produção e ao consumo de certos bens, o estímulo à participação no mercado de trabalho por certos grupos da população e a promoção da eficiência económica são algumas das muitas motivações de política subjacentes às decisões de natureza fiscal tomadas pelos governos em funções.

---

[11] Que mais adiante neste livro haveremos de chamar despesas efectivas primárias.
[12] Que mais à frente neste texto chamaremos de receitas efectivas.
[13] Diz-se que a emissão de base monetária para financiar o Estado é indirecta sempre que as emissões de dívida pública são adquiridas pelos bancos, com estes a refinanciarem-se de seguida junto do Banco Central através dos mecanismos disponíveis para esse efeito.

FIGURA 1 – **Receitas Tributárias em Portugal como Percentagem do PIB e com Linha de Tendência**[14]

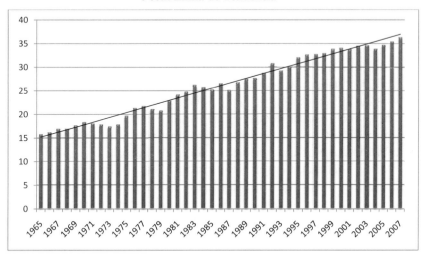

2.1. *A Classificação das Receitas Públicas*

Em articulação com o classificador do SEC 95, em Portugal segue-se a classificação económica das receitas conforme o que é estabelecido pela Lei de Enquadramento do Orçamento do Estado (LEO), Lei n.º 91/2001 de 20 de Agosto, republicada a 24 de Agosto de 2004, e pelo Decreto-Lei n.º 26/2002 de 14 de Fevereiro que aprova os respectivos códigos de classificação bem como as notas explicativas que lhes estão associadas, aplicando-se a todos os subsectores das administrações públicas. No que toca aos serviços e fundos autónomos aplica-se adicionalmente a classificação orgânica das receitas segundo o disposto pela al. b) do n.º 1 do artigo 24.º da LEO.

A classificação económica das receitas distingue entre receitas correntes e de capital. Segundo Teixeira Ribeiro (1989, pp.70-71), receitas correntes são as que provêem de rendimentos do próprio período, como as receitas patrimoniais, os impostos e as taxas, enquanto receitas de capital são as a que têm a sua origem na poupança, como as oriundas de empréstimos contraídos pelo Estado aquando da emissão de dívida pública. Trata-

---

[14] Fonte: OECD.Stat.

-se de conceitos diversos dos de receitas ordinárias e extraordinárias, entendendo-se pelas primeiras as que se apresentam com um carácter recorrente, repetindo-se de período para período, ao passo que as extraordinárias acontecem apenas ocasionalmente e, por isso, a título excepcional e temporário[15].

Verificada que está a não coincidência conceptual entre essas duas classificações, podemos, portanto, ter receitas correntes que são extraordinárias, assim como receitas de capital que são ordinárias. Um imposto lançado para acudir a uma circunstância especial e que vigorará apenas por um número limitado de anos, como o imposto destinado a financiar uma guerra[16], é um exemplo do primeiro caso. Por outro lado, as receitas provenientes da venda de bens de investimento que se tendem a repetir ano após ano exemplificam a segunda daquelas associações, tal como a emissão de dívida pública sempre que esta tenha a propensão a repetir-se ano após ano para cobrir rupturas temporárias na tesouraria do Estado[17].

Quer as receitas correntes quer as de capital estão sistematizadas por capítulos, estes por grupos, e estes por artigos que, por seu turno, se subdividem em sub-artigos e estes em rubricas. Os capítulos em que se desagregam as receitas correntes são oito, a saber:

1. Impostos Directos
2. Impostos Indirectos

---

[15] Porém, o Decreto-Lei mencionado define no seu anexo III as receitas correntes e de capital de modo similar à conceptualização que apresentamos para as receitas ordinárias e extraordinárias, respectivamente. Efectivamente, nele se lê que as receitas correntes *"são aquelas que, regra geral, se renovam em todos os períodos financeiros"* (p. 1176) enquanto as receitas de capital *"são cobradas ocasionalmente, isto é, que se revestem de carácter transitório e que, regra geral, estão associadas a uma diminuição do património"* (p. 1180).

[16] O caso também do agravamento das taxas de imposto em sede de IRS em 1% e 1.5% que entrou em vigor em Junho de 2010 e que, segundo se pensa, terá um período de vigência limitada ao tempo estritamento necessário para sanear as contas públicas portuguesas.

[17] Certos textos classificam os empréstimos como sendo, necessária e fatalmente, receitas extraordinárias. Contudo, os governos muitas vezes também se financiam correntemente apenas para financiarem rupturas temporárias de tesouraria explicadas pelo desequilíbrio temporal entre as datas de liquidação de despesas e as de recebimento das receitas. Nos E.U.A. usam-se para este efeito os *cash management bills*, podendo o mesmo papel ser desempenhado pelos bilhetes do tesouro, particularmente quando não são sujeitos a operações de *roll-over*.

3. Contribuições para a Segurança Social, a Caixa Geral de Aposentações e a ADSE
4. Taxas, Multas e Outras Penalidades
5. Rendimentos da Propriedade
6. Transferências Correntes
7. Venda de Bens e Serviços Correntes
8. Outras Receitas Correntes.

Já as receitas de capital se distribuem por cinco capítulos, do 9.º ao 13.º:

9. Venda de Bens de Investimento
10. Transferências de Capital
11. Activos Financeiros
12. Passivos Financeiros
13. Outras Receitas de Capital

Seguem-se ainda mais cinco capítulos atinentes a outras receitas, e que são:

14. Recursos Próprios Comunitários[18]
15. Reposições não Abatidas nos Pagamentos
16. Saldo da Gerência Anterior
17. Operações Extra-Orçamentais.

O capítulo 1, o dos impostos directos, subdivide-se em dois grupos. O primeiro grupo refere-se aos impostos sobre o rendimento e compreende dois artigos: o do imposto sobre o rendimento das pessoas singulares (IRS) e o do imposto sobre o rendimento das pessoas colectivas (IRC). O segundo grupo respeita aos outros impostos directos e nele encontramos oito artigos correspondentes a outros tantos impostos desse tipo: imposto sobre as sucessões e doações[19]; imposto municipal sobre transmissões onerosas de imóveis; imposto municipal sobre imóveis; imposto único de circula-

---

[18] Este capítulo absorve receitas que não pertencem ao Estado português mas sim à União Europeia. Aí figuram como artigos: os direitos aduaneiros de importação, os direitos niveladores agrícolas, as cotizações sobre o açúcar e a isoglucose.

[19] É um imposto que a esta data se encontra abolido; contudo continua a figurar na classificação económica das receitas do sub-sector Estado muito embora, naturalmente, com previsão de receitas nulas no Orçamento do Estado.

ção; derrama; imposto de uso, porte e detenção de armas; impostos abolidos (como o imposto municipal sobre veículos, a contribuição autárquica e o imposto municipal de sisa) e impostos directos diversos[20].

O capítulo dos impostos indirectos apresenta-se igualmente com dois grupos: o dos impostos indirectos sobre o consumo e o dos outros impostos indirectos. Neste primeiro grupo temos os seguintes artigos: imposto sobre os produtos petrolíferos e energéticos (ISP); imposto sobre o valor acrescentado (IVA); imposto sobre veículos (ISV); imposto de consumo sobre o tabaco; imposto sobre o álcool e as bebidas alcoólicas (IABA) e impostos diversos sobre o consumo. Do segundo grupo fazem parte os seguintes impostos indirectos, os quais constituem outros tantos artigos: lotarias, imposto do selo, imposto do jogo, resultados da exploração de apostas mútuas, impostos indirectos específicos das autarquias locais, impostos indirectos diversos.

O capítulo das contribuições para a segurança social, CGA e ADSE, incorpora três grupos: subsistema previdencial; regimes complementares e especiais; CGA e ADSE. No grupo do subsistema previdencial há três artigos: quotizações dos trabalhadores; contribuições; e contribuições por políticas activas de emprego. O segundo grupo contém dois artigos: regimes especiais e regimes complementares. Por fim, o terceiro grupo apresenta três artigos: quotas e comparticipações para a CGA; comparticipações para a ADSE; Outros.

As transferências correntes concretizam o capítulo 6 da receita. Entendem-se como tal os recursos financeiros auferidos sem qualquer contrapartida destinados ao financiamento de despesas correntes ou sem afectação pré-estabelecida. Contam-se aqui as receitas provenientes do Orçamento do Estado que se destinam à comparticipação nacional em projectos co-financiados, assim como, do mesmo modo, as verbas que representam a comparticipação da UE no mesmo tipo de projectos (Decreto-Lei n.º 26/2002).

As transferências de capital, sendo também recursos financeiros sem qualquer contrapartida, destinam-se, como a sua própria designação o deixa entender, a financiar despesas de capital. Engloba, entre outras, as receitas relativas a cauções e depósitos de garantia que revertam a favor da entidade, assim como heranças jacentes e outros valores prescritos ou abandonados. É igualmente neste capítulo que se registam as receitas provenientes do remanescente de eventuais revalorizações das reservas de ouro do Banco de Portugal (Decreto-Lei n.º 26/2002).

---

[20] Como resulta das respectivas designações, alguns dos impostos aqui referenciados são receitas da administração local e não do Estado.

Os activos financeiros constituem receitas de capital, classificados sob o capítulo 11. Valendo-nos uma vez mais do articulado do Decreto-Lei n.º 26/2002 de 14 de Fevereiro, este capítulo engloba " ... as receitas provenientes da venda e da amortização de títulos de crédito, designadamente obrigações e acções ou outras formas de participação, assim como as resultantes do reembolso de empréstimos ou subsídios concedidos." Estes activos compreendem 11 grupos: depósitos, certificados de depósito e poupança; títulos a curto-prazo; títulos a médio e longo prazos; derivados financeiros; empréstimos a curto-prazo; empréstimos a médio e longo prazos; recuperação de créditos garantidos; acções e outras participações; unidades de participação; alienação de partes sociais de empresas; outros activos financeiros.

Os empréstimos contraídos pelo Estado constituem as receitas de capital que dão conteúdo ao capítulo 12, Passivos Financeiros. Assim, os passivos financeiros contemplam as " ... receitas provenientes da emissão de obrigações e de empréstimos contraídos a curto, a médio e a longo prazos" (Decreto-Lei n.º 26/2002 de 14 de Fevereiro). Este capítulo decompõe-se em sete grupos: depósitos, certificados de depósito e poupança; títulos a curto-prazo; títulos a médio e longo prazos; derivados financeiros; empréstimos a curto prazo; empréstimos a médio e longo prazos; outros passivos financeiros.

Ao nível das receitas é ainda importante a distinção entre receitas efectivas e não efectivas pelo papel que elas desempenham na definição de um dos mais relevantes critérios de apuramento do saldo orçamental. Relaciona-se, aliás, com a classificação económica já que constitui um seu sub-conjunto.

Segundo Teixeira Ribeiro (1984), são receitas efectivas todas aquelas que aumentam o valor do património do Estado sem, em contrapartida, acrescerem ao seu passivo. Neste sentido serão de excluir da noção de receitas efectivas os passivos financeiros (contracção de empréstimos pelo Estado que obrigará futuramente à amortização do capital), os activos financeiros (porque se trataria de uma simples recomposição entre títulos mobiliários e moeda, isto é, financeiros) e ainda certas receitas patrimoniais, como as decorrentes da venda de bens de investimento e de bens duradouros. Este entendimento consta expressamente da página 139, em nota de rodapé, onde o autor escreve que não são efectivas as receitas geradas pela "... venda de parcelas do património do Estado...", e da página 193 onde textualmente se enumeram como tal aqueloutras receitas patrimoniais acabadas de mencionar.

Em contrapartida, o Prof. António Sousa Franco, em obra bastante conhecida (1993, Vol. II, p. 48), escreve que são efectivas "... todas aquelas que atribuindo meios pecuniários ou monetários ao Estado, não criam em contrapartida qualquer encargo". Como se percebe, esta outra interpretação é bastante restritiva, limitando realmente a abrangência das receitas não efectivas aos passivos financeiros e, sendo assim, os activos financeiros já seriam considerados receitas efectivas assim como as supra-mencionadas receitas patrimoniais.

Por outro lado, a LEO na redacção do n.º 3 do artigo 23.º identifica explicitamente como receitas não efectivas apenas os passivos financeiros, enquanto que a redacção do n.º 2 do artigo 25.º relativo à medida do saldo dos orçamentos dos serviços e fundos autónomos dá aos activos financeiros o mesmo tratamento que aos passivos financeiros, mas sem nunca mencionar, neste outro contexto, a expressão receitas efectivas, e falando de orçamento global em vez de efectivo.

O tratamento a dar aos activos financeiros parece, pois, muito pouco claro entre nós[21]. Contudo, veremos no capítulo onde se expõem as diversas medidas dos saldos orçamentais que o elemento nuclear para distinguir entre valores efectivos e não efectivos se encontra no facto de as verbas orçamentadas constituírem ou não simples intermediação financeira[22]. Parece haver consenso quanto à natureza não efectiva dos passivos financeiros[23], mas já não quanto aos activos financeiros pois podem incluir operações capazes de afectar a procura agregada e, sendo assim, devem ser tratados como efectivas. Contudo, o conteúdo dos activos financeiros é heterogéneo, porque a par de simples transacções sobre títulos mobiliários também se contam, do lado das receitas, o reembolso de empréstimos e de subsídios previamente concedidos. E é nestes últimos grupos que a dúvida se pode colocar.

As receitas mais importantes das administrações públicas portuguesas são os impostos e as contribuições para os sistemas de segurança social. Com referência ao ano de 2004, o peso relativo dessas fontes de receita é evidenciado na Figura 2 e na Figura 3. A partir delas concluímos

---

[21] Alguns autores portugueses nesta área disciplinar apontam as receitas provenientes de activos financeiros como sendo não efectivas sem, contudo, fundamentarem, e esclarecerem os leitores quanto às razões e bondade do entendimento que professam.

[22] Muito embora, como veremos a seu tempo, exista na literatura económica outra perspectiva para fazer a distinção.

[23] Compreende-se bem que as receitas creditícias não sejam consideradas efectivas pois obrigam à sua devolução futura, para além de gerarem encargos de dívida. E, neste sentido, efectivo poderá querer significar definitivo.

que, no conjunto dessas receitas, os impostos indirectos são os mais importantes, ascendendo a 42.4% desse total, seguindo-se-lhe as contribuições para a segurança social com 32.5%; os impostos directos surgem em terceiro lugar com 25.2% das receitas fiscais arrecadadas. Estas posições relativas mantêm-se naturalmente quando tomamos como base de referência o PIB do mesmo ano; a tributação indirecta elevou-se a 14.5% do PIB, baixando o valor para 11.1% no caso das contribuições sociais, e para 8.6% nos impostos directos.

FIGURA 2 – **Receitas Fiscais e Contributivas em Portugal como Percentagem do PIB em 2004**[24]

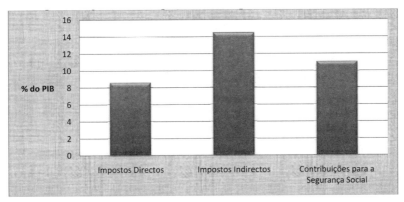

FIGURA 3 – **Peso Relativo de Cada Tipo de Imposto e das Receitas Contributivas no Total das Receitas Conjuntas em Portugal (em %)**[25]

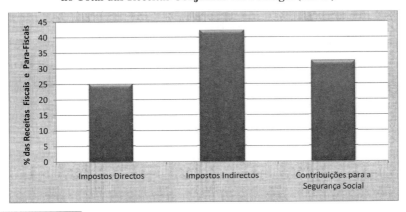

---

[24] Fonte: Eurostat (2007).
[25] Fonte: Eurostat (2007).

QUADRO 3 – Receitas Fiscais em Portugal (Milhões de Euros)[26]

Impostos	2008 Real	2009 Estimativa	2010 Orçamento	Variação 2010/2009 [%]
IRS	9.339,4	8.949,4	9.046,0	1,1%
IRC (a)	5.927,9	4.534,5	4.200,0	-7,4%
Outros (b)	10,9	-1,8	67,4	-
Impostos Directos	**15.278,3**	**13.482,1**	**13.313,4**	**-1,3%**
ISP (c)	2.561,9	2.437,0	2.470,0	1,4%
IVA	13.871,0	10.884,6	11.271,8	3,6%
ISV	940,7	693,3	710,0	2,4%
IT	1.277,0	1.141,2	1.180,0	3,4%
IABA	196,6	180,1	185,0	2,7%
Selo	1.822,0	1.654,5	1.692,9	2,3%
IUC/ IC	104,9	129,3	140,0	8,3%
Outros	63,8	50,3	62,7	24,6%
Impostos Indirectos	**20.837,9**	**17.170,4**	**17.712,5**	**3,2%**
TOTAL GERAL	**36.116,1**	**30.652,5**	**31.025,8**	**1,2%**

Legenda: (a): considerada a não eliminação do PEC e a não redução das taxas de PPC; (b): considerada a incorporação de 60 M€ de Regularização tributária de elementos patrimoniais colocados no exterior; (c) Expurgada da Contribuição de Serviço Rodoviário.
Fonte: Ministério das Finanças e da Administração Pública.

QUADRO 4 – Receitas Não Fiscais em Portugal (Milhões de Euros)[27]

Classificação económica	2008 CGE	2009 Estimativa	2010 Orçamento	2009/2008 Variação (%)	2010/2009 Variação (%)
TOTAL SEM ACTIVOS	**5.222,7**	**4.035,0**	**4.786,2**	**-22,7**	**18,6**
Por memória: Activos financeiros	37,4	110,4	29,9	195,2	-72,9
Receitas correntes não fiscais:	2.884,6	3.146,8	3.313,7	9,1	5,3
Comparticipações para a ADSE	204,8	230,8	224,1	12,7	-2,9
Taxas, multas e outras penalidades	528,9	580,6	734,5	9,8	26,5
Rendimentos da propriedade	575,9	602,0	435,1	4,5	-27,7
Transferências correntes	1.039,3	1.151,9	1.276,6	10,8	10,8
Venda de bens e serviços correntes	453,1	465,3	454,3	2,7	-2,4
Outras receitas correntes	82,6	116,2	189,1	40,7	62,7
Receitas de capital sem activos:	1.602,6	198,3	1.269,2	-87,6	540,0
Venda de bens de investimento	96,8	151,3	419,9	56,3	177,5
Transferências de capital	105,9	73,0	266,5	-31,1	265,1
Outras receitas de capital Recursos	1.399,9	-26,0	582,8	n.d.	n.d.
próprios comunitários Reposições não	176,8	153,9	160,3	-13,0	4,2
abatidas nos pagamentos Saldos da	254,5	213,2	28,0	-16,2	-86,9
gerência anterior	304,2	322,8	15,0	6,1	-95,4

---

[26] Fonte: Ministério das Finanças (2010), QIII.23 do Relatório da Proposta de Orçamento do Estado (OE) para 2010.

[27] Fonte: Ministério das Finanças (2010), QIII.29 do Relatório da Proposta de Orçamento do Estado (OE) para 2010.

3. Impostos – Conceito e Tipificação

Os impostos definem-se como prestações pecuniárias definitivas, com carácter coercivo, unilateral e não sancionatório devidas pelos cidadãos ao Estado sempre que sejam titulares de património ou de rendimentos, independentemente de serem aplicados no consumo ou na poupança. No conceito de imposto há, portanto, cinco elementos fulcrais, a saber: 1) o carácter definitivo; 2) o carácter pecuniário; 3) a natureza coerciva; 4) o facto de não corresponderem a sanções e, 5) a unilateralidade.

Por definitivo quer-se dizer que o contribuinte não fica colocado na posição de credor, com direito à devolução futura das importâncias pagas, nem por consequência o Estado na posição de devedor. Este exerce um direito à cobrança de receitas que lhe pertencem quando exige aos contribuintes a liquidação dos impostos.

Enquanto prestação pecuniária o imposto é liquidado pelos contribuintes em moeda e não por entregas em espécie, seja na forma de bens seja na forma de serviços[28]. Conquanto esta regra corresponda ao procedimento habitual nas sociedades actuais, concretizadas como economias monetárias, podem, contudo, observar-se excepções. Em Portugal podem citar-se, a título de exemplos, vários casos, começando pelo imposto sobre a produção de petróleo criado pelo Decreto-Lei n.º 625/71 de 31 de Dezembro, que autorizava optar entre o pagamento em moeda e o pagamento em espécie. No mesmo sentido concorrem os diplomas legais que consentiam o pagamento do imposto sucessório pela entrega de bens da própria herança e, por fim, a utilização para os fins em vista dos títulos de crédito emitidos na sequência de nacionalizações e expropriações[29].

---

[28] A liquidação das obrigações tributárias através da penhora de bens dos contribuintes corresponde à execução das garantias de crédito que a administração fiscal detém sobre eles.

[29] Sousa (1992), p. 152.

É coercivo porque constitui sempre uma obrigação para o contribuinte que decorre da lei em vigor. Por consequência, não lhe é reconhecido o direito de, por si, decidir se lhe compete ou não pagar, qual o montante e demais condições pertinentes ao cumprimento da norma. Neste sentido, distingue-se da decisão de pagar ou não a quota de um clube pois esta tem um carácter meramente facultativo; na verdade, ninguém pode ser coagido a tornar-se associado de uma agremiação[30].

Não corresponde a uma sanção porque a obrigação do seu pagamento não resulta da aplicação de uma pena na sequência de uma qualquer infracção à ordem estabelecida. É nisto que o imposto se distingue das multas e das coimas.

É unilateral, porque em troca do seu pagamento o contribuinte não recebe nenhuma contrapartida directa, e é esta característica que verdadeiramente distingue o imposto da taxa. A taxa é o preço que o cidadão paga ao Estado pelos serviços que este lhe presta. É o que ocorre quando requer que lhe seja passada uma certidão, emitido o bilhete de identidade, solicita assistência médica em estabelecimentos de saúde do Estado ou frequenta um estabelecimento de ensino superior público estando, por isso, constrangido ao pagamento do valor das propinas.

Discute-se se a taxa tem uma natureza voluntária ou coerciva. Há quem entenda que as taxas são voluntárias no pressuposto de que o recurso aos serviços do Estado onde elas se aplicam resulta de uma decisão livre dos indivíduos que, por isso mesmo, não estão obrigados a fazê-lo. Outros autores, pelo contrário, argumentam que elas são obrigatórias e, neste pé, equivalentes aos impostos; para isso apontam exemplos de taxas que são pagas pela realização de actos obrigatórios, quais sejam os pedidos de emissão de bilhetes de identidade, de certidões de nascimento, etc. Na verdade, há situações que se inscrevem num e noutro caso, de onde se infere, por último, que este não é elemento decisivo na distinção entre as duas prestações: a do imposto e a da taxa.

Há também todo o interesse em distinguir-se entre impostos e requisições administrativas, e impostos e empréstimos forçados. A dúvida pode resultar do carácter coercivo que se apresenta em todos eles; contudo, estabelecem-se entre eles diferenças sobre elementos essenciais.

A requisição administrativa tem lugar quando as autoridades determinam, fazendo uso das faculdades que a lei lhes confere em circunstân-

---

[30] Não estamos, claro está, a pensar em casos como a inscrição em ordens profissionais que seja condição *sine qua non* para o exercício de uma profissão.

cias urgentes e excepcionais, que os cidadãos lhes prestem determinados serviços ou lhes facultem o uso de bens móveis ou imóveis por um período limitado de tempo. A utilização destes recursos tanto pode ser, como não ser, paga pelas entidades públicas aos proprietários respectivos. É uma situação comum em situações de guerra, mas não só. Também perante catástrofes naturais pode tornar-se indispensável recorrer a estas medidas. Como exemplo paradignático refere-se bastantes vezes a requisição dos táxis da cidade de Paris, no alvorecer da I.ª Grande Guerra Mundial, para transportar os soldados franceses para as frentes de batalha; tal como a requisição de habitações particulares para nelas se instalarem forças militares e hospitais de campanha.

As diferenças entre imposto e requisição administrativa são mormente as seguintes:

a. O imposto é sempre um meio corrente de financiamento encontrando-se em vigor quaisquer que sejam as cirunstâncias, sem que este entendimento conflitue com o lançamento de impostos extraordinários;
b. Os impostos liquidam-se, por via de regra, pela entrega de moeda, não sendo este o caso, pelo contrário, com as requisições administrativas;
c. O imposto é de aplicação automática nos termos das leis produzidas pelo poder legislativo, contrariamente às requisições administrativas que são aplicadas segundo os poderes discricionários das autoridades, em função da avaliação que façam quanto à oportunidade e legitimidade do seu uso.

A destrinça com o empréstimo forçado é mais evidente. Bastará dizer que mau grado a sua natureza coerciva, ele gera uma relação contratual de mútuo expressa, mormente, na obrigação de restituição dos capitais tomados acrescidos dos respectivos juros. Os empréstimos forçados não se apresentam com carácter definitivo, diversamente dos impostos e, ademais, a relação é bilateral na medida em que se cria a obrigação de pagamento de juros pelo Estado, o que consubstancia o pagamento do preço por um serviço prestado.

3.1. *Classificação dos Impostos*

Os impostos são sistematizados de muitas maneiras, de acordo com critérios vários que exprimem preocupações quanto a aspectos tidos como relevantes do ponto de vista fiscal. Assim, são classificados em função:

a) da extensão da base tributável; b) das finalidades que cumprem; c) da adequação do seu montante às condições específicas de cada contribuinte; d) da forma como se manifesta a base tributável[31].

Segundo a extensão da base tributável, os impostos classificam-se como gerais ou selectivos, também ditos específicos. São impostos gerais se incidirem indistintamente sobre todo o rendimento ou sobre todas as despesas de consumo. Estão na primeira situação os impostos directos em sede de IRS e de IRC e, na segunda situação, o IVA porque recai sobre todas as despesas no consumo[32]. Pelo contrário, são selectivos se aplicáveis a parcelas particulares do rendimento ou especificamente a certas despesas de consumo. É o caso dos impostos sobre os produtos petrolíferos, o tabaco, etc.

Segundo as finalidades que cumprem, distinguem-se os impostos fiscais dos extra fiscais[33]. Os primeiros são lançados com o único propósito de produzirem receitas para financiar as despesas do Estado. Enquanto isto, os impostos extra fiscais surgem como instrumentos de política dirigidos à produção de efeitos sobre variáveis económicas ou sociais no sentido pretendido pelos poderes públicos. Servem de exemplo os impostos lançados sobre bens de demérito com o fito de desencorajar o seu consumo, sobre as importações com a intenção de se protegerem as indústrias nascentes nacionais, ou sobre os produtores de externalidades negativas como mecanismo de correcção desta falha de mercado[34]. Contudo, porque se trata de uma classificação assente nas motivações dos governos, raramente explícitas e transparentes, ela tem pouco interesse operacional, se não mesmo conceptual. Teixeira Ribeiro (194, p. 212) escreve a propósito que " ... *nunca os impostos extra fiscais são exclusivamente extra fiscais uma vez que ... as receitas dos próprios impostos só com outras finalidades que não a cobertura das despesas acabam sempre ... por ser nelas aplicadas*", tanto mais, acrescento eu, se vigorar a regra da não consignação de receitas.

Segundo a adequação do seu montante às condições específicas dos contribuintes, a classificação distingue entre impostos pessoais e reais. Pessoais são os que no cálculo da respectiva importância têm em atenção

---

[31] Esta não é uma sistematização exaustiva, mas apenas aquela que nos parece mais significativa para a formação de um economista ou gestor. Para maior abrangência ver Sousa (1992, pp. 158-168).

[32] Este é o princípio geral que, na prática, sofre excepções por via das isenções e de taxas de 0% que beneficiam algumas transacções.

[33] Conceito distinto do de receitas não fiscais, ou seja, não decorrentes do pagamento de tributos.

[34] Ver Fernandes (2008).

a capacidade para pagar dos sujeitos passivos. São impostos, como o IRS, onde se verifica personalização ou, o que é o mesmo, a individualização do imposto. Todavia, a personalização dos impostos, para não degenerar em situações de inequidade, de distorção na afectação de recursos e de evasão fiscal, só é executável numa perspectiva de consideração conjunta e abrangente de todos os rendimentos, independentemente das fontes das respectivas parcelas. Os impostos reais, pelo contrário, ignoram as condições particulares de cada contribuinte, bastando-se na natureza e no valor factual, objectivo, da transacção económica para o apuramento das importâncias a pagar. Com eles não há personalização. O IMI, o IVA e tantos outros são exemplos de impostos reais.

Finalmente, temos a considerar a classificação em função da forma como se revela a matéria, ou base, tributável. Aqui a distinção é entre impostos directos e indirectos. A conceptualização jurídica carece de concordância de perspectivas neste domínio, pelo que nos limitamos a optar pela formulação que julgamos ser a mais corrente entre os economistas. Assim, directos são os que incidem sobre a matéria colectável produzida no período sem que ela se tenha que revelar por meio de transacções económicas praticadas em momentos posteriores ao da sua produção. Nos termos da legislação portuguesa (reflectida no articulado do Decreto-Lei n.º 26/2002 de 14 de Fevereiro, anexo III, 01.00.00, p. 1176), cabem ainda no conceito os impostos que incidam sobre os particulares pela posse ou utilização de bens. Adicionalmente, nos termos da mesma legislação, obriga-se a que o imposto tenha carácter periódico para poder ser classificado como directo.

A matéria colectável tributada em sede de impostos directos é levada ao conhecimento da administração fiscal de variadas maneiras:

    a. Pelos contribuintes, por via de declaração periódica de rendimentos;
    b. Pelas entidades responsáveis pelo pagamento dos rendimentos, sejam elas entidades patronais quando há trabalho dependente, sejam instituições financeiras por pagamento de juros ou de dividendos, sejam, por último, quaisquer outras pessoas jurídicas que remunerem o contribuinte por serviços prestados;
    c. Pelos registos patrimoniais em nome do sujeito passivo.

O IRS, o IRC, o IMI são exemplos de impostos directos.

Os impostos indirectos incidem sobre o rendimento mas apenas quando este se manifesta pela sua utilização em actos de despesa; são exemplos o IVA, o imposto sobre veículos, etc.

4. Tendências Comparadas da Carga Fiscal

O Quadro 5[35] dá-nos a saber qual a evolução da carga fiscal em alguns países e em algumas zonas económicas para o período que se estende de 1975 a 2007, e permite-nos compará-la com o caso português. O primeiro aspecto que chama a atenção é o ritmo comparativamente acelerado a que cresceu a carga fiscal em Portugal nestes trinta e dois anos. Embora o aumento da carga fiscal neste intervalo de tempo tenha sido um processo generalizado, em Portugal ela expandiu-se a um dos ritmos mais intensos uma vez que praticamente duplicou[36]. Esse crescimento é fruto da necessidade de o Estado financiar a assumpção de responsabilidades cada vez maiores no seio das sociedades modernas, por exemplo na educação e, em geral, nas funções sociais, aí incluídos os cuidados de saúde e as pensões[37].

A Figura 4, baseada nos dados daquele mesmo quadro, permite, para além de confirmar o que se acaba de escrever, extrair ainda as seguintes conclusões adicionais:

a. De 1975 a 2007, a carga fiscal portuguesa aproximou-se consistentemente da carga média não ponderada da OCDE Europa e da Europa dos 15;
b. Desde 1985 que a carga fiscal portuguesa excede em muito a dos países da OCDE América;
c. Desde 1995 que também a carga fiscal em Portugal ultrapassa, de forma muito substancial, a dos países da OCDE Pacífico;
d. Em 2007, e pela primeira vez, a carga fiscal em Portugal situa-se, ainda que ligeiramente, acima da do conjunto dos países da OCDE;
e. A tendência de agravamento da carga fiscal relativa em Portugal é um processo contínuo e generalizado, com a excepção verificada no ano de 2005 no que respeita aos países do Pacífico membros da OCDE;

---

[35] Fonte: OECD, dados extraídos em 13 de Janeiro de 2010 de OECD. Stat. Inclui contribuições para a segurança social.
[36] Algo que aconteceu nos mesmos termos qualitativos na Espanha, Grécia e Turquia.
[37] Obviamente, com muito desperdício à mistura.

f. O ligeiro desagravamento da carga fiscal a que se assiste após o ano 2000 é um fenómeno que se verifica num número significativo de países e de zonas; contudo, este desagravamento é um processo que em alguns desses países é abandonado nos últimos anos do período sob análise;
g. Nos 19 países da UE que são também membros da OCDE verifica-se uma grande estabilidade da carga fiscal a partir de, pelo menos, 1990.

QUADRO 5 – **Peso das Receitas Fiscais no PIB para Anos Seleccionados %** **(1975-2007)**[38]

Country	1975	1985	1990	1995	2000	2005	2007
Australia	25,866187	28,325909	28,518483	28,800681	31,143165	30,820348	30,826438
Austria	36,60108	40,792022	39,672833	41,409364	43,23889	42,2501	42,268103
Belgium	39,479973	44,353437	42,019197	43,573938	44,903373	44,747246	43,873288
Canada	31,992872	32,52933	35,890309	35,570298	35,642542	33,377572	33,27669
Czech Republic	..	..	..	37,519383	35,329492	37,588863	37,36506
Denmark	38,388913	46,131773	46,544689	48,795198	49,362811	50,821708	48,667865
Finland	36,519381	39,675028	43,511218	45,722505	47,215836	44,005857	43,006473
France	35,382606	42,821808	41,990428	42,918971	44,35288	43,91484	43,472658
Germany	34,311702	36,083783	34,803048	37,218658	37,19004	34,78532	36,171736
Greece	19,437528	25,519131	26,177589	28,876224	34,029688	31,396159	32,033426
Hungary	..	..	..	41,319269	38,04386	37,349188	39,545011
Iceland	29,955878	28,17017	30,94251	31,186555	37,229506	40,644295	40,860333
Ireland	28,771925	34,67503	33,124688	32,497849	31,275275	30,364434	30,805621
Italy	25,367127	33,637048	37,800767	40,119535	42,287302	40,845014	43,462517
Japan	20,839794	27,362519	29,072025	26,845531	27,002484	27,397127	28,334747
Korea	14,452525	15,708647	18,139864	18,646129	22,60442	23,90629	26,529903
Luxembourg	32,756896	39,358884	35,655989	37,093183	39,134322	37,623956	36,547842
Mexico	..	15,461237	15,796134	15,196322	16,852426	18,126756	17,979392
Netherlands	40,734099	42,429977	42,889468	41,532215	39,660494	38,503565	37,537606
New Zealand	28,650608	31,266174	37,363918	36,641673	33,596654	37,416085	35,728271
Norway	39,199502	42,622621	40,990691	40,872469	42,638639	43,518992	43,626903
Poland	..	..	..	36,194554	32,750162	32,99739	34,858407
Portugal	19,717681	25,226921	27,696435	32,099428	34,090891	34,740135	36,41189
Slovak Republic	..	..	..	..	34,10123	31,445135	29,394943
Spain	18,440154	27,565214	32,481151	32,14297	34,189061	35,742722	37,241278
Sweden	41,236408	47,360957	52,227907	47,478997	51,7902	49,483987	48,30673
Switzerland	23,874891	25,49066	25,760818	27,717693	30,023497	29,172575	28,894235
Turkey	11,88261	11,487273	14,897647	16,784593	24,159051	24,2578	23,710457
United Kingdom	34,944367	36,958685	35,522363	34,03908	36,38515	35,760336	36,08073
United States	25,577956	25,550185	27,317307	27,85401	29,892686	27,535065	28,294078
European Union 19 members in OECD	32,139323	37,50598	38,141185	38,919518	39,438471	38,65084	38,792168
EU15: European Union of fifteen	32,139323	37,50598	38,141185	39,034541	40,607081	39,665692	39,725851
OECD - Europe	30,89488	35,282127	36,037339	37,141483	38,407898	37,911288	38,006222
OECD - Total	29,375307	32,56017	33,723365	34,712665	36,003868	35,684629	35,837088
OECD - America	28,785414	24,513584	26,334583	26,206877	27,462551	26,346464	26,51672
OECD Pacific	22,452278	25,665812	28,273573	27,733503	28,586681	29,884963	30,35484

---

[38] Fonte: OECD. Stat.

FIGURA 4 – **Carga Fiscal Portuguesa Comparada (1975-2007)**

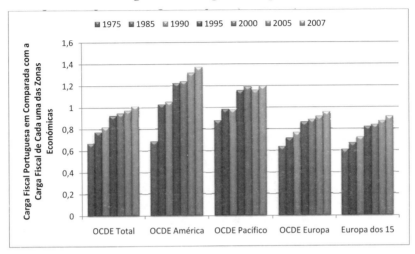

Segundo o Eurostat (2007, p. 5) a UE é, no seu conjunto, uma zona económica de elevada tributação. Se se tomar como referência o ano de 2005 verifica-se que a tributação total, como percentagem do PIB ponderado da UE-27, ascendia a 39.6%, cerca de 12% mais do que nos E.U.A. e no Japão. E entre os países não europeus membros da OCDE só a Nova Zelândia ultrapassava 35%. Claro que isto não significa que todos os países membros da UE apresentem padrões semelhantes; de facto, o desvio-padrão é alto. Mas, como regra geral, pode-se afirmar que o peso da carga fiscal é maior entre os 15 países membros mais antigos da EU do que entre os 12 que a ela acederam depois de 2004. A principal explicação para esta dispersão que se observa está na amplitude das funções assumidas pelos respectivos Estados.

Baseada nos dados fornecidos pelo Quadro 5, a figura que se segue permite-nos ver como evoluiu a carga fiscal de cada um dos países da amostra entre os anos de 1975 e de 2007[39]. Os aspectos que nela mais ressaltam são: a) o aumento brutal da carga fiscal verificada em Espanha, na Turquia, em Portugal, na Coreia, em Itália e na Grécia; b) a relativa estabilidade da mesma variável no conjunto dos demais países da amostra.

---

[39] Há países para os quais a amostra se inicia após 1975 e, em tais casos, os valores que surgem representados na Figura 5 tomam como referência o ano para o qual se apresenta a primeira observação.

Tenha-se em atenção que alguns dos países onde a carga fiscal mais cresceu são também aqueles que hoje[40] têm os mais graves problemas de défice das contas públicas e de endividamento.

FIGURA 5 – **Carga Fiscal de 2007 como Proporção da Carga Fiscal de 1975**

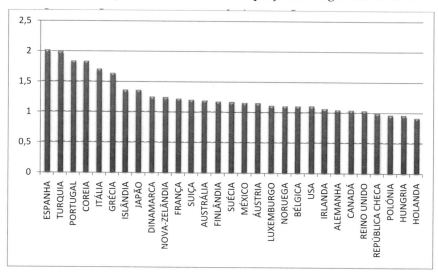

Observemos agora a Figura 6 que nos permite visualisar a evolução da carga fiscal entre 2000 e 2007. É perceptível a existência de um grupo de países onde essa carga fiscal subiu, e outro, um pouco mais numeroso, onde aconteceu exactamente o oposto. A carga fiscal em Portugal sobe cerca de 6.8%, só ultrapassada na Europa pela Islândia e pela Espanha com, respectivamente, 9.8% e 8.9%.

Essa redução de impostos é fruto das reformas fiscais que alguns dos países da OCDE iniciaram já na década de 80 do século XX, como o Reino Unido, e que haveriam de prosseguir nas duas décadas seguintes, muito embora com alguma retracção nestes últimos anos.

O propósito dessas reformas foi o de utilizar a política fiscal com os seguintes objectivos:

1. promover a eficiência económica, atenuando as distorções habitualmente introduzidas pelos impostos no funcionamento das economias;

---

[40] Na data em que escrevo esta passagem, 27 de Maio de 2010.

2. reanimar as economias e reforçar os seus níveis de competitividade;

3. incentivar o emprego e estimular o investimento com assunção, pelos empresários, de níveis acrescidos de risco e de inovação nos seus produtos e processos de produção.

FIGURA 6 – **Carga Fiscal de 2007 como Proporção da Carga Fiscal de 2000**

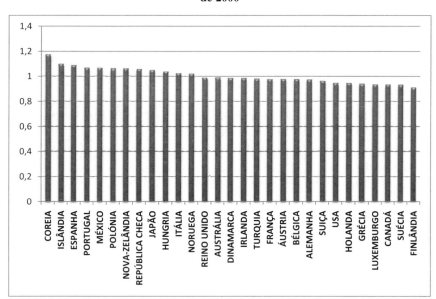

Por isso, a tributação directa dos rendimentos dos indivíduos e das empresas foi reduzida, em alguns casos significativamente, assistindo-se a partir do ano 2000 à diminuição do peso dos impostos directos no PIB num número considerável de países.

Face à conflitualidade potencial entre a necessidade de desagravar a carga fiscal e a necessidade de cobrar receitas adicionais para atender a despesas crescentes de natureza social e de investimento na renovação das infra-estruturas físicas, os resultados pretendidos pela reforma foram possíveis pela conjugação de medidas de natureza variada, entre as quais se contam as decisões de simplificação tributária conducentes a custos administrativos e de cumprimento mais baixos. Ademais, a par de uma descida das taxas de impostos, assistiu-se, de igual modo, ao alargamento da base tributária[41], com redução, ou mesmo eliminação, de algumas deduções à colecta e de créditos fiscais. E é precisamente por esta altura que assistimos, por iniciativa dos países escandinavos, ao aparecimento do sistema dual de tributação dos rendimentos e, um pouco mais tarde, primeiro na Rússia (Janeiro de 2001) e depois na República Eslovaca (Janeiro de 2004), à aplicação do sistema de tributação a taxas uniformes[42].

Efectivamente, na opinião expressa por Zee (2005), colocados perante a conflitualidade resultante da redução das taxas de imposto e da necessidade de se cobrarem mais receitas e de, ao mesmo tempo, se atingirem maiores níveis de eficiência económica, os países podem, pelo aprofundamento das suas reformas fiscais, explorar algumas vias alternativas, tais como:

1. Dependência acrescida relativamente a produções do sector privado, especialmente no âmbito das funções sociais, tais como complementos de reforma e seguros de saúde cobrindo a assistência médica e medicamentosa;

2. Aplicação das taxas de imposto a uma base de incidência alargada, com redução, e mesmo eliminação, de regimes fiscais especiais expressos na forma de isenções fiscais, taxas diferenciadas, e deduções à matéria colectável ou à colecta. Esta é uma via com múltiplas vantagens, das quais destacamos as que nos parecem ser as mais relevantes:

   a) simplificação, de onde se espera a redução dos custos administrativos e de cumprimento do processo fiscal, assim como a diminuição dos obstáculos burocráticos ao crescimento económico;
   b) igualização do tratamento fiscal aplicável às diferentes transacções económicas, de onde se pode esperar a neutralidade dos impostos e, por consequência, maior eficiência económica e menor evasão fiscal.

Porém, sempre existiu a convicção de que este movimento de redução dos impostos se confrontava com poderosos obstáculos estruturais

---

[41] A redução das isenções fiscais e a aplicação das mesmas taxas de imposto a todas as fontes de rendimento são decisões que contribuem para uma maior eficiência económica e redução dos incentivos à evasão fiscal.

[42] Como veremos em capítulo próprio deste livro, trata-se de uma proposta de reforma do sistema fiscal da responsabilidade de dois académicos norte-americanos apresentada durante os anos 80.

capazes de impedir o seu aprofundamento e obrigá-lo mesmo a retroceder num futuro próximo. Esses factores podem ser resumidos nos seguintes pontos:

1. Todas as tensões geradas pelos Planos de Estabilidade e Crescimento (PEC) no sentido do reequilíbrio das contas públicas e da redução da dívida pública no conjunto dos países da UE;

2. O acentuado envelhecimento da população na generalidade dos países industrializados conduzindo a acréscimos nas despesas com a saúde e com as pensões de reforma e de velhice. Estes encargos são, por norma, financiados por contribuições sociais lançadas sobre os trabalhadores no activo e sobre as entidades patronais, de modo que também o seu provável agravamento levará ao aumento da cunha fiscal, com prejuízo dos incentivos ao trabalho. Ou seja, esta evolução causa não apenas a deterioração nas condições de eficiência económica, como ainda a contracção da base fiscal com o que se dificulta a cobrança das receitas necessárias. Encontramos aqui uma das explicações para a tendência observada em alguns países de imporem limites aos valores das pensões pagas pelos organismos oficiais e de, simultaneamente, recorrerem a mecanismos privados de segurança social.

3. Por outro lado, por efeito da globalização económica e de uma maior agressividade no planeamento fiscal praticado pelas empresas e pelos indivíduos de elevados rendimentos, é clara a tendência para a contracção da base tributária. O capital, seja o que produz rendimentos na forma jurídica de sociedades, seja o que está na posse de pessoas singulares, desfruta de uma crescente mobilidade internacional e tira partido das vantagens fiscais oferecidas por alguns países e, nomeadamente, pelos paraísos fiscais. A tributação do consumo manifesta igual propensão por força do grande aumento nas transacções via *internet* e nas transacções imateriais entre compradores e vendedores de certos produtos. É notório que há cada vez mais bens transaccionados internacionalmente via *internet*, tais como os medicamentos, os livros, para além de muitos outros que são descarregados de forma intangível pela mesma via, como música e *software*.

4. Na Europa, a base fiscal encontra-se igualmente ameaçada por um conjunto de decisões tomadas pela Comissão Europeia e pelo Tribunal Europeu de Justiça nos termos das quais certas normas fiscais nacionais são incompatíveis com os Tratados de que esses países são signatários.

4.1. Impostos Directos sobre Pessoas Singulares

No que respeita à tributação dos rendimentos das pessoas singulares, as principais medidas tomadas no âmbito das reformas fiscais dos países da OCDE em geral, e dos países membros da UE em particular, consistiram: 1) na baixa das taxas marginais de imposto aplicáveis aos escalões de rendimento mais elevados[43]; 2) na diminuição do número de escalões de rendimento para efeitos de tributação; 3) no aumento do valor do rendimento isento de imposto; 4) no tratamento mais favorável dos rendimentos de capitais; 5) no aumento ou introdução de créditos fiscais, algumas vezes em substituição das deduções à matéria colectável, especialmente dirigidos às famílias de baixos rendimentos e como forma de incentivar a sua participação no mercado de trabalho.

Na secção que se segue vamo-nos concentrar especificamente sobre as tendências quanto à tributação do trabalho durante o período considerado.

4.1.1. Tendências da Tributação sobre o Trabalho

Actualmente, os impostos directos que recaem sobre as pessoas singulares tendem a incidir sobre a totalidade dos seus rendimentos, independentemente das fontes onde têm origem. Por isso aplicam-se tanto aos rendimentos do trabalho, dependente ou independente, como aos de capital. Por consequência, os impostos directos são incapazes de reflectir o conjunto das medidas de política fiscal que têm o trabalho como destinatário, nem tão pouco a carga fiscal suportada especificamente pelo trabalho. Para esse fim, o indicador mais adequado é a taxa implícita do imposto sobre os rendimentos do trabalho (TIIT) que se define como a proporção, nas remunerações brutas, de todos os impostos e contribuições lançados sobre as remunerações do trabalho, independentemente da entidade a quem são cobrados. Para além dos impostos directos sobre os rendimentos do trabalho, cabem ainda no conceito as contribuições para a segurança social da responsabilidade seja do trabalhador seja das respectivas entidades patronais. Pelo menos alguns economistas defendem a

---

[43] No final dos anos 70 eram comuns taxas marginais de imposto de 70% e de 80% aplicáveis aos rendimentos mais elevados das pessoas singulares, enquanto actualmente se situam abaixo dos 50% na maioria dos países da OCDE (Owens, 2005, p. 4).

ideia de que, no longo prazo, os encargos com a segurança social suportados pelas entidades patronais são totalmente repercutidos sobre os trabalhadores.

Na maioria dos países da UE as contribuições para a segurança social pesam mais na formação das respectivas TIIT do que os impostos directos sobre esse factor produtivo. Em 2005, em média, cerca de (2/3) do valor daquela taxa encontrava aí a sua explicação. Em alguns dos países, como a Polónia, a Roménia, a Bulgária, a Eslováquia e a Grécia, o peso dos impostos directos na formação da TIIT rondava apenas os 20%; só na Dinamarca, Irlanda e Reino-Unido é que esses impostos se apresentavam com a maior importância relativa. Em média, a tributação do trabalho na UE é bastante superior à da maioria dos países industrializados; a taxa efectiva sobre o trabalho nos E.U.A., para o ano de 1999, foi calculada em 23.9% enquanto a TIIT na UE-25 ascendia a 36.3% nesse mesmo ano. E este mesmo padrão repetia-se na comparação com a Coreia do Sul, Japão, Austrália, Nova-Zelândia, Canadá, Suiça, etc[44]. A Figura 7 evidencia a decomposição da TIIT nas suas parcelas.

FIGURA 7 – **Decomposição da TIIT nas suas Componentes – 2005**[45]

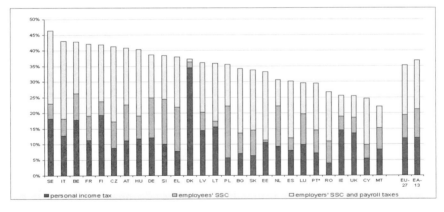

Não admira, assim, que a partir dos finais dos anos 90 um número significativo de países da UE tenha sentido necessidade de reduzir a carga fiscal sobre o trabalho, alterando o valor das três parcelas que compõem a TIIT (tributação directa dos rendimentos do trabalho, contribuições sociais

---

[44] Eurostat (2007, p. 74).
[45] Fonte: Eurostat (2007, p. 75).

por conta dos trabalhadores e por conta das entidades patronais), com o objectivo de estimular o emprego, especialmente entre os trabalhadores pouco qualificados. Neste contexto, Portugal evoluiu em sentido diverso; na verdade, assistiu-se ao seu agravamento por força do acréscimo verificado em duas das três componentes que a constituem.

A Figura 8 mostra a evolução da TIIT e das respectivas componentes nos dez anos entre 1995 e 2005 nos países da amostra. Como se pode ver, Portugal é o quinto país onde a TIIT mais aumentou no período.

FIGURA 8 – **Evolução da Componentes da TIIT no Período 1995-2005 (em %)**[46]

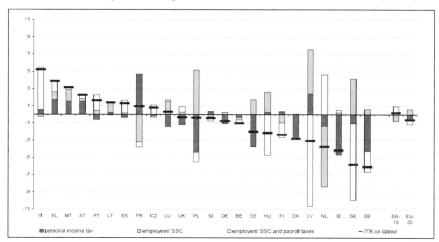

A variação percentual da TIIT no período de 2000 a 2004 é exibida na Figura 9 onde Portugal sobressai pelo agravamento substancial desta taxa. De entre todos os países, é em Portugal que ela mais sobe, 2.5%[47], contra os 1.2% de Espanha que se situa em segundo lugar nesta hierarquia. Pelo contrário, e como se vê, a TIIT reduz-se na maioria dos países.

Outra medida bastante utilizada para avaliar o impacto da política fiscal sobre os incentivos ao trabalho é a cunha fiscal (CF)[48]. A cunha fiscal

---

[46] Fonte: Eurostat (2007, p. 76).

[47] Em 2000 a TIIT em Portugal era de 27%, passando para 29.5% em 2004. Os valores correspondentes para Espanha foram, respectivamente, de 28.1% e de 29.3%.

[48] *Tax wedge* em inglês. É especialmente utilizado no âmbito da estratégia de Lisboa para estimar o impacto potencial das medidas fiscais sobre o mercado de trabalho.

é entendida como a diferença entre o conjunto dos encargos relativos ao factor trabalho suportados pela entidade patronal, ou seja, o salário bruto mais contribuições sociais a seu cargo, e o montante que fica na posse dos trabalhadores depois de feitos todos os descontos obrigatórios a favor das entidades oficiais fiscais e para-fiscais. Dito de outro modo, é o conjunto de todas as receitas fiscais e contributivas cobradas pelo Estado com origem no factor trabalho. Em termos percentuais é calculada como consta da Equação (2).

FIGURA 9 – **Variação da TIIT e da CF 2000-2004 (em %)**[49]

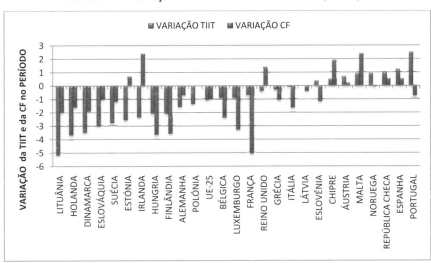

2) $CF = \dfrac{IDT + CSP + CST}{SB + CSP} \times 100$

e onde os símbolos utilizados têm os seguintes significados: *IDT*, impostos directos sobre as remunerações do trabalho; *CSP*, contribuições para a segurança social da responsabilidade da entidade patronal; *CST*, contribuições para a segurança social da responsabilidade do trabalhador; *SB*, salário bruto contratado.

Metodologicamente o cálculo deste indicador baseia-se unicamente no normativo da legislação aplicável e, por isso, ao contrário do que acon-

---

[49] Valores calculados a partir da informação constante do Q. II-3.1 e II-3.2 (Eurostat, 2007, pp. 73, 78). Referência aos países da UE-25 por inexistência de valores para a UE-27 em 2000.

tece com a TIIT, não depende dos valores das receitas efectivamente cobradas e das despesas efectivamente realizadas[50]. Por este motivo a cunha fiscal não é influenciada por factores cíclicos, ao contrário da TIIT, mas já é capaz de evidenciar a influência de medidas discricionárias e discriminatórias tomadas pelas autoridades.

A taxa implícita de imposto sobre os rendimentos do trabalho mostra-nos a carga média fiscal efectiva lançada sobre todos os grupos de rendimento daquela categoria. A cunha fiscal tem a vantagem de discernir os efeitos da política tributária e contributiva sobre diferentes grupos de trabalhadores, agrupados em função dos seus níveis de rendimento e tipo de agregado familiar, por forma a constituirem-se como unidades relativamente homogéneas[51]. Esta capacidade de diferenciação é tanto mais importante quanto é verdade que ao longo das últimas décadas foram sendo tomadas medidas dessa natureza para incentivar o emprego de grupos específicos da população, mormente de trabalhadores pouco qualificados, e estimular a actividade produtiva dos que têm as remunerações mais elevadas, desta maneira contribuindo para melhorar a competitividade económica dos países. Repare-se que a manutenção de uma mesma TIIT ao longo do tempo é perfeitamente compatível com processos de redistribuição da carga fiscal e, portanto, do rendimento entre grupos de indivíduos; compreende-se, assim, que a TIIT seja pouco sensível a medidas discricionárias e discriminatórias dirigidas a grupos particulares, por oposição à cunha fiscal que naturalmente as há-de revelar.

Dadas as diferentes metodologias envolvidas nos seus cálculos, a cunha fiscal tende a sobre-avaliar a carga fiscal que realmente impende sobre os contribuintes alvo, por comparação com a TIIT e, por isso mesmo, estas duas medidas são complementares entre si.

Os serviços competentes da UE calculam a cunha fiscal para os trabalhadores com baixos salários, ou seja, na definição oficial, os não casados e sem filhos que recebem 67% do rendimento médio[52]. Como seria de

---

[50] É à medida da cunha fiscal assim calculada que o World Bank (2005, p. 1) apelida de formal, por oposição à cunha fiscal efectiva. Este último indicador assenta em montantes factuais que têm na devida conta, para além das taxas de imposto, as isenções, deduções e quaisquer outros abatimentos fiscais aplicáveis.

[51] A definição destes grupos é realizada com base em critérios arbitrários.

[52] No cálculo do rendimento médio colocam-se problemas conceptuais e metodológicos. O seu valor foi revisto em 2000 com base num novo conceito. Na maior parte dos países este grupo laboral é o que mais se aproxima do salário mínimo vigente (World Bank, 2005, p. 2).

esperar, a Figura 9 revela comportamentos bastante diferentes entre a TIIT e a CF no período analisado. Em geral, a variação dos dois indicadores faz-se no mesmo sentido, situando-se Portugal como uma das excepções. Entretanto, a Hungria, a Finlândia, a Bélgica, o Luxemburgo e a França são, segundo o indicador, os países que privilegiaram a aplicação de medidas fiscais favoráveis ao emprego daquele grupo particular de trabalhadores. A Estónia, o Reino-Unido e a Irlanda fizeram exactamente o contrário, talvez como meio de incentivar a formação de capital humano qualificado. Apesar deste abatimento, os países da UE continuam a comparar-se muito desfavoravelmente com o conjunto dos países da OCDE e, em particular, com os outros países mais industrializados, como se consegue constatar pelo Quadro 6.

QUADRO 6 – **Cunha Fiscal para Alguns Países – 2003 (em %)**[53]

	1 INDIVÍDUO COM RENDIMENTO MÉDIO		1 INDIVÍDUO COM 2 FILHOS E RENDIMENTO MÉDIO		1 INDIVÍDUO COM 2 FILHOS E 67% DO RENDIMENTO MÉDIO	
	2000	2003	2000	2003	2000	2003
OECD[54]	36.9	36.5	27.0	26.9	17.5	17.5
UE - 15[55]	42.4	40.9	31.3	29.5	20.3	18.9
E.U.A.	30.8	29.4	21.3	15.5	8.6	3.4
JAPÃO	24.1	27.0	20.2	23.2	20.3	23.3
CANADÁ	31.3	32.4	21.4	23.3	4.0	1.4

4.1.2. A Cunha Fiscal e o seu Impacto no Emprego

A teoria económica e a evidência empírica apontam para uma relação negativa entre o valor da cunha fiscal e o nível de emprego. Esta secção tem por propósito pormenorizar esta relação em termos da representação gráfica dos mecanismos em presença e dos resultados propiciados por alguns dos testes econométricos efectuados. Sem entrar em pormenores relativamente a vários aspectos de maior complexidade, alguns dos quais serão devidamente considerados mais adiante neste livro, como a forma da

---

[53] Fonte: Owens (2005, pp. 28-29).
[54] Média não ponderada.
[55] Média não ponderada.

própria curva da oferta de trabalho e a incidência fiscal, vamos atentar na Figura 10 que representa o mercado do trabalho[57].

FIGURA 10 – **Representação da Cunha Fiscal e do seu Impacto sobre o Emprego**

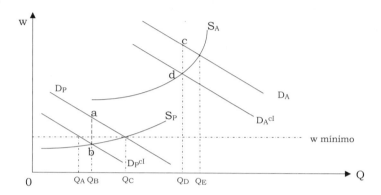

S_A é a curva da oferta do trabalho qualificado enquanto S_P representa a curva da oferta de trabalho não qualificado; w é o salário por unidade de tempo. Consideramos ainda a procura de trabalho qualificado, dada por D_A, e de trabalho não qualificado, dada por D_P. Todas estas curvas se reportam à situação em que não existem impostos. As soluções de equilíbrio, sem que ainda tenham sido introduzidos impostos no sistema, são Q_E e Q_C unidades de trabalho de cada um dos tipos considerados. Admita-se agora que se lançam impostos ou contribuições sociais sobre a procura; o efeito é o recuo das curvas da procura para as posições denotadas de $D_A{}^{CI}$ e $D_P{}^{CI}$. As soluções de equilíbrio passam para os pontos d e b; a cunha fiscal é representada pelos segmentos cd e ab. Há perda de emprego; consoante os grupos, de $Q_D Q_E$ e de $Q_C Q_B$ unidades. Mas se estiver em vigor um salário mínimo, a perda de emprego para os menos qualificados é ainda maior, e igual ao segmento $Q_C Q_A{}^{57}$. De facto, o salário mínimo aumenta ainda mais a elasticidade preço da oferta de trabalho não qualificado; contudo, o efeito é exactamente o mesmo se existir um salário de

---

[56] A representação assume, por razões de simplicidade, que a tributação incide legalmente apenas no empregador. Além disso, a representação da curva da oferta de trabalho omite, por razões de simplificação, a forma específica com que se apresenta e que será apresentada em capítulo posterior deste livro.

[57] Esta análise não considera a forma como são aplicadas as receitas fiscais aqui consideradas.

reserva fundado em rendimentos alternativos provenientes de outras fontes, como seja a economia paralela ou apoios governamentais ao rendimento de pessoas desempregadas.

A ilação de política económica que daqui se retira, entre outras, é que o efeito da cunha fiscal é sobretudo penalizador do nível de emprego dos trabalhadores pouco qualificados. Segundo o World Bank (2005, p. 6) a França, a Bélgica e a Holanda conseguiram estimular significativamente o emprego entre esse grupo reduzindo as respectivas cargas fiscais.

Para o período de 1996 a 2003, o World Bank (2005, pp. 11-12) procede ao teste econométrico relativo à influência da cunha fiscal no crescimento do emprego. Os dados são em painel e anuais relativos a oito países: República Checa, Estónia, Hungria, Lituânia, Látvia, Polónia, Eslovénia e Eslováquia. O modelo testado é o seguinte:

3) $EMPG_j^t = \beta_j^0 + \beta_1 CF_t^j + \beta_2 GDPG_t^j + \mu_t^j$

Os símbolos empregues têm os seguintes significados: *EMPG* é a taxa de crescimento do emprego; *CF* é a cunha fiscal para trabalhadores com baixos salários, entendidos estes como sendo os que representam 50% e 67% do salário médio; *GDPG* é a taxa real de crescimento do PIB; país *j*; período *t* e, por fim, *μ* é o termo ruído branco com as propriedades econométricas habituais. Os coeficientes estimados constam do Quadro 7.

Como se vê, os coeficientes têm os sinais esperados e, com uma única excepção, são estatisticamente significativos a 1 ou a 5%.

QUADRO 7 – **Coeficientes Estimados (*World Bank*, 2005, p. 12)**

	Cunha Fiscal para Salários Iguais a 67% do Valor Médio		Cunha Fiscal para Salários Iguais a 50% do Valor Médio	
	Amostra Balanceada	Amostra Não Balanceada	Amostra Balanceada	Amostra Não Balanceada
CF	-0.77 (-2.73)*	-0.70 (-3.00)**	-0.80 (-2.05)	-0.50 (-2.50)*
GDPG	0.36 (2.34)*	0.41 (3.38)**	0.11 (0.57)	0.40 (3.30)*
R²	0.45	0.41	0.51	0.41
Período das Amostras	1999-2003	1997-2003	1999-2001	1997-2003
Nº Total de Observações	40	52	20	50
Estatísticas t em parêntesis; * - significativo a 5%; ** - significativo a 1%.				

4.2. *Tendências da Tributação sobre o Capital*

A tributação do capital abrange um número considerável de situações relativas a pagamentos de impostos devidos tanto por pessoas colectivas como por pessoas singulares. A título exemplificativo, podemos dizer que se encontram nesta categoria o imposto do selo[58], os impostos sobre os lucros das empresas assim como os que incidem sobre os dividendos distribuídos, os impostos sobre os juros, os impostos sobre o património, etc.[59]

Assistiu-se, de meados da década de 90 até por volta de 2004, a uma forte tendência para a diminuição das taxas de imposto sobre os lucros das empresas compensada, todavia, pelo fim de regimes especiais[60] e pelo alargamento da base de incidência, de tal maneira que o impacto líquido sobre as receitas dos Estados foi basicamente nulo. Uma das medidas tomadas com esse propósito foi a redução das taxas marginais de imposto mais altas; em casos mais circunscritos, como o da Estónia, foi mesmo abolida a tributação dos lucros não distribuídos. No período compreendido entre 1995 e 2007, a taxa mais elevada do imposto sobre os lucros das sociedades baixou, em média, 10.8% no conjunto dos países que formam a UE-27[61]. Os fins que justificaram estas medidas foram, principalmente, os seguintes: 1) estimular a competitividade das empresas; 2) manter e atrair investimento directo estrangeiro num contexto de crescente concorrência fiscal, tendo na devida conta a grande mobilidade internacional do capital; 3) evitar situações de dupla tributação; 4) promover o emprego.

A Figura 11 evidencia as taxas máximas do imposto sobre os lucros das sociedades em 2000 e em 2006, sendo visível que só em seis dos países da amostra (Espanha, Malta, Eslovénia, Suécia, Reino-Unido e Noruega) elas se mantiveram inalteradas. Para todos os outros elas baixaram.

---

[58] O imposto do selo é o imposto mais antigo em Portugal, tendo sido criado por alvará de 24 de Dezembro de 1660. Foi objecto de reforma em 2000 e, de acordo com o preâmbulo do respectivo código, "... *marcou a tendência para a alteração de uma das suas mais ancestrais características, que de imposto sobre os documentos se tende a afirmar cada vez mais como imposto sobre as operações que .... revelem rendimento ou riqueza.*".

[59] Nos termos das convenções utilizadas pelo Eurostat (2007, p. 91) consideram-se também como impostos sobre o capital aqueles que recaem sobre os rendimentos do trabalho independente. Este tratamento explica-se principalmente pela simplificação que permite no tratamento desta questão. Efectivamente, os rendimentos que têm essa fonte incluem uma componente que é remuneração do trabalho e outra que é remuneração do capital.

[60] Explicados em grande medida pela necessidade de os países se conformarem com as regras da UE que limitam o auxílio dos Estados às empresas.

[61] Fonte: Eurostat (2007), Table II-4.1 para os países EU-27.

FIGURA 11 – **Taxas Marginais Máximas do Imposto sobre os Lucros das Sociedades (em %)**[62]

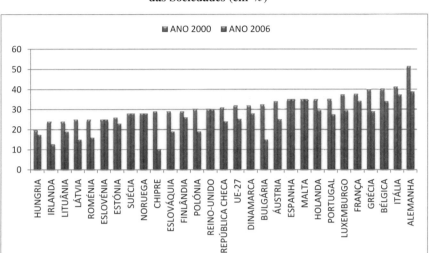

Em termos comparativos, os impostos sobre os lucros das sociedades nunca foram uma fonte muito importante de receitas para o Estado. Em 2000, o seu peso no PIB da UE-27 foi somente de 2.8% contra os 9.9% dos impostos directos sobre os rendimentos das pessoas singulares; em 2005 esses valores passaram, respectivamente, para 2.6% e 9.2%. Adicionalmente, no espaço da EU-27, os impostos sobre os lucros representaram 6.8% de todas as receitas fiscais em 2000 e 6.7% cinco anos depois, enquanto os valores correspondentes para os impostos sobre as pessoas singulares foram de 24.2% e de 23.2% nos mesmos anos de referência[63]. De facto, em 2005 as receitas dos impostos sobre os lucros das sociedades representaram bastante menos de 6% do PIB em cada um dos países que constituem a amostra, com excepção do Luxemburgo onde esse valor foi exactamente de 6.0%, seguido de Chipre com 5.4% e da República Checa com 4.5%[64]. Portanto, não são os quantitativos envolvidos que justificam toda a atenção que se tem dado à tributação deste factor produtivo. As questões centrais ligam-se principalmente aos aspectos da equidade, da

---

[62] Fonte: Eurostat (2007, p. 92).
[63] Todos os valores são médias ponderadas para o universo EU-27.
[64] Fonte: Eurostat (2007, pp. 250-253).

sua grande mobilidade e consequente concorrência fiscal internacional, e às preocupações quanto à eficiência económica e influência sobre o investimento e o crescimento económico. É justamente neste último aspecto que se inserem os esforços para a eliminação da dupla tributação do capital.

FIGURA 12 – % dos Impostos Directos sobre as Pessoas Singulares (IDP) e Colectivas (IDE) no Total dos Impostos Cobrados[65]

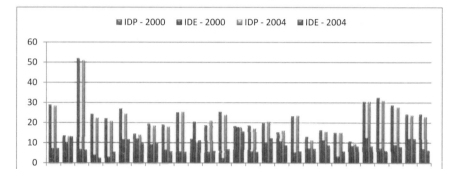

A principal explicação para que o capital seja tributado a taxas inferiores às que se aplicam ao trabalho é a circunstância de ele se apresentar com um grau de mobilidade bastante superior ao do trabalho. Mas, por outro lado, a gestão da fiscalidade sobre o capital está condicionada por preocupações de eficiência económica, isto é, o tratamento preferencial dos rendimentos do capital incentivam as actividades económicas que se baseiam nele em detrimento daquelas que assentam noutros factores produtivos e provoca, por isso, distorções na afectação dos recursos. Para além disso, há igualmente preocupações com o facto de a evasão fiscal ser incentivada por taxas de imposto sobre os lucros das sociedades mais baixas do que as aplicáveis aos rendimentos do trabalho; efectivamente, criam-se desse modo estímulos para que, por exemplo, os indivíduos com rendimentos elevados adoptem a forma jurí-

---

[65] Fonte: Eurostat (2007, pp. 251, 253). Dados não disponíveis para Portugal para o ano de 2005.

dica de sociedades desde que, evidentemente, os custos de transacção daí resultantes sejam inferiores às poupanças fiscais conseguidas.

4.2.1. *Tributação do Capital*

Considerada a diversidade das fontes que produzem rendimentos de capital, e tendo igualmente em conta as diferentes qualidades dos seus titulares, a medida apropriada para quantificar e avaliar a carga fiscal que pesa sobre o capital é a respectiva taxa implícita de imposto (TIIC). O comportamento da TIIC entre 2000 e 2004 mostra-se na Figura 13[66]. Uma análise mais pormenorizada implicaria a desagregação desta variável entre as componentes relativas às sociedades e às pessoas singulares. É visível que nesse período de quatro anos os países da amostra desenvolveram perspectivas muito diferentes nesta matéria. Enquanto alguns a reduziram, outros há que a aumentaram, e enquanto em alguns as variações foram modestas, noutros elas atingiram valores significativos.

FIGURA 13 – **Variação da TIIC 2000 – 2004 (em %)**[67]

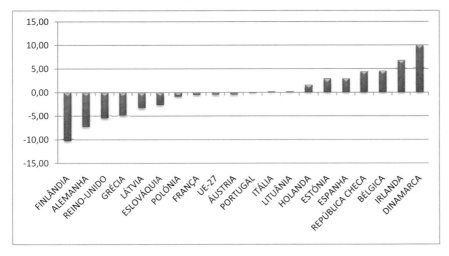

---

[66] Fonte: Eurostat (2007, p. 95). Por falta de dados a TIIC não é calculada para os países da UE-27 que estão omissos na amostra.
[67] Fonte: Eurostat (2007, p. 95). Para Portugal valor calculado com base no ano de

4.3. Impostos Indirectos

Na UE-27 os impostos indirectos, como percentagem do PIB e do total das receitas fiscais cobradas, têm revelado uma grande estabilidade[68], muito embora seja observável, em relação a este último indicador, uma ligeira subida nos últimos anos. Mais uma vez, como se pode observar, a experiência entre os países da UE é bastante diferenciada, seja em valores seja na evolução registada nestes quatro anos. Portugal é um dos Estados onde estes impostos mais pesam, especialmente na formação das receitas fiscais totais, pois aí só é suplantado por Chipre, Malta e Irlanda.

FIGURA 14 – % dos Impostos Indirectos no PIB e no Total Receitas Fiscais na UE

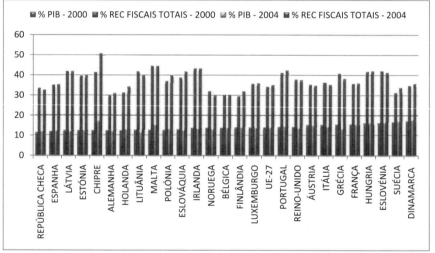

---

de 2003 face à não disponibilidade da TIIC calculada para 2004. Uso da média aritmética no cálculo do valor para a EU-27. Valores apresentados ou a diferença entre os valores relativos a 2004 e a 2000.

[68] Valores referidos calculados para a EU-27 como média ponderada.

5. As Características de um Bom Sistema Fiscal

A teoria económica estabelece como características integrantes de um bom sistema fiscal as seguintes:
1. Equidade, no sentido em que a tributação dos cidadãos se deve nortear por princípios de justiça;
2. Eficiência, no sentido em que o lançamento de impostos deve ter como preocupação a minimização da introdução de ineficiências no funcionamento da economia e, inclusivamente, a sua utilização como mecanismo de correcção das ineficiências explicadas pelas falhas do mercado;
3. Capacidade para constituir um instrumento efectivo de gestão da conjuntura económica;
4. Transparência, ou responsabilidade política, no sentido em que a sua administração e funcionamento se deve pautar por regras pré-estabelecidas, estáveis e facilmente compreensíveis por todos os contribuintes. O âmbito deste requisito inclui matéria relativa à incidência tributária, no sentido em que este atributo será tanto mais efectivo quanto menores forem os desvios entre aqueles sobre quem impende a obrigação legal do pagamento dos impostos (incidência legal) e aqueles que, efectivamente, suportam os respectivos custos (incidência económica);
5. Minimização dos custos de administração e de cumprimento pelos contribuintes.

Seguidamente vamo-nos concentrar no desenvolvimento de alguns destes cinco princípios a fim de melhor compreendermos os seus conteúdos.

5.1. *Equidade*

Por equidade quer-se significar que os impostos lançados sobre os cidadãos devem respeitar os princípios de justiça relativa socialmente assumidos em determinado tempo histórico. Trata-se, em si mesmo, de um princípio inquestionável; dificilmente, pelo menos nos dias que correm, poderíamos encontrar alguém que estivesse publicamente em desacordo com ele, pugnando aberta e declaradamente por um sistema fiscal injusto e iníquo! Todavia, a dificuldade, como muitas vezes acontece, está na concretização consensual da norma, encontrando soluções para a aplicação dos impostos em termos que sejam unanimemente apreciados como justos por todos os membros da comunidade. Com esse intuito, a doutrina fiscal oferece-nos dois critérios: 1) o do princípio do benefício e, 2) o do princípio da capacidade para pagar.

5.1.1. *O Princípio do Benefício*

É um princípio bem estabelecido na literatura económica da especialidade. Entre outros autores, é seguido por Wicksell em *A New Principle of Just Taxation* (1896, 1994) e também por Lindahl em *Just Taxation – A Positive Solution* (1919, 1994).

Este princípio estabelece que cada um deve contribuir para o financiamento das despesas do Estado de acordo com os benefícios que ele lhe proporciona. O montante do imposto deve ser igual à utilidade marginal para o contribuinte dos serviços que o Estado lhe fornece. Como se vê, o critério relaciona o montante das receitas a cobrar com a avaliação dos benefícios individuais dos programas de despesa do Estado segundo a apreciação que cada contribuinte se encarregará de fazer. A sua principal vantagem, que se aplica sempre que haja condições para a sua correcta execução, nomeadamente pela declaração honesta de preferências pelos consumidores, é a de induzir a afectação eficiente dos recursos produtivos.

Embora inatacável no seu aparente muito bom senso, a sua aplicabilidade padece de várias dificuldades praticamente insuperáveis. Em primeiro lugar, a sua adopção obriga à quantificação dos benefícios pessoais que têm, necessariamente, um carácter subjectivo. Essa não é uma tarefa fácil, tanto mais que é muito provável a ocorrência de comportamentos estratégicos a executar pelos contribuintes com o fito de minimizarem as respectivas contribuições fiscais. Seria imprescindível conhecer-se a função procura de cada sujeito relativamente a cada bem ou serviço provido pelo Estado, desiderato que é tão complicado que se torna, de facto, impraticável. Acresce que se está a falar de benefícios individuais, de tal modo que o mesmo programa de despesa será com toda a probabilidade avaliado diferentemente por cada um obstando à aplicação de fórmulas tributárias gerais e universais. Por si sós, estas duas dificuldades ferem irremediavelmente os princípios da transparência do sistema fiscal e da minimização dos seus custos administrativos e de cumprimento, não estando tão pouco garantido o princípio da equidade em virtude dos efeitos dos comportamentos estratégicos há pouco mencionados.

Porém, há ainda que contar com uma dificuldade adicional que se coloca à escolha deste princípio como base de um sistema tributário: é que se não vê como é que ele pudesse produzir receitas para o Estado quando está em causa o financiamento de actividades que se não traduzem em bens ou serviços usufruídos, directa ou indirectamente, pelos contribuintes, em seu próprio benefício, em conformidade com as suas próprias percepções. Por exemplo, é o que acontece em relação aos programas de redistribuição de rendimento e aos de gestão da conjuntura macroeconómica! O reverso da medalha é igualmente esclarecedor; eventualmente, os que mais beneficiam de o Estado se encarregar da provisão de alguns bens e serviços, como sejam a educação, saúde, etc., são os que menos condições têm para participar no seu financiamento na medida do que é exigido pelo princípio.

Não podendo constituir a base do sistema fiscal pode, todavia, ser aplicado em casos específicos, especialmente quando os bens têm carácter privado ou semi-público porque os benefícios do consumo podem ser imputados a consumidores específicos e facilmente identificáveis. O recurso às taxas é uma forma de aplicação do princípio porque se entende que não é justo que determinados custos sejam suportados por quem não retira níveis adequados dos benefícios gerados pela provisão de certos serviços, tal sendo o caso, por exemplo, das taxas aeroportuárias e das propinas devidas pela frequência do ensino superior. Serve ainda de base ao uso de alguns impostos indirectos, como os que incidem sobre os veículos automóveis e os produtos petrolíferos, sempre que as receitas daí derivadas sejam aplicadas no financiamento da conservação e boa manutenção das infra-estruturas rodoviárias. Contudo, torna-se aqui pertinente uma nota de relativização: mesmo que o total das receitas provenientes destes impostos indirectos seja afecto a despesas associadas à circulação automóvel, isso não significa necessariamente que, do ponto de vista do automobilista individual, haja uma aplicação rigorosa do princípio do benefício. A razão para isso encontra-se no facto de a utilidade que cada um retira de rodovias em bom estado não depender directamente do tipo de automóvel adquirido nem tão pouco da quantidade de combustível comprado, desde logo porque as distâncias percorridas dependem igualmente da eficiência do motor. Mas, sobretudo, porque as funções utilidade são diferentes. Finalmente, as contribuições para a segurança social podem constituir um exemplo de aplicação do princípio do benefício no domínio da tributação directa desde que esteja cumprido o requisito de que os pagamentos que a segurança social realiza a favor dos seus subscritores sejam proporcionais às contribuições de cada um e, portanto, que não vigorem aí mecanismos de redistribuição do rendimento.

5.1.2. O Princípio da Capacidade para Pagar

O princípio alternativo da capacidade para pagar assume que há um determinado nível de despesa do Estado que é necessário pagar por meio de impostos, cabendo aos cidadãos contribuir conforme as possibilidades de cada um. Este princípio não circunscreve, como o anterior, a cobrança de receitas à cobertura de despesas específicas, o que é certamente preferível na óptica do interesse do Estado e dos fins que modernamente se atribuem às finanças públicas.

A dificuldade que se põe na operacionalização deste outro entendimento de equidade fiscal é como avaliar a capacidade para pagar. De que depende? Do rendimento do indivíduo ou de outro indicador como seja, por hipótese, o seu nível de consumo? Mas se, porventura, se decidir pelo rendimento para cumprir com essa finalidade, qual é o rendimento a ter em conta? Todo ele, o rendimento bruto ou tão só o líquido? Independentemente da forma que assuma, ou apenas o que revista forma pecuniária? E todos os rendimentos em moeda, ou só os que se repitam periodicamente, excluindo-se os ocasionais? Mas será que indivíduos com o mesmo rendimento terão exactamente a mesma capacidade para pagar impostos, ou esta depende ainda de outros factores? E se depender, quais são esses outros factores e qual a ponderação que se lhes deve eventualmente atribuir? Etc., etc., as dificuldades são incontáveis.

Adam Smith é visto como o primeiro teórico do princípio da capacidade para pagar. Foi ele quem escreveu " *The subjects of the state ought to contribute towards the supply of government as nearly as possible in proportion to their respective abilities...*" (Smith, 1776, Livro IV, Capítulo II, Parte II), e onde o rendimento surge como a medida dessa capacidade.

Segundo o princípio da capacidade para pagar, a equidade entende-se em sentido horizontal e em sentido vertical. Equidade horizontal quer dizer que pessoas com igual capacidade para pagar devem suportar os mesmos impostos, ou seja, deve haver tratamento igual entre iguais. Pelo contrário, entre pessoas que não têm a mesma capacidade para pagar, deve-se cumprir o princípio da equidade vertical no sentido em que deverão pagar desiguais montantes de imposto segundo um padrão de diferenciação que satisfaça os critérios de justiça socialmente prevalecentes.

A equidade na sua acepção horizontal é um princípio geralmente incontroverso e universalmente aceite, até porque é comparativamente fácil de lobrigar e de cumprir segundo critérios que se podem facilmente estabelecer. Para Simons (1950, p. 8) *"It is generally agreed that taxes should bear similarly upon all people in similar circumstances"*. Muito mais problemático é cumprir com a equidade vertical. Como escreve Musgrave, um padrão adequado de diferenciação deve ser escolhido, mas todos vão discordar da sua forma; "*A equidade vertical é uma questão de gosto social e de debate político*" (Musgrave, 1990, p. 113). A literatura económica tem dado prioridade ao estudo da equidade vertical, não só por causa da sua maior complexidade mas também porque considera que se ela fôr cumprida também a equidade horizontal o será automaticamente, enquanto o inverso não seria verdade. Nestes termos, a equidade vertical é entendida como uma regra básica, e a horizontal como uma sua mera consequência. Contudo, convém dizer-se que Musgrave diverge desta abordagem tradicional da teoria porque, segundo ele, a equidade horizontal é também uma regra básica e ainda mais forte "*While horizontal equity (HE) is met by the various vertical equity (VE) outcomes, this does not mean that HE is derived from VE. If anything, it suggests that HE is a stonger primary rule. As a matter of social ethics, HE not only emerges with a normative basis of its own, but one which is more formally rooted than that of VE.*" (Musgrave, 1990, pp. 116-117).

Entretanto, a teoria económica que suporta o princípio da equidade segundo a capacidade para pagar é, desde pelo menos John Stuart Mill (1848), a teoria do igual sacrifício, isto é, o entendimento de que os impostos respeitam a regra da equidade se resultarem para todos, sem excepção, num igual sacrifício traduzido numa mesma perda de utilidade, não necessariamente numa igual perda de rendimento.

5.1.2.1. A Teoria do Igual Sacrifício

Os pressupostos da teoria do igual sacrifício são três: 1) a utilidade depende positivamente do rendimento; 2) a utilidade do rendimento é cardinal e, portanto, comparável entre indivíduos; 3) a função utilidade do rendimento é a mesma para toda a gente. Os dois últimos pressupostos constituem um problema sério para a aceitação da teoria do igual sacrifício; na verdade, enquanto o segundo viola o carácter ordinal da utilidade há muito consagrado pela teoria económica, ao último falta-lhe credibilidade.

Percebe-se imediatamente, a partir destes pressupostos, que os que têm o mesmo rendimento devem pagar as mesmas importâncias a título de imposto por forma a incorrerem no mesmo sacrifício, assim se cumprindo com facilidade o princípio da equidade horizontal. Já no que respeita a indivíduos cujos rendimentos diferem, as implicações do igual sacrifício, em particular no que concerne à adopção de um sistema proporcional ou progressivo de tributação directa, vão depender de dois aspectos: 1) o sentido que se dê ao vocábulo igual pois esta palavra pode ser entendida em termos absolutos, proporcionais ou marginais; 2) o comportamento da utilidade marginal do rendimento que pode ser constante ou decrescente com o rendimento. Retira-se a conclusão adicional da inaptidão da teoria para fornecer orientações inequívocas sobre alguns aspectos práticos do maior interesse.

5.1.2.1.1. A Teoria do Igual Sacrifício Absoluto

Quando se fala em igual sacrifício absoluto quer-se dizer que o imposto conduz à mesma perda de utilidade total; igual sacrifício proporcional significa que com os impostos todos perdem a mesma fracção da utilidade total propiciada pelos respectivos rendimentos antes de impostos; finalmente, igual sacrifício marginal significa que os impostos devem ser distribuídos de maneira a que a utilidade marginal do rendimento, líquido de impostos, tenda a ser a mesma para todos os contribuintes. Estas diferentes acepções da palavra são seguidamente exemplificadas e explicadas graficamente.

Nas figuras que se seguem propomo-nos ilustrar a teoria do igual sacrifício examinando as três acepções que a expressão assume. Começamos naturalmente por presumir que há uma decisão prévia sobre as receitas totais a cobrar pelo Estado sob a forma de impostos. Para realizar o que agora nos propomos trabalharemos com a representação da utilidade total, admitindo que é decrescente a utilida marginal do rendimento.

Y_{RI}, com $I=A,D$, é o rendimento disponível do indivíduo mais rico (R), antes e depois de impostos respectivamente. Y_{PI} significa o mesmo para o mais pobre (P). Naturalmente que $Y_{RA} > Y_{PA}$. μ_{Total} é a utilidade total do rendimento dos sujeitos R e P seja antes ou depois de impostos.

Como já se disse antes, igual sacrifício absoluto traduz-se por igual perda absoluta da utilidade total para ambos, independentemente dos níveis do rendimento bruto. Por consequência, $[\mu_{RA} - \mu_{RD} = \mu_{PA} - \mu_{PD}]$, correspondendo à cobrança de impostos no valor de $[Y_{RA} - Y_{RD}]$ para o rico e de $[Y_{PA} - Y_{PD}]$ para o pobre.

FIGURA 15 – **Igual Sacrifício em Termos Absolutos**

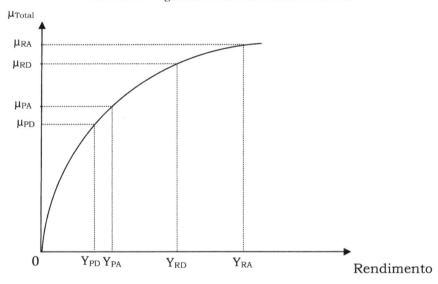

Muito embora os impostos cobrados estejam positivamente relacionados com o rendimento, sempre que a utilidade total cresce a taxas decrescentes, como é aqui o caso, nada se pode afirmar *a priori*, apenas com base nos pressupostos da teoria, quanto à natureza proporcional, progressiva ou regressiva do sistema tributário que daí resulta e, portanto, quanto à efectiva configuração da equidade vertical. Porém, quando a utilidade marginal é constante[69] o imposto a pagar, por aplicação do princípio do igual sacrifício absoluto, é igual e independente do rendimento, de

---

[69] A curva representativa da utilidade total passa a ser uma semi-recta.

onde deriva um sistema tributário regressivo seguramente incompatível com a ideia de equidade que hoje é prevalecente.

As implicações deste entendimento do igual sacrifício sobre a natureza progressiva, proporcional ou regressiva do sistema fiscal podem ser derivadas formalmente. É o que vamos fazer de seguida tendo em mente que podemos definir estes sistemas a partir do conceito de elasticidade do imposto a pagar em relação ao rendimento. Assim, o sistema é progressivo quando aquela elasticidade é superior à unidade, e proporcional quando igual à unidade[70]. Ou seja, quando:

4) $\varepsilon_Y^T = \dfrac{dT}{dY}\dfrac{Y}{T} > 1$

temos impostos progressivos e quando

5) $\varepsilon_Y^T = \dfrac{dT}{dY}\dfrac{Y}{T} = 1$

temos impostos proporcionais. T significa o montante dos impostos a pagar e Y o rendimento. Como facilmente se interpreta, a inequação em (4) exprime a ideia de que os impostos variam mais do que proporcionalmente com o rendimento, como é próprio de um regime progressivo. Já a Equação (5) diz que os impostos devidos variam na mesma proporção que o rendimento, circunstância em que temos um sistema de tributação proporcional.

Aproveitando as relações anteriores, introduzimos desde já os conceitos de taxa marginal de imposto, que simbolizamos por t', e o de taxa média de imposto, que denotamos por t. A taxa marginal de imposto calcula-se como $\dfrac{dT}{dY}$ e interpreta-se como a variação no imposto a pagar por unidade de variação no rendimento tributável. Quanto à taxa média de imposto, ela obtém-se pelo quociente $\dfrac{T}{Y}$. Atendendo ao que acabamos de definir, podemos agora reescrever a elasticidade do imposto relativamente ao rendimento como uma relação entre estes dois conceitos de taxa de imposto. Assim:

6) $\varepsilon_Y^T = \dfrac{t'}{t}$

Por definição de igual sacrifício absoluto temos que:

7) $\mu(Y) - \mu(Y_d) = K$

---

[70] Musgrave (1959, p. 100) estabelece para este efeito a relação exactamente inversa. Mas isso fica-se a dever ao facto de trabalhar sobre a elasticidade do rendimento disponível em relação aos impostos cobrados.

onde K é uma constante e Y_d é o rendimento disponível depois de impostos que se encontra definido formalmente pela Equação (8). Nesta mesma Equação, T(Y) são os impostos devidos pelos contribuintes expressos como uma função positiva do rendimento Y.

8) $Y_d = Y - T(Y)$

Derivando a Equação (7) em ordem a Y obtém-se[71]:

9) $\dfrac{dT}{dY} = \dfrac{\mu'_{Yd} - \mu'_Y}{\mu'_{Yd}}$

O segundo membro desta igualdade exprime a variação relativa da utilidade marginal do rendimento à medida que o rendimento líquido do indivíduo varia como resultado do imposto. Para uma dada taxa de imposto, a utilidade marginal do rendimento disponível é também função de Y[72]. Logo, podemos reescrever a Equação (9) em termos de variações sobre domínios contínuos como:

10) $\dfrac{dT}{dY} = \dfrac{d\mu'_Y}{\mu'_{Yd}}$

Finalmente, multiplicando a expressão anterior por $\dfrac{Y}{T}$ e considerando um imposto infinitesimalmente pequeno e que $T = dY$, chegamos à relação que procuramos[73]:

11) $\dfrac{dT}{dY}\dfrac{Y}{T} = \dfrac{\dfrac{d\mu'_Y}{\mu'_Y}}{\dfrac{dY}{Y}}$

que será maior ou igual a um consoante tenhamos impostos progressivos ou proporcionais.

A expressão cuja derivação acabámos de realizar é a elasticidade da utilidade marginal do rendimento em relação ao rendimento e é a demonstração do que escreve Musgrave (1973, p. 200) "...*This much is clear but it does not follow that a progressive tax will be called for. As may be shown*

---

[71] Com o objectivo de simplificar a notação, optamos, daqui em diante, pela simbologia cuja expressão geral é μ'_x e que significa primeira (´) derivada da função μ em ordem à variável X. Assim, por exemplo, μ'_{Yd} é a primeira derivada da função utilidade (μ) em ordem ao rendimento disponível (Y_d).

[72] Ou seja, é a utilidade marginal do rendimento avaliada para o valor do rendimento $(1-t)Y$, em que t é um parâmetro, tal que $o < t < 1$.

[73] dY é a variação verificada na variável Y sobre espaços contínuos. d significa justamente este tipo de variação relativamente à variável que surge à sua direita.

mathematically, the required tax distribution will be progressive, proportional or regressive, depending on whether the elasticity of the marginal income utility with respect to income is ... than unity".

5.1.2.1.2. A Teoria do Igual Sacrifício Proporcional

Quando se adopta o entendimento de igual sacrifício proporcional, tal como ilustrado pela Figura 16, temos que os impostos são lançados sobre ambos os sujeitos de tal maneira que:

12) $\dfrac{\mu_{RA} - \mu_{RD}}{\mu_{RA}} = \dfrac{\mu_{PA} - \mu_{PD}}{\mu_{PA}} = k$

em que k é uma constante de proporcionalidade. De novo é verdade que também neste caso o imposto total a suportar pelo mais rico excede o que é devido pelo outro contribuinte, mas também daí não decorre por si só nenhum tipo particular de sistema, a não ser que a utilidade marginal do rendimento seja constante, caso em que o sistema é proporcional. Analisemos formalmente esta última situação partindo da relação dada pela Equação (12). Considerando essa relação, estamos em condições de escrever a Equação (13).

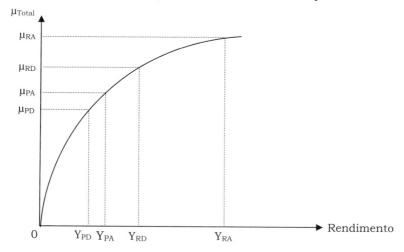

FIGURA 16 – **Igual Sacrifício em Termos Proporcionais**

13) $\mu(Y_d) = (1 - k)\,\mu(Y)$

onde k é uma constante que assume valores no intervalo $]0,1[$.

Diferenciando totalmente a expressão anterior em relação a *Y* obtemos:

14) $\dfrac{dT}{dY} = \dfrac{\mu'_{Yd} - (1-k)\mu'_y}{\mu'_{Yd}}$

Sendo a utilidade marginal constante, a Equação (14) simplifica-se para:

15) $\dfrac{dT}{dY} = k$

A interpretação deste último resultado diz-nos que a taxa marginal de imposto, por definição $\frac{dT}{dY}$, é constante e igual a *k*. Ora, quando isto sucede, também se sabe que a taxa média de imposto, $\frac{T}{Y}$, é igual à taxa marginal. Assim, multipliquem-se agora ambos os termos da igualdade acima por $\frac{Y}{T} = \frac{1}{k}$, para chegarmos à expressão da respectiva elasticidade das receitas fiscais em relação ao rendimento, tal como surge imediatamente abaixo:

16) $\varepsilon_Y^T = 1$

Isto é, esta elasticidade é igual à unidade, e isto mesmo é o que sobrevém quando o regime fiscal é proporcional.

5.1.2.1.3. A Teoria do Igual Sacrifício Marginal

Para concluirmos esta matéria, vejamos, por fim, na Figura 17, o que acontece quando se trata da igualdade marginal do sacrifício. Para a cobrança fiscal pretendida, os impostos são distribuídos de maneira a que a utilidade marginal do rendimento depois de impostos seja a mesma para todos os contribuintes. No caso que é ilustrado na figura, onde o montante dos impostos a cobrar é superior à diferença entre os rendimentos individuais antes de impostos, a solução encontra-se abaixo de μ_{PA}, por exemplo no ponto A. Esta tributação tem assim como efeito igualar os rendimentos de ambos, líquidos de impostos. Este resultado só não se verifica quando as receitas pretendidas são de montante inferior à diferença entre os rendimentos individuais.

A repartição da carga fiscal em função deste entendimento é fortemente redistributiva na condição de a utilidade marginal do rendimento ser decrescente, mas indeterminada se aquela utilidade marginal fôr constante.

FIGURA 17 – **Igual Sacrifício em Termos Marginais**

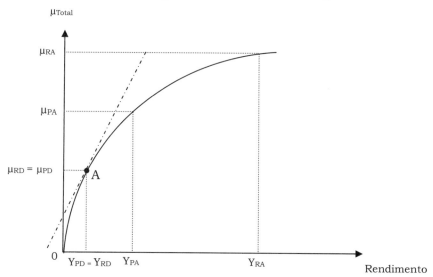

5.2. *Eficiência*

A grande maioria dos impostos, tanto os directos quanto os indirectos, altera os preços relativos e, por isso, não são neutrais do ponto de vista da eficiência económica. Não o sendo, afectam as escolhas dos indivíduos relativamente às que seriam as suas decisões na ausência deles e, por consequência, introduzem distorções na afectação dos recursos económicos. Pelo contrário, os impostos neutrais, designados comummente na literatura anglo-saxónica por *lump-sum*, são aqueles que, por não modificarem os preços relativos, não induzem alterações no comportamento das pessoas para além das que derivam da redução da procura associada ao decréscimo dos seus rendimentos, o sobejamente conhecido efeito-rendimento. Estes impostos são lançados sobre bases tributárias que os contribuintes não conseguem alterar, tais como quando o seu valor é fixado em função do sexo ou da idade[74], em geral, quando o seu montante é independente do rendimento ou da riqueza.

---

[74] Exemplos meramente académicas para inequivocamente se explicar o significado de impostos *lump-sum*.

O lançamento de impostos indirectos altera a combinação dos bens que é produzida e consumida e até, numa lógica concorrencial entre países, particularmente perceptível em zonas fronteiriças, os locais onde são adquiridos, provocando com isso a reafectação da sua produção entre Estados soberanos, com toda a série de consequências associadas como, por exemplo, a distribuição do emprego e do crescimento económico. Por outro lado, os impostos directos influenciam criticamente decisões muito importantes como a afectação do tempo entre trabalho e lazer; a afectação do rendimento entre poupança e consumo; a reafectações dos factores de produção entre sectores de actividade no caso de os rendimentos neles originados serem tributados de forma desigual; a relocalização das actividades económicas se os regimes de tributação directa divergirem entre locais; as formas sob as quais são pagas as próprias remunerações dos factores de produção; etc.

Para além de influírem sobre os padrões de eficiência económica também determinam importantes decisões de natureza não económica, muitas vezes identificadas com a cultura e tradições seculares bem arreigadas na comunidade, ao discriminarem, involuntária ou deliberadamente, entre pessoas e grupos populacionais em função, por exemplo, do estado civil e de outros elementos caracterizadores. A decisão entre casamento ou união de facto, de a esposa trabalhar ou ficar em casa a cuidar dos filhos, de alguém prosseguir os seus estudos ou de ingressar mais cedo no mercado de trabalho, de quais as características arquitectónicas dos edifícios construídos bem assim como os locais em que o são e até os materiais que são empregues, porventura até os momentos escolhidos para a prática de certos actos, constituem exemplos que ilustram o que se acaba de afirmar. Na verdade, poucas são as coisas ligadas à vida dos indivíduos e das organizações capazes de escaparem à influência dos impostos!

Face à impossibilidade do uso de impostos *lump-sum*, a literatura especializada tem buscado soluções no domínio do *second-best*. Ramsey, no contexto da tributação indirecta, e Mirrlees no da tributação directa, são autores de referência no domínio conhecido por tributação óptima.

Toda a matéria pertinente à eficiência económica (conceito, falhas de mercado, implicações, políticas) encontra-se exaustivamente desenvolvida no livro *Economia Pública – eficiência económica e teoria das escolhas colectivas* (2008), deste mesmo autor.

5.3. *Minimização dos Custos de Administração e de Cumprimento*

Entre os países que integram a OCDE, e também entre aqueles que lhe são exteriores, é possível encontrar uma grande variedade de modelos institucionais e organizacionais das respectivas administrações fiscais, assim como quanto às suas competências e graus de autonomia. As diferentes soluções que sejam adoptadas têm um impacto directo não apenas sobre os custos e níveis de eficiência desses serviços do Estado, como igualmente sobre as próprias soluções e incentivos que é possível propiciar aos contribuintes para o cumprimento das suas obrigações fiscais e dos quais dependem os encargos que para o efeito eles têm que suportar.

Ao conjunto das despesas correntes e de capital que resultam para o Estado da existência e funcionamento da máquina fiscal, com todas as suas competências e atribuições, a título de salários, equipamentos, rendas e outros encargos com viaturas, energia, etc., dá-se a designação de custos de administração. A expressão monetária destes custos depende de uma série de factores compreendendo a própria complexidade do sistema fiscal em vigor a qual, quiçá, se estabelece como a principal determinante.

Os custos de cumprimento correspondem aos encargos que os contribuintes são forçados a suportar para satisfazerem todas as obrigações fiscais que sobre eles impendem. O conceito abrange tanto custos directos, como as remunerações que eventualmente são pagas a contabilistas para manterem toda a documentação atinente devidamente organizada e, além disso, preencherem correctamente, e dentro dos prazos legalmente fixados, todas as declarações fiscais exigidas, como ainda os custos de oportunidade que sobre eles recaem, como os do tempo empregue no cumprimento de tais tarefas se e quando elas forem executadas pelo próprio contribuinte.

No desenvolvimento deste ponto, vamo-nos concentrar na explanação das seguintes matérias relativas à administração fiscal: 1) modelos institucionais e competências; 2) graus de autonomia da administração fiscal; 3) modelos organizacionais; 4) preenchimento de declarações de rendimento, liquidação e controlo relativos aos impostos mais importantes; 5) indicadores de desempenho.

5.3.1. *Modelos Institucionais e Competências*

Os modelos institucionais vigentes reflectem, em grande medida, a organização política e administrativa de cada país e respectivas tradições.

Tomando como referência a sistematização realizada pela OCDE (2006), a estrutura e as inter-relações entre os serviços da administração fiscal nos diversos países da amostra, tendo em conta as variadas tarefas que lhes estão cometidas e os níveis de autonomia que lhes estão associados, desenvolvem-se segundo quatro modelos alternativos[75]:

a) Serviço unificado e semi-autónomo, dotado de uma vasta gama de competências, responsável pela administração da maioria, se não mesmo da totalidade dos impostos, que responde directamente perante o ministro da tutela; este modelo vigora em 23 dos 44 países da amostra, entre os quais a Hungria, a Irlanda, a Espanha e também a Austrália, o Canadá e os E.U.A.;
b) Serviço unificado e sem níveis relevantes de autonomia, como na Áustria, República Checa, Dinamarca, Holanda e Suiça;
c) Serviços não unificados integrados no Ministério das Finanças e sem níveis relevantes de autonomia, sendo exemplos Portugal, Bélgica, França, Alemanha, Grécia, Luxemburgo e Polónia;
d) Serviços descentralizados e partilhados entre o governo central e níveis sub-nacionais da administração pública gozando de diversos graus de autonomia.

Num certo número dos países que seguem a primeira das vias supramencionadas, como sejam a Austrália, o Canadá, a Finlândia, a Suécia, o Reino-Unido e os E.U.A., foi instituído um conselho de gestão que hierarquicamente se situa entre o director do serviço e o ministro da tutela. Na sua composição figuram individualidades exteriores ao serviço e delas se esperam avaliações e conselhos independentes sobre o seu funcionamento corrente e sobre o próprio modelo de gestão, assim como se espera que intervenham na formulação dos correspondentes planos estratégicos de desenvolvimento.

Em alguns países, tanto da OCDE como a ela estranhos, a administração fiscal recebe bastantes incumbências que, para nós, habituados a um contexto diverso, estariam fora da sua esfera de responsabilidades. Por exemplo, no Canadá, na Finlândia, na Hungria, na Itália, na Holanda, na Suécia e em alguns outros é a ela que compete cobrar as contribuições para

---

[75] A Itália parece configurar-se como um caso distinto dos restantes. A referida publicação da OCDE apresenta-a como estando dotada de um serviço semi-autónomo, mas já não unificado, uma vez que as funções relacionadas com a fraude fiscal são competência de outro serviço governamental, o mesmo, aliás, acontecendo com a cobrança das dívidas fiscais.

a segurança social[76]. Evidentemente, outros há, entre os quais estão Portugal, o Japão, a Grécia e a Espanha, onde essa responsabilidade é atribuída a departamentos específicos do Estado. Sucede ainda, e com alguma frequência, que à administração fiscal estão cometidas responsabilidades alfandegárias, como seja a aplicação do correspondente normativo legal: a Áustria, a Bélgica, a Dinamarca, o Reino-Unido, a Holanda, o Luxemburgo e a Irlanda são exemplos disso. Finalmente, constata-se em alguns Estados que outras funções de natureza não fiscal são igualmente cometidas à administração fiscal; estamo-nos a referir, a título de exemplo, ao pagamento de benefícios sociais, entre eles as bolsas de estudo (Austrália, Dinamarca, Grécia, Reino-Unido e Nova-Zelândia), ao pagamento de dívidas não tributárias do Estado, e até à execução e manutenção dos registos demográficos (Noruega e Suécia), assim como bastantes outras de cariz muito diversos. De facto, e novamente com base na informação veiculada pela OCDE (2006), só quatro dos 30 países daquela organização é que, de todo, não atribuem a esses serviços funções não fiscais, e tenha-se em atenção que se trata de uma tendência que se tem vindo a reforçar ao longo dos últimos tempos.

Não obstante a diversidade de soluções possíveis, têm-se afirmado progressivamente quatro linhas de tendência relativamente ao enquadramento institucional da administração fiscal e das suas competências, a saber:

a. Atribuição de competências sobre impostos directos e indirectos a um único serviço;
b. Atribuição de níveis de autonomia crescentes à administração fiscal;
c. Integração da cobrança das contribuições para a segurança social com a dos demais impostos;
d. Reconhecimento de que a administração fiscal é um organismo singular da administração pública que, por isso mesmo, justifica meios e princípios de gestão particulares.

A tendência para a integração das cobranças das contribuições para a segurança social com a dos impostos justifica-se pela dimensão das economias de escala que é possível explorar. Tenha-se em atenção a similitude entre os requisitos e as operações necessários à execução de ambas as

---

[76] Dos 28 países da OCDE a maioria, 17, cobra as contribuições para a segurança social por via de serviços não integrados na administração fiscal.

cobranças. É possível identificar tais similitudes, ou mesmo coincidências, nos seguintes elementos, entre outros:

a. Identificação e registo de contribuintes;
b. Sistemas de recolha de informação assentes geralmente na mesma conceptualização de rendimento e incidindo sobre os mesmos agentes económicos;
c. Sistemas de retenção na fonte com posterior pagamento pelas entidades patronais;
d. Mecanismos de fiscalização e controlo da exactidão das declarações prestadas;
e. Mesmas problemáticas respeitantes aos incentivos ao cumprimento;
f. Mesmos procedimentos de fiscalização; etc.

Não se estranha, portanto, baseados nestes elementos, que a extensão destas funções à administração fiscal consubstancie a eliminação de duplicações e se possa fazer, por isso, com reduzidos custos marginais.

5.3.2. A Autonomia da Administração Fiscal

O grau de autonomia da administração fiscal depende, desde logo, da forma de governo, das tradições e também da própria consistência da administração pública em geral. Certo é que do grau de autonomia daqueles serviços depende, em grande medida, a sua própria eficiência.

Essa autonomia, ou autoridade do próprio serviço, manifesta-se em competências tais como (OECD, 2006):

a) Capacidade para interpretar e aplicar a lei;
b) Aplicação e cobrança de coimas e de juros pelo não cumprimento de obrigações fiscais;
c) Capacidade de decisão sobre a sua própria organização interna, incluindo a localização e dimensão das repartições fiscais, assim como autoridade para definir os planos estratégicos e operacionais;
d) Afectação interna da respectiva dotação orçamental;
e) Decisão sobre o número e composição dos seus funcionários;
f) Autoridade para gerir serviços informáticos próprios ou, então, para fazer a sua contratação externa;
g) Decisão sobre objectivos a atingir e fixação dos critérios de avaliação de desempenho dos funcionários;
h) Capacidade para influenciar os critérios de recrutamento e selecção do pessoal;
i) Capacidade para contratar e despedir pessoal;
j) Capacidade para negociar a remuneração do pessoal ao seu serviço.

Em relação aos países da OCDE há um conjunto muito vasto em que as respectivas administrações fiscais gozam de autonomia sobre a totalidade destas rubricas; é o que acontece na Austrália, no Canadá, na Finlândia, na Islândia, na Irlanda, na Itália, na Coreia, no México, na Holanda, na Nova-Zelândia, na Espanha, na Suiça, no Reino-Unido e nos E.U.A.. A Noruega e a Suécia apenas não cumprem o terceiro elementos supracitado. A situação portuguesa é bem diversa; efectivamente, a nossa administração fiscal só possui autonomia em quatro dos casos, que são também aqueles que se verificam em praticamente todos os países da OCDE; são eles os indicados em a), b), g) e h) (OECD, 2006).

5.3.3. Modelos Organizacionais

Existem quatro modelos básicos segundo os quais se organiza e estrutura a administração fiscal no conjunto dos países referido pelo citado estudo da OECD. Pela ordem cronológica em que foram surgindo, são eles os seguintes:

a) Segundo o tipo de imposto;
b) Funcional;
c) Segundo o tipo de contribuinte;
d) Híbrido, na medida em que associa os modelos precedentes ainda que com desiguais importâncias relativas.

O modelo mais antigo, como se acaba de escrever, é o que se estrutura por departamentos especializados de acordo com o tipo de imposto. Assim, teremos um serviço para o IVA, outro para o IRC, outro para o IRS e por aí adiante, sendo eles largamente auto-suficientes e independentes entre si. Com o tempo foi-se percebendo que este modelo apresenta inúmeras insuficiências, entre as quais se apontam:1) duplicação de funções que impedem a minimização dos custos de administração do conjunto da administração fiscal; b) grande inconveniência para os contribuintes em sede de vários impostos, traduzindo-se em custos de cumprimento mais elevados por virtude do tempo adicional que é dispendido na circulação entre serviços com repetição de diligências e probabilidades aumentadas quanto a confusões, equívocos e extravios de documentação relevante; c) ineficiente gestão dos recursos humanos, sobretudo do pessoal qualificado, uma vez que ele fica rigidamente adstrito a cada serviço.

Em grande medida para corrigir os problemas identificados no parágrafo anterior, concebeu-se a estrutura funcional que parte de uma visão integrada de todos os serviços, sistematizando as diversas tarefas de acordo com a respectiva natureza e disponibilizando-os para o conjunto da administração fiscal e, portanto, para o tratamento dos vários impostos também. Como exemplos dessas funções temos a recepção e tratamento das declarações fiscais, a cobrança, a fiscalização, a execução e, claro está, os serviços informáticos. A Itália é um exemplo de aplicação do modelo funcional. O seu organograma é apresentado na Figura 18 (OECD, 2006, p. 19).

Embora as vantagens do modelo funcional sejam evidentes, não deixa nem por isso de apresentar alguns inconvenientes, nomeadamente o da estandardização de procedimentos. É que nem todos os contribuintes enfrentam os mesmos problemas, possuem as mesmas necessidades e dispõem dos mesmos meios de acção e de captação de informação, para além de que também são distintos os seus padrões de comportamento fiscal exibindo, por isso, diferentes níveis de risco de cumprimento. Todas estas constatações justificam a evolução para o modelo que podemos apelidar de terceira geração e que assenta na diferenciação entre contribuintes.

Este último modelo, a que agora nos referimos, agrupa algumas das funções mais importantes por tipo de contribuinte: grandes empresas, pequenas e médias empresas, trabalhadores por conta de outrém, etc. Para além de tornar o sistema mais eficiente, em consequência da redução dos custos de funcionamento e de cumprimento que permite, crê-se igualmente que é vantajoso por ser capaz de transmitir ao contribuinte uma imagem mais amigável e prestimosa da administração fiscal.

O que se constata na prática é o predomínio da preferência por modelos híbridos assentes na combinação entre alguns dos acima mencionados, mas onde o mais estruturante é o funcional conjugado com a disponibilização de um serviço especializado nos grandes contribuintes.

Os E.U.A. são um exemplo de conjugação entre o modelo funcional e o que assenta na diferenciação entre grupos de contribuintes. Aí, este aspecto assume um relevo bastante acima do que é comum nos demais países onde essa preocupação influenciou a organização dos respectivos serviços. O organograma da administração fiscal dos E.U.A. (*Internal Revenue Service*) é reproduzido na Figura 19 (OECD, 2006, p. 18). Para melhor compreensão deste modelo organizacional tomemos a Divisão das Grandes e Médias Empresas e analisemo-la com maior detalhe. A sua missão é servir empresas com activos superiores a 10 milhões de USD, algo que em 2004 representou 48000 contribuintes a quem coube pagar cerca de 145 biliões de USD em impostos. Internamente a Divisão encontra-se estruturada segundo cinco sectores de actividade económica cujas sedes se localizam nas regiões do país onde cada um deles tem a sua maior expressão relativa. Os sectores de que estamos a falar são cinco: indústria pesada e transportes; recursos naturais e construção; serviços financeiros; comunicações, tecnologia e media; retalhistas, alimentação, indústria farmacêutica e cuidados de saúde.

FIGURA 18 – **Modelo Organizacional da Administração Fiscal na Itália**[77]

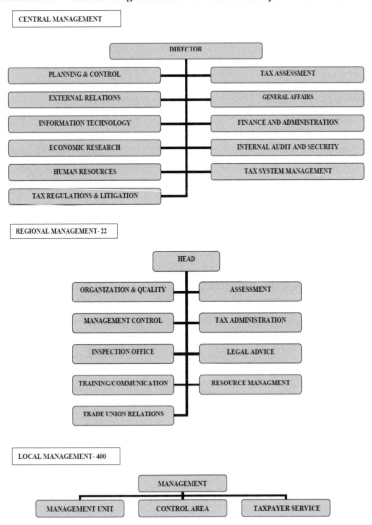

[77] Fonte: OECD.

FIGURA 19 – **Modelo Organizacional da Administração Fiscal nos E.U.A.**[78]

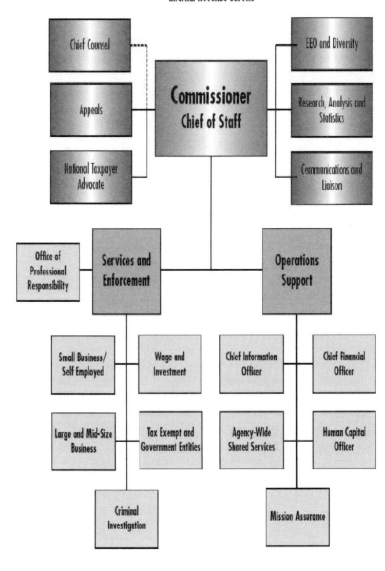

---
[78] Fonte: OECD.

5.3.4. *Preenchimento de Declarações, Liquidação e Controlo Relativos a Alguns Impostos*

Na maioria dos países os imposto sobre os rendimentos do trabalho dependente e, da mesma forma, as contribuições para a segurança social, são retidos na fonte pelas entidades patronais. Como excepções a este procedimento temos, por exemplo, a França, a Suíça e Singapura. A retenção na fonte pode ser do tipo cumulativo ou não cumulativo. Em qualquer dos casos o funcionário é sempre obrigado a fornecer à entidade patronal um conjunto de informações relevantes do ponto de vista fiscal atinentes às suas condições particulares. Entre essas informações figuram, para além de outras, o estado civil, o número e idades dos descendentes e o número de ascendentes a cargo, com a finalidade de habilitar a entidade patronal a calcular o montante do imposto a reter periodicamente, por via de regra o mês.

Na eventualidade de a retenção ser cumulativa, o imposto a pagar mensalmente é calculado aplicando-se a taxa de imposto correspondente ao valor total das remunerações pagas desde o princípio do ano fiscal em curso, incluindo as do mês relativo à retenção em vias de processamento, e procedendo-se de imediato os acertos que haja a fazer. A intenção subjacente é a de minimizar os custos de cumprimento e de administração. De facto, se o regime funcionar como se espera, no final do ano o imposto liquidado deve corresponder ao imposto efectivamente devido, dispensando a apresentação de declarações periódicas de rendimento[79], o consequente tratamento por parte da administração fiscal e os acertos finais de contas entre os contribuintes e o fisco, seja na forma de devoluções de impostos pagos em excesso seja na forma de liquidações adicionais a favor do Estado. Evidentemente, estes objectivos só são possíveis em regimes fiscais suficientemente simplificados nos quais, por exemplo, as deduções e os créditos fiscais tenham uma expressão reduzida ou, em alternativa, deverão estar instaurados procedimentos pelos quais a administração fiscal[80] elabora a tabela com as taxas de imposto a aplicar individualmente para efeitos de retenção na fonte, as quais co-

---

[79] Esse não será, obviamente, o caso quando o contribuinte desenvolver mais do que uma actividade.

[80] Ou quem de direito, considerando o ordenamento jurídico aplicável em cada país em concreto.

municará às entidades patronais para processamento. Este sistema vigora em 14 dos países da OECD, entre os quais se encontram os seguintes: Áustria, República Checa, Alemanha, Irlanda, Itália, Japão, Holanda e Reino-Unido. Fora da OECD é também dominante, tendo sido adoptado pela Argentina, Chile, Brasil, Rússia e tantos mais.

Quanto ao sistema não cumulativo, que é o que se aplica em Portugal, as retenções mensais têm igualmente em conta as informações prestadas à entidade patronal pelos respectivos funcionários em relação a um número limitado de indicadores fiscais referentes às suas condições específicas. Todavia, o imposto retido é calculado numa base periódica em função de uma tabela emanada do Ministério das Finanças que toma como base as remunerações mensais pagas pelos empregadores. No final do ano fiscal há lugar ao preenchimento pelos contribuintes de uma declaração de rendimentos onde têm cabimento as deduções e os créditos fiscais a que têm direito face à legislação fiscal aplicável, com os correlativos acertos de contas entre eles e a administração fiscal. Para além de Portugal, os países da OECD que integram este grupo são a Austrália, a Bélgica, o Canadá, a Grécia, a Hungria, a Polónia, a Espanha e os E.U.A.

A França, a Suíça e Singapura utilizam na cobrança dos impostos sobre os rendimentos do trabalho dependente o sistema dos pagamentos por conta. No termo de cada ano devem-se preencher as declarações de rendimento e efectuam-se os acertos de valores que sejam apurados.

5.3.4.1. *Pré-Preenchimento das Declarações de Rendimentos*

Nos últimos 20 anos os países nórdicos (Noruega, Suécia, Dinamarca, Estónia, Finlândia e Islândia) e, mais recentemente, o Chile, a Espanha e Portugal, ainda que este último numa fase muito experimental, começaram a aplicar declarações de rendimento pré-preenchidas, a que alguns preferem chamar de *propostas* de declaração de rendimentos. Os benefícios que se lhes apontam são:
  a. Redução dos custos de cumprimento;
  b. Maior certeza e segurança para os contribuintes quanto à exactidão das suas declarações fiscais tanto em termos de rendimentos declarados como de deduções e de créditos fiscais;
  c. Maior rapidez no processamento das declarações de rendimento e nos acertos de contas;

d. Redução da necessidade de a administração fiscal controlar, por via de fiscalizações externas[81], a exactidão das declarações dos contribuintes, com evidentes poupanças de recursos;
e. Incentivo ao preenchimento das declarações em termos exaustivos e rigorosos;
f. Melhor imagem da administração fiscal junto dos cidadãos, uma vez que o pré-preenchimento é susceptível de ser interpretado pelo público como um serviço personalizado que lhe é prestado pelo fisco[82].

As declarações pré-preenchidas são depois enviadas para os contribuintes por via electrónica para serem por eles confirmadas ou concluídas, até porque a administração fiscal pode não estar na posse de todos os elementos necessários.

Para além dos salários, a retenção de impostos na fonte aplica-se na generalidade dos países aos rendimentos provenientes de dividendos e de juros. Há, contudo, excepções e tal é o caso da Austrália, do Canadá, dos E.U.A e, mais uma vez, da França. Já para as remunerações do trabalho independente o princípio é a não retenção na fonte; as excepções à regra entre os países da OECD são a Grécia, a Hungria, a Coreia do Sul, o México, a Nova-Zelândia, a Espanha e a Turquia. Em alguns dos países faz-se a retenção em relação a estes rendimentos apenas se estiverem preenchidos certos requisitos prévios, por exemplo, em Portugal há retenção sempre que os honorários sejam pagos por entidades com contabilidade organizada.

Com o propósito de controlar a veracidade das declarações de rendimento por cruzamento de dados, e disponibilizar aos contribuintes as declarações pré-preenchidas, a administração fiscal tem vindo a impor, a um número crescente de agentes económicos, a obrigação de prestar informação sobre rendimentos que eles tenham pago ou obtido de terceiros. Para as entidades patronais que pagam salários e contribuições para a segurança social, essa obrigação já existe há muito tempo e é comum a todos os países. Prestação de informação sobre dividendos e juros pagos é também relativamente comum mas detecta-se já um número razoável de países onde essa obrigação não existe, pelo menos para um desses tipos de rendimento, como na Áustria, na Bélgica, na Grécia, no México, na Holanda[83], na Polónia, na Suiça, no Luxemburgo e na República Eslovaca.

---

[81] A fiscalização passa a ser feita fundamentalmente pelo cruzamento de informação.

[82] Esta é, talvez, a principal vantagem que a administração fiscal refere publicamente para promover a aceitação do sistema pelos contribuintes.

[83] Na Holanda, a tributação de dividendos e de juros reveste-se de carácter excepcional. Por exemplo, os dividendos só são tributados no caso de os titulares deterem uma

FIGURA 20 – **Fases do Processamento das Declarações de Rendimento Pré-Preenchidas (OECD, Março 2006)**

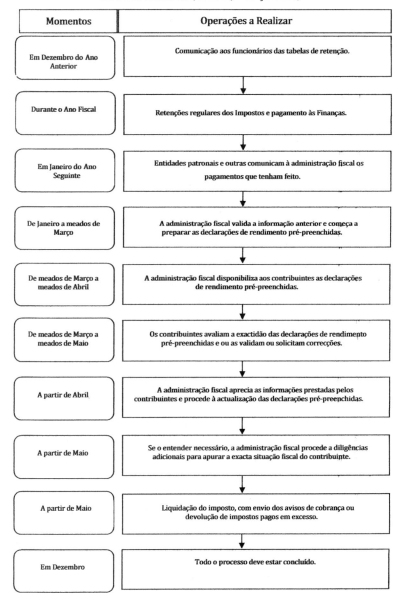

participação inferior a 5% do capital social. Assim, o limite mínimo para a *participation exemption* são esses 5%.

A obrigatoriedade de prestar informação à administração fiscal em relação a rendas, trabalho independente e venda de activos mobiliários e imobiliários varia significativamente entre países. A diversidade que se observa a este título tem como primeira explicação a avaliação económica que cada um deles faz em termos de benefícios e de custos. Os benefícios que se podem imputar à informação adicional são naturalmente as receitas fiscais adicionais que ela faculta, enquanto os custos são tanto os administrativos quanto os de cumprimento. Pode suceder que os rendimentos sobre os quais incide a informação solicitada não tenham expressão suficiente no PIB para serem capazes de gerar receitas fiscais adicionais significativas, enquanto que, considerando a estrutura da economia quanto à dimensão dos agentes económicos envolvidos nessas transacções e aos sistemas de informação por eles geralmente utilizados, os custos administrativos e de cumprimento possam ser bastante expressivos. Justifica-se, desta maneira, o caso português onde só se exige a prestação de informação relativamente a rendas e a remunerações por trabalho independente quando as entidades pagadoras têm contabilidade organizada. Contudo, a explicação correcta nem sempre será esta em todas as situações que se encontram; veja-se o caso do Luxemburgo onde só se impõe a prestação dessa informação relativamente a salários e a dividendos mas já não quanto a juros, naturalmente em virtude do interesse para a economia local do sigilo das operações financeiras.

É do mesmo modo essencial a prestação de informação sobre pagamentos efectuados, tais como seguros, pensões, juros com empréstimos à habitação, propinas escolares e encargos com a saúde a fim de serem determinadas as deduções a que o contribuinte tem direito no ano fiscal em causa.

O correcto funcionamento deste sistema de prestação de informações ao fisco, em termos de rapidez e de fiabilidade, exige a concorrência simultânea de alguns requisitos essenciais. Entre eles são de destacar: 1) disponibilidade pela administração fiscal de um sistema informático compatível, em termos de *hardware* e de *software*, com o volume e a natureza da informação a tratar; 2) capacidade para a informação exigida ser fielmente captada e remetida pelos agentes económicos em suporte digital; 3) garantia de correcta identificação dos contribuintes envolvidos nas transacções reportadas, designadamente através da atribuição de uma identificação fiscal única, de maneira a prevenirem-se enganos e confusões no cruzamento informático de uma imensa quantidade de dados.

5.3.4.2. Cobrança do Imposto Devido por Pessoas Colectivas

Consideremos agora as práticas relativas à cobrança do imposto sobre o rendimento das pessoas colectivas. Em todos os países vigora o regime dos pagamentos por conta; porém, divergem bastante entre si no modo como o executam, nomeadamente em relação aos seguintes aspectos:

a) Número de pagamentos em cada ano;
b) Base de cálculo das importâncias a liquidar;
c) Prazos para a cobrança desses valores.

O número anual de pagamentos varia entre o mínimo de um (Japão e Coreia) até um máximo de doze (Canadá, México, Hungria, etc.), passando por dois (Dinamarca, Irlanda, Itália, etc.), três (Nova-Zelândia, Portugal, Espanha, etc.), quatro (Austrália, Áustria, Bélgica, etc.), cinco (Grécia), seis (África do Sul) e dez (Argentina). Por vezes, o número de pagamentos que é solicitado depende da dimensão do contribuinte, impondo-se uma menor frequência aos de menor dimensão (Finlândia, Hungria, República Eslovaca, Rússia).

As bases de cálculo variam, podendo ser uma percentagem das cobranças realizadas no ano anterior ou, então, uma percentagem da matéria colectável prevista para o ano fiscal que esteja a decorrer. De qualquer dos modos é evidente a tendência dos países para maximizarem as importâncias cobradas às pessoas colectivas no próprio ano a que a matéria colectável se reporta, reduzindo, tanto quanto possível, o desfasamento temporal entre a produção dos rendimentos e o pagamento dos impostos que incidem sobre eles.

5.3.4.3. Sistemas de Controlo das Declarações de Rendimentos

Por fim, uma palavra a respeito dos procedimentos aprovados para o controlo das declarações de rendimentos e cálculo dos impostos devidos. Cerca de metade dos países membros da OECD evoluiu para sistemas de controlo assentes na auto-avaliação dos contribuintes; a outra metade segue, pelo menos formalmente, procedimentos administrativos de verificação prévios à emissão das notas de liquidação. De facto, a maior parte destes últimos já automatizou a análise das declarações de rendimento, e só uma parte delas é seleccionada para controlo antes da emissão e envio das respectivas notas de liquidação dos impostos apurados. A passagem para o modelo de auto-avaliação reflecte principalmente a preocupação de aumentar a eficiência da máquina fiscal, rentabilizando os recursos afectos ao controlo da evasão e da fraude fiscal, e a de reduzir os custos de cumprimento para os contribuintes. Entende-se que o controlo desses comportamentos ilegais será mais profícuo se, em vez de ter um carácter generalizado e, portanto, aleatório em relação ao conjunto dos contribuintes, for mais selectivo tomando em consideração o valor potencial dos impostos a recuperar e uma cuidada análise de risco em função dos tipos de contribuintes e da natureza das transacções.

A eficiência de que falamos revela-se não apenas em termos do montante dos impostos recuperados, mas também na redução da conflitualidade com expressão judicial entre a administração fiscal e os contribuintes e, finalmente, no encurtamento do tempo necessário ao fisco para cobrar os impostos a que tenha direito.

5.3.5. Indicadores de Desempenho

É normalmente utilizado um conjunto de indicadores para estabelecer comparações internacionais quanto aos padrões de eficiência das várias administrações fiscais nacionais. Contudo, chama-se desde já a atenção para que tais comparações se devem fazer com grande prudência e cautela, por razões que a seguir serão explicadas.

Dois indicadores a que frequentemente se recorre relacionam o número de funcionários com o número total de habitantes do país ou, em alternativa, com a sua força de trabalho. Em 2004 o Estado português ocupava nessas funções 11560[84] indivíduos, ou seja, 1 funcionário por 909 habitantes e por 474 trabalhadores. O indicador número de habitantes por funcionário regista o seu valor mais alto na Suiça (7391), seguindo-se-lhe o México (3889), os E.U.A. (2974), a Coreia do Sul (2824), o Japão (2270), a Turquia (1797), a Itália (1659), a Espanha (1557), a Áustria (1533) e a Hungria (1075). Todos os outros países da OECD apresentam rácios inferiores ao milhar, tal como a Austrália com 974 habitantes por funcionário. Os valores mais baixos pertencem à Bélgica (528) e ao Luxemburgo (361). No que toca ao rácio número de trabalhadores por funcionário, as posições relativas tendem naturalmente a manter-se: Suiça (4368), México (1592), E.U.A. (1505), Coreia do Sul (1373), Japão (1181), etc. Portugal, com os valores acima expostos, surge com um indicador da mesma ordem de grandeza

---

[84] Para efeitos deste indicador, o estudo da OECD (2006) que constitui a fonte desta informação não considerou os funcionários ocupados em funções de natureza não fiscal que, em alguns dos países constituem, não obstante, competências da administração fiscal.

que a Austrália (494), o Canadá (462), a Finlândia (412), a Hungria (442) e a Suécia (416). Com valores inferiores a estes temos, por exemplo, a Bélgica (246), a Dinamarca (293), o Luxemburgo (216) e outros mais.

Porém, dos números que se acabam de expor não se podem extrair, na ausência de informação adicional que não temos, conclusões quanto à eficiência relativa dos serviços em causa. Como sabemos, as tarefas a cargo das administrações fiscais não são exactamente as mesmas em toda a parte, nem sequer aproximadamente isso acontece muitas vezes. Nem tão pouco o grau de complexidade das funções a cumprir é similar, dependendo, em grande medida, da implantação ou não de mecanismos de simplificação fiscal como sejam, por exemplo, os seguintes:

a. Recurso generalizado às retenções na fonte;
b. Baixo número de pagamentos anuais;
c. Auto-controlo das declarações de rendimento pelos contribuintes;
d. Montante elevado das transacções efectuadas para que haja lugar a registo em sede de IVA;
e. Deduções e créditos fiscais padronizados;
f. Pré-preenchimento das declarações fiscais apoiado por sistemas informáticos fiáveis;
g. etc..

Particularizando, os valores atinentes à Suiça explicam-se pela circunstância de os serviços nacionais se ocuparem principalmente do IVA porquanto a responsabilidade pelos impostos sobre o rendimento compete principalmente aos cantões. No caso dos E.U.A. não se cobra IVA, e os impostos indirectos são principalmente competência dos Estados federais[85]. No México as receitas fiscais ascendem apenas a 19% do PIB, pelo que a respectiva máquina fiscal há-de necessariamente ter uma dimensão menor da que é comum na generalidade dos países, para além de que estão em vigor medidas de simplificação fiscal, entre elas as retenções generalizadas na fonte, etc. Do mesmo modo, os outros países com elevados valores nestes dois indicadores beneficiam de sistemas bastante simplificados. Por fim, há países, como a Itália, que se apresentam com modelos institucionais nos termos dos quais algumas importantes funções tributárias, e por isso integradas na maioria dos países no corpo das suas administrações fiscais, são desempenhadas por outros organismos com a consequência de

---

[85] Existem igualmente impostos sobre o rendimento que são da competência dos Estados federais.

se subestimarem de maneira substancial os recursos empregues pelas respectivas administrações fiscais.

Um outro indicador frequentemente mencionado para avaliar a eficiência relativa destes serviços é o montante da despesa corrente por unidade de receita fiscal líquida[86] cobrada. Uma redução no seu valor tende a ser interpretada como uma melhoria de eficiência, ou porque houve contenção de custos ou porque se conseguiram cobrar mais impostos com os mesmos recursos. Contudo, importa ter a noção de que o comportamento deste rácio em cada país é susceptível de ser afectado por variáveis que nada têm a ver com a dita eficiência. As receitas podem subir, e o rácio consequentemente baixar, por virtude do aumento das taxas de imposto, do alargamento da base de incidência, da redução das deduções e dos créditos fiscais ou pelo simples crescimento da economia; por outro lado, o rácio pode aumentar por força de investimentos que agravam, pelo menos durante algum tempo, os correspondentes custos de funcionamento. Em nenhum desses casos é lícito afirmar-se que houve seguramente mudanças na eficiência da máquina fiscal.

Comparações internacionais são ainda mais problemáticas pela diversidade de circunstâncias já conhecidas que caracterizam este universo e que são agravadas por diferenças nas cargas fiscais entre países, nas metodologias empregues para calcular os custos correntes (o tratamento dos encargos com as pensões dos funcionários, dos juros pagos sobre impostos pagos em excesso, das amortizações das despesas de capital, etc.) e, finalmente, na utilização de receitas brutas ou líquidas no denominador da expressão[87].

Em alternativa, um outro indicador da eficiência do sistema fiscal, não só da capacidade da máquina fiscal para cobrar mas também dos padrões de cumprimento praticados pelos contribuintes, é a percentagem dos impostos devidos mas não pagos, incluindo aqueles em relação aos quais há acções judiciais em curso, no total dos impostos líquidos cobrados em determinado ano. Em 2004, e para o conjunto dos países da OECD para os quais ele foi calculado, o valor mais baixo foi o da Noruega com 2.4%, seguido pela Suécia com 2.7%, pela Holanda com 3.0% e pela

---

[86] Líquida de devoluções aos contribuintes por montantes pagos em excesso.

[87] Nos E.U.A. e na Irlanda o cálculo é feito com recursos a receitas fiscais brutas enquanto na maioria dos demais países isso se faz com receitas líquidas. A consequência é a sub-estimação dos valores calculados para aqueles dois países em 10 a 12% em relação aos que seriam obtidos com valores líquidos.

Irlanda com 3.4%. Considerando os 24 países da OECD para os quais este indicador se encontra disponível, 15 surgem com menos de 10%; em Portugal, pelo contrário, os impostos por cobrar ascendiam a 51.3% das receitas fiscais líquidas arrecadadas em 2004. Valores semelhantes ao português encontramo-los no México (55.4%) e na Grécia (42.8%).

A estrutura de custos destes serviços é dominada pelos encargos com o pessoal. Apoiando-nos em dados de 2004 (OECD, 2006), constata-se ser a Itália o país da OECD onde os salários menos pesam, pois representam somente 50.8% da totalidade dos custos suportados; segue-se-lhe o Reino-Unido com 59.5%. Com 89.4% a Suiça encontra-se no outro extremo desta escala; também com custos salariais na casa dos 80% encontramos a Áustria, a Bélgica, a França, a Alemanha, a Grécia, o Luxemburgo, o México e Portugal (82.1%). Fora da OECD, a Argentina, com os seus 82.9%, é o país da amostra onde este indicador é mais elevado; pelo contrário, a Lituânia, Singapura e África do Sul, com valores situados entre 50.5% e 59.5%, são os que, em termos relativos, menos gastam com pessoal. De facto, dois terços dos 44 países que formam a amostra estudada apresentam valores no intervalo entre os 60% e os 89.4%.

Uma vez que os sistemas informáticos têm um papel cada vez mais importante no funcionamento da administração fiscal, e constituem um evidente factor da sua modernização, vale a pena conhecermos o peso que os seus encargos representam nos custos destes serviços do Estado. Encontramos valores muito baixos; o mais baixo de todos é de 1% e refere-se à Grécia[88], mas temos outros igualmente baixos como sejam os relativos aos seguintes países: Argentina (2.5%); França (2.8%); Chile (4.0%); Itália (5.1%); Coreia e Espanha (6.1%); Turquia (6.2%); Noruega (7.0%). Singapura é o que mais gasta com a tecnologia informática (26.3%), relativamente próximo da Holanda (24.5%) e da Nova-Zelândia (21.9%). Portugal, com 16.5%, situa-se ao mesmo nível da Dinamarca, com os mesmos 16.5%, dos E.U.A. (16.4%), do Reino-Unido (16.8%) e da Finlândia (15.7%).

---

[88] Continuamo-nos a referir a dados de 2004.

6. Sistemas Tributários

Neste capítulo é nosso objectivo debruçarmo-nos sobre alguns dos aspectos estruturais dos sistemas tributários. Em particular, vamos caracterizar esses sistemas quanto ao comportamento das taxas de imposto em função do rendimento e ainda quanto ao modo como se tributa o conjunto do rendimento do indivíduo tendo em conta que este pode ter a sua origem em várias fontes.

6.1. *Sistemas Proporcionais, Progressivos e Regressivos*

As taxas de imposto aplicáveis à matéria colectável são conceptualizadas em termos médios e marginais. Além disso, estas taxas são ainda classificáveis como formais, também ditas de legais, ou efectivas consoante a base utilizada para o seu cômputo.

6.1.1. *Taxas de Imposto Médias e Marginais*

Seja X a base tributária considerada e T a importância do imposto que lhe corresponde expressa em unidades monetárias. A taxa média de imposto, que se representa por t, é calculada como:

17) $t = \frac{T}{X} * 100$

A taxa média de imposto, t, exprime-se em unidades percentuais e pode ser avaliada quer em termos formais quer em termos efectivos. Será formal, ou legal, quando X é a matéria colectável ou, o que é o mesmo, o rendimento colectável, sobre o qual se aplicam as taxa de imposto que constam dos códigos. Mas aquela mesma taxa média pode ser avaliada sobre uma base mais alargada, como seja o rendimento líquido[89] ou, dito de outra forma, a maté-

---

[89] Rendimento líquido = Rendimento bruto − Custos de aquisição do rendimento. O rendimento bruto consiste na totalidade dos rendimentos percebidos no período, incluindo os montantes estritamente indispensáveis à produção de rendimento pelo indivíduo, e que são designadas de custos de aquisição do rendimento.

ria colectável que há pouco se mencionou adicionada de todas as isenções e deduções à matéria colectável e à colecta a que o indivíduo tenha direito[90]. Portanto, a taxa média legal de imposto é superior à taxa média efectiva.

> **Caixa 6-1 – ILUSTRAÇÃO DO CONCEITO DE TAXA MÉDIA DE IMPOSTO**
>
> *Para ilustrar o cálculo da taxa média de imposto, nas duas acepções mencionadas, vamos admitir um exemplo deliberadamente muito simplificado. Suponhamos, então, um certo indivíduo que durante determinado ano recebeu €150 000 a título de remunerações por trabalho independente. No exercício da sua actividade profissional teve que gastar, nesse mesmo ano, com funcionários, rendas, combustíveis e outras rubricas sem as quais não poderia ter gerado aquele rendimento, €45 000 dedutíveis a 100%. Além disso, gastou em saúde e educação dos filhos €20 000 que a legislação fiscal trata como custos a título de deduções à matéria colectável. O documento de liquidação de imposto, em sede de IRS, que lhe foi remetido pela administração fiscal indica que o montante de imposto que é por ele devido ascende a €19 125. Então, podemos concluir o seguinte:*
> *O rendimento bruto ascendeu a €150 000;*
> *O rendimento líquido foi de €150 000 – €45 000 = €105 000;*
> *A matéria colectável foi de €105 000 – €20 000 = €85 000;*
> *A taxa média legal foi igual a* $t = \frac{€19\ 125}{€85\ 000} * 100 = 22.5\%$
> *A taxa média efectiva tanto se pode calcular sobre o rendimento líquido como sobre o rendimento bruto, assim:*
>
> *Ou* $\quad t = \frac{€19\ 125}{€105\ 000} * 100 = 18.21\%$
>
> $\quad t = \frac{€19\ 125}{€150\ 000} * 100 = 12.75\%$

A distinção entre valores formais e efectivos é importante porque normalmente a carga fiscal que realmente incide sobre os agentes económicos é inferior à que directamente se infere das taxas mencionadas nos códigos fiscais. Por isto mesmo, a progressividade de facto do sistema fiscal tende a ser mais moderada do que a que transparece da simples leitura das taxas de imposto consagradas pela lei em virtude de ela própria conceder uma série de benefícios tais como isenções, deduções à matéria colectável ou à colecta, ou quaisquer outros tratamentos preferenciais em matéria de impostos.

A taxa marginal de imposto, dada por t', expressa a variação no valor do imposto que é devido quando a base tributária varia de uma unidade. Formalmente representa-se nos termos da Equação (18):

---

[90] Então, Rendimento líquido = Matéria colectável + Deduções à matéria colectável + Isenções.

18) $t' = \frac{dT}{dX} * 100$

De igual modo, a taxa marginal de imposto pode ser entendida em termos formais quer em termos efectivos.

A representação do comportamento destas duas taxas, em função de X, é feita nas duas figuras que se seguem.

As Figuras 21(a) e 21(b) encontram-se alinhadas verticalmente. A primeira disponibiliza-nos directamente o valor do imposto total em função da base tributável X. A segunda representação dá-nos as taxas médias e marginais obtidas a partir da informação contida na representação que a antecede, razão pela qual as duas figuras se encontram relacionadas entre si daquele modo. A Figura 21 (a) possibilita-nos igualmente a quantificação das taxas médias e marginais de imposto.

Caixa 6-2 - ILUSTRAÇÃO DO CONCEITO DE TAXA MARGINAL DE IMPOSTO

Admitamos agora que se a matéria colectável passar para €100 000, o imposto a pagar será de €25 000, e de €34 500 se o rendimento colectável subir para €115 000. Ora:

a. *A taxa marginal de imposto quando o rendimento passa de €85 000 para €100 000 é de* $t' = \frac{dT}{dX} * 100 = \frac{€25\,000 - €19\,125}{€100\,000 - €85\,000} * 100 = \frac{€5\,875}{€15\,000} * 100 = 39.17\%$;

b. *A taxa marginal de imposto quando o rendimento passa de €100 000 para €115 000 é de* $;t' = \frac{dT}{dX} * 100 = \frac{€34\,500 - €25\,000}{€115\,000 - €100\,000} * 100 = \frac{€9\,500}{€15\,000} * 100 = 63.33\%$;

Na Figura 21(a) a curva Oabc representa a receita fiscal total T que é crescente com X. Contudo, a receita fiscal cresce a uma taxa crescente quando o rendimento assume valores no intervalo fechado entre O e X_2; para valores superiores a X_2 o imposto cresce linearmente com X. Por isso, para a zona associada ao segmento OX_2 a linha Oabc configura-se como uma curva convexa, transformando-se a partir daí numa semi-recta.

Na Figura 21(a) a taxa média de imposto para um qualquer valor de X é dada pela inclinação da semi-recta que parte da origem e intersecta a linha Oabc no ponto relativo ao rendimento para o qual se quer avaliar essa taxa. Assim, quando $X = X_1$, $t_1 = \frac{T_1}{X_1} = \frac{aX_1}{OX_1}$, mas quando $X = X_3$ a taxa média é $t_3 = \frac{T_3}{X_3} = \frac{bX_3}{OX_3}$, tal que $t_3 > t_1$.

Em termos de representação gráfica a taxa marginal de imposto é igual à inclinação da linha Oabc no ponto associado ao rendimento para o qual ela se quer calcular. Então, se $X = X_1$, a taxa marginal correspondente é dada pela inclinação da recta tangente a Oabc no ponto a. Para $X = X_3$, a taxa marginal é igual à inclinação da semi-recta bc no ponto b.

FIGURAS 21 (A) E 21 (B) – **Representação Gráfica de T, t e t´ em Função de X**

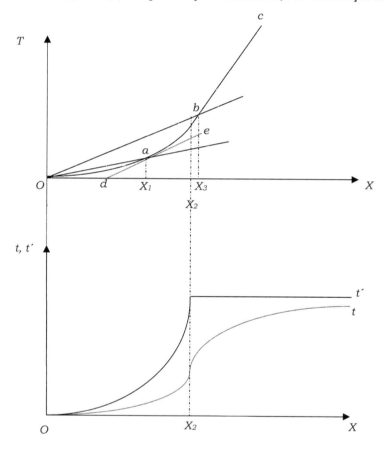

Concluimos, a partir do estudo do caso particular da Figura 21(a), que se verificam as seguintes relações[91]: a) para qualquer nível de rendi-

---

[91] Estas conclusões quanto às relações entre taxas médias e marginais não possuem valor geral porquanto se encontram limitadas às características do caso concreto represen-

mento X a taxa marginal de imposto é superior à correlativa taxa média; b) a taxa média é continuamente crescente e tende assimptoticamente para a taxa marginal máxima; c) a taxa marginal atinge um valor máximo a partir do qual se torna constante.

Ora, um sistema fiscal classifica-se como progressivo, proporcional ou regressivo consoante o comportamento relativo das taxas médias e marginais, t e t' respectivamente. O sistema é progressivo quando a taxa média é crescente com o rendimento tributável; logo implicando que a taxa marginal de imposto seja maior que a correspondente taxa média, isto é, $t' > t$[92]. Pelo contrário, estamos perante um sistema proporcional sempre que a taxa média é constante, o que necessariamente leva a que seja de valor igual à taxa marginal. Finalmente, o sistema é regressivo se a taxa média de imposto fôr decrescente com o rendimento, o que também significa que seja maior do que a correspondente taxa marginal, ou seja, $t > t'$. Nestes termos, a Figura 21(a) é representativa de um regime progressivo do tipo contínuo.

Caixa 6-3 – ILUSTRAÇÃO DE FUNÇÃO DE IMPOSTO CORRESPONDENTE ÀS FIGURAS 21(a) E 21(b)

Assuma-se a seguinte função do imposto total a pagar sobre a base tributária X:

$$T = \begin{cases} 0.00005X^3 & para\ X \in [0, 40] \\ -6,8 + 0,25X & para\ X \in]40, +\infty[\end{cases}$$

Para valores da base tributável no intervalo [0,40] temos:

$$t = 0.005X^2\% \quad e \quad t' = 0.015X^2\%$$

Para valores no intervalo]40,+∞[temos:

$$t' = 25,00\%$$

$$t = [0,25 - \frac{6,8}{X}] \times 100$$

---

tado na Fig. 21 (a). Concretamente, são as conclusões devidas sempre que estamos perante um sistema progressivo de tributação.

[92] A taxa marginal de imposto cresce, num sistema progressivo, até um valor máximo, mantendo-se a partir daí constante. Se aumentasse sem limite atingiria os 100% implicando que todo o rendimento do sujeito abrangido por essa taxa constituiria receita do Estado. Obviamente, esta é uma situação impossível porquanto destruiria todos os incentivos ao trabalho necessários à obtenção de tal rendimento.

6.1.2. A Elasticidades da Receita Fiscal em Relação ao Rendimento Nacional

Como já tivemos a oportunidade de ver atrás, as taxas médias e marginais são os termos que compõem a elasticidade da receita fiscal em relação à base tributária, e que escrevemos formalmente como:

19) $\varepsilon_X^T = \dfrac{\dfrac{dT}{T}}{\dfrac{dX}{X}} = \dfrac{t'}{t}$

Aquela elasticidade, associada à elasticidade da base tributária em relação ao rendimento nacional é para os governos um instrumento muito útil para a previsão das receitas fiscais. Seja então a Equação (20) na qual Y representa o rendimento nacional:

20) $\varepsilon_Y^T = \dfrac{\dfrac{dT}{T}}{\dfrac{dX}{X}} * \dfrac{\dfrac{dX}{X}}{\dfrac{dY}{Y}} = \varepsilon_X^T \varepsilon_Y^X$

6.1.3. Tipos de Progressividade

Diz-se que a progressividade é contínua quando a taxa marginal do imposto é continuamente crescente com o rendimento. É isto que sucede na zona convexa da curva Oabc da Figura 21 (a), isto é, no domínio associado a rendimentos tributáveis situados no intervalo [O, X_2]. Contudo, por razões de conveniência prática, na legislação fiscal vigente predomina a progressividade por escalões. Aí, para cada domínio de valores do rendimento tributável, tal como são estipulados pela legislação fiscal, aplica-se uma taxa marginal de imposto que aumenta à medida que se transita para escalões de rendimento superiores até se atingir o valor limite. Este é o modelo que se encontra representado nas Figuras 22 (a) e 22 (b).

> **Caixa 6-4 – ILUSTRAÇÃO DO CÁLCULO DA ELASTICIDADE DA RECEITA FISCAL EM RELAÇÃO À BASE TRIBUTÁIRA**
>
> Tomemos a função receita fiscal que figura na Caixa 6-3 quando X ∈ [0,40].
>
> $$\varepsilon_X^T = \frac{0.015X^2\%}{0.005X^2\%} = 3\%$$

O Quadro abaixo dá-nos um exemplo numérico ilustrativo de um regime de progressividade por escalões. Com base nos valores nele constantes vamos calcular o imposto a pagar por quem possua rendimentos situados em cada um deles, comparando de seguida a taxa média com a taxa marginal do escalão de rendimento em que se situa.

FIGURAS 22 (a) e 22 (b) – **Representação Gráfica de T, t e t´em Função de X**

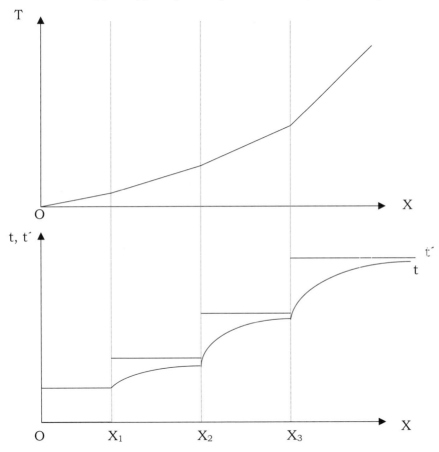

QUADRO 8 – **Escalões de Imposto e Respectivas Taxas**

Escalões de Rendimento	t´
[0 – 5500]	10%
]5500 – 15000]	15%
]15000 – 35000]	25%
]35000 - +∞[	35%

QUADRO 9 – **Cálculo do Imposto a Liquidar e Comparação entre Taxas Médias e Marginais**

Rendimentos Tributáveis	t´ do Escalão	T	t
2750	10%	275	10.00%
10000	15%	1225	12.25%
30000	25%	5725	19.08%
1000000	35%	344725	34.47%

6.1.4. Progressividade Escondida

Novamente se levanta a este propósito a dicotomia frequentemente observada entre o que é meramente formal e o que é efectivo. Na verdade, um regime formalmente proporcional pode ser efectivamente progressivo. Para tanto bastará que um certo montante do rendimento inicial esteja isento de tributação por, nos termos da legislação fiscal, se entender que constitui para todos os contribuintes, sem excepção, rendimento de subsistência que não deve, por isso, estar sujeito ao pagamento de impostos. De facto, esta opção do legislador determina a existência de dois escalões de rendimento, o primeiro dos quais é tributado a uma taxa marginal de 0%, enquanto o segundo o é a uma taxa positiva e constante. Com as figuras seguintes pretende-se retratar este caso.

O rendimento objecto de isenção fiscal a título de mínimo de subsistência é X_o pelo que só paga imposto a parcela do rendimento que lhe é superior. Como se vê, considerando a totalidade do rendimento, a taxa média de imposto para qualquer valor de $X > X_o$ é continuamente crescente tendendo assimptoticamente para a taxa marginal de imposto. Este é o comportamento típico de um regime progressivo.

Pode-se ilustrar quantitativa e graficamente este caso, aproveitando a oportunidade para medir a progressividade resultante e, a partir daí, identificar quais os grupos de rendimento que mais beneficiam com a introdução deste regime. Para tal vamos admitir que $X_o = 1000$, com o excedente a ser tributado à taxa de 10%. Os cálculos constam do Quadro 10. Este Quadro revela-nos que a taxa média efectiva é crescente com o rendimento, o que define o regime como sendo, de facto, progressivo e não proporcional. Por outro lado, as duas medidas de progressividade calculadas nas duas últimas colunas mostram que a progressividade é especialmente acentuada para os rendimentos mais baixos, reduzindo-se à medida que aqueles aumentam, de tal modo que as poupanças fiscais possibilitadas pela isenção vão perdendo expressão com acréscimos do rendimento. Na verdade, a variação da taxa média com X tende para zero enquanto a elasticidade da receita fiscal em relação a tende para a unidade a partir dos valores iniciais que lhe são superiores.

QUADRO 10 – **Exemplo Numérico de Progressividade Escondida num Regime Proporcional**

			Taxas Médias		Taxas Marginais		Medidas de Progressividade	
X	X Tributável	T	t Efectiva	t Legal	t´ Efectiva	t´ Legal	$\frac{dt}{dX}$	$\varepsilon_X^{T\,93}$
2000	1000	100	5.00%	10%	10%	10%		
5000	4000	400	8.00%	10%	10%	10%	1.00E-03	1.400
25000	24000	2400	9.60%	10%	10%	10%	8.00E-05	1.070
500000	499000	49900	9.98%	10%	10%	10%	8.00E-07	1.004
1000000	999000	99900	9.99%	10%	10%	10%	2.00E-08	1.001

FIGURAS 23 (a) e 23 (b) – **Progressividade Efectiva em Regime Formalmente Proporcional**

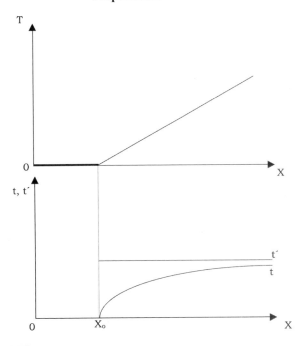

---

[93] Esta elasticidade é calculada sobre um domínio discreto de variação. Por isso optou-se pela utilização do valor médio nos intervalos das variáveis T e X.

6.2. Medidas de Progressividade

A progressividade do sistema tributário é mensurável, permitindo a objectivação do conceito. De facto, há várias medidas possíveis para a avaliar e contendo diferentes níveis de informação sobre essa mesma questão. As medidas mais popularizadas são atribuídas a Pigou (1929) e assentam no comportamento das taxas média e marginais do imposto à medida que o rendimento tributável X varia. Além disso, com o mesmo propósito pode-se calcular alternativamente o valor da elasticidade ε_X^T a qual, aliás, estabelece a relação entre a taxa média e a taxa marginal de imposto. Em qualquer destes casos o que efectivamente se consegue são medidas pontuais da progressividade do sistema fiscal, e não dele no seu conjunto, perspectivado quanto ao modo como procede à redistribuição do rendimento entre todas as classes de rendimento. Neste último sentido, a progressividade tributária deve-se concretizar na promoção de uma distribuição mais igualitária do rendimento entre indivíduos depois de impostos, ao contrário de um sistema regressivo que deve acentuar os desequilíbrios a esse nível, e de um sistema proporcional que não altera o *status quo* vigente. E justamente com o propósito de colmatar esta lacuna das medidas mais tradicionais surgem-nos outros indicadores baseados nos coeficientes de Gini calculados tendo em atenção as áreas relevantes determinadas pela curva de Lorenz que, nesta sua aplicação concreta, relaciona, no eixo das abcissas, a percentagem acumulada de contribuintes e, no eixo das ordenadas, o valor percentual acumulado da distribuição do rendimento antes e depois de impostos. O primeiro contributo que surge na literatura especializada sobre esta nova abordagem pertence a Musgrave *et al.* (1948) e, mais recentemente, merece ser referida a contribuição devida a Kakwani (1976).

A preocupação com esta matéria não se cinge exclusivamente à avaliação de um determinado sistema fiscal, mas igualmente à comparação que se justifica que se faça a este propósito entre diferentes legislações fiscais que tenham sido adoptadas historicamente, ou propostas em sede legislativa, sempre que o impacto na distribuição do rendimento seja assunto considerado importante para tomar a decisão final.

6.2.1. *O Comportamento da Taxa Média de Imposto*

No que respeita à taxa média, a medida da progressividade a que nos referimos é a seguinte:

21) $t^* = \dfrac{dt}{dX} = \dfrac{t' - t}{X}$

Musgrave chama a esta medida de progressão da taxa média de imposto. Conceptualmente, o regime é progressivo sempre que esta medida é positiva, sendo que a progressividade é tanto maior quanto maior for o valor desta derivada. Diferentemente, quando o regime é proporcional o valor daquela derivada é zero, e será negativa em presença de um regime regressivo.

Ora, é certo que em sistemas progressivos aquela taxa é crescente mas, em diferentes pontos da distribuição do rendimento pode crescer a taxas crescentes ou a taxas decrescentes, isto é, a segunda derivada tanto pode ser positiva como negativa. Portanto, o grau de progressividade do sistema não é constante, mas variável ao longo da distribuição de rendimento. Em termos gerais, pode-se afirmar que a progressividade tende a crescer a taxas crescentes para os valores iniciais da distribuição do rendimento, abatendo-se necessariamente nos escalões mais elevados por virtude da existência de uma taxa marginal máxima de imposto. Consequentemente, é impossível exprimir aqui o grau de progressividade do sistema no seu todo utilizando uma medida pontual.

Caixa 6-5 – ILUSTRAÇÃO DA MEDIDA DA PROGRESSIVIDADE DO SISTEMA FISCAL

Tomando mais uma vez a função receita fiscal que consta na Caixa 6-3, para valores compreendidos no primeiro intervalo de rendimento, temos:

$$t = 0.005X^2\%$$

$$t^* = \frac{dt}{dX} = 0.010X\% > 0$$

Por exemplo, quando $X = 1$, então $t^* = 0.010\%$

Mas se $X = 39$, então $t^* = 0.39\%$

Isto é, naquele intervalo de rendimento, t^* é tanto maior quanto maior for X.

6.2.2. *O Comportamento da Taxa Marginal de Imposto*

Falamos agora da progressão da taxa marginal de imposto calculada como:

22) $\hat{t} = \dfrac{dt'}{dX}$

Quando o sistema é proporcional, o valor assim calculado é zero, e será tanto mais progressivo quanto mais positivo ele for. Apresentar-se-á com um valor negativo quando vigorar um sistema fiscal regressivo.

As questões que aqui se colocam são as mesmas que na medida precedente. Também aqui é por isso verdade que o grau de progressão tende a abrandar à medida que subimos na escala de rendimento pelo que se espera uma segunda derivada cujo valor seja zero. E a justitificação é exactamente a mesma: a necessária aplicação de uma taxa marginal máxima.

6.2.3. O Comportamento da Elasticidade Rendimento do Imposto

Musgrave (1948, p. 504) denomina esta medida de progressão dos impostos devidos[94].

Trata-se de calcular o valor desta elasticidade e, de novo e necessariamente, para pontos ou intervalos individualizados do rendimento. O seu valor será maior do que a unidade em sistemas progressivos, pois aí a receita cresce mais do que proporcionalmente à base; igual a um quando se trata do proporcional e, por fim, assumirá valores positivos mas menores do que a unidade com regimes regressivos. A progressividade é tanto mais acentuada quanto maior o valor calculado para este indicador relativamente à unidade. Mas, tal como sucedia nos casos anteriores, o grau de progressividade há-de-se atenuar a partir de um dado nível do rendimento, com o valor desta elasticidade a tender assimptoticamente para 1.

6.2.4. O Comportamento da Elasticidade do Rendimento Líquido

Este outro indicador é como se fosse o "negativo" do imediatamente anterior. Procede-se ao cálculo da elasticidade do rendimento líquido de impostos (Y_L) relativamente ao rendimento antes de impostos, ou rendimento bruto (Y_B), assim:

23) $\varepsilon_{Y_B}^{Y_L} = \dfrac{\frac{dY_L}{Y_L}}{\frac{dY_B}{Y_B}}$

Um sistema progressivo implica valores calculados no intervalo]0,1[por contraponto a valores em excesso da unidade para sistemas regressivos e iguais à unidade para os proporcionais. Tenha-se em atenção que este outro indicador se vai aproximando da unidade por valores à sua esquerda,

---

[94] *Liability progression.*

à medida que o rendimento bruto tende para infinito, o que é exactamente o movimento em sentido oposto ao que se verifica na situação anterior.

6.2.5. A Medida da Progressão Efectiva

É esta a denominação consagrada por Musgrave *et al.* (1948, p. 510) mas que poderíamos substituir pela de progressividade global. Iniciemos a sua explicação visualizando o cálculo do coeficiente de Gini a partir da já mencionada curva de Lorenz. Atente-se para tanto na figura imediatamente abaixo onde ela surge representada.

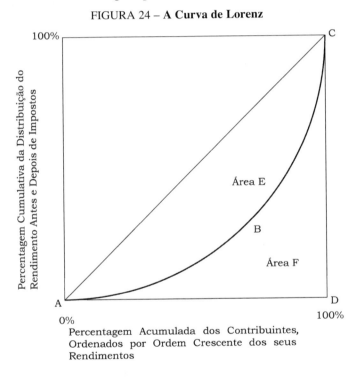

FIGURA 24 – A Curva de Lorenz

A curva de Lorenz é identificada pela linha ABC. Ela situa-se algures no triângulo ACD, conforme o grau de concentração ou dispersão do rendimento pelo conjunto dos contribuintes. Quanto mais convexa ela for mais afastada estará da diagonal do quadrado e mais se aproximará do eixo das abcissas e do eixo das ordenadas localizado à direita. A distribuição do rendimento é perfeitamente igualitária se a curva de Lorenz coincidir com a diagonal e tanto mais desigual quanto mais convexa ela se revelar.

O coeficiente de Gini (CG) é dado pelo quociente entre a área E, a que se situa acima da dita curva e abaixo da diagonal, e a área do triângulo localizado abaixo da diagonal e que corresponde à soma das áreas E e F. Assim:

24) $CG = \dfrac{\text{Área } E}{\text{Área } E + \text{Área } F}$

Este coeficiente assume valores no intervalo fechado $[0,1]$[95]. Evidentemente, a igualdade é absoluta quando CG é igual a zero, e a desigualdade é máxima quando CG é igual a um. Portanto, um sistema progressivo deve arrastar a curva de Lorenz aproximando-a da diagonal.

O novo indicador proposto por Musgrave *et al.* quantifica a medida em que uma dada estrutura fiscal resulta no deslocamento da distribuição no sentido de um maior equilíbrio. A medida que sugerem, e que simbolizamos por MT, calcula-se como:

25) $MT = \dfrac{1 - G_D}{1 - G_A}$

onde G_D é o coeficiente de Gini da distribuição do rendimento afectada pela fiscalidade vigente ou proposta, enquanto G_A é ainda o referido coeficiente mas calculado para a situação prévia ou alternativa à anterior.

Esta medida pode ser reescrita de maneira a quantificar a contribuição que um qualquer novo sistema tributário faz para promover uma distribuição mais igualitária do rendimento, tomando como valor de referência o *status quo* de partida. Reformulamos então aquela medida como[96]:

26) $MT^* = \dfrac{G_A - G_D}{G_A} * 100$

Para um dado valor inicial de G_A, o quociente MT^* pode assumir valores no intervalo $\left[\left(1 - \dfrac{1}{G_A}\right)\%, 100\%\right]$. E quanto mais próximo estiver de 100% mais se terá evoluído no sentido de uma repartição igualitária do rendimento como proporção do valor de partida.

---

[95] A utilização deste coeficiente com o propósito de comparar várias distribuições de rendimento é difícil quando as respectivas curvas de Lorenz se cruzam entre si.

[96] Esta medida obtém-se a partir da Equação (25) subtraindo a unidade a ambos os termos e obtemos $\dfrac{G_A - G_D}{1 - G_A}$. De seguida considera-se que a máxima progressão possível no sentido da igualização na distribuição dos rendimentos acontece quando $G_D = 0$ e, assim sendo, chega-se à expressão $\dfrac{G_A}{1 - G_A}$. Tomando-se este último resultado como o indicador da máxima evolução que se pode realizar, estabelecemos o quociente entre ambas com o que se chega ao resultado patenteado na Equação (26).

7. Conceito de Rendimento para Efeitos de Tributação Directa

Em matéria de tributação directa do rendimento, seja de pessoas singulares seja de pessoas colectivas, constitui preocupação primordial a delimitação, tão objectiva e precisa quanto possível, do que constitui rendimento para efeitos fiscais. A literatura económica desenvolveu a propósito dois conceitos, a saber, o dos rendimentos periódicos e o do rendimento exaustivo, igualmente conhecido por rendimento produto, associado particularmente ao nome de Henry Simons (1938), mas também aos de R. M. Haig (1921) e G. Von Schanz (1896) motivo pelo qual esta segunda perspectiva é ainda conhecida por definição de Schanz-Haig-Simons. Convém desde já dizer-se que em nenhum país a legislação fiscal adopta em exclusivo qualquer destes entendimentos, muito embora a definição exaustiva de rendimento tenha clara preponderância sobre a sua concorrente. De facto, deparamos em toda a parte com a circunstância de certas fontes de rendimento beneficiarem de tratamento fiscal privilegiado sob várias formas.

7.1. *Definição Periódica de Rendimento*

O conceito periódico, ou de fontes permanentes, diz-nos que são rendimentos para efeitos fiscais todos aqueles que fluem de fontes periódicas, portanto permanentes, de rendimento. Assim, devem-se tributar os rendimentos que se repetem no tempo, os quais, por isso, se apresentam com um carácter estável na sua produção. Estão neste caso os rendimentos provenientes do trabalho, os juros, os lucros das empresas, etc.. Mas, em contrapartida, não devem ser tidos em conta na determinação da base tributária os rendimentos aos quais falte aquela característica e que, por isso, na sua produção se revistam de carácter irregular, sendo meramente episódicos ou circunstânciais. Por consequência, não devem ser tributados rendimentos tais como prémios de jogos de fortuna, mais-valias de capital, heranças e doações, etc..

Esta definição de rendimento não desfruta de grande adesão por várias razões, entre as quais podemos mencionar as seguintes: 1) é desvantajosa para o Estado que está interessado em maximizar as suas receitas fiscais; 2) fomenta a inequidade do sistema fiscal bem assim como distorce a afectação de recursos económicos. A estes dois motivos pode-se acrescentar o da falta de consistência interna que resulta do facto de a frequência com que os rendimentos se produzem ser, em várias circunstâncias, o resultado de escolhas deliberadas feitas pelos próprios agentes económicos. Bastaria que um determinado rendimento, até certo momento pago com regularidade temporal, passasse a ser pago de uma só vez, em datas incertas, para deixar de ser considerado como rendimento para efeitos fiscais e, consequentemente, deixasse por isso de ser tributado, não obstante os seus fundamentos, os montantes e as pessoas envolvidas se manterem inalterados.

7.2. Definição Exaustiva de Rendimento

A já referida conceptualização de H. Simons assenta na preocupação fundamental da equidade tributária mas também, ainda que com menor ênfase, nas preocupações de simplicidade administrativa e de prevenção da evasão fiscal[97]. *"Since it is widely agreed that income is a good tax base, its meaning may be sought by inquiring what definition would provide the basis for most nearly equitable levies."* (Simons, 1938, p. 42)[98]. É por demais claro que para este autor o móbil principal a ser servido pelo sistema fiscal não é, certamente, o da maximização das receitas do Estado!

O conceito deve ainda respeitar outros requisitos de ordem eminentemente prática que o habilitem a ser tão útil como se pretende. Assim, *"...o rendimento deve ser concebido como algo quantitativo e objectivo. Deve ser mensurável; na verdade a própria definição deve indicar ou sugerir com clareza os procedimentos para a sua avaliação."* (Simons, 1938, p. 42). A objectividade tem como propósito imediato prevenir ambi-

---

[97] A prevenção da evasão fiscal é um meio de contribuir para a justiça fiscal, uma vez que a capacidade de fuga legal aos impostos não se encontra igualmente distribuída sobre todas as classes de rendimento.

[98] A tributação do rendimento, escreve ele, *"... is broadly an instrument of economic control, a means of mitigating economic inequality. ... we shall assume that moderation of inequality is an important objective of policy and proceed to consider income taxes as devices for affecting it."* (Simons, 1938, p. 41).

guidades e, como propósito último, tornar o sistema imune à inequidade. Simons está contudo consciente de que, muito embora estes sejam objectivos a prosseguir, a sua plena consecução nem sempre é possível por virtude de dificuldades insuperáveis que só são resolúveis com escolhas arbitrárias quanto a aspectos de natureza processual.

Simons define rendimento pessoal como o ganho obtido durante um certo período de tempo. Portanto, implica a avaliação do consumo do indivíduo e o da variação no valor do seu stock de direitos durante o período em causa. O consumo efectuado consubstancia o valor dos direitos por ele exercidos. Rendimento pessoal constitui-se, pois, como a soma de duas componentes:

a) O valor de mercado dos direitos exercidos no consumo e,
b) A variação registada no valor dos direitos de propriedade, a riqueza, entre o início e o fim do período.

Ora, uma vez que o rendimento se distribui pelo consumo e pela poupança, a definição exaustiva implica a tributação tanto de um quanto da outra.

No que respeita à metodologia a aplicar na avaliação, o princípio base é o da utilização dos preços de mercado pois eles constituem informação objectiva: *"The essential connotation of income, to repeat, is gain, gain to someone during a specified period and measured according to objective market standards."*(Simons, 1938, p. 51). A aplicação deste princípio nem sempre se faz, porém, sem dificuldades como é o caso com bens ou serviços que sejam distintos, na sua natureza ou no seu tipo, da grande massa das mercadorias transaccionadas no mercado como sejam, por exemplo, os objectos de colecção entre os quais figuram as obras de arte. Ou, então, cujos preços evidenciem grande instabilidade como sucede com os activos financeiros. Como resultado, o rendimento apurado é muitas vezes o produto de estimativas feitas com maior ou menor grau de rigor e de consensualidade de avaliação.

A obtenção de ganhos, ideia fundamental, como já se disse, na definição exaustiva de rendimento, não depende da realização dos mesmos ganhos. Podem-se ter ganhos sem realização, e haver realização sem ganhos, mas se um destes critérios fôr essencial para haver rendimento, então o outro terá que ser irremediavelmente excluído (Simons, 1938, p. 84). *"... o rendimento não deve ser olhado como qualquer coisa que cresce ou flui ao longo do tempo, mas simplesmente como um resultado imputado a determinados intervalos de tempo. Estritamente falando, o apuramento do rendimento requer a reavaliação de todos os activos e passivos no final do período. Em termos práticos a questão é: como obter tais estimativas? É aqui, neste domínio, que o critério da realização pode ser adequadamente introduzido como um expediente prático."* (Simons, 1938, p. 100).

Tal como o próprio autor reconhece com toda a frontalidade, a aplicação do conceito de rendimento confronta-se, porém, com inúmeras dificuldades. É sobre elas, e seguindo o próprio Simons, que nos vamos procurar concentrar nos pontos que se seguem.

7.3. As Dificuldades na Aplicação do Conceito

Sinteticamente, as dificuldades na aplicação do critério do rendimento exaustivo hão-de ser encontradas nos seguintes factos:

a) Dificuldade na distinção entre despesas de consumo e despesas de aquisição de rendimento;
b) O auto-consumo;
c) As remunerações em espécie;
d) As doações e sucessões;
e) Os ganhos de capital;
f) A variação no nível geral de preços.

7.3.1. Despesas de Consumo e de Aquisição de Rendimento

O rendimento tributável, tal como conceptualizado por Simons, exclui as despesas de aquisição do rendimento. Estas são as indispensáveis para que o indivíduo possa gerar rendimento; tal é o caso do agente comercial que para vender os produtos que representa tem que contactar os seus clientes, efectivos ou potenciais, incorrendo no processo em despesas com viaturas, combustível, refeições, dormidas, etc. O problema da identificação das despesas de aquisição de rendimento é, em geral, o mesmo do da correcta identificação das deduções: *"If difficulties arise in determining what positive items shall be included in calculations of income ..., they are hardly less serious than those involved in determining and defining appropriate deductions"* (Simons, 1938, p. 54).

A dificuldade advém de as despesas não possuírem, em si mesmas, uma natureza objectiva enquanto de consumo ou de aquisição de rendimento. A mesma despesa, consoante o momento e a pessoa que a faça, tanto pode ser de um tipo como de outro. Portanto, a distinção tem que se fazer com base nas motivações que lhes estão subjacentes, sendo que as verdadeiras motivações só são conhecidas por quem realiza as despesas.

7.3.2. Auto-Consumo e Remunerações em Espécie

O conceito de rendimento exige que se identifiquem e avaliem em concreto as componentes que o integram. Se as dificuldades são transversais aos dois elementos da definição, são, todavia, particularmente ingentes naquilo que tem a ver com o consumo.

Em primeiro lugar o auto-consumo. Numa sociedade onde domina a especialização poder-se-ia ser tentado a afirmar que se trata de matéria irrelevante devido à sua raridade. Porém, mesmo nas sociedades urbanizadas há inúmeros exemplos de auto-consumo que sistematicamente acontecem na vida do citadino: as tarefas da casa desempenhadas, em maior ou menor grau, pela esposa ou pelo marido sem recurso a empregado doméstico; o fazer diário da barba em casa em vez de ir ao barbeiro; o cuidar do próprio jardim em alternativa à contratação de jardineiros profissionais; e, enfim, todos os trabalhos de manutenção e reparação que qualquer um costuma fazer na sua casa, dispensando-se de chamar agentes profissionais. Em sociedades rurais estas possibilidades são grandemente aumentadas, como sabemos, pelo cultivo da horta e pela criação de animais destinados ao consumo da família.

Se há auto-consumo que se mostra adequado incluir no cômputo do rendimento pessoal, outras formas há em que esse não é o caso. *"If a man raises vegetables in his garden, it seems clearly appropriate to include the value of the product in measuring his income. ...If he shaves himself, it is difficult to argue that the value of the shaves must also be accounted for."* (Simons, 1938, p. 52). Como alegação contra a exclusão sistemática do auto-consumo na formação do rendimento para efeitos fiscais é que tal procedimento penalizaria a especialização da actividade económica na medida em que se estaria a discriminar contra o consumo por via de transacções com terceiros e, portanto, tenderia a reduzir-se a eficiência da economia e o bem-estar dos seus membros. Por outro, é indefensável incluir todas as formas de auto-consumo; é preciso, na base de algum critério que não parece fácil obter, traçar-se uma linha divisória que separe o que se deve incluir daquilo que se deve ignorar. As dificuldades práticas de identificação, quantificação e avaliação de alguns desses actos são um factor importante a ter em conta na tomada dessa decisão, pois como Simons escreve, é importante cultivar a simplicidade administrativa do processo fiscal. Contudo, em geral, a não inclusão do auto-consumo na determinação do rendimento não é coisa que deva causar demasiadas preocupações porque, em geral, não se lhe reconhece capacidade para ferir de forma fundamental o princípio da justiça fiscal. Por um lado o auto-consumo apresenta-se com um nível de incidência relativamente homogéneo entre indivíduos que pertencem às mesmas classes de rendimento e, por outro lado, se é verdade que a sua incidência, pelo menos relativa, decresce à medida que se passa para grupos com rendimentos mais elevados também é verdade que o lazer tende a aumentar em conformidade. Se se considerar o lazer como uma forma de consumo, a sua exclusão do cálculo do rendimento leva a que não decorram distorções de monta pela não inserção das restantes formas de auto-consumo. *"Such considerations do suggest ... that the neglect of earned income in kind may be substantially offset, for comparative purposes ... if leisure income is also neglected."(Simons, 1938, p. 52)*. E um pouco mais adiante: *"For income taxation it is important that these elements of income vary with considerable regularity from one income class to the next, along the income scale."* (Simons, 1938, p. 53). Mas mesmo que se ignorasse esta perspectiva quanto ao lazer, a isenção do auto-consumo poderia ainda ser defendida com o argumento de que ela teria como efeito aumentar as isenções reais dos titulares de mais baixos rendimentos e de, por essa via, reforçar a progressividade do sistema fiscal, algo que corresponde perfeitamente aos princípios de equidade fiscal que se prosseguem.

O caso particular de auto-consumo que suscita neste âmbito especiais preocupações e atenções é o da afectação de capital ao consumo do respectivo titular, e é este o género de auto-consumo que constitui o caso mais forte a favor da sua inclusão no cálculo do rendimento pessoal. A diferença de tratamento que é proposta funda-se, em primeiro lugar, no facto de esse capital (mansões, iates, aviões, automóveis, campos de ténis, colecções de arte, ...) estar concentrado nas classes de rendimentos elevados pelo que a sua não tributação lesaria o objectivo da equidade fiscal; em segundo lugar, constituiria uma via privilegiada de evasão fiscal, de novo em favor das classes de rendimentos mais altos e, por fim, com o móbil de realização de poupanças fiscais promover-se-ia uma ineficiente afectação de recursos produtivos, desviando estes para aplicações menos tributadas. Como escreve Simons (1938, p. 115) *" It will penalize those engaged in business and favor those who merely clip coupons"*.

Dificuldades semelhantes em termos de identificação, mas sobretudo de avaliação, se colocam às remunerações em espécie. Ignorar por princípio todas as formas de remuneração em espécie é inapropriado por ser um procedimento que fere o princípio fundamental da equidade fiscal; é que, de novo, o acesso a elas não se encontra igualmente distribuído sobre todas as classes de rendimento. Além disso, também facilita a evasão fiscal. O problema maior associado à sua inclusão está, como se disse há instantes, na avaliação, e isso porque as remunerações em espécie não implicam necessariamente para quem delas usufrui a mesma utilidade que os montantes pecuniários correspondentes às respectivas avaliações a preços de mercado. Se eu já fôr proprietário de uma viatura cujas características estejam de harmonia com os meus gostos e preferências, aquela que a empresa me concede para uso integral possivelmente não terá para mim a mesma utilidade que o seu preço de mercado; por outras palavras, se me fosse dado escolher entre a viatura e o seu preço eu seria capaz de preferir o dinheiro, mesmo tendo que fazer um desconto. *"On the other hand, to include the perquisites as a major addition to the salary implies that all income should be measured with regard for the relative pleasurableness of different activities"* (Simons, 1938, p. 53), o que teria como consequência crítica o abandono do princípio da objectividade na determinação do rendimento. E esta é, sem dúvida, uma questão premente por há muito se ter enormemente vulgarizado esta forma de retribuição, especialmente entre os altos quadros de empresas[99].

7.3.3. Doações e Sucessões

Doações, sucessões e toda a espécie de ofertas cabem, sem dúvida, na noção de rendimento exaustivo. Excluí-las equivaleria a incorporar ambiguidades por via de distinções fundadas tão-somente nas intenções de terceiros. Segundo refere o autor que temos vindo a citar exaustivamente (Simons, 1938, p. 126) há quem argumente contra a sua inserção no rendimento apurado porque em certos ordenamentos fiscais são sujeitas a tributação específica. Esta posição é rebatida com a alegação de que o imposto sobre o rendimento das pessoas individuais *"is not a tax upon income but a tax upon persons according to their respective incomes; ... the objective of policy must be fairness among persons, not fairness among kinds of receipts." (Simons, 1938, p. 128)*.

Esta percepção da questão surge reforçada no quadro de sistemas tributários progressivos onde as circunstâncias específicas a cada pessoa

---

[99] Precisamente porque na altura estas modalidades remuneratórias não eram tributadas.

devem relevar no apuramento do montante do imposto a pagar ao Estado; rendimentos iguais gerados pelas mesmas fontes devem produzir impostos diferentes face a diferentes circunstâncias em que os indivíduos se colocam.

A não consideração destas formas de rendimento abriria, além disso, as portas à evasão fiscal. Porém, há que reconhecer, aqui também, a irrazoabilidade da inclusão de todas e quaisquer ofertas, ou gratuitidades, pois nem todas elas têm a natureza de transacção económica, correspondendo, muitas vezes, a práticas associadas às tradições e à cultura de um povo. Por isso, mais uma vez, importa traçar uma linha divisória que distinga as gratuitidades que são de incluir das que são de excluir para esse efeito, muito embora correndo-se o risco real de criar discriminações injustificadas e vazios potencialmente utilizáveis para evadir impostos.

Implicitamente, porque jamais o refere expressamente, Simons sugere nesta sua obra, e isso decorre claramente quer do conceito de rendimento que desenvolve quer da última passagem que dele citámos, a sua preferência por um sistema fiscal baseado no imposto único em vez de o ser em impostos parcelares.

7.3.4. Ganhos de Capital

A tributação das mais-valias, ganhos de capital, é, neste âmbito, uma das matérias mais controversas e debatidas ainda nos nossos dias. Tanto assim que as diferentes legislações fiscais nacionais lhes reservam tratamentos bastante diferenciados, geralmente sujeitando-as a uma carga fiscal inferior à que se aplica às outras fontes de rendimento. Mais uma vez, à luz do conceito exaustivo de rendimento, há todas as razões para que as mais-valias sejam tidas como uma parcela do rendimento sujeito a tributação nas mesmas condições que as demais componentes, e os argumentos são os habituais: equidade, prevenção da evasão fiscal e de distorções na afectação de recursos económicos, e também simplificação administrativa ao eliminar ambiguidades de outro modo altamente prováveis. Também para Goffman (1962, p. 235) não existem diferenças fundamentais entre rendimento *ordinário* e ganhos de capital que possam justificar qualquer tratamento preferencial destes últimos; porém, do mesmo modo reconhece que uma imposição mais completa dos ganhos de capital se debate contra algumas dificuldades (Goffman, 1962, p. 235). Vickrey (1972, p. 381) exprime-se no mesmo sentido: *" Nothing short of full taxation of such gains, including those accrued at the death of the taxpayer, can be accep-*

ted... Any less than this means a continuation of a wide open avenue of tax avoidance that completely frustrates any attempt at equitable progression of the tax burden and seriously interferes with the efficient functioning of the economy."

Porém, a literatura é pródiga em argumentos contrários baseados em aspectos diferenciados. Em primeiro lugar, o carácter irregular, fortuito e instável[100] de tais ganhos, que com igual rapidez se podem transfigurar em perdas, distingue-os, na óptica de alguns autores, do rendimento *ordinário*[101] com a consequência de, por isso, não influenciar o comportamento económico dos indivíduos (Pigou, 1947, p. 156; Hicks, 1939, cap. XIV; Myrdal, 1939, pp. 59-62; Keynes, 1936, pp. 52-61). Em segundo lugar, o facto de a sua tributação no momento da realização causar, em sistemas progressivos, subidas abruptas do imposto a pagar, colocando-o em valores acima dos montantes que seriam devidos se a tributação acontecesse à medida da sua produção, com o resultado de o imposto assim apurado se revelar injusto; *"It has long been considered one of the principal defects of the graduated individual income tax that fluctuating incomes are, on the whole, subjected to much heavier tax burdens than incomes of comparable average magnitude which are relatively steady from year to year"* (Vickrey, 1939, p. 379). Finalmente, ao onerar a transmissão da propriedade, o imposto a que se alude reduz a mobilidade do capital; realmente, o critério da realização estimula os contribuintes a imaginarem esquemas destinados a aliviar-lhes a carga fiscal anual baseados na transferência de rendimentos de um ano para o outro o que, por seu turno, tem incentivado as autoridades a reagir contra práticas consistentes com a noção de evasão fiscal tal como, por exemplo, tributando os lucros não distribuídos, impondo depreciações máximas admissíveis em cada período para efeitos fiscais, etc.

Simons (1938, p. 153) e Goffman (1962, p. 242) aceitam serem razoáveis alguns dos motivos invocados no parágrafo acima, mas nunca o primeiro deles que é tido como não pertinente. Especialmente importante é o que se relaciona com a tributação no momento da realização, mas não

---

[100] A ser assim, também se poderia argumentar que os dividendos não constituem rendimento. No fundo, este argumento projecta-nos para a aceitabilidade apenas dos rendimentos periódicos para efeitos fiscais o que, na opinião de autores, entre eles Georg Schanz, pode conduzir a conclusões absurdas.

[101] Que pode ser entendido como aquele que decorre de uma actividade económica deliberada e continuada.

se vê que seja viável substitui-lo pela tributação à medida que as mais valias se vão produzindo, nomeadamente quando os mercados dos activos não estão suficientemente desenvolvidos para gerarem preços críveis para servirem propósitos de avaliação. Mas mesmo que, porventura, esta dificuldade se não colocasse, a tributação de acordo com a segunda alternativa apresenta o grave inconveniente de, muitas vezes, forçar a liquidação de activos no mercado como meio de habilitar os contribuintes a pagar as importâncias devidas ao fisco, desestabilizando os mercados e gerando periódica e momentaneamente *bear markets* que eliminariam as próprias mais valias objecto de tributação! Isto é, os ganhos de capital não significam necessariamente capacidade para pagar mesmo na circunstância de os activos serem altamente líquidos; como escreve Vickrey (1939, p. 379) *"That changes in the allocation of income, which often have no relation either to physical realities or to the real financial status of the taxpayer, should substantially affect his income-tax burden is obviously not in accordance with the principle of taxation according to ability to pay"*[102]. Portanto, é forçoso aceitar o critério da realização como uma necessidade prática[103]. Mais, *"From the standpoint of equity the realization criteria is indispensable to a feasible income tax system."* (Goffman, 1962, p. 244).

Contudo, o próprio Simons (1938, pp. 153-154) não deixa de sugerir um método com o intuito de eliminar os saltos abruptos, e injustos, dos montantes de imposto a pagar atribuíveis ao seu cálculo e pagamento com a realização dos ganhos, deste modo igualmente favorecendo a mobilidade do capital e reduzindo o incentivo à evasão fiscal no campo deste tipo de rendimentos. Trata-se de deixar de calcular o imposto a pagar pelo contribuinte com base exclusivamente nos rendimentos de cada ano, para o passar a ser com base numa média dos rendimentos auferidos ao longo de vários anos. Esse número de anos não deverá, na sua opinião (Simons, 1938, 154), ser demasiadamente longo porque o alívio da carga fiscal tardaria a alcançar-se, nem muito curto porque então o mecanismo proposto deixaria de ter qualquer significado prático. Contudo, este mecanismo não

---

[102] Vickrey (1939, p. 382) define sete princípios a que deve obedecer um qualquer *bom* método de apuramento do imposto a pagar. O quarto de entre eles estabelece explicitamente que o valor do imposto a liquidar pelo sujeito jamais deverá ser excessivamente alto em comparação com os rendimentos auferidos no ano imediatamente anterior.

[103] Pode mesmo haver obstáculos legais à tributação de mais-valias não realizadas. Segundo Goffman (1962, p. 243) tal prática poderia representar um problema de constitucionalidade, pelo menos nos E.U.A. ao tempo em que escreve.

representa, de todo, uma ideia original de Simons; pelo contrário, ele sobrevém a algumas experiências concretas de legislações fiscais vigentes em alguns países ou territórios. Podem-se apontar o exemplo inglês entre 1812 e 1926, o do Estado norte-americano do Wisconsin entre 1928 e 1932 e o da Austrália em 1921. Esta ideia é também tratada por Vickrey na obra que tem vindo a ser citada e ainda, e particularmente, em *Agenda for Progressive Taxation* (1947,1972), especificando um método concreto para o cálculo do imposto, a chamada média cumulativa[104] que, segundo ele próprio, "... *may seem hopelessly complex*" (Vickrey, 1939, p. 384) se bem que, na opinião do autor, tivesse a virtude de ser imune a todos os problemas de ordem prática que haviam ditado o abandono do regime que, durante escassos anos, vigorou no Wisconsin.

7.3.5. Variações no Nível Geral de Preços

A conceptualização do rendimento é-o em termos reais, portanto expurgado dos efeitos nominais explicados por variações do nível geral de preços. Contudo, se bem que as alterações no valor da moeda não coloquem grandes problemas à avaliação da componente consumo, o mesmo já se não passa no que toca à avaliação da acumulação do stock de capital. O que se afirma em relação ao consumo será verdade na medida em que as pessoas distribuam o seu consumo ao longo do tempo de forma semelhante, pelo que a comparação do rendimento entre eles, no que a este elemento diz respeito e, portanto, à equidade fiscal, não será prejudicada. Assim sendo, a avaliação do consumo pode ser feita aos preços de mercado vigentes no período.

---

[104] Blough (1948, p.673), na crítica ao livro de Vickrey que se acaba de mencionar, avalia a proposta da técnica da média cumulativa nos seguintes termos: "... *the plan in its present form is so dependent on mathematical formulae and so difficult to understand and explain that it is not likely to receive serious policy consideration.*"

8. A Unidade de Tributação do Rendimento

Quando se fala na determinação do valor do rendimento para efeitos fiscais e, ainda, na aplicação do princípio da equidade segundo o qual os que têm a mesma capacidade para pagar devem suportar o mesmo montante de impostos, fica por esclarecer qual deva ser a unidade de tributação em relação à qual se faz aquela avaliação e se aplica esse princípio. De facto, essa unidade tanto pode ser o indivíduo, independentemente dos vínculos de natureza legal e económica que mantenha com terceiros, ou o agregado familiar formado por cônjuge e filhos. O tratamento consagrado pela legislação fiscal tem sido influenciado por uma multiplicidade de factores, tais como os seguintes:

a) Os habituais princípios normativos de índole fiscal, isto é, equidade e eficiência económica;
b) Estatuto social, político e económico da mulher relativamente ao homem;
c) Evolução dos costumes relativamente ao modelo de agregado familiar, tendo em conta a incidência do divórcio, das famílias monoparentais e dos casais homossexuais.

As soluções tributárias para esta questão têm naturalmente evoluído ao longo do tempo em cada país e, no mesmo período histórico, é comum observarem-se soluções distintas consoante os países. Contudo, as soluções que existem são basicamente apenas duas:

a) Os membros do casal preenchem declarações de rendimento individuais, sendo então tributados autonomamente um do outro;
b) Os membros do casal preenchem declarações de rendimento conjuntas, incidindo o imposto sobre o total dos rendimentos declarados por ambos por aplicação do chamado *splitting* do rendimento, independentemente da contribuição de cada um deles para a formação desse rendimento.

Poderá ainda dar-se o caso de a declaração conjunta corresponder, de facto, a tributação individual de rendimentos, servindo ela tão-somente para disponibilizar informação que permita estabelecer os valores das deduções ou dos créditos fiscais a que o agregado tem direito à luz da legislação em vigor.

Historicamente, a evolução nesta matéria não foi necessariamente da declaração conjunta para a declaração individual; nos E.U.A., passou-se exactamente o inverso. Quando o imposto sobre os rendimentos das pessoas foi criado, os casais ficaram, de facto, sujeitos à entrega de declarações individuais; só em 1948 é que se passou para o regime de apresentação de declarações conjuntas após uma série de episódios marcados por divergências de tratamento neste domínio entre Estados da União.

A decisão entre declarações individuais ou conjuntas de pessoas casadas está historicamente muito associada à ideia prevalecente quanto aos princípios que regem a economia familiar. Se se entender que, apesar de casados, cada um dos cônjuges continua a gerir os seus rendimentos de modo independente e autónomo, não os partilhando com o outro e gerindo-os desprendido das necessidades do agregado familiar, então parece não haver dúvidas de que as declarações devem ser individuais, reflectindo o carácter essencialmente individual da apropriação e uso dos rendimentos de cada um. Porém, tradicionalmente, prevalece a noção de que os rendimentos produzidos pelos cônjuges são partilhados no seio do agregado familiar com vista à satisfação das necessidades comuns do grupo e, se assim fôr, o agregado familiar constitui certamente a unidade de tributação correcta.

Porém, a evolução dos costumes nas sociedades modernas tem colocado sérias dificuldades a este entendimento. Constata-se, por um lado, o crescente grau de independência da mulher relativamente ao homem, fruto da sua forte integração no mercado de trabalho conferindo-lhe independência não só económica como também psicológica e política; neste sentido, são frequentes reivindicações para a permissão da apresentação de declarações individuais de rendimento como forma de afirmação da autonomia da mulher face ao marido. A vulnerabilidade cada vez maior das relações matrimoniais, marcadas por uma elevada incidência de divórcios, afirma-se como um forte elemento adicional que concorre para o favorecimento das declarações individuais.

Contesta-se igualmente que a observância de uma economia partilhada por vários indivíduos produza efeitos fiscais apenas quando assente na união matrimonial formalmente estabelecida entre pessoas de sexo diferente. Não se aplica, desde logo, a membros de uma mesma família que vivam em comum partilhando recursos económicos e financeiros, como sejam os agregados compostos por irmãos, ou por pais e filhos adultos. Do mesmo modo, critica-se cada vez mais que também se não aplique a indivíduos do mesmo sexo que vivam em comum numa relação estável de partilha.

8.1. A Aplicação do Princípio da Equidade

O princípio da equidade assenta em comparações sobre a capacidade para pagar. Vejamos de que formas se entende que o princípio deva ser concretizado no seio do agregado familiar.

Em primeiro lugar estabelece-se igual tratamento entre casais com o mesmo rendimento, porque se assume que casais com igual rendimento conjunto, *ceteris paribus*, gozam de igual capacidade para pagar e, por consequência, devem suportar o mesmo imposto, independentemente da contribuição de cada cônjuge para o orçamento conjunto. Isto implica que o imposto devido por um casal em que só um dos membros colhe rendimentos deve ser igual ao de um outro casal com o mesmo rendimento total mas em que ambos trabalham e produzem valores semelhantes entre si.

Formalmente esta condição escreve-se da seguinte maneira:

27) $Y_C^A (X_{AM} + X_{AF}) = Y_C^B (X_{BM} + X_{BF}) \Rightarrow T^A = T^B$

em que Y_C^i é o rendimento total do casal i, com $i = A, B$, e X_{AM} e X_{AF} são as contribuições de cada um dos membros do casal A para a formação do rendimento conjunto, o mesmo sucedendo para o casal B também constituído pelos elementos M e F. T^i é o imposto a pagar pelo casal i.

Porém, é possível argumentar-se que esses dois casais, apesar de se apresentarem com o mesmo rendimento, não têm igual capacidade para pagar e, sendo assim, este primeiro requisito, em vez de salvaguardar exigências de equidade está, de facto, a violá-las. Mas também não é possível afirmar-se de modo inquestionável qual dos dois casais mencionados no parágrafo anterior possui maior capacidade para pagar. Pode argumentar-se que o casal onde apenas um dos seus membros trabalha tem maior capacidade para pagar pois aquele que não está empregado pode-se ocupar de tarefas domésticas que têm que ser adquiridas por casais em que ambos trabalham; mas, por outro lado, é igualmente possível arguir em sentido contrário já que a totalidade das despesas, inclusivé as que têm a ver com a satisfação das necessidades estritamente pessoais do membro sem rendimentos, têm que ser satisfeitas pelo rendimento de um só[105]. O rendimento só por si não é, na verdade, um indicador consensual da capacidade para pagar! Em todo o caso, a haver aqui diferenças na capacidade para pagar, o seu apuramento nestas situações, em termos incontroversos, é difícil, se não mesmo impossível, razão pela qual os legisladores seguem a norma de não aplicarem diferentes impostos com base neste tipo de razões.

Em segundo lugar pretende-se que o sistema fiscal seja neutro relativamente ao estado civil dos indivíduos, não devendo a mudança de estado civil resultar em penalizações ou bónus sob a forma de impostos maiores ou menores em comparação com a situação anterior. Portanto, os casais não devem beneficiar de um agravamento ou de uma redução de impostos comparativamente ao que os seus membros pagavam enquanto pessoas solteiras. Isto é, por força deste entendimento, o imposto do casal deve ser igual à soma dos impostos pagos por cada um dos seus membros antes do casamento, "ceteris paribus".

A compreeensão quanto à equidade exprime-se aqui sob a presunção de que, em média, o casamento não provoca variações na capacidade para pagar ou, então, a acontecerem, de facto não é economicamente justificável o seu apuramento e consideração caso a caso[106]. Se para uns essa capacidade se reduz, como com aqueles que em solteiros co-habitavam com os pais ou amigos, para outros ela eleva-se porque, porventura, viviam sozinhos sem partilha de encargos com terceiros, enquanto que para outros nada se altera na medida em que viviam já em união de facto. Mas, para além da preocupação com a equidade, esta norma procura acautelar o princípio de que a fiscalidade não deve interferir com as decisões que as pessoas tomam quanto à sua forma de vida, não perturbando costumes e hábitos socialmente estabelecidos, quiçá desde longa data. Neste sentido, é obrigação das normas fiscais não encorajar ou desencorajar o casamento, isto é, ser neutral em relação a ele.

---

[105] Está-se obviamente a raciocinar no pressuposto de a diferença entre eles ser exclusivamente ao nível da contribuição de cada um dos esposos para o orçamento familiar.

[106] Este tratamento também se pode fundamentar com o argumento de que todos podem fazer em solteiros opções equivalentes às de casados em termos de partilha de custos, como na habitação, por exemplo.

Esta condição escreve-se como:

28) $T^S_{i'} + T^S_{i''} = T^i$

em que S significa solteiro, $i = A, B$; $i' = AM, BM$; $i'' = AF, BF$.

Por fim, trata-se de respeitar o princípio da progressividade que significa que o imposto a suportar por alguém deve ser superior ao devido por várias pessoas que, no conjunto, tenham um rendimento igual ao seu. Formalmente, esta norma escreve-se assim:

29) $Y^S_{AM} + Y^S_{AF} = Y^S_{BM} \Rightarrow T^S_{BM} > T^S_{AM} + T^S_{AF}$

8.1.1. A Incompatibilidade Entre os Três Princípios

Estes três princípios são incompatíveis entre si[107]. Quer isto dizer que a consecução de quaisquer dois de entre eles implica automaticamente a não verificação do terceiro. Da experiência das várias legislações resulta ser a norma da neutralidade em relação ao casamento aquela que é mais frequentemente violada.

Para ilustrar esta ideia de conflitualidade entre os três princípios vamos supor que, no conjunto, os membros do casal A, AM e AF, conseguem o mesmo rendimento que BM e que, além disso, BF não contribui para o orçamento familiar do casal B.

O princípio da progressividade obriga a que:

30) $T^S_{BM} + T^S_{BF} > T^S_{AM} + T^S_{AF}$

enquanto o da neutralidade em relação ao casamento impõe que:

31) $T^B > T^A$

Ora, o resultado evidenciado pela Equação (31) fere o primeiro dos princípios expostos, o do igual tratamento entre casais que manda cobrar o mesmo montante de imposto a casais com o mesmo rendimento conjunto, independentemente da repartição que ocorra entre os cônjuges.

Pensemos agora nos princípios da neutralidade em relação ao casamento e de igual imposto para casais com o mesmo rendimento, indepen-

---

[107] Só o não são na circunstância de casais que sejam a réplica exacta um do outro.

dentemente da contribuição individual dos seus membros. Sendo assim, da conjugação de ambas as normas temos:

32) $T^A = T^S_{AM} + T^S_{AF} = T^S_{BM} + T^S_{BF} = T^B$

mas então viola-se a progressividade do imposto.

Por fim, é fácil demonstrar que necessariamente se viola o princípio da neutralidade em relação ao casamento quando se respeitam os outros dois últimos princípios enunciados.

8.2. Fontes e Exemplos de Não Neutralidade em Relação ao Casamento

A não neutralidade em relação ao casamento deriva da lei fiscal quando não prevê para os casais a duplicação dos valores aplicáveis aos solteiros, seja a título de rendimentos isentos, de deduções, de créditos fiscais, da amplitude dos escalões de rendimento ou de quaisquer outros aspectos que tenham implicações no cálculo do imposto, como é o caso da repartição do rendimento pelos membros do casal. De igual forma, a eventual desqualificação para a continuação do recebimento de subsídios auferidos antes do casamento, é outra fonte possível para essa não neutralidade fiscal. Na lei tributária norte-americana havia 59 disposições que em 1998 concorriam para criar impostos ou subsídios sobre o casamento[108]. Para ilustrar esta matéria, consideremos este exemplo:

O casal é formado por AM e AF, gerando cada um deles um rendimento bruto de € 150 000. A dedução permitida por indivíduo solteiro é de € 30 000, e de € 50 000 por casal. As taxas marginais de imposto são as que constam do Quadro 11 abaixo[109].

QUADRO 11 – **Taxas Marginais de Imposto**

Escalão do Rendimento	Taxa Marginal
0 – 50 000	0%
50 001 – 100 000	10%
100 001 – 300 000	20%
300 001 – +∞	35%

---

[108] Assim se diz quando a legislação fiscal penaliza ou beneficia o casamento.

[109] Com os escalões definidos sobre números inteiros, com isto se seguindo a prática observada na literatura americana da especialidade.

Admitindo que há *splitting* do rendimento para efeitos da determinação do imposto, o que equivale a dizer que a amplitude dos escalões de rendimento é o dobro no caso dos casados relativamente ao dos solteiros, o imposto a pagar em cada uma das situações figura, devidamente calculado, no Quadro 12.

QUADRO 12 – **Cálculo do Imposto a Pagar com Penalização do Casamento**

	AM Solteiro	AF Solteiro	AM + AF Casados
Rendimentos Brutos	150 000	150 000	300 000
Dedução	30 000	30 000	50 000
Rendimento Tributável	120 000	120 000	250 000
À taxa de 0%	50 000 ⇒ 0	50 000 ⇒ 0	100 000 ⇒ 0
À taxa de 10%	50 000 ⇒ 5 000	50 000 ⇒ 5 000	100 000 ⇒ 10 000
À taxa de 20%	20 000 ⇒ 4 000	20 000 ⇒ 4 000	50 000 ⇒ 10 000
Total do Imposto a Pagar	9 000	9 000	20 000
Penalização sobre o Casamento	20 000 – 18 000 = 2 000; aproximadamente 11% mais do que enquanto solteiros		

Admita-se agora que a situação descrita no exemplo anterior se altera apenas no facto de AM gerar um rendimento de € 300 000, enquanto que o cônjuge não trabalha nem possui rendimentos de outras fontes. O Quadro 13 contém os valores correspondentes.

Percebe-se facilmente que a razão para o bónus fiscal associado a este casamento resulta da maior dedução que é permitida e do facto de o *splitting* baixar os montantes sujeitos às taxas de tributação mais altas porque, efectivamente, atribui a cada um dos membros do casal metade do rendimento comum.

QUADRO 13 – **Cálculo do Imposto a Pagar com Bónus do Casamento**

	AM Solteiro	AF Solteiro	AM + AF Casados
Rendimentos Brutos	300 000	0	300 000
Dedução	30 000	0	50 000
Rendimento Tributável	270 000	0	250 000
À taxa de 0%	50 000 ⇒ 0	0	100 000 ⇒ 0
À taxa de 10%	50 000 ⇒ 5 000	0	100 000 ⇒ 10 000
À taxa de 20%	170 000 ⇒ 34 000	0	50 000 ⇒ 10 000
Total do Imposto a Pagar	39 000	0	20 000
Penalização sobre o Casamento	20 000 – 39 000 = -19 000; aproximadamente 49% menos do que enquanto solteiros		

Rosen (1987) efectuou um conjunto de simulações sobre a base de dados fiscais dos E.U.A. para estimar o impacto da reforma fiscal de 1986

(*The Tax Reform Act*) no que a esta questão se refere, em comparação com a lei fiscal que ela revogou. A conclusão a que chegou foi a de que a nova legislação era mais favorável ao casamento já que reduziu o *imposto* sobre ele de USD 528.6 para USD 119.0, em média e por casal. Contudo, é perceptível que o impacto da lei não foi o mesmo para todos os contribuintes, nem tão pouco sobre aqueles que se situavam no mesmo escalão de rendimento. Um resultado que, de resto, já era de antecipar por virtude das referências que fizemos antes às condições particulares de cada um e que, a este respeito, são vitais. Assim, vale a pena frisar que enquanto 40% dos contribuintes viu os seus impostos aumentar com o casamento, 53% beneficiou de um *subsídio* ao casamento. Sobre os restantes 7% observou-se neutralidade. O *imposto* médio calculado sobre os que tiveram a sua condição fiscal agravada foi de USD 1091; em contrapartida, o subsídio médio apurado sobre a amostra constituída exclusivamente pelos que beneficiam com o casamento foi de USD 609. Esta diversidade de resultados é inclusivamente observável em cada um dos escalões de rendimento. Se começarmos pelo mais baixo, que abrange os rendimentos inferiores a USD 10 000, 1.5% suporta um *imposto* de casamento e 37% beneficia de um subsídio. No penúltimo escalão, para rendimentos situados entre USD 100 000 e 200 000, 34% suportou esse imposto e 66% teve um *subsídio*. Pode-se ademais dizer que a proporção dos indivíduos penalizados pelo casamento aumentou com o rendimento colectável, muito embora esta constatação se inverta no caso dos rendimentos entre USD 75 000 e USD 200 000.

Os resultados acabados de descrever são repetidos qualitativamente com a reforma fiscal feita em 1993 pelo Presidente Clinton, o *Omnibus Budget Reconciliation Act (OBRA93)*, com a particularidade de "*Specifically, some low-income families will face much higher marriage taxes than before. In this way, they are similar to their counterparts at the opposite end of the income scale...*" (Feenberg & Rosen, 1995, p. 92). Ainda para os E.U.A., em 1994 a não neutralidade em relação ao casamento produziu receitas fiscais entre 17 e 19 biliões de USD. Por outro lado, a percentagem das famílias penalizadas por este mecanismo aumentou desde 1969 atingindo cerca de 60% delas no ano de 1994, enquanto as que beneficiaram de subsídios deste tipo se reduziram no período para um valor próximo de 30% (Alm, Dickert-Colin, & Whittington, 1999, p. 198). Uma das razões que explica esta evolução está na aproximação dos valores do rendimento produzidos pelos dois membros do casal: entre 1969 e 1995 a proporção dos casais em que ambos os esposos trabalhavam subiu de 48% para 72%, ao mesmo tempo que a percentagem dos casamentos em que a mulher ou o marido produziam pelo menos um terço do rendimento conjunto passou de 17% para 34% (Alm, Dickert-Colin, & Whittington, 1999, p. 198). Em todo o caso, o peso deste efeito fiscal tende a ser tanto maior quanto mais baixo fôr a classe de rendimento do contribuinte; estimava-se para 1996, e ainda para os E.U.A., que a penalização fiscal média do casamento representava 7.6% do rendimento dos agregados com menos de USD 20 000, comparado com 1.6% para as famílias com rendimento brutos superiores a USD 50 000.

Outros autores, como Alm *et al.* (1995), prosseguindo a tradição inaugurada por Becker, segundo a qual as decisões quanto ao casamento e ao divórcio são também significativamente influenciadas por considerações económicas, cuidaram de elaborar um modelo teórico para avaliar da validade de tais relações funcionais, e que depois submeteram a testes empíricos. O sistema fiscal seria capaz de influenciar a decisão de casar ou não casar quer quando há lugar a alteração no imposto total a pagar, mantendo-se inalterada a taxa marginal de tributação, quer quando ocorre modificação nessa taxa marginal. Na primeira hipótese temos apenas efeito rendimento, o qual concorre a favor ou contra o casamento consoante se traduz na redução do montante de imposto ou no seu acréscimo, respectivamente. No segundo caso, há efeito rendimento e efeito substituição que actuam em sentidos diferentes e, por isso, o impacto do imposto nessa decisão não é inequívoco. O efeito substituição subsequente a um acréscimo na taxa marginal do imposto é o de reduzir o custo de oportunidade da produção doméstica exactamente porque diminui o custo de oportunidade do tempo ocupado em tarefas dessa índole. E, por este efeito, sempre que agindo neste sentido, favorece-se o casamento, em oposição ao efeito rendimento que o desencoraja.

Portanto, a atracção pelo casamento depende quer dos impostos totais a pagar quer da taxa marginal de imposto a suportar pelos casais em comparação com os não casados. A variável dependente do modelo é a proporção das mulheres casadas na faixa etária compreendida entre os 15 e os 44 anos. Em consonância com o que se escreveu há pouco sobre os canais de transmissão, as variáveis independentes de natureza fiscal são duas: o imposto sobre o casamento que, quando negativo, se transfigura em subsídio ao casamento, e o diferencial entre as taxas marginais de imposto aplicáveis quando casados e quando solteiros. No que respeita à primeira variável, o coeficiente estimado tem o sinal correcto, pois é negativo, e é estatisticamente significativo a 10%; contudo, o seu valor é bastante baixo, a tal ponto que seria necessário que o *imposto* sobre o casamento caísse 20% para gerar um acréscimo de 1% na taxa de casamentos. Quanto ao diferencial entre as taxas marginais de tributação, o sinal é o correcto mas não é estatisticamente significativo, confirmando a ambiguidade do seu impacto sobre a variável dependente. Concluindo, o efeito total é diminuto.

Uma outra linha de investigação, e que se desenvolveu sobretudo para os E.U.A. (Sjoquist & Walker, 1995), Canadá, Inglaterra e País de Gales (Gelardi, 1996), versa sobre a influência da legislação fiscal na escolha da data do casamento. A evidência empírica recolhida naqueles estudos indica que as pessoas consideram as implicações tributárias quando tomam essa decisão. Porém, Sjoquist *et al.* (1995) estimam que a duplicação do imposto sobre o casamento aumenta apenas em 1% a probabilidade de os noivos adiarem o casamento até ao ano fiscal seguinte, o que significa que a força desse efeito é bastante reduzida. Gelardi (1996) conclui igualmente pela existência de um efeito mas, de novo, muito fraco pois a elasticidade estimada não ultrapassa -0.022.

8.3. *Eficiência Económica*

A imposição conjunta do rendimento do casal é fonte de ineficiências na afectação de recursos económicos pois desencoraja a integração no mercado de trabalho daquele que, de entre os dois, produz a menor parcela de rendimento, tipicamente o caso da mulher.

Quando esta pessoa é remunerada pelo seu trabalho, o primeiro euro que recebe é, de facto, tributado pelo menos à taxa marginal mais elevada em que já se encontra o rendimento familiar com base nas remunerações do outro elemento do casal. Tendo em conta que a sua entrada no mercado do trabalho acarreta encargos adicionais, como o pagamento a terceiros pela execução das tarefas domésticas, cuidado dos filhos, encargos com deslocações e até, em alguns casos, vestuário e alimentação, o rendimento líquido que resta, depois de se descontarem todos esses encargos, pode não compensar o esforço. Vamos ilustrar esta afirmação no Quadro 14[110] onde, em comparação com o caso presente no Quadro 13, *AF* decide trabalhar. Os resultados que se vão encontrar devem ser comparados com os da última coluna do Quadro 13.

---

[110] Para não sobrecarregar o exemplo com dados excessivos, abstraímos dos custos de natureza não fiscal a arcar por AF.

QUADRO 14 – **Declarações Conjuntas e Ineficiência Económica**

	AM	AF	AM+ AF Casados
Rendimentos Brutos	300 000	100 000	400 000
Dedução			50 000
Rendimento Tributável			350 000
À taxa de 0%			100 000 ⇒ 0
À taxa de 10%			100 000 ⇒ 10 000
À taxa de 20%			150 000 ⇒ 30 000
Total do Imposto a Pagar			40 000
Imposto Suportado pelos Rendimentos Produzidos por AF	\multicolumn{3}{l}{Variação do Imposto a Pagar = 40 000 – 20 000 = 20 000 = 20% de 100 000}

É correcta, portanto, a afirmação de que o rendimento líquido de *AF* é de € 80 000, sujeitando-se neste caso a uma taxa média e marginal de 20%.

Há na literatura económica abundante bibliografia que estuda o impacto dos impostos na oferta de trabalho de indivíduos casados. Eissa *et al.* (1998) são os autores de um dos trabalhos mais citados neste domínio. Em concreto, no trabalho mencionado estudaram a reacção da oferta de trabalho dos maridos e das esposas a variações nos impostos e no EITC[111] (*Earned Income Tax Credit*). Os resultados que obtêm indicam que enquanto a oferta de trabalho dos maridos, entendidos como os que mais contribuem para o orçamento familiar, pouco se altera, já a oferta de trabalho das mulheres casadas tende a ser negativamente afectada pelos impostos.

---

[111] O EITC é matéria a ser desenvolvida em capítulo apropriado deste livro.

9. Modelos Alternativos de Tributação Directa dos Rendimentos

Por modelos de tributação directa dos rendimentos quer-se significar o modo como a legislação determina que se proceda à determinação da matéria colectável sobre a qual se vão depois aplicar as taxas de imposto nela também previstas, para além de igualmente estipular o comportamento destas com as variações na base tributária.

São quatro os sistemas conhecidos, a saber:

a) O do imposto parcelar, ou cedular;
b) O do imposto único;
c) O do imposto a taxa uniforme[112];
d) O do imposto dual.

Nas secções que se seguem procuramos caracterizar e analisar cada um destes quatro modelos.

9.1. *Imposto Parcelar e Imposto Único*

No caso da tributação cedular, ou parcelar, os rendimentos são tributados de forma independente e autónoma, consoante a fonte onde cada parcela tenha a sua origem, nos termos do que estiver consagrado nos respectivos códigos, incluindo o valor das taxas aplicáveis e a determinação das respectivas matérias colectáveis. Nestas condições, a administração fiscal não conhece, de facto, o rendimento total de cada contribuinte.

Este era o modelo existente em Portugal antes da reforma de 1988, havendo na altura um imposto profissional respeitante à tributação dos rendimentos provenientes do trabalho dependente, um imposto de capitais referente à tributação dos rendimentos com essa natureza, um imposto sobre os rendimentos provenientes da indústria, outro sobre os rendimentos agrícolas, etc.

---

[112] Designado na origem por *flat tax*.

A tributação cedular, como facilmente se depreende, apresenta alguns graves inconvenientes. Desde logo é incompatível com a personalização do imposto e, portanto, é estranha ao princípio da equidade fiscal. Por outro lado, a possibilidade de as taxas de imposto variarem segundo o tipo de rendimento introduz distorções na afectação dos recursos económicos pois, em tal caso, há sectores de actividade que beneficiam de condições fiscais mais favoráveis. Ademais, a diferenciação das taxas é uma fonte potencial de injustiças ao possibilitar que as pessoas com rendimentos mais baixos sejam as que suportam impostos mais elevados pela simples razão de os seus rendimentos estarem concentrados nas fontes tributadas às taxas mais altas. Claramente, num modelo destes não é viável a aplicação de um regime progressivo. Finalmente, ao encorajar a concentração da produção do rendimento nas fontes tributadas às taxas mais reduzidas, estimula-se a evasão fiscal.

Para colmatar estes inconvenientes concebeu-se o chamado imposto único. Com ele, todos os rendimentos do indivíduo, independentemente da sua origem, são somados e a taxa de imposto é aplicada à matéria colectável calculada na base do rendimento total, depois de abatidas importâncias a título de custos de aquisição de rendimento e de deduções à matéria colectável[113]. Com este englobamento eliminar-se-iam desejavelmente todos os inconvenientes que foram há pouco apontados aos impostos cedulares; nomeadamente, agora é possível a personalização do imposto e a aplicação de taxas progressivas.

O problema é que, muito embora o imposto único tenha esta concepção, a sua aplicação está, de facto, sujeita a tratamentos de excepção introduzidos pela legislação fiscal que comprometem os benefícios desejados. Continua a ser verdade, no âmbito da legislação fiscal, que alguns rendimentos não são, de facto, englobados sendo, pelo contrário, tributados separadamente dos restantes e a taxas reduzidas, como sejam os rendimentos de capitais onde se incluem os juros, os dividendos e as mais-valias. Para além disto, certas deduções à matéria colectável, assim como formas de rendimento em espécie prevalecentes entre indivíduos de elevados rendimentos que não são consideradas no cálculo da matéria colectável, ferem a neutralidade do imposto único no que respeita àqueles objectivos essenciais.

---

[113] O imposto a cobrar pode ainda ser diminuído pelo montante das deduções à colecta.

9.2. *Imposto a Taxa Uniforme*

O imposto único tem sido, desde há muito tempo, o sistema fiscal prevalecente. Contudo, é alvo de imensas críticas que incidem sobre aspectos fundamentais, de tal modo que conduziram ao aparecimento de propostas alternativas. Uma dessas propostas, conhecida universalmente por *flat tax*, surge pela primeira vez em 1981 num artigo publicado no *Wall Street Journal*[114] da autoria de Robert Hall e de Alvin Rabushka. O objectivo pretendido era o de substituir, nos E.U.A., o imposto federal sobre os rendimentos das pessoas singulares e colectivas por um novo regime tributário que eliminasse todos os aspectos negativos que se apontam ao imposto único. Essas críticas são, no essencial, as seguintes:

a) Ausência de equidade, apesar de se tratar de um sistema progressivo;
b) Entrave ao crescimento e ao desenvolvimento económico;
c) Complexidade excessiva com custos excessivos quer de administração quer de cumprimento;
d) Estímulos à evasão fiscal;
e) Intromissão do Estado na vida dos cidadãos incompatível com o princípio das liberdades fundamentais do indivíduo.

Evidentemente, alguns dos aspectos acabados de mencionar estão associados entre si. Nos pontos que se seguem vamos procurar detalhar algumas destas críticas para depois se apresentarem os aspectos inovadores essenciais a este modelo de tributação dos rendimentos.

9.2.1. *A Questão da Equidade*

Hall e Rabushka argumentam que o modelo vigente, apesar de progressivo, não satisfaz o princípio fundamental da equidade. A base dessa alegação assenta em vários aspectos.

O primeiro baseia-se na distinção entre progressividade formal e efectiva. O conjunto formado pelos custos de aquisição de rendimento, pelas deduções, pelas isenções e pelos créditos fiscais que a lei fiscal concede a alguns reduz significativamente a progressividade efectiva, a ponto de o sistema se arriscar a ser de facto regressivo[115]. Pior, todos esses ele-

---

[114] Na edição de 10 de Dezembro.
[115] Em consequência, a matéria colectável relativa aos impostos sobre o rendimento era nos E.U.A. apenas cerca de 50% do respectivo PIB (Hall, 2007, p. 50).

mentos que permitem baixar a carga fiscal dimanam da pressão exercida por grupos de interesse que actuam com recursos disponibilizados por indivíduos e companhias com grande poder económico, e no seu próprio interesse[116]. Os pobres não possuem os recursos económicos e políticos imprescindíveis para conseguirem influenciar as decisões dos legisladores nem tão pouco para contratar os serviços de advogados e contabilistas a fim de explorar os mecanismos que uma legislação excessivamente longa, complexa e de difícil interpretação, faculta para se fugir ao pagamento de impostos.

Em segundo lugar, segundo Hall (2007, p. 38) o princípio da equidade cumpre-se sempre que se legisla de maneira imparcial e, portanto, sem favoritismos, assente nas normas, na lógica e na ética. Não há fundamentos que validem o entendimento segundo o qual é justo e equitativo um sistema, como o progressivo, que tributa comparativamente mais os que têm maiores rendimentos, e que são também os elementos mais activos, criativos e produtivos de uma comunidade. Segundo o autor, a equidade horizontal que determina que indivíduos nas mesmas circunstâncias devem suportar a mesma carga fiscal é, em termos económicos, o único princípio de justiça válido; o princípio da equidade vertical, pelo contrário, não passa de uma construção artificiosa do Séc. XX concebida para justificar as então novas preocupações redistributivas, conduzindo a que *"The new approach, a twentieth-century phenomenon about a half century old, has come to mean that successful people, with above-average incomes, should have to pay higher fractions of their incomes in taxes."* (Hall, 2007, p. 42). A noção de equidade vertical, porque destituída de quaisquer valores de referência objectivos, não é, por isso, capaz de definir quais sejam os valores correctos da progressividade e, do mesmo modo, de resistir às investidas de diferentes grupos de pressão: *"Vertical equity does not fare welll in practice....through steeply graduated taxes, one Congress after another has riddled the tax code with hundreds of loopholes that permit some millionaires to pay no income taxes whatsoever and some high earners to pay low taxes. Other loopholes permit the wealthy to exploit tax shelters that reduce large incomes to modest levels of taxable income....every time tax rates are increased, Congress, in response to political pressures from organized interest groups, inserts new deductions and loopholes into the tax code to offset the effects of higher rates."* (Hall, 2007, p. 43).

---

[116] Exemplos apresentados em apoio desta tese são os regimes fiscais aplicáveis aos *Municipal Bonds*, às contribuições caritativas e ao mecenato artístico.

Depois, na avaliaçao da equidade de um qualquer sistema fiscal, há ainda que ter em conta a incidência económica dos impostos sobre as pessoas singulares e sobre as empresas. É que os impostos que a lei determina serem devidos por alguém podem ser por ele transferidos, parcial ou totalmente, para terceiros. É o profissional que repercute nos honorários que cobra aos clientes por serviços prestados os impostos a que esses serviços dão lugar quando são manifestados à administração fiscal pela emissão dos competentes recibos; é a empresa que, esmagada pelo pagamento de elevados impostos, perde o seu mercado a favor de concorrentes externos e despede pessoal, sendo efectivamente estes quem realmente paga o imposto pelo montante das remunerações cessantes.

Finalmente, se porventura se entender que a progressividade é indispensável à consecução do objectivo da equidade, ela não tem que ser concretizada por meio de taxas marginais de imposto crescentes. Basta que se associe a uma taxa uniforme de imposto, aplicável a partir de um certo valor do rendimento, uma isenção fiscal para os valores do rendimento abaixo daquele montante, e para todos os contribuintes.

Os dados empíricos disponíveis revelam que a forma de os mais ricos pagarem mais impostos é baixando-se as taxas marginais de imposto e não o contrário. A propósito, Hall (2007, pp. 64-66) reporta a experiência de duas reformas fiscais acontecidas nos E.U.A. que as reduziram muito significativamente. Trata-se da reforma feita pelo secretário do Tesouro Andrew Mellon no período subsequente à I.ª Grande Guerra Mundial, e a efectuada pelo Presidente John Kennedy em 1963.

Por força das necessidades de financiamento da I.ª Grande Guerra, as taxas marginais de imposto passaram do intervalo de 1% a 7% para um intervalo compreendido entre 6% e 77%. A reforma de Andrew Mellon apresentou como principal medida a redução da taxa marginal de imposto mais alta para uns meros 25%. O quadro que se segue revela os efeitos desta reforma quanto ao aspecto que estamos a tratar. O conteúdo deste quadro é de tal forma evidente que não necessita de comentários adicionais. Bastará dizer que, na perspectiva de Hall, o efeito mais marcante da reforma foi o de tornar o sistema mais progressivo, e não menos, não obstante a diminuição das taxas marginais de imposto.

QUADRO 15 – **Efeitos da Reforma Fiscal de Andrew Mellon nos E.U.A.**[117]

Escalão de Rendimento em USD	Imposto Cobrado em Milhões de USD a Preços Constantes de 1929			% da Receita Fiscal Cobrada em Cada Escalão de Rendimento	
	1921	1926	Variação %	1921	1926
Até 10000	155	33	-79	21	5
10000 a 25000	122	70	-43	18	10
25000 a 50000	108	109	+1	16	15
50000 a 100000	111	137	+23	16	19
Mais de 100000	194	362	+86	29	51
TOTAIS	690	711		100	100

O Quadro 16 revela os efeitos da mesma natureza derivados da reforma fiscal de John Kennedy, que vigorou pela primeira vez em 1965. De novo, o traço mais marcante desta reforma foi a redução das taxas marginais que passaram de um intervalo definido entre um mínimo de 20% e um máximo de 91%, para um intervalo entre os 14% e os 70%.

QUADRO 16 – **Efeitos da Reforma Fiscal de John Kennedy nos E.U.A.**[118]

	Contribuintes com Rendimentos entre USD 50000 e USD 100000	Contribuintes com Rendimentos entre USD 100000 e USD 500000	Contribuintes com Rendimentos Superiores a USD 500000
Impostos Pagos antes da Reforma	USD 3.622 biliões	USD 2.405 biliões	USD 701 milhões
Impostos Pagos após a Reforma (1965)	USD 3.693 biliões	USD 2.780 biliões	USD 1.020 biliões

À primeira vista estes resultados parecem estranhos. Como é possível que uma redução nas taxas de imposto conduza a mais, e não a menos impostos cobrados, sobretudo entre as classes de rendimento mais elevados? Mas é, de facto, esta a teoria que é apresentada pela curva de Laffer: sempre que as taxas de imposto aumentam para além do seu nível óptimo, as receitas do Estado diminuem em vez de aumentarem. Mas enunciemos e sistematizemos então os mecanismos que explicam os resultados obtidos na sequência daquelas duas reformas. São eles:

---
[117] Hall (2007, p.64, Q.2.1).
[118] Hall (2007, p.66, Q.2.2).

1.º – A redução das taxas de imposto possibilita a rentabilização de investimentos mais produtivos[119] e, por isso, incentiva a diminuição do consumo e das aplicações isentas de impostos, como os *Municipal Bonds*, mas que, em contrapartida, oferecem baixas rentabilidades[120];
2.º – Os ganhos esperados com a evasão e a fraude fiscal tornam-se menos atractivos, com a consequência de elas se reduzirem;
3.º – Os incentivos ao trabalho aumentam, levando as pessoas a trabalhar mais, especialmente aquelas cuja integração no mercado de trabalho tende a ser marginal.

9.2.2. A Questão da Eficiência Económica

Elevadas taxas marginais de imposto, taxas diferenciadas segundo as fontes geradores dos fluxos de rendimento fruto das numerosas excepções de que enferma o imposto único na sua vigência efectiva, deduções e custos de aquisição do rendimento que discriminam entre indivíduos e actividades económicas, são todos eles elementos que contribuem para que o imposto único insira ineficiências no funcionamento das economias. Quer dizer, também deste ponto de vista estes impostos não são neutrais!

A ineficiência a que se alude traduz-se no emprego dos recursos em aplicações que reduzem a carga fiscal, e não onde eles são mais produtivos. Incentiva-se o lazer em vez do trabalho; penaliza-se o sucesso e a assumpção de riscos; encoraja-se a evasão e a fraude fiscal e, assim, a economia subterrânea; incentiva-se o consumo em vez da poupança e do investimento.

A própria optimização dos níveis e processos pelos quais se realiza a evasão e a fraude fiscal conduz à utilização improdutiva de recursos económicos com um alto custo de oportunidade para a sociedade. A fraude fiscal, por outro lado, é uma das razões para o aparecimento e desenvolvimento do sector clandestino das economias que, pelas razões que a seguir se sistematizam, é menos eficientes que o legal:

1) Funciona frequentemente assente na troca directa;
2) Tem dificuldade em atingir a dimensão óptima;

---

[119] O que releva como critério de decisão económica é a taxa de rentabilidade líquida de impostos.

[120] Trata-se de empréstimos às administrações públicas destinados a financiar despesas correntes ou de capital normalmente com pouco impacto no crescimento económico.

3) É continuamente forçado a gastar recursos para evitar a sua detecção e penalização.

Um modelo que se apresenta com tamanha complexidade e singularidade de situações, às quais se aplicam regimes diferenciados, provoca grandes custos de administração e de cumprimento. Estes custos são igualmente a expressão de mais ineficiências.

9.2.2.1. *A Dupla Tributação dos Rendimentos*

O imposto único é reiteradamente acusado de introduzir ineficiências na economia fruto da dupla tributação dos rendimentos do capital. Por esta via, argumenta-se, penalizam-se a poupança e os investimentos socialmente produtivos. A remoção deste problema passaria, na opinião de alguns, pela integração dos impostos sobre os rendimentos das pessoas colectivas e singulares[121] ou, em alternativa, pela substituição do imposto sobre o rendimento das pessoas singulares por um imposto sobre o consumo.

A existência simultânea de impostos distintos sobre os rendimentos das pessoas singulares e dos das sociedades conduz à dupla tributação dos lucros distribuídos na forma de dividendos. Os lucros são tributados uma primeira vez por aplicação da correspondente taxa aos resultados das empresas, e uma segunda vez quando são transferidos para os respectivos accionistas e englobados nos seus rendimentos colectáveis. Se a taxa de IRC fôr de 30% e a taxa marginal de imposto sobre os rendimentos dos accionistas fôr de 40%, então, feitas as contas, a taxa de imposto sobre este rendimento do capital a suportar efectivamente por esses accionistas ascende a 58%!

A mesma dupla tributação sucede com respeito a rendas, juros e mais-valias produzidos por um investimento. Como argumentam aqueles autores, um activo só tem valor se produzir rendimento pelo que não faz sentido tributar ambas as coisas.

---

[121] Alguns países já consagram na sua legislação fiscal este entendimento ao não englobarem os dividendos na matéria colectável da pessoa singular.

> **Caixa 9-1 – CÔMPUTO DA TAXA EFECTIVA DE IMPOSTO SOBRE O CAPITAL**
>
> A taxa de 58% acabada de mencionar é para o caso de todos os lucros, líquidos de imposto, serem distribuídos na forma de dividendos. Os cálculos são fáceis de fazer. Vejamos:
>
> Lucro líquido de impostos para a sociedade = $(1 - 0.30)X = 0.70X$
>
> Onde X são os lucros da sociedade antes de impostos.
>
> Lucro distribuído sob a forma de dividendos = Lucro líquido de impostos para a sociedade.
>
> Dividendos líquidos para os accionistas = $(1 - 0.40) * 0.70X = 0.42X$
>
> Montante total de impostos pagos = $X - 0.42X = 0.58X$
>
> Uma forma óbvia de minimizar esta carga fiscal é reduzir à distribuição dos dividendos.

9.2.3. A Proposta de Hall e Rabushka

A taxa uniforme, tal como imaginada por Hall e Rabushka, afirma-se como um modelo integrado de tributação dos rendimentos das pessoas singulares e colectivas, progressivo, equitativo, extremamente simples e, por isso, apto a minimizar os custos de administração e de cumprimento. Para além disso, suprime a dupla tributação do capital e estimula o crescimento económico. De facto, este sistema configura um imposto sobre o consumo com a particularidade de ser liquidado quando os rendimentos são obtidos em vez de o ser no momento em que se revelam em actos de consumo.

O sistema é integrado porque, com a excepção que se verá no parágrafo seguinte, o rendimento colectável é determinado conjuntamente, independentemente de se tratar de rendimentos de pessoas singulares ou de empresas, e tributados exactamente à mesma taxa de imposto. Estes são elementos essenciais na concepção do sistema porque são eles que possibilitam a integração e obstam a distorções na afectação dos recursos, garantindo a neutralidade do sistema fiscal.

A noção de empresa é tomada aqui em sentido muito amplo na medida em que o imposto sobre o rendimento das pessoas singulares abrange exclusivamente as remunerações do trabalho dependente e as pensões. Todos os outros rendimentos das pessoas singulares, incluindo rendas de casa, juros, mais-valias e quaisquer outros pagam imposto enquanto empresa, não interessando de modo algum para este efeito a forma jurídica com que os contribuintes se apresentam. Portanto, isto significa que as pessoas físicas, enquanto tal, só pagam imposto sobre salários e pensões, razão pela qual este imposto também se designa de imposto sobre os salários. Todas as suas outras formas de rendimento são tributadas no contexto empresa.

A taxa de imposto uniforme proposta pelos autores é de 19%, liquidável para rendimentos acima do mínimo de subsistência determinado para todas as famílias, independentemente do seu rendimento total, em função da sua dimensão e sujeito a actualizações periódicas com base na taxa de inflação. Apesar de muito mais baixa do que as correntemente em uso, esta taxa de imposto não dá lugar a quaisquer quebras nas receitas tributárias porque é compensada pelo alargamento da base impositiva. Este alargamento é conseguido tanto pela eliminação de todas as deduções e créditos fiscais como pela sujeição a imposto de rendimentos até aí isentos, como sejam as remunerações em espécie, os seguros de saúde ou outros benefícios comuns nas políticas remuneratórias das empresas, assim como alguns juros liquidados. Estas decisões, sejam de inclusão sejam de eliminação, tal como, de resto, a própria existência de uma taxa única de imposto, concorrem para a profunda simplificação do sistema fiscal e para mais elevados padrão de justiça, que é precisamente o que se pretende.

A simplicidade do sistema é ilustrada pela circunstância de a declaração de rendimentos das famílias e das empresas, mesmo das maiores à escala global, caberem num postal dos correios[122] preenchido com valores que fluem imediatamente da contabilidade.

9.2.3.1. *O Imposto Sobre os Salários*

O bilhete-postal associado a este imposto teria o aspecto do Quadro 17. Como se vê neste quadro, todas as outras formas de remuneração que porventura sejam pagas às pessoas singulares, como as remunerações acessórias incluindo as que o são em espécie, não são aqui objecto de tributação, mas sim em sede do imposto sobre o rendimento das empresas, a exemplo do que igualmente se propõe para a imposição de juros, dividendos, rendas, mais-valias e quaisquer outros impostos directos que actualmente incidem sobre as pessoas físicas que os recebem. O montante de imposto devido é calculado segundo a expressão que se segue na Equação (33).

---

[122] Por isso este sistema é muitas vezes chamado de *"the postcard tax return"*.

QUADRO 17 – **Declaração de Rendimentos Provenientes dos Salários**

Identificação do Contribuinte:	Ano: 2008
1. Salários Recebidos	
2. Pensões Recebidas	
3. Remunerações Totais (linha 1+linha 2)	
4. Rendimento dos Contribuintes Isento	
5. Número de Dependentes Excluindo o Cônjuge	
6. Rendimento Isento por Dependente	
7. Isenção de Rendimento pelos Dependentes (linha 5*linha 6)	
8. Rendimento Total Isento (linha 4 + linha 7)	
9. Rendimento Tributável (linha 3 – linha 8 se Positivo; 0 se Negativo)	
10. Imposto Devido (19% de linha 9)	
11. Imposto Retido na Fonte	
12. Imposto a Cobrar (linha 10 – linha 11 se positivo)	
13. Devolução de Imposto ((linha 10 – linha 11 se negativo)	

33) $T_f = Máx \,[t\,(Y - A_f), 0]$

onde A_f é o rendimento isento que corresponde ao contribuinte f cujas duas componentes remuneratórias aqui consideradas somam Y, e T_f o valor do imposto total que lhe corresponde. Naturalmente que $T_f = 0$ sempre que $Y \le A_f$.

É importante repararmos que desaparecem todas as deduções e créditos fiscais.

9.2.3.2. O Imposto Sobre os Negócios

Como se disse atrás em várias ocasiões, este imposto não incide sobre os lucros das empresas mas sim sobre os resultados de qualquer actividade ou transacção económica, independentemente da respectiva natureza jurídica. Por isso é igualmente devido pelos sujeitos singulares sempre que aufiram outros rendimentos para além dos salários e das pensões. É esta concepção que torna possível concretizar o sistema integrado de imposição, tributando-se os rendimentos na fonte geradora e, com isso, estancando-se a fuga à tributação de certas formas de rendimento que, de outro modo, seriam objecto de deduções na subsequente cadeia de pagamentos, para além de igualmente se evitar a dupla tributação dos rendimentos.

Um elemento vital na construção deste sistema é que a taxa de imposto é a mesma quer no caso da tributação dos salários quer no da tributação dos negócios.

Este imposto não admite como custos os juros pagos nem tão pouco quaisquer remunerações pagas aos proprietários do negócio, como dividendos e mais-valias. Todos os rendimentos do capital pagam imposto mas, desta maneira, pagam apenas uma vez e no quadro de um modelo extremamente simples.

Esta proposta de tributação dos rendimentos deduz pela sua totalidade o valor dos investimentos realizados no próprio ano em que eles são pagos. Para além de pôr cobro à desmesurada complexidade de deduções parciais e do subjectivismo dos critérios fiscais consignados na legislação correspondente em vigor, é um regime muito mais favorável ao investimento e, daí também, ao crescimento económico.

Este não é um imposto sobre os lucros porque os investimentos são totalmente dedutíveis. Com este procedimento evita-se a dupla tributação da poupança, uma primeira vez quando o rendimento é recebido e poupado, e uma segunda vez quando elas próprias geram rendimentos; na verdade a poupança é totalmente dedutível para efeitos do cálculo do imposto. Por este motivo estaremos em presença de um imposto sobre o consumo e não de um imposto sobre o rendimento.

QUADRO 18 – **Declaração de Rendimentos Provenientes de Negócios**

Identificação do Contribuinte:		*Ano: 2008*
1.	Vendas Brutas	
2.	Custos Considerados	
	a) Compra de mercadorias e serviços	
	b) Salários e Pensões	
	c) Investimentos em ferramentas, máquinas e terra	
3.	Custos Totais (soma das linhas 2.a a 2.c)	
4.	Rendimento Tributável (linha 1- linha 3)	
5.	Imposto (19% do valor na linha 4 se positivo)	
6.	Transporte de 2007[123]	
7.	Juros sobre Transporte de 2007 (5% da linha 6)	
8.	Transporte para 2008 (soma das linhas 6 e 7)	
9.	Imposto a Pagar (linha 5 menos linha 8 se positivo)	
10.	Transporte para 2009 (linha 8 menos linha 5 se positivo)	

Os ganhos de capital seriam tributados em sede do imposto sobre os negócios. O preço de aquisição seria considerado custo pela sua totalidade no ano de compra, enquanto que o valor da venda seria considerado receita no ano em que ela acontecesse. Com este procedimento assegura-se que as mais valias são tributadas uma só vez.

---

[123] Trata-se do valor da linha 5 quando ela é negativa em virtude de o rendimento tributável da linha 4 ser negativo. Os anos relativos ao início de actividade de um negócio apresentam elevada probabilidade de isso acontecer.

9.2.4. A Adopção em Concreto desta Proposta

A partir de 1994 há vários países, todos eles do leste europeu, que reformam os respectivos modelos fiscais, adoptando um novo ordenamento que tem sido classificado de taxa uniforme. A verdade, porém, é que eles não têm uma exacta correspondência com a proposta de Hall e Rabushka que acabámos de apresentar há pouco pelo que, em rigor, a designação não é totalmente exacta. Ainda assim, a verdade em que se inspiram nessa proposta, adaptando-a às condições e necessidades concretas e específicas de cada Estado.

Todos estes países têm como ponto de partida regimes progressivos por escalões. Em alguns casos, especialmente para as reformas que tiveram lugar durante a década de 90, a taxa de imposto foi em geral fixada a um nível próximo do valor máximo que se verificava antes, senão mesmo nesse valor máximo; para os outros casos a taxa adoptada aproxima-se bastante do limite inferior. Mas só em metade dos casos é que a taxa sobre os rendimentos das pessoas foi estabelecida ao mesmo nível da taxa sobre o rendimento das empresas. Por outro lado, em nenhum dos casos os investimentos são totalmente deduzidos no ano fiscal em que são feitos. Observa-se igualmente a eliminação pela Geórgia da isenção fiscal de base.

Como se vê, é significativa a não correspondência com o modelo proposto e, por virtude disso, não é de esperar que gerem a totalidade das vantagens e dos benefícios que se pretendem alcançar com a proposta de reforma.

QUADRO 19 – **Regimes de Taxa Uniforme em Vigor**[124]

PAÍS	Ano de Adopção	Taxas de Imposto sobre os Rendimentos das Pessoas (%) Depois	Taxas de Imposto sobre os Rendimentos das Pessoas (%) Antes	Taxas de Imposto sobre os Rendimentos das Empresas depois da Reforma	Alterações na Isenção de Base
Estónia	1994	26	16 a 33	26	Aumento Modesto
Lituânia	1994	33	18 a 33	29	Aumento Substancial
Letónia	1997	25	25 e 10	25	Pequena Redução
Rússia	2001	13	12 a 30	37	Aumento Modesto
Ucrânia	2004	13	10 a 40	25	Aumento
Eslováquia	2004	19	10 a 38	19	Aumento Substancial
Geórgia	2005	12	12 a 20	20	Eliminada
Roménia	2005	16	18 a 40	16	Aumento

---

[124] Quadro retirado de Keen *et al.* (2006, p. 6).

9.3. *O Imposto Dual*

Este tipo de modelo fiscal constitui uma inovação dos países nórdicos. Surge pela primeira vez na Dinamarca em 1987, seguindo-se-lhe a Suécia em 1991, a Noruega em 1992 e a Finlândia em 1993. Adicionalmente, as recentes alterações à tributação dos rendimentos de capitais em países como a Áustria, Bélgica, Grécia e Itália são vistas como inspiradas nele, enquanto na Alemanha e na Suíça tem havido pressões para a sua adopção, o mesmo acontecendo nos E.U.A..

9.3.1. *As Características do Imposto Dual*

Todos os rendimentos das pessoas físicas são agrupados em duas categorias para efeitos de tributação. Por um lado temos os rendimentos do trabalho que incluem salários, pensões, remunerações não pecuniárias[125], bem assim como transferências da segurança social e, por outro, temos os rendimentos do capital que compreendem juros, dividendos, rendas, mais-valias, etc. A matéria colectável obtém-se deduzindo-se ao rendimento bruto os custos de aquisição do rendimento e as deduções à matéria colectável sempre que a lei fiscal as considere.

Os rendimentos do capital são tributados a uma taxa proporcional igual ou próxima daquela que se aplica aos lucros das empresas, enquanto sobre os rendimentos do trabalho incidem taxas progressivas. Nos termos da sua concepção, algo que nem sempre é cumprido pelas legislações fiscais em concreto que o consagram, a taxa marginal de imposto correspondente ao escalão mais baixo dos rendimentos do trabalho deve ser do mesmo valor que a taxa proporcional aplicável aos rendimentos do capital; o objectivo é eliminar os incentivos à transformação *artificial* dos rendimentos do trabalho em rendimentos do capital. Contudo, tais incentivos permanecem para sujeitos com elevados rendimentos do trabalho.

A base tributária é significativamente ampliada pela eliminação de vários incentivos fiscais concedidos aos rendimentos de capital com a intenção de se eliminarem as distorções que sempre provocam.

Entende-se perfeitamente esta preocupação a este nível. A aplicação do imposto dual enferma de várias dificuldades que degeneram na introdução de distorções na afectação de recursos e na evasão fiscal. Uma

---

[125] Como os vulgarmente conhecidos *fringe benefits*.

delas, talvez a mais importante, é que a determinação dos rendimentos do trabalho nem sempre é directa e, portanto, incontroversa. Quando se dá o caso de um sujeito singular ser titular único ou maioritário de um negócio e, ao mesmo tempo, nele exercer funções como trabalhador a título de, por exemplo, gerente, funcionário ou consultor[126], os resultados produzidos pela empresa ou pela sociedade, independentemente do estatuto jurídico que tomem, têm que ser desagregados, para efeitos fiscais, nos dois tipos de rendimento definidos para aquele efeito.

A desagregação de que se fala no parágrafo anterior é essencialmente arbitrária, sem qualquer fundamentação económica sistemática. Basicamente, o rendimento do capital é encontrado como a remuneração imputada ao stock de capital investido por aplicação de uma taxa de rentabilidade fixada nos códigos e variável entre países, enquanto o rendimento do trabalho é apenas o valor residual decorrente desse cálculo e, portanto, independente de ter sido ou não pago ao sujeito singular. Porém, naquilo que respeita à determinação das contribuições para a segurança social, a base de incidência das remunerações do trabalho não é obtida dessa forma.

No caso da Noruega[127], a taxa de rentabilidade que se menciona no parágrafo anterior é a mesma para todos os tipos de actividade, e é fixada anualmente pelo Parlamento com base na remuneração média das obrigações do Tesouro a cinco anos, acrescida de um prémio de risco. Esta prática implica que haja rendimentos do trabalho incorporados nos rendimentos de capital quando a taxa de remuneração efectiva da actividade seja inferior ao valor mencionado, assim como o contrário acontece sempre que a taxa de remuneração for mais elevada.

Por fim, outro aspecto que merece ser referido é o da integração dos rendimentos de capitais no rendimento do trabalho sempre que aqueles

---

[126] As chamadas *closely held corporations*. No caso da legislação norueguesa, uma empresa classifica-se como sendo deste tipo se (2/3) ou mais do capital estiver na posse de proprietários activos. Por outro lado, entende-se como proprietário activo, nos termos da mesma legislação, os que nela trabalharem mais de 300 horas por ano; de outro modo são considerados passivos. Esposos e filhos menores não são reconhecidos como proprietários passivos. No caso de os proprietários *passivos* deterem mais de (1/3) do capital, então os resultados são tributados em sede do imposto sobre as corporações.

[127] A prática finlandesa a este respeito é muito semelhante à da Noruega. A maior diferença é que enquanto neste último país a taxa de remuneração é aplicada aos activos da empresa, na Finlândia é aplicada ao valor dos activos deduzido do passivo. Para além disso, na Finlândia este modelo só não vigora para as empresas cotadas em bolsa.

sejam negativos, prejuízos, pois em tal caso abatem-se aos rendimentos do trabalho; porém, na eventualidade de haver qualquer remanescente não abatido por insuficiência dos rendimentos do trabalho, o mesmo será transportado para os anos seguintes. Mas se os rendimentos imputados ao trabalho forem negativos, as perdas não são abatidas a outras formas de rendimento; em vez disso são transportadas para anos seguintes onde são deduzidas aos rendimentos futuros gerados pelo trabalho.

QUADRO 20 – **O Imposto Dual nos Países Nórdicos – valores de 2004 das Taxas em %**[128]

	NORUEGA	FINLÂNDIA	SUÉCIA	DINAMARCA
Data de Introdução	1992	1993	1991	1987
Taxas sobre o Rendimento[129]				
– Rendimentos do trabalho	28 – 47.5	29.2 – 52.2	31.5 – 56.5	38.1 – 59.0
– Rendimentos do capital	28	29	30	28 – 43
Isenção de base relativa aos rendimentos do capital	Sim	Sim	Sim	Sim
Compensação de rendimentos do capital negativos	1.º Escalão	Crédito Fiscal	Crédito Fiscal	1.º e 2.º Escalões
Integração do IRT e das empresas (corporações)	Imputação Total	Imputação Total	A Taxa Reduzida do IRP	A Taxa Reduzida do IRP
Taxa de imposto sobre os rendimentos das corporações	28	29	28	30
Retenção na fonte para efeitos de IRT – dividendos – juros	0 28	0 29	30 30	28 0
Imposto sobre mais-valias	28	29	30	28
Imposto sobre a riqueza líquida	0.9 – 1.1	0.9	1.5	Não

9.3.2. O Imposto Dual versus o Imposto Único

As dificuldades técnicas e políticas da tributação do capital, nos termos próprios do imposto único, encontram-se na multiplicidade de formas que os rendimentos de capital podem assumir. Desde logo, e contrariamente ao que sucede com os rendimentos do trabalho, os rendimentos do capital podem ser negativos. Mas, sobretudo, as razões de ordem técnica que explicam o seu tratamento fiscal privilegiado acham-se no seu considerável grau de mobilidade internacional, incomensuravelmente superior ao do trabalho, tal que aconselha que se lhe não apliquem as mesmas taxas

---

[128] Extraído de Genser (2006, p.9, Table 1).
[129] Taxas marginais de imposto.

que àquele. Este aspecto da questão desenvolve-se, realmente, ao longo de duas linhas de implicações, quais sejam:

a) a tributação do capital a taxas superiores às vigentes em países concorrenciais para a atracção do mesmo provocaria a sua fuga para o exterior;
b) em consequência do que se acaba de notar na alínea anterior, a manutenção das receitas do Estado exigiria o agravamento da tributação sobre os rendimentos do trabalho.

Segundo escreve Morinobu (2004, p. 4), entre 1980-85 e 1991-97 a carga fiscal efectiva sobre os rendimentos do capital, avaliada em termos médios, passou de 48.4% para 45.3%, enquanto a do trabalho se agravou de 33.0% para 36.8%. Os valores correspondentes para os países do G-7 são um decréscimo de 63.6% para 59.8% em relação ao capital, e um acréscimo de 26.5% para 29.8% no que concerne aos rendimentos provenientes do trabalho. Assim, o imposto dual emerge como uma solução destinada a evitar a continuação e aprofundamento deste movimento com as inerentes consequências económicas e sociais.

O que é habitual é as legislações fiscais nacionais determinarem taxas de imposto que variam segundo o tipo específico do rendimento de capital. Tem-se, então, assistido por parte dos códigos fiscais a uma acentuada erosão na consagração e aplicação dos princípios fundamentais do imposto único. Por isso, Sorenson (2001, p. 4) afirma que a principal vantagem do imposto dual é estabelecer alguma ordem e consistência na tributação destes rendimentos, conseguindo-se com isso mitigar a confusão dominante nos sistemas fiscais em geral: "*...but the nordic system seeks to achieve more consistency by imposing a uniform, proportional tax rate on capital income, including corporate income.*" Além disso, elimina algumas das ineficiências associadas à dupla tributação dos rendimentos porque "*In the pure version of the system, the double taxation of corporate source income is fully eliminated, and the proportional capital income tax rate is aligned with the basic marginal tax rate on labour income*" (Sorenson, 2001, p. 5). Contudo, o movimento no sentido das afirmações acabadas de reproduzir foi apenas parcial; por exemplo, aos rendimentos provenientes de fundos de pensões e de investimento em habitação não se aplica a taxa de imposto normal sobre os rendimentos de capitais. Aparentemente, o máximo que se conseguiu fazer neste capítulo teve lugar na Suécia e na Dinamarca onde essa taxa se situa num valor que é aproximadamente igual a metade da que se aplica à generalidade dos rendimentos de capitais. Aceita-se, portanto, que o imposto dual seja um progresso comparativamente ao estado de facto da aplicação do imposto único, não sendo, porém, um modelo perfeito.

10. Equivalências entre Tipos de Impostos Indirectos

10.1. Tipos de Impostos Indirectos

O imposto indirecto pode ser de tipo unitário ou *ad-valorem*. É unitário quando se exprime como um certo número de unidades monetárias por unidade de mercadoria, o que implica que o montante do imposto cobrado por unidade de mercadoria seja invariável com o preço. O imposto é *ad-valorem* quando corresponde a uma percentagem do preço, como sucede com o IVA; então, neste caso, a receita fiscal cobrada pelo Estado por unidade de mercadoria varia positivamente com o preço do bem.

Estes impostos podem ser lançados sobre os produtores ou sobre os consumidores. Na primeira das eventualidades o imposto afecta as condições de custo sob as quais os produtores operam e quando possível, e na medida do possível, é transferido para outros agentes económicos através do mecanismo da repercussão dos impostos. Na segunda situação o imposto aplica-se aos preços nos consumidores, afectando por isso o traçado da curva da procura do bem em causa e também aqui poderá haver ou não repercussão. Por via de regra o imposto é cobrado pelos produtores ou pelos comerciantes que igualmente procedem à entrega das respectivas receitas junto da administração fiscal[130].

Formalmente exprimimos o preço com imposto suportado pelo consumidor, p^c, em função do preço líquido de imposto recebido pelo produtor, p^p, e do imposto t_u como:

34) $p^c = p^p + t_u$

quando o imposto é unitário e, por conseguinte, se exprime nas mesmas unidades que os preços p^i, com $i = p$ ou c. Ademais, atente-se na Figura

---

[130] Efectivamente, no quadro de algumas legislações fiscais mesmo quando os impostos indirectos são lançados sobre os consumidores compete aos vendedores proceder à sua entrega nos cofres da tesouraria pública, mormente quando os compradores não possuem contabilidade organizada.

25 para melhor se entender o significado de p^i. Veja-se que p^c corresponde a um ponto sobre a curva da procura não modificada pelo imposto, D, e sobre a curva da oferta modificada por ele, S'. Do mesmo modo, p^p corresponde a um ponto sobre a curva da oferta não modificada pelo imposto, S, e sobre a curva da procura por ele modificada, D'. A primeira das situações referidas acontece quando o imposto é lançado sobre os produtores, e a segunda respeita ao caso em que ele é lançado sobre os consumidores. Daqui se retira que quando o imposto indirecto é lançado sobre os produtores, é a curva da oferta que se desloca para cima reflectindo as alterações nos custos marginais de produção provocadas pelo imposto, contrariamente ao que sucede quando é lançado sobre os consumidores, caso em que é a curva da procura que se desloca para baixo.

No caso de o imposto ser do tipo *ad-valorem* e lançado sobre o produtor, a expressão matemática correspondente é:

35) $p^c = p^p (1 + t)$

onde agora t simboliza a taxa de imposto *ad-valorem* que é aplicada, com valor compreendido no intervalo $]0,1[$.

Quando, todavia, o imposto *ad-valorem* à taxa r, com r situado no mesmo intervalo $]0,1[$, é lançado sobre os consumidores, a correspondente expressão matemática escreve-se tal como se vê na equação abaixo.

36) $p^c (1 - r) = p^p$

Caixa 10-1 – DEMONSTRAÇÃO DA RELAÇÃO FUNCIONAL ENTRE r E t

As taxas de imposto r e t são equivalentes em termos dos efeitos económicos que produzem quando se relacionam entre si da forma que a seguir se deduz.

Podemos substituir p^c tal como se exprime pela Equação (35) na Equação (36) e obtemos que:

$$r = \frac{t}{1+t}$$

Uma vez que $\frac{1}{1+t} < 1$, r é igual à fracção t do factor $\frac{1}{1+t}$ tal que $r < t$

A taxa de imposto r resulta de se tomar o preço pago pelo consumidor, nele incluído o imposto pago, como base para o seu cálculo. Por consequência $t > r$, como se demonstra na caixa acima[131].

---

[131] Como se vê, não estamos a exprimir percentualmente esta taxa de imposto, mas apenas como um número fraccionário. Para obter esse outro resultado bastará multiplicar por cem.

A próxima caixa que se apresenta ilustra estas relações com um exemplo numérico baseado em funções lineares da procura e da oferta.

Caixa 10-2 – EXEMPLO NUMÉRICO ILUSTRATIVO

Sejam, respectivamente, as funções inversas da procura e da oferta de um determinado bem em mercado de concorrência perfeita:

$p^C = 250 - 0.25Q$
$p^p = 120 + 0.45Q$

A solução de equilíbrio na ausência de impostos indirectos é como se segue, e onde o asterisco simboliza um tal valor:

$Q^* = 185.71$
$p^* = €\,203.57$

Suponha-se agora que se lança um imposto indirecto sobre os produtores à taxa de 15%, tal que $t = 0.15$. Em consequência, os novos valores para a quantidade e para os preços passam a ser:

$Q = 145.93$
$p^C = €\,213.52$
$p^p = €\,185.67$

Evidentemente, a receita gerada por este imposto por unidade de mercadoria ascende a €\,27.85.

Se o imposto fosse lançado sobre os consumidores e pretendêssemos calcular a taxa de imposto r, teríamos que aplicar a fórmula constante da Caixa 10-1. O valor obtido para r é de aproximadamente 13%:

$$r = \frac{0.15}{1.15} = 0.13$$

Vamos de seguida ver que os efeitos económicos do imposto não dependem da natureza económica das pessoas, produtores ou consumidores, sobre as quais se verifica a incidência legal. Após isto, mostraremos igualmente que, sob determinadas condições, tais efeitos são independentes de o imposto ser unitário ou *ad-valorem*.

10.2. *Impostos Indirectos sobre Produtores e sobre Consumidores e a Equivalência entre Eles*

Consideremos que um imposto indirecto unitário de montante igual a t_u é lançado sobre os produtores de tabaco. Admitindo que se está num mercado de concorrência perfeita, a situação no mercado resultante do referido imposto é ilustrada pela figura abaixo.

Antes do imposto o equilíbrio no mercado deste bem verifica-se para a combinação (Q^*, p^*). O imposto unitário sobre o tabaco lançado sobre os respectivos produtores, igual a t_u, desloca a curva da oferta para cima e paralelamente a si própria pelo exacto valor dele; com isso a curva da oferta do bem no mercado deixa de ser S para passar a ser S'. Como consequência, a curva da oferta modificada pelo imposto intersecta a curva da procura em a determinando uma nova solução de equilíbrio neste mercado e que é (Q_2, p^c). A quantidade transaccionada diminui para Q_2 unidades, o preço pago pelos consumidores sobe de p^* para p^c e o preço recebido pelos produtores reduz-se de p^* para p^p. As receitas geradas pelo imposto são representadas pela área p^{c}acp^p, igual a $(Q_2{}^*t_u)$.

FIGURA 25 – **Imposto Unitário Lançado sobre os Produtores ou sobre os Consumidores**

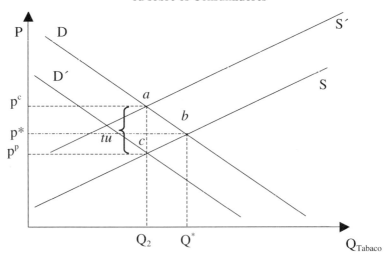

Se, diferentemente, o imposto fosse aplicado sobre os consumidores seria a curva D, a curva da procura agregada antes de imposto, a deslocar-se para baixo, também paralelamente a si própria e ainda pelo valor do imposto por unidade de mercadoria, tal como D'. Para melhor compreensão do deslocamento descendente da curva da procura, podemos interpretar os valores no eixo das ordenadas a ela respeitantes como exprimindo o preço que é arrecadado pelos produtores líquido de imposto. Como se vê a partir da mesma Figura 25, os resultados são exactamente os mesmos que no caso anterior na condição, obviamente, de as taxas do imposto unitário serem exactamente as mesmas nas duas situações.

Vejamos como tudo se passaria se, em vez de unitário, o imposto fosse, como é deveras comum, do tipo *ad-valorem*. Como se compreende por aquilo que se acabou de escrever em relação ao imposto unitário, a representação gráfica depende também de quem é o sujeito passivo deste imposto.

Parta-se de uma situação de equilíbrio inicial (Q^*, p^*) em que o imposto é inexistente. Com o imposto a incidir legalmente sobre os produtores, é a curva da oferta que se desloca de S para S´ e a nova combinação de equilíbrio para o preço bruto acontece em a, a que corresponde a solução (Q_a, p^c). A solução de equilíbrio para o preço líquido de imposto está em c.

FIGURA 26 – **Imposto *ad-valorem* Lançado sobre os Produtores ou sobre os Consumidores**

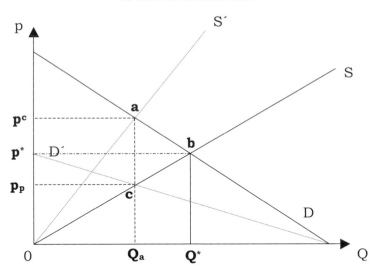

Como o valor pecuniário do imposto por unidade de mercadoria aumenta com o preço, a distância vertical entre as duas curvas é tanto maior quanto maior fôr o preço e, claro está, quanto menor for a quantidade de equilíbrio no mercado.

Quando, pelo contrário, o imposto tem a sua incidência legal nos consumidores, é a curva da procura que roda para a esquerda, ou seja, de D para D´, tendo como eixo de rotação o ponto sobre o eixo das abcissas onde a quantidade procurada é máxima por corresponder ao preço zero. A solução de equilíbrio dá-se também em *a* para o preço no consumidor com imposto e em *c* para o preço líquido de imposto no produtor. A quantidade transaccionada é Q_a, tal como na situação anterior.

Portanto, em ambos os casos o preço pago pelos consumidores, assim como o recebido pelos produtores, líquido de impostos, são os mesmos. E o mesmo se passa com as receitas fiscais que ascendem a *ac* por unidade de mercadoria transaccionada, para um montante total de (ac*Q_a).

A equivalência a que se alude nos parágrafos precedentes entre impostos *ad-valorem* lançados sobre produtores e sobre consumidores só acontece se as taxas aplicáveis forem adequadamente moduladas às diferentes bases de incidência, uma vez que p^c e p^p diferem entre si na presença de imposto.

10.3. *A Equivalência entre Impostos Indirectos Unitários e Ad-Valorem*

O que agora desejamos evidenciar é que não há diferença entre os efeitos económicos dos impostos indirectos unitários e *ad-valorem* desde que ambos sejam sujeitos à restrição de produzirem as mesmas receitas fiscais. A Figura 27 mostra o que acontece num mercado de concorrência perfeita em resultado de um imposto *ad-valorem* comparativamente à alternativa do imposto unitário, e onde essa restrição é cumprida.

FIGURA 27 – **Comparação entre Impostos Indirectos Unitários e *Ad-Valorem***

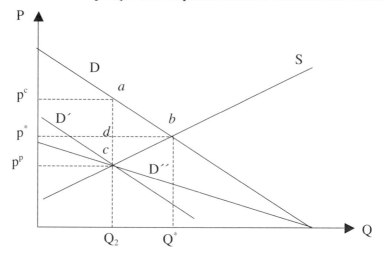

Na Figura 27 os símbolos usados retêm os significados habituais, notando-se que D' denota a curva da procura após aplicação de um imposto unitário enquanto D'' aponta a curva da procura proveniente do lançamento de um imposto *ad-valorem* sobre os consumidores. Como se vê, não há qualquer divergência entre os efeitos de uns e de outros. Em qualquer das situações as soluções de equilíbrio passam de (Q^*, p^*) para (Q_2, p^p) e (Q_2, p^c), com receitas fiscais cobradas de valor igual ao quadrilátero $acp^p p^c$.

A exigência de que em qualquer das situações as receitas fiscais obtidas sejam as mesmas implica que:

37) $t_u = r * p^c = t * p^p = p^c - p^p$

de onde se conclui que o valor de r há-de ser tal que:

38) $r = \dfrac{t_u}{p^c}$

e o de t tal que:

39) $t = \dfrac{t_u}{p^p}$

A conclusão de que as duas modalidades deste imposto produzem as mesmas receitas para o Estado é, todavia, apenas válida para esta estrutura de mercado. O que a este respeito acontece em mercados monopolistas será visto na secção 12.4.1.

Caixa 10-3 – EXEMPLO NUMÉRICO ILUSTRATIVO

Vamos continuar a admitir as funções inversas da procura e da oferta dadas na Caixa 10-2. Adicionalmente consideramos um imposto unitário igual a 10 unidades monetárias por unidade de mercadoria transaccionada.

Resolvendo o problema para o caso desse imposto, somos capazes de determinar a quantidade de equilíbrio no mercado, com imposto, assim como o preço pago pelos consumidores e o recebido, líquido de impostos, pelos produtores. Assim:

$Q = 171.43$

$p^c = 207.14$

$p^p = 197.14$

Receitas Fiscais $= 10 * 171.43 = 1\ 714.3$ *unidades monetárias*

Qual deve ser a taxa de imposto *ad-valorem* a aplicar sobre os produtores, capaz de gerar a mesma receita fiscal? Recorrendo à fórmula que se encontra na Equação (37), temos:

$$t = \frac{10}{197.14} = 0.0507$$

Ora, e mais uma vez, se resolvermos o problema por esta outra via chegamos aos mesmos resultados para a quantidade de equilíbrio e para os preços, de tal maneira que:

Imposto por unidade, em unidades monetárias $= 0.0507 * 197.14 = 10$

E, portanto, a receita fiscal obtida pelo Estado há-de ser, naturalmente, igual à anteriormente calculada.

11. A Incidência dos Impostos

Quaisquer impostos, sejam eles directos ou indirectos e independentemente da unidade de tributação sobre que recaiam, originam inevitavelmente importantes efeitos económicos que é indispensável conhecerem-se. Este conhecimento é necessário não só para que os decisores políticos e os agentes económicos estejam habilitados a antecipar as suas implicações a vários níveis, mas também para garantir que a concepção do sistema fiscal não deixe de acatar importantes requisitos como é, desde logo, o da equidade.

Este capítulo concentra-se no estudo da incidência económica dos impostos. Seguir-se-á o estudo das consequências dos mesmos sobre a eficiência económica, ou seja, as suas implicações sobre a qualidade da afectação dos recursos económicos na produção e no consumo.

11.1. *O Que é a Incidência Económica dos Impostos?*

Quando a lei fiscal lança um imposto indirecto sobre os produtores ou sobre os consumidores de uma determinada mercadoria, sobre os rendimentos dos factores de produção, trabalho, capital ou terra, ou sobre o património das pessoas, está apenas a identificar os indivíduos que ficam legalmente obrigadas a entregar ao Estado as receitas produzidas por esses impostos. É como se, realmente, essas pessoas, singulares ou colectivas, adquirissem a qualidade de cobradores de impostos. Os impostos incidem legalmente sobre os indivíduos assim designados pela lei fiscal sem que, todavia, sejam necessariamente eles a suportar, de facto, no todo ou em parte, os custos respectivos.

Do ponto de vista da incidência económica, o interesse reside justamente na identificação de quem efectivamente os suporta e na quantificação da medida em que o fazem. Porque há que dizê-lo: só as pessoas singulares suportam os custos gerados pelos impostos. Este conhecimento só é inteiramente alcançado quando se considera todo o processo de ajustamento subsequente ao lançamento dos impostos, sabendo-se que ele requer mais ou menos tempo para se concluir. É portanto claro que a incidência económica dos impostos é um conceito distinto do de incidência legal, e que consiste no conjunto das preocupações acabadas de enunciar no começo deste parágrafo.

Suponha-se que o Estado aplica, ou agrava, um imposto na produção sobre o tabaco. Isto significa que os fabricantes de tabaco têm que entregar na tesouraria da administração fiscal as receitas produzidas pelo imposto; logo, é neles que se verifica a incidência legal. Contudo, daqui não se segue que sejam os produtores quem realmente suporta os custos desse imposto na forma de uma descida no preço líquido que recebem com a venda da mercadoria, com inerente redução dos lucros ou, em alternativa, que sejam os consumidores de tabaco por virtude de preços mais altos. Como veremos adiante, quando estudarmos pormenorizadamente este assunto, tanto poderão ser os consumidores de tabaco como os seus produtores, como poderão muito bem ser terceiros, consumidores ou produtores, estejam ou não directamente relacionados com esta particular indústria. Considerando as relações entre mercados de bens finais, uma vez que os bens estão relacionados entre si por relações de substitutabilidade ou de complementaridade, e ainda os mercados dos factores de produção, por força da incorporação destes nas funções de produção dos bens tributados, é de esperar que o imposto despolete um conjunto de reacções em cadeia conducentes a novas soluções de equilíbrio de longo prazo tanto no mercado dos bens quanto no dos factores. Isto é, no termo do processo de ajustamento uma das hipóteses possíveis é que o preço do trabalho se tenha reduzido na indústria que produz o bem tributado e em todas as que produzem bens complementares por força da diminuição da procura de tabaco e da rentabilidade do capital investido nesta indústria, assim como é possível que tenha aumentado o preço de bens substitutos. Se assim fôr, quem efectivamente suporta os custos com o imposto sobre o tabaco são os trabalhadores empregues em várias indústrias assim como os consumidores de uma multiplicidade de bens diversos daquele que é tributado, e não exclusivamente os produtores e, ou, consumidores de tabaco.

Um exemplo mais simples do que significa a incidência económica de um imposto, doravante designada simplesmente por incidência, é quando o preço dos serviços prestados por um profissional depende de ser ou não passado o respectivo recibo de quitação. Se fôr emitido recibo e se, por causa disso, o preço fôr mais alto, então quem suporta o imposto directo sobre o rendimento do prestador do serviço não é ele próprio mas, pelo contrário, é o seu cliente para quem ele conseguiu transferir esse encargo; o imposto incide sobre o consumidor e não sobre o fornecedor que a lei designa para pagar o imposto. Um outro exemplo: se fôr agravado o imposto sobre os lucros de uma empresa e, em resultado disso, ela tiver que encerrar a sua actividade por se ter tornado impossível rentabilizar o capital investido, não são apenas os detentores do capital quem suporta as consequências do imposto, mas também os trabalhadores despedidos por causa dele.

A forma como se realiza a incidência depende de uma série de factores. Em primeiro lugar, da estrutura do mercado e, se se tratar de concorrência perfeita, das elasticidades preço da oferta e da procura dos bens tributados. Depende ainda de considerarmos o curto ou o longo prazo, pois consoante a dimensão temporal escolhida estaremos em condições de captar o processo ou no curto-prazo, composto pelas reacções iniciais ao imposto, ou no longo-prazo, quando todas as reacções já tiverem acontecido e levado a uma nova solução de equilíbrio. Note-se, a propósito, que as elasticidades preço são normalmente maiores no longo prazo do que no curto prazo. Por fim, a análise pode ser feita em equilíbrio parcial, que é forçosamente incompleta a não ser que a base tributada represente uma cota de mercado tão baixa que é incapaz de provocar reacções noutros mercados, ou em equilíbrio geral onde, como é próprio deste tipo de análise, se consideram todas as interligações entre mercados de bens e de factores de produção.

Para concluir estas considerações introdutórias vale a pena referir que a incidência que agora nos preparamos para estudar no âmbito dos impostos se aplica igualmente aos subsídios, já no plano de programas de despesa, no sentido da identificação dos sujeitos económicos que deles efectivamente beneficiam sob a forma de rendimentos acrescidos.

11.2. *Contextualização da Incidência Tributária*

O estudo da incidência dos impostos não se pode fazer considerando exclusivamente os impactos dessa natureza associados ao lançamento de um imposto. Isso é assim porque o Estado quando cria ou agrava impostos tem necessariamente que tomar outras decisões uma vez que está sujeito à sua restrição orçamental, o que o leva a baixar outros impostos, a subir as despesas públicas ou a reduzir a dívida pública. Por consequência, o estudo da incidência dos impostos, isto é, da redistribuição do rendimento por força de uma variação dos impostos, só é correctamente feita desde que se considerem os efeitos que decorrem do conjunto de todas estas reacções.

Assim é que se fala em análise da incidência dos impostos diferenciais quando se assume que há outros impostos que se reduzem, mantendo-se tudo o mais constante. Dado que a incidência diferencial centra a sua análise nos efeitos de alterações dos impostos, torna-se necessário encontrar um imposto de referência que viabilize as comparações; em geral, esse imposto é do tipo *lump-sum*.

Fala-se igualmente em análise da incidência do orçamento equilibrado na circunstância de se supor que as despesas aumentam exactamente pelo montante das novas receitas fiscais, procedendo-se ao estudo da incidência na base destes efeitos combinados.

Há ainda a incidência em termos absolutos com particular interesse quando a política fiscal é utilizada como instrumento de gestão da conjuntura económica. Agora, olha-se aos efeitos de uma alteração dos impostos sem que haja modificações quer em outros impostos quer nas despesas, mantendo-se todos estes inalterados. A forma como estas medidas afectam a procura agregada, inflação ou desemprego, por exemplo, são cruciais no modo como vão influenciar a distribuição do rendimento entre os indivíduos.

Por último, considerando que os impostos podem afectar a acumulação de capital e, por via disso, prejudicar o crescimento económico, pode-se pensar num conjunto de políticas cujo objectivo é preservar o nível de capital, compensando os efeitos dos impostos e, nesse caso, fala-se em análise da incidência do crescimento equilibrado.

12. A Incidência dos Impostos Indirectos em Equilíbrio Parcial

Nesta secção do texto, o estudo desta questão faz-se em termos de equilíbrio parcial pelo que, por definição, nos vamos concentrar unicamente no impacto sobre o mercado do bem tributado. Pela sua relativa simplicidade, esta abordagem só se justifica do ponto de vista pedagógico ou, então, na alternativa de o imposto recair sobre um bem com uma tão reduzida quota de mercado a ponto de não desencadear efeitos relevantes quer sobre outros bens quer sobre os factores de produção nele incorporados. Além disso, cuidaremos de desenvolver este assunto no contexto do curto prazo e, depois, no de longo prazo.

Se bem que se trate de uma análise positiva, ela encontra a sua utilidade nas conclusões de carácter normativo que permite aduzir e que são essenciais na identificação de políticas fiscais que satisfaçam o princípio da equidade tributária.

12.1. *Incidência no Curto-Prazo e em Concorrência Perfeita*

Tome-se qualquer uma das Figuras 25 a 27, assumindo que tanto as curvas da procura como as da oferta são de curto prazo. As questões essenciais são: quem, de entre consumidores e produtores suporta, de facto, o imposto, e a quanto monta esse encargo para cada um deles?

Damo-nos conta, dadas as inclinações das curvas da oferta e da procura presentes nessas figuras, que o preço a pagar pelos consumidores aumentou por um valor inferior ao do imposto, o que implica que também se tenha reduzido o preço recebido pelos produtores, mas por um montante inferior ao do imposto. Concretamente, o preço aos consumidores subiu de p^* para p^c enquanto o preço recebido pelos produtores desceu de p^* para p^p. E assim sendo, neste exemplo conclui-se que ambos partilham os custos do imposto, e não apenas os produtores sobre quem ele tem a sua incidência legal. O lucro dos produtores reduz-se pelo montante dado pela área p*bcp^p, enquanto o excedente dos consumidores se contrai pela área p*bap^c.

Com o imposto o mercado está em equilíbrio para a quantidade transaccionada do bem que satisfaz a seguinte condição:

40) $D(p^c) = S(p^p)$

Na formalização do modelo começamos por admitir que o imposto indirecto em causa é do tipo unitário. Diferenciando, pois, a Equação (40) em ordem a t_u seremos capazes de avaliar o seu impacto nos preços a pagar por consumidores e a receber, líquido do imposto, pelos produtores. Assim[132]:

41) $\dfrac{dp^c}{dt_u} = \dfrac{\eta_S}{\eta_S - \eta_D} \geq 0$

onde η_i é a elasticidade preço da procura ou da oferta[133], consoante $i = D$ ou S. Da Equação (41) também se retira que:

42) $\dfrac{dp^p}{dt_u} = \dfrac{\eta_D}{\eta_S - \eta_D} \leq 0$

De qualquer uma das duas equações precedentes conclui-se, em primeiro lugar, que o imposto é repercutido para trás ou para a frente, conforme ele seja lançado sobre consumidores ou produtores, dependendo das elasticidades preço da oferta e da procura[134] que se relacionam entre si do modo que as equações evidenciam. Consideremos alguns valores extremos respeitantes a essas mesmas elasticidades.

a) Oferta infinitamente elástica, então $dp^c = dt_u$ e $dp^p = 0$
b) Oferta perfeitamente inelástica, então $dp^c = 0$ e $dp^p = -dt_u$
c) Procura infinitamente elástica, então $dp^c = 0$ e $dp^p = -dt_u$
d) Procura perfeitamente inelástica, então $dp^c = dt^u$ e $dp^p = 0$

---

[132] Análise para variações infinitesimalmente pequenas a partir das soluções de equilíbrio de mercado em concorrência perfeita na ausência de impostos. É partindo destas soluções iniciais de equilíbrio que conseguimos exprimir as relações obtidas em termos das elasticidades preço da procura e da oferta. As representações gráficas utilizadas retratam estas mesmas relações mas sobre domínios discretos de variação.

[133] Estas relações exprimem-se assim em termos de elasticidades preço porque as estamos a derivar partindo de situações iniciais de equilíbrio em concorrência perfeita sem imposto, tal que aí $p^* = p^c = p^p$ e $t_u = 0$. Para as outras estruturas de mercado esta condição não é necessária.

[134] Numa análise em equilíbrio geral que ultrapassa as limitações de uma análise em equilíbrio parcial, são igualmente importantes neste processo as elasticidades preço de substituição entre bens no consumo e entre factores de produção.

Se o imposto é lançado sobre os produtores e, no entanto, o preço ao consumidor aumenta, diz-se que há repercussão do imposto para a frente. Para a frente porque o imposto é transferido para os agentes económicos que no circuito económico se encontram situados a jusante dos produtores, neste caso os consumidores. A repercussão pode ainda ser para trás se o imposto fôr passado para agentes económicos que se encontram a montante, como são os trabalhadores e outros fornecedores da actividade tributada. Finalmente, a repercussão é oblíqua se o imposto for transferido para terceiros, consumidores ou factores de produção, não directamente relacionados com a actividade tributada, mas com outra[135].

Além disso, a repercussão, seja ela para a frente, para trás ou oblíqua, pode ainda ser parcial no caso de aqueles que são objecto da incidência legal não conseguirem agravar o preço a pagar pelos outros sujeitos económicos pelo exacto valor do imposto, mas por montante inferior. Se o conseguirem, a repercussão é total.

Uma outra conclusão se pode retirar então: o imposto é tanto mais repercutido para a frente quanto maior fôr a elasticidade preço da oferta e menor a elasticidade preço da procura. Porquê? Sofre o imposto quem não está em condições de o evitar transferindo-se para alternativas. É o que sucede com os consumidores quando estão fortemente dependentes do consumo desse particular bem, facto que é revelado por baixas elasticidades preço da procura. E também com os produtores quando dificilmente se conseguem transferir para outras actividades produtivas, facto exposto por baixas elasticidades preço da oferta.

Das relações anteriormente derivadas é igualmente fácil concluir quanto aos efeitos sobre as quantidades de equilíbrio transaccionadas. Pegando, por exemplo, na Equação (41), temos que:

$$43) \quad \frac{dQ}{dt_u} = \frac{dQ}{dp^c} \frac{dp^c}{dt_u} = \left(\frac{\eta_s \eta_D}{\eta_s - \eta_D}\right)\left(\frac{Q}{p}\right) \leq 0$$

Pode-se ver que não há nenhuma variação na quantidade de equilíbrio se uma das elasticidades preço fôr nula. Diversamente, se a oferta fôr infinitamente elástica, temos que:

$$44) \quad \frac{dQ}{dt_u} = \eta_D \frac{Q}{p}$$

---

[135] Por exemplo, quando uma empresa produz e comercializa vários bens ou serviços para além daquele sobre o qual é lançado o imposto.

enquanto uma elasticidade preço da procura infinita determina:

45) $\dfrac{dQ}{dt_u} = -\eta_s \dfrac{Q}{p}$

Vejamos, finalmente, o impacto sobre as receitas fiscais RF do lançamento de um imposto unitário. Para $t_u = 0$[136], e para variações infinitesimalmente pequenas em Q, este é dado por:

46) $\dfrac{dRF}{dt_u} = Q$

12.2. Incidência no Longo Prazo e em Concorrência Perfeita

FIGURA 28 – Evolução da Incidência no Longo Prazo em Equilíbrio Parcial

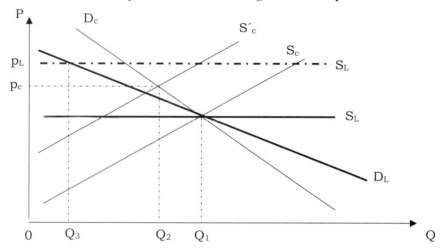

Aqui apenas uma ligeira referência aos processos de ajustamento que se podem antecipar para o longo prazo num mercado de concorrência perfeita.

A figura acima, onde os índices c e L representam, respectivamente, o curto e o longo prazo, retrata aquilo que se deve esperar no longo prazo, supondo que ambas as elasticidades preço aumentam com o tempo e, em particular, que a produção se faz a custos constantes[137]. Com base na

---

[136] Como se disse em nota de rodapé anterior, partimos de uma situação de equilíbrio inicial sem imposto. A relação aplicável a uma situação inicial com imposto, cujo valor é entretanto alterado, deriva-se facilmente a partir da expressão das receitas fiscais.

[137] A curva da oferta de longo prazo é infinitamente elástica.

Figura 28 chegamos à conclusão de que no longo prazo se devem esperar resultados diferentes dos de curto-prazo, por força de elasticidades preço da oferta e da procura mais altas. Se se admitir que a elasticidade preço da oferta aumenta com o tempo, *ceteris paribus*, então é de supor que o encargo que pesa sobre os consumidores se amplifique igualmente, isto é, no longo-prazo a repercussão para a frente tende a ser total levando a uma mais forte redução da quantidade produzida e consumida do bem tributado.

Caixa 12-1 – EXEMPLO NUMÉRICO ILUSTRATIVO

Sejam as seguintes funções inversas da procura e da oferta agregadas, respectivamente:

$P = 18 - 2Q$
$P = 4Q$

Na ausência de imposto, a solução de equilíbrio do mercado é:

$$Q^* = 3$$
$$p^* = 12$$

Imaginemos agora que o Estado lança um imposto unitário de montante igual a 1 sobre os produtores do bem. Quais as novas soluções de equilíbrio?

Comecemos por calcular as elasticidades preço da procura e da oferta. Assim:

$$\eta_D = -0.5 * \frac{p}{9 - 0.5p}$$

$$\eta_S = 1$$

E, portanto:

$$\frac{dp^c}{dt_u} = \frac{1}{3}$$

$$\frac{dp^p}{dt_u} = -\frac{2}{3}$$

$$\frac{dQ}{dt_u} = -\frac{1}{6}$$

$$\frac{dRF}{dt_u} = \frac{17}{6}$$

Note-se que neste exemplo a variação na taxa de imposto ocorre num domínio discreto de variações e não sobre um domínio contínuo.

12.3. *O Caso Particular do Mercado do Trabalho em Concorrência Perfeita*

Até agora os casos considerados foram tais que, em mercados de concorrência perfeita, a repercussão de um imposto sobre terceiros nunca excedeu o montante do próprio imposto e, na verdade, é essa a situação normal nessa estrutura de mercado. Por outras palavras, não se verificou sobre-repercussão, o que se ficou a dever à circunstancia de a curva da oferta se apresentar com a configuração normal, ou seja, com elasticidades preço contidas no intervalo [0,+∞[. Porém, em alguns mercados, como o cambial e o do trabalho, a curva da oferta surge tipicamente com uma zona cuja inclinação é negativa. No caso concreto do mercado do trabalho isso explica-se porque o lazer é um bem normal e, portanto, pode acontecer que o efeito rendimento positivo sobre o lazer, associado a variações nos salários, exceda, em valor absoluto, o efeito substituição negativo explicado pelas alterações no custo de oportunidade do lazer, redundando numa relação negativa entre salários e oferta de trabalho.

Se, porventura, o equilíbrio inicial sem tributação indirecta do factor ocorre na zona em que a curva da oferta de trabalho tem inclinação negativa, então o lançamento desse imposto sobre-repercute-se no factor trabalho, o que quer dizer que o salário desce por uma importância superior à do imposto. Isto acontece porque, para compensar o efeito da diminuição da remuneração do trabalho no rendimento dos indivíduos, a oferta do factor aumenta em vez de diminuir; isto é, como já se disse, o efeito rendimento sobrepõe-se ao efeito substituição de sinal contrário. É claro que quando isso acontece, quem beneficia da medida fiscal são os empregadores mau grado a incidência legal do imposto lhes pertencer. Vejamos como este processo se desenvolve em competente análise gráfica.

Na figura que se segue, *W*, no eixo das ordenadas, simboliza o salário por unidade de tempo, enquanto *L*, no eixo das abcissas, tem o significado habitual de quantidade de trabalho procurada e oferecida. Inicialmente está-se em equilíbrio em (W_0, L_0), coordenadas do ponto c[138] onde se intersectam aquelas duas curvas na ausência de imposto. Após o imposto, que admitimos ser lançado sobre os empregadores, a procura, o equilíbrio passa para (W_1, L_1), tal que W_1 traduz o salário líquido do

---

[138] Note-se que este é um equilíbrio instável, o que significa que qualquer choque que perturbe esta solução arrasta o sistema para uma outra solução de equilíbrio. O sistema não regressa a c.

imposto suportado pelos patrões, isto é, a importância recebida pelos trabalhadores. Enquanto o imposto por unidade de trabalho para a nova solução de equilíbrio é dado pelo segmento *ab*, o salário líquido baixou *cd* unidades, tal que *cd* > *ab*.

FIGURA 29 – **Incidência do Imposto sobre o Trabalho em Concorrência Perfeita**

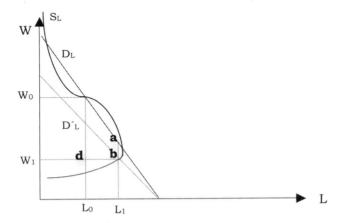

12.4. *Incidência dos Impostos Unitários em Mercados Imperfeitamente Concorrenciais*

12.4.1. *Incidência em Mercados Monopolistas*

Vamos agora supor o lançamento de um imposto indirecto unitário sobre o produtor monopolista de um determinado bem, e cujo valor é identicamente representado por t_u. A função lucro, com imposto, deste produtor escreve-se como[139]:

47) $\pi = p(Q)Q - C(Q) - t_u Q$

A condição de 1.ª ordem para um máximo local é:

48) $\dfrac{d\pi}{dQ} = p + Q\dfrac{dp}{dQ} - \dfrac{dC}{dQ} - t_u = 0$

que, para facilitar a notação, pode ser reescrita como na Equação (49):

49) $\dfrac{d\pi}{dQ} = p + Qp' - C' - t_u = 0$

---

[139] Como em monopólio não há curvas da oferta, deixa de fazer sentido distinguir, como antes, entre os preços p^c e p^p.

Por outro lado, a condição de 2.ª ordem para um máximo é escrita conforme a Equação (50):

50) $\dfrac{d^2\pi}{dQ^2} = 2p' + Qp'' - C'' < 0$

Os dois primeiros termos da Equação (50) correspondem à derivada da função rendimento marginal em ordem à quantidade, enquanto o terceiro e último termo corresponde à derivada da função custo marginal. Significa a relação acabada de derivar que a maximização do lucro acontece quando a curva do custo marginal se apresenta com maior inclinação do que a do rendimento marginal.

Por outro lado, diferenciando a Equação (48) em ordem a t_u chegamos à quantidade óptima a produzir pelo monopolista perante variações na taxa de imposto unitária t_u, tal que:

51) $\dfrac{dQ}{dt_u} = \dfrac{1}{2p' + Qp'' - C''} < 0$

Reescrevendo a equação anterior de feição a exprimi-la como função da elasticidade preço da procura, temos então que:

52) $\dfrac{dQ}{dt_u} = \dfrac{Q\eta_D}{2p + Q\eta_D (Qp'' - C'')}$

As relações relativas ao comportamento do preço com variações no imposto unitário são as que figuram nas duas equações que se seguem.

53) $\dfrac{dp}{dt_u} = \dfrac{p'}{2p' + Qp'' - C''} > 0$

que também se pode reescrever como função da elasticidade preço da procura, tal que:

54) $\dfrac{dp}{dt_u} = \dfrac{p}{2p + Q\eta_D (Qp'' - C'')}$

Os resultados a que fomos capazes de chegar nos casos da concorrência perfeita e do monopólio são claramente diferentes entre si. Essa diferença reside principalmente no facto de que enquanto a reacção do preço ao lançamento de um imposto destes num mercado de concorrência perfeita procede tão só das derivadas de primeira ordem das funções procura e oferta, incorporadas nas respectivas elasticidades preço, já no caso de um monopólio, para além de depender da primeira derivada da função procura, depende ainda da segunda derivada da função inversa da procura, assim como da primeira derivada da função custo marginal.

Observando a Equação (54) verificamos que o preço se altera por metade da variação do imposto quando as funções procura e custo são lineares, dando lugar a repercussão parcial do imposto para a frente. Porém, e diversamente, sempre que a elasticidade preço da procura é constante e igual a – b, com b > 1, e com o custo marginal também constante, a correlativa variação do preço de mercado por unidade de variação daquele imposto mostra que há sobre-repercussão para a frente nos mercados monopolistas, como se demonstra aliás pela Equação (55) que se obtém a partir da equação anterior.

55) $\dfrac{dp}{dt_u} = \dfrac{b}{b-1} > 1$

tal que $\dfrac{b}{b-1}$ assume valores no intervalo $]1,+\infty[$.

A procura onde a elasticidade preço é constante representa uma situação particular de sobre-repercussão. A condição geral em que esse processo tem lugar deriva-se da Equação (53) ou (54), assumindo uma função custo linear. Assim, teremos que:

56) $\dfrac{dp}{dt_u} = \dfrac{p'}{2p' + Qp''} > 1$

O numerador desta inequação é negativo, da mesma maneira que o denominador porquanto se trata da primeira derivada da função rendimento marginal. Consequentemente, conjugando esta informação com a condição imposta pela Equação (56) estamos em condições de escrever que $-p' > -2p' - Qp''$, o que, por seu turno, implica:

57) $p'' > -\dfrac{p'}{Q}$

A Equação (57) enfatiza o papel da função inversa da procura na obtenção deste resultado. Contudo, ele também se pode dar por via do comportamento do custo marginal. Para tanto basta que tenhamos uma função procura linear e uma função custo total tal que a sua segunda derivada, C'', seja negativa. Conjugando esta informação com a Equação (53), a condição que se extrai para que se apure $\dfrac{dp}{dt_u} > 1$ é dada abaixo.

58) $C'' < p'$

Temos agora a informação necessária para compararmos estes efeitos em ambas as estruturas de mercado já estudadas, assumindo-se, naturalmente, que são as mesmas as funções custo e da procura[140]. Dividindo a

---

[140] Quer isto dizer que supomos que a função custo marginal do monopolista é o mesmo que a função oferta agregada em concorrência perfeita, para além de as funções

Equação (54) pela Equação (41) chegamos à expressão[141] matemática que relaciona o impacto deste imposto sobre os preços de equilíbrio nas duas estruturas de mercado:

$$59) \quad \frac{\frac{dp^M}{dt_u}}{\frac{dp^{CP}}{dt_u}} = \frac{p^M(\eta_S - \eta_D)}{\eta_S[2p^M + \eta_D^M Q^M(Q^M p'' - C'')]}$$

Se se assumirem funções procura e custo lineares, p'' e C'' são ambos iguais a zero, concluindo-se daí que:

$$60) \quad \frac{\frac{dp^M}{dt_u}}{\frac{dp^{CP}}{dt_u}} = \frac{\frac{dQ^M}{dt_u}}{\frac{dQ^{CP}}{dt_u}} = \frac{1}{2}$$

Em geral, independentemente da especificação em concreto das funções custo e da procura, quando as elasticidades preço da procura tendem para zero:

$$61) \quad \lim_{\eta_D^i \to 0} \frac{\frac{dp^M}{dt_u}}{\frac{dp^{CP}}{dt_u}} = \frac{1}{2}$$

com $i = CP, M$.

Quando a elasticidade preço da oferta tende para zero:

$$62) \quad \lim_{\eta_S \to 0} \frac{\frac{dp^M}{dt_u}}{\frac{dp^{CP}}{dt_u}} = +\infty$$

Por fim, podemos escrever a relação entre a variação nas receitas fiscais nas duas estruturas de mercado provenientes do lançamento de uma taxa de imposto específica t_u quando, uma vez mais, se assumem funções custo e procura lineares. Assim:

$$63) \quad \frac{\frac{dRF^M}{dt_u}}{\frac{dRF^{CP}}{dt_u}} = \frac{1}{2}$$

O resultado presente na Equação (60) é qualitativamente alterado se nos confrontarmos com funções da procura que apresentem uma elastici-

---

procura numa e noutra estrutura de mercado se manterem invariáveis. Na verdade, estamos a aplicar a cláusula *ceteris paribus*, modificando tão só a estrutura de mercado.

[141] A elasticidade preço da procura na solução de monopólio é indicada por η_M^D. O mesmo procedimento é adoptado em relação ao preço, p, e à quantidade, Q. O expoente cp, assim como a ausência de qualquer símbolo adicional nas elasticidades preço, remete-nos para a solução em concorrência perfeita.

dade constante e igual a $-b$ presumindo-se, concomitantemente, que a função custo total é linear. Aí, teremos então:

64) $\dfrac{\frac{dp^M}{dt_u}}{\frac{dp^{CP}}{dt_u}} = \dfrac{b}{b-1}$

ou seja, a variação do preço em monopólio é superior àquele que se verifica na outra estrutura de mercado[142].

Caixa 12-2 – EXEMPLO ILUSTRATIVO COM FUNÇÕES LINEARES

Seja que o bem X é produzido num mercado monopolista. Admita-se ainda que a função inversa da procura e a função custo total são as seguintes, respectivamente:

$P = 100 - 2Q$

$CT = 10 + 4Q$

Na ausência de imposto indirecto, a solução que maximiza os lucros do monopolista é achada procurando os valores que satisfazem a condição de 1ª ordem (assumimos que a condição de 2.ª ordem é satisfeita). Temos, então:

$$\pi = 100Q - 2Q^2 - 10 - 4Q$$

$$\frac{d\pi}{dQ} = 100 - 4Q - 4 = 0$$

De onde se retira que $Q = 24$ e $P = 52$

No segundo momento, que agora se segue, queremos saber qual o impacto sobre o preço de equilíbrio, a quantidade de equilíbrio correspondente e a receita fiscal decorrentes do lançamento de um imposto unitário t_u sobre o produtor monopolista.

Considerando que: $p' = -2$; $C'' = p'' = 0$ temos que $\frac{dQ}{dt_u} = \frac{1}{2p'} = -\frac{1}{4}$.

Então, a quantidade produzida do bem varia de $dQ = -\frac{1}{4}dt_u$.

No que se refere ao preço, a expressão matemática que nos permite fazer o cálculo é $\frac{dp}{dt_u} = \frac{p'}{2p'} = \frac{1}{2}$.

Portanto, o preço de mercado do bem varia de $dp = \frac{1}{2}dt_u$.

Finalmente, a variação da receita fiscal conseguida calcula-se como $dRF = 24dt_u$.

---

[142] Este é um resultado já referido quando se mencionou que nestas condições há sobre-repercussão em monopólio.

> **Caixa 12-3 – EXEMPLO ILUSTRATIVO COM ELASTICIDADE PREÇO CONSTANTE E FUNÇÃO CUSTO LINEAR**
>
> Seja, de novo, que o bem X é produzido num mercado monopolista. Admita-se ainda que a função inversa da procura e a função custo total são as seguintes, respectivamente:
>
> $P = 10Q^{-0.25}$
>
> $CT = 10 + 4Q$
>
> Na ausência de imposto indirecto, a solução que maximiza os lucros do monopolista é achada procurando os valores que satisfazem a condição de 1.ª ordem (assumimos que a condição de 2.ª ordem é satisfeita). Temos, então:
>
> $$\pi = 10Q^{0.75} - 10 - 4Q$$
>
> $$\frac{d\pi}{dQ} = 7.5Q^{-0.25} - 4 = 0$$
>
> De onde se retira que $Q = 12.36$ e $P = 5.33$.
>
> No segundo momento, que se segue agora, queremos saber qual o impacto sobre o preço de equilíbrio e sobre a quantidade de equilíbrio correspondente decorrentes do lançamento de um imposto unitário t_u sobre o produtor monopolista.
>
> Considerando que: $\eta_D = -4$; $C'' = 0$ e $p'' = 0.01091$ temos que $\frac{dQ}{dt_u} = -12.36$.
>
> Então, a quantidade produzida do bem varia de $dQ = -12.36\, dt_u$.
>
> No que se refere ao preço, a expressão matemática que nos permite fazer o cálculo é $\frac{dp}{dt_u} = \frac{b}{b-1} = \frac{4}{3}$.
>
> Portanto, o preço de mercado do bem varia de $dp = \frac{4}{3} dt_u$.

12.4.2. Incidência em Mercados Oligopolistas

Os mercados imperfeitamente concorrenciais existem numa grande variedade de configurações, indo dos monopólios à concorrência monopolística, passando pelos oligopólios. Estes, por seu turno, apresentam-se igualmente de modos muito diversos em função dos pressupostos que se assumam em relação ao número de empresas na indústria, às relações comportamentais entre elas, assim como à homogeneidade ou diferenciação dos bens que produzem.

Para cumprir os objectivos que nos propomos atingir vamos operar sobre o modelo oligopolista de Cournot em que empresas idênticas competem entre si sobre produtos idênticos e decidem sobre as quantidades que vão produzir na base das suas expectativas quanto às quantidades que as restantes resolvem produzir. Assumimos, ainda, um número fixo N de empresas na indústria. As soluções de equilíbrio são simétricas.

A função lucro das empresas representativas i com imposto indirecto unitário τ_u, escreve-se como:

65) $\pi_i(Q_i) = p(Q)Q_i - C(Q_i) - \tau_u Q_i$

onde Q_i é a quantidade produzida pela empresa i e $Q = \sum_{N=1}^{i} Q_i$, onde, Q significa a produção total do conjunto das empresas na indústria. $C(Q_i)$ é a função custo total de cada uma das empresas representativas i.

Estamos, como se disse acima, a incorporar na análise um imposto indirecto específico à taxa τ_u, lançado sobre os produtores i do bem em causa, com $i = 1$ a N, gerando receitas fiscais de montante igual a $Q\tau_u$. A condição de primeira ordem para a maximização dos lucros do produtor individual exprime-se conforme a Equação (66), onde o sinal ´ sobre uma variável representa a derivada de primeira ordem dessa variável em ordem a Q_i.

66) $p'Q_i + p - C_i' - \tau_u = 0$

Quanto à condição de 2.ª ordem para um máximo, ela deriva-se a partir da Equação (66) e escreve-se como:

67) $p''Q_i + 2p' - C_i'' < 0$

A Equação (66) pode ser reescrita em termos da elasticidade preço da procura e da quota de mercado da empresa i, expressa esta como $s_i = \frac{Q_i}{Q} = \frac{1}{N}$, devido ao pressuposto introduzido de também serem idênticas entre si quanto à sua escala de operações. Assim, temos:

68) $P\left(1 + \frac{s_i}{\eta_D}\right) = C_i' + \tau_u$

Com equilíbrio simétrico temos que $p = p(NQ_i)$, qualquer que seja i, de tal modo que a Equação (66) se pode reescrever como:

69) $p'(NQ_i)Q_i + p(NQ_i) - c'(Q_i) = \tau_u$

Se diferenciarmos agora a Equação (69) em ordem a τ_u encontramos o comportamento da quantidade óptima de cada produtor face a variações naquele imposto[143]:

---

[143] Uma vez que $N \geq 1$, então $p''Q_i + (1 + N)p' - C_i'' \leq p''Q_i + 2p' - C_i''$. Portanto este denominador é também ele negativo.

70) $\frac{dQ_i}{d\tau_u} = \frac{1}{p''Q+(1+N)p'-C_i''} < 0$

enquanto a quantidade total produzida na indústria regista o seguinte comportamento:

71) $\frac{dQ}{d\tau_u} = N\frac{dQ_i}{d\tau_u} = \frac{N}{p''Q+(1+N)p'-C_i''} < 0$

E no que se refere ao preço, a sua evolução é conforme a próxima equação.

72) $\frac{dp}{d\tau_u} = p'\frac{dQ}{d\tau_u} = p'\frac{N}{p''Q+(1+N)p'-C_i''} > 0$

O lançamento do imposto unitário reduz as quantidades produzidas e aumenta o preço de mercado do bem tributado; portanto, o imposto é repercutido para a frente, pelo menos parcialmente. A magnitude dessa repercussão é naturalmente função do valor relativo dos termos no numerador e no denominador da Equação (72) e, mais especificamente, do comportamento das funções da procura e de custos.

A fórmula oferecida pela Equação (72), muito embora tenha sido derivada explicitamente para o caso de um oligopólio, é válida para qualquer número $N \geq 1$ de empresas na indústria. Podem-se assim, com base nela, repetir as conclusões extraídas anteriormente quer quanto à concorrência perfeita quer quanto aos monopólios.

A conclusão de que em mercados de concorrência perfeita não é possível haver sobre-repercussão resulta também da Equação (72) quando N tende para mais infinito.

Contudo, em mercados não perfeitamente concorrenciais, é possível verificar-se sobre-repercussão do imposto. A dimensão deste efeito nestas estruturas de mercado acontece em virtude de os produtores gozarem de poder de mercado e, sabendo que a procura pelos seus produtos baixa com o aumento dos preços provocados pelos impostos, tentam compensar a perda potencial de receitas elevando os preços praticados mais do que proporcionalmente ao acréscimo dos impostos. Formalmente, a condição necessária e suficiente para que $\frac{dp}{d\tau_u} > 1$ se verifique é que $-p' - p''Q + C_i'' > 0$.

A condição que se acabou de explicitar é sempre violada se as funções procura e custo forem simultaneamente lineares[144]; logo, sempre que

---

[144] A Equação (72) torna-se igual a $\frac{N}{N+1}$ tal que $0 < \frac{N}{N+1} < 1$.

assim seja não há sobre-repercussão do imposto. Mas, pelo contrário, haverá sempre sobre-repercussão se se conjugar uma função custo linear com uma função da procura com elasticidade constante.

Caixa 12-4 – EXEMPLO NUMÉRICO ILUSTRATIVO

Seja uma indústria duopolista cujas duas empresas se relacionam entre si segundo o modelo de Cournot.

A função inversa da procura é dada por:

$$P = 100 - 2Q$$

E a função custo total de uma qualquer empresa i, com $i = 1,2$:

$$CT_i = 40Q_i$$

Na ausência de impostos chegamos à conclusão de que as soluções de equilíbrio são:

$$Q_1^* = Q_2^* = 10$$
$$P^* = 60$$

Ora, também sabemos que, neste exercício, $p'' = C_i'' = 0$.

Admitimos o lançamento de um imposto unitário de valor igual a 2 sobre cada um dos dois produtores. Perguntamos: quais são as novas quantidades de equilíbrio e o novo preço de equilíbrio daí decorrentes? Calculemos as variações que se verificam.

Veja-se que nesta situação, as relações críticas são:

$$\frac{dQ_i}{d\tau_u} = \frac{1}{(1+N)p'} = -\frac{1}{6}; \quad \frac{dQ}{d\tau_u} = \frac{N}{(1+N)p'} = -\frac{1}{3}; \quad \frac{dp}{d\tau_u} = \frac{N}{(1+N)} = \frac{2}{3};$$

Então:

$$dQ_i = 2 * \left(-\frac{1}{6}\right) = -\frac{1}{3}$$

$$dQ = 2 * \left(-\frac{1}{3}\right) = -\frac{2}{3}; \quad \mathrm{dp} = 2 * \frac{2}{3} = \frac{4}{3}$$

12.5. A Incidência dos Impostos Ad-Valorem numa Análise em Equilíbrio Parcial

Tratemos agora de fazer um tratamento da mesma natureza que nas secções imediatamente anteriores para o caso de um imposto indirecto do tipo *ad-valorem*. Já sabemos que também este tipo de imposto pode ser lançado quer sobre os produtores quer sobre os consumidores. No primeiro caso o imposto acresce ao preço praticado pelo produtor já que afecta as suas condições de custo na produção, implicando o deslocamento para cima da curva da oferta cuja inclinação se acentua. No segundo caso, o imposto aplica-se ao preço pago pelos consumidores e, por consequência, é a curva da procura que sofre um movimento de rotação para baixo e sobre o seu eixo, tal como apresentado na Figura 26.

12.5.1. Em Mercados de Concorrência Perfeita

Formalmente, essas duas situações exprimem-se como se segue abaixo, onde t_v^p e t_v^c são as taxas *ad-valorem* alternativas aplicáveis, respectivamente, ao preço no produtor (p)[145] e ao preço no consumidor (c)[146]. Assim, as condições de equilíbrio nos mercados exprimem-se por:

73) $\quad p^c(Q) = (1 + t_p^v) p^p(Q)$

se o imposto for lançada sobre o produtor.

74) $\quad (1 - t_c^v) p^c(Q) = p^p(Q)$

se, em alternativa, ele for lançado sobre os consumidores.

De onde do mesmo modo se seguem[147]:

75) $\quad \dfrac{dQ}{dt_p^v} = \dfrac{Q \eta_S \eta_D}{\eta_S - (1 + t_p^v) \eta_D} \leq 0$

76) $\quad \dfrac{dp^c}{dt_p^v} = \dfrac{Q \eta_S \eta_D}{\eta_S - (1 + t_p^v) \eta_D} \left(\dfrac{dp^c}{dQ}\right) \geq 0$

---

[145] Dado pela coordenada correspondente da curva da oferta.
[146] Dado pela coordenada correspondente da curva da procura.
[147] Mais uma vez se chama a atenção para o facto de que quando reduzimos as expressões iniciais a elasticidades preço da oferta e da procura estamos, implicitamente, a admitir que partimos de soluções iniciais de equilíbrio sem imposto, pois é aí que se verifica que $p^c = p^p$.

77) $\frac{dp^p}{dt_p^v} = \frac{Q\eta_S\eta_D}{\eta_S-(1+t_p^v)\eta_D}\left(\frac{dp^p}{dQ}\right) \leq 0$

ou:

78) $\frac{dQ}{dt_c^v} = \frac{Q\eta_S\eta_D}{(1-t_c^v)\eta_S-\eta_D} \leq 0$

79) $\frac{dp^c}{dt_c^v} = \frac{Q\eta_S\eta_D}{(1-t_c^v)\eta_S-\eta_D}\left(\frac{dp^c}{dQ}\right) \geq 0$

80) $\frac{dp^p}{dt_c^v} = \frac{Q\eta_S\eta_D}{(1-t_c^v)\eta_S-\eta_D}\left(\frac{dp^p}{dQ}\right) \leq 0$

Facilmente se compreende que a mesma variação nas duas taxas de imposto alternativas leva à mesma variação na quantidade e no preço quando:

81) $t_c^v = t_p^v \frac{\eta_D}{\eta_S}$

Por exemplo, sempre que a procura é infinitamente elástica, a Equação (75) diz-nos que $\frac{dQ}{dt_p^v} = -\frac{Q\eta_S}{(1+t_p^v)}$ e o correlativo valor para $\frac{dp^c}{dt_p^v}$ é zero, enquanto se fôr a oferta que é infinitamente elástica temos $\frac{dQ}{dt_p^v} = Q\eta_D$ e $\frac{dp^c}{dt_p^v} = p^c$.

O impacto da aplicação de um imposto destes sobre as receitas fiscais totais, expressas como $RF = t_p^v\, p^p\, Q$, é dado por:

82) $\frac{dRF}{dt_p^v} = \left[p^p \frac{dQ}{dt_p^v} + Q \frac{dp^p}{dt_p^v}\right] + p^p Q$

Repare-se que a Equação (82) se refere ao caso geral do impacto de uma variação da taxa de imposto sobre as receitas fiscais, pelo que a expressão $\frac{dQ}{dt_p^v}$ não é a que se encontra na Equação (79)[148]. Desta mesma relação somos capazes de concluir que as receitas fiscais geradas por este imposto variam positivamente com ele se se cumprir a condição seguinte:

83) $-\frac{dQ}{dt_p^v}\frac{t_p^v}{Q} < \frac{\frac{dt_p^v}{t_p^v} + \frac{dp^p}{p^p}}{\frac{dt_p^v}{t_p^v}}$

---

[148] Significa que a fórmula apresentada não se aplica apenas ao caso em que na situação de partida se não aplicavam impostos indirectos.

12.5.1.1. Ilustração

Pode-se ilustrar graficamente o impacto de um imposto deste tipo, assumindo-se que é lançado sobre a remuneração do capital, como sejam os juros do capital, numa economia aberta integrada num regime cambial de paridades ajustáveis, onde está ausente o risco de alteração da paridade central, e gozando ainda de perfeita mobilidade internacional do capital. Nas condições descritas, a taxa de juro que remunera essa moeda é a mesma que vigora no mercado internacional[149] e a oferta de capital é infinitamente elástica a esse valor. Graficamente, a representação seguinte ilustra o que se acaba de afirmar. $i*$ é a taxa de juro no mercado mundial.

FIGURA 30 – **Incidência da Tributação do Capital numa Economia Aberta com Perfeita Mobilidade do Capital**

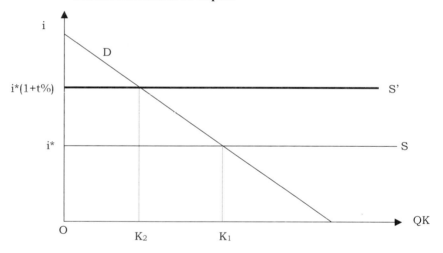

A conclusão que se retira é a de que em tal cenário o imposto é completamente repercutido para a frente, para os devedores, pelos detentores do capital. Portanto, estes devem, logicamente, no quadro acabado de descrever, continuar a receber a taxa de juro liquído praticada no mercado mundial. Consequentemente, quando se tributam factores de produção perfeitamente elásticos estes transferem totalmente para terceiros os respectivos encargos.

---

[149] Assume-se adicionalmente ausência de custos de transacção.

12.5.2. Em Mercados Monopolistas

Numa estrutura de mercado monopolista precisamos de, em primeiro lugar, encontrar a condição de 1.ª ordem para a maximização do lucro tendo em conta o lançamento deste imposto sobre os consumidores. Pretendemos, portanto, começar por maximizar a função lucro em ordem à variável Q. Seja essa função dada pela Equação (84).

84) $\pi = (1 - t_c^v)p(Q)Q - CT(Q)$

Caixa 12-5 – EXEMPLO NUMÉRICO ILUSTRATIVO

Seja um mercado de concorrência perfeita em que se transacciona um bem cuja função inversa da procura é $P = 40$ e a função inversa da oferta é $P = 20 + 4Q$. Admita que em certo momento é lançado um imposto *ad-valorem* sobre os produtores à taxa de 10%. Calcule as soluções de equilíbrio antes e depois desse imposto.

Antes do imposto temos que: $40 = 20 + 4Q$. Logo, conclui-se que as soluções de equilíbrio são $Q^* = 5$ e $P^* = 40$.

Com o dito imposto, as fórmulas e valores de equilíbrio correspondentes são como se segue.

$\frac{dQ}{dt_p^v} = -\frac{Q\eta_s}{1+t_p^v} = -\frac{5*2}{1.1} = -9.09$ pelo que $dQ = -0.909$ e $Q^{**} = 4.091$

$\frac{dp^c}{dt_p^v} = -\frac{Q\eta_s}{1+t_p^v}\left(\frac{dp^c}{Q}\right) = -\frac{5*2}{1.1}*0 = 0$ pelo que $p^c = P^* = 40$

$\frac{dp^p}{dt_p^v} = -\frac{Q\eta_s}{1+t_p^v}\left(\frac{dp^p}{Q}\right) = -\frac{5*2}{1.1}*4 = -36.363$ pelo que $dp^p = -3.636$ e $p^{p*} = 36.364$

Finalmente, calcula-se facilmente que a taxa t_c^v equivalente a t_p^v é de 9.091%.

Derivando seguidamente a condição de 1.ª ordem para a maximização dos lucros em ordem a t_v^c, encontramos a expressão pretendida que, após ser trabalhada de maneira a poder exprimir-se como função também da elasticidade preço da procura, é dada pela relação abaixo.

85) $\frac{dQ}{dt_c^v} = \frac{p(1+\frac{1}{\eta_D})}{(1-t_c^v)[2p'+Qp'']-C''} < 0$

A condição de 2.ª ordem para a maximização dos lucros estabelece que o denominador desta expressão é negativo, o que se conjuga com um numerador positivo pois o monopolista produz na zona elástica da curva da procura. Concomitantemente, pode-se escrever:

86) $\dfrac{dp}{dt_c^v} = \dfrac{pp'(1+\frac{1}{\eta_D})}{(1-t_c^v)[2p'+Qp'']-C''} > 0$

É fácil obter as implicações aplicáveis ao caso específico de serem lineares as funções procura e custo total. Assim, teremos:

87) $\dfrac{dQ}{dt_c^v} = \dfrac{Q(1+\eta_D)}{2(1-t_c^v)} < 0$

88) $\dfrac{dp}{dt_c^v} = \dfrac{p(1+\frac{1}{\eta_D})}{2(1-t_c^v)} > 0$

A relação entre os impactos sobre as quantidades entre um mercado monopolista e um mercado de concorrência perfeita, para uma mesma variação da taxa de imposto, é de (1/2) quando as funções são daquele tipo. Para o demonstrarmos temos que assumir, adicionalmente, que: a) são as mesmas as curvas da procura nos dois mercados, motivo pelo qual as inclinações das curvas são as mesmas em ambas as estruturas de mercado; b) a curva do custo marginal do monopolista corresponde à curva da oferta em concorrência perfeita. De tudo isto, e do processo de maximização dos lucros da empresa monopolista, também se fica a saber que o seu rendimento marginal para a quantidade onde os seus lucros são maximizados é igual ao preço de equilíbrio em concorrência perfeita. Tenha-se em atenção que o numerador da Equação (85) é a expressão da função rendimento marginal do monopolista, que se pode simbolizar por R'. Com tudo isto somos capazes de concluir que:

89) $\dfrac{\frac{dQ^M}{dt_c^v}}{\frac{dQ^{cp}}{dt_c^v}} = \dfrac{R'}{2p'Q^{cp}\eta_D^{cp}} = \dfrac{1}{2}$

onde M e cp significam, respectivamente, valores pertinentes ao mercado monopolista ou ao mercado de concorrência perfeita.

FIGURA 31 – **Incidência de Impostos Indirectos em Mercados Monopolistas**

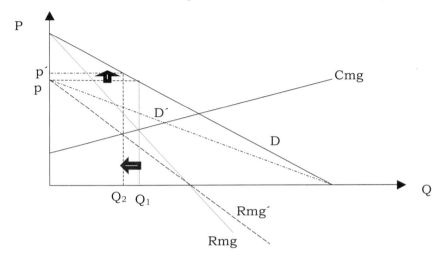

A representação gráfica do que sucede em mercados monopolistas surge representado na Figura 31. O lançamento de um imposto sobre os consumidores fez com que a curva da procura rode para a esquerda, em torno do seu eixo. D' é, pois, a curva da procura modificada pelo imposto. Como consequência, o rendimento marginal também se ajustou, passando a partir daí a ser representado pela linha Rmg'. Como resultado dessa medida as quantidades reduziram-se para Q_2 e o preço subiu de p para p'. E, como se pode constatar por observação visual, os consumidores conseguem repercutir para trás, para os produtores, parte do imposto que legalmente recai sobre eles.

Quanto ao valor das receitas fiscais cobradas com um imposto aplicado à mesma taxa nas duas estruturas de mercado, temos que perceber que, muito embora as quantidades transaccionadas sejam maiores em concorrência perfeita, é em monopólio que o preço é mais elevado. Quer isto dizer que se não pode concluir à partida que um ou outro proporcione mais receitas fiscais, tudo antes dependendo de condições específicas. Ou seja, para uma mesma taxa de imposto os monopólios proporcionarão maior cobrança de receita se $\frac{p^M Q^M}{p^{cp} Q^{cp}} > 1$. Para o caso particular das funções procura e custo total lineares, aquela condição reduz-se a $p^M > 2p^{cp}$ ou, expressando esta mesma condição em termos das elasticidades preço da procura, teremos:

90) $\dfrac{\eta_D^M}{\eta_D^{cp}} > 4$

12.5.2.1. Equivalência entre Impostos Unitários e Ad-Valorem em Monopólio

Finalmente, pretendemos indagar da eventual equivalência entre impostos unitários e *ad-valorem* em mercados monopolistas no que respeita à capacidade dos mesmos para produzirem receita a favor do Estado quando ambos conduzem às mesmas soluções para as quantidades e para os preços cobrados aos consumidores. A maximização do lucro do produtor monopolista com o primeiro tipo de impostos, exige que a correspondente condição de 1.ª ordem seja:

91) $t_u = R' - C'$

onde os símbolos utilizados representam, respectivamente, o rendimento e o custo marginal do produtor. Da mesma maneira, a mesma relação quando o imposto é *ad-valorem* é a dada na Equação (92) que se segue:

92) $(1 - t_v^c) R' - C' = 0$

que se pode expressar em termos de receita fiscal por unidade de mercadoria transaccionada, como:

93) $pt_c^v = \dfrac{p(R'-C')}{R'}$

Por fim, conjugando com a Equação (91) temos:

94) $pt_c^v = \dfrac{p}{R'} t_u = \dfrac{t_u}{1+\dfrac{1}{\eta_D^M}} > t_u$

e, portanto, a conclusão é que, em monopólio, os impostos *ad-valorem* produzem mais receita fiscal que o imposto específico equivalente. Esta mesma relação é aplicável aos mercados perfeitamente concorrenciais na medida em que aí o preço é igual ao rendimento marginal, o que faz com que, a exemplo do já anteriormente expresso, ambos os impostos produzam exactamente a mesma receita.

Na Figura 32 vemos que se os valores escolhidos para as taxas de imposto em monopólio forem tais que resultam na mesma quantidade e preços aos consumidores, as receitas fiscais geradas pelo imposto unitário ascendem apenas a $(P_A-P_B)Q^*$ enquanto as produzidas pela alternativa tributária igualam o produto $(P_A-P_C)Q^*$.

FIGURA 32 – **Impostos Unitários e *Ad-Valorem* Comparados em Monopólio**

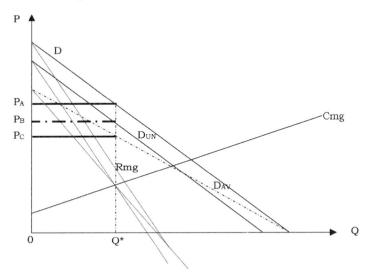

É igualmente de todo o interesse reflectir sobre os efeitos comparados nos preços e nas quantidades transaccionadas em mercados monopolistas em resultado de impostos unitários e *ad-valorem* capazes, agora, de gerarem a mesma variação na receita fiscal por unidade de mercadoria[150]. Para tanto, escrevemos a receita fiscal por unidade do bem para impostos *ad-valorem* da forma habitual:

95) $rf = pt_c^v$

em que *rf* são as receitas fiscais por unidade transaccionada de mercadoria. Pretendemos, para mercados monopolistas, indagar sobre a relação entre $\frac{dp}{drf}$ e $\frac{dp}{dt_u}$, por um lado, e entre $\frac{dQ}{drf}$ e $\frac{dQ}{dt_u}$ por outro, impondo a condição que $drf = dt_u$. Procedendo da forma habitual, somos capazes de determinar que:

96) $\dfrac{dp}{drf} = \dfrac{p'R'}{p(R''-C'')-t_c^v(pR''-p'R')}$

---

[150] Este é um resultado que se não pode encontrar comparando $\frac{dp}{dt_u}$ com $\frac{dp}{dt_c^v}$ pois embora t_u se exprima nas mesmas unidades que o preço, o mesmo já não é verdade relativamente à taxa de imposto *ad-valorem*.

Para compararmos com $\frac{dp}{dt_u}$ vamos atender à Equação (53) e concentrarmo-nos sobre duas situações distintas. A primeira corresponde ao caso específico em que $t_v^c(pR'' - p'R') = 0$ em consequência de a taxa de imposto *ad valorem* aplicável tender para zero; a segunda configura uma função procura com elasticidade preço constante independentemente de qualquer pressuposto sobre o comportamento dos custos. No primeiro destes dois cenários considerados temos então que:

97) $\frac{dp}{drf} = (\frac{R'}{p}) \frac{dp}{dt_u}$

Recordando-nos que em monopólio $R' < p$, imediatamente se conclui que $\frac{dp}{drf} < \frac{dp}{dt_u}$. Isto é, numa situação destas a taxa *ad-valorem* tem um menor impacto sobre os preços do que o imposto unitário.

Contudo, a condição que se impôs para sermos capazes de derivar este último resultado é sempre exactamente cumprida quando a função da procura com que se confronta o monopolista tem elasticidade preço constante, ou seja, sempre que a função inversa da procura é da forma $p = LQ^{\frac{-1}{n}}$. Quando assim é deriva-se imediatamente a relação presente na Equação (98), independentemente de qualquer pressuposto que se imponha quanto ao comportamento da função custo. Assim:

98) $\frac{dp}{drf} = (\frac{n-1}{n}) \frac{dp}{dt_u}$

Muito embora através da Equação (97) tenhamos concluído que a varição nos preços é maior com um imposto unitário do que com um imposto *ad-valorem*, a verdade é que a situação oposta é possível se a produção se contrair suficientemente, tal que $Q \to 0$. Se assim for, $p \to R'$ enquanto $R'' \to 2p'$. E com estas relações obtemos (Bishop, 1968, p. 206):

99) $\frac{dp}{dt_u} \to (1 - \frac{t_c^v p'}{(R''-C'')}) \frac{dp}{drf}$

Recordando que a segunda parcela da expressão em parêntesis é positiva, pois são negativos quer o numerador quer o denominador, segue-se que $\frac{dp}{drf} > \frac{dp}{dt_u}$.

Vejamos, por último, o que acontece quando consideramos que as funções procura e custo são lineares num mercado monopolista. A Equação (96) resume-se a:

100) $\frac{dp}{drf} = \frac{R'}{2p - t_c^v(2p - R')}$

Com um imposto deste tipo, e com as funções com as características enunciadas, aquela relação, ao contrário do que sucede com um imposto unitário na mesma estrutura de mercado, não é necessariamente igual a $\frac{1}{2}$; na verdade o seu valor depende da taxa de imposto aplicada. Em particular, aquele valor iguala $\frac{1}{2}$ na condição de $t_c^v = \frac{2(p-R')}{2p-R'}$.

13. Incidência dos Impostos numa Análise em Equilíbrio Geral

Como já foi anteriormente explicado, a análise que concluímos no capítulo anterior é, para a maior parte dos casos, uma aproximação da realidade. Daí que, para um melhor conhecimento de todas as implicações do lançamento de um imposto, é imperativo recorrer à análise em equilíbrio geral. É justamente o nosso propósito neste novo capítulo desenvolver os seus aspectos fundamentais.

13.1. *Incidência em Mercados de Concorrência Perfeita*

Uma análise em equilíbrio geral é indispensável quando o bem tributado por um imposto indirecto possui um peso relevante na despesa dos consumidores ou, em alternativa, quando se assiste à aplicação de um imposto de uma feição generalizada, independentemente de o ser sobre bens ou sobre factores de produção. Os efeitos desenvolvem-se em cadeia, com alteração dos preços das mercadorias e dos factores de produção, das quantidades relativas consumidas e produzidas e da combinação dos factores de produção nas várias indústrias, com o que também se modifica o nível de bem-estar dos agentes económicos afectados, independentemente de serem ou não aqueles que sofrem a sua incidência legal.

Para ilustrar, podemos imaginar o lançamento de um imposto indirecto sobre o trigo, que tem como sucedâneo no consumo um qualquer outro cereal, por exemplo, o centeio que, no entanto, não é sujeito a tributação. A consequência imediata desta fiscalidade é subir o preço do trigo, desviando o consumo para o centeio cujo preço deve aumentar por força do aumento da sua procura e, com isto, deveremos de seguida assistir a alguma recuperação na procura do trigo e à baixa na do centeio, numa espécie, dir-se-ia, de ricochetes sucessivos. Os consumidores de ambos os cereais são prejudicados na medida em que os seus níveis de bem-estar baixam em consequência do aumento dos preços e consequente redução dos rendimentos reais. A redução na produção de trigo liberta factores de produção numa certa proporção; para recuperarem o emprego terão que ser absorvidos pelos produtores de outros bens, o que sucederá à custa de uma redução das suas remunerações se o desemprego gerado fôr significativo e, especialmente, se as outras indústrias não utilizarem intensivamente os factores de produção que perdem os seus empregos nas indústrias em contracção; agora são os factores de produção que sofrem efeitos adversos fruto daquele imposto. Por seu turno, a modificação dos preços dos factores de produção arrasta variações nos custos de produção que se haverão de repercutir nos preços praticados pelos produtores o que, ainda uma vez mais, afecta o bem-estar dos consumidores. São, como muito bem se percebe, efeitos em dominó que vão ocasionar alterações nos preços e quantidades de equilíbrio em muitos mercados até ao instante em que se atinge uma nova solução de equilíbrio.

Vamos supor uma economia simplificada que produz e consome apenas dois bens, X e Y[151] em concorrência perfeita. A produção faz-se com rendimentos constantes à escala, de acordo com as respectivas funções de produção, e com incorporação dos factores trabalho (L) e capital (K) homogéneos e perfeitamente móveis entre indústrias e que, no curto-prazo, existem em quantidades fixas. A implicação da homogeneidade e da perfeita mobilidade dos factores é que as remunerações líquidas de impostos se devem igualar entre indústrias. Admite-se, igualmente, que os mercados dos factores estão em equilíbrio. Quanto aos consumidores assume-se que eles são perfeitamente idênticos entre si, por isso partilhando exactamente os mesmos gostos e preferências de tal maneira que gastam o seu rendimento exactamente da mesma maneira. Por fim, há o pressuposto de que as receitas fiscais cobradas pelo Estado são devolvidas aos consumidores em modalidades que não originam distorções na afectação dos recursos económicos[152].

Há, portanto, 4 mercados nesta economia, os dois relativos aos bens e outros tantos relativos aos factores de produção considerados.

As funções de produção de X e de Y incorporam ambos os factores e escrevem-se como:

101) $X = F(L_x, K_x)$

---

[151] Modelo de equilíbrio geral com dois sectores.
[152] Por meio de subsídios do tipo *lump-sum*.

102) $Y = G(L_y, K_y)$

Os índices x e y referem-se à quantidade de cada um dos factores que é incorporada na produção dos bens X e Y, respectivamente.

103) $\overline{L} = L_x + L_y$

104) $\overline{K} = K_x + K_y$

As relações dadas pelas Equações (103) e (104) concretizam as condições de equilíbrio no mercado dos factores. $\overline{L}$ e $\overline{K}$ representam as quantidades fixas oferecidas de cada um dos factores de produção no período.

Para chegarmos a conclusões sobre os efeitos da incidência tributária em mercados perfeitamente concorrencias num modelo de equilíbrio geral, necessitamos de conhecer alguns conceitos micro-económicos fundamentais. De entre eles destacamos os de elasticidade de substituição na produção e no consumo, bem assim como o de intensidade relativa na utilização dos factores de produção nas várias indústrias. A correspondente derivação matemática far-se-á em relação a um só dos bens porque, para o outro, evidentemente, os procedimentos são os mesmos.

Diferenciando totalmente as Equações (103) e (104), obtemos as seguintes expressões:

105) $\gamma_{Lx}\dot{L}_x + \gamma_{Ly}\dot{L}_y = 0$

106) $\gamma_{Kx}\dot{K}_x + \gamma_{Ky}\dot{K}_y = 0$

Uma variável com um ponto sobre ela representa a sua própria taxa de variação percentual. Assim, $\dot{L}_j = \frac{dL_j}{L_j}$, com $j = x$ ou y. Por outro lado γ_{ij} é a proporção do factor i ocupado pela indústria j, como proporção da sua dotação total. Por exemplo, $\gamma_{Lx} = \frac{L_x}{\overline{L}}$, pelo que a comparação efectuada sobre os γ_{ij} entre indústrias indica-nos qual é o factor de produção intensivamente usado em cada uma delas.

Tenha-se em conta que $\gamma_{Lx} + \gamma_{Ly} = 1$, o mesmo se aplicando ao factor capital.

Diferenciando totalmente a Equação (101), e achando de seguida as condições de 1.ª ordem para a maximização da função lucro de X, não esquecendo que em concorrência perfeita as remunerações unitárias dos factores são as mesmas em toda a parte devido aos pressupostos da perfeita mobilidade e da homogeneidade, e que, por fim, elas são iguais ao valor do respectivo produto marginal, tal como figuram nas Equações (107) e (108), obtemos a relação expressa pela Equação (109).

107) $p_x F_{K_X} = p_x \frac{\partial F}{\partial K_X} = r$

108) $p_x F_{L_X} = p_x \frac{\partial F}{\partial L_X} = w$

109) $\dot{X} = \theta_{Kx} \dot{K}_x + (1 - \theta_{Kx}) \dot{L}_x$

p_x é o preço unitário de X. Quanto a θ_{ij}, com $i = K$ ou L e $j = x$ ou y, ele representa a proporção dos custos incorridos com o factor de produção capital, ou trabalho, na indústria X ou Y, conforme os casos, nas receitas totais geradas, ou seja, por exemplo, $\theta_{Kx} = \frac{rK_x}{p_x X}$. Por outro lado, w e r são o preço dos factores de produção na ausência de tributação. Repare-se que $\theta_{Lx} = 1 - \theta_{Kx}$ porque são verdadeiras as seguintes relações:

110) $\theta_{Kx} + \theta_{Lx} = 1$

111) $\theta_{Ky} + \theta_{Ly} = 1$

Com impostos *ad-valorem* aplicados tanto sobre o trabalho como sobre o capital na indústria que produz o bem X, às taxas τ_{LX} e τ_{K_X} respectivamente, as condições anteriores são modificadas para:

112) $p_x F_{L_X} = p_x \frac{\partial F}{\partial L_X} = w(1 + \tau_{L_X})$

113) $p_x F_{K_X} = px \frac{\partial F}{\partial K_X} = r(1 + \tau_{Kx})$

sendo agora $\theta_{Kx} = \frac{r(1+\tau_{Kx})K_x}{p_x X}$ e $\theta_{Lx} = \frac{w(1+\tau_{Lx})L_x}{p_x X}$. Claro está que as mesmas relações são válidas para o caso da indústria Y.

A elasticidade substituição na produção entre capital e trabalho na produção de X pode-se escrever como σ_X, e de forma equivalente para Y. Seja pois:

114) $\sigma_X = \frac{d(K/L)/(K/L)}{d(w/r)/(w/r)} = \frac{\dot{K}_x - \dot{L}_x}{\dot{w} - \dot{r}} > 0$

O sinal positivo traduz a substituição de unidades do factor relativamente mais caro por unidades do que se tornou relativamente mais barato. Rearranjando-se o resultado patente na Equação (114) somos capazes de escrever a variação na intensidade relativa de utilização dos factores de produção como função da elasticidade de substituição na produção e da variação do preço relativo dos factores de produção. Assim, temos que:

115) $\dot{K}_x - \dot{L}_x = \sigma_x(\dot{w} - \dot{r})$

Se considerarmos que o empresário paga um imposto *ad-valorem* de montante τ_{Lx} e τ_{Kx} sobre as remunerações do trabalho e do capital, respectivamente, os encargos salariais totais (W) para o empregador são indicados pela Equação (116), enquanto que os que suporta sobre o capital (R) são-no pela Equação (117).

116) $W = w\,(1 + \tau_{Lx})$

117) $R = r\,(1 + \tau_{Kx})$

pelo que a relação equivalente à da Equação (115) com inclusão dessas taxas de imposto é:

118) $\dot{K}_x - \dot{L}_x = \sigma_x(\dot{w} + \dot{\tau}_{Lx} - \dot{r} - \dot{\tau}_{Kx})$

onde $\dot{\tau}_{Lx} = \frac{d\tau_{Lx}}{(1+\tau_{Lx})}$ e, de igual forma, $\dot{\tau}_{Kx} = \frac{d\tau_{Kx}}{(1+\tau_{Kx})}$. A Equação (118) mostra como o produtor altera a proporção da utilização dos factores de produção em função de variações nos preços relativos dos factores de produção e nos daqueles impostos. Em particular, o processo produtivo torna-se mais capital intensivo sempre que aumentam os encargos com o trabalho, e vice-versa como, aliás, seria de esperar.

Sendo conhecidas as relações fornecidas pelas Equações (112) e (113) para X[153], e porque a produção se faz com rendimentos constantes à escala, podemos escrever a Equação abaixo.

119) $p_x X = w\,(1 + \tau_{Lx})\,L_X + r\,(1 + \tau_{Kx})\,K_x$

que, após diferenciação total e avaliada para $\tau_{ij} = 0$ em que $i = L$ ou K e $j = x$ ou y, temos:

120) $\dot{p}_x + \dot{X} = \theta_{Lx}(\dot{L}_x + \dot{w} + \dot{\tau}_{Lx}) + \theta_{Kx}(\dot{K}_x + \dot{r} + \dot{\tau}_{Kx})$

E ainda:

121) $\dot{X} = \theta_{Lx}\dot{L}_x + \theta_{Kx}\dot{K}_x$

---

[153] Não esquecer que os resultados determinados para X se aplicam a Y.

O comportamento dos consumidores é incorporado através da elasticidade de substituição entre os bens X e Y, formalizando-se o conceito como se segue na Equação (122).

$$122) \quad \sigma_D = -\frac{d(X/Y)/(X/Y)}{d(\ddot{p}_x/\ddot{p}_y)/(\ddot{p}_x/\ddot{p}_y)} = -\frac{\dot{X}-\dot{Y}}{\dot{p}_X+\dot{\tau}_X-\dot{p}_Y-\dot{\tau}_Y} > 0$$

O símbolo $\ddot{p}_i$ com $i = X$ ou Y representa o preço pago pelo consumidor como função do preço no produtor e do imposto indirecto *ad-valorem* aplicado sobre cada um dos bens, tal que $\ddot{p}_i = p_i(1 + \tau_i)$, com $i = x$ ou y. Portanto, a variação na proporção entre os bens no consumo pode-se expressar por via da Equação (123).

$$123) \quad \dot{X} - \dot{Y} = -\sigma_D(\dot{p}_X + \dot{\tau}_X - \dot{p}_Y - \dot{\tau}_Y)$$

Para o conjunto dos dois bens, reunimos 9 equações, a saber: Equações (105) e (106), (118) e sua equivalente para Y, (120) e sua equivalente para Y, (121) e sua equivalente para Y e, por fim, a Equação (123). Quanto ao número de incógnitas elas são 10: $\dot{X}, \dot{Y}, \dot{w}, \dot{r}, \dot{L}_x, \dot{L}_y, \dot{K}_x, \dot{K}_y, \dot{p}_x, \dot{p}_y$.

Este sistema de equações pode ser resolvido para a variação relativa nas quantidades produzidas e consumidas dos bens, $\dot{X} - \dot{Y}$; para os seus preços relativos, $\dot{p}_x - \dot{p}_y$; e, finalmente, para os preços relativos dos factores de produção $\dot{w} - \dot{r}$ perante alterações nas taxas de imposto referenciadas. Considera-se que θ e γ são parâmetros, tal como qualquer uma das τ. As três equações que se obtêm a três incógnitas são, e onde a primeira deste conjunto é a Equação (123):

$$\begin{cases} 124) \quad \dot{X} - \dot{Y} = -\sigma_D(\dot{p}_x - \dot{p}_y) - \sigma_D(\dot{\tau}_x - \dot{\tau}_y) \\ 125) \quad \dot{p}_x - \dot{p}_y = (\theta_{Lx} - \theta_{Ly})(\dot{w} - \dot{r}) + (\dot{\tau}_{Kx} - \dot{\tau}_{Ky}) + \theta_{Lx}(\dot{\tau}_{Lx} - \dot{\tau}_{Kx}) - \theta_{Ly}(\dot{\tau}_{Ly} - \dot{\tau}_{Ky}) \\ 126) \quad (\gamma_{Lx} - \gamma_{Kx})(\dot{X} - \dot{Y}) = [\sigma_x(\gamma_{Lx}\theta_{Kx} + \gamma_{Kx}\theta_{Lx}) + \sigma_y(\gamma_{Ly}\theta_{Ky} + \gamma_{Ky}\theta_{Ly})](\dot{w} - \dot{r}) + \\ \qquad \sigma_x(\gamma_{Lx}\theta_{Kx} + \gamma_{Kx}\theta_{Lx})(\dot{\tau}_{Lx} - \dot{\tau}_{Kx}) + \sigma_y(\gamma_{Ly}\theta_{Ky} + \gamma_{Ky}\theta_{Ly})(\dot{\tau}_{Ly} - \dot{\tau}_{Ky}) \end{cases}$$

Com o objectivo de simplificar a última equação do sistema anterior para a tornar mais manejável em posteriores manipulações, vamos reescrevê-la como:

$$127) \quad A(\dot{X} - \dot{Y}) = B(\dot{w} - \dot{r}) + B_1(\dot{\tau}_{Lx} - \dot{\tau}_{Kx}) + B_2(\dot{\tau}_{Ly} - \dot{\tau}_{Ky})$$

onde

$$A = (\gamma_{Lx} - \gamma_{Kx}),$$

$$B = \left[\sigma_x(\gamma_{Lx}\theta_{Kx} + \gamma_{Kx}\theta_{Lx}) + \sigma_y(\gamma_{Ly}\theta_{Ky} + \gamma_{Ky}\theta_{Ly})\right],$$
$$B_1 = \sigma_x(\gamma_{Lx}\theta_{Kx} + \gamma_{Kx}\theta_{Lx})$$
$$B_2 = \sigma_y(\gamma_{Ly}\theta_{Ky} + \gamma_{Ky}\theta_{Ly}).$$

Como se percebe, o coeficiente da variação do preço relativo dos factores é B, tal que $B = B_1 + B_2$.

Vamos ilustrar a aplicação destes resultados admitindo que é lançado um imposto sobre a utilização do capital apenas na indústria X, tal que $\tau_{Kx} > 0$ e todos os outros iguais a zero. Resolvendo as três equações do sistema acima, chegamos aos resultados que se escrevem nas equações imediatamente abaixo.

128) $\dot{w} - \dot{r} = [\frac{1}{A\sigma_D(\theta_{Lx}-\theta_{Ly})+B}][B_1 - A\sigma_D\theta_{Kx}]\dot{t}_{K_X}$

129) $\dot{p}_x - \dot{p}_y = [\frac{B_1\theta_{Ky}+ B_2\theta_{Kx}}{A\sigma_D(\theta_{Lx}-\theta_{Ly})+B}]\,\dot{t}_{K_X} > 0$

130) $\dot{X} - \dot{Y} = -\sigma_D[\frac{B_1\theta_{Ky}+ B_2\theta_{Kx}}{A\sigma_D(\theta_{Lx}-\theta_{Ly})+B}]\dot{t}_{K_X} < 0$

Em ordem a encontrar o sinal das relações entre as variáveis acabadas de determinar note-se que o sinal de A é sempre o mesmo que o de $(\theta_{Lx} - \theta_{Ly})$. Por isso, são ambos positivos ou ambos negativos o que faz com que o denominador seja inequivocamente positivo. Consequentemente, o preço de X, relativamente ao de Y, varia positivamente com esse imposto enquanto que o consumo de X, comparativamente ao de Y, varia negativamente com ele, conforme as Equações (129) e (130) respectivamente. O que isto significa, do ponto de vista da incidência tributária, é que os proprietários do factor tributado conseguem repercutir para a frente uma fracção do imposto. Mas porque X se torna relativamente mais caro, assiste-se à redução na quantidade dele consumida e, em contrapartida, ao aumento na quantidade consumida de Y; por conseguinte é inequívoco o sinal daquela última equação.

Já o sinal da Equação (128) é ambíguo porque depende do sinal do numerador que tanto pode ser positivo, negativo ou mesmo nulo. O imposto incidirá desproporcionalmente sobre o capital ou sobre o trabalho, consoante o sinal de $\dot{w} - \dot{r}$ seja positivo ou negativo. O primeiro termo do numerador é sempre positivo e representa o efeito substituição entre factores de produção cujo montante depende da elasticidade de substituição

σ_X. O lançamento de um imposto sobre o capital utilizado em X torna-o aí relativamente mais caro e determina a sua substituição pelo factor relativamente mais barato que é, neste caso, o trabalho. Porque se assume pleno emprego dos factores de produção, a transferência de trabalho entre indústrias, consubstanciada no aumento da procura relativa por trabalho em X face a uma oferta inelástica, acarreta a subida relativa dos salários. Quanto ao segundo termo em que figura σ_D e que, por isso, exprime o efeito sobre a composição da procura, ele indica o impacto no preço relativo dos factores de produção da variação verificada na composição da procura relativa pelos bens X e Y, fruto da variação no preço relativo dos mesmos bens. O acréscimo no preço relativo de X diminui a quantidade que dele é consumida e, em contrapartida, aumenta o consumo de Y. Por isso, tanto o capital quanto o trabalho se transferem de X para Y em proporções que dependem da intensidade com que cada indústria os emprega. Se X fôr um sector capital intensivo, portanto com $A < 0$, é comparativamente elevada a proporção de capital que aí resulta desempregada, de tal modo que aumentando, por essa via, a sua oferta face à procura (a indústria Y é trabalho intensiva), a consequência há-de naturalmente ser a diminuição na remuneração do capital e um acréscimo na remuneração do trabalho. Se fôr esta a situação que tem lugar, então a incidência económica deste imposto é sobre o capital, o que não espanta pois ele é tributado justamente na indústria que o utiliza intensivamente. Pelo contrário, se o sector fôr trabalho intensivo, o que implica $A > 0$, o aumento, agora significativo, da oferta de trabalho conduz à diminuição dos salários, num movimento contraditório com o que há instantes se assinalou; no que, por outro lado, respeita à remuneração do capital a tendência é para o seu aumento. Em conclusão, neste segundo cenário, o comportamento de $\dot{w} - \dot{r}$ depende da intensidade relativa dos dois efeitos de sinal contrário que assinalámos sobre os salários.

Portanto, e em resumo, um imposto aplicado sobre um certo factor de produção, mas só num dos sectores produtivos, é repercutido para a frente, para os consumidores, pelo menos parcialmente e, além disso, conforme a intensidade comparativa da sua utilização na indústria onde o factor é tributado, assim vários resultados são possíveis: a) o imposto determina a redução na remuneração do factor tributado e é igualmente repercutido sobre os produtores do outro bem na forma de um aumento do preço do outro factor de produção que é aquele que utilizam intensivamente; b) mas no caso de o factor de produção que é tributado não ser o intensivamente utilizado na respectiva indústria, qualquer resultado é possível no que se refere ao sinal da Equação (128). Os produtorores desse bem e do outro podem sofrer um acréscimo no seu preço, havendo igualmente uma repercussão para trás na forma de um decréscimo no preço do factor não sujeito a imposto.

13.1.1. Equivalência entre Impostos

Um dos aspectos mais interessantes que é possível estudar-se a partir das relações entre variáveis tal como evidenciadas na secção anterior, é a equivalência entre diferentes impostos quanto às respectivas incidências. Vamo-nos ocupar de algumas dessas equivalências, começando pela que se refere à tributação, a uma mesma taxa, de todos os factores de produção empregues numa das indústrias em alternativa à tributação, pelo mesmo valor, do bem final que é nela produzido. Ou seja:

Situação A_1) $\dot{\tau}_{Kx} = \dot{\tau}_{Lx} = \dot{\tau} > 0$ e todos os restantes iguais a zero.
Situação A_2) $\dot{\tau}_x = \dot{\tau} > 0$ e todos os restantes iguais a zero.

Partindo do sistema de três equações a três incógnitas acima somos capazes de concluir que tanto para a situação A_1 quanto para a situação A_2, a solução para a variação no preço relativo dos factores é como se segue:

131) $(\dot{w} - \dot{r}) = -\dfrac{A\sigma_D}{A\sigma_D(\theta_{Lx}-\theta_{Ly})+B}\dot{\tau}$

Para A_1 os preços relativos aumentam proporcionalmente ao imposto, tal que:

132) $\dot{p}_{x1} - \dot{p}_y = (\theta_{Lx} - \theta_{Ly})(\dot{w} - \dot{r}) + \dot{\tau}$

Já a expressão que se obtém para a variação relativa dos preços quando o imposto é aplicado sobre o bem final é a que consta da Equação (133).

133) $\dot{p}_{x2} - \dot{p}_y = (\theta_{Lx} - \theta_{Ly})(\dot{w} - \dot{r})$

Atendendo a que a variação no preço relativo dos factores de produção é a mesma em ambos os casos obtém-se $\dot{p}_{x1} = \dot{p}_{x2} + \dot{\tau}$. Sendo assim, a variação no preço relativo dos bens finais é também a mesma nas duas situações alternativas contempladas.

Finalmente, somos também capazes de concluir que em ambas as situações apontadas são os mesmos os efeitos nas combinações no consumo.

134) $\dot{X} - \dot{Y} = -\dfrac{\dot{\tau}\sigma_D B}{A\sigma_D(\theta_{Lx}-\theta_{Ly})+B}$

Situação B) Um imposto lançado no produtor sobre o factor trabalho em todos os sectores, à mesma taxa $\dot{\tau}_L$, é equivalente a um imposto directo sobre os rendimentos do trabalho àquela mesma taxa.

Para provar este resultado vamos utilizar o sistema de três equações acima. Resolvendo-o chegamos ao seguinte resultado:

135) $\dot{w} - \dot{r} + \dot{\tau}_L = \dot{p}_x - \dot{p}_y = \dot{X} - \dot{Y} = 0$

Ou seja, nestas condições a aplicação do imposto sobre o factor trabalho não modifica o preço relativo dos bens finais e, portanto, também não modifica a composição do cabaz de compras entre X e Y. A variação no preço relativo dos factores de produção é negativa e igual a $-\dot{\tau}_L$. Conjugando toda a informação que acabámos de mencionar estamos em condições de concluir que $\dot{w} = -\dot{\tau}_L$, ou seja, a totalidade do imposto é suportada pelo trabalho, deste modo se comprovando a equivalência a que nos referimos. Portanto, ainda que lançado sobre os produtores, este imposto é repercutido totalmente para trás na forma de uma redução do salário dos trabalhadores. Teoricamente este resultado entende-se sem dificuldade se pensarmos que a oferta de trabalho foi assumida como fixa.

O mesmo resultado é obtido quando o capital é tributado nas mesmas condições.

Situação C) um imposto a uma mesma taxa lançado sobre as remunerações do trabalho e do capital em todos os sectores, é equivalente a um imposto directo, ainda àquela mesma taxa, sobre o conjunto dos rendimentos do trabalho e do capital.

Se resolvermos o mesmo sistema de equações que há instantes, obtemos o resultado abaixo:

136) $\dot{w} - \dot{r} = \dot{p}_x - \dot{p}_y = \dot{X} - \dot{Y} = 0$

Este é o resultado que se antecipa quando se aplica um imposto directo a uma mesma taxa sobre a totalidade dos rendimentos auferidos.

Considere-se, finalmente, a situação D.

Situação D) o lançamento de um imposto indirecto geral e à mesma taxa sobre todos os bens é equivalente a um imposto sobre todos os factores empregues em todos os sectores também àquela taxa. De facto, em qualquer dos casos obteriamos que:

137) $\dot{X} - \dot{Y} = -\sigma_D(\dot{p}_x - \dot{p}_y)$

138) $\dot{p}_x - \dot{p}_y = (\theta_{Lx} - \theta_{Ly})(\dot{w} - \dot{r})$

139) $a(\dot{X} - \dot{Y}) = B(\dot{w} - \dot{r})$

tal que $\dot{X} - \dot{Y} = \dot{p_X} - \dot{p_Y} = \dot{w} - \dot{r} = 0$.

14. Efeitos dos Impostos Indirectos Sobre a Eficiência Económica

Para além da incidência dos impostos indirectos, que se prende com os efeitos desse tipo de impostos na distribuição do rendimento e, portanto, na equidade do sistema, é igualmente indispensável proceder-se do mesmo modo quanto às suas consequências sobre a qualidade da afectação dos recursos económicos, ou seja, da eficiência económica.

Convém começar por dizer que o custo de um imposto excede normalmente os montantes pecuniários que lhe estão associados e que representam os pagamentos que os contribuintes fazem ao Estado; a excepção a este princípio verifica-se quando são lançados impostos do tipo *lump-sum* porque, por definição, estes não ocasionam ineficiências.

Os impostos afectam o nível de bem-estar de consumidores e de produtores. No que concerne aos consumidores, o aumento no preço de um bem por força da aplicação sobre ele de um imposto indirecto dá lugar a um efeito preço total que, por seu turno, se decompõe num efeito rendimento e num efeito substituição. Havendo aumento de preços, baixa o rendimento real associado a um certo rendimento nominal, de onde resulta a redução nos níveis de bem-estar dos consumidores. Quanto aos produtores, a descida dos preços explicada pelos impostos reduz-lhes os lucros.

A ineficiência introduzida por estes impostos é explicada pela alteração nos preços relativos dos bens, ou seja, corresponde ao impacto do efeito substituição. Justamente por isto é que, mesmo quando a análise é conduzida em termos de equilíbrio parcial com curvas da procura ou da oferta perfeitamente inelásticas, continua a haver ineficiência mau grado as quantidades transaccionadas do bem tributado se não terem alterado. Mas porque se assistiu a uma alteração nos preços relativos também se modificou a composição do cabaz de compras dos consumidores.

A medida desta ineficiência é o excesso dos custos totais provocados pelo imposto relativamente às receitas fiscais que são cobradas; por isto estas ineficiência são também conhecidas na literatura por carga fiscal excedentária. Ou, exprimindo-nos de forma diversa mas com exactamente o mesmo sentido, a ineficiência é-nos dada: a) pela perda de bem-estar em excesso do mínimo estritamente necessário para o Estado conseguir cobrar um determinado valor de receita fiscal ou, b) pela diferença entre as receitas máximas que o Estado poderia cobrar, e que não cobra, dada a perda de bem-estar que provoca nos consumidores, e as receitas que efectivamente angaria.

Nas secções que se seguem estudaremos esta questão no quadro de análises em equilíbrio geral e parcial.

14.1. *Análise em Equilíbrio Geral*

Vamos ilustrar a ineficiência dos impostos indirectos numa análise gráfica em equilíbrio geral. Para tanto supomos que, em cada período de tempo, todo o rendimento das pessoas é aplicado no consumo não havendo, portanto, nem poupança nem endividamento neste modelo. Assumimos que é lançado um imposto indirecto sobre o bem X. A análise é individual porque se apoia em mapas de indiferença no consumo que, por natureza, são individuais. O rendimento é simbolizado por Y que representa também as quantidades consumidas de todos os outros bens agregados entre si através do respectivo equivalente monetário. A figura abaixo ilustra as soluções óptimas de um consumidor antes e depois da aplicação desse imposto.

FIGURA 33 – **Soluções de Equilíbrio Após Lançamento de Imposto Indirecto sobre X**

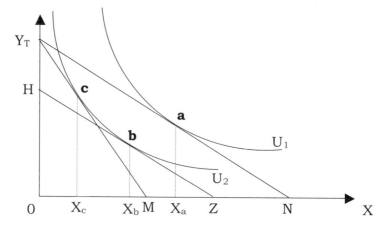

Os segmentos de recta $Y_T N$ e $Y_T M$ são as restrições orçamentais sem e com o imposto indirecto, respectivamente. O negativo das suas inclinações dá-nos o preço do bem X no consumidor também sem e com imposto; por isso é que $Y_T M$ se apresenta mais inclinada que $Y_T N$[154]. A linha HZ é paralela à linha $Y_T N$ e tangente à curva de indiferença U_2 no ponto b e serve-nos, em primeiro lugar, para identificar o efeito rendimento gerado pelo imposto.

Antes do imposto o sujeito optimiza o seu nível de bem-estar em a; aí consome X_a unidades de X e o equivalente monetário a aX_a unidades de todos os outros bens. A despesa que realiza com X é igual à diferença entre o seu rendimento total Y_T e aX_a. Com o imposto a solução óptima transfere-se para c. O consumo de X reduz-se, em consequência, em $X_a X_c$ unidades. Esta variação constitui o efeito preço total. Este efeito desagrega-se no efeito rendimento, aquele que resulta da alteração do rendimento mantendo-se inalterados os preços relativos, e no efeito substituição que espelha a variação na quantidade consumida explicada pela alteração nos preços relativos com manutenção do rendimento real. Na Figura 33 estes dois efeitos são visíveis. A quantidade que corresponde ao movimento de a para b, ou seja, $X_b X_a$, consiste no efeito rendimento. O efeito substituição encontra-se na deslocação de b para c ao longo da curva de indiferença no consumo U_2, implicando uma contracção adicional na quantidade consumida do bem tributado que, por virtude disso, se tornou relativamente mais caro e, em conformidade, há substituição no consumo de unidades do bem relativamente mais caro, X, por unidades dos bens relativamente mais baratos, que são todos os outros. A redução a que nos acabámos de referir é a dada pelo segmento $X_b X_c$. O efeito substituição é sempre negativo enquanto o efeito rendimento depende de o bem ser normal ou inferior; no caso ilustrado ele é normal e, por isso, a quantidade consumida reduziu-se com a diminuição do rendimento.

Portanto, podemos escrever o seguinte:

Efeito preço total = Efeito rendimento + Efeito substituição

Em concreto, com base na Figura 33: $X_a X_c = X_a X_b + X_b X_c$

No caso presente, ambos os efeitos se produzem no mesmo sentido e, portanto, reforçam-se mutuamente. É aqui inequívoca a conclusão de que o lançamento do imposto leva a uma contracção no consumo do bem tributado.

---

[154] Escrevem-se como $Y = Y_T - p_x X$ e $Y = Y_T - p_x^{com\ imposto} X$, respectivamente, tal que $p_x^{com\ imposto} > p_x$.

A medida do efeito substituição depende da natureza da relação económica existente entre os bens e da sua magnitude. Ele será tanto maior quanto maior o grau de substitutabilidade entre os bens, e vice-versa. No limite, não há efeito substituição quando os bens são complementares entre si, situação em que as curvas de indiferença no consumo formam um ângulo recto, como se mostra na figura que se segue. As curvas de indiferença U_i são agora ângulos rectos. A solução de partida encontra-se no ponto a com quantidades (OA, aA). O imposto sobre X leva-nos para uma nova solução de equilíbrio em b, sendo de notar uma contracção na procura de X igual a AB unidades. Nesta última situação há apenas efeito rendimento pois, conforme se pode verificar graficamente, qualquer que seja a magnitude de uma hipotética variação nos preços relativos, para o valor dado do efeito rendimento, a solução jamais sairá do ponto b e da quantidade OB que lhe está associada.

FIGURA 34 – **Ausência de Efeito Substituição quando os Bens são Complementares**

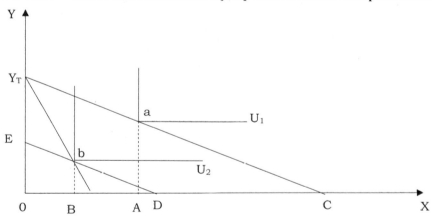

14.1.1. A Medida da Distorção

A distorção causada pelo imposto na utilização dos factores de produção, a medida da ineficiência introduzida, tem como ponto de partida um determinado valor para a receita fiscal objectivo do governo. Os impostos que não causam ineficiências são aqueles em que as perdas de bem estar que acarretam aos contribuintes, para a receita fiscal objectivo do governo, se limtam estritamente ao efeito rendimento associado a essa cobrança. As perdas de utilidade em excesso desse montante traduzem ineficiência, com a designação habitual de carga fiscal excedentária. A sua expressão gráfica pode-se fazer neste tipo de representações colocando equivalentemente uma das seguintes duas questões:

a) É possível obter as mesmas receitas com uma perda de bem-estar menor do que aquela que deriva do imposto escolhido? Se a resposta for afirmativa, a carga fiscal excedentária é a diferença entre estes níveis de utilidade.

b) Para o nível de utilidade mais baixo que se alcança com o imposto lançado pelo Estado para atingir aquelas receitas seria, contudo, possível obtê-las em valores maiores utilizando um outro imposto? Se a resposta for afirmativa, a medida da ineficiência é igual ao diferencial entre a receita potencial e a efectivamente cobrada.

Procuraremos ilustrar estas medidas na representação seguinte. De novo, começamos pela solução óptima inicial, antes de imposto, que tem lugar no ponto *a* da Figura 35. O imposto conduz-nos à solução *b*, gerando receitas fiscais iguais ao segmento *db*. O nível de bem-estar da pessoa passa de U_1 para U_3.

FIGURA 35 – **Medida da Ineficiência de um Imposto Indirecto para Determinado Nível de Receita**

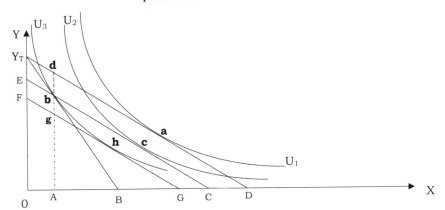

A pergunta que se deve agora fazer é a seguinte: para produzir um tal montante de receitas fiscais é necessário que o nível de bem-estar sofra uma tal perda? Ou, ao invés, não seria possível colher as mesmas receitas com uma menor perda de bem-estar? A resposta é afirmativa porque se se lançasse um imposto do tipo *lump-sum*, cuja restrição orçamental fosse representada pelo segmento EC, intersectando a restrição orçamental $Y_T B$ no ponto b e, por isso, produzindo as mesmas receitas para o Estado, a solução óptima para o consumidor aconteceria em c com um nível de utilidade $U_2 > U_3$. A diferença de valor entre estas utilidades é a expressão quantitativa da ineficiência do imposto indirecto em questão, ou seja, da carga fiscal excedentária: $U_2 - U_3$.

Alternativamente, para responder à segunda das perguntas há pouco formuladas, assumimos que se escolha um imposto ainda do tipo *lump-sum* do qual surge a restrição orçamental FG e a solução óptima h. Manteve-se o nível de utilidade em U_3 mas as receitas fiscais ascendem agora a dg, maiores do que db. Realmente, os impostos que se deixaram de se cobrar, de valor igual ao segmento bg, são a medida daquela ineficiência.

Como se pode ver, a ineficiência tem a sua origem no efeito substituição. Quer em c quer em h não existe carga fiscal excedentária, mas ela já está presente em b, e o que distingue b de h é a variação nos preços relativos. De igual forma, a conclusão que se está agora a enunciar é perfeitamente patente no caso em que os bens são complementares entre eles, com curvas de indiferença formando ângulos rectos.

14.2. *Análise em Equilíbrio Parcial*

Numa análise em equilíbrio parcial, como aqui se pretende realizar, concentramo-nos unicamente no mercado do bem tributado, ignorando as relações com outros e os efeitos cruzados daí advenientes. Há várias metodologias para se identificar e quantificar a carga fiscal excedentária, matéria que agora nos propomos expôr.

14.2.1. *A Medida de Dupuit-Marshall-Harberger*

A identificação e quantificação da carga fiscal excedentária em equilíbrio parcial não é um domínio pacífico e incontroverso da teoria económica em virtude, em primeiro lugar, da necessidade de expurgar dessa avaliação o efeito rendimento por imposição de rigor teórico e, em segundo lugar, da dificuldade em operacionalizar as perspectivas mais correctas do ponto de vista teórico.

A medida de Dupuit-Marshall-Harberger baseia-se na variação dos excedentes dos consumidores e dos produtores provocada pela introdução ou agravamento dos impostos. Qual o montante destas variações? O custo do imposto para os consumidores consiste na redução dos seus excedentes e para os produtores na diminuição dos seus próprios excedentes. Apoiando-nos na Figura 27 trata-se, respectivamente, das áreas $p^c abp^*$ e $p^* bcp^p$. Estes custos excedem as receitas do imposto pela área do triângulo $abc = abd + bcd$.

A grande vantagem comparativa desta abordagem é a facilidade com que se faz o cálculo da carga excedentária, uma vez que simplesmente se resume ao cálculo da área do triângulo abc, aplicando-se valores que são facilmente observáveis. Ou seja, com impostos unitários:

$$\text{área } abc = -\frac{1}{2}\frac{Q}{P} t_u \eta_D \Delta P^c$$

Quando os impostos lançados são do tipo *ad-valorem*, então a fórmula anterior aplicável ao triângulo com o mesmo significado económico, passa a ser *área* $abc = -\frac{1}{2}\frac{Q}{P} t_v \eta_D \Delta P^c P^c$. Uma vez que a elasticidade preço da procura é um número compreendido no intervalo]-∞,0], há que multiplicar a expressão por menos um para obter um valor positivo para a área do triângulo que se está a calcular. Assim se conclui que a carga excedentária depende positivamente da taxa do imposto e da elasticidade preço da procura.

Quando por efeito do imposto o preço ao consumidor aumenta de p^* para p^c e o do produtor baixa de p^* para p^p, as variações ocorridas nos excedentes dos consumidores e dos produtores escrevem-se, respectivamente, como:

140) $\Delta EC = -\int_{p^*}^{p^c} D(p) dp$

e

141) $\Delta EP = -\int_{p^*}^{p^p} S(p) dp$

onde D(p) é a função procura e S(p) a função oferta.

Em termos de domínios contínuos, a variação no excedente dos consumidores por unidade infinitesimal de variação num imposto unitário iguala:

142) $\frac{dEC}{dt_u} = -\frac{\eta_S}{\eta_S - \eta_D} D(p)$

e a do excedente dos produtores é, por seu turno, igual a:

143) $\frac{dEP}{dt_u} = \frac{\eta_D}{\eta_S - \eta_D} S(p)$

pelo que a variação no conjunto formado pelos excedentes de ambos, por unidade de variação desse imposto, tomando como ponto de partida aquele onde $t_u = 0$, se exprime como:

144) $\frac{dEC}{dt_u} + \frac{dEP}{dt_u} = -Q \leq 0$

Contudo, a metodologia de cálculo baseada na variação dos excedentes e, portanto, a carga fiscal excedentária segundo a medida de Dupuit-Marshall-Harberger, é criticada pelo menos por dois motivos. Uma das razões é a sua falta de rigor teórico pois inclui como carga fiscal excedentária e, portanto, como componente da ineficiência atribuível ao imposto, o efeito rendimento quando, ao invés, deveria contemplar exclusivamente o efeito substituição. As incorrecções daí resultantes são claramente reveladas pelo valor nulo dessa carga excedentária que é encontrado quando se usa a medida Dupuit-Marshall-Harberger na presença de uma curva da procura perfeitamente inelástica. O segundo problema que se lhe aponta tem a ver com a própria utilização do excedente dos consumidores como medida do bem-estar. De facto, esse excedente não deriva directamente das preferências dos consumidores e, pelo contrário, depende da sequência em que os preços dos bens se vão alterando. Se mais do que um preço variar é importante a ordem pela qual se calculam as variações nesse excedente (Auerbach, 1985, p. 64). Para resolver estes problemas procede-se à substituição da curva da procura ordinária por curvas da procura compensadas recorrendo-se, concomitantemente, às conhecidas medidas de Hicks, a variação equivalente e a variação compensadora.

14.2.2. As Medidas de Hicks

As curvas da procura compensadas eliminam o efeito rendimento associado a qualquer modificação dos preços relativos. Em resultado disso, movimentos ao longo de uma dessas curvas espelham variações nas quantidades procuradas em função do preço da mercadoria e unicamente na base do efeito substituição, mantendo-se invariável o rendimento ao nível da combinação preço/quantidade de referência escolhida para o efeito e que tanto pode ser a combinação de partida como a de chegada resultante da aplicação do imposto.

A relação entre a curva da procura ordinária e a curva da procura compensada é representada nas duas figuras abaixo, considerando-se no primeiro caso pagamentos na forma de variação compensadora (*compensating variation*) e no segundo caso pagamentos na forma de variação equivalente (*equivalent variation*). Subordinando-nos à conceptualização de Hicks, entende-se por variação compensadora da modificação no preço de um bem, a quantia bastante que o consumidor deve receber para se manter no nível de utilidade em que estava antes dessa modificação de preço. Já a variação equivalente é o montante que estará disposto a pagar para evitar essa modificação dos preços. Ambas as variações são de igual valor quando se transita entre os mesmos dois vectores de preços, necessariamente em sentidos opostos.

A medida da carga excedentária calculada a partir do conceito de excedente do consumidor que vimos na secção anterior corresponde ao triângulo *dfh*, pois o consumo do bem baixa de *OC* para *OA* unidades. Contudo, com a compensação monetária feita nos termos indicados, a redução da procura tem que ser menor, e é de apenas *BC* unidades. Para esta quantidade o valor monetário do imposto a liquidar é representado na figura pela área $P_b P_c ge$; logo, a carga excedentária assim medida é a área do triângulo *egh*, clara e naturalmente menor que a proveniente da metodologia alternativa.

FIGURA 36 – **Carga Excedentária do Imposto com Curva da Procura Compensada e Variação Compensadora**

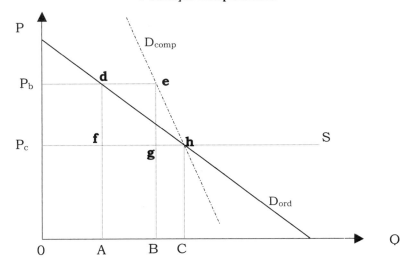

A Figura 37 mostra a aplicação da variação equivalente. O ponto de referência de partida é a solução de equilíbrio associada ao imposto. Em tudo o mais este outro caso constitui a réplica do exemplo que se acabou de analisar. Enquanto na figura precedente a curva da procura compensada está relacionada com o vector de preços associado à situação pós-imposto e ao rendimento real pré-imposto, e tem de comum o ponto *h* com a curva da procura ordinária, nesta a curva da procura compensada é a que emerge do ponto *d* da mesma curva da procura ordinária. Por esta razão, a primeira das curvas da procura compensadas tem implícito um nível de bem-estar superior ao desta segunda. Portanto, o que se pergunta ao indivíduo é qual o montante máximo que estaria disposto a pagar para evitar o imposto e regressar aos preços relativos implícitos em *h*. É a essa importância pecuniária que se designa de variação equivalente e é representada pela área $P_b P_c md$.

FIGURA 37 – **Carga Excedentária do Imposto com Curva da Procura Compensada e Variação Equivalente**

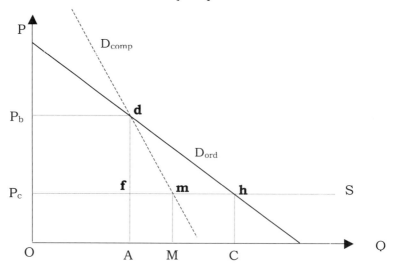

A carga excedentária assente na medida Hicksiana da variação equivalente é a área do triângulo *dfm* que também é menor que a que resulta do excedente do consumidor.

O tratamento anterior partiu do princípio de que a oferta do bem era infinitamente elástica e daí que a carga fiscal excedentária se encontrasse exclusivamente associada aos consumidores. Todavia, quando a curva da oferta é ascendente, a carga fiscal excedentária para além de conter a parcela relativa à curva da procura, contém igualmente a parcela respeitante à redução dos lucros dos produtores não transformada em receitas fiscais. Ou seja, na parte da oferta a carga fiscal continua ainda a avaliar-se em termos da perda de excedente dos produtores. A representação apropriada a este caso é a que figura abaixo, onde trabalhamos com a variação equivalente.

O lançamento do imposto de valor $(p_a\text{-}p_c)$ que aumenta o preço nos consumidores de p_b para p_a e o reduz nos produtores para p_c, determina uma contracção no consumo de Q_b para Q_a unidades do bem. Ora, esta quantidade decompõe-se naquela que é explicada pelo efeito rendimento, Q_bQ_d, e pela que é explicada pelo efeito substituição, Q_aQ_d, à medida que os consumidores substituem o bem tributado por outros ao longo da curva da procura compensada. Assim, a carga fiscal excedentária é-nos agora dada pela área $AED+BCE$.

FIGURA 38 – **Carga Fiscal Excedentária com Curva da Oferta Ascendente**

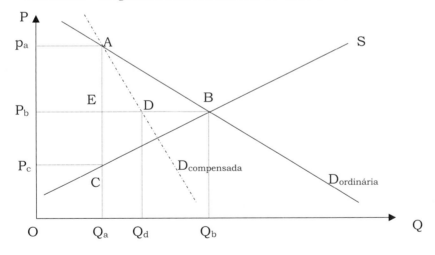

Evidentemente, os valores da variação compensadora e da variação equivalente não têm que ser os mesmos.

As medidas de Hicks são sensíveis à escolha dos pontos de referência na mensuração de tais perdas de eficiência porquanto a utilidade marginal que o sujeito atribui ao seu rendimento é variável, assumindo-se geralmente que é decrescente com ele. Em concreto, o que isto significa é que as perdas de eficiência causadas por um imposto de um certo valor não são únicas, antes dependendo do conjunto de factores que define o ponto de referência relativamente ao qual tais perdas são avaliadas.

Claro que uma das questões que necessariamente se coloca neste âmbito é a escolha entre a variação compensadora e a variação equivalente. Aquela parece mais indicada sempre que o objectivo é medir a perda de eficiência resultante de um novo imposto; diversamente, a variação equivalente parece preferível quando aquilo que se deseja é a mensuração dos ganhos de eficiência gerados pela sua eliminação.

Para concluir, basta dizer que a grande desvantagem das medidas de Hicks se encontram na dificuldade de operacionalização pois necessitam de dados não facilmente obteníveis para a identificação das próprias curvas da procura compensadas.

14.3. *Distribuição Equi-Proporcional da Carga Fiscal Excedentária*

Na análise da incidência dos impostos indirectos em concorrência perfeita conclui-se que a distribuição da carga fiscal depende das elasticidades preço tanto da procura quanto da oferta, e que a posição do consumidor é tanto mais favorável quanto mais elástica fôr a sua curva da procura ou menos elástica a curva da oferta, e vice-versa para os produtores. Contudo, ao contrário do que Seligman escrevia em 1927 *"In other words, the greater the elasticity of the demand, the more favorable, other things being equal, will be the situation of the consumer"* (1927, pp. 232-33), daí nem sempre é lícito concluir que, verificadas tais condições, uns ou outros fiquem relativamente melhores do que antes em termos da evolução dos respectivos excedentes. Ora, pretende-se aqui chamar a atenção para o facto de que quando as funções procura e custo marginal são lineares[155], a distribuição da carga fiscal entre produtores e consumidores faz-se de maneira tal que a fracção, e não o valor absoluto, do excedente que cada um deles perde com o imposto é exactamente a mesma. Esta conclusão é independente do valor relativo daquelas elasticidades preço e da estrutura de mercado considerada. Seja, para efeitos ilustrativos no quadro de um mercado de concorrência perfeita, a figura que se segue.

---

[155] Com primeiras derivadas diferentes de zero, e segundas derivadas iguais a zero.

FIGURA 39 – **Impostos Indirectos com Curvas da Procura e da Oferta Lineares**

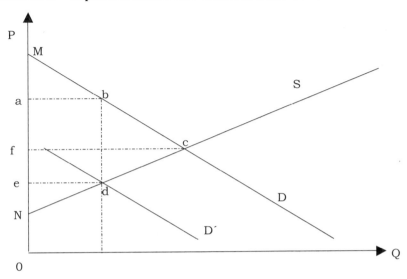

145) $\dfrac{\text{área } Mba}{\text{área } Mcf} = \dfrac{(Ma)(ab)}{(Mf)(fc)} = \left(\dfrac{ab}{fc}\right)^2$

uma vez que os triângulos Mba e Mcf são semelhantes e $\dfrac{ab}{fc} = \dfrac{Ma}{Mf}$. E, do mesmo modo:

146) $\dfrac{\text{área } Nde}{\text{área } Ncf} = \dfrac{(Ne)(ed)}{((Nf)(fc)} = \left(\dfrac{ed}{fc}\right)^2$

Porque os segmentos *ab* e *ed* são iguais, conclui-se que ambos os excedentes que restam após a aplicação do imposto são igual fracção dos seus valores de partida, de onde ambos, consumidores e produtores, perderam exactamente a mesma percentagem dos respectivos valores iniciais.

O mesmo resultado, sob as mesmas condições, tem lugar em mercados monopolistas. Com um imposto unitário ilustremos como tudo se passa.

FIGURA 40 – **Impostos Indirectos em Monopólio com Curvas da Procura e de Custo Marginal Lineares**

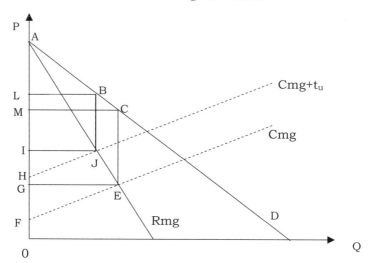

Antes do imposto o produtor monopolista maximiza o seu lucro em *E*; após ele aquela solução transita para *J*. Também antes do imposto o excedente dos consumidores é representado pela área *ACM*, passando para *ABL* após ele. No respeitante aos produtores o respectivo excedente passa de *MCEF = MCEG + FGE* para *LBJH = LBJI + HIJ*. Tendo presente que os triângulos são semelhantes:

147) $\frac{\text{área } ABL}{\text{área } ACM} = (\frac{LB}{MC})^2$

Agora, debruçando-nos sobre o impacto no excedente do produtor, e focando-nos nas duas componentes em que foi desagregado concluímos que:

148) $\frac{\text{área } HIJ}{\text{área } FGE} = (\frac{LB}{MC})^2$

e que:

149) $\frac{\text{área } LBJI}{\text{área } MCEG} = (\frac{LB}{MC})^2$

Constata-se, pois, que cada uma das duas parcelas em que o excedente do produtor foi subdividido representa, depois do imposto, igual percentagem do seu valor pré-imposto. Comprova-se assim que com um imposto indirecto, em monopólio e com curvas deste tipo, os consumidores perdem relativamente tanto quanto os produtores.

Portanto, em ambas as estruturas de mercado, assim como em todas as outras, dadas as condições da procura e de custos marginais lineares, o imposto indirecto reduz o excedente dos consumidores exactamente na mesma proporção que o excedente do produtor, pelo que o peso da carga fiscal se reparte igualmente entre eles, em sentido proporcional.

15. Teorias da Tributação Indirecta *"Óptima"*

Sendo evidente que os impostos, sejam os directos[156] sejam os indirectos, geram ineficiências, a teoria económica preocupou-se desde muito cedo em encontrar a estrutura tributária capaz de as minimizar, sujeita à restrição de um dado nível de receitas fiscais a cobrar. São de facto soluções do tipo *second best* porque os impostos *lump-sum* não podem jamais constituir uma base em que assente todo o sistema fiscal.

Desde pelo menos Pigou (1920) que igualmente se conhecem impostos que promovem a eficiência económica, removendo algumas das ineficiências geradas pelas falhas de mercado e, nomeadamente no que se refere a este autor, com aplicação no domínio das externalidades[157]. Contudo, não se pode imaginar como hipótese credível que as necessidades crescentes de receitas pelos Estados modernos possam ser satisfeitas exclusivamente por este tipo de impostos.

Respeitando a sistematização apresentada por Sandmo (1976, p. 37) são três as acepções em que se pode compreender a optimização do sistema tributário. Em primeiro lugar, poderíamos pensar na optimização no sentido da minimização dos custos de administração e de cumprimento, sendo certo que os decisores políticos valorizam habitualmente mais os primeiros que os segundos. Em segundo lugar, poder-se-ia compreender essa optimização em relação à preocupação de promover a equidade do sistema fiscal, procurando maximizá-la subordinados às restrições que se possam colocar. Finalmente, optimização enquanto promoção da eficiência económica no sentido Paretiano da expressão, com o que se desejaria minimizar os custos totais de bem-estar do sistema fiscal para um determinado valor das receitas fiscais, ou seja, a dimensão das ineficiências que os impostos em geral introduzem no funcionamento das economias. Destas três acepções, a teoria económica tem-se desde muito cedo vinculado

---

[156] Estes serão abordados nos capítulos próprios.
[157] Ver Fernandes (2008).

primodialmente a esta última, ainda que progressivamente, como se verá adiante, as preocupações quanto à equidade da "arquitectura" do sistema fiscal tenham vindo a ser progressivamente introduzidas e valorizadas na análise, quanto mais não seja em consequência das implicações que se foram obtendo ao desenvolver-se esta última acepção do termo.

Uma das contribuições de referência para esta literatura pertence a Frank Ramsey (1927), seguindo-se muitas outras incluindo as de W. Corlett e D. Hague (1953), Diamond e Mirrlees (1971), e muitos outros autores que contribuíram decisivamente para o desenvolvimento desta linha de investigação principalmente a partir dos anos 70 do século XX.

A exposição que faremos considera exclusivamente a tributação indirecta e a acepção de eficiência económica ignorando, assim, aspectos igualmente relevantes para o bem-estar dos indivíduos e das comunidades e que, por isso mesmo, têm, como vimos atrás, cabimento na noção de tributação óptima.

15.1. *A Regra da Proporcionalidade*

A conceptualização desta abordagem assume que todas as mercadorias são tributadas e que as correspondentes receitas fiscais representam a mesma proporção do preço para todas elas. Portanto, do ponto de vista conceptual é aqui que encontramos a tributação indirecta geral a taxas uniformes como modalidade de tributação óptima. O seu fundamento está na ausência de alterações nos preços relativos e, portanto, na inexistência de efeitos substituição.

Vamos admitir que, por unidade de tempo, os indivíduos usufruem de rendimentos provenientes do trabalho e de outras fontes, sendo estes últimos simbolizados por K[158]. O tempo disponível (T) é afecto entre trabalho (N) e lazer (L). A remuneração do trabalho é ω. Os bens são X e Y cujos preços se exprimem, como é habitual, por p_X e por p_Y, respectivamente. Na ausência de impostos, a restrição orçamental do sujeito, o consumidor representativo, é dada pela bem conhecida expressão que se segue.

150) $K + \omega(T - L) = p_X X + p_Y Y$

---

[158] Por exemplo, os rendimentos de uma herança.

O imposto indirecto *ad-valorem* aplica-se a todas as mercadorias consumidas e aos salários e, por via destes, ao lazer. As taxas são de igual valor, mas para que o lazer seja realmente tributado é necessário que se subsidie o trabalho e, por consequência, prevalece a relação abaixo quanto às taxas de imposto aplicáveis, onde se vê que se está a assumir que $t_W < 0$.

151) $t_X = t_Y = -t_W = t > 0$

Após o lançamento destes impostos, e respeitando as relações acabadas de referir, a restrição orçamental reescreve-se como:

152) $K + \omega (1 + t)(T - L) = p_X (1 + t) X + p_Y (1 + t) Y$

ou

153) $\frac{K}{(1 + t)} + \omega T = p_X X + p_Y Y + \omega L$

A relação imediatamente anterior evidencia que a aplicação destes impostos é equivalente à tributação do rendimento exógeno K à taxa $\frac{t}{1+t}$. Uma vez que ele é insusceptível de ser alterado por comportamentos do sujeito, estamos verdadeiramente em presença de um imposto do tipo *lump-sum* onde, por definição, não há lugar a efeitos substituição e, portanto, ao aparecimento de custos de bem-estar. O imposto é neutral do ponto de vista da eficiência e, além disso, a uniformidade das taxas de imposto torna-o de grande simplicidade. De facto, podemos apontar à prática de taxas uniformes vários benefícios como, por exemplo: 1) redução dos custos de informação dos contribuintes, o que equivale a dizer menores custos de transacção; 2) redução das oportunidades de evasão fiscal através da utilização de taxas indevidas para os bens tributados; c) eliminação da ambiguidade e das lacunas da legislação quanto ao valor das taxas a aplicar.

Infelizmente, o tipo de fiscalidade que acabámos de analisar é impraticável pelos seguintes motivos. Em primeiro lugar, se o contribuinte não possuir rendimentos como *K* o Estado não consegue cobrar receitas líquidas; a razão para que isto suceda encontra-se no facto de que os impostos cobrados sobre *X* e *Y* são necessários para pagar os subsídios ao trabalho. Em segundo lugar, se *K* existir, então deve ser suficientemente elevado para ser compatível com as receitas fiscais pretendidas pelo governo. Em terceiro lugar, pode revelar-se impossível tributar todos os bens, por exemplo, os que compõem o auto-consumo. Finalmente, não é viável subsidiar todo o trabalho ou, o que é o mesmo, tributar todo o lazer.

A aplicação de taxas de imposto uniformes sobre todos os bens, com excepção do lazer, fomenta o consumo excessivo, ineficiente, de lazer. *"One might perhaps think that if only the set of taxable commodities were extended so as to include labor, then uniform taxation would turn out to be optimal, since this would mean that no relative prices in the system would be changed, as compared with the pré-tax Pareto optimal equilibrium. But this is wrong, for the simple reason that such a tax structure would result in zero tax revenue."* (Sandmo A., 1976, p. 44)[159]. Portanto, daí se infere que a tributação indirecta óptima deva procurar explorar a substitutabilidade e a complementaridade dos bens em relação ao lazer. Por todas estas razões se chega à conclusão de que, em geral, esta configuração da tributação indirecta é insusceptível de atingir a tributação óptima. A tributação uniforme só é óptima em duas situações: a) a oferta de trabalho é perfeitamente inelástica e, se assim for, podem-se tributar os bens de consumo a uma taxa uniforme, não tributando o trabalho; b) os mapas de indiferença no consumo são homotéticos e há separabilidade da função utilidade entre consumo e trabalho.

Verificando-se a impossibilidade das soluções óptimas, a busca da solução para o problema formulado evoluiu para formulações do domínio do *second best*. Vamos então passar de imediato à formulação de Ramsey (1927).

15.2. *A Regra de Ramsey*

O raciocínio subjacente à formulação de Ramsey consiste na minimização dos custos totais de bem-estar sobre o conjunto dos bens sujeitos a imposto. Para tanto, impõe-se que os custos marginais de bem-estar resultantes do último euro de receita fiscal sejam iguais entre todas as mercadorias. Se assim não for, é possível baixar os custos totais de bem-estar agravando a tributação sobre as mercadorias onde os custos de bem-estar marginais sejam menores, e aliviando-a onde eles forem maiores.

---

[159] Este autor demonstra de forma simples este resultado. Assumindo-se que na economia há $(m + 1)$ bens, onde o bem 0 é o trabalho e os restantes m são bens de consumo, a restrição orçamental dos consumidores é $\sum_{i=0}^{m} P_i X_i = 0$. A tributação à taxa uniforme t conduz então ao seguinte resultado: $T = t \sum_{i=0}^{m} P_i X_i = 0$. Por outras palavras, tal como já havíamos visto, tributar os bens de consumo a uma taxa uniforme implica uma receita fiscal nula porque exige subsidiar o trabalho pelo mesmo montante para se atingirem os fins em vista.

Ramsey admite funções da procura e da oferta lineares e, em particular, custos de produção constantes, não mantendo os bens qualquer relação entre eles, seja de complementaridade seja de substitutabilidade, pelo que as respectivas procuras dependem unicamente dos próprios preços[160]. Por fim, admite-se que os consumidores são idênticos no sentido em que todos eles têm os mesmos gostos e preferências e, por isso, são perfeitamente representáveis pelos comportamentos de um qualquer deles. Utilizam-se curvas da procura compensadas e aplicam-se impostos unitários. A Figura 41 representa o mercado do bem X nas condições acabadas de expôr[161].

FIGURA 41 – **Representação Gráfica da Regra de Ramsey para o Bem X**

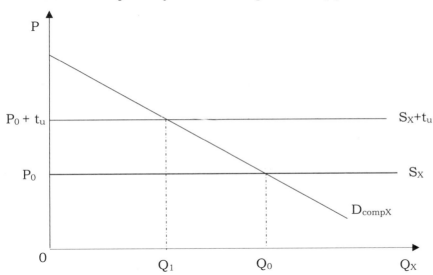

A função da curva da procura compensada para o bem X escreve-se como:

154) $Q_X = a - b_X (p_X + t_{ux})$

---

[160] Na verdade, o resultado da formulação de Ramsey, tal como dado pela Equação (160), não necessita desta última condição. Ela vai ser necessária para se chegar à sua reformulação nos termos da função procura ordinária, sem o consequente resultado apresentado pela Equação (163).

[161] Esta não é a única metodologia que permite chegar aos resultados pretendidos. Mais à frente fá-lo-emos usando a minimização da carga excedentária sujeita à restrição das receitas fiscais objectivo do Estado.

Por outro lado, os custos de bem-estar, ou carga fiscal excedentária, são iguais a:

155) $WC = \frac{1}{2} b_X t_{ux}^2$

e

156) $WC = \frac{1}{2} b_X t_{ux}^2$

As receitas fiscais, por outro lado, são dadas pela expressão:

157) $T_X = t_{ux} Q_X = t_{ux}[a - b_X(p_X + t_{ux})]$

e

158) $\frac{dT_X}{dt_{ux}} = a - b_X(p_X + 2t_{ux})$

Aplicando o que se disse atrás àcerca das condições marginais para a minimização dos custos de bem-estar, a sua formalização matemática toma, para quaisquer dois bens X e Y, a forma:

159) $\frac{dWC_i}{dT_i} = \frac{b_X t_{ux}}{Q_X} = \frac{b_Y t_{uy}}{Q_Y}$

onde $i = X$ ou Y.

Deve-se agora notar que o numerador da relação precedente nos dá a variação nas quantidades procuradas consequentes ao lançamento do imposto[162], tal que podemos reescrever o resultado anterior na forma alternativa que se segue:

160) $\frac{\Delta Q_X}{Q_X} = \frac{\Delta Q_Y}{Q_Y}$

Ou seja, a regra de Ramsey diz-nos que, para minimizar a carga fiscal excedentária, as taxas de imposto devem ser tais que conduzam à mesma variação percentual nas quantidades procuradas de todos os bens. É um resultado substantivamente diverso da solução a taxas uniformes, pois nesta última a mesma variação percentual aplica-se aos preços e não às quantidades. Contudo, compreende-se bem que assim seja porque a ineficiência associada aos impostos indirectos tem a ver com as distorções que introduz nas quantidades procuradas e não nos preços em si mesmos; estes são meramente o veículo através do qual se conseguem alterações

---

[162] Esta variação é negativa nos dois membros da igualdade pelo que estes sinais se anulam entre si.

nas quantidades. Mirrlees (1976) chama a essa redução proporcional na procura de índice de desencorajamento (*index of discouragement*).

Baumol e Bradford (1970) demonstraram que, quando os bens não são nem complementares nem substitutos entre si, a regra de Ramsey se pode exprimir como função das respectivas elasticidades preço da procura ordinária, isto é, as taxas de imposto aplicáveis a cada bem dependem inversamente do valor das respectivas elasticidades preço da procura. Isto significa que a taxa de imposto é tanto maior quanto menor for essa elasticidade preço e vice-versa. Exprimindo a elasticidade preço da procura para qualquer bem i por η_i, tendo em conta o resultado expresso pela Equação (160) e ainda que, para o caso de um imposto unitário, $\Delta P_i = t_i$. chegamos a:

161) $\dfrac{\frac{t_{ux}}{P_X}}{\frac{t_{uy}}{P_Y}} = \dfrac{\eta_Y}{\eta_X}$

A relação inversa com as elasticidades aplica-se a impostos avaliados em termos *ad-valorem*[163], como se vê da relação acabada de derivar. Vamos procurar demonstrá-lo através da enunciação e resolução do problema de optimização pertinente, qual seja a minimização da carga fiscal excedentária total dada a restrição representada pelas receitas que o Estado pretende cobrar. Recordemo-nos ainda que se assumem custos de produção constantes e, portanto, uma curva da oferta infinitamente elástica. Nestes termos, o nosso problema, para um universo constituído por apenas dois bens, X e Y, e onde t_i é a taxa de imposto *ad-valorem* que incide sobre o bem i, e T as receitas fiscais totais que o Estado se propõe cobrar, formula-se assim[164]:

162. $\text{Min.} Z = \dfrac{1}{2}\eta_X P_X Q_X t_X^2 + \dfrac{1}{2}\eta_Y P_Y Q_Y t_Y^2 + \lambda[T - P_X Q_X t_X - P_Y Q_Y t_Y]$

As condições de 1.ª ordem para um mínimo são[165]:

$$\begin{cases} \dfrac{\delta Z}{\delta t_X} = \eta_X P_X Q_X t_X - \lambda P_X Q_X = 0 \\[6pt] \dfrac{\delta Z}{\delta t_Y} = \eta_Y P_Y Q_Y t_Y - \lambda P_Y = 0 \\[6pt] \dfrac{\delta Z}{\delta \lambda} = T - P_X Q_X Q_X t_X - P_Y Q_Y t_Y = 0 \end{cases}$$

---

[163] A Equação (161) está expressa em termos tais que se pode interpretar como se tratando de taxas *ad-valorem*.

[164] As elasticidades preço da procura estão escritas pelos seus valores absolutos.

[165] Assumimos sempre que as condições de segunda ordem são preenchidas.

Resolvendo a expressão acima obtemos, finalmente, o resultado procurado:

163) $\dfrac{t_X}{t_Y} = \dfrac{\eta_Y}{\eta_X}$

A regra de Ramsey é assim formulada de modo cativantemente simples porque torna equivalente a minimização das medidas de Dupuit-Marshall-Harberger à de qualquer uma das medidas de Hicks.

Embora útil, esta perspectiva tem desde logo algumas limitações metodológicas. Se se abandonar o pressuposto de uma oferta perfeitamente elástica, a derivação da relação torna-se mais complexa e acaba por incluir a elasticidade preço da oferta, para além de exigir o conhecimento do valor daquelas elasticidades. Sandmo (1976, p. 42) afirma mesmo que esta regra é de pouco interesse prático.

As taxas de imposto deveriam ser, então, diferentes de mercadoria para mercadoria consoante as suas elasticidades preço da procura, o que é exactamente o contrário daquilo que normalmente se observa, especialmente quando se trata de impostos *ad-valorem*, como o IVA. Tal diversidade tem vários inconvenientes de monta, entre eles: 1) elevados custos de informação; 2) maiores facilidades na prática da fraude fiscal.

Esta solução coloca ainda sérios problemas no domínio da equidade. É que ela implica tributarem-se a taxas de imposto mais elevadas bens de primeira necessidade com um elevado peso no orçamento das pessoas com baixos rendimentos, como os medicamentos que são consumidos indistintamente por todos para preservar as suas vidas. E a taxas reduzidas bens sumptuários e de luxo consumidos pelos que têm elevados rendimentos. Atkinson *et al.* (1972) efectuaram alguns estudos empíricos sobre esta questão de onde concluíram que as taxas de imposto sobre bens alimentares deveriam ser duas a três vezes mais elevadas do que as incidentes sobre bens de consumo duradouros. Na verdade, coloca em causa o princípio da equidade vertical.

Na sua função de utilidade social as comunidades humanas não valorizam apenas a eficiência, mas também princípios de justiça e de equidade. Por isso mesmo, a regra de Ramsey foi sujeita a reajustamentos no contexto desta outra esfera de preocupações, sendo que a reformulação óptima depende essencialmente das duas seguintes considerações: a) o peso que a sociedade atribui na sua função de utilidade à equidade, e b) a medida em que divergem os padrões de consumo entre ricos e pobres.

15.2.1. *Reformulação da Regra de Ramsey para o Caso de Custos Crescentes*

A assumpção de custos constantes elimina a contribuição do excedente do produtor para a medida da carga fiscal excedentária. Contudo, isso não constitui uma condição necessária para a expressão da regra de Ramsey em termos do recíproco das elasticidades relevantes. Admitindo agora também impostos *ad-valorem* lançados sobre os preços pagos pelos consumidores, vamos proceder à derivação daquela mesma condição para custos de produção crescentes, os quais se encontram associados a curvas da oferta ascendentes. Mantém-se o pressuposto de ausência de efeitos preço cruzados entre os bens.

Tomemos para o efeito a seguinte simbologia: φ_i é a taxa de imposto daquele tipo que incide sobre qualquer bem i; P_i é o preço de equilíbrio no mercado do bem i na ausência de impostos; Q_i o mesmo para as quantidades; P_i^c é o preço pago pelos consumidores após lançamento do imposto; P_i^p é o preço recebido pelos produtores, líquido de imposto. Consequentemente, podemos exprimir as seguintes relações:

164) $\varphi_i P_i^c = P_i^c - P_i^p$

Tomando agora η_i^S como a elasticidade preço da oferta de i e η_i^D a correspondente elasticidade preço da procura, chegamos à expressão:

165) $\varphi_i P_i^c = P_i^c - P_i^p = \frac{P_i \Delta Q_i}{Q_i} \left[\frac{\eta_i^S - \eta_i^D}{\eta_i^S \eta_i^D} \right]$

e a carga fiscal excedentária é:

166) $WC_i = \left(\frac{1}{2}\right) \frac{\varphi_i^2 P_i^{c2} Q_i \eta_i^D \eta_i^S}{P_i (\eta_i^S - \eta_i^D)}$

O objectivo é minimizar $\sum_{i=1}^{N} WC_i$ sobre todos os $i = 1, ..., N$ sujeito à restrição objectivo das receitas fiscais do governo, T, e que se escreve como $\sum_{i=1}^{N} \varphi_i P_i^c Q_i^*$, onde Q_i^* são as quantidades de equilíbrio após imposto. Portanto, trata-se de:

167) $Min \, L = \sum_{i=1}^{N} WC_i + \sigma[T - \sum_{i=1}^{N} \varphi_i P_i^c Q_i^*]$

Para o caso de dois bens X e Y, após derivação das condições de 1.ª ordem para um mínimo[166], e para variações infinitesimalmente pequenas nos preços e nas quantidades, chegamos à relação que procuramos:

---

[166] Relembra-se que admitimos sempre a verificação das condições de 2.ª ordem quer para máximos quer para mínimos locais.

168) $\dfrac{\varphi_X}{\varphi_Y} = \dfrac{\eta_Y^D \eta_Y^S (\eta_X^S - \eta_X^D)}{\eta_X^D \eta_X^S (\eta_Y^S - \eta_Y^D)} > 0$

A expressão anterior é positiva, como facilmente se vê. Além disso, também é patente que esta relação se reduz à encontrada antes para o caso de custos de produção constantes e, portanto, ofertas infinitamente elásticas. E se, diversamente, os impostos forem unitários encontramos uma relação com as mesmas características das da Equação (160) que exige o conhecimento dos preços de equilíbrio pré-impostos.

É possível demonstrar-se que a taxa óptima de imposto para X é menor que a que corresponde a Y se se verificarem simultaneamente as duas condições que a seguir se enunciam para curvas lineares da procura e da oferta (Yang & Stitt, 1995, p. 770): 1) a elasticidade preço da procura de X é, em valor absoluto, maior que a de Y, e 2) a elasticidade preço da oferta de X é maior que a de Y. Este caso generaliza as conclusões a que conduz a relação original das elasticidades recíprocas da procura com custos constantes.

A observação dos valores das taxas de imposto lançados pelos governos deixa-nos perceber que, por norma, tendem a ser as mesmas, contrariamente à solução óptima para a qual a regra de Ramsey aponta. Já anotámos antes alguns bons motivos que justificam esta prática; bastará agora dizer que a relação patente na Equação (168) conduz ao mesmo resultado desde que, para cada bem, a razão entre o produto das respectivas elasticidades tenha o mesmo valor que o quociente entre o diferencial das mesmas elasticidades.

15.3. *A Regra de Corlett e Hague*

Corlett e Hague (1953), raciocinando ainda na base de custos constantes, formalizam uma perspectiva em que se introduz o consumo de lazer e de dois bens que são dele complementares ou substitutos. Mais uma vez, as curvas da procura são compensadas. Embora o lazer não seja directamente tributável, pode sê-lo indirectamente. Neste sentido concluem que se devem lançar taxas de imposto mais altas sobre os bens mais fortemente complementares do lazer, e taxas mais reduzidas no caso oposto.

Este é um resultado do tipo *second-best* que se compreende intuitivamente. Não sendo possível tributar o lazer, o consumo deste pode-se, todavia, reduzir desencorajando, através de impostos, o consumo de bens que se consomem conjuntamente com ele e encorajando o consumo do outros.

15.4. *Análise Crítica da Regra de Ramsey*

A regra de Ramsey é cativante pela sua simplicidade; contudo apresenta sérias limitações enquanto normativo capaz de informar utilmente o legislador quando este tem que decidir sobre a natureza e o conteúdo do sistema fiscal a aplicar num qualquer país.

Como modelo teórico que é, constrói-se na base de pressupostos simplificadores grandemente desenquadrados da realidade económica corrente. Presume custos constantes de produção[167], mercados perfeitamente concorrenciais, gostos e preferências idênticos sobre todos os indivíduos e absoluta ausência de relações preço entre os bens. Porém, como todos muito bem sabem, as críticas que se fazem a um modelo nunca são pertinentes quando incidem nos seus pressupostos explícitos e, por isso, os aspectos críticos mais importantes não são os acabados de mencionar.

Crítica mais séria é a amplitude muito limitada que é dada ao entendimento de ineficiência fiscal que importa minimizar para se obter a estrutura óptima das taxas de imposto. Tudo se resume à carga fiscal excedentária, ignorando-se outras fontes de ineficiência tributária com as quais seria igualmente essencial lidar-se numa perspectiva de conjunto e que são, desde logo, os custos administrativos e de cumprimento. Para além destes, e desde a publicação dos artigos de referência na literatura económica da autoria de Mirrlees (1971, 1976) e de Diamond e Mirrlees (1971a, 1971b) que se impôs uma concepção de optimização tributária não alheia aos aspectos redistributivos aos quais, aliás, já acima nos referimos. Segundo esta literatura, a estrutura óptima das taxas de imposto maximiza uma função de utilidade social onde se inclui o padrão da distribuição do rendimento como um dos seus argumentos, assim se prevenindo redistribuições perversas inerentes à aplicação pura e simples daquela regra, como já antes se notou também. Em consequência, a tributação óptima, nesta acepção mais ampla, é potencialmente incompatível com políticas fiscais que procuram aplicar pura e simplesmente a regra de Ramsey.

Para além dos aspectos mencionados, há ainda outros que merecem atenção. Em primeiro lugar, importa notar as dificuldades práticas na aplicação da regra de Ramsey em virtude do exigente vector de informação de que ela precisa, tanto em termos estáticos quanto dinâmicos, em conjuga-

---

[167] Já tivemos oportunidade de ver que a regra de Ramsey se aplica igualmente a custos de produção crescentes cujo efeito é, contudo, aumentar grandemente o grau de complexidade do problema.

ção com o processo político que lhe está associado. Tradicionalmente, a teoria das finanças públicas como que admite a existência de um ditador benevolente e omnisciente que toma as decisões que melhor servem o interesse público. Com o aparecimento e desenvolvimento da teoria das escolhas colectivas sabemos, hoje, que as coisas se não passam de maneira tão inocente. A inclusão no processo de decisão política dos grupos de interesse adiciona os custos políticos aos custos já mencionados da carga fiscal excedentária, aos de natureza administrativa e aos de cumprimento nas decisões quanto à natureza e estrutura do sistema de impostos. Holcombe (1997) estima os custos políticos em 10% da totalidade das receitas fiscais cobradas. Tentemos, pois, concretizar alguns destes aspectos.

A determinação das taxas dos impostos indirectos como função inversa das elasticidades preço da procura dos respectivos bens exige que os decisores políticos conheçam, a cada instante, tanto os preços dos bens quanto as respectivas elasticidades. Numa primeira abordagem poder-se-ia pensar que os preços são directamente observáveis e, consequentemente, não haveria qualquer dificuldade na sua recolha nem tão pouco nisso custos significativos. Ora, tal não corresponde à verdade. Nuns casos os bens são homogéneos, como as divisas, mas os seus preços são continuamente variáveis; no mínimo haveria que se fixar arbitrariamente um momento específico do tempo para a recolha de valores, a exemplo do que acontece frequentemente em vários contextos. Mas, em segundo lugar, há muitos bens, talvez a maioria, que estão perfeitamente definidos quanto à sua natureza mas não quanto ao seu tipo, e todo o processo de recolha de informação dos preços torna-se particularmente difícil, inseguro e exigente em recursos mobilizados. Contudo, o vector de informação mais difícil de alcançar é o das elasticidades preço porque elas não são directamente observáveis e, por norma, são variáveis, a não ser que a função procura seja de um tipo particular. Portanto, torna-se necessário obter a informação indispensável e esta, numa democracia, acontece não só por via de estudos técnicos mas também por via da informação produzida e transmitida pelos grupos de interesse empenhados em influenciar os legisladores no sentido da minimização da carga fiscal sobre os bens que lhes respeitam, e do seu aumento sobre os bens com os quais concorrem. O mais natural, portanto, é que as decisões políticas finais nesta matéria reflictam essencialmente o poder relativo de cada um desses grupos e não tanto os atributos efectivos dos bens. Por outro lado, a regra de Ramsey impõe que se aplique a todo o momento. Ora, como os preços variam e, com eles, também as elasticidades preço, a estrita observância da regra implica ajustamentos contínuos nas taxas de imposto levando a intervenções permanentes dos grupos de interesse com o intuito de evitarem aumentos nas taxas que lhes respeitam. Assim, a minimização dos custos políticos inerentes ao processo decisional, as dificuldades na transmissão clara e inequívoca da informação concernente aos montantes das taxas, e o interesse em desencorajar a evasão fiscal, indicam existirem claras vantagens numa estrutura uniforme das taxas de imposto.

Com o aparecimento em cena dos grupos de interesse, e com o afastamento da figura do ditador benevolente e omnisciente, surge a maior dificuldade que se pode apontar à regra de Ramsey, e que é a sua instabilidade intrínseca. A diferenciação entre taxas, do modo que ela propõe, estimula o aparecimento natural de grupos de pressão agindo no sentido de influenciar a descida dos impostos, até mesmo para níveis inferiores aos das taxas aplicáveis aos bens de procura mais elástica, sem que da parte dos consumidores e dos produtores destes haja incentivos para se oporem a essas modificações em consequência da grande diluição dos efeitos a nível individual. Mesmo quando as taxas de imposto são iguais, os consumidores de bens com mais baixa elasticidade da procura conservam ainda incentivos para continuarem a procurar reduzi-las. Neste caso concreto não parece ser válida a teoria de Becker segundo a qual os grupos de pressão conduzem a resultados eficientes por concorrerem entre si.

Holcombe (2002) demonstra de maneira bastante simples essa instabilidade da regra de Ramsey. Seja a Figura 42 onde se representam as curvas da procura por dois bens, X e Y, tal que a elasticidade da procura de X é menor que a de Y. Assumam-se também custos de produção constantes e iguais dando lugar a curvas da oferta horizontais situadas ao mesmo nível para ambos. Inicialmente, na ausência de impostos, as soluções de equilíbrio nos respectivos mercados são exactamente as mesmas, seja no que respeita às quantidades seja no que se refere aos preços: Q^* e P^*.

A regra de Ramsey é respeitada lançando-se sobre X um imposto igual a $(p'_X - P^*)$, tal que p'_X é o novo preço pago pelos consumidores. Sobre Y o imposto lançado é $(p'_Y - P^*)$ sendo igualmente p'_Y o novo preço de mercado. Em consequência, as quantidades produzidas e consumidas reduzem-se para Q_1; a variação na quantidade é de $(Q_1 - Q^*)$ para os dois bens, verificando-se assim a mesma variação proporcional nas quantidades tal como apontado por essa regra.

Taxas de imposto mais altas impõem cargas fiscais superiores àquelas que advêm de taxas inferiores, tanto em termos absolutos como em relação aos custos de produção. Este facto incentiva os grupos que consomem e produzem bens menos elásticos a procurarem baixar os impostos, enquanto os grupos ligados aos bens com procura mais elástica têm menos incentivos a lutar contra a subida dos seus impostos pois a respectiva carga fiscal representa uma menor percentagem dos custos de produção. Está-se, pois, a assumir que o esforço dedicado ao *lobbying* é proporcional às vantagens líquidas que dele se podem recolher, isto é, ou à redução de custos líquidos ou ao acréscimo dos proveitos líquidos[168].

FIGURA 42 – **Ilustração da Instabilidade Política da Regra de Ramsey**

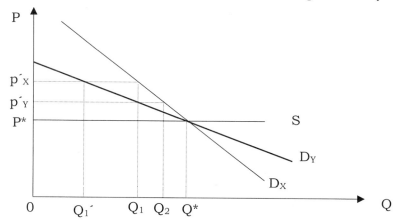

Imagine-se então que os grupos que transaccionam X procuram convencer os legisladores de que, na verdade, X é a mercadoria com maior elasticidade preço e que Y é a mais inelástica; de facto procuram convencer os políticos de que as elasticidades correctas dos bens estão invertidas comparativamente ao que se vê na figura precedente. Em consonância com a argumentação pediriam a baixa de impostos para X e a sua subida para Y, trocando exactamente de posição com Y. O ganho decorrente da baixa do imposto para X é o excedente nos consumidores que é recuperado. Formalmente exprime-se como:

169) $\quad G_x = \frac{1}{2}(p'_X - p'_Y)(Q_1 + Q_2)$

Quanto às perdas identificadas com a subida do imposto de Y para o nível que era do de X, elas são a redução que daí decorre no excedente dos consumidores:

---

[168] Estamos a considerar os custos inerentes ao *lobbying*.

170) $L_Y = \frac{1}{2}(p'_X - p'_Y)(Q_1 + Q'_1)$

A diferença entre o ganho de X e a perda de Y é positiva como se pode ver:

171) $G_X - L_Y = \frac{1}{2}(p'_X - p'_Y)(Q_2 - Q'_1) > 0$

O resultado anterior comprova que o grupo de interesses relacionado com o bem relativamente inelástico, e que se confronta com uma taxa de imposto mais alta por aplicação da regra de Ramsey, possui um maior incentivo para pressionar a sua baixa do que o outro grupo tem para agir contra a subida dos seus impostos. O efeito desta dinâmica é a tendência para a aproximação das taxas de imposto, talvez mesmo a sua igualização, no sentido da obtenção de taxas uniformes. Contudo, mesmo quando se atinge esse resultado permanecem os incentivos para os grupos de interesse associados ao bem relativamente inelástico continuarem a pressionar a baixa da taxa de imposto sobre esse bem para valores inferiores à da taxa que se aplica a Y. Isso acontece porque mesmo na circunstância de se aplicarem taxas uniformes, os indivíduos que transaccionam X estão sujeitos a uma maior carga fiscal do que aqueles que transaccionam Y. Assumindo agora que as taxas de imposto são então as mesmas para os dois bens, a diferença entre a carga fiscal que pesa sobre X e aquela que pesa sobre Y é:

172) $CF_X - CF_Y = \frac{1}{2}(p'_Y - P^*)(Q_2 - Q_1) > 0$

Portanto, mesmo quando as taxas de imposto são iguais entre bens, há interesse dos produtores e dos consumidores do bem cuja elasticidade preço da procura é menor em continuarem ainda a pressionar no sentido da sua redução.

Estes resultados apontam para que a actividade dos grupos de interesse introduza ineficiências num sistema assente na regra de Ramsey, contrariamente à posição defendida por Gary Becker. Esta divergência de posição explica-se por faltar o elemento que em Becker garante esse resultado e que é a concorrência efectiva entre grupos de pressão com interesses opostos e que, por isso, se acabam por auto-compensar nos seus efeitos. Aqui, como já se viu, falta um grupo de pressão que tenha interesse significativo no aumento das receitas do Estado através dos impostos indirectos. Claro que a validade deste entendimento depende grandemente do peso da tributação indirecta nas receitas totais do Estado e da sua capacidade para recuperar as receitas fiscais encontrando fontes alternativas.

16. Os Impostos Indirectos na Prática

Nesta secção vamo-nos ocupar com as soluções de tributação indirecta mais frequentemente adoptadas na prática fiscal corrente, bem assim como de alguns dos problemas que lhes estão associados.

16.1. *Os Impostos Multi-Estádio e de Estádio-Único*

Considerando todas as fases que preenchem a cadeia económica percorrida por uma mercadoria desde a produção das matérias-primas que ela incorpora até à sua venda ao consumidor final no mercado a retalho, encontramos dois tipos de impostos indirectos, a saber: a) os multi-estádios, que são os que se aplicam várias vezes ao valor das vendas à medida que as mercadorias transitam entre etapas do circuito económico; b) os de estádio-único, ou seja, aqueles que incidem unicamente sobre o montante das vendas realizadas num determinado estádio dos processos produtivo e da distribuição, por exemplo, quando o industrial vende o seu produto ao grossista.

Estes impostos tanto se aplicam a bens como a serviços. Os impostos multi-estádios podem-se aplicar às transacções efectuadas ao longo de todo o processo económico, desde o seu início até ao seu termo na cadeia de distribuição, como apenas em alguns dos estádios do processo. O IVA e o imposto de transacções[169] são exemplos de impostos multi-estádio[170], processando-se, contudo, de maneiras substantivamente diferentes de onde, por isso, decorrem também consequências muito diversas. A característica particular que identifica o IVA em relação ao imposto de transacções

---

[169] Aquilo a que os anglo-saxónicos designam por *turnover taxes*. Estes impostos podem ser aplicados numa só fase do processo produtivo.

[170] As taxas aplicáveis podem variar em função da mercadoria e, para a mesma mercadoria, da fase do circuito económico em que se efectuam as transacções.

multi-estádio ou de estádio-único é que, em princípio[171], a sua base consiste exclusivamente do valor acrescentado na fase correspondente do circuito económico, pelo que ao valor do imposto que recai sobre as vendas é efectivamente deduzida a parcela correspondente a impostos suportados em fases anteriores.

Diversamente, os impostos de transacção aplicam-se ao valor da venda de bens finais ou intermédios sem dedução dos impostos liquidados anteriormente aquando das compras. Portanto, há lugar à repetição da cobrança de impostos e adicionam-se impostos sobre impostos, naquilo que é conhecido por efeito em cascata dos impostos. Sendo assim, os impostos incorporados no preço das mercadorias em cada fase i desagregam-se em duas componentes, a saber:

$$Imposto_i = \sum_{j=1}^{i} Impostos\ sobre\ VA_j + \sum_{j=1}^{i-1} Impostos\ sobre\ Impostos_j$$

onde VA é o valor acresentado em cada uma das fases do circuito económico. A consequência óbvia é que a taxa efectiva do imposto excede a legal, agravando-se as distorções na afectação dos recursos produtivos. As receitas fiscais cobradas e o impacto sobre os preços ao consumidor serão tanto maiores quanto mais longo é o processo produtivo; por isso, este sistema fiscal encoraja a verticalização, ou seja, a integração dos processos produtivos e de distribuição. O problema com a verticalização é o abandono da especialização e das vantagens comparadas que lhe estão associadas e, portanto, a introdução de ineficiências no tecido económico. Este sistema fiscal também não é neutral no sentido em que desencoraja o investimento em sectores de actividade com longas cadeias de produção. Uma das formas de aliviar o problema da cascata é a escolha de uma taxa com baixo valor, solução que, contudo, não se configura como interessante. A outra solução é o recurso a um imposto deste tipo mas de estádio-único, aplicando-se preferencialmente na fase do retalho.

Um exemplo de imposto de estádio-único é, então, o imposto sobre as vendas a retalho que, por definição, se aplica apenas na última fase do circuito económico, ou seja, quando a mercadoria é vendida ao seu consumidor final, mas poderia igualmente aplicar-se em qualquer outra fase. Por consequência, uma das decisões fundamentais a tomar pelos legisladores é, precisamente, a opção por uma de entre estas três modalidades, atentos às devidamente ponderadas vantagens e desvantagens de cada uma delas.

---

[171] Surgem complicações que desvirtuam este princípio no caso de haver isenções de IVA.

Podemos exemplificar o efeito cascata do imposto multi-estádio sobre as transacções. Com esse propósito, no quadro abaixo admitimos que a taxa de imposto aplicável em todas as fases é constante e igual a 10% do preço de venda. Vejamos, pois, como tudo se passa.

QUADRO 21 – **Ilustração do Funcionamento de um Imposto Indirecto Multi-Estádio (€)**

Fase	Fase do Processo Económico	Preço de Compra com Imposto	VA na Fase	Imposto a Liquidar na Fase	Imposto sobre VA na Fase	Imposto sobre VA em Fases Anteriores	Impostos sobre Impostos	Preço de Venda com Imposto
1	Matérias Primas	0.00	150.00	15.00	15.00	0.00	0.00	165.00
2	1ª Transformação Industrial	165.00	150.00	31.50	15.00	15.00	1.50	346.50
3	2ª Transformação Industrial	346.50	200.00	54.65	20.00	30.00	4.65	601.15
4	Nos Grossistas	601.15	80.00	68.12	8.00	50.00	10.12	749.27
5	Nos Retalhistas	749.27	50.00	79.93	5.00	58.00	16.93	879.19

O ciclo económico inicia-se com a produção e venda das matérias primas. Nesta fase, ou estádio, o valor acrescentado é de 150 sobre o qual recai o imposto à taxa de 10%, razão pela qual a mercadoria é vendida ao industrial que procede à primeira transformação ao preço de 165. Este industrial acrescenta um valor de 150 que é adicionado ao preço de compra que inclui o imposto cobrado no estádio anterior; é pois sobre o valor de 315 que se aplica novamente a taxa de 10%, dando lugar à cobrança fiscal de 31.50 onde se inclui 1.50 relativo ao imposto de 10% que recai sobre o imposto de 15 cobrado na primeira transacção efectuada. O preço de venda praticado na passagem do terceiro para o 4.º estádio do processo produtivo é feito do somatório dos valores acrescentados até ao momento, 500, sendo o restante, 101.15, fruto de impostos cobrados no período e em períodos anteriores, incluindo impostos sobre impostos. E, naturalmente, o processo continua até à última fase do ciclo, quando a mercadoria é vendida pelo retalhista ao consumidor final ao preço de 879.19. Para um valor acrescentado total de 630 os impostos totais liquidados elevam-se a 249.19! Como se conclui, o efeito cascata alarga substancialmente a base tributária, sendo a taxa de imposto efectivamente cobrada de cerca de 40% em vez dos 10% oficialmente declarados, com o resultado de, por virtude disso, se alterarem significativamente os preços relativos com substancial agravamento das distorções na afectação dos recursos económicos.

Contudo, mesmo o imposto de estádio-único pode degenerar num efeito em cascata quando no processo produtivo a mercadoria percorre mais do que uma vez o estádio onde há lugar a cobrança de imposto. Estas circunstâncias estão ilustradas no quadro seguinte, assumindo-se os mesmos pressupostos quantitativos e admitindo que o imposto se aplica sobre o valor das vendas realizadas na fase de transformação.

QUADRO 22 – **Ilustração do Funcionamento de um Imposto Indirecto Estádio Único (€)**

Fase	Fase do Processo Económico	Preço Compra	VA na Fase	Imposto a Liquidar na Fase	Preço de Venda	Impostos de Impostos
1	Matérias Primas	0.00	150.00	0.00	150.00	0.00
2	1ª Transformação Industrial	150.00	150.00	30.00	330.00	0.00
3	Nos Grossistas	330.00	200.00	0.00	530.00	0.00
4	2ª Transformação Industrial	530.00	80.00	61.00	671.00	3.00
5	Nos Retalhistas	671.00	50.00	0.00	721.00	0.00

A forma habitual que, no contexto destes impostos, a administração fiscal encontra para minimizar o potencial efeito cascata dos impostos de estádio único é restringir a sua aplicação às vendas feitas por produtores registados aos não registados, considerados, para este efeito, como consumidores finais, não cobrando nunca o imposto quando a transacção tem lugar entre agentes económicos registados. Trata-se de um mecanismo suspensivo motivo pelo qual estes impostos são por vezes designados de suspensivos. Mas, mesmo assim, é perfeitamente possível a ocorrência dessa distorção na circunstância de os produtores registados adquirirem bens e serviços a entidades não registadas que, por sua vez, tenham incorporado nas suas vendas compras a agentes registados. Para facilitar o conhecimento da natureza dos compradores para efeitos desta questão, agilizando todo o processo e minimizando, na medida do possível os custos de transacção, os números fiscais são codificados e atribuídos em função da natureza do agente económico[172]. O mecanismo do registo dos agentes económicos é, contudo, vulnerável a comportamentos fraudulentos.

---

[172] Por norma compete ao vendedor comprovar junto da administração fiscal que agiu correctamente ao não cobrar imposto a um seu cliente. E, como elemento de prova, o número de contribuinte é igualmente importante. Se, porventura, o imposto não cobrado era efectivamente devido, o vendedor é responsabilizado pela administração fiscal.

Quando se trata de IVA, o resultado fiscal das transacções retratadas acima está expresso no quadro que se segue, e no qual se excluem complicações que são comuns na legislação fiscal vigente[173].

QUADRO 23 – **Ilustração do Funcionamento do IVA (€)**

Fase	Fase do Processo Económico	Preço Compra Sem Imposto	VA na Fase	Imposto sobre as Vendas	Imposto Líquido Pago ao Estado	Preço de Venda
1	Matérias Primas	0	150	15	15	165
2	1ª Transformação Industrial	150	150	30	15	330
3	2ª Transformação Industrial	300	200	50	20	550
4	Nos Grossistas	500	80	58	8	558
5	Nos Retalhistas	580	50	63	5	696

16.2. *O IVA*

Em todo o mundo, o IVA é o sistema dominante de tributação indirecta, aplicando-se em mais de uma centena de países[174].

Em Portugal o IVA substituiu o imposto de transacções, por alturas da última grande reforma fiscal que houve lugar entre nós, corria o ano de 1988. A arquitectura deste imposto depende das soluções adoptadas pelo legislador para resolver os múltiplos aspectos específicos sobre os quais ele tem que decidir.

Considere-se em primeiro lugar a sua base de incidência. No que concerne a este aspecto, deparamo-nos com três variantes, ou soluções possíveis para definir a base de incidência para este tipo de imposto, quais sejam: 1) o tipo produto IVA(P); 2) o tipo rendimento IVA(Y) e, 3) o tipo consumo IVA(C). Por outro lado, cada uma das variantes pode ser executada segundo os princípios da origem ou do destino, matéria pertinente sempre que haja comércio internacional, ou segundo combinações entre eles naquilo que se convencionou chamar de princípios restritos da origem e do destino. E, no que se refere ao cálculo do valor do imposto a entregar

---

[173] Tais como isenções e taxas diferenciadas em função da fase do ciclo económico, incluindo taxas de imposto de 0%.

[174] Contudo não foi adoptado nem nos E.U.A. nem em outros países anglo-saxónicos.

junto da fazenda pública pelo vendedor em cada uma das fases do processo económico, há igualmente dois métodos alternativos entre os quais se pode escolher e que são: 1) o abatimento do imposto suportado nas compras ao imposto cobrado ao cliente, o chamado crédito do imposto e, 2) o método da subtracção[175]. Para além destas importantes questões outras existem na definição da arquitectura de um sistema tributário assente no IVA, tais como: unicidade ou multiplicidade das taxas aplicáveis, incluindo a eventual existência de uma taxa de 0%, e isenções e competentes níveis.

16.2.1. As Variantes do IVA

A expressão do Produto Interno Bruto (PIB) na óptica da despesa é a seguinte:

$$PIB = C + I + G_c + G_w + X - M$$

Os símbolos empregues têm o significado habitual. De diferente há tão somente a desagregação da despesa pública G na componente despesa em bens e em serviço (G_c) e em encargos com salários (G_w). Como também sabemos, o rendimento bruto Y é igual ao PIB e consiste no somatório dos valores acrescentados no período, adicionados das depreciações do capital. Assim:

$$Y = VA + D$$

Ora, na variante produto do IVA, com aplicação do princípio da origem, o imposto é lançado sobre o valor de todas as transacções que envolvem bens e serviços produzidos no país, compreendendo, portanto, qualquer das componentes do *PIB* à excepção dos salários pagos pelo Estado. Ou seja, o imposto recai sobre o valor do *PIB* menos G_W, assim:

$$\text{Base do IVA } (P) = PIB - G_w$$

Significa isto que o investimento bruto, incluindo portanto as reposições, é sujeito a imposto com sérias implicações no custo do capital e na capacidade de crescimento e de inovação das economias onde tal prática é adoptada.

---

[175] A literatura económica faz ainda referência ao método da adição.

O IVA, na sua variante rendimento, corrige parcialmente o problema que se acabou de notar porquanto isenta as depreciações do imposto, se bem que continue a tributar o investimento líquido. Nesta variante a base do IVA é a soma das remunerações pagas aos factores de produção, excepto no que respeita a G^w.

$$\text{Base do IVA } (Y) = PIB - G_w - D = \text{Base do IVA } (P) - D = Y - G_w - D$$
$$= VA - G_w$$

O IVA na variante consumo incide unicamente sobre as despesas de consumo, isentando totalmente as despesas realizadas em bens de capital . Portanto

$$\text{Base do IVA } (C) = PIB - G_w - I = \text{Base do IVA } (P) - I = C + G_c + (X - M)$$

Esta variante configura-se como um imposto geral sobre o consumo. Para além dos aspectos já notados na comparação entre variantes, deve-se notar que esta última variante, porque se apresenta com uma base de incidência menor que qualquer uma das restantes, exige a aplicação de uma taxa de imposto mais alta para produzir as mesmas receitas fiscais. Por esta razão, alguns países revelam alguma preferência pela utilização de uma base rendimento modificada que lhes permite tributar, pelos menos parcialmente, os bens de capital; isso será feito principalmente por um maior diferimento temporal na aceitação, pela administração fiscal, dos créditos devidos pela liquidação de imposto aquando da aquisição desses bens (Zee H., 1995). Todavia a variante consumo é a mais comummente adoptada pela vantagem de não distorcer o preço do capital relativamente ao dos demais factores de produção.

Se nas expressões anteriores eliminarmos o saldo da balança de transacções correntes, estamos a redefinir as variantes do IVA de acordo com o princípio do destino. Neste caso a variante consumo resume-se a $C + G_c$ e o imposto torna-se equivalente a um imposto sobre o consumo no retalho.

16.2.2. Os Princípios da Origem e do Destino

Dando-se o caso, por virtude do comércio externo, de o espaço económico onde decorre a produção nem sempre coincidir com aquele onde se realiza o consumo, a conveniência em evitar a dupla tributação levou à formulação dos princípios alternativos da origem e do destino. A enunciação destes princípios baseia-se, respectivamente, na identificação dos países onde têm lugar a produção e o consumo das mercadorias. O princípio da origem dispõe que o IVA se aplique aos bens e serviços tributáveis produzidos domesticamente pelo que as importações ficam dele isentas nos países importadores, mas são tributadas nos países exportadores. Pelo contrário, o princípio do destino impõe que os produtos sejam tributados em sede de IVA nos países onde são consumidos e, consequentemente, as exportações estão isentas nos seus países de origem mas, em contrapartida, são sujeitas a imposto nos países importadores.

Uma das consequências do princípio do destino é a não discriminação fiscal entre bens produzidos no país e bens importados[176] bem como a necessidade de se efectuarem ajustamentos aquando das exportações para remoção do IVA já liquidado em fases anteriores com o inconveniente de colocar barreiras à circulação de mercadorias, para além de igualmente gerar custos de administração e de cumprimento[177]. Esta exigência, e correlativos inconvenientes, não se coloca se se aplicar o princípio da origem.

A escolha entre ambos tem consequências relevantes nas receitas fiscais cobradas, dependendo de o país apresentar uma balança de transacções correntes deficitária ou superavitária. Certamente, um país em que essa balança de pagamentos é deficitária perde com a adopção do princípio da origem e ganha com a escolha do princípio do destino. Portanto, estes princípios têm um forte potencial redistributivo entre Estados.

Sob o princípio do destino, uma vez que os impostos já liquidados são removidos na fase da exportação, na primeira fase do processo económico no país importador não há direito a qualquer crédito fiscal; efectivamente, o processo inicia-se de novo. Sob o princípio da origem existe a possibilidade de distorção da concorrência entre fornecedores; assim, se o importador for o consumidor final preferirá importar do país com a taxa de IVA mais reduzida, com evidente prejuízo dos países que praticam taxas mais elevadas. A própria afectação de recursos será influenciada pela concorrência fiscal, preferindo os produtores de bens transaccionáveis investir nos países onde aquelas taxas são mais baixas, e isto resultará em distorções na afectação de recursos económicos. Este efeito não

---

[176] Obviamente, isto não significa que para o consumidor seja indiferente o princípio utilizado. Dependendo da relação entre os valores das taxas de IVA cm vigor nos diferentes países, assim, com o princípio do destino, ele pagará mais ou menos consoante no seu país se aplicarem taxas maiores ou menores às que vigoram no país de origem.

[177] O princípio do destino requer pelo menos a comprovação da existência das exportações.

se verifica se, sob o princípio da origem combinado com o método do crédito, a mercadoria exportada for input a ser sujeita a transformações no país importador.

Os dois princípios têm consequências práticas quanto, por exemplo, ao tipo de bens sobre os quais recai o IVA. É que mesmo quando vigora o IVA definido com base no consumo, os bens de investimento podem efectivamente integrar a base tributária deste imposto. Assim, se vigorar o princípio da origem, os bens de capital estão sujeitos a IVA quando exportados, mas o imposto nacional não se lhes aplica se importados ou produzidos internamente para investimento no país. Se vigora o princípio do destino não estão nunca sujeitos a liquidação de IVA. Mas, na eventualidade de vigorar o IVA na variante produto, há sempre lugar ao pagamento do imposto excepto quando são exportados e se aplica o princípio do destino, ou quando há importações associadas à adopção do princípio da origem.

Atendendo a que nenhum destes dois princípios é plenamente satisfatório, tendo em conta as vantagens e desvantagens que apresentam, foram desenvolvidas soluções mistas que os integram a ambos com graduações distintas. Surgem-nos assim os princípios restritos da origem e do destino.

Com o princípio restrito da origem pretende-se tratar diferentemente o comércio externo de uma mesma zona económica, seja o comércio intra-comunitário, e aquele que tem lugar com regiões que lhe são exteriores. Nestas condições, todo o comércio intra-comunitário é sujeito ao princípio da origem e a todo o outro aplica-se o princípio do destino. A racionalidade subjacente é a de se não perder competitividade preço nos mercados extra-comunitários, ao mesmo tempo que se pretende impedir que as importações com origem em países extra-comunitárias beneficiem de vantagens fiscais relativamente à produção comunitária. Claro que a aplicação deste outro princípio só se justifica quando há previamente uma decisão no sentido de adoptar o princípio da origem no que concerne ao comércio intra-comunitário.

Porém, se é o princípio do destino que é adoptado, a gestão dos inconvenientes associados aos controlos fronteiriços na circulação das mercadorias, tidos como impeditivos da construção de um mercado único pleno, para além dos custos de administração e de cumprimento que acarreta, pode justificar a aplicação do princípio restrito do destino. Se assim acontecer, então estamos realmente perante o recurso ao princípio do destino mas sem fronteiras. Concretamente, se as importações são feitas por consumidores finais, de facto é o princípio da origem que se aplica, até porque não existem condições para que possa ser de outro modo; mas se forem da responsabilidade de agentes económicos registados situados a montante do consumidor final, então já é o princípio do destino que prevalece fazendo-se o controlo das exportações por via da documentação comercial que lhes devem estar associadas e não por alfandegas[178].

Do ponto de vista da eficiência na afectação dos recursos económicos, a teoria económica tem, com base nos pressupostos assumidos, manifestado a superioridade do princípio do destino relativamente ao princípio restrito da origem. Contudo, Georgakopoulos *et al.* (1992) demonstram que, num mundo *second best*, o segundo pode ser Pareto superior em comparação com o anterior, tanto no caso de impostos gerais quanto no de impostos específicos.

16.2.3. *O Método do Crédito na Liquidação do IVA*

Um outro aspecto naturalmente importante para a operacionalização do IVA é a escolha da metodologia para a determinação do valor do IVA a liquidar pelos agentes económicos em cada um dos estádios do ciclo económico. São três os métodos existentes para o efeito: o método do crédito, igualmente conhecido pelo método da factura; o método da subtracção e o método da adição. Este último é, contudo, muito pouco utilizado. O método do crédito é o utilizado por praticamente todos os países; o Japão é o único que utiliza o que pode ser considerado como uma variante do método da subtracção (Grinberg, p. 2, 2009). O método da adição, dada a sua complexidade operacional, jamais foi adoptado, tanto quanto sabemos.

A consideração desta temática é importante porquanto os métodos de liquidação são responsáveis por efeitos económicos diferenciados no caso de o regime aplicável admitir isenções e taxas de imposto diferenciadas ao longo do ciclo produtivo, para os quais precisamos de estar devidamente alertados.

Vamos ilustrar o funcionamento e problemáticas do método do crédito numa perspectiva comparativa, valendo-nos para o efeito dos exemplos apresentados por Zee (1995, pp. 92-96) que assentam no seguinte cenário com o qual se pretende simplificar todos os cálculos que haja a fazer: 1.º) o

---

[178] Os controlos preventivos de fraude assentam, entre outros, na cooperação entre autoridades nacionais. Contudo, os estudos apontam no sentido de que o sistema não apresenta vantagens no que respeita aos custos administrativos que há que suportar.

ciclo produtivo é constituído por três estádios apenas – produção, venda por grosso e venda a retalho; 2.º) o valor acrescentado em cada uma das fases é sempre o mesmo e igual a 100; 3.º) a taxa de IVA é constante ao longo das várias fases e igual a 10%.

Nos termos deste método, o IVA a liquidar por cada agente económico calcula-se subtraindo ao valor do IVA que recai sobre o valor das suas vendas o IVA suportado aquando das compras. O IVA suportado pelos agentes económicos registados como tendo direito a efectuar esse abatimento possui a natureza de um crédito sobre a administração fiscal, e é evidente que esses créditos inexistem quando se compra sem se ter suportado IVA, ou seja, na circunstância de o seu fornecedor estar isento de IVA. O método, que exige a emissão de facturas onde constam os preços de venda sem IVA e onde este figura explicitamente calculado em partes das mesmas expressamente consignadas para esse fim, não apresenta especiais complicações, a não ser quando há taxas de 0% e isenções do imposto, muito especialmente em estádios do processo produtivo que precedem o último. Na prática, este método, que é de todos o mais utilizado, não necessita nunca de proceder ao cálculo do valor acrescentado. A sua popularidade deve-se a um conjunto de razões entre as quais sobressaem as seguintes: 1) vinculação da obrigação fiscal à emissão de facturas tornando-o, por isso, preferível a outras formas tanto do ponto de vista técnico quanto legal; 2) facilidade dos trabalhos de auditoria na detecção do percurso da mercadoria e fiscalização da regularidade dos movimentos processados.

Vejam-se, então, os quadros que se apresentam abaixo e nos quais estão calculados os valores do IVA suportados, cobrados e pagos ao Estado por cada um dos sectores produtivos envolvidos, para além do total das receitas fiscais geradas pelo IVA no termo do circuito económico, do preço ao consumidor e dos efeitos em cascata sempre que eles, porventura, se produzam.

QUADRO 24 – **Cálculo do IVA com a Mesma Taxa em Todos os Estádios**

	IMPOSTO RECAI SOBRE TODAS AS FASES DO CICLO Á MESMA TAXA				
	PRODUTOR	GROSSISTA	RETALHISTA	IVA TOTAL	PREÇO AO CONSUMIDOR
VALOR ACRESCENTADO	100	100	100		
PREÇO COMPRA C/IVA	0	110	220		
PREÇO COMPRA S/IVA	0	100	200		
IVA NA COMPRA	0	10	20		
PREÇO VENDA S/IVA	100	200	300		
IVA Sobre VENDAS	10	20	30		
PREÇO VENDA C/IVA	110	220	330		330
IVA A LIQUIDAR	10	10	10	**30**	
TAXA IVA	10%	10%	10%		

Neste exemplo, onde não há qualquer complicação, o valor total cobrado a título de IVA é 30, exactamente 10% do valor acrescentado em todo o processo produtivo. São os consumidores finais que suportam o IVA; como se vê, o preço que pagam inclui a totalidade do IVA produzido; todavia, a cobrança deste valor vai sendo feita faseadamente ao longo do circuito económico onde produtor, grossista e retalhista actuam verdadeiramente como cobradores do imposto. Na verdade, o IVA cobrado é sempre o que resulta aplicando-se a sua taxa ao preço das vendas a retalho, independentemente das taxas de imposto aplicáveis em fases anteriores do ciclo produtivo. Podemos, para ilustrar esta conclusão, refazer os cálculos anteriores assumindo valores diversificados para as taxas vigentes ao longo daquele percurso.

Uma justificação para a aplicação de taxas diferenciadas é a vontade política de mitigar o carácter regressivo dos impostos indirectos e, nesse sentido, a discriminação seria entre produtos. Contudo, não é ainda claro que a multiplicidade de taxas de imposto atinja os desejados efeitos redistributivos.

QUADRO 25 – **Cálculo do IVA com Taxas Diferenciadas**

IMPOSTO RECAI SOBRE TODAS AS FASES DO CICLO A TAXAS DIFERENCIADAS					
	PRODUTOR	GROSSISTA	RETALHISTA	IVA TOTAL	PREÇO AO CONSUMIDOR
VALOR ACRESCENTADO	100	100	100		
PREÇO COMPRA C/IVA	0	110	210		
PREÇO COMPRA S/IVA	0	100	200		
IVA NA COMPRA	0	10	10		
PREÇO VENDA S/IVA	100	200	300		
IVA Sobre VENDAS	10	10	60		
PREÇO VENDA C/IVA	110	210	360		**360**
IVA A LIQUIDAR	10	0	50	**60**	
TAXA IVA	10%	5%	20%		

As conclusões que se extraem deste exemplo são rigorosamente as mesmas que as do quadro anterior. A única diferença de nota é a maior concentração da cobrança do imposto na fase do retalho, com riscos acrescidos para o Estado; evidentemente que este é o resultado que se antecipa à medida que aumenta o valor da taxa do IVA nesta fase comparativamente aos valores que exibe em fases anteriores.

No exemplo do Quadro 26 o aspecto específico a ressaltar é a taxa de imposto de 0% que vigora no retalho. Uma taxa de imposto de 0% distingue-se da figura da isenção do imposto concedida aos agentes económicos que actuam em qualquer dos estádios do processo produtivo.

QUADRO 26 – **Cálculo do IVA com Taxa de 0%**

A TAXA DO IMPOSTO É DE 0% NAS VENDAS A RETALHO					
	PRODUTOR	GROSSISTA	RETALHISTA	IVA TOTAL	PREÇO AO CONSUMIDOR
VALOR ACRESCENTADO	100	100	100		
PREÇO COMPRA C/IVA	0	110	220		
PREÇO COMPRA S/IVA	0	100	200		
IVA NA COMPRA	0	10	20		
PREÇO VENDA S/IVA	100	200	300		
IVA Sobre VENDAS	10	20	0		
PREÇO VENDA C/IVA	110	220	300		300
IVA A LIQUIDAR	10	10	-20	0	
TAXA IVA	10%	10%	0%		

Contrariamente ao regime das isenções, naqueloutro o agente económico não cobra IVA ao seu cliente mas tem o direito de abater como créditos fiscais o IVA suportado, sendo por isso credor líquido do Estado pelo montante do imposto que suporta nas compras. Como consequência, o Estado está obrigado a devolver-lhe todas as receitas já cobradas a título de IVA nas fases anteriores. Efectivamente, em situações destas o Estado não cobra qualquer receita a título de IVA. Supondo que uma taxa com este valor é aplicada numa qualquer fase do circuito económico, a conclusão, expressa em termos gerais, é que deixa de haver cobrança destas receitas sobre as transacções realizadas nas fases anteriores àquela à qual se aplica esta taxa.

QUADRO 27 – **Cálculo do IVA com Regime de Isenção**

ISENÇÃO DO IMPOSTO NO RETALHISTA					
	PRODUTOR	GROSSISTA	RETALHISTA	IVA TOTAL	PREÇO AO CONSUMIDOR
VALOR ACRESCENTADO	100	100	100		
PREÇO COMPRA C/IVA	0	110	220		
PREÇO COMPRA S/IVA	0	100	200		
IVA NA COMPRA	0	10	20		
PREÇO VENDA S/IVA	100	200	320		
IVA Sobre VENDAS	10	20	-		
PREÇO VENDA C/IVA	110	220	-		320
IVA A LIQUIDAR	10	10	-	20	
TAXA IVA	10%	10%	-		

Veja-se agora o caso que decorre de uma isenção de IVA. O agente económico ao qual ela se aplica é, de facto, tratado como um comprador final porque não tem o direito de deduzir; na verdade é como se ele estivesse excluído deste sistema fiscal.

Vamos então contrastar os efeitos do imposto com uma taxa de 0% com os da isenção aplicada no mesmo estádio, ou seja, aqui, no retalho. É o que se pode ver no quadro acima, elaborado também no pressuposto de que o retalhista está em condições de repercutir completamente sobre os consumidores o imposto que pagou nas suas compras.

Observam-se diferenças significativas com o caso imediatamente anterior em que a taxa de imposto aplicável no retalho era 0%. Agora, o Estado cobra imposto, aquele que surge das cobranças feitas nas fases precedentes, e o consumidor suporta-o por inteiro, como é norma. A isenção reverte a favor do consumidor uma vez que o imposto que suporta se reduz pelo valor da isenção do retalhista. Mas, para além disto, não existe nenhum aspecto que suscite especiais reflexões pois, no fundo, o que acontece é que o Estado prescindiu apenas das receitas fiscais pertinentes a este particular estádio do circuito produtivo. Nomeadamente frisa-se a ideia de que não se colocam distorções nas preocupações subjacentes à adopção do IVA.

Mas o que acontece se a isenção recair sobre uma fase anterior à última? Será que aí haverá aspectos de especial relevância que devam ser apontados? Vamos ver o Quadro 28 que retrata uma situação desse tipo.

QUADRO 28 – **Cálculo do IVA com Isenção no Grossista**

	ISENÇÃO DO IMPOSTO NO GROSSISTA				
	PRODUTOR	GROSSISTA	RETALHISTA	IVA TOTAL	PREÇO AO CONSUMIDOR
VALOR ACRESCENTADO	100	100	100		
PREÇO COMPRA C/IVA	0	110	-		
PREÇO COMPRA S/IVA	0	100	210		
IVA NA COMPRA	0	10	-		
PREÇO VENDA S/IVA	100	210	310		
IVA Sobre VENDAS	10	-	31		
PREÇO VENDA C/IVA	110	-	341		341
IVA A LIQUIDAR	10	-	31	41	
TAXA IVA	10%	-	10%		

Agora o IVA total cobrado excede em 11 o valor apresentado no primeiro quadro desta série. O que está a acontecer é que não só o Estado recupera duplamente no retalho o IVA que não cobrou devido à isenção porque o retalhista está impedido de deduzir IVA uma vez que também o não suportou nas compras que fez mas, além disso, cobra imposto sobre imposto que resulta numa receita adicional de 1. Portanto, há um efeito em cascata, fruto da interrupção do processo tributário antes da última fase, o que é grave pois a adopção do IVA fez-se justamente também para eliminar este efeito que é, como já vimos, intrínseco aos sistemas tributários anteriores. Um outro importante problema que surge nestas situações é a falta de transparência do sistema pois, na verdade, a taxa efectiva do IVA não corresponde à legalmente fixada e divulgada. Voltando de novo ao exemplo precedente, a taxa de imposto efectiva sobre o VA é de 13.67%[179] e não de 10% e, claro, o problema tende a agravar-se com a multiplicação de isenções e de taxas diferenciadas ao longo de todo o processo produtivo. Retira-se de tudo quanto acaba de ser dito que a concessão das isenções deve ser muito limitada tanto no seu número quanto no seu âmbito, sendo, deste ponto de vista, preferível a utilização de taxas zero. Contudo, e segundo Tait (1988, p. 53), a adopção de taxas nulas não tem merecido grande preferência por parte dos legisladores muito provavelmente porque reduz a base tributária.

16.2.4. Algumas Referências às Propriedades Relativas dos Métodos do Crédito e da Subtracção

Remetemos o leitor para bibliografia complementar para se informar com mais pormenor das características do método da subtracção por forma a não nos prendermos excessivamente com questões de pura operacionalização do IVA. Mas podemos adiantar que, sob este outro método, calcula-se o imposto a liquidar em cada fase do circuito económico multiplicando a taxa ajustada de IVA pelo diferencial entre as vendas e as compras realizadas em determinado período e que, em ambos os casos, devem incluir o IVA. Um outro aspecto que deve ser notado a propósito deste método alternativo é que ele, contrariamente ao que vimos antes, não necessita que o imposto devido por cada transacção se encontre explicitado na própria factura da operação.

A taxa ajustada é a que proporciona a mesma receita fiscal só que calculada sobre uma base alargada, uma vez que se encontra acrescida do IVA[180]. Para ilustrar vamos simplesmente recorrer à reformulação do quadro mais simples, o Quadro 24. Neste caso ambos os métodos conduzem exactamente aos mesmos resultados e, por isso, são equivalentes. Mas, evidentemente, o método da subtracção é incapaz de lidar com um sistema onde haja multiplicidade de taxas, sendo este o inconveniente determi-

---

[179] Assim calculado: $\frac{41}{300}*100$.
[180] Tendo em conta expressões já antes empregues neste livro, trata-se agora do valor dessa taxa aplicada ao preço no consumidor com inclusão do imposto.

nante para a preferência pelo método do crédito. Por outro lado, quando há isenções deste imposto em fase anterior à do retalho vimos já que o método do crédito produz um efeito em cadeia, algo que se não passa com estes segundo método.

QUADRO 29 – **Cálculo do IVA com o Método da Subtracção**

	IMPOSTO RECAI SOBRE TODAS AS FASES DO CICLO À MESMA TAXA				
	PRODUTOR	GROSSISTA	RETALHISTA	IVA TOTAL	PREÇO AO CONSUMIDOR
VALOR ACRESCENTADO	100	100	100		
PREÇO COMPRA C/IVA	0	110	220		
VENDA COM IVA sobre COMPRA	0	210	320		
VENDA COM IVA sobre VENDA	0	220	330		
BASE DE CÁLCULO DO IVA A LIQUIDAR	10	220-110	330-220		330
IVA A LIQUIDAR	10	9.09090%*(220-110)=10	9.09090%*(330-220)=10	30	
TAXA IVA	10%	10%	10%		

16.3. *Alguns Aspectos Complementares na Operacionalização dos Impostos Indirectos*

Há inúmeros outros aspectos de grande relevo para a concepção da arquitectura do processo tributário indirecto. Questões tais como: o estádio do processo produtivo a partir do qual o imposto se pode deixar de aplicar; a taxa de imposto a aplicar e se ela é única ou diversificada segundo as mercadorias e os estádios do processo produtivo; a consagração de isenções; a distribuição no tempo dos fluxos das receitas fiscais para o Estado; os custos administrativos e de cumprimento, assim como os incentivos à evasão e à fraude fiscal e o grau de risco para o Estado da não cobrança das receitas.

Existe um consenso generalizado de que o imposto deve ser aplicado até ao ponto terminal na cadeia de distribuição, isto é, no retalho. É que se assim não fôr criam-se incentivos para a reorganização do processo produtivo tendente à diminuição do respectivo nível de integração e transferência de actividades económicas para os estádios não sujeitos a imposto, como forma de minimizar a carga fiscal. Isso acontece em prejuízo do Estado e de outros grupos económicos forçados, nessas circunstâncias, a suportar as necessidades de financiamento do Estado por via de taxas de imposto acrescidas.

Adicionalmente, concorre no mesmo sentido a constatação de que quanto mais distantes ficarem as fases da tributação em relação à venda a retalho, aos consumidores finais, tanto menor será a base tributária, de onde se segue que a taxa de imposto deverá subir para que o sistema seja capaz de gerar as receitas que o Estado procura. Ao mesmo tempo, agravam-se os incentivos à evasão e à fraude fiscal no pressuposto de que esta depende positivamente da taxa de imposto.

16.4. *O Imposto sobre as Vendas a Retalho*

O imposto sobre as vendas a retalho incide exclusivamente sobre o valor das transacções que têm lugar nesta etapa do ciclo económico; por isso são um exemplo de imposto de estádio-único e que surge com grande expressão em países como o Canadá, a Suiça, os E.U.A., a Nova Zelândia e outros que persistentemente se têm recusado a adoptar o IVA. Por consequência, estabelecem-se comparações sobre as vantagens e desvantagens de um e de outro, matéria que nem sempre é muito perceptível em virtude de partilharem semelhanças sobre aspectos relevantes e porque, frequentemente, as diferenças entre eles não são muito claras e, portanto, inquestionáveis.

Em princípio, as receitas fiscais produzidas pelo imposto sobre as vendas a retalho são as mesmas que se conseguem com o IVA quando este se prolonga até à mesma fase[181] e comungam da mesma taxa, e sem que existam isenções na cadeia do IVA. Também, nas exactas condições acabadas de enunciar, os efeitos económicos não se distinguem entre si na acepção em que são ambos neutros relativamente ao grau de integração da actividade produtiva[182]. Todavia, enquanto o IVA realiza pagamentos ao fisco em cada uma das fases do ciclo produtivo pelas importâncias dos impostos correspondentes ao valor acrescentado no período, aquele outro mecanismo tributário concentra os pagamentos à administração fiscal na última transacção. Considerando apenas as importâncias que estão envol-

---

[181] Está-se a admitir que todas as circunstâncias que podem degenerar em efeitos em cascata foram devidamente controladas.

[182] A literatura económica prefere consensualmente que a tributação se faça até à última fase do processo produtivo. Para além das razões já invocadas há uma outra merecedora de atenção; é que se assim não fora, seria inviável tributar da mesma maneira bens importados e bens produzidos internamente, gerando-se distorções concorrenciais.

vidas, constata-se que há maior risco de incumprimento no caso do imposto de estádio-único, com a agravante de que é possível ao Estado perder a totalidade do imposto que lhe é devido por todo o ciclo produtivo. Coisa diferente ocorre com o IVA, onde este risco é nitidamente menor porque a liquidação do imposto se encontra repartida por várias etapas e exige o processamento de documentação. Neste domínio do incumprimento, ditado sobretudo por práticas fraudulentas, o controlo das receitas produzidas pelo imposto sobre as vendas a retalho é mais difícil, quer pela existência de um número muito considerável de retalhistas, muitos deles de pequena dimensão, quer porque também em muitos países não está generalizado o hábito da emissão de facturas nas vendas a retalho. Ora, entre os agentes económicos que intervêm nas fases anteriores deste ciclo, a produção e conservação de informação contabilística encontra-se mais generalizada e é sistemática. Ademais, com o IVA, se se der a circunstância de a fuga ao pagamento do IVA acontecer em momento anterior ao da venda a retalho, o retalhista não consegue deduzir esses mesmos montantes a título de créditos fiscais[183] e, portanto, a administração fiscal acaba por recuperar essas receitas em fase posterior do processo produtivo.

Aliás, não é despiciendo o facto de a administração fiscal controlar os reembolsos de impostos pagos, em sede de IVA, ao contrário do que se verifica no modelo alternativo. Porém, há um domínio onde o IVA é muito vulnerável à fraude fiscal e que são as devoluções excessivas e indevidas explicadas por créditos fiscais fictícios comprovados por facturação falsa, especialmente a título de exportações.

---

[183] Só não será assim se o retalhista tiver adquirido a mercadoria sem IVA.

17. A Tributação Directa dos Rendimentos

A tributação directa do rendimento coloca, como todos os impostos, questões de equidade e questões de eficiência. Estes efeitos devem ser comparados em função, principalmente, de se tratar de sistemas proporcionais ou progressivos. Na actualidade, os sistemas tributários regressivos não têm qualquer relevância[184]. Como já tivemos oportunidade de ver em outras partes deste livro, é dominante, mas não unânime, a concepção de que os sistemas progressivos são mais *justos do* que os proporcionais. Porém, a este propósito não devemos esquecer o conteúdo e as implicações da teoria do igual sacrifício, nem sequer os argumentos aduzidos a propósito do modelo do imposto uniforme.

Neste capítulo a intenção é comparar os efeitos ao nível da eficiência económica dos impostos directos sobre o rendimento no quadro de sistemas proporcionais e progressivos, enfatisando, os casos particulares dos impostos sobre os rendimentos da poupança, do trabalho e, por fim, dos capitais.

17.1. *Tributação dos Rendimentos do Trabalho*

A tributação dos rendimentos do trabalho, em sede de impostos directos, é uma matéria de grande importância para a disciplina das finanças públicas. Os seus efeitos no domínio da eficiência económica levantam questões àcerca dos incentivos ao trabalho de vários grupos da população e, portanto, da sua efectiva integração no mercado do trabalho que, por sua vez, se repercutem sobre o potencial de crescimento económico dos países e sobre os modelos sócio-culturais de acordo com os quais as famílias se decidem organizar.

---

[184] Do ponto de vista legal e formal caíram em desuso com a revolução francesa, o que não significa que não continuem a existir em termos efectivos.

Num primeiro momento vamo-nos concentrar na apresentação do modelo teórico, apreendendo os efeitos que são relevantes. Depois disso feito, a nossa preocupação será com a apresentação dos resultados disponibilizados por alguns dos muitos estudos empíricos que se debruçaram sobre os efeitos económicos da tributação destes rendimentos assentes em experiências fiscais concretas.

17.1.1. *O Modelo Económico*

Como é previsível, trata-se de um modelo micro-económico de maximização do nível de bem-estar do trabalhador individual que enfrenta a sua restrição orçamental. O mapa de indiferença é constituído por curvas de indiferença com as características habituais, ou seja, são derivadas a partir de funções de utilidade individuais convexas exibindo, portanto, taxas marginais de substituição decrescentes.

A função de utilidade do sujeito depende positivamente do rendimento (Y) e do lazer (L) que é visto como um bem normal. Assim:

173) $\mu = \mu(Y, L)$

A função é diferenciável de tal modo que $\frac{\partial \mu}{\partial Y} > 0$ e $\frac{\partial \mu}{\partial L} > 0$.

Admitindo que: a) T é o tempo total disponível que é possível afectar entre lazer e trabalho (N); b) ω é a remuneração hora, e que para o indivíduo é uma variável exógena, tal como o preço dos bens e serviços que adquire no mercado; c) para além dos rendimentos provenientes do trabalho, o indivíduo possui rendimentos provenientes de outras fontes de valor igual a y e, finalmente, d) inicialmente não há impostos sobre o rendimento, surgindo eles depois. Dado o conjunto destes pressupostos, a função rendimento total que se lhe encontra disponível por unidade de tempo escreve-se do seguinte modo:

174) $Y = \omega (T - L) + y$

Trata-se da expressão de um segmento de recta que, no plano (Y, L) se apresenta com ordenada na origem em $(\omega T + y)$ e inclinação dada por $\frac{dY}{dL} = -\omega$. Como se percebe, o salário tem também aqui o significado de preço do lazer, no sentido do respectivo custo de oportunidade.

O problema económico para o indivíduo é determinar a combinação rendimento, lazer que maximiza o seu nível de utilidade, tendo em consideração a respectiva restrição orçamental, ou seja, por outras palavras, a quantidade óptima de trabalho que deseja oferecer. A representação gráfica respectiva é mostrada na Figura 43.

O indivíduo maximiza a sua utilidade no ponto *a* da representação, para um nível de bem-estar μ_1. Por conseguinte, consome L_1 unidades de lazer, o que é o mesmo que dizer que a sua oferta de trabalho é de $(T - L_1)$ unidades de tempo. O rendimento que obtém é $Y_1 = \omega(T - L_1) + y$. Evidentemente, dada a configuração da restrição orçamental, é aqui possível uma solução de canto em *b* que, a acontecer, evidenciaria que a pessoa se bastaria com a componente *y* do rendimento, tomando a decisão de não trabalhar. Para tanto bastaria que a curva de indiferença se apresentasse com uma taxa marginal de substituição entre lazer e rendimento suficientemente alta, traduzindo uma forte preferência pelo consumo de lazer.

FIGURA 43 – **Solução Óptima para a Quantidade Consumida de Lazer sem Imposto**

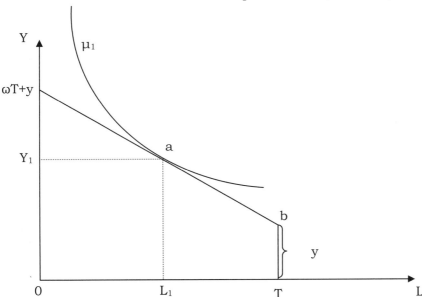

A tributação dos rendimentos do trabalho pode fazer-se no quadro de um sistema proporcional ou progressivo de impostos resultando em configurações distintas para a restrição orçamental depois de impostos. Se começarmos pelo caso mais simples, que é o dos impostos proporcionais a uma taxa $t > 0$, a restrição orçamental passa a escrever-se[185]:

---

[185] Y_{lq} é o rendimento líquido de impostos.

175) $Y_{lq} = (1-t)\,\omega\,(T-L) + y$

A representação da nova situação decorrente do imposto surge na próxima figura. Como resultado do imposto, a restrição orçamental, após impostos, passa a ser representada pela linha gb, cuja inclinação é igual ao negativo do coeficiente da variável L na Equação (175). Portanto, a solução óptima para este indivíduo deixa de ser a dada pelas coordenadas do ponto a para passar a ser dada pelas coordenadas do ponto c. Como resultado, neste exemplo, o consumo de lazer aumenta de L_1 unidades para L_2 unidades, tendo o rendimento baixado de aL_1 para cL_2. A redução no rendimento é totalmente explicada pela diminuição da quantidade oferecida de trabalho em L_2L_1 unidades. Finalmente, o lançamento do imposto teve como efeito a redução do nível de utilidade de μ_1 para μ_0.

FIGURA 44 – **Solução Óptima para a Quantidade Consumida de Lazer com Imposto Proporcional**

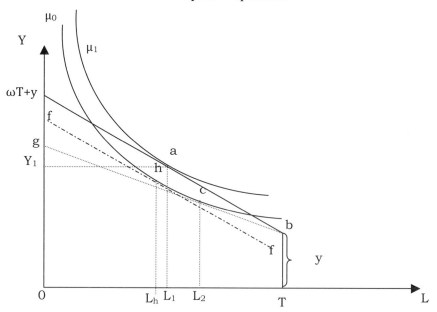

Podemos mostrar graficamente que este imposto acarreta soluções ineficientes para o sistema económico. Na verdade, ele traduz-se na redução do preço relativo do lazer que passa de ω para $(1-t)\omega$. Certamente, este não é um imposto do tipo *lump-sum*.

O acréscimo no lazer, de montante exactamente igual à redução da oferta individual de trabalho, desagrega-se em efeito rendimento e em efeito substituição. O imposto reduz o rendimento e porque o lazer é um bem normal, reduz igualmente o consumo de lazer; este efeito é representado pela passagem de a para h, sendo que as linhas $(\omega T + y)b$ e ff têm exactamente a mesma inclinação. Assim, o efeito rendimento é positivo, ditando um aumento na oferta de trabalho de $L_h L_1$ unidades. Quanto ao efeito substituição, é o que resulta do movimento de h para c, isto é, o aumento da quantidade de lazer em $L_h L_2$ unidades. Os dois efeitos têm sinais contrários e, em valor absoluto, predomina neste exemplo o efeito substituição que é sempre negativo e, por isso, em termos líquidos, o consumo do lazer cresce por $L_1 L_2$ unidades. A medida do sobreconsumo de lazer, isto é, da ineficiência introduzida pelo imposto é de $L_h L_2$ unidades.

Realmente as medidas da ineficiência encontram-se das formas habituais. Por exemplo, considerando que a receita fiscal gerada neste exercício ilustrativo corresponde à distância vertical entre as restrições orçamentais com e sem imposto a partir do ponto c, faríamos passar pelo ponto c, intersectando-o, uma linha com a mesma inclinação da linha $(\omega T + y)b$. Como esta última tem maior inclinação que a linha gb, a sua tangência com uma curva de indiferença far-se-á num ponto à esquerda de c e acima de h, ou seja, para uma curva de indiferença representando um nível de satisfação mais elevado que o que é próprio de μ_0. E, claro está, a medida da ineficiência é a diferença entre estes dois níveis de satisfação, pois ambas geram exactamente as mesmas receitas fiscais.

No caso de o imposto ser progressivo por escalões, a restrição orçamental altera-se passando a ter o aspecto da linha quebrada $zscr$ da figura abaixo, denotando três escalões de rendimento e reflectindo salários líquidos de imposto, por unidade de tempo, cada vez relativamente mais baixos por força de taxas marginais de imposto crescentes com o rendimento.

FIGURA 45 – **Solução Óptima para a Quantidade Consumida de Lazer com Imposto Progressivo**

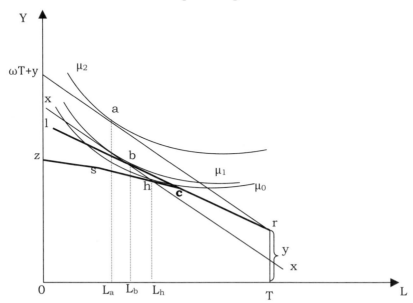

Na linha orçamental que se acabou de mencionar, *s* e *c* são vértices que se ficam a dever aos três escalões com que se exemplifica este regime. O escalão relativo à taxa marginal de imposto mais reduzida dá lugar ao segmento *cr*, ao escalão intermédio corresponde o segmento *sc* e, por fim, ao de taxa marginal mais elevada é o segmento *zs* que se lhe refere. O segmento *lcr* é a linha orçamental quando o sistema tributário é proporcional à taxa de imposto correspondente ao primeiro escalão. *a*, *b* e *h* são as soluções óptimas do indivíduos quando, respectivamente não há impostos sobre os seus rendimentos, quando esses impostos existem mas são do tipo proporcional e, finalmente, *h* na presença de progressividade.

Neste exemplo, para esta particular pessoa, o efeito substituição é sempre dominante comparativamente com o efeito rendimento; por isso, o lazer não cessa de aumentar. Primeiro de L_a para L_b e depois para L_h. A linha *xx* é paralela à restrição orçamental sem impostos e, por coincidência, intersecta a restrição orçamental *lr* no ponto *b* e a restrição orçamental *zscr* no ponto *h*; isto quer dizer que as receitas orçamentais não sofreram qualquer modificação com a mudança para o sistema tributário progressivo, mau grado os rendimentos da pessoa terem passado a ser tributados a taxas mais elevadas. E facilmente se conclui igualmente da maior ineficiência introduzida pelo imposto progressivo pois para aquelas receitas fiscais era possível ao indivíduo gozar de um nível de satisfação superior ao que fica a desfrutar, e que é μ_o. Ou seja, e de novo para este exemplo específico[186], o sistema progressivo gera mais ineficiência do que o proporcional porque, para a mesma receita fiscal se conseguiria um maior nível de satisfação se o efeito substituição fosse menor. Esta conclusão é demonstrada pela diferença de níveis de bem-estar correspondentes a um e outro caso: μ_o versus μ_1.

A ineficiência dos impostos directos está directamente associada ao efeito substituição; quanto maior este for maior será também a ineficiência que é incorporada no sistema. Por outro lado, para um dado padrão de preferências entre rendimento e lazer, o efeito substituição varia positivamente com as taxas marginais de imposto. Portanto, quanto maior for a progressividade do sistema fiscal tanto mais ele é ineficiente. Claro que aqui se coloca a dicotomia clássica entre eficiência e equidade no campo dos impostos, se por equidade se entender tendência para a aproximação dos rendimentos, ainda que a teoria do igual sacrifício não permita retirar conclusões sobre qual o regime fiscal que permite cumprir o objectivo de justiça.

O impacto da tributação dos rendimentos do trabalho sobre os incentivos ao trabalho não é necessariamente num ou noutro sentido. Para cada indivíduo os efeitos dependem das configurações em concreto do sistema de impostos aplicado, dos respectivos mapas de indiferença e dos valores absolutos dos efeitos rendimento e substituição que ocorrem com cada qual, sendo que eles operam em sentidos opostos. Se para algumas pessoas se constata um acréscimo no consumo de lazer, para outros verifica-se exactamente o contrário, de onde se pode afirmar, com validade geral, que o imposto sobre os rendimentos não reduz fatal e necessariamente o esforço de trabalho.

Relativamente a impostos proporcionais, os progressivos podem desagravar certos estratos de rendimento, os mais baixos, e agravam quase certamente a tributação dos estratos mais elevados. Partindo do conhecimento da influência desempenhada pela apetência pelo trabalho patente nos mapas de indiferença relevantes, tal equivale a penalizar pessoas com grande apetência pelo trabalho e a premiar os que o não apreciam grandemente[187].

---

[186] Como se escreve, trata-se de um resultado que decorre de um caso particular e que, por isso, carece de validade geral. Tudo depende da conjugação dos valores das variáveis relevantes para cada sujeito.

[187] O salário é um dado igual a ω ao longo de uma mesma restrição orçamental entre rendimento (Y) e lazer (L).

17.1.1.1. Restrições Orçamentais Não Convexas

As linhas orçamentais exibidas pelas três figuras imediatamente anteriores são convexas, na medida em que os salários líquidos depois de impostos se manifestam com um comportamento regular. Uma das implicações da convexidade é haver uma única solução de tangência com o mapa de indiferença. No entanto, várias razões podem dar lugar a linhas orçamentais não convexas com consequências importantes quer na oferta de trabalho, especialmente de grupos específicos da população, quer na interpretação dos resultados de testes econométricos relativos ao impacto da tributação na oferta de trabalho.

A não convexidade explica-se por custos fixos do trabalho e por taxas de imposto não uniformemente progressivas por virtude de mecanismos de redistribuição do rendimento, como sejam o imposto negativo sobre o rendimento, ou o crédito relativo ao imposto sobre os rendimentos do trabalho ou quaisquer outros pagamentos feitos pela segurança social e cujos montantes sejam variáveis em função do rendimento da pessoa. Por efeito destes programas, os rendimentos não provenientes do trabalho aumentam pelo valor da transferência governamental, mas reduzindo-se este à medida que aqueles vão aumentando, enfrentando-se o beneficiário a partir desse momento com taxas marginais efectivas agravadas sobre os rendimentos do trabalho[188] até atingir o rendimento para o qual deixa de ser elegível para essas ajudas. E é apenas para valores iguais e superiores a esse rendimento que, de novo em termos efectivos, a pessoa passa a estar sujeita às taxas marginais de imposto consignadas no código fiscal. A implicação prática desta não convexidade é a possibilidade de existir uma multiplicidade de soluções de tangência entre a linha orçamental e o mapa de indiferença do indivíduo, com a resultante dificuldade para os testes econométricos em conseguirem detectar todos os óptimos locais e identificar, de entre eles, a solução óptima absoluta. Por esta razão é provável haver estimativas erradas àcerca do efeito dos impostos sobre os estímulos ao trabalho. A figura seguinte ilustra este caso no quadro de um sistema progressivo.

---

[188] Está-se a falar da variação no valor das transferências à medida que o rendimento proveniente do trabalho aumenta. A relação entre eles é negativa. Um exemplo é o imposto negativo sobre o rendimento.

FIGURA 46 – **Linha Orçamental Não Convexa com Progresssividade**

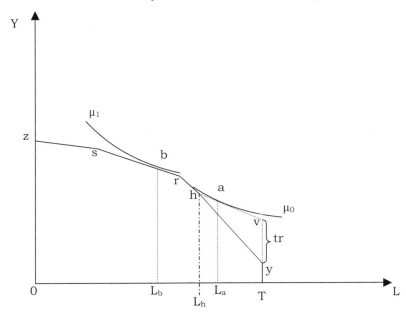

A Figura 46 ilustra esta situação; a restrição orçamental *zsrhav* é líquida de impostos progressivos sobre o rendimento e inclui transferências dadas pela distância vertical entre o segmento *hv* e *hy*. Antes da transferência de rendimento no montante máximo de *tr*, a linha orçamental com progressividade de impostos é representada por *zsrhy*, com vértices em *s, r* e *h*. A inclinação de cada um daqueles quatro outros segmentos aumenta da esquerda para a direita. Há rendimentos não provenientes do trabalho iguais a *y*; a transferência máxima atribuída acresce este rendimento por *tr*. Este apoio ao rendimento diminui à medida que o sujeito se integra no mercado de trabalho, sendo cancelado quando ele trabalha $(T - L_h)$ unidades de tempo correspondentes a um rendimento bruto igual a $\omega(T - L_h)$, altura em que ele volta a ser tributado à taxa marginal de imposto consagrada no código que lhe deixa um rendimento líquido de impostos de hL_h unidades monetárias. Observa-se, por outro lado, haver duas curvas de indiferença que são tangentes à restrição orçamental, uma em *a* e outra em *b*; contudo só a solução em *b*, associada à curva de indiferença μ_1 constitui uma solução óptima.

A outra circunstância já mencionada e com consequências idênticas, são os custos fixos associados ao trabalho. É um problema cuja relevância se coloca principalmente em relação a grupos particulares da população, como as esposas e, em geral, todos aqueles que não são os principais granjeadores de rendimento para o agregado familiar. O trabalho desenvolvido por estes indivíduos tem um elevado custo de oportunidade pelos motivos seguintes: a) em geral têm remunerações comparativamente baixas; b) suportam tributação a taxas elevadas determinadas pelo rendimento gerado pelo principal produtor dos mesmos no agregado familiar; c) suportam despesas para poderem trabalhar, incluindo as relativas às tarefas até aí desempenhadas por eles próprios. São encargos com transportes, vestuário, guarda dos filhos, tratamento da casa, etc. que baixam significativamente a remuneração líquida efectivamente proporcionada pelo posto de trabalho que vão ocupar.

FIGURA 47 – **Restrição Orçamental Ajustada pelos Custos Fixos do Trabalho**

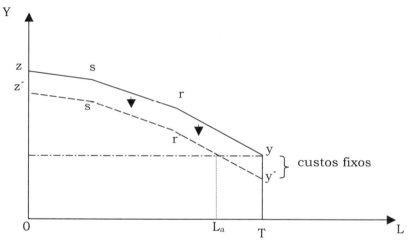

A Figura 47 dá-nos a tracejado a linha orçamental ajustada pelos custos fixos do trabalho. Trata-se da linha $z´s´r´y´$, paralela em toda a sua extensão à linha orçamental sem tais custos e que é $zsry$; a distância vertical entre as duas representa obviamente aqueles custos. Mais uma vez, os pontos intermédios s e r, assim como $s´$ e $r´$, são vértices resultantes da mudança da taxa marginal do imposto neste sistema que continua a ser progressivo. Por seu turno, o montante dos custos fixos ascende a (y – y'). A principal ilação que se extrai da consideração destes custos é que a oferta de trabalho terá que ser tal que gere rendimentos pelo menos iguais aos custos fixos, por outras palavras, não haverá oferta de trabalho menor ou igual a $(T - L_a)$ unidades de tempo. Segundo Hausman (1981, p. 35) a importância destes custos fixos pode muito bem ser a explicação para o facto empírico, muitas vezes observado, de haver poucas pessoas a trabalhar menos do que dez a quinze horas por semana.

17.1.1.2. *O Caso da Progressividade com Taxas de Imposto Proporcionais*

Um sistema progressivo de facto, não necessita de ser construído numa base formal. Podemos produzi-lo com taxas proporcionais de imposto atribuindo-se, cumulativamente, uma isenção fiscal pelo motivo de subsistência a uma fracção inicial do rendimento. Contudo, admitimos ainda que nesta última situação a taxa marginal de imposto excede a praticada quando não se aplica aquela isenção para que o Estado mantenha o seu potencial de cobrança de receitas. A figura que se segue ilustra o que se pretende significar.

FIGURA 48 – **Progressividade com Taxas Proporcionais de Imposto**

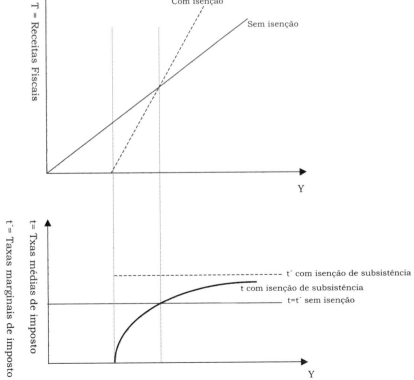

É, pois, visível na figura anterior a seguinte relação entre as taxas de imposto médias e marginais: *t′ com isenção de subsistência > t′ sem isenção = t sem isenção* e, por outro lado, *t′ com isenção de subsistência > t com isenção de subsistência*.

As implicações desta progressividade sobre a eficiência, em comparação com o que sucede no regime proporcional, são ilustradas na figura abaixo, sujeitas à restrição da manutenção do nível de satisfação em qualquer dos dois casos.

FIGURA 49 – **Comparação ao Nível da Eficiência entre Impostos Proporcionais e Progressivos com Taxas Proporcionais**

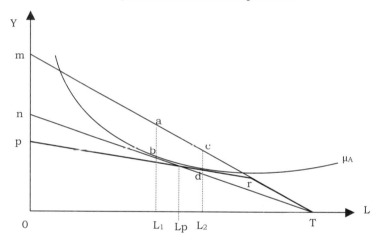

A restrição orçamental no sistema proporcional é dada por *nbT* e no de facto progressivo é *prT*. O rendimento isento de imposto é o que corresponde ao tempo de trabalho compreendido entre T e o ponto no eixo das abcissas que se situa na vertical de *r*. A linha *mT* é a restrição orçamental quando não há impostos.

O que se vê é que o aumento na taxa marginal do imposto conduz a poupanças fiscais a favor dos que possuem baixos rendimentos, e que neste modelo são os que consomem uma quantidade de lazer superior a *Lp*[189] unidades, e a um agravamento fiscal para os outros. A passagem para este regime progressivo com aquela restrição dita igualmente a redução das receitas fiscais de *ab* unidades monetárias para apenas *cd* das mes-

---

[189] Este valor de referência corresponde à quantidade de lazer para a qual se intersectam as duas restrições orçamentais *nbT* e *prT*.

mas unidades por força do acréscimo que induz na quantidade consumida de lazer. Há, claramente, uma deterioração do nível de eficiência porque se extraem do contribuinte menos receitas fiscais do que anteriormente para o mesmo nível de satisfação ou, dito de outra forma, à diminuição das receitas fiscais obtidas não corresponde um acréscimo no nível de utilidade do contribuinte.

Do ponto de vista social surge aqui um conflito entre equidade e eficiência[190]. Contudo, pode muito bem acontecer que seja essa a solução que maximiza o nível de utilidade social, algo que acontecerá na condição de a comunidade valorizar suficientemente a aproximação dos rendimentos entre pessoas para que esse benefício mais do que compense as perdas de eficiência[191]. Mas, a ser assim, torna-se então evidente que funções de utilidade social mais igualitárias escolhem regimes fiscais mais progressivos.

17.1.2. Os Resultados dos Estudos Empíricos

Como repetidamente já aqui se escreveu, a teoria económica não fornece quaisquer indicações apriorísticas sobre os efeitos da tributação na oferta de trabalho. Isso ocorre por virtude dos bem conhecidos efeitos de substituição e rendimento que agem em sentidos opostos. Portanto, trata-se de uma questão essencialmente empírica, até porque a análise económica que é feita incide sobre cada indivíduo em particular, os quais divergem substantivamente entre si em múltiplos aspectos da maior relevância, tais como preferências entre trabalho e lazer, salário potencial no mercado, posição relativa no agregado familiar quanto à contribuição para a formação do rendimento familiar, subsídios auferidos e posição nos escalões de tributação.

Nos últimos quarenta anos tem-se assistido a esforços consideráveis de investigação empírica sobre esta matéria. Contudo, antes da década de 80 esses estudos incidiram fundamentalmente sobre indivíduos adultos do sexo masculino com baixos rendimentos, na medida em que o objectivo principal era conhecer o impacto sobre os incentivos ao trabalho dos vários mecanismos de apoio social na forma de transferência de rendi-

---

[190] Note-se que a análise é sempre conduzida em termos individuais.
[191] Convém recordar a propósito a relação entre eficiência e equidade. Ver Fernandes (2008).

mento para os estratos mais pobres da população[192]. Em geral, a conclusão foi a de que a elasticidade da oferta de horas de trabalho em relação aos salários líquidos era muito baixa (Pencavel, 1986; MaCurdy et al., 1990; Triest, 1990) e que, do mesmo modo, esses impostos não introduziam níveis relevantes de ineficiência.

Em boa verdade, uma boa investigação sobre estas matérias deve discriminar entre segmentos da população: 1) homens responsáveis pela angariação da maior parte do rendimento familiar; 2) mulheres, geralmente esposas, que tenham uma contribuição acessória para a formação desse mesmo rendimento e, 3) mulheres responsáveis pela angariação da maior parte do rendimento familiar. Os casos 1) e 3) reportam-se, pois, a pessoas perfeitamente integradas no mercado de trabalho e, relativamente a estas, é igualmente útil diferenciá-las em função do estrato de rendimento em que se situam, porque é plausível que os comportamentos dependam do patamar de rendimento em que os indivíduos se situem. Por fim, a literatura empírica tem revelado justificar-se a desagregação daquela última classe entre pessoas que trabalham por conta de outrém e as que trabalham por conta própria. É que, como se deve imaginar, a elasticidade da oferta de trabalho relativamente ao salário líquido encontra-se limitada por aspectos institucionais, entre eles, e sobretudo, os regimes de trabalho vigentes que impõem um certo número de horas de actividade por unidade de tempo, não fraccionável em parcelas menores pelas quais se possa optar na prestação de serviços ao empregador.

A partir dos anos 80, com a ascensão de Ronald Reagan à presidência norte-americana, o interesse nestes efeitos renovou-se por virtude da agenda da nova administração que atribuía grande prioridade à reforma fiscal para estimular a poupança, o investimento e o crescimento económico, colocando enorme ênfase nos incentivos fiscais ao trabalho[193]. É no decurso deste processo que a taxa marginal de imposto mais elevada passa

---

[192] Segundo Feldstein (1995, p. 553) estes trabalhos enfermam ainda de outros problemas como, por exemplo, ignorarem as não linearidades (não convexidades) das linhas orçamentais. Um outro problema, o mais grave segundo Feldstein (1995, p. 553), é que tais estudos concentram-se na participação da força de trabalho e horas de trabalho, por serem variáveis de mais fácil mensuração, abstraindo-se da intensidade com que se trabalha assim como sobre efeitos de mais longo-prazo, como sejam as actividades desenvolvidas e os locais geográficos onde ocorrem. E estes são aspectos particularmente importantes quando se trata de sujeitos de elevados rendimentos, pois possuem níveis consideráveis de discricionariedade sobre essas outras variáveis.

[193] Muito possivelmente por influência de Feldstein.

de 70% para 28%, antes de voltar a subir para 30% por alturas da administração Clinton.

Nos trabalhos que efectuou, Hausman chega a conclusões muito diferentes daquelas que foram há pouco mencionadas. Efectivamente, escreve ele " *Direct taxes on income and earnings significantly reduce labor supply and economic efficiency*" (Hausman, 1981, p. 27). Ele estima que o sistema progressivo em vigor antes das reformas a que aludimos reduziu a oferta de trabalho em 197.5 horas anuais, isto é, cerca de 9% em comparação com o que se verificaria na ausência de impostos. E confirma as conclusões que perpassam todos os trabalhos empíricos relativamente às esposas e mulheres que não são cabeças de família; para estes grupos os efeitos dos impostos são ainda mais fortes o que é compreensível ou porque se trata de grupos que, em geral, auferem remunerações mais baixas mas tributadas a taxas marginais de imposto muito altas, pois são as mais elevadas que se aplicam aos rendimentos dos maridos[194] ou porque são penalizadas por reduções nos apoios estatais ao rendimento. A ineficiência económica que detecta, os custos de bem-estar, são também consideráveis, ascendendo, nos seus cálculos, a cerca de 29% das receitas fiscais totais cobradas. Por fim, estima em 2.99 a elasticidade da utilidade relativamente aos impostos pagos, de onde se infere que o bem-estar dos indivíduos é bastante sensível à carga fiscal suportada. De facto, é ele que assegura que os custos económicos do sistema progressivo de tributação são muito maiores do que aquilo que é estimado em estudos anteriores ao seu. A proposta que, por fim, acaba por fazer não é a redução das taxas de imposto, mas antes a substituição do sistema progressivo por um sistema proporcional calibrado para gerar as mesmas receitas. Os cálculos que faz levam-no a afirmar que, para o cenário de uma isenção tributária para os primeiros 1000 dólares de rendimento, a redução na oferta de trabalho seria de apenas 1%, e a diminuição nos custos de bem-estar de somente 7% das receitas fiscais na hipótese de se não aplicar essa isenção.

Especificamente no que concerne aos grupos com os rendimento mais altos, Feenberg e Poterba (1993) mostram que o rendimento bruto declarado pelo grupo de rendimentos mais elevados aumentou dramaticamente no período entre 1987 e 1988 após a entrada em vigor da *Tax*

---

[194] O pressuposto implícito é que as mulheres reagem às taxas marginais de imposto aplicáveis à totalidade do rendimento familiar, diversamente dos maridos que apenas são sensíveis às taxas marginais aplicáveis aos seus próprios rendimentos do trabalho acrescidos de rendimentos provenientes de outras fontes.

Reform Act em 1986 que baixou a taxa marginal de imposto mais alta para 28%. Feldstein (1995), ao estudar o impacto da reforma fiscal de 1986, chega à conclusão de que a elasticidade das receitas fiscais em relação às taxas marginais de imposto é essencialmente zero para aquele grupo de indivíduos, o que significa que também ele detectou um acréscimo significativo no rendimento declarado por esses contribuintes. Concretamente, a evidência que ele revela é a de uma elasticidade da base tributável em relação à taxa marginal de imposto pelo menos igual a 1, podendo até ser superior. O que ele não é capaz é de determinar se isso se fica a dever a reacções na oferta de trabalho ou, pelo contrário, nos padrões de evasão fiscal[195].

Feldstein (1995, pp. 553-554) chama-nos à atenção para um aspecto de muita importância e que geralmente é objecto de alguma confusão. Efectivamente, como escreve, variações no rendimento tributável do trabalho não significam o mesmo que variações na oferta de trabalho. Elevadas taxas marginais de imposto encorajam a fraude fiscal, não apenas na forma de omissão de declarações de rendimentos, o que já seria fraude fiscal, privilegiando remunerações não sujeitas a imposto ou, então, formas de remuneração tributadas a taxas mais reduzidas, tais como seguros de saúde e de vida, participações sociais, viaturas, empréstimos a taxas de juro reduzidas, etc. Em boa verdade, o mercado ajustará as formas de remuneração em função da legislação tributária. Ademais, altas taxas de imposto encorajam os contribuintes a procurar aplicações tributadas a taxas mais favoráveis; por exemplo, obrigações municipais isentas de imposto em vez de acções e obrigações emitidas por empresas. E assim, tudo isto se repercutirá em bases tributáveis menores.

Showalter *et al.* (1997) procedem a estudos relativos ao mesmo tema, mas centrados no comportamento de uma classe profissional específica, que é a dos médicos. Segundo estes autores, os médicos são, neste domínio de interesse, um grupo profissional particularmente interessante para ser estudado em concreto. Em primeiro lugar, dá-se o facto de os médicos estarem entre os grupos profissionais mais bem pagos e, por consequência, as suas reacções à tributação directa constituirem um bom indicador do modo como os outros profissionais com níveis de rendimento equivalente fazem variar as suas ofertas de trabalho em função da carga fiscal.

---

[195] Estes dois trabalhos debruçam-se não especificamente sobre os efeitos da tributação ao nível da oferta de trabalho, mas do rendimento total declarado, quaisquer que sejam as suas fontes.

Em segundo lugar, porque os médicos tendem a desenvolver a sua actividade por conta própria, usufruem do privilégio de um maior controlo sobre as horas que trabalham do que aqueles que estão empregados por conta de terceiros. Quando consideram toda a amostra, formada por todos os médicos, independentemente do regime em que exercem a profissão, as estimativas econométricas que obtêm indicam que quando a taxa marginal do imposto sobre os rendimentos do trabalho a que estão sujeitos passa de 48% para 49%, a oferta e trabalho diminui de 0.36 horas por semana, traduzindo uma elasticidade da oferta de trabalho em relação à taxa marginal do imposto de 0.33[196]. Este é um resultado muito superior ao que é tipicamente encontrado na maioria dos estudos que têm como objecto o comportamento dos homens. Porém, quando os testes econométricos incidem sobre amostras distintas, os resultados discriminam claramente entre os efeitos sobre a oferta de trabalho dos dois grupos de médicos. Para a mesma variação de 1% na taxa marginal de imposto, verifica-se agora que o trabalho semanal dos médicos auto-empregados se reduz em 0.37 horas, enquanto para os assalariados esse efeito é de apenas 0.10 horas, implicando para os primeiros uma elasticidade da oferta de trabalho de 0.33 e de 0.10 apenas para os segundos. Por fim, no trabalho a que estamos a aludir, considera-se uma amostra de médicos constituída exclusivamente por profissionais que desenvolvem a sua actividade em regime de auto-emprego mas sozinhos, constituindo-se como proprietários únicos das respectivas clínicas ou consultórios. Estes serão os profissionais com maior liberdade de decisão quanto à intensidade com que exercem a profissão, chegando-se a uma estimativa de redução de 0.72 horas semanais de trabalho, e a uma elasticidade de 0.61. Portanto, a conclusão final a retirar é que realmente o imposto sobre o rendimento tem um impacto muito significativo sobre os incentivos ao trabalho, especialmente dos grupos com rendimentos elevados.

Mais recentemente, Ziliak *et al.* (2005) chegam às mesmas conclusões na sequência da estimação de um modelo de ciclo de vida sobre os efeitos da tributação do rendimento no consumo e na oferta de trabalho. Segundo eles, *"The implied elasticities indicate that labor supply responds positively to (compensated) after-wage increases both within periods and across periods*) (Ziliak *et al.*, 2005, p. 792).

---

[196] Esta elasticidade é negativa, mas existe entre um bom número de economistas e de manuais em economia a tradição de exprimir certas variáveis por valores positivos, como sucede com a elasticidade preço da procura. Não é o caso deste autor.

17.2. A Tributação da Poupança

Nesta secção vamos estudar as consequências económicas da tributação dos rendimentos da poupança. Assume-se, para tanto, a existência de um instrumento financeiro de dívida que dá lugar ao pagamento periódico de juros. Na tradição da teoria não se trata, pois, de analisar as consequência dessa tributação sobre a composição de uma carteira de títulos cuja formação se pretenderia optimizar tendo em conta à existência de impostos que incidem sobre os seus rendimentos.

A tributação dos rendimentos da poupança tem consequências na distribuição inter-temporal do consumo e, por isso mesmo, nos níveis de formação da poupança. A poupança que é constituída determina, por seu lado, o montante e o preço dos fundos disponíveis para financiar o investimento, a intensidade de utilização do capital na produção e, afinal de contas, a capacidade de o país crescer, de se tornar mais produtivo e melhorar o nível de vida dos seus cidadãos. Estas são questões de eficiência. Todavia, esta tributação coloca analogamente problemas de equidade; desde logo porque a legislação fiscal pode discriminar entre diferentes formas de aplicação das poupanças, estando elas distribuídas desigualmente entre as classes sócio-económicas da população. Veja-se, a propósito, o tratamento habitualmente concedido às mais valias produzidas em bolsa por comparação com o que se aplica aos rendimentos dos depósitos a prazo cuja procura é relativamente maior entre indivíduos de mais baixos rendimentos.

A poupança não deriva de comportamentos exclusivos dos indivíduos e das famílias; as empresas e os Estados também as podem gerar. Contudo, é da tradição das finanças públicas estudar as questões que presentemente nos preparamos para abordar no contexto de poupança constituídas pelas pessoas e pelas famílias, isto é, pelos consumidores. Portanto, a metodologia continua a ser a da microeconomia em que as escolhas optimizadas dos consumidores são susceptíveis de serem perturbadas por um tal imposto.

17.2.1. O Modelo e a Análise

Concretamente, pretendemos estudar o impacto sobre a distribuição inter-temporal do consumo e da poupança de um consumidor individual que decorre de um imposto aplicado aos rendimentos da poupança. O modelo habitualmente utilizado nesta matéria distingue entre dois períodos distintos na vida de um indivíduo, o presente e o futuro, e em que o problema de optimização que ele deve resolver é o da distribuição dos seus níveis de consumo entre aqueles dois períodos de tempo, sujeito à respectiva restrição orçamental[197]. Isto quer dizer que, neste contexto, o nível de consumo em qualquer período depende das preferências relativas entre consumo no presente e consumo no futuro, da taxa de juro e do rendimento auferido nos dois períodos, razão pela qual este modelo contempla não só a constituição de poupanças, na eventualidade de o consumo no presente ser inferior ao respectivo rendimento, mas também a contracção de empréstimos sempre que se verifica o caso oposto. Quanto ao rendimento, é assumido normalmente que é uma variável exógena. Trata-se de um pressuposto muito forte pois a teoria económica estabelece que os impostos sobre o rendimento influenciam a quantidade oferecida de trabalho[198].

A ligação económica entre o presente e o futuro é feita pela taxa de juro que remunera a poupança e o crédito. E chegados aqui, importa distinguir entre a admissão do pressuposto de mercados perfeitos ou o de mercados imperfeitos, já que eles vão ser decisivos para a linha de rumo a seguir pela análise e para os resultados da mesma. Nos manuais de nível intermédio admite-se, por norma, que os mercados são perfeitos, querendo isto dizer que são iguais as taxas de juro que remuneram activos e passivos, ao mesmo tempo que o acesso ao crédito é apenas limitado pelo rendimento futuro actualizado para o presente à taxa de juro aplicável. A assumpção de mercados imperfeitos introduz custos de transacção, justificando que aquelas taxas de juro passem a ser diferentes, e ainda a possibilidade de restrições no acesso ao crédito, no sentido em que o montante máximo disponibilizado é inferior ao valor actualizado que há pouco se mencionou. Portanto, o que aqui está em causa é a restrição orçamental do consumidor e, por via disso, o domínio das soluções óptimas disponíveis.

A função utilidade que cada pessoa pretende maximizar, sendo conhecida a restrição orçamental, é, neste modelo inter-temporal, definida sobre os níveis de consumo a realizar no presente e no futuro. Assume-se que esta função utilidade é crescente, estritamente quasi-concava e diferenciável, escrevendo-se assim:

176) $\mu = \mu\ (C_P, C_F)$

---

[197] Este é um modelo sem risco. Assume, por isso, que os fluxos de rendimento são certos e seguros.

[198] Para um tratamento integrado entre decisões de poupança e de oferta de trabalho ver Sandmo (1985, pp. 276-280).

em que C_i representa consumo no presente ou consumo no futuro, consoante o índice seja P ou F. Por outro lado, o consumo em qualquer dos períodos é função dos rendimentos obtidos em ambos e ainda da taxa de juro. Assim, podemos escrever a seguinte expressão para o consumo de qualquer dos períodos:

177) $C_i = C_i(Y_P, Y_F, r)$

em que r é a taxa de juro.

17.2.1.1. A Representação das Restrições Orçamentais

O traçado das restrições orçamentais vai ser primeiramente explicado na ausência de Estado. Assim não haverá nem impostos sobre juros das poupanças constituídas nem tratamento fiscal dos juros que remuneram créditos constituídos. Limitar-nos-emos estritamente às implicações da adopção do pressuposto de mercados perfeitos e de mercados imperfeitos. Começando pelo primeiro, temos que $r_p = r_a = r$, ou seja, não há distinção entre as taxas de juros activas que remuneram os empréstimos bancários e as taxas de juro passivas que remuneram as aplicações dos aforradores. Portanto, sendo conhecidos os valores de Y_P e de Y_F, o consumo máximo possível no presente, quando é nulo o consumo no futuro, é:

178) $C_P^{MAX} = Y_P + \frac{Y_F}{(1+r)}$

enquanto que o consumo máximo no futuro acontece quando todo o rendimento é poupado no presente, tal que:

179) $C_F^{MAX} = Y_P(1+r) + Y_F$

FIGURA 50 – **Recta Orçamental com Mercados Perfeitos**

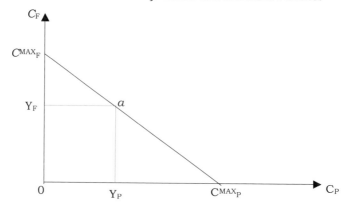

O traçado de uma tal restrição orçamental é uma linha recta cuja ordenada na origem é dada pela Equação (179).

Se os mercados forem imperfeitos, com $r_p < r_a$ e sem restrições quantitativas, então a representação gráfica da restrição orçamental passa a ser como a seguir se representa. Tendo em conta a relação entre as taxas de juro, esta restrição é constituída por dois segmentos com diferentes inclinações de tal maneira que eles formam entre si um vértice quando se encontram no ponto a. O primeiro segmento é $C_F^{MAX}a$, onde a inclinação é menor que no caso da Figura 50 porquanto corresponde à remuneração de poupanças à taxa mais baixa r_p, e o outro é aC_P^{MAX} cuja inclinação é função de r_a. A linha a tracejado na Figura 51 é a imagem da restrição orçamental considerada na Figura 50. Na verdade, consoante o sujeito poupe ou não, o consumo de que pode usufruir no futuro é dado pela expressão:

180) $C_F = Y_F + S(1 + r_i)$

onde i é a taxa de juro passiva ou activa conforme o indivíduo seja no presente aforrador ($S > 0$), ou devedor ($S < 0$), respectivamente. A restrição orçamental pode-se extrair a partir da Equação (180) tendo em mente que $S = Y_P - C_P$, e será assim escrita:

181) $C_F = Y_F + (1 + r_i)(Y_P - C_P)$

FIGURA 51 – **Recta Orçamental em Mercados Imperfeitos Sem Restrições Quantitativas**

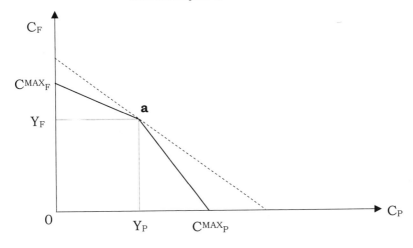

Quando se colocam restrições quantitativas no acesso ao crédito, explicadas quer pela gestão do risco de crédito quer por informação assimétrica, o montante a que dele se tem acesso é menor que o valor actualizado para o presente do rendimento futuro. O segundo segmento da recta orçamental é interrompido, apresentando-se ela com dois vértices, em *a* e em *b*. A recta orçamental onde se associam as duas formas de mercados imperfeitos é, pois, a linha quebrada $C_F^{MAX} ab C_P^{MAX}$.

FIGURA 52 – **Recta Orçamental em Mercados Imperfeitos Com Restrições Quantitativas**

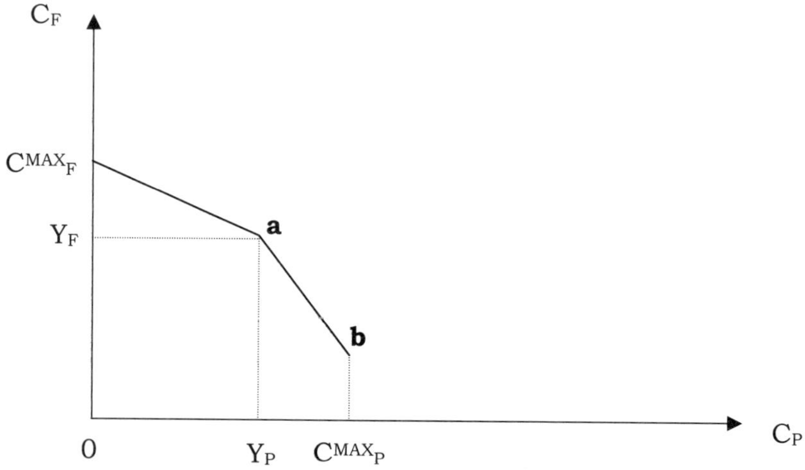

O resultado destas imperfeições é introduzir vértices nas restrições orçamentais, pontos onde pode ocorrer a maximização da utilidade dos indivíduos sem que tal corresponda, porém, a um óptimo. Além disso, importa notar que em tais pontos não se observa efeito substituição.

17.2.1.2. O Modelo Económico

A solução óptima para o indivíduo consiste na maximização da sua função utilidade, tal como dada pela Equação (176), sujeita à também sua restrição orçamental. É à formalização desta que desejamos agora chegar assumindo a situação mais simples de mercados perfeitos. Para tanto, note-se que o rendimento consumido em cada período se pode escrever, para o presente e para o futuro, em função das poupanças realizadas no primeiro período, respectivamente:

182) $C_P = Y_P - S$

183) $C_F = Y_F + S(1+r)$

Como já se viu antes, S tanto pode ser poupança como endividamento. Quando há poupança a solução de optimização implica que o consumo no presente se situa no intervalo [0, Y_P[; diversamente, situar-se-á no intervalo]Y_P, C_P^{MAX}] se se consumir acima do rendimento no período, financiando-se o excesso com recurso a capitais alheios. A restrição orçamental obtém-se combinado as Equações (182) e (183), tal que se determina a relação abaixo, depois de se terem rearranjado convenientemente os termos:

184) $C_P + \dfrac{C_F}{(1+r)} = Y_P + \dfrac{Y_F}{(1+r)}$

Ao mesmo tempo, deduzimos o montante da variação do consumo futuro por unidade de variação de consumo no presente. Este resultado é o patente na Equação (185).

185) $\dfrac{dC_F}{dC_P} = -(1+r)$

O que esta relação exprime é o preço de uma unidade de consumo no presente em termos de consumo futuro. Este preço relativo é função positiva da taxa de juro e é precisamente ele que é afectado pela tributação dos rendimentos da poupança.

Portanto, o problema cuja solução óptima se quer encontrar escreve-se como:

186) $Max.Z = \mu(C_P, C_F) + \delta[Y_P + \dfrac{Y_F}{(1+r)} - C_P - \dfrac{C_F}{(1+r)}]$

A solução deste problema de maximização é o habitual, em que a taxa marginal de substituição iguala o preço relativo[199]:

187) $\dfrac{\mu'_{C_F}}{\mu'_{C_P}} = \dfrac{1}{1+r}$

A condição de optimização acima pode ser reformulada como:

188) $\dfrac{\mu'_{C_P}}{\mu'_{C_F}} - 1 = r$

---

[199] Trata-se obviamente da condição de 1.ª ordem para um máximo local. Como sempre, assume-se verificada a condição de segunda ordem.

que exprime a noção de que a taxa marginal de preferência temporal deve ser igual à taxa de juro.

Vamos proceder à representação gráfica desta solução admitindo um consumidor que tem uma preferência elevada por consumo no presente relativamente a consumo futuro. Esta pessoa maximiza o seu nível de bem-estar para a combinação no consumo (c_P, c_F) de onde resulta um endividamento no presente igual a ($c_P - Y_P$). No futuro, o pagamento do capital em dívida acrescido de juros à taxa r representa um valor igual a ($Y_F - c_F$).

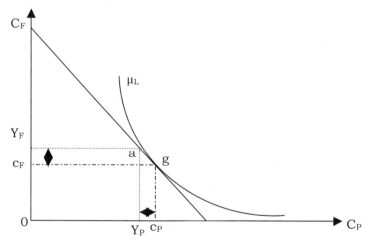

FIGURA 53 – **Distribuição Inter-temporal Óptima do Consumo para um Particular Consumidor**

17.2.1.3. *Os Efeitos da Tributação dos Rendimentos da Poupança*

Vamos tentar discernir sobre quais serão as consequências do lançamento de um imposto sobre os rendimentos provenientes da aplicação de poupanças, para já admitindo como pressupostos: 1) taxas de juro activas e passivas iguais; 2) ausência de restrições quantitativas; c) dedução fiscal da totalidade dos juros relativos aos empréstimos contraídos. Quanto à taxa de imposto t assume-se que é proporcional. Nestas condições a restrição orçamental escreve-se como:

189) $C_F = Y_F + (Y_P - C_P)[1 + r(1-t)]$

ou, equivalentemente, a:

190) $C_P + \dfrac{C_F}{1+(1-t)r} = Y_P + \dfrac{Y_F}{1+(1-t)r}$

e

191) $\dfrac{dC_F}{dC_P} = -[1 + r(1-t)]$

De onde se pode desde já dizer que o imposto reduziu o preço do consumo no presente em termos de consumo no futuro. A recta orçamental roda para a esquerda sobre o eixo definido pelas coordenadas dos rendimentos. Com o imposto ela torna-se a linha *BB*, exactamente como se se tivesse reduzido a taxa de juro, o que efectivamente acontece mas não aqui em termos de cotações brutas no mercado. A Figura 54 tem como ponto de partida as condições que figuram na anterior.

O imposto faz com que a combinação óptima no consumo passe de *g* para *h*; o consumo presente aumenta para c_h e o consumo no futuro evolui para hc_h. A variação apurada no consumo presente é positiva e igual à medida do segmento $c_p c_h$. E a que se deve este acréscimo? Novamente a sua explicação reside na desagregação do impacto da taxa de imposto sobre o consumo no presente entre efeito rendimento e efeito substituição. O efeito rendimento é o dado pelo segmento $c_p c_t$ e o efeito substituição é $c_t c_h$. Neste caso os dois efeitos reforçam-se mutuamente de onde resulta ser inequívoco o aumento do consumo no presente.

FIGURA 54 – **Distribuição Inter-temporal Óptima do Consumo com Tributação**

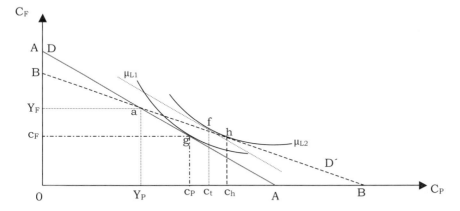

O sinal do efeito rendimento depende, logicamente, da qualidade do sujeito enquanto credor, ou seja, aforrador, ou devedor. No primeiro daqueles casos o imposto implica uma baixa do rendimento e na segunda situação um acréscimo, visto o pressuposto acima. Porque assumimos ser o consumo um bem normal, o efeito rendimento tem sinal positivo, seja para aforradores seja para devedores[200]. O efeito substituição é negativo como sempre. Conclui-se então o seguinte:

a. Para os que contraem empréstimos, o efeito substituição é reforçado pelo efeito rendimento pelo que, sem margem para dúvidas, a tributação dos juros determina para essas pessoas um aumento do consumo no presente e consequente redução de poupanças líquidas;
b. Para os aforradores os dois efeitos agem em sentidos opostos pelo que o impacto desse imposto vai depender de qual desses efeitos é o mais forte; se dominar o efeito rendimento o consumo no presente contrai-se e sobem as poupanças, mas expandir-se-á se for o efeito substituição a dominar.

O efeito da tributação de que estamos falando neste momento é completamente distinto, no caso de um devedor, se se não assumir o pressuposto da dedução fiscal dos juros. Realmente, em tal caso a restrição orçamental representa-se pela linha BaA, como na Figura 55.

FIGURA 55 – **Restrição Orçamental Inter-Temporal sem Dedução Fiscal dos Juros**

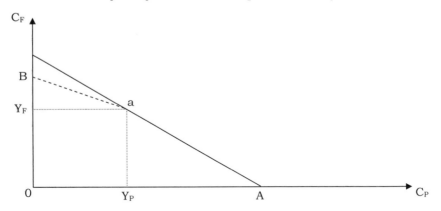

É patente que, numa situação destas, e na perspectiva do devedor, a tributação dos juros das poupanças não produz quaisquer efeitos. Tanto o efeito rendimento quanto o de substituição estão ausentes.

---

[200] Sandmo (1985, p. 268) deriva formalmente o impacto de variações sobre a taxa de juro no consumo presente da seguinte maneira: $\frac{\partial c_P}{\partial r} = (Y_P - C_P)\frac{\partial c_P}{\partial Y_F} + (\frac{\partial c_P}{\partial r})_{U^*}$. O efeito rendimento é identificado com a primeira parcela do segundo termo da relação anterior.

Há evidentemente uma situação onde a tributação dos rendimentos da poupança é susceptível de não exercer nenhum efeito sobre os padrões de consumo no presente mesmo continuando-se a assumir a dita dedução. É isso que pode advir quando restrições quantitativas ao crédito se associam a uma grande apetência pelo consumo no presente, indicadas por curvas de indiferença exibindo taxas marginais de substituição suficientemente altas, capazes de originar soluções de canto tal como mostradas na Figura 56. Claro também que nestas situações o consumo futuro há-de aumentar com a tributação das poupanças na condição de continuarmos a assumir que os juros pagos são totalmente dedutíveis para efeitos da determinação da matéria colectável.

Podemo-nos interrogar sobre onde estão as ineficiências provocadas por este tipo de imposto. A resposta encontra-se na alteração das combinações no consumo explicadas pelo efeito substituição. A sua medida avalia-se necessariamente pela carga fiscal excedentária que mostramos graficamente através da Figura 57.

A situação de que nos temos servido para ilustrar esta matéria é a de um devedor. O tratamento fiscal a que ele está sujeito, segundo os pressupostos explicitados, implica que ele beneficie como que de um subsídio do Estado; é isso que resulta do facto de, para o intervalo relevante, a sua nova recta orçamental subsequente à tributação dos rendimentos da poupança se situar acima da que se lhe apresenta quando um tal imposto não existe. Em tais condições, a introdução da fiscalidade conduz o devedor para níveis mais elevados de satisfação, pois transita da curva μ_L para a curva de indiferença μ_{L2}. Como se vê na Figura 57, esta última curva de indiferença tangência a recta orçamental BB no ponto h e, portanto, o *subsídio* recebido é igual à distância vertical entre esta recta orçamental, medida a partir de h, e a sua congénere AA aplicável quando aquele imposto é inexistente.

FIGURA 56 – **Soluções de Canto no Consumo Presente**

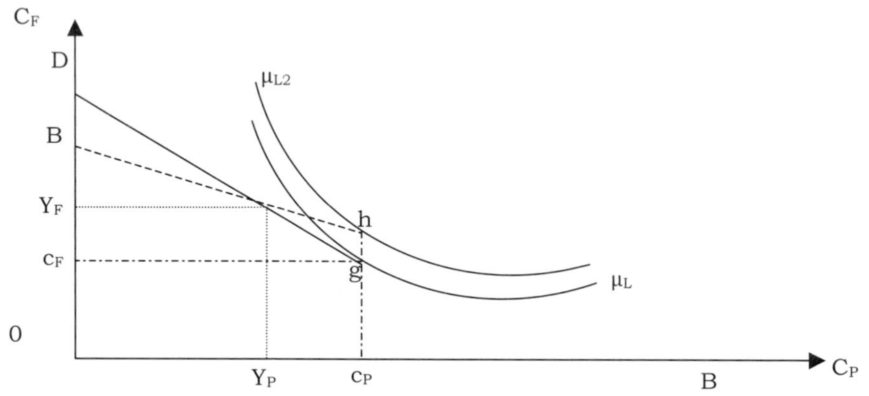

Mas o que a mesma figura também revela é que se o *subsídio* fosse do tipo *lump-sum* e calculado de maneira a produzir para o Estado as mesmas consequências financeiras, *CC*, paralela a *AA*, seria a recta orçamental que lhe estaria então associada e intersectaria *BB* no ponto *h*. Ora, daí resultaria para o devedor um nível acrescido de utilidade, μ_{L3} em vez de μ_{L2}, sem acréscimo de encargos para as autoridades. Concluindo, a carga fiscal excedentária é avaliada nesta representação pela perda de utilidade para este particular sujeito, de montante igual $(\mu_{L3} - \mu_{L2})$.

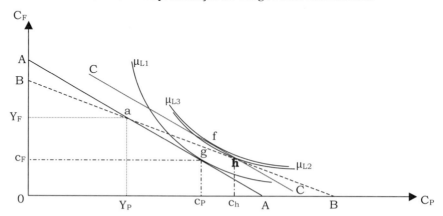

FIGURA 57 – **Representação da Carga Fiscal Excedentária**

17.2.1.4. As Críticas ao Modelo

A principal crítica ao modelo tradicional que apresentámos atrás é o pressuposto que os níveis de rendimento são valores exógenos não influenciados, eles próprios pela tributação dos rendimentos da poupança. O abandono deste pressuposto conduz à reformulação da função utilidade do indivíduo por forma a incluir as escolhas relativas ao lazer. As implicações resultantes são várias e importantes, inclusivamente no que concerne à determinação do sinal do efeito substituição e, portanto, quanto às conclusões que se podem retirar sobre as consequências destes impostos na poupança[201].

17.2.2. O Comportamento da Poupança nos Países Desenvolvidos

A evidência empírica aponta para uma quebra substancial dos níveis de poupança nos países desenvolvidos do ocidente a partir, nomeadamente, de meados da década de 80. Nos E.U.A. a poupança representava cerca de 8% do P.I.B. no período entre a II.ª Grande Guerra e o início daquela década para, em 1990, se situar apenas em 1.7% (Bosworth, Burtless, & Sabelhaus, 1991, Table 1, p. 185). Para tal contribuiu de maneira muito expressiva a evolução desfavorável registada nas poupanças privadas constituídas pelas empresas e pelas famílias. Estes factos constituíram para a generalidade dos economistas uma grande surpresa por força da conjugação dos três seguintes elementos: 1) a taxa de poupança caracterizara-se no passado por um comportamento deveras regular ao ponto de a generalidade dos economistas a tratarem, de facto, como se fosse uma constante; 2) essa quebra registou-se precisamente na sequência de reformas fiscais que tiveram entre os seus objectivos principais estimular o crescimento da poupança por via do desagravamento fiscal e, por esse meio, consentindo aos aforradores acréscimos nas taxas líquidas de remuneração; 3) por outro lado, tudo isto se passa numa altura em que as taxas reais de juro aumentaram favorecendo, também elas, segundo algumas opiniões, o crescimento da poupança[202].

As tentativas de explicação da evolução da poupança nesse período de tempo têm-se feito a partir de abordagens muito diversas realizadas

---

[201] Este assunto pode ser aprofundado em Sandmo (1985).

[202] Como já sabemos, esta associação não é necessariamente verdadeira, constituindo, pelo contrário, uma perspectiva redutora dos canais de transmissão entre causa e efeito.

pelos muitos autores que reflectiram sobre o assunto. Uma das hipóteses aventadas considera as implicações do modelo do ciclo de vida que prevê que as poupanças se façam durante o período de vida activa, mas não após ele. Nesta medida, o envelhecimento da população seria uma explicação para a redução das poupanças. Outros autores referem-se às mudanças operadas nos modelos sociais de comportamento prevalecentes, por exemplo, no aumento da incidência dos divórcios e do peso relativo das famílias monoparentais que, tradicionalmente, dispõem de menores rendimentos e são também aquelas que se apresentam com as mais baixas taxas de poupança[203]. Outros ainda enfatisam os fortes ganhos de capital obtidos em boa parte desse período devido ao bom desempenho das bolsas mundiais, com os inerentes acréscimos de riqueza, como a principal razão para a redução das poupanças.

Baseado em dados estatísticos fornecidos por inquéritos às famílias, Bosworth *et al.* (1991, p. 198-204) refutam a hipótese do ciclo de vida, não obstante esta ter sido antes confirmada por um número razoável de trabalhos econométricos. Eles são capazes de demonstrar que a quebra nas poupanças se verificou em todas as faxas etárias, e em nenhuma em particular, muito embora tenha sido entre as famílias lideradas por indivíduas com idade igual ou superior a 45 anos que essa contracção tenha sido mais intensa. Acresce ainda que os dados disponíveis revelam que há formação de poupança nas famílias encabeçadas por pessoas mais idosas em níveis que se não distinguem significativamente da das outras faixas etárias.

Não se tendo detectado factores demográficos ou comportamentais específicos a qualquer grupo da população capazes de explicar o comportamento da poupança, estes investigadores inclinam-se para a aceitação da influência do aumento da taxa de juro real verificado nesse período. Segundo os valores que eles mesmos referem (Bosworth *et al.*, 1991, p. 200) a taxa real de juro média paga nas obrigações emitidas por empresas subiu para os 7.5% entre 1982 e 1985. Como vimos acima, as variações na taxa de juro têm um efeito rendimento e outro de substituição sobre o consumo, os quais são inversos sobre as poupanças, que se reforçam no caso dos devedores e que se contrariam para os que poupam para depois aplicarem. Partindo do pressuposto de que a carteira de activos, isto é, a riqueza acumulada, é maior entre a população de mais idade, o efeito rendimento associado à subida da taxa real de juro ter-se-á configurado como um desincentivo à poupança mais forte do que o movimento em sen-

---

[203] Ver Bosworth *et al.* (1991, Q. 4, p. 205).

tido contrário explicado pelo efeito substituição, resultando daí uma redução líquida na poupança deste conjunto de pessoas, num montante significativamente maior do que o verificado entre os mais jovens[204].

17.3. *A Relação entre Poupança e Investimento*

A poupança é uma peça verdadeiramente fundamental para o crescimento e desenvolvimento económico e social de um país, pois é ela que sustenta os investimentos produtivos efectuados tanto pelos agentes económicos privados como pelo Estado. Neste campo, os mercados financeiros são cruciais na intermediação entre os aforradores líquidos e aqueles que precisam de capitais alheios para financiar os investimentos que desejam realizar. Ora, nesta secção, o propósito é estudar a relação entre poupança e investimento, e a influência que os impostos sobre os rendimentos da poupança exercem sobre a capacidade de um país para acumular capital e de, por esse meio, crescer e melhorar o nível de vida das suas populações. Para cumprir com esta intenção, assumimos que a tributação dos rendimentos da poupança a vai reduzir e, para já, que a única poupança a que os investidores têm acesso é a dos residentes do próprio país. Este último pressuposto é equivalente a dizer-se que começamos por assumir uma economia sem movimentos internacionais de capitais para, numa fase posterior, abrirmos os nossos horizontes à oferta de poupanças provenientes do exterior.

17.3.1. *O Caso de uma Economia Fechada*

Nas secções anteriores ficámos a saber que as poupanças são função da taxa de juro[205] que as remunera e da taxa de imposto que incide sobre

---

[204] Veja-se o quadro 3 de Bosworth *et al.* (p. 199). De facto, se se admitir que a riqueza líquida das famílias encabeçadas por alguém na faixa etária entre os 25 e os 34 anos é negativa, significando a preponderância do endividamento, então o efeito da subida das taxas reais de juro seria a diminuição do consumo no presente e correlativo aumento da poupança. Os valores constantes daquele quadro são inteiramente compatíveis com este resultado.

[205] Embora na nossa exposição ignoremos os processos inflacionários com o propósito de simplificar a apresentação destas questões, é importante ter presente que para os agentes económicos, sejam eles aforradores ou investidores, a taxa de juro relevante é a real e não a nominal.

os juros para um dado valor do rendimento, tal que a respectiva função oferta se pode escrever como[206]:

192) $S = S(i, t)$

onde i é a taxa de juro antes de impostos e t a taxa de imposto aplicável. A remuneração líquida das poupanças, depois de impostos, é igual a $(1-t)i$. A dependência funcional entre a oferta de poupanças e as variáveis que a determinam é, pois, a seguinte, tendo em conta condições referidas na secção anterior:

193) $\dfrac{\partial S}{\partial i} > 0 \; e \; \dfrac{\partial S}{\partial t} < 0$

Na representação gráfica a duas dimensões, a poupança exprimir-se-á apenas como uma função positiva da taxa de juro bruta i, para um dado valor da taxa de imposto t e do rendimento. Consequentemente, qualquer variação em t levará a deslocações da curva da poupança para a direita ou para a esquerda, em vez de a deslocamentos ao longo dela.

O investimento depende, como muito bem se sabe, de uma série de variáveis para além da taxa de juro, como sejam as expectativas quanto ao nível futuro da actividade económica. Todavia, impomos a cláusula *ceteris paribus* de forma a fazê-lo aqui função apenas da taxa de juro. Assim, a função investimento é simplesmente a expressão:

194) $I = I(i)$

tal que:

195) $\dfrac{dI}{di} < 0$

A igualdade entre custos e rendimentos marginais é a regra económica observada pelos investidores para tomarem as suas decisões quanto ao total do investimento a realizar[207]. Os custos considerados são todos aqueles que o investidor haja que suportar, incluindo-se neles os impostos. Todavia, nesta secção assumimos que em relação ao investimento não

---

[206] A oferta de fundos depende igualmente, e negativamente, do nível de risco da aplicação. Estamos aqui a supor um determinado nível de risco.

[207] Em termos matemáticos, a solução de equilíbrio para uma empresa cujo objectivo é maximizar os lucros consiste em investir até ao ponto em que iguala o valor actualizado para o presente das receitas futuras esperadas da última unidade de capital investido, o investimento marginal, menos os correspondentes impostos esperados, ao valor também actualizado para o presente dos custos dessa unidade de investimento subtraídos de quaisquer benefícios fiscais associados que sejam antecipados.

recaem quaisquer custos ou benefícios de natureza fiscal razão pela qual o posicionamento da curva *I* no plano não é afectado pelas medidas dessa natureza. No capítulo seguinte este pressuposto é abandonado e aí estudaremos os efeitos económicos que se devem esperar da tributação dos rendimentos das pessoas colectivas, as empresas, ao nível da procura de investimento. Num mundo sem impostos, são duas as componentes que fazem o custo do investimento; por um lado, o custo dos capitais próprios e alheios usados para o financiar e, por outro, a depreciação económica desse capital resultante do uso ou da obsolescência técnica. Mas, por ora, os únicos impostos que incorporamos na análise que estamos a fazer são exclusivamente os que recaem sobre os rendimentos da poupança.

O mercado está em equilíbrio quando se verifica a igualdade:

196) $S(i, t) = I(i)$

A representação gráfica que se lhe refere encontra-se na Figura 58. A solução de equilíbrio correspondente ao ponto *a* tem subjacente a não tributação dos rendimentos da poupança. Dadas a procura de investimentos representada pela curva *I*, e a oferta de poupanças representada pela curva *S*, a solução de equilíbrio é a taxa de juro i_a, com poupanças e investimentos iguais a $I_a = S_a$. Neste caso não há qualquer distorção na afectação dos recursos económicos pois a taxa de rentabilidade do investimento marginal, a $I_a.^a$ unidade, é exactamente igual ao custo do seu financiamento, i_a.

FIGURA 58 – **Solução de Equilíbrio entre Poupança e Investimento numa Economia Fechada**

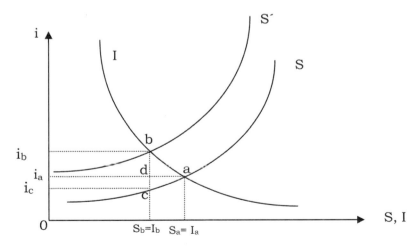

Porque se trata de uma economia fechada, convém notar que a totalidade do investimento é financiado por poupanças de residentes e, por isso, para além da igualdade quantitativa que se nota, frisa-se que o investimento que é possível realizar está limitado pela capacidade do país para poupar.

Passemos agora a admitir que se lança um imposto sobre os juros da poupança, decorrendo daí, pressuposto nosso, uma contracção das mesmas. Em consequência, a curva da oferta de poupanças desloca-se para cima. A diferença vertical entre as duas curvas, S e S', para cada valor alternativo da poupança ou do investimento, lidos no eixo das abcissas, representa a diferença entre as taxas de juro bruta e líquida, ou seja, a fracção daquela taxa bruta que reverte a favor do Estado. O impacto desta medida está retratado na Figura 58: a nova solução de equilíbrio verifica-se no ponto b, para uma taxa de juro bruta i_b, significando para os aforradores um acréscimo na taxa de juro de equilíbrio antes de impostos pelo montante bd, e igual agravamento na taxa de juro paga pelos investidores, enquanto que os aforradores sofrem uma redução de dc na remuneração líquida que conseguem, e que se traduz na baixa da taxa de juro que recebem, líquida de impostos, de i_a para i_c. Assistimos, pois, à repercussão parcial para a frente da tributação da poupança. Para aquelas taxas de juro bruta e líquida, a procura de investimento iguala a oferta de fundos. A diferença entre as duas taxas de juro é a fracção da taxa de juro bruta que reverte a favor do Estado, dada a taxa de imposto t, isto é, $i_b - i_c = ti_b = bc$, que mais não são do que as receitas fiscais produzidas pelo investimento marginal. Este diferencial bc expresso como proporção de i_b, portanto t, é conhecido na literatura económica por taxa marginal efectiva de imposto (Chua, 1995, p. 162), enquanto a área $abdc$ mede a ineficiência introduzida pela tributação dos rendimentos do capital produzidos, no conjunto formado pelas empresas e pelos aforradores que as financiam.

Em virtude da reacção das taxas de juro ao imposto lançado, tanto o investimento quanto a poupança diminuem, reduzindo-se para I_b e S_b.

A diminuição da poupança será tanto maior quanto maior fôr a sua elasticidade em relação à taxa de imposto. Em resultado de tudo isto, o investimento contrai-se e, portanto, limita-se o potencial de crescimento do país assim como a sua capacidade para proporcionar bem-estar às suas populações. É também por demais fácil perceber os efeitos sobre as receitas do Estado seja no curto-prazo seja sobre períodos alargados de tempo.

17.3.2. *O Caso de uma Economia Aberta*

A abertura da economia do país ao exterior cria novos resultados. Se assumirmos que se trata de uma pequena economia aberta com uma elevada notação de risco de crédito[208], a oferta internacional de fundos é representável por uma linha horizontal que intersecta o eixo das ordenadas para uma dada taxa de juro (oferta infinitamente elástica a essa taxa de juro); além disso, vamos ainda admitir que a tributação segundo a legislação deste país se aplica exclusivamente aos capitais detidos pelos seus residentes, isentando-se os capitais importados por virtude de acordos internacionais com os quais se evita a dupla tributação. Nestas condições, a Figura 58 surge alterada conforme o que se pode ver na Figura 59 que se apresenta a seguir.

Na ausência de impostos, ou então para o nível consentâneo com o traçado da curva da oferta doméstica de poupanças, *SN*, e para uma oferta internacional de poupanças *SI*, infinitamente elástica à taxa de juro i_0, o investimento interno ascende a I_b unidades, com um financiamento por capitais internos de valor igual a *SNa* e externos, consubstanciados na importação de capitais, ascendendo a I_b-*SNa* unidades. O aumento do imposto sobre os rendimentos de capitais desloca a curva *SN* para cima, passando a oferta da poupança dos residentes a ser representada por *SN´*. Neste particular exemplo, a taxa de juro mantém-se inalterada porque a curva da oferta de fundos nacionais se localiza em toda a sua extensão acima da linha *SI*, verificando-se portanto exactamente o mesmo com a procura de investimento que mantém os mesmos valores que antes. O que agora se modifica é a composição do seu financiamento. No caso específico desta figura, a taxa de juro i_0 é inferior ao mínimo exigido pelos aforradores residentes; portanto todo o investimento passa a ser financiado por capitais externos. De qualquer maneira, o efeito desta medida é, em termos gerais, desencorajar a poupança doméstica[209] com o correspondente acréscimo da participação da poupança externa e aumento do endividamento do país face ao exterior em SN_a unidades, imputável à política fiscal.

---

[208] Se assim não fosse deveríamos assumir que a oferta externa de fundos exigiria juros crescentes com o montante do stock de dívida contraída; por outras palavras, uma curva da oferta ascendente.

[209] Ou, então, incentivar a deslocalização territorial da mesma para beneficiar de um regime fiscal mais favorável.

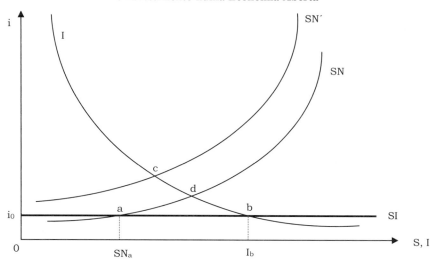

FIGURA 59 – **Solução de Equilíbrio entre Poupança e Investimento numa Economia Aberta**

18. O Imposto sobre os Lucros das Sociedades

Para além da tributação directa dos rendimentos das pessoas singulares, os sistemas fiscais contemplam em toda a parte a imposição separada dos resultados das empresas. Ora, as empresas, mesmo quando adoptam a figura jurídica de sociedades anónimas, são tituladas por indivíduos que suportam as perdas de valor que, porventura, elas registem e, do mesmo modo, têm direito a receber uma participação nos seus resultados quando estes são positivos. O que isto significa é que, em boa verdade, só os indivíduos pagam impostos e que as empresas nada mais são do que veículos que geram rendimentos por via dos quais estes fluem para pessoas singulares.

Há numerosos estudos que exibem abundante evidencia empírica segundo a qual aqueles impostos, ao promoverem a dupla tributação dos lucros, geram elevados níveis de ineficiência na economia pelo facto de estimularem as empresas a abandonar o estatuto de sociedades anónimas em favor de formas jurídicas onde os ganhos gerados são tributados em sede do imposto sobre os rendimentos das pessoas singulares. A questão central aqui colocada não é a forma jurídica de constituição adoptada pelas empresas, mas antes a dupla tributação dos lucros.

Os estudos empíricos a que agora nos estamos referindo têm-se desenvolvido segundo duas abordagens. A primeira é exemplificada por Harberger (1966), Shoven (1976) e Ballard *et al.* (1985) entre outros. Estes assumem que há sectores produtivos onde as empresas se constituem como sociedades anónimas e outros que se organizam segundo outras modalidades jurídicas. A tributação das sociedades anónimas conduz à reafectação dos factores de produção para o sector que não é sujeito a dupla tributação dos lucros. Os modelos são testados em equilíbrio geral concluindo-se que os custos de eficiência não chegam a 20% das receitas produzidas. Mas, por outro lado, literatura mais recente, em que se destacam as contribuições de Gravelle e Kotlikoff (1988, 1989, 1993), assume que num mesmo sector co-existem sociedades anónimas e não anónimas, e que os impostos sobre os lucros daquelas causam mais reafectações entre formas jurídicas de organização dentro de cada sector do que entre sectores. Como é de calcular, as estimativas a que estes autores chegam quanto à medida dos custos de ineficiência assim induzidos pela dupla tributação dos lucros das sociedades anónimas estão muito acima dos primeiros que mencionámos; estes valores ultrapassam frequentemente 100% das receitas produzidas. Goolsbee (2002) aborda esta mesma problemática com dados *cross-section* relativos aos Estados norte-americanos pois considera que esta metodologia, contrariamente às prosseguidas em estudos anteriores, possibilita a estimação directa do impacto das taxas de imposto sobre os incentivos ao surgimento de sociedades anónimas, ao mesmo tempo que consegue controlar os factores que chama de agregados. E conclui que há um impacto significativo da dupla tributação dos lucros das sociedades anónimas, em comparação com os de sociedades organizadas de outras formas, no peso relativo da actividade económica empreendida por elas, incluindo vendas, emprego, número de empresas e de estabelecimentos. Concretamente, conclui-se que por cada 1% de aumento naqueles impostos, há uma redução de 0.6% no número de empresas que se organizam como sociedades anónimas.

É, portanto, natural e lógico que nos questionemos sobre as razões que se alegam em favor da tributação separada dos resultados dessas empresas em alternativa à sua completa integração na tributação do conjunto dos rendimentos dos accionistas, independentemente das fontes de onde provenham. Um dos objectivos da integração dos rendimentos consiste em tributar os resultados da empresa, tenham ou não sido distribuídos como dividendos, às taxas de imposto aplicáveis aos accionistas tendo em conta a globalidade dos seus rendimentos. Aliás, o princípio da justiça fiscal concorre no sentido da integração de tais rendimentos pois entende-se que só assim é possível tributar as pessoas singulares de acordo com o princípio da capacidade para pagar. Os argumentos favoráveis à integração são sistematizados em vários pontos, que são:

   a) O sistema clássico alternativo discrimina contra o aparecimento de sociedades anónimas, constituindo-se deste modo como obstáculos ao gozo dos benefícios de natureza jurídica que lhe estão associados, como seja o benefício da responsabilização limitada pelas dívidas contraídas. Reconhece-se, porém, que a discriminação não se coloca em relação a financiamento por capitais alheios uma vez que estes são considerados custos e estão sujeitos a impostos unicamente enquanto rendimento dos credores;

b) A discriminação contra o financiamento por capitais próprios encoraja o recurso a capitais alheios, aumentando-se com isso a probabilidade de falência das empresas e suscitando a cobrança de prémios de risco que encareçam o custo do capital, desencorajam o investimento e o crescimento económico dos países;
c) Encoraja-se o financiamento das empresas pelos accionistas sob a forma de empréstimos, em vez de por aumentos de capital, de maneira a serem remunerados por juros em vez de por dividendos;
d) Encoraja-se a retenção dos lucros no seio da empresa, fomentando-se a imobilidade do capital e a sua ineficiente distribuição entre aplicações alternativas.

Porém, como contrapartida a este último aspecto, a não distribuição dos lucros tende a aumentar o valor da empresa o que se vai reflectir na cotação dos respectivos títulos de propriedade, gerando ganhos de capital que são habitualmente tributados em condições mais vantajosas que os dividendos.

Neste ponto é de esclarecer que a legislação fiscal em muitos países procura atenuar estes problemas, sem todavia os eliminar por completo, quer mitigando a dupla tributação dos lucros quer atenuando o tratamento mais favorável dos juros impondo a estes determinados limites quer de montante, quer quanto à proveniência e utilização dos respectivos fundos para serem tidos como custos para efeitos fiscais[210].

Mas quais são então os argumentos que se apresentam para fundamentar a tributação separada dos lucros das empresas, isto é, a não integração[211] conhecida por solução clássica?

Uma primeira explicação é de índole jurídica. As empresas, à luz das normas do direito, são entidades independentes dos seus proprietários os quais, inclusivamente, podem não responder com o seu próprio património pelas dívidas que elas tenham contraído. O argumento não é económico e, portanto, não responde satisfatoriamente às questões de facto essenciais na nossa perspectiva. Por outro lado, é bem sabido que esta desresponsabili-

---

[210] Por exemplo, que os empréstimos não tenham sido feitos por accionistas ou indivíduos com eles relacionados, que não haja relação entre o valor dos juros pagos e os lucros da empresa e que o empréstimo tenha sido obtido para ser utilizado em actividades económicas sujeitas a impostos.

[211] A imposição dos lucros das empresas não é incompatível com o princípio da integração desde que seja entendida e praticada como uma retenção na fonte dos impostos devidos por pessoas singulares. Aliás, são numerosos os economistas que defendem a tributação separada dos lucros nessa base.

zação do património pessoal dos proprietários face aos credores da empresa não se apresenta com um carácter generalizado, dependendo antes da modalidade jurídica em que elas se hajam constituído. Uma extensão deste argumento é a referência frequentemente feita à separação entre a titularidade do capital social da empresa e as responsabilidades pela sua administração. Especialmente em grandes empresas, constituídas como sociedades anónimas, é comum a partição entre estas duas qualidades em que as pessoas se podem posicionar no seio da empresa, quanto mais não seja porque muitas vezes os accionistas individuais detêm uma fracção tão diminuta do capital social que, por si sós, não conseguiriam nunca exercer qualquer influência sobre a gestão corrente e, do mesmo modo, sobre as decisões estratégicas tomadas em assembleias gerais ou em outros órgãos sociais. Este ponto de vista concorre, certamente, para realçar a distinção entre empresa e accionista do ponto de vista económico.

O terceiro argumento desvaloriza a exigência da integração fundamentada no princípio da capacidade para pagar. Para esta linha de pensamento, aquele princípio foi desenvolvido por economistas utilitaristas, como Bentham e Mill, que tomaram o rendimento como o indicador dessa capacidade. Mas ele estaria hoje desactualizado dado o seu carácter limitado, especialmente por se discutirem outras bases alternativas para desempenharem esse papel e, segundo alguns, mais eficientes, como seja o consumo.

Por outro lado, há ainda aqueles adeptos da imposição separada que argumentam com a necessidade de se respeitar a equidade fiscal, desta vez interpretada à luz do princípio do benefício. A empresa colhe da actividade do Estado vantagens que lhe são específicas, desde infra-estruturas até à não responsabilização do património dos sócios perante as dívidas da empresa, que justificam por si sós uma cobrança separada de impostos correctamente calibrados à natureza e à dimensão dessas vantagens. Contudo, deve-se dizer que se trata de um argumento ao qual não é dado hoje em dia uma grande relevância, nem tão pouco pelos defensores da perspectiva clássica de tributação (King J. , 1995, p. 150).

Por último, alega-se em favor do sistema clássico a sua maior transparência e simplicidade de administração em comparação com os sistemas de tributação integrados.

Segundo Chua *et al.* (1995, p. 151) os estudos realizados sobre os problemas suscitados pela tributação destes rendimentos sob forma integrada têm concordado quanto à existência de dificuldades administrativas praticamente inultrapassáveis, tais como:

a. A enorme quantidade de informação que a administração fiscal seria obrigada a obter de cada empresa, e consequentes custos de administração e de cumprimento muito avultados, tendo em vista o número muitas vezes considerável de accionistas que, para além disso, seriam titulares de acções durante diferentes períodos de tempo e em quantidades flutuantes;
b. O facto de frequentemente os accionistas directos serem outras empresas ou fundos, uns nacionais outros não, dificultando imenso o conhecimento dos titulares individuais;
c. A heterogeneidade das acções (comuns, preferenciais) que titulam o capital social, torna complexa a tarefa de afectar resultados não distribuídos por diferentes tipos de titulares;
d. Eventuais dificuldades de liquidez para alguns dos titulares individuais que se veriam compelidos a pagarem importâncias significativas sem as terem recebido das empresas.

Até hoje nenhum país promoveu um processo de integração generalizada destes rendimentos para efeitos de determinação do imposto a liquidar. Alguns países, como os E.U.A., fazem-no mas de forma circunscrita a pequenas empresas com um reduzido número de proprietários[212]. Há diferentes metodologias de integração dos rendimentos com implicações naturalmente diversas (Chua & King, 1995, pp. 152-155).

Entretanto, a partir dos anos 70 do Séc. XX novos contributos teóricos fizeram surgir o que é conhecido pela nova perspectiva da tributação dos dividendos[213] e que chega a conclusões muito diferentes daquela que temos vindo a expôr conhecida, neste novo dualismo, por perspectiva tradicional, e igualmente com consequências práticas significativamente distintas. É esta nova abordagem da tributação separada dos lucros que constitui o conteúdo da próxima secção.

18.1. A "Nova" Perspectiva da Tributação dos Dividendos

Em termos muito sucintos, o que a "nova" perspectiva afirma é que a dupla tributação dos ganhos de capital, e consequentes inconvenientes económicos de que se escreveu na secção anterior, só se verifica quando os investimentos são financiados por capitais próprios obtidos através de novas emissões de acções. Pelo contrário, quando são financiados por

---

[212] Por exemplo as companhias registadas no subcapítulo S.
[213] "New view" versus "traditional view".

lucros não distribuídos, não há nem dupla tributação nem, portanto, toda a sequela dos efeitos previamente descritos. A divergência de posições entre as duas perspectivas encontra-se exactamente neste segundo aspecto, porquanto há unanimidade quanto ao primeiro.

Surge assim na teoria das finanças públicas uma importante discrepância de posições sobre matéria que é fundamental do ponto de vista da política económica, e que hoje ainda se não encontra resolvida a favor de uma ou de outra destas perspectivas. Porém, reconhece-se que a evidência empírica, directa e indirecta, se tem revelado mais favorável à visão tradicional.

Considerando que grande parte do investimento financiado por capitais próprios o é na forma de lucros não distribuídos, esta nova concepção introduz sérias dúvidas sobre as implicações da tributação dos dividendos na escolha das fontes de financiamento das empresas relativamente ao que antes se tinha como adquirido. Se a "nova" perspectiva for a correcta, então não haverá inconvenientes assinaláveis na manutenção da tributação separada dos resultados do capital e, portanto, deixam em grande medida de ser úteis os argumentos que propõem a sua integração[214]. Inclusivamente, deixa de haver distorções se porventura a taxa de imposto que incide sobre os lucros das empresas for igual à que é lançada sobre os juros.

Na verdade, a "nova" perspectiva tem como indesejável a integração da imposição dos rendimentos, até porque iria determinar avultadas mais valias instantâneas para os detentores de acções, fruto da diminuição na tributação global dos lucros das empresas. Não se olvide a este propósito o que se escreveu acima: a dupla tributação dos resultados é capitalizada no valor dos instrumentos financeiros que titulam os respectivos capitais sociais, depreciando-os.

Além disso, e pelo mesmo conjunto de razões, deixa de se justificar a tributação dos ganhos de capital a taxas mais reduzidas do que aquelas que incidem sobre outras formas de rendimento, tendo em mente que um dos mais fortes argumentos a favor desta discriminação é, precisamente, atenuar os efeitos da dupla tributação do capital.

O pressuposto crítico da "nova" perspectiva é que os accionistas só podem ser remunerados pela empresa sob a forma de dividendos tributa-

---

[214] Os inconvenientes só se mantêm em relação à emissão de novo capital social. É certo que com isso se pode desincentivar o aparecimento de novas empresas sob essa forma jurídica e novas emissões de títulos. Mas, pelo menos, os inconvenientes estão mais limitados por deixarem de ter um carácter universal.

dos; formas alternativas de remuneração encontram-se excluídas. Vejamos, seguidamente, como se concretiza esta perspectiva da questão.

Admita-se que os investimentos realizados pela empresa e financiados por lucros não distribuídos têm uma rentabilidade antes de impostos, e depois de depreciações, de $r_I\%$; os lucros das empresas são tributados à taxa de $t_{LE}\%$, os dividendos, em sede do imposto sobre o rendimento das pessoas singulares, à taxa de $t_{RP}\%$, enquanto os ganhos de capital são tributados à taxa de imposto de $t_{GC}\%$. Se a empresa recorre à emissão de novo capital social, a remuneração líquida de impostos (r_{li}) que é auferida pelos accionistas com origem no investimento que eles financiam daquele modo é como se escreve de seguida:

197) $r_{li} = r_I (1 - t_{LE}) (1 - t_{RP})$

que conduz à taxa de imposto efectiva t_{EF} suportada pelos accionistas sobre aquele rendimento de:

198) $t_{EF} = \frac{r_I[1-(1-t_{LE})(1-t_{RP})]}{r_I} = t_{LE} + t_{RP}(1 - t_{LE})$

Como se observa na equação anterior, o rendimento que os investidores obtêm é, naquelas circunstâncias, duplamente tributado, primeiro ao nível da empresa e depois ao nível individual.

Vejamos agora o que se passa quando o financiamento é feito com lucros não distribuídos. Do ponto de vista do accionista, uma unidade monetária que não recebe a título de dividendos, e líquida de impostos, corresponde a um montante de lucros não distribuídos igual a $\frac{1}{1-t_{RP}}$. Considerando, ademais, que a não distribuição leva a ganhos de capital por um igual valor, tributados por sua vez à taxa de $t_{GC}\%$, a empresa tem disponível para investir $\frac{1-t_{GC}}{1-t_{RP}}$. Logo, a rentabilidade que desse investimento é colhida líquida de impostos pelos accionistas é:

199) $r_I(\frac{1-t_{GC}}{1-t_{RP}})(1 - t_{LE})(1 - t_{RP})$

de tal modo que agora a taxa efectiva de imposto suportada pelos sujeitos singulares é:

200) $t_{EF} = t_{LE} + t_{GC}(1 - t_{LE})$

Como se vê, a taxa efectiva de imposto que recai sobre investimentos financiados por lucros retidos é independente da taxa de imposto que incide sobre os dividendos distribuídos. A relação que agora aqui há a fazer é entre t_{GC} e t_{RP}. Em particular, se a taxa de imposto sobre ganhos de capital é nula, então esta taxa efectiva de imposto depende apenas da tributação dos lucros da empresa. Em geral, se $t_{GC} < t_{RP}$, o investimento financiado com lucros retidos fica sujeito a uma carga fiscal inferior à que se aplica quando se utiliza novo capital social.

18.2. *Os Canais de Transmissão da Política Fiscal para o Investimento e o Crescimento Económico*

Seguindo Chirinko (2002) há uma série de canais sequenciais por via dos quais a legislação fiscal influencia o investimento e o ritmo de crescimento do PIB real. A figura abaixo apresenta ordenadamente esta sucessão de efeitos.

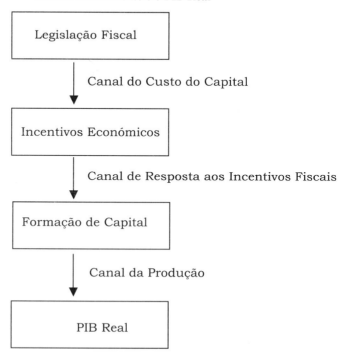

FIGURA 60 – **Canais de Transmissão da Política Fiscal sobre o Investimento e o PIB Real**

Sucintamente vamos fazer algumas considerações sobre os dois primeiros canais. Não se abordará o canal da produção porque tal nos levaria a entrar na discussão dos modelos de crescimento exógeno e endógeno os quais não constituem objecto de estudo das finanças públicas.

18.2.1. *O Canal do Custo do Capital*

Os impostos sobre os lucros das empresas recaem sobre os seus resultados sempre que sejam positivos. No entanto, a taxa legal de imposto, cujo conhecimento se obtém consultando-se a legislação pertinente, e a taxa efectivamente suportada são coisas bem distintas.

No apuramento do rendimento tributável os juros pagos aos credores pela utilização de capitais alheios são tratados como custos e, por isso, diminuem os impostos a liquidar. Este é um ponto controverso da legislação fiscal na medida em que discrimina contra os capitais próprios. Diferentemente do que sucede com os juros, os dividendos não são abatidos ao rendimento tributável[215]. Como tal, há um incentivo fiscal ao financiamento da empresa por meio de passivo, e concomitante redução da participação relativa dos capitais próprios.

Em termos puramente económicos, o preço pago pelos bens de investimento adquiridos pelas empresas (maquinaria, veículos, equipamentos, edifícios, etc.) não são um custo que se possa afectar integralmente aos resultados do exercício em que se realiza a compra. No momento da compra há uma mudança na composição do activos da empresa manifestada na substituição de dinheiro por equipamentos[216]. O que se deve levar a resultados, enquanto custos do período, é o custo económico suportado nesse intervalo de tempo decorrente da sua perda de valor por força de desgaste físico, consequência da sua utilização no processo produtivo, ou da obsolescência técnica que tenha entretanto sofrido. Contudo, se bem que seja relativamente fácil conceptualizar-se a noção de custo económico dos equipamentos em cada período de tempo, a sua exacta quantificação apresenta complicados problemas de vária ordem. Para ultrapassar essas difi-

---

[215] Segundo King (1995, p. 159) há países onde esta discriminação não tem lugar, como na Grécia, pois os dividendos têm o mesmo tratamento que os juros para efeitos de apuramento do imposto, ou está mitigada como na Islândia, Espanha e Suécia porque uma percentagem dos dividendos é dedutível para aqueles efeitos.

[216] Ou outra qualquer em alternativa, como a substituição da ausência de endividamento por esses equipamentos.

culdades de forma expedita, a legislação fiscal fixa arbitrariamente o número de anos em que aceita a depreciação dos activos e, concomitantemente, a sua consideração como custos para efeitos tributários, bem assim como o ritmo a que essas depreciações se podem processar durante o período em causa[217]. As depreciações reduzem os impostos sobre os lucros a suportar pelas empresas e, neste sentido, embaratecem o custo do capital pelo montante das poupanças fiscais que permitem realizar. Essas poupanças fiscais, calculadas no momento da realização do investimento, são iguais ao valor actualizado para esse momento, a uma determinada taxa de actualização adequadamente escolhida, do fluxo esperado dessas mesmas poupanças durante o número de anos em que são admitidas depreciações.

Vamos passar à dedução do custo do capital da empresa assumindo que os investimentos são integralmente financiados por capitais próprios. Para facilitar a expressão dos cálculos em termos de taxas percentuais de variação, admitimos que o preço do equipamento é de uma unidade monetária, € 1. Além disso, as depreciações são permitidas durante T anos, de maneira que no fim desse intervalo de tempo o valor líquido contabilístico do equipamento é zero, querendo-se com isso significar que o somatório das depreciações efectuadas é exactamente igual ao seu preço de aquisição[218]. Simbolizando as depreciações em cada período i por D_i, o que se acaba de escrever exprime-se formalmente como $\sum_{i=1}^{T} D_i = 1$. Por outro lado, se a taxa de imposto sobre os lucros suportada pela empresa fôr α, a poupança fiscal que lhe está associada é αD_i. Estamos agora em condições de exprimir o valor actualizado de todas estas poupanças com referência ao ano do investimento, o que se faz na equação abaixo[219].

201) $\delta = \sum_{i=1}^{T} \frac{\alpha D_i}{(1+r)^i}$

δ é menor do que a unidade e, portanto, corresponde a $\delta\%$ do preço pago pelo equipamento. Por outras palavras, estas depreciações permitem poupanças fiscais iguais a $\delta\%$ do investimento. E, sendo assim, o preço

---

[217] Aos investimentos que são feitos com a aquisição de terras não se aplicam depreciações justamente porque, em geral, elas não sofrem desgaste, mantendo "indefinidamente" a sua capacidade produtiva.

[218] A dedução da fórmula do custo do capital segue Rosen (2005, pp. 430-439).

[219] Para simplificar admitimos a mesma taxa de actualização r para todos os períodos, algo que é teoricamernte defensável à luz de uma estrutura temporal das taxas de juro horizontal. Para além disso, a fórmula admite que as depreciações e correlativas poupanças fiscais têm lugar no final de cada ano económico, enquanto o investimento é realizado no primeiro dia do primeiro ano.

efectivo do equipamento para o investidor é o dado por $P_{ef\!t} = P(1 - \delta)$, onde P é o preço do equipamento cobrado pelo fornecedor.

Pela fórmula anterior ficamos a saber que estas poupanças fiscais são função das seguintes variáveis: a) da taxa de imposto α; b) das depreciações de cada período, D_i; c) do número de anos permitidos para amortizar o equipamento, T[220]; d) da taxa de actualização r. É fácil de ver que, *ceteris paribus*, δ varia positivamente com α, e com D_i, e negativamente com T e com r. Por norma, a legislação fiscal concede um número de anos para a realização das amortizações, diferenciado consoante os activos, sejam eles tangíveis ou intangíveis, e, ademais, pode ser menor que as respectivas vidas úteis.

Não existe necessariamente uma relação negativa entre o valor das depreciações admitidas anualmente e o número de anos em que se podem fazer. Esse seria o caso na circunstância de elas se processarem a uma taxa constante tal que D_i apresentasse sempre o mesmo valor período após período, isto é $D_i = \frac{P}{T}$. Contudo, o valor das depreciações não tem que ser constante ao longo dos anos pois pode muito bem suceder que sejam admitidas depreciações aceleradas de tal maneira que $D_1 > D_2 > D_3 > \ldots > D_T$.

A legislação fiscal pode ainda embaratecer o custo do capital por outras formas. Exemplo disso é a atribuição de créditos fiscais ao investimento. Se fôr esse o caso, ao imposto apurado sobre os lucros da empresa é abatida uma percentagem do valor do investimento realizado no período em causa. Se simbolizarmos esses créditos por K e a correspondente taxa por k, então $K = kP$. Tenha-se em atenção que o valor destes créditos de que a empresa beneficia é independente da taxa de imposto a que está sujeita; de facto, estes créditos são deduções à colecta. Contudo, para que a empresa tenha direito a estas deduções é condição que tenha lucros em montante pelo menos igual ao dos créditos.

Juntando agora as duas fontes de poupança acabadas de referir, temos que $P_{ef\!t} = P(1 - \delta - k)$.

O custo do capital indica a taxa de rentabilidade mínima que cada projecto de investimento tem que oferecer para ser rentável na perspectiva do investidor e, claro, quanto mais elevada ela for tanto menos projectos haverá capazes de satisfazer a condição. Logo, a relação entre investimento e custo do capital é negativa.

---

[220] Esta condição não é redundante em relação à imediatamente anterior porque as depreciações periódicas não têm que ser forçosamente do mesmo montante período após período.

No conceito do custo do capital entra o custo de oportunidade do investidor, líquido de impostos, quando opta por determinado projecto de investimento em vez de pela sua melhor alternativa disponível. Portanto, *ceteris paribus*, ele há-de exigir como remuneração líquida mínima a oferecida por essa outra alternativa. Denotemos esse custo de oportunidade, em termos percentuais, por θ. Porém, para o conseguir, considerando que o capital sofre por unidade de tempo uma perda de valor económico igual a ω, a remuneração bruta mínima, depois de impostos, pretendida pelo investidor deverá ser igual a $(\theta + \omega)$. Mas, uma vez que há cobrança de impostos, primeiro sobre os lucros da empresa à taxa α e depois sobre os dividendos recebidos pelos accionistas, à taxa tp, a remuneração bruta ξ, antes de impostos, consentânea com a consecução da referida remuneração líquida, admitindo que todos os lucros são distribuídos como dividendos, é dada pela equação abaixo:

202) $\xi = \dfrac{(\theta+\omega)}{(1-\alpha)(1-t_p)}$

Além disso, entrando em consideração com as poupanças fiscais a que fizemos alusão acima, e não integradas ainda na Equação (202), a remuneração bruta que permite chegar à remuneração líquida pretendida encontra-se expressa na fórmula que se segue. Trata-se, de facto, da fórmula que exprime o custo do capital para as empresas.

203) $\xi' = \dfrac{(\theta+\omega)}{(1-\alpha)(1-t_p)}(1 - \delta - k)$

Importa frisar que esta conclusão é válida quando se admite que tudo o mais permanece constante, em particular, que a curva da oferta dos bens de capital é uma linha horizontal de maneira que o preço destes bens no mercado não reage a variações no custo do capital, isto é, na procura de bens de capital. De facto, se assim não fôr, o aumento da procura vai conduzir a um acréscimo no preço desses bens, tendo como resultado atenuar os efeitos potencialmente favoráveis daquelas medidas sobre o investimento.

Mas a evidência empírica disponível sobre a incidência dos benefícios fiscais atribuídos pelo Estado ao investimento comprova que eles não são totalmente apropriados pelos investidores, antes se repercutindo parcialmente para trás na forma de aumentos nos preços dos bens de capital. Voltando a citar Goolsbee (1998), a sua investigação sobre dados norte-americanos confirma a repercussão dos apoios fiscais ao investimento e, além disso, identifica o acréscimo dos salários reais pagos pelas empresas produtoras dos bens de capital, na sequência da atribuição desses benefícios, como a causa responsável pelo aumento dos preços. Por exemplo, de acordo com as estimativas que obtém, um crédito fiscal ao investimento de 10% leva ao aumento dos salários dos operários empregues nas indústrias produtoras de bens de capital, relativamente aos salários pagos noutras indústrias a trabalhadores com as mesmas características, entre 2.5% a 3.0% conforme o nível de formação do trabalhador. O efeito comparativo sobre os salários pagos na indústria é, inclusivamente, mais forte entre os trabalhadores com menos anos de experiência profissional e com menor formação escolar, o que o autor justifica por serem eles o factor de produção relativamente escasso. Entre os trabalhadores cuja escolaridade é superior ao ensino secundário não se captou nenhum efeito significativo sobre as respectivas remunerações reais[221]. Da mesma maneira, Goolsbee demonstra empiricamente que os trabalhadores sindicalizados beneficiam mais do que os restantes em termos de acréscimos salariais.

Ronald King (1994) faz a história política dos subsídios ao investimento. Na obra em causa afirma que eles têm sido defendidos por uma coligação formada pelos produtores de bens de investimento e pelos sindicatos representativos dos trabalhadores do sector. Ora, a relação entre sindicalização e salários é igualmente investigada por Goolsbee na obra que agora temos vindo a citar. É ele que estima que um crédito fiscal ao investimento de 10% aumenta os salários relativos dos operários sindicalizados em 3.5%, contra os 2.1% dos não sindicalizados. Mais, segundo ele, para um trabalhador sindicalizado, 25% dos seus acréscimos salariais advêm dessa ligação institucional.

Por outro lado, os créditos fiscais e o regime das depreciações varia entre activos, não sendo o mesmo para todos eles. Logo, as medidas fiscais influenciam não apenas o nível de investimento mas igualmente a sua composição privilegiando, naturalmente, os bens de capital aos quais são atribuídas maiores poupanças fiscais em detrimento dos outros.

O conjunto destes resultados aponta certamente no sentido de a curva da oferta dos bens de capital ser ascendente, o que é consistente com ren-

---

[221] O autor refere que trabalhadores com o oitavo ano de escolaridade beneficiam de um aumento de 9% nos seus salários relativos como consequência de um crédito fiscal ao investimento de 10%, enquanto os que têm o 10.º ano de escolaridade e 10 anos de experiência profissional conseguem um aumento de 9.6%. Todavia, para os que possuem pelo menos 14 anos de escolaridade não se observou qualquer efeito estatisticamente significativo.

dimentos decrescentes à escala na produção. Portanto, o impacto dessas medidas sobre a variável obectivo resulta diminuído por este processo de incidência fiscal.

18.2.2. O Canal de Resposta aos Incentivos Fiscais

Na secção anterior vimos como a política fiscal é capaz de afectar o custo do capital. Porém, como decorre da Figura 60, esse efeito é condição necessária mas não suficiente para que ao procura de investimento, assim como a oferta de bens de capital, reajam em resposta a essas medidas de incentivo no sentido que se deseja. Isso vai depender do funcionamento do canal de resposta aos incentivos fiscais. A questão principal que aqui se coloca é saber se o investimento responde ou não ao seu preço relativo que é influenciado pelo custo do capital. É precisamente neste plano que se confrontam duas perspectivas bem distintas: o modelo do acelerador e a perspectiva neo-clássica. Para a primeira, a proporção entre os factores de produção utilizados é constante. Não havendo qualquer grau de substituição entre eles, o investimento depende da evolução das quantidades produzidas dos bens, ou seja, da escala das operações, de onde se conclui que alterações no custo do capital são de nenhuma utilidade nesta matéria.

Pelo contrário, a perspectiva neo-clássica admite variações nas combinações relativas entre factores na produção, pelo que a procura de investimento se torna função do custo real do capital, tal que:

204) $I = I(\xi')$.

e $\dfrac{dI}{d\xi'} < 0$.

Portanto, a procura de investimento é função negativa do custo do capital ξ'. Este último varia positivamente com as taxas de imposto α e t_p, e negativamente com a taxa de poupança fiscal induzida pelas depreciações e pelos créditos fiscais concedidos ao investimento. As políticas fiscais que se proponham incentivar o investimento devem baixar o valor de ξ': redução de impostos sobre os resultados e sobre os dividendos distribuídos (o denominador da expressão) e aumento das depreciações permitidas em períodos próximos do da realização dos investimentos e acréscimos nos créditos fiscais.

O conflito entre as duas perspectivas assenta, como se percebe, nas diferentes visões de ambas àcerca do funcionamento do canal de resposta do investimento aos incentivos fiscais. Trata-se, portanto, de uma questão eminentemente empírica que exige a estimação de dois valores que são fulcrais neste mecanismo de transmissão. São eles: 1) a elasticidade preço da procura de bens de capital que, quando a função produção é representada por uma função CES[222], é idêntica à elasticidade de substituição entre o capital e o trabalho (σ) que nos dá a medida da dependência funcional da procura de investimento a variações no custo do capital e, 2) a elasticidade da oferta de bens de capital.

Valendo-nos ainda uma vez mais do artigo de Chirinko (2002) que temos vindo a citar, a abundantíssima literatura empírica que se tem dedicado a estimar a elasticidade de substituição chega a resultados variados. A metodologia empregue também tem sido muito diversa. Basicamente, a este respeito, distinguem-se três fases quanto aos dados utilizados e que, por ordem cronológica, são: a) séries temporais sobre o investimento agregado; b) dados em painel sobre o investimento agregado e, c) dados sobre o stock de capital. Se excluirmos alguns trabalhos que assumiram funções de produção Cobb-Douglas onde, necessariamente, aquela elasticidade é igual a um, os valores estimados para aquele parâmetro vão de 0.16 (Esner e Nadiri, 1968) a 1.24 (Berndt, 1976)[223]. Pode-se afirmar que as estimativas obtidas usando dados relativos ao stock de capital tendem a ser mais elevadas do que as conseguidas com os outros tipos de dados mas, aparentemente, são igualmente as mais fiáveis por permitirem resolver os problemas de estimação econométrica associados às séries temporais e aos dados em painel. Em suma, no que respeita a esta matéria, a conclusão é que a elasticidade de substituição é positiva e estatisticamente significativa, pelo que a curva da procura de bens de capital não é vertical e, portanto, o investimento efectivamente depende negativamente do custo do capital.

Segundo o mesmo Chirinko (2002, p. 343) as estimativas empíricas não são de molde a haver consenso sobre o valor da elasticidade preço da oferta de bens de capital, mas a opinião dominante é que é bastante elevada devido à integração internacional dos mercados e à consequente grande mobilidade do capital que flui entre países estimulado pela busca das aplicações mais rentáveis. A circunstância de essa mobilidade ser menos que perfeita por força de elementos de fricção, como a aversão ao risco

---

[222] *Constant Elasticity of Substitution*. Esta igualdade também ocorre para funções Cobb-Douglas.
[223] Ver em Chirinko (2002, p. 346, Table 1).

e a informação incompleta, não parece ser suficiente para afectar o investidor marginal. Conclui-se, portanto, que a curva da oferta tende a apresentar-se com inclinação positiva, mas relativamente diminuta, ou seja, a oferta de bens de capital não constrange a eficácia da política fiscal sobre o investimento.

É sabido que o investimento não reage apenas à política fiscal. A política monetária, expressa no valor das taxas de juro praticadas no mercado, e as expectativas dos agentes económicos relativamente ao comportamento futuro de certas variáveis de interesse, são outros importantes factores que influenciam a procura de investimento. A formação destas expectativas engloba naturalmente o que os investidores antecipam que venha a ser a política fiscal no futuro, traduzida em alterações nos parâmetros da Equação (203). O que isto significa é que para dados valores daqueles quatro parâmetros (α, t_p, δ, k), a procura de investimento pode variar significativamente perante alterações nas expectativas quanto ao que se espera que o governo venha a legislar sobre essas matérias no futuro próximo. Se as expectativas se modificarem, então é de esperar que aconteça ou a antecipação do investimento ou o seu adiamento para data posterior a fim de beneficiar das melhores condições fiscais que se antecipam. A introdução na análise do factor expectativas conduz a uma diferente modelização da Equação (203), tal que:

205) $I_t = I[E_t^{t+N}(\xi')/i(t)]$

A equação acabada de escrever diz-nos que a procura de investimento em *t* depende das expectativas formadas nesse período àcerca do custo do capital, ξ', no período t + N, com base no melhor vector de informação disponível em *t*. Mas agora a relação entre a variável dependente e a independente é positiva, isto é, se se antecipa a subida no valor de ξ', deve-se esperar o aumento do investimento no presente para evitar condições mais onerosas no futuro.

Finalmente, importa referir que um dos pressupostos críticos em que assentam os neo-clássicos é que o custo do capital é o mesmo, independentemente de os fundos serem próprios ou alheios[224]. Esta é uma situação plausível para o caso de haver informação perfeita, ou seja, quando se exclui informação assimétrica entre credores e devedores. Mas, não sendo esse o caso, surge uma outra perspectiva teórica, assente nas imperfeições

---

[224] E, além disso, que os fundos disponíveis são ilimitados.

do mercado de capitais e na sua influência sobre o investimento, que postula que o investimento depende positivamente da capacidade da empresa para gerar fundos próprios porque estes têm um custo inferior ao dos capitais alheios[225]. Hubbard (1998) é um dos autores que fornece evidência empírica da dependência do investimento em relação aos *cash-flows* gerados pela empresa, constatando-se, além disso, que este grau de dependência é mais acentuado nas empresas onde os custos de obtenção de informação por parte do mercado são mais elevados.

---

[225] O desenvolvimento desta corrente teórica surge também impulsionada pela observação de que as flutuações cíclicas do investimento parecem demasiadamente pronunciadas para poderem ser explicadas apenas pelo custo do capital. Daí que alguns macroeconomistas tenham procurado identificar variáveis finaceiras eventualmente responsáveis pela amplificação de pequenos choques sobre o volume de investimento.

19. Tributação e Fraude Fiscal

O cumprimento das obrigações fiscais pelos contribuintes obriga a que estes executem, no período de tempo para o efeito fixado por lei, o conjunto de deveres sistematizado nos quatro seguintes níveis (OECD, 2004, p. 7):
1. Registo no sistema tributário;
2. Prestação de informação completa e exacta sobre todos os dados fiscalmente relevantes, aí se compreendendo os valores auferidos a título de rendimento;
3. Conservação em bom estado, e durante todo o período de tempo a que se esteja legalmente obrigado, de toda a documentação de suporte fiscal, incluindo, naturalmente, os comprovativos das receitas e das despesas tidos em conta na determinação dos impostos;
4. Pagamento dos impostos devidos dentro dos prazos estabelecidos.

O incumprimento dos primeiros dois requisitos que acima são expostos, e naquilo que em particular respeita à declaração de todos os rendimentos sujeitos a imposto, pode ficar a dever-se a várias circunstâncias. Por um lado, pode resultar de simples ignorância ou descuido dos contribuintes, mas também pode ser fruto de acções deliberadas e conscientes empreendidas com o fito de reduzirem a carga fiscal quer por via da evasão, conhecida por planeamento fiscal, quer por via da fraude fiscal.

A distinção conceptual entre evasão e fraude fiscal baseia-se na legalidade dos actos empreendidos pelo contribuinte para atingir o seu desígnio de redução do montante dos impostos a suportar. A evasão consiste no aproveitamento das faculdades permitidas por lei para atingir esse fim, como seja privilegiar a realização de despesas dedutíveis, mesmo que tal signifique fazer passar verdadeiras despesas de consumo, sumptuário até, por despesas que tenham como finalidade actos que a legislação entende desonerar fiscalmente, até por motivos de equidade baseados no princípio da capacidade para pagar, como sejam as despesas de saúde; ou então recompor as fontes de rendimento acentuando aquelas que são tributadas a taxas mais reduzidas, como é o caso dos rendimentos de capital em contraste com os provenientes do trabalho dependente. No limite, o aumento do consumo de lazer em resposta ao agravamento da tributação do rendimento pode ser entendido como uma das modalidades possíveis de evasão fiscal. Quando há evasão fiscal o contribuinte actua dentro da interpretação que faz da lei e, por isso, não omite, em princípio, rendimentos relevantes do ponto de vista do que lhe é exigido pelo ordenamento tributário vigente no país; pelo contrário, quase sempre, em ordem a beneficiar das reduções de impostos que procura, tem que apresentar declarações que comprovem a natureza dessas despesas e receitas.

Mas, quando há fraude há violação da lei porque o sujeito esconde rendimentos tributáveis, conscientemente não os declarando na sua totalidade ou declarando-os apenas parcialmente. Nesta situação o indivíduo receia ser detectado pelos mecanismos de fiscalização instituídos e ser correspondentemente penalizado.

À administração fiscal compete, entre muitas outras obrigações que assume, optimizar a utilização dos seus recursos de maneira a maximizar o cumprimento das obrigações fiscais pelos contribuintes, com o propósito último de maximizar as receitas fiscais do Estado legitimamente previstas pela lei do orçamento[226]. Hoje em dia é consensual a ideia, assente numa perspectiva de custo-benefício, de que a melhor metodologia para se chegar a esse resultado consiste na segmentação dos contribuintes e das transacções económicas em função quer do nível de risco que representam quanto ao cumprimento das suas obrigações fiscais, quer do potencial de receitas adicionais que evidenciam. Ou seja, as acções de fiscalização a desencadear pela administração fiscal não devem ter carácter aleatório sobre a totalidade dos contribuintes, mas antes concentrarem-se naqueles em que esses dois indicadores assumem valores mais significativos. Áreas particularmente sensíveis são, entre outras, as devoluções de IVA, o *transfer pricing* e aqueles agentes económicos que praticam sistematicamente e com grande ênfase o planeamento fiscal.

A evasão fiscal, domínio no qual se poderia afirmar que o contribuinte cumpre tecnicamente com o que a lei prevê e estipula, deve ser igualmente objecto de fiscalização até porque, em última instância, a legi-

---

[226] É imperioso que a administração fiscal desenvolva esta sua competência no respeito estrito da lei vigente de maneira a preservar as características do Estado de direito e a não alienar a confiança e o respeito dos cidadãos.

timidade do não pagamento de impostos sobre determinados factos económicos pode depender da interpretação que se faça da letra e do espírito da lei; por isso, um dos riscos para a cobrança das receitas que o Estado antecipa encontra-se, justamente, na eventual falta de clareza da legislação aplicável.

Qualquer que seja a legislação criada, é praticamente impossível prever todas as situações possíveis e redigi-las de modo a que a sua interpretação seja sempre inequívoca. Por isso, a evasão fiscal explora as ambiguidades da lei e leva aqueles que a praticam a agir nas chamadas áreas *cinzentas* da lei, embora com risco de um conflito interpretativo com a administração fiscal a resolver em sede judicial.

O risco de incumprimento por parte dos cidadãos não depende somente da qualidade da legislação existente, mas igualmente de uma série muito vasta de outros factores, quais sejam, por exemplo: a) o tipo do sistema tributário em vigor; b) os recursos à disposição da administração fiscal para detectar e sancionar os prevaricadores, c) a avaliação que o público faz, com base no seu desempenho passado, da capacidade desses serviços para detectar os faltosos; d) a carga fiscal que impende sobre os cidadãos e a avaliação custo-benefício que façam da actividade do Estado; e) a conjuntura económica; f) os princípios éticos que porventura possam orientar o comportamento dos indivíduos face à colectividade onde estão integrados.

Por outro lado, o desenvolvimento das sociedades tem colocado novas ameaças neste domínio: as inovações no comércio internacional com o surgimento do *e-commerce*, a mobilidade internacional dos capitais associada à inovação financeira patente no desenvolvimento de novos produtos daquela natureza e com complexidade crescente, a alteração da estrutura do emprego quer por via do acréscimo da sua precariedade, quer da mobilidade internacional do trabalho, seja por via das migrações individuais ou das migrações temporárias dirigidas por empresários quer, por fim, dos níveis cada vez mais elevados de educação e de sofisticação dos contribuintes.

19.1. *A Abordagem Teórica da Fraude Fiscal*

Começando com o artigo pioneiro de Allingham e Sandmo (1972) e prosseguindo depois com uma extensíssima literatura de onde sobressaem, por exemplo, entre muitos outros, Yitzhaki (1974), Baldry (1979), Pencavel (1979), Marrelli (1984), Reiganum e Wilde (1985, 1986), Crocker e Slemrod (2005), a teoria económica debruça-se sobre a problemática da fraude fiscal nos seus múltiplos aspectos e assumindo, em conformidade, os pressupostos compatíveis[227].

Vamo-nos aqui concentrar na apresentação e explicação das principais preocupações e conclusões desta literatura, começando com a formalização mais simples que é, justamente, a que se deve aos primeiros trabalhos dos autores mencionados.

19.1.1. Fraude Fiscal num Modelo Estático

Alligham et al. (1972) assumem que os rendimentos colectáveis são um dado, constituindo preocupação única dos contribuintes determinar qual o nível óptimo desses rendimentos a ocultar da administração fiscal. Ou seja, neste contexto deliberadamente simplificador, a decisão dos indivíduos é tomada no momento em que lhes cabe preencher as declarações de rendimentos, não tendo por isso a problemática da fraude fiscal nenhum impacto sobre a oferta total de trabalho e da sua repartição pelos sectores formal e informal da economia, sobre quais as actividades escolhidas, assim como sobre a formação de capital humano e de outras variáveis reais. Neste modelo simplificado, diversamente do que sucede com contribuições posteriores mais elaboradas, a fraude fiscal não introduz distorções na afectação económica de recursos produtivos, mas tão só reduz as receitas cobradas pelo Estado.

Cada sujeito apresenta-se com uma probabilidade subjectiva p, formada por si próprio e compreendida no intervalo $]0,1[$, de ser detectado e penalizado pela inspecção fiscal sempre que não declarar a totalidade dos seus rendimentos. Uma vez que o nível de desconhecimento dos verdadeiros montantes das remunerações individuais por parte do fisco está intimamente associado a cada particular fonte de rendimento[228], p deve ser entendida como a média ponderada das probabilidades subjectivas individuais de detecção sobre os diferentes tipos de rendimento auferidos. O vector de informação que serve ao contribuinte para formar o seu valor

---

[227] A génese desta literatura fica-se primordialmente a dever aos autores nórdicos.

[228] As possibilidades de evasão ao imposto sobre o rendimento do trabalho dependente prestado no sector formal da economia são muito reduzidas, se não mesmo inexistentes, por virtude das retenções na fonte e da obrigação de a entidade patronal remeter periodicamente à administração fiscal declarações sobre remunerações pagas.

de *p* desconhece em absoluto quais as regras que a inspecção tributária segue para decidir quais os contribuintes cujas declarações vai ou não fiscalizar; de facto essa decisão tanto pode ser aleatória como função do rendimento declarado tendo em conta o sector de actividade do contribuinte e os rendimentos padrão com ele identificados, de qual o imposto cobrado ou de quaisquer outros elementos.

Os rendimentos declarados são tributados segundo um sistema proporcional à taxa de imposto *t*, com *t* pertencente ao intervalo]0,1[. Se a fraude for descoberta[229], o contribuinte em falta, para além de ser obrigado a liquidar o imposto em falta, é ainda sujeito ao pagamento de uma coima θ cuja taxa se situa também no intervalo]0,1[. Um aspecto interessante com consequências substantivas nos incentivos à fraude é a base de incidência de θ; para Allingham *et al.* (1972) ela seria aplicada ao rendimento não declarado, enquanto para outros autores (Yitzhaki, 1974), e especialmente para a generalidade dos nórdicos, e fruto da legislação aplicável nos seus países, θ deverá incidir sobre o montante do imposto em falta.

A utilidade individual é uma função crescente e concava do rendimento. Assim, $\mu'_{Y_i} > 0$ e $\mu''_{Y_i} < 0$ com $i = NF, F$[230]. Assume-se que o sujeito é avesso ao risco.

Para além dos símbolos já expostos, temos ainda:
Y = rendimento bruto antes de impostos;
Y_{NF} = rendimento líquido de impostos na ausência de fiscalização e detecção da fraude;
Y_F = rendimento líquido após fiscalização e aplicação das correspondentes sanções pecuniárias;
E = montante do rendimento não declarado (valor da fraude fiscal);
V = rendimento líquido esperado pelo contribuinte.
Nestes termos:

206) $Y_{NF} = (1 - t) Y + tE$

207) $Y_F = (1 - t) Y - \theta E$[231]

---

[229] Admite-se que o será necessariamente caso haja fiscalização.

[230] μ'_{Y_i} representa a primeira derivada da função utilidade em ordem ao rendimento do indivíduo *i*, e cujo valor tanto poderá ser sem fiscalização (NF) como com fiscalização (F).

[231] Sandmo (2005) utiliza uma expressão diferente para este rendimento. Na sua Equação (2), p. 646, ele escreve $Y_F = (1 - t) Y + tE - \theta E$, o que deixa entender que o sujeito mantém as poupanças fiscais do seu comportamento, *tE*, pagando apenas as coimas cor-

Por consequência, o rendimento esperado pelo contribuinte é:

208) $V = (1 - p) [(1 - t) Y + tE] + p [(1 - t) Y - \theta E]$.

Quanto à utilidade esperada do rendimento, ela exprime-se pela relação dada na equação que se segue:

209) $E\mu = (1 - p) \mu [(1 - t) Y + tE] + p\mu [(1 - t) Y - \theta E]$

Neste modelo a variável é E, sendo tudo o mais parâmetros. O problema para o indivíduo consiste em maximizar a sua utilidade esperada, ou seja, em determinar o seu nível óptimo de fraude fiscal E. Para isso, e lidando apenas com as condições de 1.ª ordem para um máximo, assumindo, pois, como verificadas as condições de 2.ª ordem, temos:

210) $\frac{dE\mu}{dE} = (1 - p)t\mu'_{YNF} - p\theta\mu'_{YF} = 0$

Da relação anterior concluímos que o contribuinte promoverá o nível de fraude fiscal que verificar a condição:

211) $\frac{\mu'_F}{\mu'_{YNF}} = \frac{t(1-p)}{p\theta}$

Por outras palavras, a condição necessária e suficiente para que a fraude fiscal seja óptima do ponto de vista do contribuinte é que $(1 - p) t > p\theta$, cuja interpretação económica é intuitiva: há fuga ao pagamento de impostos quando os ganhos esperados excedem os custos esperados desta fraude. Nesta formulação deve-se notar que enquanto os benefícios da fraude variam positivamente com o valor da taxa de imposto, já os custos são dela independentes.

19.1.1.1. *Estática Comparada*

Estabelecido que foi o nível óptimo da fraude fiscal, é importante averiguar qual o seu comportamento com variações nos parâmetros p, θ, Y e t. Para tanto tomamos a segunda derivada da Equação (210) em ordem a cada um desses parâmetros. Verificamos que são inequívocos os sinais de $\frac{dE}{d\theta}$ e de $\frac{dE}{dp}$; já o apuramento dos sinais de $\frac{dE}{dY}$ e de $\frac{dE}{dt}$ exige algum trabalho adicional. Assim:

---

respondentes θE. Nós supomos que paga imposto sobre a totalidade do rendimento e que, além disso, suporta as respectivas sanções pecuniárias, tal que o seu rendimento depois de impostos é, neste caso, inferior ao que seria se não tivesse tido tal comportamento. Com Sandmo este resultado só acontece na condição de $\theta > t$.

212) $\frac{dE}{d\theta} = \frac{p(u'_F - \theta E \mu''_F)}{(1-p)t^2 \mu''_{NF} + p\theta^2 \mu''_F} < 0$

213) $\frac{dE}{dp} = \frac{t\, u'_{NF} + \theta \mu'_F}{(1-p)t^2 \mu''_{NF} + p\theta^2 \mu''_F} < 0$

Estes dois resultados são intuitivos pois afirmam que a fraude será tanto menor quanto maiores os valores das penalizações aplicáveis e a probabilidade de o infractor ser descoberto.

Para determinarmos como evolui a fraude como função do rendimento individual tomamos em consideração a medida da aversão absoluta ao risco tal como definida por Arrow (1974) e que nós representamos por R_i, com $i = NF$ ou F:

$R_{NF} = -\frac{\mu''_{NF}}{\mu'_{NF}}$ e $R_F = -\frac{\mu''_F}{\mu'_F}$, e cujos valores se assumem decrescentes com o rendimento, ou seja, a aversão ao risco é decrescente com o rendimento. Portanto, $R_{NF} < R_F$. Por outro lado, em ordem a chegarmos ao resultado pretendido, devemos ter ainda em mente o resultado da Equação (210). Assim sendo:

214) $\frac{dE}{dY} = \frac{p\theta(1-t)\mu'_F [R_{NF} - R_F]}{(1-p)t^2 \mu''_{NF} + p\theta^2 \mu''_F} = \frac{(1-p)(1-t)t\mu'_{NF}[R_{NF} - R_F]}{(1-p)t^2 \mu''_{NF} + p\theta^2 \mu''_F} > 0$

A conclusão é a de que a fraude fiscal é crescente com o rendimento, o que igualmente corporiza um resultado que vai ao encontro do senso comum pois frequentemente os rendimentos mais elevados provêem de actividades económicas onde é mais fácil esconder rendimentos, inclusivamente sob a forma de custos incorridos.

Chega agora o momento de analisarmos o impacto das variações na taxa de imposto sobre a mesma variável de interesse. Contrariamente ao que sucede nos três casos acabados de analisar, onde a formulação de (Yitzhaki, 1974) não tem qualquer impacto qualitativo, agora passa-se algo de substantivamente diverso. Efectivamente, em ambas as formulações existe um efeito rendimento associado a modificações na taxa de imposto uma vez que, naturalmente, o rendimento disponível varia negativamente com ela e, portanto, a aversão ao risco também se altera. Contudo, enquanto no modelo de Allingham et al. (1972) há, adicionalmente, um efeito substituição, este está ausente da formulação alternativa; de facto, no primeiro daqueles sempre que a taxa de imposto é modificada os benefícios esperados desta fraude variam proporcionalmente com ela ao contrário dos custos esperados que se mantêm constantes. Ou seja, o preço relativo de se não praticar a fraude fiscal cresce com t. Naturalmente que devemos esperar um efeito rendimento negativo porque quanto mais pobres são as pessoas menos elas são propensas a assumirem riscos. No que respeita ao efeito substituição e, partindo de conhecimentos microeconómicos bem estabelecidos, o seu impacto sobre o nível de fraude fiscal deve ser positivo. Portanto, para o modelo de Allingham e Sandmo (1972) temos:

215) $\dfrac{dE}{dt} = \dfrac{A\{Y\left[R_F - \left(1 - \frac{E}{Y}\right)R_{NF}\right] - \frac{1}{t}\}}{(1-p)t^2\mu''_{NF} + p\theta^2\mu''_F}$

Onde $A = (1 - p)t\mu'_{NF} = p\theta\mu'_F$

O sinal da Equação (215) depende do sinal do respectivo numerador. Este resultado é decomponível em duas parcelas: a primeira é negativa e representa o efeito rendimento que actua de acordo com o que acima se escreveu; a segunda parcela é positiva e exprime o efeito substituição que aqui é positivo porque o preço de se não praticar fraude fiscal comporta-se nos moldes usuais. Consequentemente, os efeitos de variações em t são, neste contexto, indeterminados pois dependem do peso relativo de cada um daqueles dois efeitos que agem em sentidos opostos.

A expressão equivalente à anterior quando a penalização é aplicada ao imposto em falta[232], em vez de o ser ao rendimento omitido, é dada pela Equação (216):

216) $\dfrac{dE}{dt} = \dfrac{A[R_F(Y + \theta E) - R_{NF}(Y - E)]}{(1-p)t\mu''_{NF} + pt\theta^2\mu''_F} < 0$

O valor da expressão é inequivocamente negativo porque agora não há efeito substituição, mas só efeito rendimento. Este último resultado tem, porém, o inconveniente de não corresponder ao comportamento antecipado normalmente pelo senso comum quando há incrementos da carga fiscal e que é, precisamente, estimular a fuga aos impostos. Além disso, este resultado não encontra confirmação na literatura empírica.

Sendo dadas t, θ e Y, a ocorrência de fraude fiscal fica dependente da probabilidade subjectiva individual p. Para que não haja fraude fiscal, admitindo que, por exemplo $\theta = 2t$, então a probabilidade subjectiva de detecção tem que cumprir a condição $p > \frac{1}{3}$. Este valor é bastante elevado e bem superior ao revelado pelas estimativas empíricas, significando que, pelo menos nos países das amostras, há uma tendência dos indivíduos para conterem este tipo de comportamento[233]. Contudo, como já antes ficou

---

[232] A penalização neste caso é igual a $\theta t E$.

[233] É claro que esta, sendo uma probabilidade subjectiva, está sujeita a sobre-estimação pelos contribuintes.

dito, as possibilidades de fraude dependem criticamente das fontes de rendimento; por exemplo, os rendimentos com origem em trabalho dependente são praticamente insusceptíveis dessa prática. Uma outra maneira de explicar o padrão de comportamento observado em algumas comunidades consiste em introduzir no modelo restrições de carácter ético, isto é, valores de responsabilidade social, um elemento de natureza não económica, que levam os indivíduos a reduzir os seus níveis de fraude fiscal para montantes inferiores aos que seriam óptimos numa análise de racionalidade estritamente económica do comportamento individual. Neste contexto, o modelo pode ser reformulado incorporando o sentimento de reprovação social associado a essa prática. Segundo Sandmo (2005, p. 650), a dita reformulação poder-se-á fazer como:

217) $E\mu = (1-p)\,\mu\,[(1-t)\,Y + tE] + p\mu\,[(1-t)\,Y - \theta E] - B(E)$

$B(E)$ representa a desutilidade inerente à fraude fiscal, tal que $B'_E > 0$ e também $B''_E > 0$. A condição para que a fraude fiscal traduza um comportamento óptimo torna-se agora mais restritiva, como seria de antecipar uma vez que aumentam os custos para o infractor. Estabelecendo as condições de primeira ordem para um máximo da Equação (217) e calculando o seu valor quando $E = 0$, temos:

218) $t > \dfrac{B'_{E(0)}}{A(1-p)} + \dfrac{p\theta}{(1-p)}$

219) $p < \dfrac{t}{(t+\theta)} - \dfrac{B'_{E(0)}}{A(t+\theta)}$

Onde $A = \mu'_{NF(E=0)} = \mu'_{F(E=0)}$.

19.2. *Fraude Fiscal e Incentivos ao Trabalho*

19.2.1. *Em Termos da Oferta Total de Trabalho*

Como se escreveu antes, a contribuição de Allingham e Sandmo (1972) assume que a fuga aos impostos não é geradora de distorções na afectação dos recursos económicos. Portanto, e entre outros aspectos mencionáveis, não tem implicações nem sobre a quantidade nem sobre a qualidade da oferta de trabalho. Este pressuposto é uma simplificação excessiva da realidade que uma série de autores veio posteriormente a eliminar numa sucessão de artigos onde o trabalho passa a ser tratado como uma variável endógena, nomeadamente associando a fraude fiscal ao desenvolvimento de economias clandestinas. Baldry (1979) é um dos primeiros autores a tratar desta temática, com a particularidade de tão somente estudar a oferta total de trabalho, sem distinção de tipos e de sectores económicos envolvidos. Posteriormente, outros haveriam de refinar a análise, tornando-a sucessivamente mais complexa e realista.

Agora, a função utilidade do indivíduo é especificada como dependendo quer do rendimento proveniente do trabalho quer do lazer. Assim, $\mu = \mu\,(Y, L)$, com μ'_L; $\mu'_Y > 0$ e μ''_L, $\mu''_Y < 0$ e, finalmente, $\mu''_{YL} \geq 0$. O rendimento é função do número de horas de trabalho H e da respectiva remuneração horária ω, tal que:

$$Y_{NF} = (1 - t)\,\omega H + t\rho\omega H$$

$$Y_F = (1 - t)\,\omega H - \theta\rho\omega H$$

onde ρ significa a fracção do rendimento auferido, ωH, que não é declarado; portanto, $E = \rho\omega H$.

A utilidade esperada é dada por:

220) $E\mu = (1 - p)\,\mu\,[(1 - t)\,\omega H + t\rho\omega H; L] + p\mu\,[(1 - t)\,\omega H - \theta\rho\omega H; L]$

O objectivo é maximizar a Equação (220), onde H é a variável uma vez que se coloca a restrição $\overline{T} = H + L$, em que T é o número fixo de horas por unidade de tempo susceptível de ser distribuído entre H e L. A condição de 1.ª ordem para um máximo é, pois:

221) $\dfrac{dE\mu}{dH} = (1 - p)\{[1 - t\,(1 - \rho)]\omega\mu'_{NF} - \mu_L^{NF'}\} +$
$\qquad + p\,[(1 - t - \theta\rho)\,\omega\mu'_F - \mu_L^{F'}] = 0$

Querendo conhecer o impacto de uma alteração na probabilidade de detecção da fraude, procedemos à derivação em ordem a p da condição na Equação (221), obtendo o resultado abaixo[234]:

222) $\dfrac{dH}{dp} = -\dfrac{1}{VHH}\left\{\left(\mu_L^{NF'} - \mu_L^{F'}\right) + (1 - t - \theta\rho)\omega\mu'_F - [1 - t(1 - \rho)]\,\omega\mu'_{NF}\right\}$

Considerando que $\left(\mu_L^{NF'} - \mu_L^{F'}\right) > 0$ o sinal da Equação (222) é indeterminado. Será positivo se $\dfrac{\mu'_F}{\mu'_{NF}} > \dfrac{1 - t(1 - \rho)}{1 - t - \theta\rho}$ e negativo no caso contrário.

---

[234] V_{HH} é a condição de 2.ª ordem que se assume negativa.

O efeito de variações na penalização sobre os incentivos ao trabalho é também indeterminado, como se pode ver pela Equação (223), tudo dependendo do sinal da expressão entre parêntesis recto.

223) $\frac{dH}{d\theta} = -\frac{1}{V_{HH}} p\rho\omega \left[(1 - t - \theta\rho)\omega H \mu_F'' + \mu_F' \right]$

Concretamente, o sinal desta expressão é positivo quando.

224) $-\frac{\mu_F''}{\mu_F'} = R_F < \frac{1}{(1-t-\theta\rho)\omega H}$

19.2.2. Em Termos da Afectação entre os Sectores Formal e Informal da Economia

O artigo da autoria de Isachsen et al. (1980) é dos primeiros onde se investiga o impacto de variações dos salários nominais e da taxa de imposto sobre a oferta de trabalho nos sectores informal e formal da economia num modelo que incorpora a fraude fiscal. Estes autores reconhecem que o aumento progressivo da cunha fiscal sobre os rendimento do trabalho, fruto do aumento verificado na carga fiscal, tem incentivado significativamente o desenvolvimento de prestações de trabalho baseadas em contratos informais.

Tendo em conta a restrição temporal $\overline{T} = N_{FR} + N_I + L$, tal que $H = N_{FR} + N_I$, onde, respectivamente, N_{FR} e N_I representam as horas de trabalho prestadas nos sectores formal, ou legal, e informal da economia que, juntamente com o lazer ($L \geq 0$), constituem as variáveis do modelo. H e L têm os significados habituais. As restrições são: $N_{FR}, N_I, L \geq 0$. Adicionalmente, ω_{FR} e ω_I são os salários nominais praticados nesses mesmos sectores da economia. Os encargos brutos com a remuneração do trabalho no sector formal da economia constituem o limite superior dos salários praticados no sector informal, tal que $\omega_I \leq (1 + \vartheta) \omega_{FR}$, com $\vartheta > 0$. Esta última relação é variável entre actividades em função das condições vigentes em cada um dos segmentos do mercado do trabalho, tal que para cada profissão j, a relação é dada por $\omega_I^j = \varphi_j \omega_{FR}^j$ podendo o valor de φ_j, com $\varphi_j > 0$, aproximar-se de $(1 + \vartheta)$[235].

---

[235] Os encargos brutos com a remuneração do trabalho no sector formal da economia constituem o limite superior dos salários praticados no sector informal, tal que $\omega_I \leq (1 + \vartheta) \omega_{FR}$, com $\vartheta > 0$.

Agora, a utilidade esperada escreve-se como (Isachsen & Strom, 1980, p. 306)[236]:

225) $E\mu = (1-p)\mu_{NF}[(1-t)\omega_{FR}N_{FR} + N_I\omega_I; L] +$
$+p\mu_F[(1-t)\omega_{FR}N_{FR} + N_I\omega_I(1-\theta); L]$

As condições de 1.ª ordem para um máximo interior são:

226) $\frac{\partial E\mu}{\partial N_{FR}} = (1-p)[(1-t)\omega_{FR}\mu'_{NF} - \mu_L^{NF'}] +$
$+ p[(1-t)\omega_{FR}\mu'_F - \mu_L^{F'}] \leq 0$

227) $\frac{\partial E\mu}{\partial N_I} = (1-p)[\omega_I\mu'_{NF} - \mu_L^{NF'}] +$
$+ p[(1-\theta)\omega_I\mu'_F - \mu_L^{F'}] \leq 0$

Os níveis óptimos da oferta de trabalho em cada um dos segmentos da economia serão função do valor da probabilidade de a fraude ser detectada. Assim:

a) Quando $p = 0$

Há total concentração da actividade no mercado formal se $(1-t)\,\omega_{FR} > \omega_I$, e vice-versa quando a condição for a contrária.

b) Quando $0 < p < 1$

Toda a actividade se concentra no mercado formal se $(1-t)\,\omega_{FR} > (1-p\theta)\,\omega_I$, isto é, se a remuneração líquida de impostos que se obtém no sector formal exceder o valor esperado da remuneração no sector informal. Aqui incorporam-se as probabilidades subjectivas de detecção e de não detecção.

Mas toda a actividade se concentra no mercado informal quando

$$\frac{(1-p)\omega_I\mu'_{NF} + p(1-\theta)\omega_I\mu'_F}{(1-p)\mu'_{NF} + p\mu'_F} > (1-t)\omega_{FR}$$

Se $(1-\theta)\,\omega_I > (1-t)\,\omega_{FR}$ então a condição anterior também se verifica. Contudo, a sua ocorrência apresenta-se como muito difícil na medida em que para isso seria necessário que θ tendesse para um valor suficientemente baixo.

---

[236] Nesta formulação θ abrange não só a coima em si mesma mas igualmente a taxa de imposto que recai sobre o rendimento não declarado o qual, se detectado, é sem dúvida sujeito a tributação.

Finalmente, o sujeito trabalha em ambos os sectores da economia se se verificar a seguinte condição suficiente mas não necessária.

$$(1 - \theta)\omega_I \leq (1 - t) \omega_{FR} \leq (1 - \theta p)\omega_I$$

Partindo da especificação de uma função utilidade com aversão absoluta ao risco decrescente com o rendimento, mas aversão relativa constante, tal como $\mu = \ln Y + \ln L$, e tomando devida nota da restrição temporal já atrás explicitada[237], Isachsen e Steinar Strom (1980) obtêm os seguintes resultados de estática comparada:

$$\frac{\partial N_{FR}}{\partial p} > 0, \frac{\partial N_I}{\partial p} < 0, \frac{\partial N_{FR}}{\partial \varphi} < 0, \frac{\partial N_I}{\partial \varphi} > 0, \frac{\partial N_{FR}}{\partial t} < 0, \frac{\partial N_I}{\partial t} > 0$$

Conclui-se, portanto, que o aumento na probabilidade de detecção da fraude fiscal leva os indivíduos avessos ao risco a reduzirem os seus níveis de fuga tributária, tal como o acréscimo relativo das remunerações pagas no sector formal da economia ($\varphi = \frac{\omega_I}{\omega_{FR}}$). Pelo contrário, o aumento da carga fiscal incentiva, *"ceteris paribus"*, aquele processo. Em particular, estes autores notam que variações em φ explicam mudanças relativas de empregos *"In economic terms, it may pay the academic to become a craftsman, even if the registered wage rate is higher in academic occupations. The reason is simple; unreported labor income is considerably larger for the craftsman."* (Isachsen, A. e Steinar Strom, 1980, p. 311).

A citação que se acaba de apresentar chama a atenção para as distorções que a tributação dos rendimentos é capaz de introduzir na afectação dos recursos económicos por via dos processos de fraude fiscal. Existe, de resto, literatura abundante e substantiva nesta matéria. Veja-se Pestieu e Possen (1991) segundo os quais dados dois tipos de actividade económica entre os quais os indivíduos podem escolher, seja as de empresários e trabalhadores por conta de outrém, quanto mais rigorosa fôr a aplicação da lei fiscal tanto menor a proporção da população que decidirá tornar-se empresário. No mesmo sentido, mas acentuando aspectos de investimento em capital humano e, por consequência, a qualificação da população activa, Kolm et al. (2004), operando sobre um modelo de equilíbrio geral, chegam à conclusão de que aquele rigor

---

[237] Oferta total de trabalho constante por unidade de tempo.

incentiva os trabalhadores manuais a abandonar o sector informal da economia e, simultaneamente e mais importante, a adquirir formação escolar superior. *"More informal job opportunities, higher taxes or lower punishment fees, reduces the relative pay-off from education; less workers will educate themselves. This hypothesis is consistent with data."* (Kolm, A. e Birthe Larsen, p. 2, 2003).

20. A Curva de Laffer e o Carácter Permanente ou Temporário da Redução dos Impostos

A designada curva de Laffer, do nome do seu presumível autor, Arthur Laffer, aparece com a formulação hoje conhecida em Dezembro de 1974[238]. Segundo reza a história, ela foi desenhada por Laffer, que na altura era professor na Universidade de Chicago, num guardanapo durante um encontro realizado no bar *Two Continents* do *Washington Hotel*, em Washington D.C., promovido pelo jornalista Jude Wanniski do *Wall Street Journal* e a que assistiu Dick Cheney, antigo colega de Laffer em Yale, em representação de Donald Rumsfeld que desempenhava as funções de *Chief of Staff* da Casa Branca, sendo Dick Cheney o seu vice. Gerald Ford era na altura o Presidente dos E.U.A. e a grande questão de política económica que então se debatia era a estratégia a adoptar para combater a elevada taxa de inflação que se fazia sentir na época. Em Agosto daquele ano, o Presidente convocara uma conferência na Casa Branca para discutir o estado da economia e à qual assistiram alguns prémios Nobel da economia, mas onde não estiveram nem Robert Mundell nem o próprio Laffer. O resultado desta conferência foi a recomendação da aplicação de uma sobretaxa de 5% ao imposto sobre o rendimento. A posição de Mundell e de Laffer nesta questão era exactamente a oposta, e foi exactamente neste contexto que surge a curva de Laffer. Segundo Jude Wanniski, Laffer viu-se impelido a desenhá-la face à incapacidade de Cheney para perceber que taxas de imposto diferentes poderiam conduzir à mesma receita fiscal (Wanniski, 2009).

A curva de Laffer estabelece uma relação entre a taxa de imposto e a receita fiscal. Para os valores extremos que a taxa de imposto pode assumir, 0% e 100%, as receitas cobradas pelo Estado são naturalmente

---

[238] A popularização da curva de Laffer acontece a partir da publicação em 1978 de um artigo de Wanniski no *Public Interest* com o título *Taxes, Revenues, and the Laffer Curve*.

nulas[239]. Mas, a partir de 0%, o aumento daquelas taxas conduz inicialmente a acréscimos na receita até se atingir o valor da taxa de imposto que as maximiza; a partir daí quaisquer novos aumentos da taxa acarretam reduções da receita fiscal.

A Figura (61) é a representação gráfica da curva de Laffer. A taxa de imposto de t*% é a consentânea com a maximização da receita fiscal. As receitas fiscais que as taxas de imposto situadas no intervalo]t*%, 100%][240] permitem obter também são atingíveis com taxas mais baixas que assumem valores no intervalo [0%, t*%[. Portanto, não há razões que justifiquem lançarem-se taxas superiores a $t*\%$ porque o seu efeito é a redução da base tributária. O valor concreto da taxa de imposto capaz de maximizar as receitas é uma constatação empírica específica a cada economia e a cada momento em concreto.

FIGURA 61 – **Curva de Laffer**

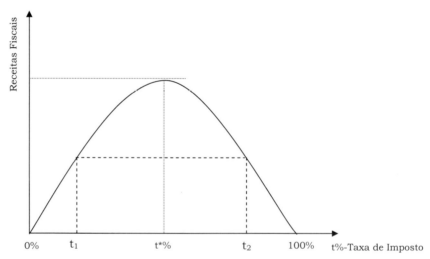

Esta ideia, que parece absolutamente plausível até no plano estritamente aritmético, pois não há dúvidas que as receitas fiscais são nulas para os valores extremos das taxas e, portanto, terá que forçosamente

---

[239] Está-se a assumir que os contribuintes são agentes económicos racionais. Quando assim é, os contribuintes nunca produzirão, ou declararão, rendimentos susceptíveis de serem tributados à taxa de 100%.

[240] O domínio de valores que Laffer designa de *zona proibitiva* (2009, p. 5).

haver um máximo a partir do qual elas vão ter que diminuir, não é nova. Desde logo, corresponde à aplicação da noção microeconómica de que quando a procura é elástica, o produtor aumenta as receitas baixando ao preço, e não subindo-o. Mas, segundo o próprio Laffer (2008) as raízes históricas desta perspectiva datam do séc. XIV quando em 1377 o filósofo árabe Ibn Khaldum escreveu no seu Muqaddimah: *"Deveria ser sabido de todos que no começo da dinastia os impostos geram grandes receitas sobre bases reduzidas. Mas no fim da dinastia, os impostos produzem poucas receitas sobre grandes bases"* (Laffer, 2008, p. 3). Keynes terá igualmente feito referências a este mesmo resultado. É o próprio Laffer (2009, p. 3) quem o cita na seguinte passagem: " *Nor should the argument seem strange that taxation may be so high as to defeat its object, and that, given sufficient time to gather the fruits, a reduction of taxation will run a better chance than an increase of balancing the budget. For to take the opposite view today is to resemble a manufacturer who, running at a loss, decides to raise his price, and when his declining sales increase the loss, wrapping himself in the rectitude of plain arithmetic, decides that prudence requires him to raise the price still more – and who, when at last his account is balanced with nought on both sides, is still found righteously declaring that it would have been the act of a gambler to reduce the price when you were already making a loss"* (Keynes, 1979). Adam Smith exprimiu a mesma ideia: *"High taxes, sometimes by diminishing the consumption of the taxed commodities, and sometimes by encouraging smuggling, frequently afford a smaller revenue to government than what might be drawn from more modest taxes"* (Smith, 1776, p. 78). Esta mesma ideia foi expressa por Dupuit (1844) quando escreve:*"If a tax is gradually increased from zero up to a point where it becomes prohibitive, its yield is at first nil, then increases by small stages until it reaches a maximum, after which it gradually declines until it becomes zero again. It follows that when the state requires to raise a given sum by means of taxation, there are always two rates of tax which would fulfill the requirement, one above and one below that which would yield the maximum. There may be a very great difference between the amounts of utility lost through these taxes which yield the same revenue"* (Dupuit, *op. cit.*, p. 278).

Embora a curva de Laffer seja controversa, não o é, contudo, a noção de que qualquer acréscimo nas taxas de imposto redunda fatalmente na contracção da base tributária. Isto quer dizer que se elas sofrerem um aumento de 10%, as receitas subirão sempre menos do que 10%.

Ora, é importante ter em atenção que a teoria subjacente à curva de Laffer não implica que uma redução das taxas de imposto redunde necessariamente no aumento das receitas fiscais, nem que isso, a acontecer, seja um efeito imediato. É condição imprescindível o domínio de valores em que se situa a taxa de imposto que baixa e, depois, todo o período de tempo indispensável para que os agentes económicos ajustem os seus comportamentos aos novos valores. O que se pode afirmar com segurança, segundo a expressão do próprio Laffer (2009, p. 5), é que qualquer diminuição das taxas de imposto implica sempre uma diminuição das receitas fiscais inferior à que se poderia estimar assumindo-se uma base tributária constante.

Quanto aos canais de transmissão contemplados, eles não se restringem ao impacto sobre a oferta de trabalho em geral, mas especialmente à de alguns sectores da população, nos termos da referência que fizemos anteriormente, e em capítulo oportuno, aos trabalhos de Feldstein, ao incentivo às remunerações sob forma pecuniária, à redução do nível das actividades configurando fraude fiscal, ao aumento previsível dos investimentos em actividades de maior risco, ao incremento da poupança[241] e da produção das formas de rendimento que lhe estão associados, à atenuação da dupla tributação dos rendimentos de capital, e às melhorias na afectação económica dos recursos produtivos.

Na verdade, o impacto a longo-prazo da redução da carga fiscal não é estranho aos dois seguintes aspectos: a) se ela é transitória ou, ao invés, permanente e, por conseguinte; b) se a sua forma de financiamento deve ser por redução das despesas correntes ou por aumentos futuros das taxas de imposto. Convém notar que a questão de saber se estas políticas necessitam efectivamente de ser financiadas e, em caso afirmativo, como, permanecem problemas ainda não resolvidos pela teoria económica.

A evidência empírica a que Laffer apela em suporte do seu ponto de vista é multifacetada. Em primeiro lugar, menciona a sua interpretação dos resultados das reduções das taxas marginais de imposto decorrentes das reformas fiscais que tiveram lugar nos E.U.A. desde 1924, passando pelas iniciativas promovidas pelos Presidentes Kennedy e Reagan e, também, às mudanças verificadas em 1997 na estrutura da tributação dos ganhos de capital. Finalmente, no plano externo, menciona o sucesso

---

[241] Se verificadas as condições que conduzem a um tal resultado.

da adopção do sistema da taxa uniforme pelos países bálticos e pela Rússia.

A propósito deste assunto vale a pena citar o Presidente Kennedy: *"Tax reduction thus sets off a process that can bring gains for everyone, gains won by marshalling resources that would otherwise stand idle – workers without jobs and farm and factory capacity without markets. Yet many taxpayers seemed prepared to deny the nation the fruits of tax reduction because they question the financial soundness of reducing taxes when the federal budget is already in deficit. Let me make clear why, in today's economy, fiscal prudence and responsibility call for tax reduction even if it temporarily enlarges the federal deficit – why reducing taxes is the best way open to us to increase revenues"* (Kennedy, 1963).

A perspectiva de Laffer continua a ser altamente controversa entre os economistas. James Tobin ter-se-á referido a ela nos seguintes termos: *"The Laffer Curve idea that tax cuts would actually increase revenues turned out to deserve the ridicule with which sober economists had greeted it in 1981"* (Tobin, 1992).

Em 2006, o Departamento do Tesouro dos E.U.A. efectuou um estudo dinâmico[242] àcerca dos efeitos previsíveis da adopção, a título permanente, do alívio temporário da carga fiscal decretado pelo Presidente George W. Busch em 2001 e em 2003 e cuja vigência deveria terminar no final de 2010. Na sua introdução (p.i) este estudo afirma que *"As evidenced by key economic indicators such as increased capital investment and GDP, and strong job growth, the President's tax relief played an important role in strengthening the US economy as it was coming out of the recession, and in the longer term by increasing the after-tax rewards to work and saving. Lower tax rates enable workers to keep more of their earnings, which increases work effort and labor force participation. The lower tax rates also enable innovative and risk-taking entrepreneurs to keep more of what they earn...The lower tax rates on dividends and capital gains lower the cost of equity capital and reduce the tax biases against dividend payments, equity finance, and investment in the corporate sector. All of these policies increase incentives to work, save, and invest by reducing the dis-*

---

[242] Compreende os efeitos a curto e a longo prazo da redução da carga fiscal sobre variáveis macro-económicas como sejam a evolução do PIB, do consumo, do investimento, da poupança, da oferta de trabalho e da participação da força de trabalho, das receitas fiscais.

torting effects of taxes. Capital investment and labor productivity will be higher, which means higher output and living standards in the long-run." Outrossim, em estudo anterior, o Departamento do Tesouro já havia chegado à conclusão de que sem as medidas fiscais decretadas nos anos de 2001 a 2003, teriam sido criados até ao final de 2004 menos 3 milhões de empregos e que o PIB seria mais baixo entre 3.5 a 4% (Office of Tax Analysis – U.S. Department of the Treasury, 2006, p. 1).

Este estudo conduz a várias conclusões importantes. Podemos destacar, em primeiro lugar, a importância, para a produção, no longo-prazo, dos efeitos económicos desejados do carácter permanente ou temporário[243] dessas medidas. Sendo permanentes e, portanto, financiadas por contracção das despesas públicas, preferencialmente as correntes, elas podem expandir o PIB no longo-prazo em 1.1%; ao invés, se forem financiadas por impostos futuros é de esperar uma subida de 0.3% no PIB. Na perspectiva do estudo, a não contracção da despesa pública corrente implica uma redução temporária da carga fiscal porque exige que se aumente a dívida pública[244] que, por sua vez, conduzirá futuramente a taxas de tributação mais elevadas adequadas às necessidades da sua amortização e liquidação dos respectivos juros.

Em segundo lugar, apura-se que o alívio da carga fiscal tem resultados diferenciados consoante as taxas que são objecto de redução. As medidas de alívio fiscal que aqui estão em causa são concretamente três: 1) redução das taxas de imposto sobre dividendos e ganhos de capital; 2) redução das taxas de imposto sobre as outras formas de rendimento, nomeadamente das provenientes do trabalho; 3) aumento das importâncias dedutíveis a título de filhos, redução das penalizações fiscais ao casamento e um novo escalão de rendimentos tributado a 10%. Ao contrário das duas primeiras, esta terceira componente não tem consequências positivas.

---

[243] Os agentes económicos exibem *perfect foresight*.
[244] Assume-se que não há qualquer esforço sistemático e consistente de redução da despesa pública.

FIGURA 62 – **Efeitos no Médio e Longo-Prazo da Redução da Carga Fiscal numa Perspectiva Diferenciada**[245]

Macroeconomic Effects of Extending The 2001 and 2003 Tax Cuts with Base Case Parameter Values: Percentage Change from Initial Steady-State Values

	(1) Lower Dividends and Capital Gains Tax Rates 2011-2016	(1) Long-run	(2) Plus Lower Top 4 Ordinary Rates 2011-2016	(2) Long-run	(3) Plus Remaining Tax Cut Extensions 2011-2016	(3) Long-run
Base Simulation*						
Financed by Decreasing Future Government Consumption						
Real GNP	0.1%	0.4%	0.7%	1.1%	0.5%	0.7%
Capital Stock	0.2%	1.2%	0.1%	2.3%	-0.3%	2.3%
Labor Supply	0.0%	-0.1%	0.7%	0.2%	0.5%	-0.3%
Consumption	0.1%	0.6%	1.1%	2.5%	1.3%	3.5%
Investment	0.5%	1.6%	-0.5%	2.6%	-3.0%	2.3%
Financed by Increasing Future Income Taxes						
Real GNP	0.2%	0.3%	0.9%	0.3%	0.8%	-0.9%
Capital Stock	0.3%	0.7%	0.6%	0.3%	0.6%	-1.8%
Labor Supply	0.1%	-0.1%	0.9%	0.0%	0.7%	-0.8%
Consumption	0.0%	0.1%	0.7%	0.4%	0.5%	-0.7%
Investment	1.1%	1.1%	2.1%	0.5%	1.8%	-2.0%

Department of the Treasury
Office of Tax Analysis

A figura anterior, reproduzido do estudo que temos vindo a referir, mostra que quando a redução da carga fiscal é permanente, consistindo na diminuição dos impostos sobre os dividendos, ganhos de capital e rendimentos do trabalho, e financiada por diminuição nas despesas correntes do Estado, para além de o PIB crescer 1.1%, o stock de capital cresce 2.3%, a oferta de trabalho 0.2%, o consumo 2.5% e o investimento 2.6%. Com excepção do stock de capital, do consumo e também do investimento, os resultados são piores quando se incluem as restantes medidas de alívio fiscal. Os resultados são francamente maus quando a redução da carga fiscal é temporária, como se pode ver das últimas colunas do mesmo quadro.

---

[245] Extraído de Office of Tax Analysis – U.S. Department of the Treasury, 2006, Quadro 3, p. 20.

PARTE III
DESPESA PÚBLICA

21. A Despesa Pública

As despesas públicas são sujeitas a três tipos de classificação: a económica[246], a funcional e a orgânica.

21.1. *A Classificação Económica das Despesas*

A classificação económica das despesas distingue entre despesas correntes e despesas de capital. Por despesas correntes entendem-se as que o Estado realiza em bens e em serviços consumíveis durante o ano financeiro, ou as que vão financiar a aquisição de bens de consumo por parte de terceiros. Estas despesas não oneram nem aumentam o valor do património duradouro do Estado. São exemplos as remunerações do pessoal, a aquisição de bens e de serviços, os juros e outros encargos correntes da dívida pública.

Já as despesas de capital concretizam-se na compra de bens duradouros de investimento e em transacções financeiras, activas ou passivas. São exemplo a aquisição de bens de capital, as transferências de capital, as realizadas com activos financeiros, etc.

A sua sistematização é feita segundo agrupamentos que se desagregam em sub-agrupamentos e estes em rubricas e, sucessivamente, em alíneas e sub-alíneas. Os agrupamentos relativos às despesas correntes são:

1. Despesas com o pessoal
2. Aquisição de bens e de serviços
3. Juros e outros encargos,
4. Transferências correntes
5. Subsídios
6. Outras despesas correntes.

---

[246] Consagrada pelo Decreto-Lei n.º 26/2002 de 14 de Fevereiro.

Os agrupamentos das despesas de capital são seis, do 7.º ao 12.º:

7. Aquisição de bens de capital,
8. Transferências de capital,
9. Activos financeiros,
10. Passivos financeiros,
11. Outras despesas de capital
12. Operações extra-orçamentais[247].

É no agrupamento juros e outros encargos que são lançados os valores previstos pagar a título de juros da dívida pública, e ainda todos os demais encargos correntes associados à contratação e gestão da dívida pública até ao seu vencimento tais como as comissões de subscrição e gestão, as comissões pagas aos agentes pagadores, etc.

As transferências correntes abrangem as importâncias a pagar, sem contrapartidas, pelo menos directas, a quaisquer entidades ou organismos destinadas ao financiamento das suas despesas correntes. Por exemplo, é neste agrupamento que se registam as comparticipações do Estado português e da comunidades em projectos co-financiados.

Os subsídios são igualmente, quanto à sua natureza, transferências correntes. Contudo são tratados à parte como forma de distinguir não só os beneficiários como os objectivos específicos que se prosseguem com estas dotações. Estabelece a lei aplicável[248] que são pagamentos sem contrapartida que o Estado realiza a favor de empresas públicas e privadas, destinados a preservar o equilíbrio financeiro das mesmas e a garantir a prática de níveis de preços aos consumidores abaixo dos respectivos custos de produção. Estão aqui as indemnizações compensatórias relativas a serviços destinados às regiões autónomas, assim como os subsídios à exploração de empresas de transporte. Finalmente, é de notar que é também neste agrupamento que figuram os encargos com as políticas activas de emprego e de formação profissional.

Em termos do agrupamento outras despesas correntes merece nota o sub-agrupamento dotação provisional que é aquela que, com fundamento na legislação em vigor, deve ser inscrita no orçamento do Ministário das Finanças para fazer facer a despesas não previstas.

---

[247] Para um conhecimento detalhado do conteúdo desta classificação ver anexo III do referido Decreto-Lei, Notas Explicativas ao Classificador Económico, em www.dgo.pt/legis/DL26-2002_NotasExplicativas.html.

[248] Decreto-Lei n.º 26/2002 de 14 de Fevereiro.

As transferências de capital são pagamentos feitos pelo Estado sem contrapartidas directas, mas destinadas a financiar despesas de capital das entidades que os recebem.

As despesas em activos financeiros são aquelas pelas quais as entidades públicas adquirem títulos mobiliários ou concedem empréstimos ou subsídios reembolsáveis.

Os passivos financeiros, por outro lado, referem-se aos pagamentos com a amortização de empréstimos, regularização de adiantamentos, subsídios reembolsáveis ou com a execução de avales e de garantias. Assim, a amortização da dívida pública é registada em passivos financeiros.

As operações extra-orçamentais englobam as operações que não são consideradas despesa orçamental mas que, apesar disso, têm expressão na tesouraria tais como importâncias com origem em impostos e contribuições que não tenham sido liquidadas às entidades públicas credoras.

Tal como sobrevém ao nível das receitas públicas, também as despesas se distinguem entre efectivas e não efectivas. Com base na fundamentação desenvolvida aquando da discussão deste tema no quadro das receitas públicas, diremos agora que são efectivas todas as despesas com exclusão das efectuadas em passivos financeiros (amortização de empréstimos contraídos em períodos anteriores) e em activos financeiros.

QUADRO 30 – **Despesas dos Serviços Integrados, por Classificação Económica**[249]

MAPA IV

DESPESAS DOS SERVIÇOS INTEGRADOS, POR CLASSIFICAÇÃO ECONÓMICA

ANO ECONÓMICO DE 2010

CÓDIGOS	DESIGNAÇÃO DAS DESPESAS	IMPORTÂNCIAS EM EUROS	
		POR SUBAGRUPAMENTOS	POR AGRUPAMENTOS
	DESPESAS CORRENTES		
01.00	DESPESAS COM O PESSOAL		10 863 538 045
02.00	AQUISIÇÃO DE BENS E SERVIÇOS CORRENTES		1 515 456 190
03.00	JUROS E OUTROS ENCARGOS		5 500 841 632
04.00	TRANSFERÊNCIAS CORRENTES		
04.03	ADMINISTRAÇÃO CENTRAL	14 801 090 187	
04.04	ADMINISTRAÇÃO REGIONAL		
04.05	ADMINISTRAÇÃO LOCAL	2 043 471 940	
04.06	SEGURANÇA SOCIAL	7 746 404 760	
04.01 E 04.02 E 04.07 A 04.09	OUTROS SECTORES	2 886 018 407	27 476 985 294
05.00	SUBSÍDIOS		757 567 894
06.00	OUTRAS DESPESAS CORRENTES		1 193 869 291
	TOTAL DAS DESPESAS CORRENTES		**47 308 258 346**
	DESPESAS DE CAPITAL		
07.00	AQUISIÇÃO DE BENS DE CAPITAL		988 895 237
08.00	TRANSFERÊNCIAS DE CAPITAL		
08.03	ADMINISTRAÇÃO CENTRAL	989 170 484	
08.04	ADMINISTRAÇÃO REGIONAL	563 334 220	
08.05	ADMINISTRAÇÃO LOCAL	900 770 449	
08.06	SEGURANÇA SOCIAL	9 595 600	
08.01 E 08.02 E 08.07 A 08.09	OUTROS SECTORES	123 291 357	2 586 162 110
09.00	ACTIVOS FINANCEIROS		12 360 515 390
10.00	PASSIVOS FINANCEIROS		90 193 271 001
11.00	OUTRAS DESPESAS DE CAPITAL		68 496 400
	TOTAL DAS DESPESAS DE CAPITAL		**106 197 340 138**
	TOTAL GERAL		**153 505 598 484**

Fonte: MF/DGO

[249] Relatório da proposta de Lei do Orçamento do Estado para 2010, Ministério das Finanças e da Administração Pública.

21.2. Classificação Funcional das Despesas

A despesa é organizada segundo as funções que o Estado[250] realiza. Esta sistematização é de todo pertinente por várias razões. A necessidade de se conhecer realmente o programa de acção de cada governo exige a consolidação das despesas públicas segundo uma classificação por funções pois essa é a única forma de se ficar a conhecer quanto o Estado dispende em cada uma delas e, portanto, a importância relativa que lhes atribui em termos económicos, políticos e sociais.

Normalmente não há coincidência entre cada função e um determinado ministério. O mais comum é tais funções encontrarem-se dispersas por vários ministérios e serviços deles dependentes e, por consequência, a cada um deles competirem responsabilidades pela execução de uma multiplicidade de funções, em vez de uma só. Ademais, uma vez que a orgânica do governo é mutável ao longo do tempo, com a criação a todo o momento de novos ministérios e extinção de outros, o conhecimento histórico dos gastos públicos em cada função não é proporcionado pela sua sistematização orgânica. Só assim se consegue perceber como se alteraram, ou não, as prioridades governamentais na prossecução das diversas finalidades atribuídas ao Estado enquanto funções que a ele compete realizar.

As mesmas necessidades de recolha de informação a nível internacional para efeitos de comparação entre países, impõe uma classificação por funções aceite universalmente pois a esta escala os modelos de organização dos Estados são os mais heterogéneos.

Para além de esta classificação se constituir como instrumento básico de controlo político do programa do governo é, adicionalmente, um mecanismo que facilita o controlo da eficácia das autoridades no desempenho das suas competências assim estruturadas, ao disponibilizar dados sobre os custos incorridos que haverão de ser comparados com os resultados, os benefícios, conseguidos. E, com este propósito, as comparações internacionais são de grande interesse.

Finalmente, aponta-se-lhe um outro proveito que reside na sua utilidade para a elaboração das contas nacionais de acordo com o SNA 1993[251] na medida em que a determinado nível de desagregação, o da classe, iden-

---

[250] Mais uma vez temos a preocupação de frisar que neste contexto, como em outros aliás, Estado é aqui referido enquanto sinónimo de administrações públicas, âmbito em que é frequentemente invocado, e não como um dos sub-sectores institucionais.

[251] *System of National Accounts* 1993, actualizado em Março de 1999. United Nations Statistics Division, http://unstats.un.org/unsd/sna1993/toctop.asp

tifica as funções de acordo com o facto de representarem consumo colectivo (CS) ou consumo individual (IS).

As funções que são definidas são em número de quatro: 1) funções gerais de soberania; 2) funções sociais; 3) funções económicas; 4) outras funções. As funções dividem-se em sub-funções.

Nas funções gerais de soberania cabem como sub-funções: os serviços gerais da administração pública, a defesa nacional, a segurança e ordem públicas.

Nas funções sociais têm-se como sub-funções: a educação, a saúde, a segurança e acção sociais, a habitação e serviços colectivos e, por último, os serviços culturais, recreativos e religiosos.

Compõem as funções económicas: a agricultura e pecuária, a silvicultura, a caça e a pesca; a indústria e a energia; os transportes e as comunicações; o comércio e o turismo e, por fim, residualmente, outras funções económicas.

Nas outras funções encontramos como subfunções: operações da dívida pública, transferências entre administrações e diversas não especificadas.

A classificação dominante a nível internacional é a *Classification of the Functions of the Government* (COFOG) constante do registo de classificações das Nações Unidas[252] e na qual se baseia a classificação funcional adoptada em Portugal que se acabou de explicitar. A classificação COFOG estrutura-se, por ordem crescente de desagregação, em divisões (classificação a 2 digitos), grupos (classificação a 3 digitos) e classes (classificação a 4 digitos).

São dez as divisões desta sistematização[253]:

01. serviços públicos gerais, com 8 grupos
02. defesa, com 5 grupos
03. ordem pública e segurança, com 6 grupos
04. assuntos económicos, com 9 grupos
05. protecção ambiental, com 6 grupos
06. habitação e serviços comunitários, com 6 grupos
07. saúde, com 6 grupos
08. recreio, cultura e religião, com 6 grupos
09. educação, com 8 grupos
10. protecção social, com 9 grupos.

---

[252] Ver em http://unstats.un.org/unsd/cr/registry/regcst.asp?Cl=4&Lg=1
[253] Preferiu fazer-se a tradução literal da classificação em inglês no documento original, em vez de se procurar harmonizar com a designação das funções correspondentes em vigor no ordenamento nacional.

Reconhece-se, porém, que a classificação funcional não é necessariamente inequívoca. Nessa perspectiva, a mesma despesa pode ser classificada de vários modos pelo que requer alguma dose de arbítrio na decisão. As despesas com escolas de medicina podem ser classificadas tanto como despesas em saúde como de educação; a classificação COFOG optou pela segunda alternativa talvez com fundamento na maior proximidade da relação, mais imediata e menos mediata. As despesas com a investigação e desenvolvimento poderiam constituir uma função em si mesma mas optou-se pela sua inclusão na função melhor servida por cada programa de investigação e desenvolvimento. Em suma, é preciso utilizar-se esta classificação com alguma prudência de maneira a estarmos seguros de que efectivamente estamos a obter os dados que pretendemos e efectivamente a comparar conteúdos idênticos.

QUADRO 31 – **Sistematização das Despesas dos Serviços Integrados por Classificação Funcional**[254]

MAPA III

DESPESAS DOS SERVIÇOS INTEGRADOS POR CLASSIFICAÇÃO FUNCIONAL

ANO ECONÓMICO DE 2010

CÓDIGOS	DESIGNAÇÃO	POR SUBFUNÇÕES	POR FUNÇÕES
1	FUNÇÕES GERAIS DE SOBERANIA		19 508 415 197
1.01	SERVIÇOS GERAIS DA ADMINISTRAÇÃO PÚBLICA	14 116 203 479	
1.02	DEFESA NACIONAL	2 118 963 982	
1.03	SEGURANÇA E ORDEM PÚBLICAS	3 273 247 736	
2	FUNÇÕES SOCIAIS		31 288 207 390
2.01	EDUCAÇÃO	8 723 579 989	
2.02	SAÚDE	9 850 293 551	
2.03	SEGURANÇA E ACÇÃO SOCIAIS	11 830 243 563	
2.04	HABITAÇÃO E SERVIÇOS COLECTIVOS	455 293 747	
2.05	SERVIÇOS CULTURAIS, RECREATIVOS E RELIGIOSOS	428 796 540	
3	FUNÇÕES ECONÓMICAS		1 817 164 015
3.01	AGRICULTURA E PECUÁRIA, SILVICULTURA, CAÇA E PESCA	633 733 814	
3.02	INDÚSTRIA E ENERGIA	50 000 000	
3.03	TRANSPORTES E COMUNICAÇÕES	499 010 742	
3.05	OUTRAS FUNÇÕES ECONÓMICAS	634 419 459	
4	OUTRAS FUNÇÕES		100 891 811 882
4.01	OPERAÇÕES DA DÍVIDA PÚBLICA	95 693 271 001	
4.02	TRANSFERÊNCIAS ENTRE ADMINISTRAÇÕES	4 770 540 881	
4.03	DIVERSAS NÃO ESPECIFICADAS	428 000 000	
	TOTAL GERAL		153 505 598 484

---

[254] Relatório da proposta de Lei do Orçamento do Estado para 2010, Ministério das Finanças e da Administração Pública.

21.3. Classificação Orgânica das Despesas

A classificação orgânica distribui as despesas pelos órgãos da administração pública, com predominância dos ministérios, aos quais é afecta a responsabilidade da sua realização na qualidade de executores. A sua grande vantagem consiste em disponibilizar informação sobre o valor das verbas entregues a cada uma dessas entidades permitindo, a partir daí, aferir objectivamente da importância que o programa do governo em funções atribui a cada uma delas.

Em termos da sua sistematização o nível mais agregado é o de ministério que se subdivide em capítulos.

A classificação orgânica está naturalmente dependente da lei orgânica do governo que estabelece a sua estrutura por ministérios, no que respeita quer ao seu número quer aos seus domínios de intervenção e respectivos serviços. É, por isso, uma classificação inerentemente peculiar a cada país e, em cada um deles, a cada momento do tempo, potencialmente variável de legislatura para legislatura.

QUADRO 32 – **Despesas do Estado segundo a Classificação Orgânica**[255]

Quadro III.22. Despesa do Estado segundo a Classificação Orgânica
(Milhões de euros)

MINISTÉRIOS	2009	2010	Taxa de variação (%)
Encargos Gerais do Estado	3.212,1	3.223,5	0,4
Presidência do Conselho de Ministros	200,7	217,8	8,5
Negócios Estrangeiros	346,9	388,3	11,9
Finanças e Administração Pública	14.115,9	14.208,4	0,7
Defesa Nacional	2.178,8	2.308,9	6,0
Administração Interna	1.899,3	1.947,9	2,6
Justiça	1.327,3	1.429,1	7,7
Economia, Inovação e Desenvolvimento	135,3	176,5	30,4
Agricultura, Desenvolvimento Rural e Pescas	403,6	633,6	57,0
Obras Públicas, Transportes e Comunicações	183,5	181,3	-1,2
Ambiente, Ordenamento Território e Desenvolvimento	220,6	250,1	13,4
Trabalho e Solidariedade Social	7.107,5	7.831,9	10,2
Saúde	8.355,8	8.858,6	6,0
Educação	7.199,0	7.259,1	0,8
Ciência, Tecnologia e Ensino Superior	1.729,2	1.859,0	7,5
Cultura	153,4	177,9	16,0
Despesa Efectiva Total	48.768,8	50.951,8	4,5
Activos Financeiros	1.827,0	12.360,5	
Despesa com Activos	50.595,8	63.312,3	

Nota:
Não inclui passivos financeiros nem a transferência para o FRDP. Os valores da previsão de 2010 não excluem os cativos da Lei do OE/2010, no valor de 881,1 milhões de euros – devem ser excluídos à coluna de 2010 para comparabilidade com o quadro da despesa por classificação económica.
Fonte: Ministério das Finanças e da Administração Pública .(2009 estimativa; 2010 OE)

---

[255] Relatório da proposta de Lei do Orçamento do Estado para 2010, Ministério das Finanças e da Administração Pública.

A Despesa Pública 337

Em 2010, esta classificação abrangia em Portugal 16 ministérios, pela ordem que se indica[256]:

Encargos Gerais do Estado
Presidência do Conselho de Ministros
Negócios Estrangeiros
Finanças e Administração Pública
Defesa Nacional
Administração Interna
Justiça
Economia, Inovação e Desenvolvimento
Agricultura, do Desenvolvimento Rural e das Pescas
Obras Públicas, Transportes e Comunicações
Ambiente e do Ordenamento do Território
Trabalho e Solidariedade Social
Saúde
Educação
Ciência, Tecnologia e Ensino Superior
Cultura

O conteúdo substantivo dos Encargos Gerais do Estado é perceptível pelos capítulos que lhe dão conteúdo, tais como ao nível dos serviços integrados: Presidência da República; Assembleia da República; Supremo Tribunal de Justiça; Tribunal Constitucional; Supremo Tribunal Administrativo; Tribunal de Contas; Gabinete do Representante da República na Região Autónoma dos Açores; Gabinete do Representante da República na Região Autónoma da Madeira; Conselho Económico e Social; Conselho Superior de Magistratura; Administração Local; Investimentos do Plano. A estes acrescem todavia outros; por exemplo, pertinentes aos serviços e fundos autónomos da administração central contam-se analogamente os Cofres Privativos do Tribunal de Contas, a Entidade Reguladora para a Comunicação Social e também o Serviço do Provedor de Justiça.

21.4. *Classificação por Programas*

Há ainda que contar com a classificação das despesas públicas por programas. Estes são entendidos como um conjunto de medidas e de actividades, com expressão ao nível das despesas públicas, que possibilitam a

---

[256] A sequência em que os ministérios estão enumerados traduz a sua posição na hierarquia do governo, em conformidade com a lei orgânica do governo em funções.

realização de um objectivo concreto e perfeitamente delimitado do Estado, envolvendo um ou mais ministérios em atenção ao carácter especializado de cada um deles.

Para o ano de 2010 o Conselho de Ministros aprovou[257] uma lista de 20 programas e respectivas entidades coordenadoras[258]. Entre eles encontramos a Lei de Programação Militar, a Lei de Programação das Infra-Estruturas Militares, a Lei de Programação das Instalações e Equipamentos das Forças de Segurança, etc. A entidade executora dos dois primeiros dos supra-citados programas é o Ministério da Defesa Nacional, e a do terceiro é o Ministério da Administração Interna. Mas já o programa Sociedade de Informação e Governo Electrónico, inscrito no Orçamento de Estado de 2009, apresentava-se com 15 ministérios executores[259].

QUADRO 33 – **Nova Tabela dos Programas Aprovada pelo Governo Português em 2009**[260]

Quadro III.6. Programas Orçamentais
(Milhões de Euros)

Programas	Funcionamento	PIDDAC	TOTAL	% do PIB	Estrutura
Órgãos de Soberania	3.235	3	3.238	1,9	5,3
Governação	299	51	350	0,2	0,6
Representação Externa	391	14	405	0,2	0,7
Finanças e Administração Pública	12.775	53	12.828	7,7	21,1
Gestão da Dívida Pública	5.501	0	5.501	3,3	9,0
Defesa	1.885	23	1.908	1,1	3,1
Lei de Programação Militar	459	0	459	0,3	0,8
Lei de Programação das Infra-estruturas Militares	68	0	68	0,0	0,1
Segurança Interna	1.877	57	1.934	1,2	3,2
Lei de programação das Instalações e Equipamento das Forças de Segurança		85	85	0,1	0,1
Justiça	1.675	132	1.807	1,1	3,0
Economia, Inovação e Desenvolvimento	465	48	513	0,3	0,8
Agricultura e Pescas	1.258	627	1.885	1,1	3,1
Obras Públicas, Transportes e Comunicações	320	153	473	0,3	0,8
Ambiente e Ordenamento do Território	387	280	667	0,4	1,1
Trabalho e Solidariedade Social	8.948	52	9.000	5,4	14,8
Saúde	9.123	60	9.183	5,5	15,1
Educação	7.049	295	7.344	4,4	12,1
Investigação e Ensino Superior	2.400	537	2.937	1,8	4,8
Cultura	171	89	260	0,2	0,4
DESPESA TOTAL CONSOLIDADA	**58.286**	**2.559**	**60.845**	**36,6**	**100,0**

Fonte: Ministério das Finanças e da Administração Pública.

---

[257] Reunião do Conselho de Ministros de 3 de Dezembro de 2009. Fonte: Circular Série A n.º 1354 da DGO (Direcção Geral do Orçamento) de 4 de Dezembro de 2009.
[258] Ver anexo I.
[259] Fonte: Relatório da proposta de Lei do Orçamento do Estado para 2010, Ministério das Finanças e da Administração Pública.
[260] Fonte: Relatório da proposta de Lei do Orçamento do Estado para 2010, Ministério das Finanças e da Administração Pública.

Na verdade, e segundo consta do relatório da proposta de Lei do Orçamento de Estado para 2010 apresentado pelo governo à Assembleia da República, acompanhando a proposta de lei para o Orçamento de Estado para 2010, inaugura-se em 2010 "... uma nova tipologia para os novos programas que passaram a apresentar uma lógica sectorial, sendo que, em regra, a cada ministério corrresponde um programa" (Governo da República Portuguesa, 2010, p. 22). Neste novo enquadramento metodológico, o Programa de Investimentos e Despesas de Desenvolvimento da Administração Central (PIDDAC) é distribuído por estes programas.

A classificação por programas permite o exercício do controlo político sobre opções programáticas concretas do governo pois, pelo menos em alguns casos, os programas só têm existência legal após aprovação prévia sob a forma de lei pelo Parlamento e só depois disso são inscritos na proposta de lei orçamental; é o caso da Lei da Programação Militar. Além disso, esta classificação é igualmente consentânea com o exercício do controlo de gestão do desempenho da administração pública na sua execução porque fornece dados quantitativos que facultam o cotejo entre os gastos previstos e os realizados e ainda com os resultados obtidos.

21.5. *Despesas Ordinárias e Extraordinárias*

Do mesmo modo, e com base nos mesmos critérios de entendimento, as despesas ordinárias são todas aquelas que tendem a repetir-se no tempo, ano após ano, com carácter regular e previsível. Pelo contrário, as despesas extraordinárias possuem um carácter excepcional patente no seu carácter irregular e temporário. As despesas com pessoal são ordinárias na condição de respeitarem a lugares permanentes, pois as que sobrevêm de circunstâncias ocasionais, como as que decorrem dos pagamentos aos civis mobilizados para as forças armadas em tempo de guerra, são extraordinárias. As despesas que o Estado tem que suportar para acudir a desastres naturais, são igualmente classificadas como despesas extraordinárias.

Convém neste ponto frisar, a exemplo do que se fez a propósito das receitas, que não há qualquer equivalência entre esta classificação e a classificação económica.

22. Introdução à Análise Económica das Despesas Públicas

22.1. *Razões para Haver Despesa Pública*

São múltiplas e de natureza muita diversa as razões que justificam haver despesa pública[261].

Por um lado são as ineficiências (falhas de mercado) que acontecem na presença de bens públicos, bens comuns, externalidades, mercados imperfeitamente concorrenciais e informação assimétrica de onde fluem os casos de selecção adversa e de risco comportamental[262]. Mas o Estado também pode entender gastar quando pensa que deve estimular o consumo dos bens que, no seu entendimento, são de mérito e, por isso, benéficos tanto para o consumidor individual como para a sociedade. Há ainda da parte do Estado que cumprir com a sua função de redistribuição do rendimento para preencher os padrões de justiça social reclamados pelos valores colectivos preponderantes no momento. E, por fim, em períodos de recessão e depressão económica, o Estado tem a responsabilidade, mormente à luz das teses Keynesianas, de estimular a economia em ordem a uma mais célere eliminação de níveis excessivos de desemprego, assim como de abrandar o crescimento económico em períodos de expansão acelerada.

É claro que o conhecimento da efectiva composição da despesa pública aponta situações que não são facilmente enquadráveis em nenhum

---

[261] As várias classificações da despesa pública inventariam os domínios em que o Estado aplica recursos e, neste sentido, limita-se à constatação de factos, sem que todavia explique, até porque esse não é o seu objectivo, as razões pelas quais o mesmo Estado as assume. Para um tratamento desenvolvido das teorias económicas explicativas do crescimento do Estado ver Fernandes (1998).

[262] Como explicado em Fernandes (2008) prefere-se esta designação à de risco moral que vulgarmente se utiliza, e que mais não é do que a tradução literal do inglês *moral hazard*.

dos motivos que se acabam de apontar. É aí que entram elementos de carácter político, internos ou externos ao funcionamento do próprio Estado, que explicam a assumpção não apenas de certos tipos de despesa, mas ainda dos seus montantes e, igualmente importante, das modalidades da sua realização. Para além disso, pode haver alguma discordância entre políticos e classes profissionais, entre elas a dos economistas, quanto ao verdadeiro enquadramento de algumas despesas e, portanto, quanto ao papel que o Estado deve assumir no seu financiamento e no fornecimento de bens e de serviços aos consumidores. Por exemplo, a educação, ou mesmo a saúde. Para os economistas são bens privados[263] e, por isso, na ausência de falhas de mercado ou de irrelevância em matéria de redistribuição de rendimento, a sua produção e provisão devem caber ao sector privado da economia ideia que, porém, não faz muito sentido em outros sectores da opinião pública e entre os grupos de interesses que giram em torno do Estado[264]. Assim é que a produção e provisão da educação e da saúde são feitas tanto pelo sector público quanto pelo privado sob múltiplas formas e a qualquer nível.

Entre os economistas prevalece no entanto a ideia de que a educação produz externalidades, em maior ou menor grau, o mesmo é dizer, concretizando a educação uma efectiva produção de capital humano, o mercado falha na consecução dos seus níveis óptimos de produção e daí que se justifique, do ponto de vista económico, a presença operativa e generalizada do Estado nestes domínios de actividade. Pontualmente, para benefício de algumas camadas populacionais de menores rendimentos, justificar-se-ia, ainda, por razões de justiça social, isto é, de redistribuição do rendimento. Adicionalmente, é possível argumentar-se que tanto na educação como na saúde as soluções privadas de produção fazem-se em mercados imperfeitamente concorrenciais e com assimetria de informação

---

[263] Bens que se caracterizam pela conjugação de duas propriedades: rivalidade e exclusão no consumo. A noção de rivalidade não significa simplesmente a impossibilidade de alguém ter acesso ao consumo de um bem porque as unidades disponíveis foram consumidas por outros. Há rivalidade sempre que o consumo de alguns reduz o nível de utilidade que os demais podem obter do seu consumo ao afectarem a qualidade da sua provisão. Assim, embora todos tenham acesso à educação quando ela é obrigatória, a massificação do ensino traduz-se normalmente em perda de qualidade observável em vários dos patamares em que se realiza a respectiva provisão.

[264] Stiglitz (2000, p. 249) aponta um motivo adicional de carácter benigno: "*Some demands for public provision arise from an inadequate understanding of the market and of the government´s capabilities for making things better*". Ou seja, na crença na capacidade e bondade ilimitadas do Estado.

que, como falhas de mercado que são, justificam a intervenção dos poderes públicos[265].

Nestes dois mercados que acabámos de mencionar, as estruturas de mercado imperfeitamente concorrenciais não têm tanto a ver com o escasso número de agentes existentes no conjunto[266] e com a sua fraca mobilidade, mas essencialmente com o facto de produzirem produtos diferenciados, tanto objectiva quanto subjectivamente, conforme as especialidades e, mesmo em cada uma destas, conforme os diferentes graus de competência e de satisfação para o utente.

Certo é que a assimetria de informação não é exclusiva da área da saúde e da educação, estando de facto presente nos mais variados domínios da vida económica, e não é por isso que sistematicamente se tem que suscitar a intervenção estatal para em toda a parte corrigir essas distorções. O Estado é aí expressamente convocado a intervir devido aos elevados valores sociais que estão em jogo como, e acima de qualquer outro, o da vida, que dificilmente se podem deixar ficar dependentes de actos repetíveis compatíveis com processos de aprendizagem do género *trial and error*.

Fixados que sejam os programas de despesa, a teoria económica tende a analisá-los sob duas perspectivas: a da eficiência e a da equidade. Todavia, importa estar atento a um universo mais vasto de efeitos que, eventualmente, poderão até distorcer a obtenção dos objectivos que se encontram na sua génese e os justificam. Porém, quaisquer que sejam os efeitos com que nos preocupemos, por norma eles só são inteiramente conhecidos e susceptíveis de avaliação no longo prazo quando os comportamentos de todos os agentes económicos se tiverem completamente ajus-

---

[265] A correcção de assimetrias de informação exige que o Estado, ou qualquer outra entidade credível, mesmo privada, assevere publicamente as qualificações de alguém para a prática competente de algumas profissões. Mas isto requer, desde logo e na base, que se tenham previamente acautelado as respectivas formações com os adequados controlos de qualidade que são, em si mesmos, uma forma de transmissão de informação e de sinalização de padrões de qualidade. No mínimo, o Estado fica com a obrigação de regular essas actividades; de forma nenhuma é indispensável que ele tome a seu cargo a produção e a distribuição.

[266] Globalmente seriamos capazes de afirmar que há muitos professores e médicos, embora haja relativamente poucas escolas e hospitais. Mas sem dúvida que há um número muito menor de especialistas em cada um dos domínios específicos de intervenção, seja no ensino seja na prática de actos médicos. A diferenciação é formalizada em *rankings* de escolas, de hospitais, etc., o que reduz ainda mais a oferta de cada um dos agentes em cada um dos níveis qualitativos.

tado às novas condições criadas pelas medidas de despesa pública. E é então que somos capazes de nos aperceber de uma vasta série de consequências não planeadas nem pretendidas que põem em causa a oportunidade, a eficiência e a eficácia dos programas. Por exemplo, um programa de redistribuição do rendimento executado por meio de subsídios aos juros para aquisição de casa própria pode deprimir, se não mesmo extinguir, o mercado de arrendamento com inconvenientes manifestos em períodos de altas taxas de juro, de restrições generalizadas no acesso ao crédito e de desemprego[267]. Ou subsídios monetários ao rendimento, como o rendimento mínimo garantido, que promovem alterações no comportamento dos indivíduos consistentes com a maximização dos respectivos níveis de utilidade, desincentivando a sua integração no mercado de trabalho (uma questão de eficiência); ou aumentando o consumo de determinados bens ou serviços se as ajudas que se recebem estiverem indexadas às despesas que se fazem nesses outros bens[268] (ainda uma questão de eficiência); ou o valor de certos subsídios que podem não ter atendido devidamente à sua provável influência sobre comportamentos de índole cultural, como quando os apoios ao rendimento são maiores para as famílias monoparentais desencorajando, por essa via, o casamento (uma questão de não neutralidade em relação a valores sociais); ou um subsídio aos preços de um bem essencial na dieta da população mais carenciada que se não traduz numa redução do preço de mercado desse bem, pelo menos pelo valor total do subsídio e acaba por beneficiar terceiros que não aqueles que se desejava auxiliar (uma questão de incidência, isto é, de equidade); etc.

Moffitt (1992), fala da *feminização* da probreza nos E.U.A como uma das consequências do programa norte-americano AFDC[269] cujo principal grupo elegível são as mulheres cabeças de famílias pobres. Como ele o diz, permanece a suspeita de que o crescimento do número dessas famílias se fica em grande medida a dever aos programas de apoio social e, em particular, a esse. Mas a propósito deste tipo de programas de despesa referem-se com frequência outros efeitos, como sobre: a estrutura da família (casamento, outros modelos de vida em comum, divórcio), a decisão sobre

---

[267] O mesmo efeito, aliás, que legislação que limite o valor das rendas cobradas no mercado da habitação.

[268] Stiglitz (2000) refere a indexação positiva do valor dos apoios à alimentação à despesa realizada com a habitação, que têm como consequência estimular as pessoas a gastar mais com a habitação para, desta maneira, aumentarem os subsídios que auferem para alimentação.

[269] *Aid to Families with Dependent Children.*

o momento do casamento, os fluxos migratórios de regiões com baixos padrões de apoio social para àquelas onde eles são altos, a subsídio-dependência, a transmissão da dependência entre gerações, a considerável incidência de nascimentos fora do casamento, a ocorrência relativamente elevada de partos entre adolescentes, etc.

Para limitar e controlar o vasto conjunto de consequências não planeadas e, por isso, indesejáveis, dos programas de redistribuição de rendimento propõe-se que a sua concessão fique dependente de um conjunto de obrigações que os beneficiários teriam que cumprir, tais como: atribuição dos benefícios por períodos limitados de tempo, formação profissional, disponibilidade para trabalharem em tarefas para as quais sejam solicitados pelos organismos competentes, etc.

Do mesmo modo é importante ter a noção de que os parâmetros económicos em que assenta a realização de algumas despesas podem ter consequências económicas muito significativas. Por razões intrínsecas eles gozam da capacidade para comprometerem a obtenção da totalidade dos objectivos ambicionados em toda a sua plenitude. Isto é, os decisores políticos têm à sua disposição um número de graus de liberdade que é, por norma, inferior ao dos objectivos, de tal modo que a totalidade deles é insusceptível de ser atingido ditando a necessidade de se procurarem compromissos necessariamente mais ou menos distantes das soluções ideias. Por exemplo, os subsídios ao rendimento com o propósito de garantir que os cidadãos possam satisfazer condignamente as suas necessidades básicas de acordo com os padrões socialmente dominantes. Se o nível do rendimento máximo auferido antes do subsídio, para efeitos de definir quem a ele tem e não tem acesso, é colocado muito alto corre-se o risco de se apoiar quem não necessita e, além disso, têm que se lançar sobre a população não beneficiada altas taxas de tributação uma vez que, desse modo, se restringiu severamente a base tributária onde se vão buscar as receitas que os financiam; ou se, pelo contrário, e para evitar o mal que se acabou de notar, se reduz excessivamente a população abrangida, certo será que se não auxiliarão todos os que necessitam ou, pelo menos, não se apoiarão na medida suficiente para os retirar do estado de pobreza.

Como se vê, trata-se de um domínio de grande complexidade pelas muitas interacções de tipos diferentes que a despesa é capaz de desencadear.

22.2. Formas de Provisão e Política de Preços do Estado

A circunstância de o Estado dispender recursos com bens e serviços destinados a satisfazer as necessidades da população não significa que seja o Estado, ele mesmo, a encarregar-se da sua produção e da respectiva distribuição. Na verdade, quer na produção quanto na distribuição são possíveis várias soluções alternativas que, aliás, e por norma, coexistem numa economia de mercado.

Se o Estado entender que a melhor solução é ser ele próprio a produzir, por via de regra também se encarrega da distribuição e poderá fazê-lo gratuitamente ou a preços inferiores aos custos de produção. A distribuição a título gratuito tem usualmente propósitos redistributivos[270] ou de correcção de distorções de mercado, como as vacinas que se relacionam com a matéria das externalidades positivas. Por fim, pode estar no mercado com a mesma filosofia de um produtor privado cobrando preços conducentes à maximização dos lucros[271]. O sector público contém frequentemente um sector empresarial, financeiro ou não financeiro, que se ocupa da produção de mercadorias em que o Estado não tem vantagens comparadas e em concorrência, ou não, com o sector privado da economia e praticando preços de mercado. Tipicamente são sectores estratégicos como os transportes, a energia, água potável, telecomunicações, banca e outros.

As taxas, por outro lado, são cobradas aos que tomam a decisão de utilizar determinados serviços do Estado sem que haja em todas as circunstâncias a obrigação de o fazerem. O seu valor está associado quer a questões de promoção da eficiência, como quando são lançadas para evitar congestionamentos, desencorajando a utilização desses serviços por quem lhes atribui um valor inferior ao da taxa aplicada, quer de repartição dos custos de produção por várias gerações, pois os investimentos feitos vão aproveitar não apenas à geração em que se edificaram as infra-estruturas que suportam o serviço mas também às gerações vindouras sobre as quais se fazem repercutir, pelo menos, os custos fixos de produção.

---

[270] É perfeitamente possível que por razões de facilitação do processo administrativo, tendentes à minimização dos respectivos custos, que o bem ou o serviço sejam entregues a título gratuito mesmo aos que não aparentam estados de necessidade.

[271] Mormente na esfera do sector empresarial do Estado onde não haja a cumprir preocupações sociais.

Quando o Estado atribui a produção a entidades privadas, a distribuição poderá ser feita por elas mesmas atribuindo o Estado subsídios aos preços no consumo ou na produção. Mas é igualmente possível que o Estado tome a decisão de ser ele a encarregar-se directamente da distribuição.

A presença do Estado na educação e na saúde tanto acontece assumindo ele, através de estabelecimentos públicos, a responsabilidade da produção desses serviços, como a sua entrega ao sector privado apoiando-o com subsídios assentes ou no número de alunos matriculados no estabelecimento de ensino ou nos projectos de investigação planeados, ou subsidiando os doentes nos custos em que incorrem com as consultas, exames e tratamentos médicos, entre muitos outros indicadores que facilmente se podem imaginar e conceber[272].

Importa, pois, ter bem presente que produção e provisão são realidades distintas para as quais se põem várias alternativas.

---

[272] Pelo menos em certos países constata-se um certo grau de especialização entre o sector público e o privado no fornecimento dos serviços de saúde. Àquele competem as intervenções de maior melindre que exigem equipamentos extremamente caros, enquanto ao privado cabem, em geral, as intervenções mais comuns, aí se incluindo os tratamentos ambulatórios, que requerem o uso de tecnologia mais barata.

23. Subsídios

Uma parte não despicienda das despesas públicas, e sobretudo daquelas que se dirigem à redistribuição do rendimento, faz-se sob a forma de subsídios. Estes subsídios surgem sob várias modalidades.

Os subsídios existentes sistematizam-se em dois grandes grupos que, depois, se desagregam internamente em outras classificações. São eles os subsídios em moeda e os subsídios aos preços.

Com os subsídios em moeda o Estado transfere periodicamente certos montantes para certas famílias, indivíduos, instituições privadas ou públicas, e também para estratos sub-nacionais de governo[273], e cujos valores são preferencialmente calculados em função de indicadores pré-estabelecidos na legislação aplicável[274]. Esta forma de subsídio tem como característica definidora o facto de poder ser livremente aplicado na compra de quaisquer bens e serviços em função só do mapa de preferências dos beneficiários[275]. São de utilização não categórica, exactamente porque o seu uso é feito com total liberdade pelos beneficiários.

E há os subsídios aos preços pelos quais os beneficiários têm acesso à compra dos bens e serviços por eles contemplados a preços reduzidos relativamente aos praticados no mercado[276]. A sua conceptualização é inde-

---

[273] Como são os Estados Federais, as regiões, as províncias e as autarquias, conforme o modelo organizativo de governo adoptado por cada país.

[274] Não estamos, evidentemente, a negar a existência de práticas discricionárias neste domínio.

[275] Isto quer dizer que se for efectuada pelo Estado uma certa transferência de dinheiro a favor de alguém, estando a sua utilização vinculada a certas e determinadas mercadorias (renda de casa, mensalidade da escola, actos médicos), ela consubstancia efectivamente um subsídio aos preços pago ao consumidor, em alternativa a sê-lo aos produtores, e não um subsídio em moeda. Realmente, também os subsídios podem ser pagos tanto aos consumidores como aos produtores, exactamente da mesma maneira que a cobrança dos impostos indirectos.

[276] Como veremos numa das próximas secções, naquela que é dedicada à incidência dos subsídios, os efeitos destes sobre os preços pagos pelos consumidores não se tra-

pendente dos mecanismos processuais da sua execução, sendo, na verdade, susceptíveis de se apresentarem sob formas diferenciadas, o que igualmente é válido em relação à intervenção directa do Estado na sua provisão. Assim, estes subsídios ou são pagos aos compradores das mercadorias ou, directamente aos seus produtores. No primeiro caso há lugar a transferências monetárias a favor dos beneficiários, estritamente vinculadas a certas despesas e não a outras; é o caso dos subsídios destinados a auxiliar os indivíduos elegíveis a liquidar as rendas das habitações que ocupam aos respectivos senhorios, ou os reembolsos com fundamento na assistência médica que lhes é prestada. Mas se forem pagos directamente aos produtores, os beneficiários desembolsam apenas o preço líquido do subsídio, cabendo ao Estado ressarcir os fornecedores pela diferença entre o preço das mercadorias e o valor cobrado aos utentes. Portanto, no conceito cabem os fornecimentos a título gratuito, independentemente de serem realizados directamente pelo Estado ou por intermédio de agentes privados; por exemplo, as refeições nas escolas ou, simplesmente, a provisão de alguns complementos alimentares, o ensino obrigatório nas escolas oficiais, e tantos outros. Ora, na base deste entendimento, os muito referidos subsídios em espécie devem ser encarados como subsídios aos preços, não acontecendo eles unicamente quando o Estado fornece directamente aos cidadãos unidades físicas de determinados bens ou serviços. Currie (1994, p. 2) distingue os subsídios em espécie em dois grupos; o primeiro são transferências monetárias consignadas a certas utilizações e o segundo são a prestação directa de bens e de serviços específicos aos utentes[277].

Contudo, na literatura económica a conceptualização dos subsídios não é inequívoca. Peltzman (1973) considera os subsídios aos preços que

---

duzem necessariamente na sua redução pelo montante do próprio subsídio. Tudo vai depender de uma série de condições que aí serão devidamente apontadas e analisadas.

[277] Os exemplos ilustrativos que refere, naturalmente retirados da experiência norte-americana, são, respectivamente, os cheques alimentares (*food stamps*) e a assistência médica às famílias pobres, aos idosos, aos invisuais e a quaisquer outros indivíduos com incapacidades (*Medicaid*). No primeiro tipo estão igualmente os subsídios à habitação e, no segundo, os *Head Start*, o *National School Lunch Program* (NSLP) e o *Special Supplemental Feeding Program for Women, Infantes and Children* (WIC). Já os programs *Aid to Families with Dependent Children* (AFDC) e o *Earned Income Tax Credit* (EITC) são exemplos de transferência não categóricas em moeda. Apesar de todas as famílias que declaram rendimentos do trabalho beneficiarem deste último mecanismo, de facto ele acaba por ter carácter redistributivo porque se o valor apurado do imposto for menor que o do EITC, a diferença é devolvida ao contribuinte.

revestem a forma de pagamentos em moeda aos produtores ou aos consumidores, mas consignados ao consumo categórico de certos bens e serviços, como *money subsidies* (p. 2). Na sua concepção, os subsídios em espécie correspondem a fornecimentos directos de determinados bens e serviços feito pelo Estado em quantidades fixas, e em relação aos quais os beneficiários incorrem em custos tão elevados para complementarem as quantidades subsidiadas com quantidades adicionais adquiridas no mercado, aos preços aí cotados que, efectivamente, o seu consumo se restringe à quantidade fornecida pelas autoridades. Neste sentido, a classificação do subsídio como sendo ou não em espécie fica criticamente dependente do facto de, respectivamente, a mercadoria só poder ser consumida sobre unidades discretas ou contínuas. Neste sentido, o subsídio a que se refere a Figura (71) seria um exemplo de subsídio em espécie.

Os subsídios aos preços têm como desígnio reduzir o preço das mercadorias aos quais se aplicam, em benefício de apenas certos grupos sócio-económicos quando o objectivo é a redistribuição do rendimento, ou de toda a população quando a preocupação é a promoção da eficiência económica. Aplicam-se também a bens considerados de mérito. Por via de regra são bens que os beneficiários desses programas já consumiam antes da criação dos respectivos subsídios, embora muito provavelmente em quantidades diferentes das que passam a consumir com eles. Com eles os poderes públicos não só decidem que bens devem ver o seu consumo incrementado como ainda, eventualmente, quais os grupos populacionais que os devem passar a consumir em maiores quantidades. O Estado recorre ainda frequentemente a eles quando se propõe estimular o crescimento económico, subsidiando o investimento, pelo que se utilizam não só para fomentar o consumo como eventualmente o investimento.

Os subsídios aos preços são de dois tipos: a) os subsídios em quantidades fixas e, b) os subsídios em quantidades variáveis. Os primeiros aplicam-se até uma quantidade máxima adquirida das mercadorias a que se referem; se os beneficiários desejarem consumir para além dessas quantidades máximas poderão fazê-lo mas, para as quantidades em excesso, vão ter que suportar integralmente o preço de mercado. Se os pais não acharem que é suficiente a educação que é proporcionada aos seus filhos pelas escolas públicas têm toda a liberdade para providenciar explicadores que complementem o ensino dado nas escolas oficiais, mas tendo que pagar os respectivos preços.

Ora, esses limites não existem com os subsídios em quantidades variáveis e, assim sendo, os indivíduos continuam a deles beneficiar independentemente das quantidades que consumirem. E é isto mesmo que tende a suceder com a aquisição da maioria dos medicamentos por alguém que seja beneficiário de um qualquer sub-sistema de apoio na saúde.

Do ponto de vista das finanças públicas é evidente a superioridade da primeira dessas modalidades, pois a despesa máxima que o Estado incorre com um programa desses é por ele mesmo fixado *ab-initio* e, portanto, encontra-se inteiramente sob o seu controlo. O que não é certamente o caso de programas de despesa para os quais vigoram os subsídios em quantidades variáveis: nestes as despesas suportadas pelo Estado ficam completamente na dependência das decisões dos consumidores.

QUADRO 34 – **Sistematização dos Subsídios**

SUBSÍDIOS	Em Moeda	
	Aos Preços	Em Quantidades Fixas
		Em Quantidades Variáveis

Segundo Currie (1994, p. 4), falando da experiência dos E.U.A., no período de 1975 a 1990 os subsídios em espécie cresceram a taxas muito superiores às dos subsídios em moeda; 51% em comparação com 18%.

Os efeitos económicos dos subsídios situam-se exactamente ao mesmo nível dos que decorrem da tributação: eficiência e incidência. Evidentemente, isso para além dos efeitos não económicos que têm a ver com a perturbação de comportamentos ligados à cultura e às tradições de um povo, tudo como consequência da racionalidade económica dos indivíduos que os leva a maximizar os benefícios líquidos dos programas públicos de despesa. Argumenta-se ainda, com alguma frequência aliás, que os subsídios que têm como intenção a redistribuição do rendimento criam um estado de subsidio-dependência que se transmite entre gerações.

Vamos começar por estudar a incidência dos subsídios, passando após isto ao estudo da matéria relativa à eficiência em termos dos subsídios em quantidades fixas, e depois no que toca aos subsídios em quantidades variáveis.

23.1. *A Incidência dos Subsídios*

Da mesma maneira que com os impostos, a problemática da incidência também se coloca com os subsídios. E, tal como com aqueles, aqui esta depende do mesmo conjunto de factores: a estrutura de mercado, as elasticidades das curvas da procura e da oferta onde aplicáveis, a dimensão do período de tempo considerado que nos há-de colocar ou no curto ou no longo-prazos, a análise em equilíbrio parcial ou geral.

O objecto deste estudo consiste, claro está, em identificar quem são os agentes económicos que efectivamente beneficiam de um certo e determinado subsídio, e em que medida é que dele aproveitam. Por conseguinte, continua a ser pertinente falar-se de repercussão para a frente, para trás e oblíqua.

Para que esta exposição se não torne fastidiosa, por repetitiva relativamente ao que já se expôs quando tratámos dos impostos, vamos ser bastante mais breves, esquemáticos até, dispensando-nos de explicações que assumimos estarem por esta altura devidamente interiorizadas[278]. Assim, optamos por conduzir esta exposição no quadro de uma análise em equilíbrio parcial[279], recaindo sobre mercados perfeitamente concorrenciais.

Aplica-se ainda ao domínio dos subsídios que, para além de eles tanto poderem ser directamente pagos aos produtores quanto aos consumidores, os haver ainda dos mesmos dois tipos: unitários e *ad-valorem*. E, de novo, cumpre-se a equivalência económica entre uns e outros, aplicadas que sejam as mesmas restrições de comparabilidade: subsídios de igual valor para o confronto entre os pagos aos consumidores e os pagos aos produtores, e a mesma capacidade para gerar despesa se a comparação se estabelecer entre os de tipo unitário e os *ad-valorem*.

Vejamos, pois, o que se passa neste domínio em mercados de concorrência perfeita.

23.1.1. *Incidência em Concorrência Perfeita e em Equilíbrio Parcial*

Considere-se o mercado de um qualquer bem *X* transaccionado nesta estrutura de mercado, com as correlativas curvas da oferta e da procura, tal como se ilustra na figura abaixo.

---

[278] E, se tal não acontecer, aconselhamos o leitor a rever o capítulo dos impostos onde esta temática é devidamente tratada e desenvolvida.

[279] Não se colocam neste ponto deste livro problemas significativos no estudo das relações em equilíbrio geral aplicáveis aos subsídios porquanto estes funcionam como impostos *negativos*.

FIGURA 63 – **Incidência de um Subsídio *Ad-Valorem* em Concorrência Perfeita**

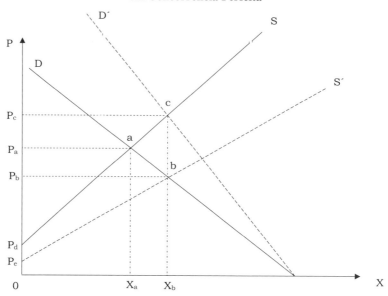

A Figura 63 mostra como, numa análise em equilíbrio parcial, se desenvolve a incidência de um subsídio *ad-valorem* aplicado ao bem X. Estão representadas as duas hipóteses referentes aos agentes económicos a quem os mesmos são directamente liquidados. Se o subsídio for pago aos consumidores o que se altera é a posição da curva da procura que roda para a direita, de D para D', em torno do seu eixo de rotação e, aí, D' combinar-se-á com S para a determinação da solução de equilíbrio no mercado no ponto c. Pelo contrário, se ele for directamente pago aos produtores, é a curva da oferta que roda para a direita, para baixo, de S para S', articulando-se esta última com D em ordem à determinação da solução de equilíbrio no mercado no ponto b.

A taxa do subsídio é, em termos percentuais:

228) $\quad s = \dfrac{P_c - P_b}{P_c} = \dfrac{cb}{cX_b}$

Sem subsídio a solução de equilíbrio situa-se em a, a que correspondem as coordenadas (P_a, X_a). O subsídio, se pago aos consumidores, leva a solução de equilíbrio de mercado para c; os produtores recebem um preço P_c, os consumidores recebem um subsídio por unidade de mercadoria igual a *cb* e, portanto, para eles o preço líquido é P_b. O que aqui se tem fundamentalmente a notar é que o preço para o consumidor não baixou pelo exacto montante do subsídio, mas menos do que este. Enquanto o subsídio é igual a $(P_c - P_b)$, o preço reduziu-se apenas em $(P_a - P_b)$, o que certamente se explica pelo facto de a produção se fazer a custos crescentes.

O preço de mercado, reagindo a um subsídio, aumenta tanto mais quanto menor é a elasticidade preço da oferta. Quando esta é perfeitamente inelástica, o subsídio reverte totalmente a favor dos produtores na forma de um aumento do preço de mercado igual ao montante do subsídio, pagando os consumidores, após subsídio, exactamente o mesmo que antes. Assim, muito embora o subsídio tenha sido atribuído ao consumo, os benefícios são colhidos pelos produtores. É o que se retrata na próxima figura.

Na Figura 64 partimos de uma situação inicial de equilíbrio em *a*, para uma nova situação de equilíbrio em *b* como consequência da concessão de um subsídio aos consumidores do bem X. O preço de mercado eleva-se de P_a para P_b; este aumento é completamente absorvido pelos produtores, pois os consumidores, aos quais é pago um subsídio unitário de *ab* unidades monetárias, continuam a suportar o mesmo preço que antes.

Do ponto de vista qualitativo da incidência, a Figura 65 retrata uma situação idêntica à vista na figura anterior. Apenas que aqui a curva da procura é perfeitamente elástica. Nestes termos concluimos que quanto mais elástica fôr a curva da procura tanto mais o subsídio favorece os produtores na forma de aumentos dos preços, e tanto menos os consumidores.

FIGURA 64 – **Incidência de um Subsídio *Ad-Valorem* em Concorrência Perfeita com Oferta Perfeitamente Inelástica**

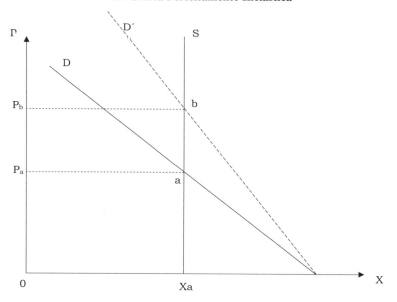

Para estabelecer o contraste, terminamos ilustrando o que sucede quando a procura é perfeitamente inelástica.

FIGURA 65 – **Incidência de um Subsídio *Ad-Valorem* em Concorrência Perfeita com Procura Perfeitamente Elástica**

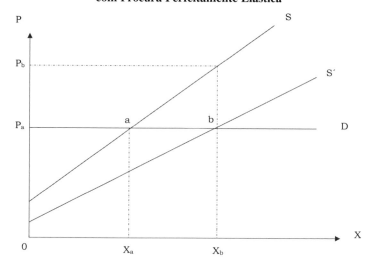

Quando a curva da procura tem a configuração mostrada na Figura 66, o preço que os consumidores pagam pelo bem subsidiado decresce pela quantia do subsídio, isto é, de P_a para P_b. Os produtores continuam a receber o mesmo preço por unidade de mercadoria que auferiam antes do subsídio: recebem dos consumidores P_b a que se adiciona o subsídio cujo montante é *ab*.

FIGURA 66 – **Incidência de um Subsídio *Ad-Valorem* em Concorrência Perfeita com Procura Perfeitamente Inelástica**

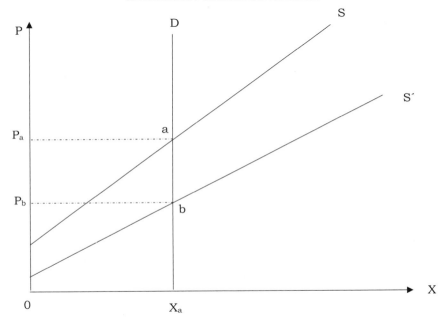

23.2. *Eficiência e Subsídios em Quantidades Fixas*

Os subsídios em quantidades fixas alteram, certamente, as restrições orçamentais dos indivíduos, dando-lhes configurações que dependem de circunstâncias várias como sejam, por exemplo, o montante do subsídio por unidade de mercadoria, e mesmo a forma como é gerido o acesso a ele pelos potenciais beneficiários. Os seus efeitos sobre o consumo e sobre os padrões de eficiência na afectação dos recursos económicos ficam dependentes não somente da configuração da nova restrição orçamental mas também do rendimento pré-subsídio dos beneficiários, dos seus gostos e preferências, assim como das quantidades que consomem dos bens em causa na ausência deste apoio. Estes são subsídios praticados de modo generalizado no apoio à alimentação, à saúde, à educação, à habitação dos cidadãos que se qualificam para os receberem, e em tantos outros casos.

Quando estes subsídios se aplicam a bens que têm sucedâneos, a alteração nos preços relativos provoca ineficiências na afectação de recursos económicos por virtude do efeito substituição. A ineficiência traduzir-se-á eventualmente numa solução de sobre-consumo para o consumidor. Contudo, toda esta problemática é de tal modo complexa que, em vez de sobre-consumo, poderemos ter sub-consumo ou até mesmo uma situação em que os padrões de consumo não são distintos dos que fluíriam de subsídios não categóricos em moeda. Realmente, o resultado final destes subsídios em equilíbrio parcial[280] depende da forma como se conjugue aquele vasto número de factores enumerados no parágrafo anterior.

Numa análise em equilíbrio geral, eventuais indexações ao consumo de outros bens para determinação do valor do subsídio a atribuir é também capaz de alterar de maneira relevante o consumo desses outros bens, com resultados evidentes ao nível tanto da incidência quanto da eficiência. Um exemplo commumente citado na literatura (Stiglitz, 2000, p. 396) acontece quando os subsídios à alimentação são calculados como função do rendimento do agregado depois de deduzidas as despesas com a habitação. Mas também têm efeitos sobre os incentivos ao trabalho porque os subsídios constituem rendimento real, e tendem a baixar à medida que aumentam os rendimentos gerados pelos próprios beneficiários e, sendo assim, é perfeitamente possível configurar situações em que uma maior integração no mercado de trabalho, com a resultante redução, ou mesmo eliminação, destes subsídios redundaria para o indivíduo numa perda de bem-estar. Por fim, importa notar que, fluindo até do que se acaba de escrever, estes subsídios têm potencial para perturbar escolhas comportamentais ligadas às tradições da sociedade.

A justificação para estes subsídios, em alternativa aos subsídios em moeda de utilização não categórica que, por terem apenas efeito rendimento, são eficientes[281], é a atitude paternalista do Estado mas, com muita frequência, a dinâmica do processo legislativo que está na sua génese

---

[280] No domínio estrito dos efeitos sobre o consumo dos bens subsidiados e não de outros.

[281] Obviamente esta afirmação entende-se porque o programa de despesa está a ser analisado abstraindo dos efeitos da tributação que os há-de financiar.

favorece-os como mecanismo de apoio directo e eficaz[282] aos grupos de interesse que os legisladores desejam concretamente beneficiar. Um dos exemplos mais referidos a propósito são os subsídios à alimentação, concebidos de molde a inequivocamente apoiarem os eleitores ocupados no sector agrícola[283]. Mas também a salvaguarda contra a utilização pelos beneficiários do poder de compra transferido sob a forma de subsídios não categóricos em bens não essenciais, numa manifestação de comportamentos capazes de chocar a sensibilidade social e, em particular, a dos contribuintes que com os seus impostos os financiam, concorre a favor da opção por este mecanismo.

23.2.1. Exemplos de Restrições Orçamentais com Subsídios em Quantidades Fixas em Equilíbrio Geral

A título ilustrativo, e introdutório, vamos mostrar graficamente qual a configuração das restrições orçamentais de um subsídio a 100% que, portanto, possibilita o consumo da mercadoria contemplada a título gratuito e, logo a seguir, quando ele é inferior a esse valor, de tal maneira que o consumidor tem que suportar alguma despesa com cada uma das unidades que consome. Assumimos, neste exercício, como pressuposto muito importante, que as pessoas que beneficiam destes mecanismos não contribuem para o seu financiamento através do pagamento de impostos; em suma, relacionam-se com eles apenas na condição de beneficiários. Se igualmente fossem chamados a contribuir para o seu financiamento teríamos efeitos cruzados entre custos e benefícios, impondo-se-nos a identificação dos benefícios líquidos.

Imaginemos que o Estado disponibiliza gratuitamente D litros de leite por período de tempo a determinados indivíduos por entender que é um bem de mérito cujo consumo deve ser estimulado. A análise é feita numa perspectiva individual e as escolhas do consumidor são entre as quantidades que consome de leite (L) e as de todos os outros bens, representadas pelo respectivo equivalente monetário (Y). Y_i é também o rendimento deste particular sujeito por unidade de tempo; o preço de uma unidade de leite é simbolizado por p_L.

A restrição orçamental sem subsídio é:

229) $Y = Y_i - p_L L$

---

[282] Não necessariamente eficiente.
[283] Os subsídios em moeda, pelo seu carácter não categórico, não teriam certamente o mesmo impacto sobre a despesa realizada em bens agrícolas.

e é representada pelo segmento de recta Y_iA na Figura 67. A inclinação desta linha é $\frac{dY}{dL} = -p_L$. Com um subsídio de D unidades físicas de leite a título gratuito, a restrição orçamental passa a ser a linha Y_iBC, em que o segmento BC tem a mesma inclinação que a restrição orçamental inicial. O segmento Y_iB é paralelo ao eixo das abcissas, ao nível de Y_i, porque aquele subsídio só aproveita no consumo do leite e, portanto, é igual aos segmento AC e OD. Assim, a restrição orçamental com este subsídio passa a ser indicada por:

$$230)\quad Y = \begin{cases} Y_i & \text{para } 0 \leq L \leq D \\ Y_i - p_L(L - D) & \text{para } D \leq L \leq C \end{cases}$$

FIGURA 67 – **Restrição Orçamental para Um Subsídio em Quantidades Fixas com Preço Zero**

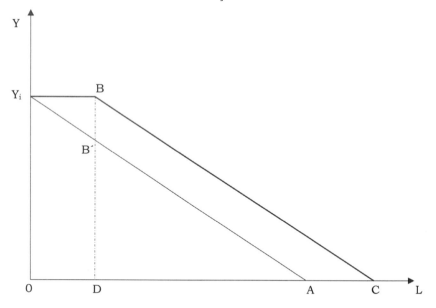

Note-se que o montante total do subsídio que é pago pelo Estado e, portanto, a despesa que ele suporta com este programa aplicado a este particular sujeito é igual ao segmento BB'; e a expressão matemática correspondente é $p_L D$. A quantidade máxima que agora este sujeito está habilitado a consumir deste bem subsidiado, quando nada consome de nenhum dos demais bens, isto é, a quantidade C no eixo das abcissas é naturalmente igual a $D + A$. A solução correspondente obtém-se a partir da segunda Equação em (230), estabelecendo $Y = 0$: $L = \frac{Y_i}{p_L} + D$.

Consideremos agora o caso de um subsídio dessa mesma natureza, com a diferença de a comparticipação estatal ser inferior a 100%, isto é, $0 < s < 1$, mas aplicável somente às primeiras D unidades, com qualquer quantidade adicional a ser necessariamente adquirida ao preço de mercado p_L.

Agora a restrição orçamental com subsídio s é $Y_i EF$, onde a inclinação do segmento $Y_i E$ é igual a $-(1-s)p_L$.[284] enquanto a do segmento EF continua a ser $-p_L$. A expressão da restrição orçamental com subsídio é a escrita a seguir:

$$231) \quad Y = \begin{cases} Y_i - p_L(1-s)L & para\ 0 \leq L \leq D \\ (Y_i + p_L sD) - p_L L & para\ D \leq L \leq F \end{cases}$$

FIGURA 68 – **Restrição Orçamental Quando o Subsídio em Quantidades Fixas Não É a Título Gratuito**

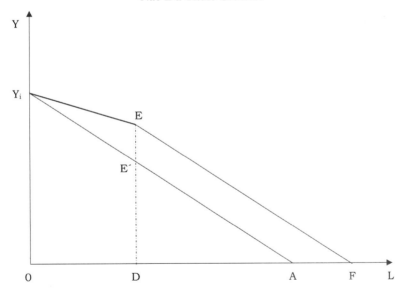

[284] Está-se implicitamente a assumir que o bem possui uma oferta infinitamente elástica ou, em alternativa, que os efeitos sobre a procura do conjunto dos beneficiários são incapazes de alterarem o preço de equilíbrio no mercado com subsídio. A consequência de um subsídio aos preços nos preços de mercado dos bens abrangidos é assunto tratado no capítulo da incidência dos subsídios.

Agora, o montante do subsídio pago pelo Estado é dado graficamente pela distância vertical entre os segmentos Y_iE e Y_iE'. O seu valor máximo é evidenciado pelo segmento EE' e é igual ao resultado $p_L sD$. Procedendo da mesma maneira que no ponto anterior, somos capazes de calcular a quantidade máxima que se consegue consumir de leite sob estas condições, ou seja, o valor de F como $L = \frac{Y_i}{p_L} + sD$.

Na verdade, o primeiro destes dois casos constitui uma situação particular do segundo, uma vez que corresponde a uma taxa de subsídio $s = 1$.

23.2.2. Análise de Casos Quanto à Ineficiência destes Subsídios

Vamos nesta secção atender ao impacto destes subsídios no mercado dos bens subsidiados, tendo a oportunidade de concluir sobre a possibilidade de ocorrência de sobre-consumo, sub-consumo e preservação das condições de eficiência. Para o efeito vamos reproduzir abaixo a Figura 66 acrescentando-lhe algumas curvas do mapa de indiferença de um particular consumidor.

FIGURA 69 – **Subsídio em Quantidades Fixas Não Gerador de Ineficiência**

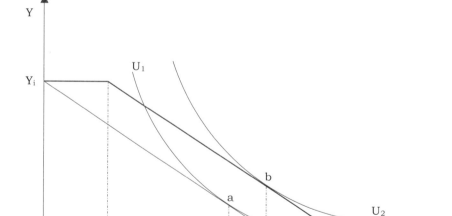

Antes do subsídio o individuo optimiza o seu nível de bem-estar consumindo no ponto a e usufruindo do nível de utilidade U_1. Consome OE unidades de L e o equivalente monetário aE de todas as outras mercadorias que formam o seu cabaz de compras. Depois do subsídio, e com a nova restrição orçamental, passa a beneficiar do nível de utilidade U_2, consumindo em b OF unidades de L e o equivalente monetário a bF unidades de outras mercadorias, pelo que também, neste particular exemplo, elevou o consumo destas outras. Constatamos que o consumo de L aumentou em EF unidades[285], tal que $EF < OD$. Isto é, quando se verificam aumentos nas quantidades consumidas, eles tendem a ser menores que as quantidades subsidiadas. O que acontece é a substituição pelo subsídio de uma parte das quantidades que antes já eram adquiridas pelo consumidor, e que neste exemplo ascendem a $(OD - EF)$ unidades. A quantidade que agora o beneficiário compra no mercado é de apenas de $OF - OD = DF$ unidades.

Apuramos ainda que neste exemplo há apenas efeito rendimento que, por si só, leva a solução de optimização no consumo de a para b e, portanto, para este indivíduo o subsídio não introduz nenhuma ineficiência. Nos seus efeitos é equivalente a um subsídio não categórico em moeda, passível, pois, de ser livremente aplicado na compra de quaisquer mercadorias. Isto passa-se desta maneira porque o montante do subsídio é inferior ao que o consumidor aspira consumir da mercadoria subsidiada para o seu rendimento real após subsídio. Perante uma situação com estas características estamos em condições de concluir que, no que concerne à eficiência, esta forma de intervenção não suscita reparo algum quando comparada com os subsídios em moeda. Mas nem sempre este é o caso, e é justamente isso que vamos ver já de seguida.

O que fazemos é, por um lado, aumentar a quantidade subsidiada, tal que é superior à quantidade onde o sujeito optimiza o seu consumo antes desta intervenção governamental, em a sobre a curva de indiferença U_1 na Figura 70. Por outro lado, as preferências do mesmo indivíduo encontram-se enviesadas a favor do consumo dos outros bens, em detrimento de L. Com a nova restrição orçamental resultante do subsídio, e que é Y_iBC, ele maximiza o seu nível de utilidade em B, justamente sobre o vértice da nova restrição orçamental, na curva de indiferença U_2. Repare-se, porém, que se não trata de uma solução óptima pois não há ali tangência entre a dita curva de indiferença e a restrição orçamental; o que temos é uma solução de canto. Portanto, o indivíduo passa a consumir exactamente as

---

[285] O que significa ser L um bem normal.

quantidades subsidiadas, $OD = Y_iB$, deixando de todo de adquirir o bem no mercado. Contudo, se o Estado incorresse na mesma despesas, que corresponde ao segmento vertical BG, mas a realizasse de forma diferente, através de um subsídio não condicional[286] em moeda, a restrição orçamental seria MBC, e a optimização no consumo teria lugar em b, e para a curva de indiferença U_3. Agora o consumo de L seria de apenas OF unidades, menos do que as OD unidades subsidiadas. Constata-se, então, um sobre-consumo de L que se eleva a DF unidades e, concomitantemente, um sub-consumo do conjunto de todos os outros bens pelo montante associado à passagem de b para B.

A medida da ineficiência que aqui se apresenta manifesta-se quer pelo valor da utilidade perdida em relação ao seu valor máximo potencial, $-U_3 + U_2$, como pelos valores já referidos do sobre-consumo e do sub-consumo.

FIGURA 70 – **Subsídios em Quantidades Fixas com Sobre-Consumo**

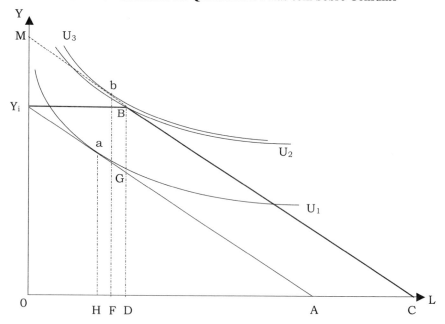

---

[286] O mesmo que não categórico.

Como há ineficiência há também, e necessariamente, efeito substituição. O efeito rendimento é igual a *HF* unidades, enquanto o efeito substituição, necessariamente negativo, é o responsável por arrastar o consumo de *L* de *OF* para *OD* unidades; o efeito substituição é, pois, igual a *DF* unidades.

Como se viu, com este subsídio em quantidades fixas o indivíduo está pior do que estaria com um subsídio monetário não categórico do mesmo montante. Se ele pudesse reagir a este estado de coisas iria tentar vender a quantidade de mercadoria que para ele é excessiva por forma a evoluir de *B* para *b*, acrescentando à sua restrição orçamental o segmento *Bb* no prolongamento da linha *BC*. Todavia, este exacto movimento é improvável em virtude de, certamente, se ter que incorrer em custos de transacção, incluindo eventuais descontos sobre o preço de mercado, com a finalidade de encontrar comprador para a quantidade *DF* que lhe é excessiva. Logo, o segmento da restrição orçamental que seria capaz de acrescentar apresentar-se-ia com uma menor inclinação que a do segmento *Bb*.

Vejamos agora um resultado algo menos antecipável que os dois anteriores. O subsídio em quantidades fixas atribuído a um bem, em vez de estimular o seu consumo como no caso precedente, efectivamente redulo! Isso é algo que pode acontecer devido quer às condições específicas impostas para o acesso a ele, quer pelas características do bem para o qual é difícil, impossível ou demasiado caro complementar as unidades subsidiadas com unidades adicionais compradas no mercado, tal como quando os bens não são divisíveis. Em geral, como escreve Peltzman (1973, p. 1) isso verifica-se quando o consumidor tem que arcar com custos especiais para complementar as unidades subsidiadas com outras adquiridas por ele no mercado. Para além da habitação, Peltzman, na obra mencionada, enumera outras situações em que o mesmo processo tem condições para surgir: a) subsídios à educação, independentemente do seu nível; b) subsídios à assistência médica; c) subsídios para apoio judicial; d) subsídios para actividades recreativas.

No exemplo que nos aprestamos a dar admitimos que o subsídio se refere a uma habitação com características bem delimitadas[287]. Atendendo

---

[287] Peltzman (1973) aplica esta situação à educação superior nos E.U.A. Subsídios atribuídos ao consumo de educação não formalizam necessariamente programas de redistribuição de rendimento, pelo menos a favor dos sujeitos com rendimentos mais baixos. Há estudos que indicam que a transferência de rendimento que os subsídios nesta área promovem são a favor das classes de rendimentos mais altos.

aos factores relevantes na decisão sobre o tipo de habitação a atribuir a quem tenha acesso a este programa de apoio, suponhamos que a determinado indivíduo é concedido a título gratuito o direito a habitar um T2. Adicionalmente, os regulamentos em vigor impõem que o subsídio só seja facultado a quem aceite a habitação tal como decidida pelas entidades oficiais, impedindo quem quer que seja de dele usufruir com uma tipologia distinta, complementando para isso o apoio estatal com recursos próprios para pagamento da renda de uma tipologia superior. Isto é, a pessoa ou aceita exactamente o que lhe é oferecido ou o recusa integralmente. A restrição orçamental aplicável a estas situações mostra-se na figura abaixo.

Sem subsídio o consumidor optimiza a sua solução em *a*, sobre a curva de indiferença U_1 e restrição orçamental Y_iA. Consome um T_3. O subsídio, nas condições descritas há pouco, dá lugar à restrição orçamental Y_iBDA. Agora a solução que maximiza o nível de bem-estar encontra-se em *B*, correspondente a um T_2; note-se que, de novo, é uma solução de canto. Se o subsídio tivesse sido concedido sob a forma de transferência monetária não categórica e pelo mesmo montante que aquele subsídio importa ao Estado, a optimização da solução encontrar-se-ia em *b*, para a curva de indiferença U_3, sobre a restrição orçamental MBC, com um consumo desejado de habitação igual a um T_4. O efeito rendimento é o responsável pelo movimento do T_3 para o T_4.

FIGURA 71 – **Subsídios em Quantidades Fixas com Sub-Consumo**

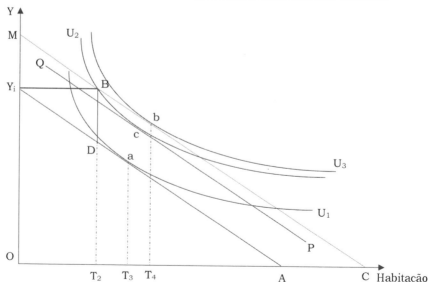

Numa situação como esta é mesmo possível o subsídio não ter qualquer impacto sobre o consumo. Se, porventura, a curva de indiferença que é tangente à restrição orçamental inicial no ponto a tiver um traçado que faça com que o ponto B fique à sua esquerda, então este indivíduo pura e simplesmente não vai aceitar o subsídio e continua onde já estava antes. O que se pode dizer é que quanto maior a quantidade que é subsidiada, para um dado nível de rendimento e padrão de preferências, tanto maior é a probabilidade que ele aumente o consumo do bem em apreço.

Assistimos agora a que o subsídio impõe uma redução na quantidade consumida do bem a que ele se aplica: de um T_3 para um T_2. Se existir um número de indivíduos suficientemente numeroso nestas condições, é bem possível que o consumo do bem diminua em vez de acrescer, como certamente era a intenção. Ao mesmo tempo constatamos haver lugar a subconsumo da mercadoria em causa: em vez de, para aquele novo nível do rendimento real, se consumir um T_4 consome-se um T_2. Portanto, é este diferencial negativo $T_2 - T_4$ que constitui a medida do sub-consumo, que é também a da ineficiência. Esta é ainda mensurável pela diferença entre U_2 e U_3, e igualmente pela diferença entre a despesa que o Estado faz, igual ao segmento BD decorrente das rectas orçamentais BC e Y_iA, e o estritamente necessário para colocar o sujeito no mesmo nível de bem-estar U_2 e implícita na recta orçamental alternativa QP. As restrições administrativas no acesso ao subsídio como que tornaram o bem em causa relativamente mais caro, de tal forma que o efeito substituição arrasta a solução de consumo de b para B.

Como escrevemos antes, os efeitos destes subsídios variam muito de indivíduo para indivíduo. Muito provavelmente o impacto global sobre a afectação de recursos é comparativamente menos significativo do que a redistribuição de rendimento que fomenta, especialmente se considerarmos que os que os financiam não são os mesmos que deles beneficiam.

23.2.2.1. *O Impacto sobre o Consumo de Outros Bens e Incidência*

Stiglitz (2000, p. 398) afirma a propósito dos subsídios em quantidades fixas: "*Because the value of food stamps given increases the smaller the individual's income **net of housing expenditures**, the food stamp program encourages house consumptiom. It is ironic that while the food stamp program is intended to encourage food consumption, its major effects may be to encourage housing consumption and to discourage work.*" De facto, um subsídio assim organizado varia positivamente com os gastos em habitação, a tal ponto que se poderia argumentar que é um subsídio à habitação, merecendo um prémio tanto maior quanto maior for a despesa que se faz com ela. Vamos ilustrar o funcionamento deste mecanismo, que se reporta tanto a questões de eficiência quanto de incidência[288], num modelo em que assumimos que o cabaz de compras do beneficiário é constituído só por habitação e alimentos. Assumimos, além disso, por razões de simplificação na formalização do problema, que a habitação é perfeitamente divisível.

A quantidade consumida de habitação é simbolizada por H, e por F o mesmo no que diz respeito aos alimentos. Os seus preços unitários são, respectivamente, p_H e p_F; estes são um dado para o consumidor, o mesmo sucedendo com o seu rendimento Y por unidade de tempo.

O Estado fixa que o sujeito deve consumir pelo menos F^* unidades de alimentos, de tal maneira que quando o seu rendimento, líquido de gastos com a habitação, é inferior a $p_F F^*$ transfere para ele a fracção k, com $0 < k \leq 1$, da diferença observada. Claro que a transferência inexiste sempre que aquele valor líquido é igual ou superior a $p_F F^*$. Formalizando este problema temos as equações seguintes.

A restrição orçamental do consumidor antes do subsídio é:

232) $Y = p_H H + p_F F$

de tal maneira que o rendimento líquido depois de pagos os encargos com a habitação é:

233) $p_F F = Y - p_H H$

e o subsídio é:

234) $S_F = k p_F (F^* - F) \quad \text{se} \quad F^* > F$

ou, expresso em unidades físicas de alimentos:

235) $\dfrac{S_F}{p_F} = k[F^* - (\dfrac{Y}{p_F} - \dfrac{p_H}{p_F} H)]$

O valor máximo teórico que este subsídio é capaz de atingir é $p_F F^*$ na condição de o indivíduo aplicar todo o seu rendimento em habitação e de ser $k = 1$. Procedamos, pois, à representação gráfica deste problema assumindo arbitrariamente um determinado valor para F^*, tal como surge

---

[288] Aqui trataremos exclusivamente da perspectiva na eficiência.

representado na Figura 72, e igualmente admitindo que o subsídio se extingue pela sua totalidade sempre que $F > F^*$.

Nestas condições, a restrição orçamental inicial, na ausência de um tal programa de subsídios, é a dada pela linha $GdaF_{Máx.Y}$. A solução inicial de optimização do bem-estar deste indivíduo acontece no ponto a, querendo isto dizer que gasta Ma unidades monetárias do seu rendimento com habitação e o remanescente, $OG - Ma$, em alimentação, ususfruindo do nível de bem-estar correspondente à curva de indiferença U_1.

Admitamos agora que este programa é introduzido. O indivíduo adapta estrategicamente o seu comportamento de maneira a maximizar o respectivo nível de satisfação, e é assim que ele deixa de consumir em a para passar a consumir menos, no ponto d, a quantidade de alimentos $F_{Subs.}$ que corresponde à quantidade mínima que pode consumir por razões de subsistência e à qual se encontra associado o nível de bem-estar U_2. A despesa com habitação sobe para $dF_{Subs.}$, dando-lhe o direito a receber um subsídio igual a db unidades físicas de alimentos[289]. Como tal, a restrição orçamental, nas condições supostas, passa a ser a linha $GdbcF_{Máx.Y}$. Note-se que a restrição orçamental evolui no sentido oposto ao do consumo de bens alimentares tomando como ponto de partida os valores antes do subsídio, sendo precisamente esse o significado das duas setas a tracejado colocadas na horizontal. Finalmente, de d na curva de indiferença U_2, este consumidor transfere-se, com a maximização do subsídio, para b na curva de indiferença U_3, tal que, como se vê, $U_3 > U_1$, assim conseguindo maximizar os seus benefícios no quadro do mecanismo do subsídio que foi implantado.

Os encargos do Estado com este subsídio ascendem a bc unidades monetárias mas, como facilmente se alcança, em termos de implicações quanto à eficiência, qualquer um dos três resultados é possível, tudo dependendo, *ceteris-paribus*, da inclinação das isopreferências de cada beneficiário no ponto b. Todavia, como o consumo de alimentos ascende a F^*, valor que é fruto de labor burocrático-administrativo, pode-se legitimamente presumir que o resultado mais provável destas acções seja o sobre-consumo de habitação e o sub-consumo em alimentos tomando, naturalmente, como referência a solução associada a um subsídio monetário não condicional pela mesma importância.

---

[289] Estamos a admitir que $k = 1$.

FIGURA 72 – **Efeitos Possíveis de um Subsídio em Quantidades Fixas à Alimentação**

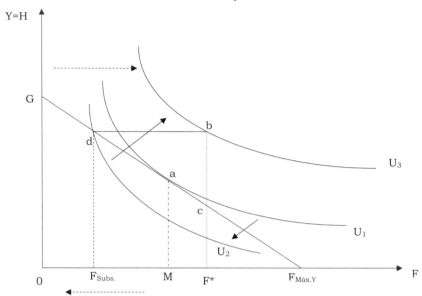

23.2.2.2. *O Impacto sobre a Oferta de Trabalho*

Os subsídios em quantidades fixas, porquanto traduzem acréscimos do rendimento real e ainda porque os seus montantes hão-de, de alguma feição, variar negativamente com o rendimento dos beneficiários, têm certamente implicações sobre os incentivos ao trabalho. Estes efeitos são sobretudo fortes quando um montante fixo é concedido a quem tenha rendimentos inferiores a um certo valor pré-determinado, sendo retirados logo que esse rendimento de referência seja ultrapassado. Numa situação destas os indivíduos, a não ser que tenham uma forte apetência pelo trabalho, até por razões de índole ética, ajustarão os seus comportamentos por forma a maximizarem os seus níveis de satisfação, o que implica consumir mais lazer em detrimento do trabalho. Segue-se a análise gráfica, onde se assume que os únicos rendimentos que o sujeito aufere são provenientes do trabalho. O salário por unidade de tempo é representado por ω; o tempo total disponível por unidade de tempo é T, o qual é um dado e se distribui por trabalho (N) e por lazer (L). De novo, o rendimento exprime-se por Y. Podemos escrever a função de utilidade do sujeito como dependendo positivamente do rendimento e do lazer, assim:

236) $\mu = \mu(Y, L)$

tal que $\frac{\partial \mu}{\partial Y} > 0$ e $\frac{\partial \mu}{\partial L} > 0$.

A restrição orçamental é dada por:

237) $Y = \omega(T - L)$

Na Figura 72 temos a restrição orçamental de um sujeito antes do subsídio, dada pelo segmento *AaEB*. O subsídio, de montante *CE*, igual a *DB*, só é entregue a quem tenha rendimentos iguais ou inferiores a *OH*, sendo retirado a quem obtenha rendimentos superiores a OH. Uma vez que o lazer é quantificado no eixo das abcissas, da esquerda para a direita, por diferença, da direita para a esquerda lê-se o tempo que o sujeito afecta ao trabalho. Portanto, quem trabalhe mais do que *FB* unidades de tempo deixa de ter direito a esse subsídio. Quer dizer, a restrição orçamental pós-subsídio é *AECD*. Este sujeito, antes do subsídio maximiza o seu nível de utilidade no ponto *a* da curva de indiferença U_1, consumindo *OG* unidades de lazer e auferindo um rendimento que ascende a *aG*. Com o subsídio a maximização do nível de utilidade acontece para U_2, com uma solução de canto em *C*. Isto é, este particular indivíduo ajusta o seu comportamento, passando a consumir mais *GF* unidades de lazer, traduzido num igual decréscimo no tempo de trabalho, mas aumentando também o seu rendimento em *Ch* unidades. Compreende-se bem; se continuasse em *a* trabalhava mais e teria um rendimento inferior!

O que se passa é que o subsídio tem um efeito substituição para os que o recebem pois reduz o custo de oportunidade do lazer. Antes do subsídio, o custo de oportunidade do lazer para os que dele consomem OF unidades é $\omega(OF) = AH$, passando após ele para $\omega(OF) - CE$. A passagem de *a* para *C* é, então, decomponível num efeito rendimento, de *a* para *b*, e num efeito substituição, de *b* para *C*. Como o lazer é um bem normal, o seu consumo deve aumentar com o rendimento e no mesmo sentido deve evoluir por virtude do efeito substituição já que o subsídio o tornou relativamente mais barato.

A ineficiência que este programa traduz é visível na circunstância de implicar para o Estado uma despesa superior ao que seria estritamente necessário para colocar o sujeito no nível de utilidade U_2, e que está implícita na restrição orçamental *JK*, paralela tanto a *AB* quanto a *CD*. Sem dúvida que a vantagem mais relevante de um sistema destes é a sua simplicidade e custos de administração comparativamente reduzidos.

FIGURA 73 – **Efeitos sobre o Trabalho de Um Subsídio Constante em Quantidades Fixas**

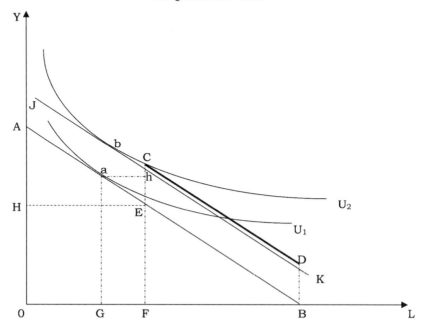

23.2.2.3. *Alguns Exemplos de Casos Concretos*

A literatura económica desta área de especialização refere vários exemplos reais de aplicação dos princípios gerais que se expuseram nas secções anteriores deste capítulo[290]. Um desses programas é o bem conhecido *Food Stamp Program* implementado nos E.U.A. por iniciativa do Presidente John Kennedy no início dos anos 60 do século transacto. Trata-se de um programa destinado a apoiar as famílias economicamente carecidas[291] na satisfação das suas necessidades alimentares. Este programa foi, ao longo da sua existência, objecto de reformas várias que alteraram as condições de elegibilidade e as da sua administração. A primeira aconteceu em 1977, e a ela nos referiremos para ilustrar conse-

---

[290] Ver, entre outros, Browning *et al*.

[291] O rendimento do agregado familiar, líquido de impostos e de despesas em bens e serviços, como as efectuadas em saúde, constituía o indicador relevante para efeitos de acesso ao programa.

quências marcantes com origem em ajustamentos aparentemente de somenos importância.

QUADRO 35 – **Tabela de Atribuição de Cheques de Alimentos nos E.U.A, em USD, para Famílias com 4 Elementos, 1975**[292]

Rendimento Mensal Líquido	Valor Mensal do Cheque Alimentar (em USD)	Preço para o Beneficiário (em USD)	Subsídio Mensal (em USD)
0-29.99	154	0	154
50-59.99	154	10	144
100-109.99	154	25	129
150-169.99	154	41	113
210-229.99	154	59	95
310-329.99	154	89	65
420-449.99	154	122	32
510-539.99	154	130	24

Na sua primeira fase, até 1977, os *cheques de alimentos* ascendiam mensalmente a um valor em USD que dependia do número de pessoas do agregado familiar. Porém, esse cheque não traduzia uma transferência líquida pois, efectivamente, tinha que ser comprado pelos beneficiários a um preço tanto menor quanto menores os respectivos rendimentos líquidos. Por essa razão o subsídio líquido efectivamente percebido era o correspondente à diferença entre o valor do cheque e o que tinha de ser pago por ele. O Quadro 35, dá um exemplo para um agregado de 4 pessoas.

Uma qualquer família cujo rendimento líquido mensal fosse de USD 315 recebia um cheque que podia exclusivamente aplicar na compra de 154 dólares de alimentos, tendo que pagar por ele 89 dólares, pelo que o benefício líquido era de apenas 65 dólares. Repare-se desde já que, independentemente dos seus rendimentos líquidos, mas sobretudo dos seus rendimentos brutos, e dos seus gostos e preferências, estas famílias eram *forçadas* a consumir, no mínimo, os mesmos 154 dólares por mês de alimentos. Para estes números a representação gráfica apropriada apresenta-se abaixo.

---

[292] Retirado de Browning & Browning, 1979, p. 99.

A quantidade consumida de alimentos (F) é lida no eixo das abcissas, enquanto o eixo das ordenadas nos informa sobre as quantidades consumidas de todos os outros bens que fazem parte do cabaz de compras do agregado familiar, medidas pelo seu equivalente monetário Y.

FIGURA 74 – **Cheque de Alimentos Pago Parcialmente pelo Beneficiário**

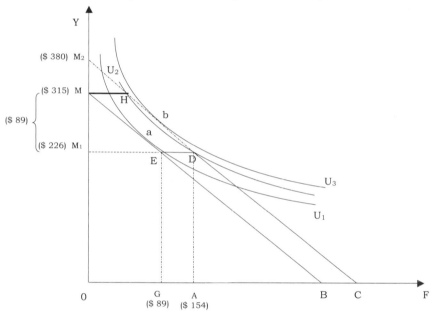

Com o subsídio atribuído nas condições enunciadas há instantes, a nova restrição orçamental é *MEDC*. Antes do subsídio, a solução óptima para esta família acontecia em *a*[293]. O subsídio conduz a uma nova solução em *D*, sendo evidente a existência de sobre-consumo. Um subsídio pecuniário dos mesmos 65 dólares formaria a restrição orçamental dada pela linha M_2DC, paralela a *MB*, e obteríamos uma solução óptima em *b*. Esta família preferiria gastar menos em alimentação e mais em outros bens.

O aspecto essencial da reforma de 1977 foi a eliminação do pagamento que até então os beneficiários eram obrigados a fazer para passarem

---

[293] Embora seja discutível, por motivos pedagógicos assumimos que a família apresenta um mapa de indiferença no consumo constituído por curvas de utilidade com as propriedades habituais.

a dispor dos cheques. A partir dessa data as famílias recebem cheques com o valor correspondente ao que até aí era o subsídio líquido, ou seja, o valor constante da última coluna do Quadro 35. Como resultado a restrição orçamental modifica-se de novo, para *MHDC*, em que o segmento *MH* é exactamente igual ao segmento *ED*, pois ele é a expressão gráfica do valor líquido do apoio governamental, *GA* unidades de alimentos com um valor de mercado de USD 65.

O resultado desta reforma foi a eliminação da ineficiência que atrás se apontou, pois consome-se agora em *b*, e consome-se menos do que antes pois os beneficiários deixaram de ser constrangidos a dispender o mínimo de USD 154 na compras de alimentos.

Convém ter a noção de que a ineficiência que atrás se apontou, bem como o impacto da reforma de 1977, no sentido que expressamente mencionámos no parágrafo acima, depende criticamente do rendimento e dos gostos e preferências das famílias pelo consumo de alimentos. Do rendimento porque, por um lado, quanto maior este for menor será o subsídio governamental e maior tenderá a ser o consumo, em termos absolutos. Das preferências porque quanto mais estas estiverem enviesadas a favor da mercadoria subsidiada menor tenderá a ser a distorção. Algo que efectivamente já havíamos mencionado nas considerações gerais sobre os subsídios em quantidades fixas, mas que este programa em concreto muito bem exemplifica. Ora, o resultado da reforma de 1977, tal como retratado na Figura 74, parece reflectir a situação de facto que ela foi capaz de criar pois 85% a 90% das famílias participantes têm despesas com alimentos, prévias ao subsídio, que excedem o valor destes (Currie, 1994, p. 19).

23.3. *Os Subsídios em Quantidades Variáveis em Equilíbrio Geral*

Estes subsídios já foram anteriormente caracterizados e, na verdade, funcionam como se se tratassem de impostos, mas negativos. Por isso, a análise é comparativamente muito semelhante. E, da mesma maneira, tanto podem ser pagos directamente aos produtores quanto aos consumidores, que os efeitos económicos são exactamente os mesmos nas condições já mencionadas por diversas vezes. De igual forma são unitários ou *ad-valorem*, no mesmo sentido em que estes vocábulos são aplicados aos impostos. Contudo, os efeitos económicos são claramente distintos daqueles que se manifestam com os subsídios em quantidades fixas.

Capitalizando nos conhecimentos e em toda a informação de que já dispomos neste ponto do livro, passamos desde já à respectiva representação gráfica, assumindo que a produção se faz a custos constantes e que, por isso, o preço ao consumidor baixa pela totalidade do subsídio[294]. Atente-se, pois, na figura que se segue.

Antes do subsídio, que tornou a mercadoria mais barata para o consumidor, seja ela medicamentos (M), a restrição orçamental é o segmento Y_iA. O segmento $0Y_i$ é o rendimento monetário do indivíduo por unidade de tempo enquanto que a inclinação daquela restrição orçamental é o negativo do preço de M. A solução óptima para o consumidor é, mais uma vez, o ponto de tangência entre a dita restrição orçamental e a curva de indiferença U_1, situação que acontece em a. Com o subsídio a restrição orçamental roda para a direita e passa a ser o segmento, Y_iB cuja inclinação reflecte o preço, líquido do subsídio. Fruto disto, a nova solução óptima está em b, onde o beneficiário goza de um nível de utilidade maior do que antes, $U_2 > U_1$, consumindo OF unidades de M e o equivalente monetário a bF unidades de todas as outras mercadorias. O efeito rendimento ascende, assim, a EG unidades enquanto o de substituição monta a GF unidades. Esta é a medida do sobreconsumo que sempre estes subsídios provocam na circunstância de os bens serem sucedâneos entre si, e também da sua ineficiência. Sem dúvida que esta questão não se coloca assim quando os bens são perfeitamente complementares entre si.

A ineficiência está adicionalmente representada pelo segmento bd que exprime o excesso de despesa em que o Estado está a incorrer, sem necessidade, para colocar o indivíduo naquele nível de satisfação U_2. Com a mesma despesa que efectua, o beneficiário seria colocado num nível de satisfação ainda mais elevado, como se depreende da recta orçamental que consubstancia uma transferência não condicional em moeda por aquele mesmo valor.

---

[294] Este não é um pressuposto essencial. O que aqui é essencial é que haja uma redução no preço pago pelo consumidor, em resultado do subsídio, ainda que lhe possa ser inferior.

FIGURA 75 – **Efeitos dos Subsídios em Quantidades Variáveis**

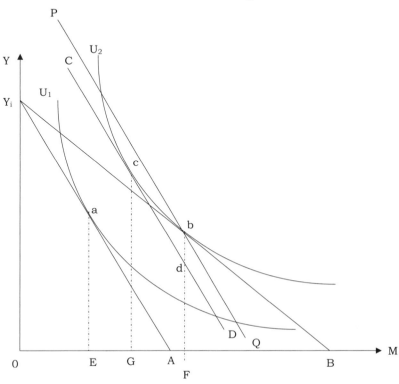

23.4. *Alguns Programas Portugueses de Subsídios em Quantidades Fixas*

De entre a vasta panóplia de subsídios existentes em Portugal, escolhemos os subsídios de renda de casa e de frequência de estabelecimento de ensino especial para ilustrar os subsídios em quantidades fixas para o caso concreto português.

23.4.1. *O Subsídio de Renda de Casa*

A legislação que suporta este programa é a Lei n.º 6/2006 de 27 de Fevereiro, os Decretos-Leis n.º 156/2006 de 8 de Agosto, n.º 158/2006 de 8 de Agosto e o n.º 161/2006, também de 8 de Agosto, e ainda a Portaria n.º 1192-A/2006 de 3 de Novembro.

Tem como seu objectivo auxiliar, por via de um apoio mensal pago em dinheiro, os indivíduos de fracos recursos económicos, em especial os idosos, a suportar os aumentos das rendas de casa aplicados por força do Novo Regime de Arrendamento Urbano.

As condições de elegibilidade respeitam, fundamentalmente, à data do contrato de arrendamento da habitação cuja renda é aumentada, e ao rendimento dos inquilinos. Existem ainda outras condições que, do mesmo modo, vamos explicitar. Assim, são elegíveis[295]:

a) Quem tiver um contrato de arrendamento para habitação permanente anterior a 18 de Novembro de 1990;
b) Aqueles cujos senhorios pretendam actualizar as rendas de acordo com o Novo Regime de Arrendamento Urbano;
c) Quem tiver menos de 65 anos e o seu agregado familiar tiver tido no ano anterior um rendimento anual bruto corrigido (RABC) inferior ao triplo da retribuição mínima mensal garantida (RMMG) multiplicada por 14 meses[296];
d) Quem tiver 65 anos ou mais e o seu agregado familiar tiver tido no ano anterior um RABC inferior ao quíntuplo do RMMG multiplicado por 14 meses[297].
e) Quem não tiver no mesmo concelho, ou nos concelhos vizinhos se viver em Lisboa, Porto ou arredores, um imóvel para habitação desocupado comprado depois do início do contrato de arrendamento[298];
f) Quem não tiver hóspedes ou não subarrende total ou parcialmente a habitação.

23.4.1.1. O Cálculo do Subsídio de Renda de Casa

Fixadas que estão as condições de elegibilidade, a fase seguinte é o cálculo deste subsídio. A lei determina que ele seja igual à diferença entre o valor da nova renda e o valor da renda base. Esta é definida como sendo a que a família pode, por si mesma, suportar, e tem que ser calculada para cada caso concreto a partir da metodologia consagrada legalmente. De

---

[295] Fonte: Instituto da Segurança Social, I.P. (2009c).
[296] Cujo valor foi de € 17 892.00 em 2008.
[297] Cujo valor foi de € 29 820.00 em 2008.
[298] Não se aplica ao caso de imóveis adquiridos por herança. O proprietário desse imóvel, para os efeitos em causa, tanto pode ser o inquilino, como o cônjuge ou a pessoa com quem coabite em união de facto há mais de dois anos.

qualquer modo, o montante do subsídio que é pago variou, no ano de 2009, entre o mínimo de € 22.50[299] e o máximo de € 450.00.

Neste cálculo é determinante a taxa de esforço do agregado familiar. Este, por seu turno, depende do seu RABC e do respectivo RMMG segundo a fórmula:

238) $Taxa\ de\ Esforço = \frac{RABC}{10*RMMG*14}$

Feito este cálculo, a renda base determina-se aplicando a taxa de esforço, que há-de ser um valor entre 15% e 30%, ao RABC, resultado que depois se divide por 12 para se encontrar o valor procurado.

Seja que para um RABC de € 25 000.00, a taxa de esforço é de 44.88%. Esta associação de valores significa uma renda base de € 25 000.00 * $\frac{0.30}{12}$ = € 625.00. Se a renda actualizada ascender a € 800.00, o subsídio é igual a € 800.00 − € 625.00 = € 175.00.[300]

Se pretendermos representar graficamente esta situação temos que ter em atenção que o subsídio é pago em relação a contratos de arrendamento celebrados até certa data. Isto é, não é aplicável a novos arrendamentos e, por consequência, é concedido desde que se continue a consumir exactamente a habitação em que se estava antes. Para se receber o subsídio nenhuma alteração é possível ao *status quo*. É um caso de simples aceitação ou rejeição pelo todo. Segue-se daqui que a representação gráfica pertinente é a que consta abaixo, assumindo-se que o subsídio monta ao preciso valor do agravamento da renda praticada, e que configura um elevado potencial de sobreconsumo.

Como de vezes anteriores, a restrição orçamental quantifica o bem subsidiado, habitação neste caso, no eixo das abcissas e todos os outros bens, medidos pelo respectivo equivalente monetário, no eixo das ordenadas. Antes do aumento do valor da renda o que temos é uma recta orçamental AT_F cuja inclinação é a expressão do negativo do preço da habitação. Com esse aumento, fruto da actualização permitida pela nova legislação, a restrição orçamental, na ausência de subsídio, transfere-se para ACT_E.

---

[299] Se aquela diferença fôr inferior a € 22.50, o subsídio não é pago. Em qualquer ano o subsídio não é devido se ele fôr menor que 5% do RMMG para esse mesmo ano. E quando o valor da renda antiga excede o da renda base, este subsídio determina-se por diferença entre a nova renda e a antiga.

[300] Exemplo retirado de (Instituto da Segurança Social, I.P., 2009c, p. 7).

FIGURA 76 – **O Subsídio às Rendas de Casa**

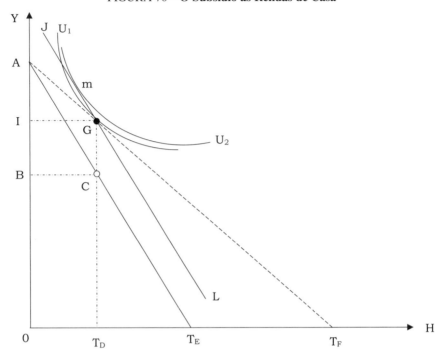

Sobre a restrição orçamental inicial, o sujeito maximiza o seu nível de bem-estar, pelo processo habitual, no ponto G, consumindo a quantidade de habitação OT_D, precisamente aquela em que estava instalado aquando da alteração da renda. Uma vez consumado aquele aumento, o indivíduo deveria consumir menos de OT_D unidades quer em virtude do efeito rendimento, quer em virtude do efeito substituição; a sua solução óptima situar-se-ia então algures no intervalo AC.

Com subsídio, a sua nova restrição orçamental é representada pelo segmento AT_E, com exclusão única do ponto C, ou seja, a restrição orçamental está no intervalo [AC[e]CT$_E$] a que se junta o ponto G. Na verdade, só aproveita do subsídio se permanecer na mesma habitação, porque qualquer mudança impõe o pagamento de preços actualizados. Se assumirmos que o subsídio à renda da casa é exactamente igual à diferença entre a nova renda e a antiga, isso fará com que ele ascenda a GC e que o ponto G seja também um ponto da restrição orçamental com este subsídio.

Evidentemente, a consequência é o sujeito continuar exactamente como antes, gozando da possibilidade de continuar a gastar em todos os outros bens a quantia de OI unidades monetárias do seu rendimento total que é igual a OA acrescido do subsídio em causa.

Pergunta-se: este processo é eficiente ou ineficiente? À primeira vista dir-se-ia que é eficiente porque o indivíduo não sai de onde estava e, por isso, este subsídio não terá mudado as quantidades consumidas de nada. Contudo, melhor reflexão leva-nos a concluir de modo diverso. É que, bem vistas as coisas, este subsídio altera os preços relativos, repondo também estes ao nível precedente! Realmente, se o subsídio tivesse revestido a forma de transferência monetária não categórica, e pelo mesmo valor, tal conduziria a restrição orçamental para JL, paralela a AT_E, e naturalmente intersectando a linha AT_F no ponto G. Este subsídio em moeda iria gerar um efeito rendimento, conducente a mais consumo de habitação[301] comparativamente com a solução óptima própria de uma renda mais alta, mas sem o efeito substituição produzido pelo subsídio, também ele conducente ao mesmo resultado em reforço do anterior. Portanto, com apenas efeito rendimento o consumo de habitação estaria à esquerda de G, como em m sobre a curva de indiferença U_2, tal que $U_2 > U_1$, como decorre da solução de optimização. Concluindo, assistimos, com este subsídio, a sobre-consumo de habitação.

23.4.2. *O Subsídio por Frequência de Estabelecimento de Ensino Especial*

É um subsídio pago mensalmente às pessoas que tenham a seu cargo crianças ou jovens com idade inferior a 24 anos portadoras de deficiências. O seu propósito é ajudar a suportar as despesas com a frequência de estabelecimentos particulares de ensino especial ou regular, de creches ou jardins de infância particulares e com apoio individual especializado.

A legislação que o suporta é abundante. Dela destacamos o Decreto-Lei n.º 319/91 de 23 de Agosto; o Decreto-Lei n.º 160/80 de 27 de Maio; o Decreto-Lei n.º 133-B/97 de 30 de Maio com a redacção dada pelo Decreto-Lei n.º 341/99 de 25 de Agosto e pelo Decreto-Lei n.º 250/2001 de 21 de Setembro; pela Lei n.º 53-B/2006 de 29 de Dezembro; pela Lei n.º 4/2007 de 16 de Janeiro; pelo Decreto-Lei n.º 3/2008 de 7 de Janeiro,

---

[301] Está-se a supor que a habitação é um bem normal.

para além de um vasto número de Portarias, Despachos e Decretos Regulamentares[302].

O montante do subsídio a que se tem direito é variável, já que depende dos seguintes factores: a) mensalidade do estabelecimento frequentado; b) dimensão e composição do agregado familiar; c) rendimento do agregado e, d) despesas suportadas com a habitação. É acumulável com o abono de família para jovens e crianças e com a bonificação por deficiência.

As condições de elegibilidade prendem-se com o historial de descontos para a Segurança Social da pessoa que tem a criança ou o jovem a seu cargo, para além de condições específicas a estes, com especial destaque para a idade, o carácter permanente da sua deficiência física ou mental, para além de diversas outras.

Para o caso da frequência de estabelecimentos de educação especial, o subsídio é igual à diferença entre o valor das mensalidades dos estabelecimentos de educação especial e a comparticipação familiar; esta varia com o agregado familiar. Nos outros casos é a diferença entre o custo e a comparticipação familiar, mas com um limite que, para o ano lectivo de 2007/2008, foi de € 288.26.

A prestação destina-se a subsidiar a frequência de uma certa quantidade de ensino especial, exactamente a que corresponde à duração do ano lectivo. Qualquer quantidade inferior não é elegível; quantidades superiores são admissíveis e podem materializar-se em actividades complementares que se adicionam ao mínimo exigível, mas o respectivo custo é inteiramente suportado pela família. A restrição orçamental, para uma família com os atributos relevantes para este fim, na ausência de subsídio, é o segmento de recta *ABD*. Se a quantidade mínima de ensino a que aludimos for a representada pelo segmento *OC* na Figura 77, a restrição orçamental que lhe corresponde, com subsídio, é a linha *ABFE*.

A solução óptima anterior ao subsídio é possível verificar-se em qualquer ponto da respectiva linha orçamental. Assumimos, pela inclinação das curvas de indiferença, que essa solução acontece em *a*. O subsídio leva a família a decidir consumir em *F*, precisamente a quantidade subsidiada: se a sua apetência por este serviço fosse suficientemente mais acentuada, provavelmente iria agora encontrar-se à direita de *F* sobre a linha *FE*. Na situação assumida e representada constatamos haver sobre-consumo deste

---

[302] Ver Instituto da Segurança Social, I.P., 2009d.

serviço[303], mas, como o acabámos de escrever há poucos instantes, isto não teria que suceder se o padrão de preferências fosse distinto do que aquele que aqui se evidencia.

FIGURA 77 – **Subsídio à Frequência de Estabelecimento de Ensino Especial**

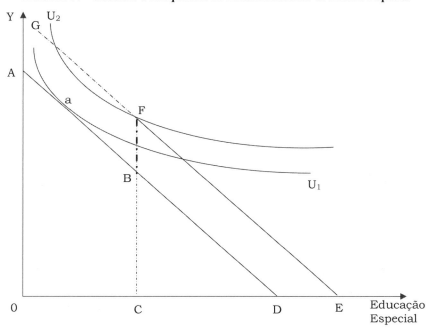

23.5. *Transferências em Moeda*

Nesta secção é nosso intento abordar as propriedades económicas dos subsídios não categóricos, aqueles que o são em moeda e de livre utilização pelo beneficiário. Falaremos de alguns exemplos, começando com aquele que é conhecido na literatura económica por imposto negativo sobre o rendimento, avançando depois para o crédito fiscal relativo ao imposto sobre o rendimento das pessoas singulares[304]. Por fim, dedicare-

---

[303] E a fundamentação para este subsídio estatal pode-se encontrar na circunstância de o Estado entender que a educação especial é um bem de mérito cuja quantidade mínima consumida deve ser exactamente igual a *OC*.

[304] O que será feito tomando como exemplo ilustrativo a experiência norte-americana expresso no Earned Income Tax Credit (EITC).

mos algum espaço a programas aplicados em Portugal, mormente o rendimento social de inserção.

23.5.1. *O Imposto Negativo sobre o Rendimento*

A importância da transferência para cada agregado familiar é calculada em função de um certo número de indicadores. Entre eles contam-se o respectivo rendimento antes da transferência, o número de pessoas que integra o agregado familiar, assim como a composição do mesmo, por exemplo, haver um casal constituído em matrimónio que coabita ou tratar-se de uma família monoparental; existência de jovens em idade escolar ou de idosos dependentes.

São três os pilares constitutivos do imposto negativo sobre o rendimento (INR): 1) o rendimento mínimo garantido; b) a taxa marginal do imposto negativo; c) o rendimento limite elegível para haver transferência.

O rendimento mínimo garantido (G) é o valor máximo da transferência processado pelo Estado a favor de famílias com determinadas características quanto ao seu número e composição. Este montante é pago quando os rendimentos pré-transferência dos agregados forem inexistentes[305], indicando uma situação de desemprego. O rendimento limite para a transferência (B) é o valor do rendimento antes da transferência a partir do qual os agregados deixam de ser elegíveis para receberem o subsídio. Isto quer dizer que o valor do subsídio se vai reduzindo progressivamente desde o máximo, que é *G*, até zero quando o rendimento antes da transferência é igual ou superior a *B*. A taxa de redução é a taxa marginal do imposto negativo (nt) que se exprime pela equação que se segue.

$$239) \quad nt = -\frac{\Delta S}{\Delta Y_{AT}}$$

O numerador da Equação (239) significa a variação no valor do subsídio, enquanto o denominador é a variação no montante do rendimento auferido antes da transferência. Consequentemente, o quociente desta expressão dá-nos a variação no valor deste subsídio por unidade de variação naquele rendimento. Como a relação é negativa, como dissemos há pouco, multiplicamo-la por (-1) para que, por razões de pura conveniência, possamos exprimir essa taxa como um número positivo. A fim de ilustrarmos tudo quanto se acaba de dizer, consideramos o exemplo proporcionado no quadro seguinte.

---

[305] Estamos a admitir que não têm rendimentos de outras fontes.

Recorrendo à fórmula da Equação (239) concluimos que a taxa marginal do imposto negativo é de 62.5%, o que significa que por cada euro que a família obtenha trabalhando mais, o subsídio que recebe baixa € 0.625. Por isso é que o subsídio passa de € 550.0 para € 487.50 quando o rendimento antes da transferência sobe de € 0 para € 100.0, e assim sucessivamente. Dito de outra forma, por cada € 100.0 de remunerações que obtenha por trabalhar mais, fica apenas com € 37.50 líquidos. De facto, o salário líquido para quem beneficie deste programa passa a ser de $\omega(1-nt)$, com ω simbolizando o salário que recebe por unidade de tempo.

QUADRO 36 – **Plano de Subsídio a Título do INR para uma Família de 4 Pessoas (2 Adultos e 2 Crianças)**

Rendimento Antes da Transferência Y_{AT}	Subsídios S	Rendimento Depois da Transferência Y_{DT}
0	550.0	550.0
100	487.5	587.5
200	425.0	625.0
300	362.5	662.5
400	300.0	700.0
500	237.5	737.5
600	175.0	775.0
700	112.5	812.5
800	50.0	850.0
880	0.0	880.0
900	0.0	900.0

Os três pilares do mecanismo estão relacionadaos entre si com importantes implicações práticas. O valor do subsídio é encontrado por aplicação da seguinte fórmula:

240) $S = nt(B - Y_{AT})$

tal que quando $Y_{AT} = 0$, temos $S = ntB = G$.

A relação que agora fomos capazes de derivar indica-nos que os valores daqueles três pilares não são determináveis independentemente uns dos outros. De facto, os decisores políticos só gozam de dois graus de liberdade, pois quando escolhem os valores para dois deles, o terceiro vem automaticamente determinado. Do ponto de vista do que seria ideal, G deveria apresentar-se suficientemente alto para ser compatível com o desígnio da eliminação da pobreza, mesmo entre os mais necessitados; nt deveria ser suficientemente baixo para amenizar os desincentivos ao trabalho que resultam inevitavelmente da simples existência desta taxa e, por fim, B deveria ser baixo por dois motivos: por um lado para limitar estes apoios às famílias economicamente necessitadas e, em segundo lugar, para se dispor de uma base tributária suficientemente ampla para que o financiamento deste programa não tenha que ser feito por poucos que, fatalmente, teriam que ser sobrecarregados com elevadas taxas de imposto; estas taxas de imposto desincentivariam a actividade produtiva da população tributada para financiar o programa, encorajando-a a transferir residência para países com uma fiscalidade mais baixa. Mas se aplicarmos estes princípios à relação que acima foi encontrada, verificamos que a consecução simultânea de todos eles é impossível; são objectivos conflituantes entre si. Um baixo valor para nt combinado com um B igualmente baixo, só pode produzir um valor baixo para G; um valor elevado para G combinado com um valor baixo para B resulta num nt elevado; um G elevado com um nt baixo só pode produzir um B elevado! Portanto, a solução final só pode resultar de compromissos entre esses princípios, abandonando-se algum para atingir em plenitude os restantes, ou cedendo em todos eles em maior ou menor amplitude. Enfim, uma questão de escolha política.

23.5.1.1. *A Restrição Orçamental do INR*

O orçamento temporal (T) que cada pessoa tem disponível é distribuído entre trabalho (N) e lazer (L). A remuneração que ela consegue obter no mercado de trabalho, por unidade de tempo, é dada, como vimos há instantes, por ω. Consequentemente, o rendimento que o sujeito consegue obter é o que resulta do produto de ω pelo tempo dedicado ao trabalho:

241) $Y_{AT} = \omega N = \omega (T - L)$

É uma equação a uma única incógnita, L, e N por diferença, já que o salário ω e o tempo T são dados. O que o indivíduo tem que decidir é a quantidade de lazer que deseja consumir para maximizar o seu nível de bem-estar. Quando não há INR o preço do lazer, o seu custo de oportunidade, é ω. Na verdade, como facilmente se verifica, $\frac{dY_{AT}}{dL} = -\omega$.

Após o subsídio, o rendimento disponível, Y_{DT}, será como segue.

242) $Y_{DT} = \begin{cases} \omega(T - L) & \text{se } Y_{AT} \geq B \\ \\ ntB + \omega(1 - nt)(T - L) & \text{se } Y_{AT} \leq B \end{cases}$

e, portanto, agora o custo de oportunidade do lazer para os que o recebem reduziu-se. O preço do lazer é agora de $\frac{dY_{DT}}{dL} = -(1-nt)\omega$. O preço do lazer torna-se menor com o subsídio pelo acréscimo no valor da transferência por cada unidade de tempo em que se não trabalha.

Vamos proceder à representação gráfica das restrições orçamentais, sem e com INR. Admitimos que o trabalho é a única fonte de rendimento desta família.

FIGURA 78 – **Exemplos de Restrições Orçamentais Sem e Com INR**

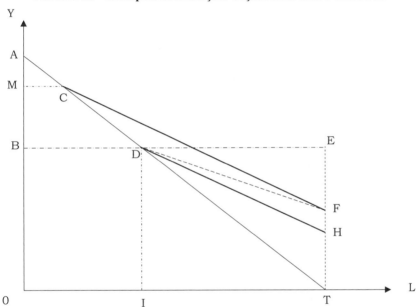

O segmento de recta *ACDT* na Figura 78 representa o traçado da restrição orçamental de um indivíduo cujos rendimentos advêm unicamente do trabalho. Para o período em que esta restrição orçamental é válida ainda não se encontra em vigor o INR. A existência deste é ilustrada por meio de quatro restrições orçamentais possíveis e alternativas, de entre muitas mais susceptíveis de se concretizarem por força dos valores fixáveis para os três elementos estruturantes de um programa desta natureza. E, com efeito, as quatro dessas curvas que surgem na figura em apreço têm como único propósito ilustrar as inter-relações qualitativas existentes entre elas.

Assim, se se começar por estabelecer um valor para *G* igual ao segmento *TH*, e um rendimento limite para a transferência igual ao segmento

OB, então a restrição orçamental que daqui surge é a linha *ACDH*, com vértice no ponto *D*. Naturalmente que o segmento *ACD* coincide, em toda a sua extensão, com a parcela respectiva da restrição orçamental sem INR. Nestes termos, a taxa marginal do imposto negativo vem imediatamente determinada e não é mais do que o negativo da inclinação do segmento *DH*. Ademais, tenha-se em atenção que, para cada quantidade consumida de lazer, o montante pecuniário deste subsídio é a distância vertical entre ambas as restrições orçamentais; nomeadamente, quando se não trabalha, o subsídio ascende a *TH* unidades monetárias. Veja-se que o subsídio se reduz linearmente à medida que se reduz o consumo de lazer, extinguindo-se quando ele é apenas o suficiente para produzir o rendimento limite para a transferência.

A transição para a restrição orçamental *ACDF*, onde *B* se mantém inalterado, com maior taxa marginal de imposto negativo, exige necessariamente que também o valor do rendimento mínimo aumente. E é realmente isso que acontece, pois de uma valor igual ao segmento *TH* se passa para um valor igual a *TF*.

Quanto à restrição orçamental a *ACF* ela apresenta, na parte *CF* a mesma inclinação da linha *DH*. Portanto, ambas são restrições com a mesma taxa marginal de imposto mas onde a primeira das duas tem associado um maior rendimento mínimo garantido, *TF* em vez de *TH*. Mas se assim é, também o rendimento limite para a transferência tem que subir de *OB* para *OM*, de tal modo que agora só os indivíduos com rendimentos no intervalo *AM* não são elegíveis para beneficiarem deste programa de despesa e são eles os que o financiam através dos seus impostos.

Por fim temos a restrição orçamental *ADE*. *B* tem o mesmo valor que nas duas primeiras, só que o segmento *DE* é horizontal significando que a taxa marginal do imposto negativo é de 100% e, se assim é, então necessariamente *G=B*. Por outras palavras, o rendimento depois da transferência é constante, independentemente do nível de participação do indivíduo no mercado de trabalho.

O conceito de elegibilidade de que se falou há pouco é diverso do de participação. Elegível é todo o indivíduo que satisfaz integralmente todos os requisitos impostos legalmente para aceder a certos benefícios, como os que, por exemplo, são próprios do INR. A taxa de participação quantifica as pessoas elegíveis que efectivamente aderiram ao programa e auferem as respectivas prestações, como proporção de todos os sujeitos elegíveis[306].

---

[306] Moffitt (1992, p. 8) referindo-se ao programa AFDC define taxa de participação de forma substantivamente diversa. De facto, no denominador da expressão considera todos os indivíduos que têm a mesma natureza daqueles a quem o programa se dirige. Con-

Há uma multiplicidade de razões que se podem apontar para a não participação de indivíduos elegíveis: custos de transacção inerentes à participação, como acções de fiscalização, obrigação de disponibilização de informação que se configura como intromissão das entidades oficiais na vida privada; falta de informação àcerca da existência e funcionamento dos programas, ou mesmo o estigma social associado à adesão a estes programas como confissão de pobreza e de dependência social.

Segundo Ashenfelter (1983) as variações nas taxas de participação explicam-se por razões mecânicas e por razões comportamentais. As razões mecânicas são determinadas por variações em G e em nt, tal que, por força delas, há mais ou menos pessoas elegíveis, alterando-se o valor do denominador da expressão e, muito provavelmente, também o número de indivíduos que figuram no numerador. Basicamente o que aqui está em causa são variações em B. Regressando à Figura 78, quando G passa de *TH* para *TF*, mantendo-se o valor de nt, assiste-se a uma subida de B de tal modo que há um conjunto de pessoas, as que estão no segmento *CD*, que passam à condição de elegíveis. Também estando-se no ponto F, se se aumentar suficientemente a taxa marginal do imposto negativo, o rendimento limite para a transferência contrai-se de *OM* para *OB*, levando à perda da qualidade de elegíveis todos os que se encontram no dito segmento *CD*.

Os motivos comportamentais, esses, têm a ver com ajustamentos nos comportamentos de indivíduos racionais, do ponto de vista económico, tendo em vista a maximização dos seus níveis de bem-estar, sendo dada a respectiva restrição orçamental. Assim, se a restrição orçamental é *ACDH*, ou qualquer outra no âmbito do INR, alguém que antes da implementação do programa se localiza num qualquer ponto sobre *ACD* pode, com o INR, decidir consumir uma quantidade de lazer em excesso de *OI*, transferindo-se, pois, para o segmento *DH*. Outro exemplo: quando a restrição orçamental se transfere de *ACDH* para *ACF*, indivíduos que até aí haviam tomado a decisão de não participar, embora sendo elegíveis, alteram a sua decisão no sentido de, a partir daí, participarem. Provavelmente porque os benefícios são suficientemente elevados para justificarem os custos da participação.

---

cretamente, todas as mulheres cabeças de famíla com filhos com menos de 18 anos de idade, quer sejam ou não elegíveis tendo em conta o conjunto dos requisitos exigidos. A medida pela qual optamos parece-nos ser um melhor indicador da capacidade de penetração do programa na sua população alvo.

23.5.1.2. *O Impacto sobre os Incentivos ao Trabalho*

Para conhecermos a natureza e o sentido dos efeitos deste programa sobre os incentivos ao trabalho temos que operar com as restrições orçamentais que lhes são aplicáveis e com os mapas de indiferença individuais respectivos, os quais traduzem, como sabemos, os gostos e preferências dos indivíduos. A função utilidade depende positivamente do rendimento e do lazer:

243) $\mu = \mu\ (Y, L)$

FIGURA 79 – **Soluções Individuais de Optimização com INR**

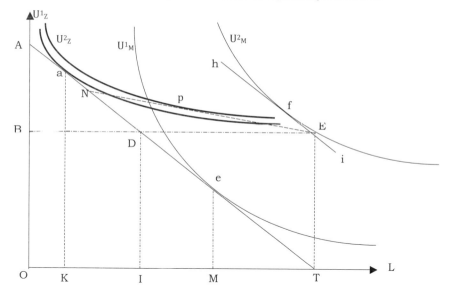

Quer o rendimento quer o lazer são bens, no sentido económico do termo, pelo que o nível de utilidade varia positivamente com um e com outro. Além disso, tem-se o lazer como um bem normal, pelo que a quantidade dele consumida varia no mesmo sentido do rendimento. Vejamos então o exemplo da figura anterior.

Na Figura 79 encontram-se duas curvas dos mapas de indiferença de cada um dos sujeitos *M* e *Z*. O que as distingue são as respectivas inclinações, ou taxas marginais de substituição entre rendimento e lazer. As curvas de *M* são mais inclinadas que as de *Z*, reveladoras de uma maior preferência por lazer em comparação com o que se observa com Z que assim revela um maior gosto pelo trabalho.

A introdução do INR tem características tais que conduz a uma restrição orçamental *ADE*. Antes da entrada em vigor do INR, Z maximiza o seu nível de satisfação em *a*, e assim continua com o INR; logo, este não tem nenhuma consequência sobre este indivíduo. Mas *M* que antes se encontrava em *e*, trabalhando somente *MT* unidades de tempo, transfere-se para E ocupando a totalidade do tempo em lazer. Nitidamente há aqui um desincentivo ao trabalho tanto por força do efeito rendimento quanto do efeito substituição que se reforçam mutuamente. Ambos estes efeitos estão representados naquela figura, na qual a linha *hi* é paralela a *AT*, mostrando o efeito rendimento que é a variação na quantidade consumida de lazer quando a solução óptima se transfere de *e* para *f*. A linha *hi* é tangente à curva de infinferença U^2_M em *f*. O efeito substituição é exposto pelo deslocamento de *f* para *E*.

Em ordem a ilustrar as razões comportamentais mencionadas há pouco, assumamos que há uma modificação legislativa que mantém *G* igual a *TE* e, ao mesmo tempo, altera a taxa marginal do imposto negativo para um valor menor que 100%. Neste novo enquadramento, a restrição orçamental passa a ser *ANE*. Em consequência de tudo isto o sujeito Z, que obtinha previamente um rendimento que o excluía deste mecanismo, reduz o seu esforço de trabalho em ordem a tornar-se elegível. Move-se de *a* para *p*; reduz o seu rendimento antes da transferência, aumenta o seu lazer e está melhor do que estava antes, sobre a curva de indiferença $U^2{}_Z$.

O programa norte-americano AFDC tem a estrutura do imposto negativo sobre o rendimento. Moffitt (1992, p. 10) fala de taxa de redução dos benefícios quando se refere ao que nós apelidamos de taxa marginal do imposto negativo. Para o AFDC essa taxa foi de 100% até 1967, altura em que foi reduzida para 67%, sendo de novo alterada para 100% em 1981. Como o valor nominal do rendimento mínimo garantido não foi mudado, o rendimento limite para a transferência variou nos sentidos previsíveis, dada a mecânica do sistema, tal como a expusemos atrás mas, em termos reais, decaiu durante os anos 70. Foram feitos estudos para avaliar das consequências do AFDC sobre os estímulos ao trabalho que, baseando-nos na interpretação que deles faz Moffitt na obra citada, revelaram inequivocamente que ele " ... *gera inequivocamente desincentivos não triviais*" (Moffitt, 1992, p. 16). Este resultado não surpreende se se pensar que os benefícios atribuídos são aproximadamente equivalentes ao salário mínimo que uma mulher receberia se trabalhasse a tempo inteiro àquele salário. Segundo os trabalhos empíricos disponíveis, a redução da oferta de trabalho varia entre 1 a 9.8 horas por semana, o que corresponde a reduções de 10 a 50% na oferta de trabalho.

23.5.2. O Crédito Fiscal sobre os Rendimentos do Trabalho

Quanto a nós, a crítica mais importante que é feita ao imposto negativo sobre o rendimento, ou a quaisquer outros programas de despesa que partilham com ele os mesmos elementos estruturais, são os desincentivos ao trabalho que eles contêm. Essencialmente por esta razão, em 1975 os E.U.A. puseram em vigor um mecanismo de redistribuição do rendimento a que deram o nome de crédito fiscal sobre os rendimentos do trabalho (CFRT) (*earned income tax credit*, conhecido pelo acrónimo EITC) e que seria capaz de atenuar esse inconveniente sem perda de eficácia redistributiva. Entretanto muitos outros países seguiram o exemplo norte-americano, e assim é que encontramos programas similares no Reino-Unido, Canadá, Irlanda, Nova-Zelândia, Áustria, Bélgica,....etc.

Este novo programa tem a importante particularidade de ser restituível, no sentido em que se os impostos devidos por qualquer família elegível forem inferiores ao crédito fiscal a que tem direito, a diferença é-lhe reembolsada pela administração fiscal.

Desde a sua criação em 1975 até ao momento presente foi alvo de múltiplas reformas que resultaram na sua expansão, nomeadamente em 1986, 1990, 1993 e 2001. Começando com valores relativamente modestos, é hoje o principal subsídio em moeda dirigido ao combate à pobreza, e goza de ampla aceitação no Congresso quer da parte do partido republicano quer do partido democrata.

Conforme surge retratado na figura que se segue, o montante do subsídio é determinado pelo escalão de rendimento em que o sujeito se encontra. Na sua fase inicial, que abrange as famílias de mais baixos rendimentos, o intervalo OD na Figura 80, o subsídio aumenta com os rendimentos próprios, em vez de diminuir com eles como é o caso no INR. É claro que isto só é realizável dentro de limites, pelo que se segue uma segunda fase que abarca os rendimentos médios elegíveis, no intervalo DC da mesma figura, onde o subsídio se mantém constante e igual ao máximo atingível na fase precedente. Finalmente, na terceira e última fase, onde cabem os rendimentos entre B e C, o subsídio vai-se reduzindo-se até se extinguir, de tal modo que os rendimentos superiores a B já não são elegíveis.

FIGURA 80 – **Restrição Orçamental com Crédito Fiscal sobre os Rendimentos do Trabalho**

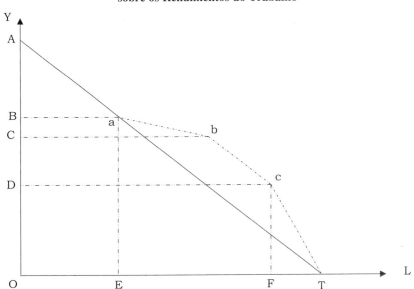

As consequências deste mecanismo sobre os incentivos ao trabalho, comparativamente com os que são próprios do INR, não são determináveis *a priori*, pois tudo vai depender criticamente da fase em que cada pessoa se situe. Na primeira fase, como em todas as demais, o efeito rendimento é positivo, pressionando alterações de comportamento conducentes a um maior consumo de lazer; no entanto, aqui o efeito substituição contribui para mais tempo de trabalho em consequência de se ter aumentado o preço relativo do lazer. Na segunda fase, à qual respeita o segmento *bc* da restrição orçamental com CFRT e que é paralelo a *AT*, a restrição orçamental sem transferência, temos apenas efeito rendimento que prejudica a quantidade desenvolvida de trabalho; o efeito substituição, como se compreende, está ausente. A terceira fase, segmento *ab*, é similar à estrutura do INR, com efeitos rendimento e substituição agindo concordantemente. Os efeitos sobre todo o conjunto são ambíguos.

O que se pode dizer àcerca deste mecanismo em comparação com o INR é que, por virtude das duas primeiras fases, é menos agressivo quanto aos incentivos ao trabalho. Eventualmente seria possível ir um pouco mais longe na condição de se assumir que é nas classes de rendimento mais baixas que é maior a propensão marginal ao consumo de lazer, o que teria como efeito atenuar os desincentivos ao trabalho presentes na primeira das fases mencionadas. Mas se, por outro lado, a maior parte da populacão elegível e participante no programa se concentrar nos dois últimos escalões de rendimento, então é possível prever-se que o mecanismos seja globalmente desincentivador do trabalho.

Em matéria do impacto do CFRT sobre os incentivos ao trabalho, a literatura económica vai para além da mera constatação em abstracto daqueles dois efeitos clássicos, para considerar a composição dos agentes que são afectados por ele. Em particular, faz-se a distinção entre os principais angariadores do orçamento familiar, tradicionalmente o marido, e os secundários, como sejam, porventura, as esposas perspectivadas como menos integradas no mercado de trabalho. A este respeito a teoria espera que o CFRT estimule a oferta de trabalho entre os primeiros, passando--se exactamente o oposto com o segundo grupo. Eissa (1998[307]) estudou os efeitos do CFRT nos incentivos ao trabalho dos casais, e chegou a conclusões que confirmam aquelas expectativas: as reformas de 1984 e de 1996 aumentaram ligeiramente a participação dos maridos no mercado do trabalho[308], tendo-se ela reduzido em 1% entre as esposas. Conclusões estas que equivalem a dizer que, na verdade, o CFRT subsidiou as mães casadas para permanecerem em casa, afastadas do mercado de trabalho. É um resultado intuitivo porque se ambos produzirem rendimento podem ser projectados para o escalão de rendimentos mais elevado, com perda progressiva de ajudas, para além de impostos e de contribuições para a segurança social. A solução para esta debilidade do mecanismo seria basear a concessão dos apoios respectivos não no rendimento familiar mas no de cada um dos cônjuges de *per si*.

23.5.2.1. *Requisitos de Eligibilidade e Taxa de Participação*

Decorre da própria designação do programa que as famílias elegíveis são, entre outras condições que cumulativamente devem ser cumpridas, as que auferem rendimentos do trabalho, como sejam salários, comissões, gorjetas e quaisquer outras formas de rendimento tributável

---

[307] É um trabalho empírico que na respectiva metodologia incorpora os efeitos sobre a restrição orçamental de alterações na tributação directa promulgadas pelo governo federal.

[308] O comportamento dos principais angariadores do rendimento no seio de um casal é similar ao de um indivíduo só.

com origem na mesma fonte. Também são elegíveis os rendimentos líquidos provenientes do auto-emprego e de um número restrito de pagamentos devidos por deficiências de que o indivíduo sofra. Os rendimentos provenientes de investimentos não podiam ultrapassar USD 2 900 no ano fiscal de 2007.

Para agregados com crianças menores de 18 anos, a noção de criança elegível é fundamental. O conceito, na prática, é muito amplo. Em termos gerais, para se ser elegível para efeitos de atribuição do subsídio, a criança deve estar relacionada com o adulto, ou adultos, do agregado familiar por laços de sangue, casamento ou, então, por actos oficiais, normalmente de natureza jurídica. Contam, sob determinadas condições, as crianças de acolhimento, assim como são considerados os filhos adoptivos ou em vias de adopção na condição de estarem devidamente respaldados pelas competentes decisões judiciais. A criança elegível está compreendida numa vasta lista de formas possíveis de relacionamento com os adultos, tais como: filhos, enteados, netos, irmãos, meio-irmãos, sobrinhos, sobrinhos-netos, etc. As pessoas sem crianças a seu cargo para serem elegíveis devem ter entre 25 e 64 anos de idade[309].

São ainda elegíveis como *crianças* indivíduos de qualquer idade desde que sofram de incapacidades que as tenham impedido de desenvolver as suas actividades profissionais numa qualquer altura do ano fiscal, devendo um médico atestar que essa condição se prolongou, ou se virá a prolongar, durante pelo menos um ano. Também os que estudem a tempo inteiro, e tenham estado matriculados durante pelo menos 5 meses, contínuos ou não, qualificam-se como *crianças* elegíveis até aos 23 anos, inclusivamente.

Colocam-se ainda critérios de residência. Assim, os adultos devem ter habitado em qualquer parte do 50 Estados da União mais de 6 meses durante o ano fiscal. Pessoal em serviço militar no estrangeiro é considerados residente naquelas outras condições, do mesmo modo que ausências temporárias por motivos de saúde, educação, negócios, férias ou outras previstas na legislação não interrompem aquela contagem de tempo.

A concessão do CFRT fica dependente da entrega da declaração fiscal de rendimentos. Esta diligência prévia surge como um dos factores

---

[309] A estas pessoas colocam-se outras exigências, por exemplo, que elas próprias não sejam apresentadas como crianças por outros adultos que tenham solicitado este auxílio.

capazes de influenciar significativamente a taxa de participação que, segundo as estimativas calculadas por Scholz (1994), foi de 70% em 1984 e de 78% em 1991. Por várias razões, entre elas a da ausência de estigma social e a menor necessidade de informação, a taxa de participação neste programa é nitidamente superior à de outros com a mesma natureza, seja o AFDC seja o dos cheques alimentares. A não entrega das declarações de rendimento pode ser deliberada e consciente com o objectivo de o indivíduo não figurar no sistema de informação da administração fiscal, ou de lhe não serem detectadas contradições. Isto, por outro lado, é susceptível de estar correlacionado com diferentes tipos de actividade; os que desenvolvem actividade por conta de outrém têm maior probabilidade de preencher as declarações de rendimento do que os que trabalham por conta própria. Ao mesmo tempo, Scholz (1994) obtém resultados empíricos que sugerem que o grupo elegível com maiores rendimentos é o que mais propende a entregar as declarações de rendimento. Contudo, a própria taxa de participação, isto é, a tendência para entregar declarações de rendimento é positivamente influenciada pela dimensão dos benefícios conferidos pelo CFRT. Citando ainda Scholz (1994, p. 5) *"Surprisingly, once a variety of income sources, labor market status, and demographic variables are controlled for, nonparticipation increases with education, so that taxpayers with college degrees are less likely to participate than those without high shool diplomas....Moreover, employers may be failing to withhold social security taxes and state income and federal income taxes. To the extent that EITC nonparticipants are aware of the EITC, some may prefer not to participate, rather than to formalize an informal working arrangement."*

23.5.2.2. A Tabela dos Créditos Fiscais sobre os Rendimentos do Trabalho

Para o ano fiscal de 2007 a tabela aplicável a um adulto, e tendo em conta o número de crianças elegíveis, é como surge no Quadro 37.

QUADRO 37 – **Tabela dos Créditos Fiscais sobre os Rendimentos do Trabalho para 1 Adulto**

Rendimentos do Trabalho (RT) (em USD)	Fase	Transferência Quando Há 2 ou Mais Crianças (em USD)
0-11790	Entrada	40%*RT
11791-15399	Intermédia	4716
15400-37782	Saída	4716-21.06%*(RT-15399)
≥37783	Sem direito ao crédito	0
Rendimentos do Trabalho (em USD)	**Fase**	**Transferência Quando Há 1 Criança**
0-8391	Entrada	34%*RT
8392-15399	Intermédia	2853
15400-33240	Saída	2853-15.98%*(RT-15399)
≥33241	Sem direito ao crédito	0
Rendimentos do Trabalho (em USD)	**Fase**	**Transferência Quando Não Há Crianças**
0-5595	Entrada	7.65%*RT
5596-6999	Intermédia	428
7000-12589	Saída	428-7.65%*(RT-6999)
≥12590	Sem direito ao crédito	0

Note-se neste quadro que as taxas marginais de variação do subsídio na fase de saída são variáveis: máximo para o primeiro grupo e mínimo, com 7.65%, para aquele onde não há crianças.

23.5.2.3. *A Representação Gráfica dos Efeitos sobre o Trabalho*

Na Figura 81 pretendemos realçar de que forma o processo de optimização do nível de utilidade pelo beneficiário do CFRT consegue agir sobre a oferta de trabalho. Para isso, nessa mesma figura, visualizamos, sobrepostas, duas curvas de indiferença pertencentes ao mapa de indiferença do sujeito *U*, e outras tantas pertinentes ao mesmo tipo de mapa respeitante ao sujeito *V*. Repare-se que as curvas de indiferença de *U* têm maior inclinação que as de *V* e, por tal motivo, ambos experimentam situações qualitativamente diferentes antes do subsídio. Enquanto *V* obtém rendimentos que, *a priori*, o tornam inelegível para receber qualquer quantia com origem neste programa, *U*, por trabalhar somente *HT* unidades de tempo é desde logo elegível porquanto se localiza em d na recta orçamental *AadT*, que é comum aos dois[310]. O efeito do subsídio é conduzi-los a ambos para o ponto *b* sobre a nova restrição orçamental *AabcT*, passando a gozar dos níveis de satisfa-

---

[310] Estamos implicitamente a admitir que recebem o mesmo salário por unidade de tempo de trabalho.

ção U_2 e V_2. A circunstância de agora se encontraram no mesmo ponto é meramente acidental. A ideia que se deseja destacar é que V alterou racionalmente o seu comportamento para passar a beneficiar deste programa e, assim, aumentar o seu bem-estar relativamente à solução de partida. Logo, o universo das pessoas elegíveis não é um conjunto estático, isto é, composto unicamente por aquelas que já se encontravam nos intervalos de rendimento contemplados, devendo-se esperar que haja um certo número de indivíduos que ajusta os seus esforços produtivos para se tornar elegível. É sempre a racionalidade económica a conduzir o comportamento dos indivíduos.

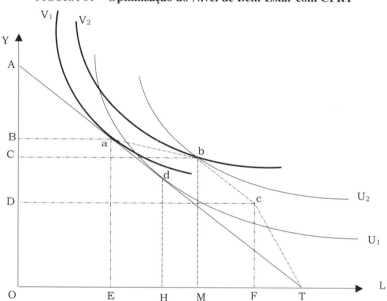

FIGURA 81 – **Optimização do Nível de Bem-Estar com CFRT**

23.5.3. *Alguns Programas Portugueses de Redistribuição em Moeda*

Esta secção tem o propósito de apresentar alguns dos programas de redistribuição portugueses que se inserem neste grupo. Havendo uma abundante panóplia de programas redistributivos, que carecem de sistematização, é impossível, mas também desnecessário, fazermos referência a todos eles. Por isso, vamo-nos concentrar em apenas alguns que consideramos mais representativos e capazes de ilustrar, no caso português, a tipificação que foi sendo estabelecida nas secções anteriores.

23.5.3.1. *O Rendimento Social de Inserção*

O programa português mais conhecido e, ao mesmo tempo mais polémico, que se insere neste grupo é o Rendimento Social de Inserção (RSI). Foi criado pela Lei n.º 13/2003 de 21 de Maio, rectificada pela Declaração Rectificativa n.º 7/2003 de 29 de Maio, e regulamentado pelo Decreto-Lei n.º 283/2003 de 8 de Novembro[311].

São elegíveis, sob determinadas condições fixadas pelos critérios de elegibilidade, pessoas que vivam sozinhas ou que co-habitem com pessoa com quem sejam casadas ou que com elas vivam em união de facto há mais de um ano. Para além de terem que se encontrar em situação de carência económica grave, entendida a expressão nos termos quantitativos e qualitativos consagrados na legislação, devem ter 18 ou mais anos, excepto se estiverem grávidas, sejam casados ou vivam em união de facto há mais de um ano, ou tiverem menores a seu cargo que dependam exclusivamente do agregado familiar. Os beneficiários assumem, além disso, a obrigação de cumprirem com o programa de inserção ou a cumprir com o programa do plano pessoal de emprego que lhes tenham sido desenvolvidos pelo Centro de Emprego, no caso de aí estarem previamente inscritos[312].

O valor da prestação é calculado tendo em atenção os seguintes factores: a) o montante dos rendimentos gerados pelo agregado familiar ou pelo indivíduo na circunstância de viver sózinho; b) o número de indivíduos que compõe o agregado familiar; c) a composição do mesmo; d) a circunstância de a mulher estar grávida ou ter dado à luz há menos de 12 meses e um dia. A prestação mensal que cabe ao agregado familiar, ou ao indivíduo se viver sozinho, é a diferença entre o respectivo rendimento e o RSI estipulado para o agregado segundo as características de cada um deles.

Os beneficiários podem ainda usufruir, no âmbito do RSI, de apoios adicionais quando do agregado familiar façam parte pessoas com deficiências física ou mental profunda, com doenças crónicas e com mais de 65 anos de idade em situação de grande dependência. Adicionalmente, o apoio extra pode igualmente surgir quando haja despesas com arrendamento ou compra de casa.

---

[311] Para mais legislação a ele pertinente consultar Instituto da Segurança Social, Guia Prático – Rendimento Social de Inserção, 2009.ª.

[312] Para mais pormenores relativos a esta matéria consultar a legislação aplicável ou, em alternativa, Instituto da Segurança Social, Guia Prático – Rendimento Social de Inserção, 2009.ª.

Para o cômputo dos rendimentos familiares consideram-se os subsídios auferidos, e é acumulável com os seguintes deles: pensão social de velhice, pensão social de invalidez, pensão de viuvez, pensão de orfandade, complemento por dependência, complemento solidário para idosos, subsídio de renda de casa, bonificação por deficiência, subsídio por assistência de 3.ª pessoa, subsídio por frequência de estabelecimento de educação especial, abono de família, abono pré-natal, subsídios no âmbito da parentalidade e adopção, subsídio de doença, subsídio de desemprego.

23.5.3.1.1. Valor do RSI e Cálculo do Valor da Prestação Mensal

Para se ter direito a esta prestação pecuniária, os rendimentos da família, incluindo salários e subsídios, têm que ser inferiores aos valores constantes do quadro que se segue.

QUADRO 38 – **Tabela para o Cálculo do RSI**[313]

	Primeiro e Segundo	**Terceiro e Seguintes**
Por Cada Adulto (os primeiros adultos são o titular e a pessoa com quem está casado ou vive em união de facto, mesmo que tenham menos de 18 anos)	€187.18 €243.33 se estiver grávida €280.77 se acabou de ter uma criança e até ela fazer um ano	€131.03
Por cada criança ou jovem com menos de 18 anos	€93.59	€112.30

Os montantes dos apoios adicionais a que acima se alude são os que figuram no quadro Quadro 39.

O primeiro passo que importa dar é calcular o RSI para cada indivíduo ou agregado para determinar se, em função dos rendimentos, é ou não elegível e, sendo-o, qual ao valor da prestação a que tem direito. Vejamos, para tanto, o exemplo fornecido na caixa abaixo.

---

[313] Extraído de Instituto da Segurança Social, I.P. (2009).

QUADRO 39 – **Apoios Extra no Âmbito do RSI**[314]

Quando Existem		Montantes
Pessoas com Deficiência Física ou Mental Profunda, ou com Uma Doença Crónica	Indivíduos sem autonomia para satisfazer necessidades básicas da vida quotidiana – dependência do 1º grau	€56.15
	Indivíduos que sofram de dependência do 1º grau e se encontrem acamados ou com demência grave – dependência de 2º grau	€93.59
Pessoas com Mais de 65 Anos em Situação de Grande Dependência	Dependência do 2º grau	€93.59
Despesas de Arrendamento ou Compra de Casa	Superiores a 25% do valor do RSI	Valor igual ao das despesas com renda ou compra de casa. No máximo recebe o valor do subsídio de renda de casa para um agregado familiar com a mesma dimensão. Não acumulável com o subsídio de renda de casa.

O segundo passo consiste no cálculo do rendimento familiar, onde não são considerados os subsídios de renda de casa, as bolsas de estudo, o valor do complemento por dependência e o complemento extraordinário de solidariedade. Esse rendimento é igual a 80% dos rendimentos provenientes do trabalho, deduzidos das contribuições para a segurança social, e somando 100% de todos os rendimentos não sujeitos a contribuições para a segurança social. Se o rendimento assim apurado for, por hipótese, € 550.00, a prestação mensal é de € 917.19 – € 550.00 = € 367.19 a que se somam € 93.59 por dependência do 2.º grau e o apoio extra para renda de casa, dado que esta ultrapassa 25% do RSI da família em causa. Neste sentido compreendemos que o valor da transferência (TR) em moeda se exprime pela fórmula:

244) $TR = \{RSI - [0.80 (1 - c_s) \omega (T - L) + OY]\} + AX$

---

[314] Extraído de Instituto da Segurança Social, I.P. (2009a).

em que *AX* exprime a quantia dos apoios extra, c_s a taxa percentual de contribuições para a segurança social e *OY* os rendimentos não sujeitos a contribuições para a segurança social. São visíveis alguns aspectos importantes que caracterizam o mecanismo. Desde logo uma taxa marginal inferior a 80%[315] para os rendimentos brutos antes do subsídio provenientes de fontes sujeitas ao pagamento de prestações para a segurança social, e cujo valor em concreto depende da taxa de contribuição social a que cada trabalhador está sujeito; de seguida, apoios extra desligados do esforço de trabalho e relacionados com o consumo de outras mercadorias, nomeadamente com a habitação e com a saúde e, por último, a descontinuidade da restrição orçamental na hipótese de os apoios extra só serem atribuídos a quem recebe RSI.

Caixa 23-1 – EXEMPLO DE CÁLCULO DO RSI

Considere-se uma família constituída por seis pessoas. Nela há quatro adultos, dois dos quais com mais e 65 anos de idade e em que um deles sofre de dependência do 2.º grau devidamente comprovada; há ainda duas crianças, uma com 7 meses de idade e a outra com 2 anos. Esta família paga € 250.00 de renda de casa todos os meses. Qual é o seu RSI?

Utilizando a tabela que figura no Quadro 39, chegamos aos seguintes valores:

a) Pelos 2 primeiros adultos: 2 * € 187.18 = € 374.36
b) Pelos 3.º e 4.º adultos: 2 * € 131.03 = € 262.06
c) Pelas 2 crianças: 2 * € 93.59 = € 187.18
d) Pelo facto de a mãe ter dado à luz há menos de 1 ano: € 93.59

RSI que compete a esta família ascende a € 917.19.

---

[315] Desce para menos de 50% dos rendimentos do trabalho, depois de retiradas as contribuições para a Segurança Social, quando se verifique que um dos membros do agregado familiar começou a trabalhar em momento ulterior ao da concessão do RSI. Este regime aplica-se durante um ano a contar dessa data.

FIGURA 82 – **Representação Esquemática do RSI com Pagamento de Apoios Extra**

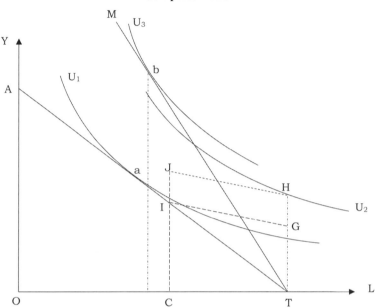

Assim, sempre que haja lugar ao pagamento de ajudas extra, o RSI é uma combinação entre um imposto negativo sobre o rendimento e subsídios em quantidades fixas. Graficamente, este programa pode ser representado da maneira que se visualiza na Figura 82 para uma família com certas características que influenciam o montante da prestação.

Na Figura 82 a restrição orçamental antes de RSI é o segmento de recta *AIT*. *GT* é o RSI calculado para a família com certas características quantitativas e qualitativas; a restrição orçamental com RSI mas sem apoios extra é *AIG*, enquanto *AIJH* é a mesma mas incluindo os apoios extra cuja quantia é igual a *HG*. Antes do RSI a solução óptima encontra-se em *a*. Para este mapa de indiferença, com curvas de indiferença que se apresentam com estas taxas marginais de substituição entre rendimento e lazer[316], o RSI conduz a *H* como combinação que maximiza o nível de bem-estar do indivíduo. Uma solução em que não se trabalha[317].

---

[316] Que revelam uma relativa apetência pelo lazer.
[317] Se bem que a taxa marginal do imposto negativo seja inferior a 100% é, apesar disso, bastante alta, associando-se a mapas de indiferença que privilegiam o consumo de lazer.

O efeito da descontinuidade é que famílias que tenham rendimentos familiares compreendidos no intervalo aberto à esquerda entre *CI* e *CJ* e, portanto, não elegíveis para este programa nem para os apoios extra que se lhe encontram vinculados, ficam prejudicadas comparativamente às famílias que os recebem. Existe para esses um claro incentivo para ajustarem os seus comportamentos, reduzindo a oferta de trabalho com o intento de captarem os mesmos apoios e acrescerem aos seus níveis de utilidade. Conclusão, esta descontinuidade, nascida dos apoios extra, reforça o incentivo para o aumento do número de famílias elegíveis relativamente ao número daquelas que se apresenta com rendimentos inferiores ao rendimento limite para a transferência antes da adopção e aplicação deste programa redistributivo que assim os estipulou.

Com estas características, os incentivos ao lazer que fluem da arquitectura deste programa só podem ser contrariados, levando estas pessoas a abandonar o estado de inactividade, aumentando-se suficientemente o custo de oportunidade do lazer através de salários mais elevados. Salários estes que conduziriam a restrição orçamental sem RSI suficientemente para a direita, seja ela *MT*, por forma a intersectar a curva de indiferença U_2, determinando a solução óptima em *b* na curva de indiferença U_3, e com uma oferta de trabalho em excesso de *CT*, como se consegue perceber baixando a perpendicular sobre o eixo das abcissas a partir de *b*. E talvez seja esta a melhor fundamentação económica para a exigência do cumprimento do programa de inserção desde que este inclua acções de formação que elevem o valor de mercado das aptidões de trabalho dos sujeitos abrangidos. Condição necessária, porventura, mas não suficiente como facilmente se alcança.

23.5.3.2. *O Abono de Família para Crianças e Jovens*

É um programa destinado a auxiliar as famílias elegíveis nas despesas com jovens primordialmente até aos 16 anos. Encontra-se enquadrado pelo Decreto-Lei n.º 2001/2009 de 28 de Agosto; pela Lei n.º 4/2007 de 16 de Janeiro; pela Lei n.º 53-B/2006 de 29 de Dezembro; pelo Decreto-Lei n.º 176/2003 de 2 de Agosto, na redacção dada pelos Decretos-Lei n.ºs 41/2006 de 21 de Fevereiro e 87/2008 de 18 de Dezembro; pelo Regulamento (CEE) 1408/71 do Conselho, de 14 de Junho e pelo Regulamento (CEE) 574/72 do Conselho, de 21 de Março, para além de várias portarias.

A elegibilidade depende da idade dos jovens, até aos 16 anos segundo o regime geral, não podem trabalhar, da residência em Portugal[318] e do

---

[318] Ou equiparados a residentes.

rendimento de referência das famílias que deve situar-se abaixo do valor limite. Para se qualificarem, estas têm tem que se situar num dos cinco escalões de rendimento para os quais há concessão deste apoio[319]. As pessoas cujos rendimentos de referência as colocam no 6.º escalão não têm direito a receber nenhuma importância a este título[320].

A idade limite de 16 anos está sujeita a algumas excepções bem tipificadas na lei, e que se relacionam com a frequência de níveis de ensino e de deficiências motoras. O próximo quadro proporciona sistematicamente toda esta informação[321].

O jovem não pode acumular este subsídio com o subsídio de desemprego, com o subsídio social de desemprego, com a pensão social, com o subsídio mensal vitalício e com o subsídio social parental. Pode acumulá-lo com a majoração do abono de família para famílias monoparentais, com a majoração do abono de família dos segundos, terceiros ou mais filhos, com bolsa de estudo, com a bonificação por deficiência, com o subsídio por frequência de estabelecimento de educação especial, com o subsídio por assistência de terceira pessoa, com o abono pré-natal, com o rendimento social de inserção, com a pensão de orfandade e com o subsídio de funeral.

QUADRO 40 – **Quem Recebe Abono com Mais de 16 Anos de Idade**[322]

Idade (entre 1 de Setembro e 31 de Agosto seguinte)		Estuda?	Ensino Básico ou Equivalente	Secundário ou Equivalente	Superior ou Equivalente
Jovens sem Deficiência	16-18	Sim	Sim	Sim	Sim
	18-21	Sim	Sim (em caso de doença ou acidente)	Sim	Sim
	21-24	Sim	Não	Sim (em caso de doença ou acidente)	Sim
	24-27	Sim	Não	Não	Sim (em caso de doença ou acidente)
Jovens com Deficiências	16-24	Não	Sim	Sim	Sim
	24-27	Sim	Não	Não	Sim

---

[319] Estes escalões de rendimento são actualizados todos os anos. Por outro lado, há, de facto, dois grupos de escalões. Um para quem já ususfrua destes apoios e os pretende renovar, e outro para quem a eles deseje aceder pela primeira vez.

[320] Para o ano de 2009 estes rendimentos familiares foram fixados em valores superiores a € 29 345.40.

[321] Este quadro não contempla casos particulares que conduzem a excepções nos regimes nele constantes. Estamo-nos a referir à não entrada do jovem na Universidade, tendo ele concluído o 12.º ano, por terem entretanto sido alteradas as regras de acesso ou se não tiver tido a possibilidade de se matricular no ano seguinte por motivos curriculares que lhe não sejam imputáveis.

[322] Extraído de Instituto da Segurança Social, I.P. (2009b).

Este subsídio termina quando se verificar qualquer uma destas situações: a) o jovem com deficiência atinge os 27 anos e não está no ensino superior; b) o jovem com deficiência que está no ensino superior atinge os 27 anos antes de se iniciar o ano lectivo; c) o jovem requer subsídio mensal vitalício ou pensão social de invalidez; d) a criança ou jovem morre; e) a criança ou jovem não apresenta prova de residência legal em Portugal; f) a criança ou jovem passa a residir em outro país.

23.5.3.2.1. Valor do AFCJ e Cálculo do Valor da Prestação Mensal

O valor das prestações fixadas para o ano de 2009 são os que constam do Quadro 41.

QUADRO 41 – **Valor das Prestações do AFCJ para o Ano de 2009**[323] **em Euros**

		Escalões de Rendimento					
Por Crianças até aos 12 Meses		1º	2º	3º	4º	5º	6º
		174.72	144.91	92.29	56.45	33.88	0.00
Por Criança dos 12 aos 36 Meses	Família com 1 Filho	43.68	36.23	26.54	22.59	11.29	0.00
	Família com 2 Filhos	87.36	72.46	53.08	45.18	22.58	0.00
	Família com 3 ou Mais Fllhos	131.04	108.69	79.62	67.77	33.87	0.00
Por Crianças ou Jovens com Mais de 36 Meses		43.68	36.23	26.54	22.59	11.29	0.00

Veja-se que o apoio é crescente com o número de crianças elegíveis até aos 36 meses de idade. Numa família com 2 crianças, a prestação devida a cada uma delas é o dobro do que é pago quando existe somente uma, e quando há 3 crianças cada uma recebe o triplo[324].

O montante da prestação é função do rendimento de referência do agregado familiar, do número de crianças e respectivas idades, e do número de adultos no agregado. O quadro que se segue fornece-nos os escalões de rendimento definidos para 2008 e utilizados para calcular o montante do abono a conceder a novos pedidos submetidos no ano de 2009.

---

[323] Instituto da Segurança Social, I.P. (2009).
[324] O abono de família aumenta 20% no caso das famílias monoparentais.

QUADRO 42 – **Escalões de Rendimento de Referência Familiar para Manutenção de Direitos em 2009. Em Euros**

	Escalões					
	1º	2º	3º	4º	5º	6º
Rendimento de Referência	0 – 2851.87	2851.88 – 5703.74	5703.75 – 8555.61	8555.62 – 14259.35	14259.36 – 28518.70	Acima de 28518.70

Para saber qual o escalão que se aplica a cada caso concreto importa calcular o rendimento de referência da família.

A representação gráfica das restrições orçamentais através das quais se pretende ilustrar o impacto destas medidas na esfera dos incentivos ao trabalho, faz-se para uma certa remuneração do trabalho por unidade de tempo, patente na inclinação da curva respectiva. Variações nessas remunerações implicam o traçado de novas restrições orçamentais. Portanto, o que está em causa em tais representações é a quantidade oferecida de trabalho, *ceteris paribus*. A existência de escalões de rendimento aos quais correspondem montantes variáveis de subsídios dá origem, sobre a restrição orçamental com AFJC, a zonas de transição onde o preço do lazer é momentaneamente reduzido pelo acréscimo da prestação. Contudo, dada a reduzida expressão dessas zonas de transição, pode-se afirmar que o AFJC apenas provoca efeito rendimento. Veja-se a figura que se segue abaixo, onde se considera que a família tem um certo número de crianças, com valores para o rendimento pertinentes ao 1.º escalão do rendimento de referência, bem assim como aos valores iniciais do 2.º escalão[325].

GT é a restrição orçamental sem AFJC. Encontram-se no 1.º escalão as famílias que à remuneração implícita na inclinação daquela linha trabalham entre O e DT unidades de tempo; se trabalharem mais do que isso entram no 2.º escalão o qual, todavia, não se esgota na representação desta figura pelos motivos expressos atrás. Com subsídio a restrição orçamental passa a ser *HABCT*. O segmento *AB* mostra a quebra no rendimento total decorrente da redução do subsídio em excesso da remuneração marginal por se trabalhar mais uma unidade de tempo quando se transita entre escalões de rendimento. Porém, atendendo aos baixos valores envolvidos neste

---

[325] Entende-se que enquanto os rendimentos de referência relativos aos primeiros valores do 2.º escalão podem ser alcançados por indivíduos que se localizem no 1.º escalão na condição de trabalharem um maior número de horas, rendimentos superiores no mesmo escalão e seguintes apenas são exequíveis com remunerações mais elevadas por unidade de tempo.

subsídio, não se coloca a expectativa de ser proveitoso para as famílias transitarem para escalões mais baixos de rendimento. Mas, dentro de cada escalão, o efeito rendimento continua a fazer-se sentir resultando no aumento do lazer, sobretudo da esposa se esta não for o produtor mais importante do rendimento familiar. Especialmente para as mães que se encontram nos escalões mais baixos de rendimento, este é um subsídio para elas ficarem em casa a cuidar dos filhos. Enquanto este for um objectivo socialmente relevante, a situação criada pelo AFCJ de menor oferta de trabalho por elas, é preferível à que se coloca sem ele.

FIGURA 83 – **Abono de Família para Crianças e Jovens – 1.º e 2.º Escalão**

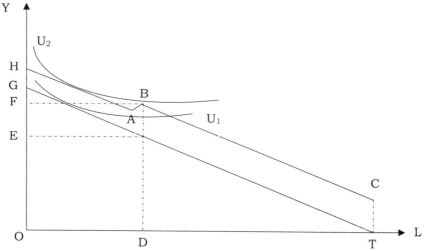

PARTE IV
O ORÇAMENTO E A CONTA GERAL DO ESTADO

24. O Orçamento do Estado

Como se viu nos capítulos anteriores, continuamente o Estado cobra receitas e realiza despesas cujas importâncias representam parcelas muito significativas do PIB nacional. Toda esta actividade financeira deve ser devidamente planeada para atender da melhor forma à multiplicidade de objectivos que ao Estado cumpre satisfazer. A expressão financeira desta programação é feita no Orçamento do Estado que definimos como sendo o documento onde constam as previsões das receitas e das despesas do Estado para um determinado período de tempo, o ano, bem assim como as estimativas das receitas cessantes em virtude de benefícios tributários concedidos[326], depois de aprovado pelo órgão político com competência para o efeito, e que é o Parlamento.

Note-se este aspecto muito relevante: as previsões de despesa são consideradas como dotações no sentido em que constituem o limite da despesa que os serviços ficam autorizados a realizar

Portanto, no conceito que se acabou de dar destacam-se três elementos primordiais. Em primeiro lugar, trata-se de previsões e não de realizações; as primeiras estão sujeitas a erro enquanto as outras não porque são constatações de facto obtidas necessariamente em termos *ex-post* e que dão corpo à Conta Geral do Estado. Em segundo lugar, estas previsões são realizadas para um período limitado de tempo que, em geral, é o ano, no sentido de doze meses e não forçosamente de ano civil. O ano fiscal pode ou não coincidir com o ano civil, tudo dependendo da possibilidade de haver articulação entre a fase de discussão e votação do orçamento com o calendário de funcionamento do Parlamento. No actual quadro institucional português, o ano fiscal, também designado por ano económico, coincide com o ano civil[327], mas já houve períodos da nossa História em que

---

[326] LEO, artigo 13.º, n.º 1.
[327] Lei do Enquadramento Orçamental (LEO) republicada no Diário da República, I-série-A, n.º 199, pp. 536-55, de 24 de Agosto de 2004, art. 4.º, n.º4.

assim não sucedeu[328]; por outro lado, em países como os E.U.A., a Austrália, a Nova-Zelândia, o Canadá, a Índia, o Japão e o Reino-Unido já não se observa essa coincidência[329].

Apesar deste enquadramento, é muito comum as legislações nacionais autorizarem que durante um certo período de tempo, o chamado período complementar, se cobrem receitas e se paguem despesas não por conta do orçamento em vigor nesse ano, mas por conta do orçamento do ano anterior.

E porque razão é o ano o período de referência para este efeito? Sem dúvida, o motivo principal encontra-se no facto de o ano ser o período natural de referência na vida dos indivíduos e, concomitantemente, na das organizações. O movimento de translação da Terra em torno do Sol completa-se a cada doze meses, renovando ciclicamente as quatro estações do ano e as actividades produtivas que lhes estão associadas e que começam com a preparação da terra, seguida da sementeira e culminando, por fim, nas colheitas. Por isso, nas sociedades modernas, onde prevalecem a indústria e os serviços, o ano continua a ser a unidade temporal de referência das actividades económicas. Não seria, portanto, exequível que a actividade financeira do Estado se desdobrasse sobre uma base temporal divergente daquela em que decorre a dos seus cidadãos[330].

Como todas as regras, a da anualidade apresenta vantagens mas também desvantagens. A mais óbvia neste caso é que inúmeros programas de despesa e de receita se apresentam com um carácter pluri-anual e não anual, razão pela qual um orçamento construído numa base anual é, em si mesmo, incapaz de transmitir toda a dimensão do programa e consequentes encargos a assumir pelo Estado, ou a plenitude das receitas que daí se antecipa que advenham. As obras públicas de grande dimensão, como seja a construção de auto-estradas, de linhas de TGV ou de um aeroporto internacional arrastam-se fatalmente ao longo de vários anos, desde a fase dos estudos prévios até ao momento em que entram em funcionamento. É com fundamento nestas preocupações que, quanto às receitas e às despesas previsíveis a incluir, nos surgem dois tipos de orçamentos, o de gerência e o de exercício.

---

[328] Entre 1834 e 1936, data da entrada em vigor da Constituição da II.ª República.

[329] Nos E.U.A. o ano fiscal começa a 1 de Outubro; na Austrália e Nova-Zelândia inicia-se a 1 de Julho; no Canadá, Japão, Índia e Hong-Kong a 1 de Abril.

[330] Além disso podemos ainda considerar que é o período de tempo razoável, nem demasiado longo nem excessivamente curto, para o governo sujeitar ao escurtínio do Parlamento a sua actividade, permitindo a este último renovar o seu controlo como é próprio de regimes democráticos.

O orçamento de gerência consiste na previsão das receitas a cobrar e das despesas a pagar durante o período, independentemente do exercício em que se tenham constituído os direitos e obrigações subjacentes. Trata-se de um orçamento de fluxos de caixa vocacionado para evidenciar eventuais rupturas ou excedentes de tesouraria, permitindo providenciar atempadamente a mobilização dos fundos em falta ou a aplicação dos superávites que haja. Quanto ao orçamento de exercício, ele regista necessariamente previsões, mas desta vez sobre a totalidade das receitas e das despesas geradas pelos créditos e pelos débitos que se antecipa o Estado venha a assumir no período em questão, independentemente dos momentos exactos em que se venham a concretizar na forma de receitas e de despesas. Para exemplificar ao nível das despesas, suponha-se que se estima que no próximo ano o Estado assine o contrato para a construção do TGV cujas obras se prolongarão por vários anos; então, no orçamento de exercício do próximo ano inscrever-se-á todo o valor do contrato e não apenas a parte que vai ser executada e efectivamente paga no próximo ano fiscal. No que concerne às receitas, prevendo-se que o agravamento de determinado imposto possa produzir determinado nível de receita toda ela é orçamentada num orçamento de exercício independentemente da soma que igualmente se prevê não venha a ser paga pelos contribuintes nesse exercício devido a atrasos na liquidação ou a disputas judiciais[331]. Claro está que esta questão da pluri-anualidade é muito mais substantiva em matéria de despesas do que de receitas.

A lei portuguesa estabelece a regra da anualidade do Orçamento do Estado (CRP[332], artigo 106.º, n.º 1; LEO[333], artigo 4.º)[334], tendo o cuidado de obrigar ao seu enquadramento na perspectiva plurianual determinada pelas exigências da estabilidade financeira e, em particular, pelas vinculações externas definidas no artigo 17.º da LEO, nomeadamente pelas obrigações assumidas no quadro do Tratado da União Europeia (LEO, artigo 17.º, al. b). Além disso, o n.º 3 do mesmo artigo 4.º da LEO estipula ainda que os orçamentos dos organismos do sector público adminis-

---

[331] A questão coloca-se naturalmente, e de igual modo, para quaisquer créditos tributários que nasçam em cada exercício a favor do Estado aquando da aprovação do Orçamento do Estado para o ano em questão. Uma parte desses créditos poderá prever-se que não será liquidada no exercício que lhes compete por atraso dos contribuintes, entre outros motivos possíveis.

[332] Constituição da República Portuguesa.

[333] Lei do Enquadramento Orçamental já referenciada pela nota de rodapé 309.

[334] O título IV, artigos 101.º a 107.º, da CRP versa sobre o sistema financeiro e fiscal português.

trativo podem integrar programas que impliquem encargos plurianuais, evidenciando a despesa total prevista para cada um. A questão da plurianualidade das despesas surge noutros artigos da LEO e surge igualmente no articulado da CRP onde, no n.º 2 do artigo 105, se escreve que ele é elaborado de harmonia com as grandes opções em matéria de planeamento e tendo em conta as obrigações decorrentes de lei ou de contrato.

A elaboração do orçamento, e a questão acabada de tratar relativa ao registo dos fluxos financeiros resultantes de programas plurianuais, está directamente relacionada com o terceiro aspecto digno de menção na conceptualização do orçamento e que é a sua dimensão política. A elaboração de um orçamento não é uma necessidade exclusiva do Estado; eles são elaborados pelas empresas e pelas famílias. Mas ao contrário do que sucede nas organizações e nas famílias, só há Orçamento de Estado depois de a correspondente proposta de lei apresentada pelo governo ter sido discutida e alvo de votação que a aprove no Parlamento. O orçamento dá ao Estado o direito de cobrar impostos sobre os cidadãos, mas numa sociedade democrática ao estilo ocidental, os cidadãos só têm obrigação de os pagar desde que eles próprios o consintam através de votação favorável feita pelos seus representantes eleitos na assembleia política competente. É o *velho* princípio de *no taxation without representation*; a não ser observado este princípio a cobrança de impostos equivaleria a confiscação. É, na verdade, este o princípio consagrado no artigo 103.º da CRP, n.º 3, onde se determina que ninguém pode ser obrigado a pagar impostos que não hajam sido criados nos termos da Constituição[335].

Num sentido mais lato, a dimensão política encontra-se no facto de um governo democrático não deter poderes absolutos, devendo, pelo contrário, a sua acção estar sujeita à aprovação e escrutínio dos cidadãos que, por via de norma, o fazem no quadro de uma democracia representativa. Ora, as receitas e as despesas, quem paga, e como e em que é que se vai gastar, concretizam, objectivamente, o programa que o governo deseja executar. A imposição da sua aprovação política para que de facto e *de jure* ele exista significa a obrigação imposta pelos representantes do povo de que o governo revele o seu programa de acção e que este mereça o consentimento dos cidadãos antes de poder ser executado. Aliás, esta dimensão política tem uma vasta e decisiva influência na modelação das regras a que a própria elaboração do orçamento está sujeita.

---

[335] Esta disposição constitucional prossegue: "... *que tenham natureza retroactiva ou cuja liquidação e cobrança se não façam nos termos da lei.*"

Esta dimensão política patenteia além disso o pretendido e desejável equilíbrio entre órgãos de soberania: o poder executivo, o legislativo e o judicial. Realmente, da componente política flui necessariamente a dimensão jurídica do Orçamento do Estado patente no facto de ser ele, o Orçamento, que define e limita, para cada ano económico, os poderes financeiros do Estado.

O ciclo de vida de um qualquer Orçamento de Estado é longo, iniciando-se meses antes da sua projectada entrada em vigor e prolongando-se para além do ano fiscal a que respeita. Este ciclo de vida[336] compreende, pois, várias fases cujos desenvolvimentos devem decorrer na observância das normas legais aplicáveis. São elas:

1) Elaboração pelo governo da proposta de Lei do Orçamento do Estado a ser submetida ao Parlamento;
2) Discussão e votação da proposta de lei pelo Parlamento, transformando-se a proposta de lei em lei no caso de a votação ser favorável e só a partir deste momento é que se pode afirmar que existe orçamento[337];
3) Execução do Orçamento de Estado;
4) Fiscalização do Orçamento do Estado;
5) Elaboração da Conta Geral do Estado, seguida da sua discussão e votação no Parlamento que assim assume a função de fiscalização política da execução orçamental.

As fases 1 e 2 decorrem, normalmente no ano fiscal anterior àquele a que se aplica o orçamento em preparação. A fase de fiscalização da execução acontece em simultâneo com a execução e em anos posteriores atendendo às diferentes formas segundo a qual ela se realiza. A última fase vigora em anos subsequentes. Em Portugal, a legislação pertinente ao Orçamento do Estado é assim constituída:

a. A Constituição da República;
b. A Lei de Enquadramento do Orçamento do Estado, Lei 91/2001 de 20 de Agosto, republicada a 24 de Agosto de 2004;
c. A Lei do Orçamento aprovada anualmente na Assembleia da República para entrar em vigor no dia 1 de Janeiro seguinte[338], e respectivo Decreto-Lei de execução orçamental.

---

[336] Mencionado parcialmente na redacção do n.º 1 do artigo 106.º da CRP.
[337] Muito embora só entre em vigor com a publicação da Lei do Orçamento no Diário da República, como resulta das normas jurídicas aplicáveis nesta matéria a qualquer lei.
[338] Salvo situações de excepção tal como devidamente previstas na LEO.

24.1. Enquadramento Jurídico e Âmbito do Orçamento do Estado

A Constituição da República Portuguesa define os grandes princípios e orientações a que o orçamento se deve subordinar. Quanto ao objecto da dita Lei de Enquadramento, ele é definido logo no seu artigo 1.º que afirma que ela estabelece: a) as disposições gerais e comuns de enquadramento dos orçamentos e contas de todo o sector público administrativo; b) as regras e os procedimentos relativos à organização, elaboração, apresentação, discussão, votação, alteração e execução do Orçamento do Estado, incluindo o da segurança social, e a correspondente fiscalização e responsabilidade orçamental; c) as regras relativas à organização, elaboração, apresentação, discussão e votação das contas do Estado, incluindo a da segurança social.

A primeira, e importante, questão abordada pela LEO (artigo 2.º), em obediência ao que a CRP determina no seu artigo 105.º n.º 1, é o âmbito da sua aplicação ao impor que o Orçamento do Estado inclui os orçamentos dos serviços que não dispõem de autonomia administrativa e financeira (são os serviços integrados), dos serviços e fundos autónomos e da segurança social, bem como as correspondentes contas. Ficam, portanto, excluídos do Orçamento do Estado os orçamentos das regiões autónomas dos Açores e da Madeira assim como os das autarquias, algo que se justifica pela sua autonomia política face ao poder central. Mas, como decorre do artigo 2.º, n.º 3 da LEO ficam também fora do Orçamento do Estado, por não serem serviços integrados ou autónomos, as empresas do sector público, fundações e associações públicas.

Caixa 24-1 – O QUE SÃO SERVIÇOS E FUNDOS AUTÓNOMOS

Citando directamente a partir do n.º 3 do artigo 2.º da LEO, são serviços e fundos autónomos os que satisfaçam cumulativamente os seguintes requisitos:

a) Não tenham natureza e forma de empresa, fundação ou associação públicas, mesmo se submetidos ao regime de qualquer destas por outro diploma;
b) Tenham autonomia administrativa e financeira;
c) Disponham de receitas próprias para cobertura das suas despesas nos termos da lei.

24.2. As Regras Clássicas de Elaboração do Orçamento

Por forma a garantir, sobretudo, a capacidade para um efectivo conhecimento e controlo da acção governamental, de há muito que se estabeleceram determinadas regras a que os orçamentos devem obedecer. Trata-se das chamadas regras clássicas e que são as seguintes: unidade e universalidade, não compensação, especificação, e não-consignação de receitas[339]. Infelizmente são, por norma, regras sujeitas a violações frequentes.

QUADRO 43 – **Orçamento das Administrações Públicas – 2010**[340]

(milhões de euros)

	ESTADO	FSA's	ADMINIST. LOC&REG.	SEGURANÇA SOCIAL	AP's
1. RECEITAS CORRENTES	34 526.6	23 931.7	7 760.4	24 066.1	63 295.1
Impostos directos	13 313.4	19.4	3 003.6	0.0	16 336.4
Impostos indirectos	17 712.5	413.5	875.5	697.7	19 699.3
Contribuições de Segurança Social	224.1	4 063.5	11.2	13 438.1	17 736.9
Outras receitas correntes	3 276.6	19 435.3	3 870.0	9 930.3	9 522.5
(das quais:transf. de outr. subsectores)	1 081.7	15 852.6	2 171.9	7 883.4	(-)
2 DESPESAS CORRENTES	46 689.1	23 346.6	7 516.1	23 679.8	74 241.9
Consumo Público	12 876.5	12 265.7	6 259.3	513.4	31 914.8
Subsidios	763.6	643.2	230.4	1 103.4	2 740.6
Juros e Outros Encargos	5 500.8	20.7	288.6	4.6	5 814.7
Transferências Correntes	27 548.3	10 417.0	737.8	22 058.4	33 771.8
(das quais:transf. p/ outr. subsectores)	24 649.8	906.0	78.0	1 355.9	(-)
3. SALDO CORRENTE	-12 162.5	585.1	244.3	386.3	-10 946.7
4.RECEITAS DE CAPITAL	1 284.3	1 636.9	2 706.4	37.3	3 115.3
(das quais:transf. de outr. subsectores)	30.2	917.4	1 593.5	8.4	(-)
5. DESPESAS DE CAPITAL	3 380.3	1 520.7	3 101.4	130.1	5 583.0
Investimentos	838.9	595.3	2 744.2	36.1	4 214.6
Transferências de Capital	2 492.1	853.8	328.4	94.0	1 218.7
(das quais:transf. p/ outr. subsectores)	2 377.6	167.4	4.4	0.3	(-)
Outras despesas de capital	49.2	71.7	28.8	0.0	149.7
6.SALDO GLOBAL	-14 258.5	701.3	-150.7	293.5	-13 414.4
(em percentagem do PIB)	-8.5	0.4	-0.1	0.2	-8.0
7.SALDO PRIMARIO	-8 757.8	722.0	137.9	298.1	-7 599.7
(em percentagem do PIB)	-5.2	0.4	0.1	0.2	-4.5
8.ACTIV. FIN. LIQ. DE REEMBOLSOS	12 330.6	596.7	65.4	430.1	13 422.8
9.SALDO GLOBAL INCLUINDO ACT. FIN.	-26 589.1	104.6	-216.1	-136.6	-26 837.2
(em percentagem do PIB)	-15.9	0.1	-0.1	-0.1	-16.0
10.RECEITA s/ transf. intersectoriais	34 698.9	8 798.6	6 701.3	16 211.6	66 410.4
(em percentagem do PIB)	20.7	5.3	4.0	9.7	39.7
11.DESPESA s/ transf. intersectoriais	23 042.1	23 794.0	10 535.1	22 453.7	79 824.8
(em percentagem do PIB)	13.8	14.2	6.3	13.4	47.7
12.SALDO s/ transf. intersectoriais	11 656.9	-14 995.4	-3 833.8	-6 242.1	-13 414.4
(em percentagem do PIB)	7.0	-9.0	-2.3	-3.7	-8.0

---

[339] Omitimos a anualidade como uma regra clássica de elaboração do Orçamento do Estado, seguindo aqui o tratamento dado a esta questão por Teixeira Ribeiro (1984, p. 53), se bem que, certamente, constitua uma regra no quadro do nosso ordenamento jurídico e da generalidade dos outros países.

[340] Relatório da proposta de Lei do Orçamento para 2010, Ministério das Finanças.

24.2.1. *As Regras da Unidade e da Universalidade*

As regras da universalidade e da unidade, previstas pelo n.º 3 do artigo 105.º da CRP e pelo artigo 5.º da LEO, impõem que todas as despesas e receitas constem do orçamento, considerado o âmbito de cobertura deste[341] (universalidade) e que elas figurem num só documento em vez de dispersas por vários (unidade). A violação do requisito da universalidade corresponde à desorçamentação que, em alguns casos, está prevista na própria lei[342]. É no cumprimento da regra da universalidade que o artigo 13.º da LEO impõe que o Orçamento do Estado inclua, devidamente quantificadas, as estimativas das receitas cessantes em virtude de benefícios tributários. Convém não olvidar que as receitas cessantes são equivalentes a despesas fiscais pelos mesmos valores.

O sentido desta dupla regra da unidade e da universalidade é tanto político quanto económico. A unidade implica que o acesso ao conhecimento desta informação é imediato e certo, ao contrário do que seria o caso se ela se encontrasse espalhada por vários documentos avulsos, em número incerto e disponíveis numa diversidade igualmente incerta de fontes, de tal maneira que a sua recolha em plenitude ficaria sujeita a custos de busca elevados e desencorajadores. Com a conjugação da unidade e da universalidade não apenas ficam salvaguardadas as preocupações políticas de conhecimento e controlo da actividade do Estado como igualmente fica acautelada a necessidade de se adequarem os recursos financeiros às necessidades ditadas pela totalidade das despesas. A legislação vigente impõe estas regras mas, como já o sabemos, limitando-as a três sub-sectores, com exclusão de alguns tipos de organização.

24.2.2. *A Regra da Não Compensação*

Convém, chegados a este ponto, ter clara a noção de que a regra anterior é condição necessária mas não suficiente para se obter o tão importante conhecimento do programa de governo e promover o respectivo con-

---

[341] O artigo 105.º n.º 3 da CRP proíbe a existência de dotações e de fundos secretos.

[342] Os casos já aludidos das fundações e do sector empresarial do Estado. O processo de desorçamentação deliberado para gerar opacidade nas contas públicas e no verdadeiro estado das finanças do Estado é especialmente evidente quando o governo transfere serviços até aí integrados ou autónomos para a esfera daqueles cujos orçamentos não são englobados no Orçamento do Estado.

trolo não só no plano político quanto também no das escolhas de processos de gestão. Esta construção apenas iniciada tem que ser completada e aperfeiçoada com a inserção de novas regras, entre elas a da não compensação. Todos nós temos consciência de que há programas de despesa que dão lugar a receitas (as propinas na educação, as taxas moderadoras na saúde, etc.) e que programas geradores de receitas implicam despesas (a cobrança dos impostos obriga a suportar todos os encargos correntes e de capital com a direcção geral das contribuições e impostos). A primeira regra de que tratámos não seria formalmente violada se no orçamento regístássemos para cada conta os respectivos saldos, isto é, os valores líquidos entre receitas e despesas. Todavia, um mesmo resultado de uma subtracção é compatível com parcelas muito diferentes entre si[343] razão pela qual ficaria fatalmente prejudicado o objectivo do conhecimento, ficando o governo de facto com a possibilidade de gerir discricionariamente os recursos patrimoniais e financeiros. Para exemplificar esta asserção suponhamos que se inscrevia no orçamento apenas a despesa líquida para a prestação dos serviços de saúde; se assim fosse, ignorar-se-iam os recursos totais dispendidos com essa função e, da mesma forma, quais os meios de financiamento encaminhados para esse fim: se a alienação de património (e qual património?), se o recurso a taxas (e que taxas?), se o endividamento, etc, e o mesmo seria verdade no plano das receitas. Por estas razões o artigo 6.º da LEO impõe a regra da não compensação e, portanto, estabelece a obrigatoriedade de orçamentos brutos.

24.2.3. *A Regra da Especificação*

A necessidade de conhecimento para efeitos de fiscalização e promoção de uma boa gestão não fica todavia assegurada com aquela regra. Isso acontece porque o seu cumprimento tanto se pode realizar através de valores muito agregados, despesas e receitas de um serviço pelos seus valores totais, ou através de valores desagregados com maior ou menor detalhe que nos permitam saber qual a sua composição e, a partir daí, permitir-nos gerir essa mesma composição no sentido que se achar preferível (por exemplo, onde se podem cortar despesas e como pode ser feita a sua distribuição pelos vários serviços). Contudo, a especificação das receitas e

---

[343] O saldo de 100 tanto se consegue subtraindo 400 a 500, como subtraindo 10 milhões a 10 milhões e 100 unidades.

das despesas não deve ser feita com detalhe de tal forma pormenorizado e minucioso que introduza rigidez injustificável na administração das dotações orçamentais atribuídas aos serviços. Como previsões que são, o mais provável é que haja desvios em relação aos valores verificados, mas não faria muito sentido que sobrando dinheiro destinado à compra de papel ele não pudesse ser utilizado na compra de tinteiros para as impressoras, onde os gastos foram subestimados, sem complicados formalismos burocráticos de autorização para a transferência de verbas.

O artigo 8.º da LEO, no seu número 1, impõe que a especificação das receitas no Orçamento do Estado se faça de acordo com a classificação económica; quanto às despesas, os números 2 e 3 do mesmo artigo da LEO cumprindo, aliás, com o n.º 3 do artigo 105.º da CRP, faz aplicar as classificações económica[344], orgânica e por funções, admitindo ainda que as despesas possam, no todo ou em parte, ser estruturadas por programas.

24.2.4. A Regra da Não Consignação

Por fim, a regra da não consignação determina que todas as receitas se devem destinar ao financiamento indistinto de todas as despesas, o que equivale a dizer que não haverá receitas que, à partida, estejam afectas a determinadas despesas em concreto com exclusão de outras. Em primeiro lugar, esta regra pretende flexibilizar a gestão dos recursos financeiros postos à disposição do Estado, impedindo o aparecimento de situações de serviços com excesso de financiamento enquanto outros são deficitários e, por isso, impedidos de realizar satisfatoriamente o conjunto das suas finalidades. Em segundo lugar, pode-se presumir que se houvesse uma identificação entre os impostos e as despesas que financiam nos deparássemos com a resistência de alguns cidadãos à sua liquidação por entenderem que desses programas retiram benefícios inferiores aos custos que são obrigados a suportar, e que até os benefícios brutos do programa sejam para eles negativos (o caso dos pacifistas em relação às despesas de guerra).

O artigo 7.º da LEO no seu n.º 1 adopta esta regra ao escrever que não pode afectar-se o produto de quaisquer receitas à cobertura de determinadas despesas. Mas logo no número seguinte estabelece um numeroso conjunto de excepções. Por exemplo, a alínea c) do n.º 2 desse artigo estatui a consignação das receitas do orçamento da segurança social ao finan-

---

[344] De facto, a CRP não prevê a classificação económica.

ciamento dos diversos sub-sistemas. Mas também são receitas consignadas as provenientes:

1. das reprivatizações (alínea a) em cumprimento do que a CRP determina na alínea b) do n.º 1 do artigo 293.º;
2. os recursos próprios comunitários tradicionais (alínea b);
3. as receitas que correspondam a transferências da União Europeia, de organizações internacionais ou de orçamentos de outras instituições do sector público administrativo que se destinem a financiar determinadas despesas (alínea d);
4. as receitas que correspondam a subsídios, donativos ou legados de particulares que, por determinação destes, devam cobrir determinadas despesas (alínea e);
5. as receitas afectas a determinadas despesas por expressa estatuição legal ou contratual (alínea f).

O n.º 3 do mesmo artigo da lei constitucional determina que as normas que consignem certas receitas a determinadas despesas têm carácter excepcional e temporário, em termos a definir em legislação complementar.

Perante tantas e tão importantes excepções à regra da não-consignação, é-nos legítimo pensar que há razões muito ponderosas para que tal suceda e, de facto, assim parece ser. Segundo o argumentário tradicional, a consignação de receitas é um mecanismo que, por um lado, garante a realização de programas de despesa que se considera não poderem ser prejudicados por dificuldades orçamentais conjunturais e que, por outro, salvaguarda as necessidades orçamentais dos serviços não contemplados pela consignação de receitas ao evitar que as suas dotações sejam diminuídas para prover aos serviços com consignação. Na verdade, são estas as consequências que decorrem do duplo cabimento orçamental a que estão sujeitos os serviços com consignação de receitas e que, em concreto, significa que as despesas que eles ficam autorizados a fazer não podem exceder as respectivas dotações orçamentais, no caso de as receitas cobradas serem iguais ou superiores àquela dotação (1.º cabimento), ou ao montante das receitas obtidas se, porventura, estas forem menores que as dotações orçamentais (2.º cabimento). Se, por exemplo, para amortização antecipada e voluntária da dívida pública, financiada por receitas consignadas com origem nas reprivatizações, estiverem orçamentados 20 milhões de euros, das duas uma: 1.º) as receitas das reprivatizações são iguais ou superiores a 20 milhões de euros, e então a amortização vai ser efectuado pela importância de 20 milhões de euros; 2.º) as receitas em causa não atingem essa importância, quedando-se pelos 15 milhões e, por força disto, a amortização da dívida está impedida de atingir os 20 milhões, ficando-se por aqueles 15 milhões, estando vedada a transferência de verbas de outros serviços para aqueloutro.

QUADRO 44 – **Grandes Agregados do Orçamento do Estado**[345]

Quadro III.16. Grandes Agregados do Orçamento do Estado
(Milhões de Euros)

	Milhões de Euros			Percentagem do PIB			Variação em pp. do PIB		
	2008	2009	2010	2008	2009	2010	2008	2009	2010
Receita Total	40.819	34.688	35.812	24,5	21,0	21,4	0,3	-3,5	0,4
Receita corrente	38.912	34.166	34.528	23,4	20,7	20,6	-0,4	-2,7	-0,1
Receita fiscal	35.596	30.653	31.026	21,4	18,6	18,5	-0,5	-2,8	-0,1
Outra Receita corrente	3.316	3.514	3.502	2,0	2,1	2,1	0,1	0,1	0,0
Receita de capital	1.907	521	1.284	1,1	0,3	0,8	0,8	-0,8	0,5
Despesa Total	45.999	48.769	50.071	27,6	29,6	29,9	0,4	1,9	0,3
Despesa corrente	43.172	45.021	46.690	25,9	27,3	27,9	0,6	1,4	0,6
Despesa de capital	2.826	3.748	3.380	1,7	2,3	2,0	-0,2	0,6	-0,3
Saldo corrente	-4.260	-10.855	-12.162	-2,6	-6,6	-7,3	-1,0	-4,0	-0,7
Saldo de capital	-919	-3.226	-2.096	-0,6	-2,0	-1,3	1,0	-1,4	0,7
Saldo global	-5.180	-14.081	-14.259	-3,1	-8,5	-8,5	0,0	-5,4	0,0
Saldo primário	-293	-9.075	-8.758	-0,2	-5,5	5,2	0,0	-5,3	0,3
Iniciativa Invest. e Emprego									
Despesa Corrente		216			0,1			0,1	-0,1
Despesa de Capital		608			0,4			0,4	-0,4
Despesa Total		824			0,5			0,5	-0,5

Fonte: Ministério das Finanças e da Administração Pública (2008 CGE; 2009 estimativa; 2010 OE).

24.2.5. *O Equilíbrio Intergeracional*

Apesar de não ser uma das regras clássicas de elaboração do Orçamento, a LEO, no seu artigo 10.º, consagra este equilíbrio como uma regra do Orçamento do Estado português. A equidade entre gerações respeita à distribuição entre elas dos custos e dos benefícios derivados da execução dos Orçamentos. O n.º 2 do mesmo artigo aponta os meios pelos quais se deverá aferir do cumprimento, ou não, desta regra.

---

[345] Relatório da proposta de Lei do Orçamento do Estado para 2010, Ministério das Finanças.

24.3. As Novas Regras de Elaboração do Orçamento

Para além das regras clássicas que acabámos de ver, desenvolveram-se modernamente mais alguns princípios relativos a matéria orçamental (Lienert & Fainboim, 2010). São eles em número de quatro, a saber: a) responsabilização (accountability); b) transparência; c) estabilidade e d) desempenho.

O princípio, ou regra, da responsabilização exige que o governo preste contas ao Parlamento, pelo menos duas vezes por ano, quanto ao cumprimento dos objectivos traçados no Orçamento. Para além disso, deve estar instituída uma entidade externa independente e credível que forneça ao Parlamento um relatório anual sobre a execução orçamental. Finalmente, deve existir um regime claro de responsabilização dos agentes governamentais pelo cumprimento do orçamento.

O princípio da transparência impõe que o papel das diferentes entidades públicas que intervêm nas várias fases que o orçamento atravessa esteja claramente definido. Informação financeira e não financeira sobre a execução do orçamento deve ser publicamente disponibilizada a intervalos regulares e pré-anunciados.

Estabilidade quanto a objectivos de curto e médio prazos são desejáveis, desenvolvidos no contexto de um programa pluri-anual compatível com a sustentabilidade das contas públicas.

Explicitação no orçamento dos resultados que se esperam com os programas que figuram no orçamento de maneira a tornar exequível a avaliação qualitativa e quantitativa da gestão dos fundos públicos.

24.4. *O Equilíbrio Orçamental*

O equilíbrio orçamental é também uma das regras a que está sujeito o Orçamento do Estado Português. A Constituição da República Portuguesa, no seu artigo 105.°, n.° 4, impõe que o Orçamento do Estado preveja as receitas necessárias para cobrir a totalidade das despesas previstas. No cumprimento desta obrigação constitucional, a LEO preceitua o respeito pela mesma regra, fazendo-lhe menção expressa nos artigos 9.°, 23.°, 25.°, 28.° e 87.° ainda que não se expressando exactamente nos mesmos termos em todos eles. Asim, o primeiro daqueles artigos determina que os orçamentos dos organismos do sector público administrativo prevêem as receitas necessárias para cobrir todas as despesas, sem prejuízo do disposto nos artigos 23.º, 25.º e 28.º que se referem à aplicação desta norma aos três sub-sectores de que se ocupa o Orçamento do Estado. Em concreto, nos artigos 23.º, 25.º e 28.º, relativos, respectivamente, aos orçamentos dos serviços integrados, dos serviços e fundos autónomos e ao da segurança social lê-se:

1. Artigo 23.º, n.º 1) as *receitas efectivas* do orçamento dos serviços integrados têm que ser, pelo menos, iguais às *despesas efectivas* do mesmo orçamento, excluindo os encargos correntes da dívida pública, salvo se a conjuntura do período a que se refere o orçamento justificadamente o não permitir[346];
2. Artigo 25.º, n.º 1) o orçamento de cada serviço ou fundo autónomo é elaborado, aprovado e executado por forma a apresentar saldo global nulo ou positivo e, n.º 2 do mesmo artigo, para efeitos do cômputo do saldo anteriormente referido, não são consideradas as receitas provenientes de activos e de passivos financeiros, bem como o saldo da gerência anterior, nem as despesas relativas a activos e a passivos financeiros;
3. Artigo 28.º, n.º 1) as receitas efectivas do orçamento da segurança social têm de ser, pelo menos, iguais às despesas efectivas do mesmo orçamento.

Há diferenças substantivas entre o sentido de que se revestem a disposição constitucional e o artigo 9.º da LEO, por um lado, e o sentido e a implicação dos demais artigos da LEO que citámos acima, por outro. Os dois primeiros preceitos impõem que, de um ponto de vista meramente formal ou contabilístico, o orçamento nunca se apresente deficitário na medida em que ambos impõem que as receitas, independentemente da sua natureza, não possam nunca ser inferiores às despesas orçamentadas[347], o que faz todo o sentido pois não se compreenderia que se previssem des-

---

[346] O n.º 3 do mesmo artigo 23 determina que se consideram efectivas todas as receitas e despesas com excepção das respeitantes aos passivos financeiros.

[347] O equilíbrio formal do orçamento também se coloca nos mesmos termos na circunstância de as receitas previstas excederem as despesas antecipadas. Citando Teixeira Ribeiro (1984, p. 82, nota de rodapé 1):"... *o próprio orçamento superavitário é um orçamento equilibrado. Na verdade, se se prevêem receitas superiores às despesas para cobrir o risco de sobreavaliação das receitas, então, é porque, rigorosamente, as receitas deveriam ter sido previstas em montante inferior ao que o foram, isto é, em montante igual ao das despesas; portanto há equilíbrio. E se se prevêem receitas superiores às despesas para, com o saldo, constituir um fundo, então, é porque se omitiu no orçamento das despesas a aplicação do saldo, isto é, a importância do fundo; por conseguinte também há equilíbrio.*"

pesas sem, concomitantemente, se terem encontrado as fontes de financiamento capazes de garantir a sua execução. Porém, do ponto de vista económico, a noção de equilíbrio orçamental não se resume à observância deste simples formalismo, caso que, a acontecer, significaria que o orçamento estaria sempre e necessariamente em equilíbrio, não se justificando nunca, por isso, falar-se de défices ou de superavites. Por consequência, no apuramento do saldo do orçamento, na sua acepção económica, temos que distinguir entre tipos de receitas e de despesas, umas, as situadas acima da linha, determinado-o e as outras, situadas abaixo da linha[348], financiando-o. E deste modo é-se capaz de criar uma desigualdade entre receitas e despesas compatível com a noção de orçamento desequilibrado ou equilibrado, se for esta a situação prevalecente. Mas então que receitas e que despesas são essas? A resposta não é única, longe disso, e essa é precisamente a questão que vamos abordar na secção que se segue.

QUADRO 45 – **Saldo Global das Administrações Públicas**[349]

Quadro III.3.Saldo Global das Administrações Públicas
(Óptica da Contabilidade Nacional)
(milhões de euros)

	Milhões de Euros			% do PIB			Variação pp. do PIB		
	2008	2009	2010	2008	2009	2010	2008	2009	2010
Administrações Públicas	-4.456	-15.366	-13.954	-2,7	-9,3	-8,3	-0,1	-6,6	1,0
Administração Central	-5.575	-15.008	-14.214	-3,3	-9,1	-8,5	-0,2	-5,8	0,6
Administração Regional e Local	-137	-655	-186	-0,1	-0,4	-0,1	0,0	-0,3	0,3
Segurança Social	1.256	297	446	0,8	0,2	0,3	0,1	-0,6	0,1

Fonte: INE (2006-2007) e Ministério das Finanças e da Administração Pública.

24.4.1. *As Medidas do Saldo Orçamental*

Não há uma mas várias medidas do saldo do orçamento, como já ficou dito[350]. O conhecimento preciso do estado em que se encontram as contas públicas, assim como a natureza e a extensão das medidas que se devem tomar, quando necessário, para o seu saneamento e reequilíbrio são

---

[348] Por analogia com a problemática da determinação dos desequilíbrios da balança de pagamentos onde, na sua explanação, é este o vocabulário que se usa.

[349] Relatório da proposta de Lei do Orçamento do Estado para 2010, Ministério das Finanças.

[350] Para qualquer das medidas consideradas, o período de tempo abarcado para o cálculo do saldo orçamental é sempre o ano.

matérias da máxima importância. Por conseguinte, impõe-se que se escolha previamente a medida mais apropriada para o apuramento do saldo do orçamento do Estado em cada circunstância particular.

Uma vez que, como se viu já, o orçamento está sempre em equilíbrio num sentido estritamente contabilístico, torna-se imperioso criar um desequilíbrio conceptual entre receitas e despesas, o que se consegue considerando algumas despesas e receitas como sendo as determinantes do saldo das contas públicas, as mencionadas como estando localizadas acima de uma linha separadora imaginária, enquanto as outras as financiam, e estas são as que se situam abaixo dessa mesma linha imaginária.

24.4.1.1. *O Saldo do Orçamento Global ou Convencional*

Existe, desde logo, e em primeiro lugar, a chamada definição global, ou convencional[351], do saldo orçamental frequentemente utilizada por entidades oficiais[352]. Para além dela, há outras conceptualizações que mais não são do que refinamentos da definição convencional. Estas últimas surgem com o intuito de satisfazerem determinadas preocupações quais sejam, por exemplo, a avaliação dos efeitos dos desequilíbrios orçamentais sobre variáveis macro-económicas endógenas como a taxa de inflação, o nível da procura agregada interna e a balança de pagamentos.

A definição global, ou convencional, assenta na distinção entre receitas e despesas efectivas, por oposição a receitas e despesas não efectivas, e é precisamente por esta razão que igualmente a podemos apelidar de saldo do orçamento efectivo[353]. As receitas e despesas efectivas situam-se acima da linha imaginária e, portanto, determinam o saldo do orçamento, competindo às não efectivas, localizadas abaixo da linha, o seu financiamento.

Como primeiro passo para a plena compreensão do que é o saldo efectivo temos, portanto, que nos socorrer de critérios que permitam distrinçar entre o que deve ser considerado efectivo e o que não deve ser con-

---

[351] Também conhecido na literatura anglo-saxónica por conceito do saldo da dívida pública (*public debt concept of deficit*) (Chelliah, 1973, p. 743).

[352] Não só por governos mas também por organizações internacionais.

[353] Embora se trate de expressões empregues no nosso próprio ordenamento jurídico, não tem que haver perfeita correspondência quanto ao conteúdo e significado destes termos enquanto vertidos da literatura económica para o contexto do ordenamento jurídico relativo ao sistema orçamental português. Como é norma, há sempre adaptações na consagração prática em relação aos modelos teóricos. Contudo, no caso português, verifica-se, no mínimo, uma relativa proximidade.

siderado como tal. Segundo Blejer *et al.* (1991, p. 1646) a distinção que procuramos pode-se fazer de acordo com dois critérios alternativos: 1) o do endividamento do governo e, 2) o dos objectivos de política.

O critério do endividamento do governo classifica como efectivas as receitas e as despesas que não criam nem extinguem passivo do sector público. Logo, as únicas despesas que não são efectivas são a amortização de dívida pública e as únicas receitas do mesmo tipo são as oriundas de novo endividamento. Os juros que remuneram a dívida pública são, portanto, despesas efectivas, situadas, por isso, acima da linha e determinantes do valor do saldo orçamental[354]. Também Tanzi *et al.* (1988, p. 5) define o défice da seguinte maneira "*Fiscal deficits, as conventionally defined on a cash basis, measure the difference between total government cash outlays, including interest outlays but excluding amortization payments on the outstanding stock of public debt, and total cash receipts, including tax and non-tax revenue and grants but excluding borrowing proceeds…*".

A julgar pela caracterização que se acaba de fazer, esta literatura parece excluir os activos financeiros da noção de receitas e de despesas não efectivas, o que não é forçosamente verdade. Julgamos que isso se deve, por um lado, à complexidade inerente à própria matéria e, por outro, ao enfâse que é atribuído aos défices, colocando os superávites em segundo plano talvez por implicitamente se estar a assumir que estes têm uma bastante menor probabilidade de ocorrência[355].

A justificação económica para este critério encontra-se no entendimento de que só as receitas e as despesas classificadas como efectivas influenciam a procura agregada. Diversamente, a contracção de empréstimos e a sua posterior amortização não surtem aí quaisquer consequências porque não alteram o património líquido dos credores; são operações de pura intermediação financeira. Todavia, convém desde já notar que a literatura económica não é consensual quanto ao facto de todo o endividamento poder ser tratado desta maneira, pois há quem entenda que essa neutralidade só se aplica ao financiamento colhido junto de credores residentes e não ao que provém da dívida externa[356].

---

[354] Entendimento conforme ao n.º 3 do artigo 23.º da LEO.

[355] Apesar disso, esta mesma literatura não deixa de mencionar os activos financeiros como despesas e receitas não efectivas a propósito de aspectos de detalhe, como veremos dentro de poucos instantes.

[356] Falaremos desenvolvidamente desta questão a propósito do orçamento da procura agregada.

Percebe-se que a defesa do equilíbrio orçamental no quadro desta concepção se traduza implicitamente na oposição à intervenção do Estado na gestão da conjuntura macro-económica, tal como viria a ser mais tarde amplamente vulgarizada pelas teses keynesianas.

A medida deste desequilíbrio orçamental corresponde ao valor das necessidades líquidas de financiamento do Estado, isto é, ao valor da nova dívida pública a contrair no período abatido do valor das amortizações de dívida feitas no mesmo período temporal. Por outras palavras, à variação no período do *stock* de dívida pública. A aquisição líquida de activos financeiros acrescerá às duas parcelas anteriores se se aceitar que são também valores não efectivos. Portanto, o interesse maior desta metodologia encontra-se na sua utilidade para a gestão da liquidez do Estado e para o conhecimento dos encargos futuros que este assume, e para o qual se deve preparar, de cada vez que contrai nova dívida.

Simbolizando essa medida por *SOE*, o montante do novo endividamento do Estado por *NDP*; a amortização de dívida pública assumida em períodos anteriores por *ADP*; o *stock* de dívida pública por *DP*; *ALAF* a aquisição líquida de activos financeiros; as receitas totais por R^T, nelas incluídas as provenientes de emissão de nova dívida pública no período; as despesas totais por D^T, da mesma forma englobando a amortização de dívida no período; R^{EF} as receitas efectivas e D^{EF} as despesas efectivas, e estando todas estas variáveis referidas ao período t para o qual se está a proceder ao cálculo do saldo das contas públicas, temos que o saldo efectivo ou global é dado por:

245) $$SOE_t = \left(R_t^T - NDP_t\right) - \left(D_t^T - ADP_t - ALAF_t\right) = R_t^{EF} - D_t^{EF} =$$
$$= ALAF_t + ADP_t - NDP_t = -\Delta DP_t + ALAF_t$$

Haverá défice sempre que $SOE_t < 0$ e supéravite no caso contrário. O equilíbrio orçamental verificar-se-á quando $SOE_t = 0$. Se representarmos muito resumidamente o conteúdo orçamental por meio do quadro que se segue, a medida do saldo do orçamento, nos termos desta óptica, é dado por $B - (A + C)$.

QUADRO 46 – **Orçamento**

Despesas	Receitas
A. Despesas Correntes	B. Receitas Fiscais e Não Fiscais[358]
C. Aquisição Líquida[357] de Activos Reais	D. Endividamento Líquido no Período (Novo Endividamento no Período – Amortização de Dívida no Período)
E. Aquisição Líquida de Activos Financeiros	
Total = A+C+E	Total = B+D
A+C+E=B+D	

Concentremo-nos agora no outro critério relativo ao que se deve entender como efectivo, o dos objectivos de política. Neste caso as receitas e as despesas são efectivas, logo situadas acima da tal linha imaginária, se servirem como instrumentos efectivos para a prossecução de objectivos de política governamental, e não simplesmente enquanto partes integrantes da gestão financeira do Estado. Contudo, este não é um critério que permita classificar inequivocamente as receitas e as despesas numa daquelas duas categorias e, neste sentido, o critério é imperfeito. A explicação para essa dificuldade assenta principalmente no facto de o critério se alicerçar nas intenções que levam à realização das despesas e à cobrança das receitas, sendo certo que em muitos casos elas podem ser as mais diversas. Mas, o critério também é imperfeito porque o governo não se relaciona com os mercados financeiros nos mesmos termos em que os outros agentes económicos o fazem. " *Typically, government can borrow on more favorable terms, for instance, by imposing restrictions on the placement of public institutions´ funds such as the requirement that the social security system holds a certain portion of its reserves in the form of government bonds. Moreover, governments often have a policy agenda underlying their ranking of financing sources (...) which may make them depart from least-cost borrowing/pure liquidity management. In other words, even through its financial intermediation, government may tax, subsidize, or effectively regulate parts of the economy and, therefore, the public policy criterion provides only a blurred analytical distinction between what belongs above or below the line.*" (Blejer & Cheasty, 1991, p. 1647)[359].

---

[357] Significa a despesa realizada com compras de activos reais de capital a que se subtrairam as receitas com a venda de activos da mesma natureza. O mesmo entendimento é válido para o conteúdo da rubrica E, tendo na devida conta a diferente natureza destes activos comparativamente aos antes mencionados.

[358] Com excepção das ccontempladas em C, D e E.

[359] As duas perspectivas que distinguem entre receitas e despesas efectivas, por um

O conhecimento de que o saldo efectivo pode ser calculado com dois critérios alternativos leva-nos a perceber que nem sempre é correcta a comparação entre países dos valores dos respectivos saldos orçamentais apurados por esta óptica. Como exemplos de transacções classificadas diferentemente por aqueles dois critérios temos os empréstimos líquidos concedidos pelo Estado, as transferências unilaterais recebidas de países terceiros e a amortização da dívida pública.

No que respeita aos empréstimos líquidos feitos pelo Estado, se entendidos como um processo de pura intermediação financeira então, de acordo com o primeiro entendimento, são operações a figurar abaixo da linha, logo, como valores não efectivos. Contudo, reconhece-se que uma boa parte destas operações são deliberadamente utilizadas para atingir fins de política económica como sejam, por exemplo, facilitar o investimento, ou financiar empresas sem acesso ao mercado do crédito ou, pelo menos, com acesso em condições difíceis que o Estado lhes almeja facilitar. Logo, de acordo com o segundo dos critérios, estes montantes devem ser considerados efectivos e colocados acima da tal linha.

Quanto às transferências unilaterais, e porque não há qualquer endividamento, o primeiro dos critérios situa-as acima da linha; pelo contrário, pelo segundo entende-se que elas têm um carácter exógeno, não dependem da vontade dos governos que as colhem, não traduzindo, portanto, a prossecução de qualquer objectivo de política e, por consequência, são colocadas abaixo da linha e tratadas como operações de financiamento.

No que respeita, finalmente, à amortização de dívida pública, o argumento à luz do critério dos objectivos de política é o de que em alguns países o nível da dívida existente não é sustentável, pelo que é improvável que os credores da dívida pública reinvistam as importâncias amortizadas em novas emissões de dívida; e, em tais casos, o governo deverá passar a desenvolver esforços ao nível das receitas fiscais. Então, segundo esta linha de pensamento, a amortização da dívida está acima da linha; forma, em vez de financiar o saldo orçamental. Ou seja, o saldo do orçamento virá agora igual às necessidades brutas de financiamento.

Quando se trata de países sem relações económicas e financeiras relevantes com o exterior, o saldo do orçamento efectivo é uma boa expressão da política orçamental como instrumento de gestão da conjuntura

---

lado, e por receitas e despesas não efectivas, por outro, não conduzem ao apuramento dos mesmos saldos.

macro-económica do país, pois toda a receita e toda a despesa atinge a procura agregada interna[360]. E, naturalmente, não o será se tal requisito não fôr cumprido.

Para além do saldo efectivo ou global existem disponíveis outras metodologias para o apuramento do saldo orçamental. Trata-se de medidas alternativas com as quais se pretende destacar o impacto de certas transacções orçamentais sobre algumas variáveis económicas de particular interesse, tais como, a título de exemplo, o carácter expansionista ou restritivo da política orçamental, a balança de pagamentos, a taxa de inflação, etc. Essas outras medidas do saldo orçamental são: a) o saldo do orçamento corrente; b) o saldo do orçamento ordinário; c) o saldo do orçamento da procura agregada; d) o saldo do orçamento doméstico, que é uma variante da medida anterior e importante em economias abertas; e) os saldos orçamentais estrutural e cíclicamente ajustados; f) o saldo primário do orçamento; g) o saldo operacional do orçamento. Seguidamente propomo-nos esmiuçar o conteúdo destas outras medidas.

24.4.1.2. O Saldo do Orçamento Ordinário

Aqui o ponto de partida é a classificação das receitas e das despesas como ordinárias ou extraordinárias, ou seja, respectivamente, as que tendem a repetir-se ano económico após ano económico, surgindo por isso com um carácter recorrente, e as que são esporádicas. Uma primeira explicação para o uso desta classificação para esse fim é que se justificaria, na base dos princípios da boa gestão, que o Estado fosse capaz de prover receitas com carácter permanente para atender a despesas igualmente permanentes e, portanto, *normais* e recorrentes. A segunda justificação tem um conteúdo mais complexo pois prende-se com critérios de justiça intergeracional; o entendimento subjacente é o de que as despesas ordinárias produzem benefícios que se esgotam em cada ano económico e são do interesse exclusivo das gerações que existem na altura, e de nenhuma utilidade para as gerações futuras que ainda nem tão pouco nasceram e, por isso, é justo, de acordo com o princípio do benefício, que sejam as gerações presentes a suportar na totalidade os competentes encargos, os quais não deveriam, por tal razão, ser repercutidos para o futuro.

Este critério não sobreviveu ao tempo porque, contrariamente ao que possa parecer, nem sempre é fácil classificar as receitas e as despe-

---

[360] Desde que não representem pura intermediação financeira.

sas em tais termos de onde resulta um amplo campo de arbítrio e de indefinição na aplicação do critério, incompatível com o cabal preenchimento dos fins ambicionados[361].

24.4.1.3. *O Saldo do Orçamento Corrente*

Amplamente utilizado, a noção de saldo do orçamento corrente distingue entre, por um lado, receitas e despesas correntes e, por outro, receitas e despesas de capital as quais representam variações nos *stocks* de activos e de passivos reais e financeiros. Esta é uma classificação comparativamente menos ambígua do que a que discrimina entre transacções ordinárias e extraordinárias. Agora, a medida do equilíbrio, ou desequilíbrio orçamental, é dada pelo saldo entre as despesas e as receitas correntes, que são as transacções localizadas acima dessa tal linha imaginária, enquanto as despesas e receitas de capital financiam aqueloutras. Portanto, se as despesas correntes excederem as receitas da mesma natureza há défice e o financiamento respectivo faz-se pelo excesso das receitas de capital sobre as despesas da mesma natureza.

De notar que o saldo do orçamento corrente constitui a poupança feita pelo Estado[362]. E, na verdade, o conhecimento da poupança realizada pelo Estado é o principal fundamento económico para o cálculo deste saldo. Em economias desenvolvidas, como as ocidentais, a poupança efectuada pelo Estado é comparativamente menos importante do que entre países em vias de desenvolvimento pela razão simples de que nestes as poupanças privadas são, por norma, pouco expressivas para o financiamento do crescimento económico desses mesmos países.

A conhecida regra de ouro das finanças públicas, definida pela Escola clássica, consagrava como princípio normativo que as despesas correntes fossem integralmente financiadas por receitas correntes, maioritariamente formadas pelos impostos cobrados, sendo desejável até que se registasse um superavite para contribuir para o financiamento das despesas de capital (investimento)[363]. Assim, nesta perspectiva, o desequilíbrio do orça-

---

[361] Este foi o critério que vigorou em Portugal de 1928 (Decreto n.º 15465 de 14 de Maio) a 1976 (Decreto-Lei n.º 727/76, de 16 de Outubro).

[362] Poupança bruta na medida em que não estejam deduzidas as depreciações do capital real.

[363] Uma implicação desta regra era a aceitação do endividamento apenas para financiar despesas de capital na forma de investimento.

mento corrente teria a vantagem adicional de evidenciar a medida pela qual a gestão das finanças públicas se afasta, ou aproxima, dos princípios de uma boa gestão.

Na execução de programas de ajustamentos estruturais os países em desenvolvimento são frequentemente financiados por entidades externas durante um período limitado de tempo. No curto-prazo, o impacto destes programas temporários no orçamento é o crescimento abrupto das despesas de capital financiadas por passivos financeiros e consentâneo agravamento do défice convencional. Considerando-se que se está na presença de um processo transitório, pensa-se que o saldo convencional é inapropriado para, nesses períodos, avaliar o verdadeiro estado das contas públicas, convindo, em vez dele, uma medida que não tenha em conta os impactos sobre o orçamento de capital e, em vez disso, se concentre sobre o comportamento da poupança do sector público[364]. Esta é, então, mais uma razão pela qual, em tais situações, se torna preferível usar o saldo do orçamento corrente em vez do saldo do orçamento efectivo.

246) $SOC_t = RC_t - DC_t = DK_t - RK_t = SG_t$

Os símbolos usados têm os seguintes significados: *SOC* é o saldo do orçamento corrente; *RC* e *RK* são, respectivamente, as receitas correntes e de capital, e *DC* e *DK* significam o mesmo aplicados às despesas. Valores positivos representam superávites e negativos défices. *SG* são as poupanças governamentais.

Existe um problema digno de nota relacionado com as receitas governamentais quando originárias de doações externas. Como se viu atrás, das receitas empregues para calcular a poupança do sector público fazem conceptualmente parte as transferências unilaterais que representam poupanças de não residentes. Há, pois, que ter cuidado em não adicionar as poupanças do Estado, assim calculadas, às poupanças privadas para se obter a poupança gerada por essa particular economia.

Há, no entanto, que reconhecer que os valores obtidos nem sempre são satisfatórios, exibindo as limitações de ordem prática a que está sujeita a aplicação do conceito, e que redundam na distorção dos valores obtidos. Por exemplo, o sistema de contas da administração pública muitas vezes

---

[364] Entende-se que a evolução dessa poupança é um medida mais adequada do sucesso, ou insucesso, dos ajustamentos estruturais executados.

classifica como correntes as despesas suportadas com os funcionários, mesmo quando se trata de despesas de formação as quais são, na óptica económica, despesas de investimento em capital humano[365]. Um outro exemplo ilustrativo do mesmo problema: a composição de qualquer investimento nas suas componentes de capital e corrente é facilmente manipulável em qualquer sentido em obediência a motivações políticas, de onde resultam diferentes valores possíveis para o saldo do orçamento corrente de um mesmo orçamento do Estado. De qualquer maneira, uma das críticas mais fortes que se faz ao critério é o de ele incentivar as despesas de capital em detrimento das despesas correntes mesmo que estas sejam mais necessárias do que aquelas[366], tanto mais que o critério estimula os investimentos tangíveis em betão, mesmo quando não necessários e pouco produtivos, dando lugar aos chamados elefantes brancos dos regimes políticos.

24.4.1.4. O Saldo do Orçamento na Óptica da Procura Agregada

A preocupação que conduz à formalização desta óptica àcerca do saldo orçamental é a avaliação do impacto do orçamento do Estado na procura agregada nacional. Para isso há que identificar e separar as transacções orçamentais que agem sobre essa procura agregada das que sobre ela não possuem nenhum efeito. Indo um pouco mais longe, também poderiamos destacar do orçamento do Estado as transacções, receitas e despesas, que afectam o PIB nacional daquelas outras que se prendem com a sua posição externa, expressa na balança de pagamentos, de tal forma que procedendo ao cálculo dos respectivos saldos chegamos, respectivamente, ao saldo do orçamento doméstico e ao saldo do orçamento externo.

Para o nosso propósito, que é o de definir o saldo orçamental que afecta num ou noutro sentido a procura agregada, começa-se por admitir que: 1) toda a despesa contribui para a expansão da procura agregada, incluindo importações; 2) todas as formas de financiamento interno do

---

[365] Afirma-se por vezes que este critério de classificação das despesas encoraja a que os investimentos sejam predominantemente os feitos com aço e cimento. É que estes são indubitavelmente considerados despesas de capital.

[366] Como as despesas com a saúde, a educação, a organização dos serviços da administração pública e outras despesas correntes que implicam acréscimos de produtividade nas administrações públicas. Em boa verdade, o critério introduz um forte preconceito contra as despesas correntes.

Estado, com exclusão da dívida pública, reduzem o rendimento disponível dos residentes e, portanto, a procura agregada; 3) a emissão de dívida pública interna não exerce qualquer influência sobre a procura agregada, qualquer que seja o sentido considerado da potencial variação desta, uma vez que representa pura intermediação financeira; 4) o financiamento externo feito por não residentes aumenta os recursos reais disponíveis para os residentes do país.

Para melhor explicação e compreensão deste assunto, consideremos a estrutura suficientemente detalhada do orçamento do Estado que figura no Quadro 47, onde, naturalmente, $A + B + C = D + E$.

Ora, o saldo orçamental capaz de exprimir o impacto expansionista ou contraccionista da política orçamental sobre a procura agregada é dado pela Equação (247) onde, portanto, se combinam os efeitos sobre as duas variáveis macroeconómicas em causa.

247) $SO = (D + E1a + E2) - (A + B + C) = -E1b$

Como se vê desta concepção de saldo orçamental, a dívida pública emitida pelo Estado no período junto dos sectores monetário e não monetário residentes é tratada como operação de financiamento de nenhum impacto na procura agregada. A diferença substantiva deste critério em relação ao do orçamento convencional, ou global, é que neste não há discriminação no passivo financeiro entre credores residentes e não residentes, e todo ele é considerado abaixo da linha. Só haverá coincidência entre ambas as medidas na circunstância de não existir financiamento externo.

Todos os empréstimos líquidos concedidos pelo Estado são colocados acima da linha como rubricas formativas desse saldo. O tratamento diferenciado dado às duas rubricas de natureza financeira exprime o entendimento de que enquanto a dívida pública interna não tem nenhum impacto na despesa agregada porque não causa variações nos activos líquidos na posse dos sectores monetário e não monetário residentes, mas tão somente uma alteração na sua composição, já quanto aos empréstimos concedidos pelo Estado se presume que eles são equivalentes às outras formas de despesa no que respeita às suas implicações sobre a procura agregada e, por via desta, sobre o PIB e a balança de pagamentos. Porém, a validade destes procedimentos não é inquestionável na literatura económica; pelo contrário, a sua aceitação está subordinada à verificação de algumas condições. Em particular, o tratamento a dar aos empréstimos acordados pelo Estado aos residentes, assim como a dívida pública colocada junto do sector não monetário residente, têm sido objecto de muita reflexão.

QUADRO 47 – **Orçamento do Estado**[367]

DESPESAS	RECEITAS

A. Despesas Correntes
  1. Domésticas
    (a) Despesas em bens e em serviços de produção nacional;
    (b) Transferências a favor de residentes, incluindo juros;
      (i) A favor do sector não monetário residente;
      (ii) A favor do sector monetário residente
  2. Externas
    (a) Despesas em bens e em serviços produzidos no exterior;
    (b) Transferências a favor de não residentes.
 	
B. Despesas de Capital – Aquisição de Activos Reais
  1. De Produção Nacional
  2. De Produção Externa
 	
C. Despesas de Capital – Aquisição Líquida de Activos Financeiros
  1. Empréstimos líquidos a residentes não integrados no sector governamental[368];
  2. Empréstimos líquidos a não residentes
	D. Receitas Correntes
	  1. Domésticas
	    (a) Impostos pagos por residentes;
	    (b) Receitas não fiscais;
	  2. Externas
	    (a) Impostos pagos por não residentes;
	    (b) Outras receitas com origem em não residentes, incluindo donativos.
	
	E. Receitas de Capital
	  1. De Origem Doméstica
	    (a) Valor das vendas líquidas de activos reais;
	    (b) Empréstimos líquidos
	      (i) Do sector não monetário residente;
	      (ii) Do sector monetário residente, com excepção do Banco Central;
	      (iii) Do banco central
	  2. De origem externa
	    (a) Valor das vendas líquidas de activos reais ao exterior;
	    (b) Empréstimos líquidos contraídos no exterior.

TOTAL = A + B + C	TOTAL = D + E
A + B + C = D + E	

Concentrando-nos especificamente nos activos financeiros[369], a questão que aqui é verdadeiramente fulcral é saber se os empréstimos esta-

---
[367] Adaptado de (Chelliah, 1973, p. 747).
[368] Na acepção de administrações públicas.
[369] A discussão cinge-se unicamente aos empréstimos a entidades residentes. Se eles

tais[370] consubstanciam simples intermediação financeira do Estado ou se, pelo contrário, a participação do Estado nas transacções do mercado financeiro induz o crescimento da despesa líquida do sector produtivo da economia comparativamente ao que sucederia na sua ausência. A resposta a esta mesma pergunta depende, em grande medida, da qualidade do devedor a quem o Estado empresta, tal como percepcionada pelo mercado de crédito. Se se tratar de um devedor submarginal, no sentido em que tendo difícil acesso ao crédito no mercado, o montante que aí consegue obter é inferior ao das suas necessidades, razão pela qual os empréstimos que o sector público lhe concede têm naturalmente um impacto líquido positivo sobre a sua procura agregada, a qual poderá mesmo expandir-se pelo mesmo valor dos empréstimos obtidos. Contudo, se se estiver perante devedores supramarginais que são todos aqueles cuja capacidade de acesso ao crédito excede as suas necessidades, o crédito que eles obtêm do Estado substitui parte do que seriam capazes de contratar no mercado, motivo pelo qual, com eles, a despesa que eles próprios concretizam se expande menos que o montante do empréstimo recebido; todavia, com isso também libertam meios de financiamento no mercado que ficam disponíveis para serem utilizados por outras pessoas a taxas de juro mais baixas do que as que seriam cotadas se, porventura, o Estado se mantivesse ausente do mercado de crédito[371]. Ora, na base do conjunto destas razões, parece haver argumentos para se supor que, em determinadas circunstâncias, as despesas do Estado na forma de financiamentos a terceiros conseguem estimular a procura agregada, muito especialmente, mas não exclusivamente, nos países em vias de desenvolvimento onde, por força da inexistência de mercados financeiros suficientemente desenvolvidos, o Estado constitui uma das principais fontes de financiamento do investimento privado.

Alguns economistas opinam que sempre que o Estado intermedia junto dos mercados o financiamento das empresas públicas, os empréstimos em questão não deveriam ser levados ao orçamento porque também não o seriam se essas empresas fossem privadas e directamente por si con-

---

forem processados a entidades não residentes e vinculados, por exemplo, a ajuda ao exterior, devem ser tratados como despesas efectivas.

[370] É consensual na literatura que as operações de compra e de venda de títulos pelo Estado no mercado secundário devem ser considerados despesas e receitas não efectivas, incluindo os depósitos bancários ou operações similares.

[371] O que realmente significa que os efeitos destes programas sobre a economia podem ser significativamente superiores aos seus efeitos directos e imediatos.

traíssem o mesmo valor da dívida. Porém, para que esta opinião pudesse prevalecer teriam que se verificar pelo menos duas condições (Tanzi, 1993, p. 15-16): a) os montantes obtidos de empréstimo, assim como as condições contratuais neles praticadas, serem independentes da natureza pública ou privada da empresa; b) a quantidade produzida ser a mesma e com os mesmos custos de produção, isto é, igual eficiência na utilização dos recursos, qualquer que seja, de novo, a natureza pública ou privada dessa entidade. Ora, normalmente nada disto se passa com as empresas públicas; o mais das vezes estão tecnicamente falidas, ou perto disso, e só se conseguem financiar junto do mercado devido à intervenção do Estado que do mesmo modo ameniza as condições contratadas. Quer isto dizer que essas empresas só sobrevivem e conseguem contratar empréstimos porque beneficiam do apoio do Estado; de outro modo desapareceriam ou, em alternativa, não assumiriam tanta dívida nem tão pouco nas condições em que o fazem. E, portanto, sempre que este é o caso parece não substirem dúvidas de que esse financiamento deva integrar o orçamento quando visto sob esta óptica.

No que toca à colocação da dívida pública junto do sector não monetário residente, o argumento habitual, e já nosso conhecido, é que há tão só alteração na composição da carteira de activos dos investidores privados. Porém, é possível acrescentar um aspecto que pode ser importante porque se prende com o estádio de desenvolvimento em que os países se encontram. Em relação a este último aspecto Chelliah (1973, p. 764) escreve: *"Industrial countries have a highly developed and integrated capital market and an elastic credit structure, with a clear dichotomy between savers and users of savings. In these circumstances, short-run levels of private investment are not constrained by the prior availability of savings, and it is possible for investment to be sustained on the basis of increased credit in the face of an increase in the government´s diversion of household sector savings. Given these institutional factors, there is a good case for including borrowing from the non-bank public in the measure of expansionay deficit in fiscal analysis for developed countries*[372]. *However, in regarding to a typical developing country, the question may be raised whether borrowing from the banking system alone does not more closely approximate the desired estimate of the expansionary impact of the budget."*. Em consonância com esta outra circunstância, a medida alterna-

---

[372] Trata-se, em boa verdade, de um argumento adicional em favor da inclusão deste tipo de financiamento no cálculo do saldo do orçamento, se bem que especificamente aplicável a países dotados de um sistema bancário suficientemente desenvolvido.

tiva do saldo orçamental mais adaptada às circunstâncias próprias dos países em desenvolvimento, segundo a opinião expressa por Chelliah (1973), será inferior à proporcionada pela fórmula anterior, sendo calculada como:

248) $SO = (D + E1a + E1b(i) + E2) - (A + B + C) =$
$= -[E1b(ii) + E1b(iii)]$

24.4.1.5. Os Saldos Doméstico e Externo do Orçamento

As ópticas anteriores relativas à quantificação do saldo orçamental não desagregam o impacto do orçamento do Estado sobre a procura agregada de bens e serviços de produção nacional, dos efeitos sobre a balança de pagamentos e, portanto, da procura de bens e serviços de produção externa. Consequentemente, essas medidas são incapazes de nos darem a dimensão exacta e individualizada dos impactos da política orçamental sobre o PIB, por um lado, e sobre a balança de pagamentos, por outro. Por isso, é importante apartar os dois universos adoptando e calculando os já mencionados saldos doméstico e externo do orçamento.

O impacto de uma qualquer despesa governamental sobre o PIB e a balança de pagamentos pode ser o mais diverso conforme o modo do seu financiamento e o local de produção dos bens aos quais ela se refere. A consciência de que tais complicações existem é essencial para se poder ter a noção correcta do sentido e da intensidade que efectivamente a política orçamental tem sobre a conjuntura macro-económica nacional. A simples constatação de que há défice, superávite ou equilíbrio na acepção habitual não é, por si só, bastante para concluirmos correctamente sobre o sentido, expansionista ou restritivo, da política orçamental e das suas implicações ao nível das contas externas. Portanto, para medir o saldo doméstico do orçamento[373] são apenas tidas em conta as rubricas orçamentais que directamente influenciam a procura agregada sobre bens e serviços de produção nacional, tanto do lado da despesa quanto do da receita. Diferentemente, aquelas rubricas orçamentais que agem directamente sobre o sector externo e influenciam o saldo da balança de pagamentos, fazem parte do que se chama de saldo externo do orçamento. Contudo, convém não esquecermos que, por vezes, nos é impossível generalizar a respeito do impacto de certas rubricas orçamentais na despesa agregada.

---

[373] Israel é um dos países que calcula numa base regular o saldo do orçamento doméstico.

Saldos efectivos ou correntes nulos podem, realmente, esconder políticas orçamentais expansionistas ou restritivas. Para exemplificar, o primeiro caso acontece sempre que a despesa é feita em bens e serviços de produção nacional enquanto as receitas que as financiam provêm de ajuda externa ou de exportações governamentais[374] e aqui, na verdade, o saldo doméstico do orçamento acusa um défice. Mas pode igualmente ser contraccionista, e isso mesmo é o que se verifica quando as despesas são feitas em importações enquanto as receitas que permitem o seu pagamento fluem de impostos cobrados aos residentes do país e, sendo este o caso, o saldo doméstico do orçamento é superavitário. O mesmo raciocínio aplica-se, com os mesmos resultados conceptuais, aos superávites que não têm que ser necessariamente contraccionistas e aos défices que não são inevitavelmente expansionistas[375].

Como escreve (Chelliah, 1973, p. 752), para avaliarmos o impacto do orçamento, ainda que em equilíbrio de acordo com os critérios habituais de avaliação dos respectivos saldos, no PIB e também na balança de pagamentos, podemos considerar quatro combinações possíveis entre receitas e despesas do mesmo montante, em função do seu carácter doméstico ou externo. São elas: a) financiamento externo como, porventura, transferências unilaterais combinado com despesa em importações; b) financiamento externo combinado com despesa em bens e serviços de produção doméstica; c) financiamento interno, com exclusão do proveniente da emissão de dívida pública, combinado com despesas em bens e em serviços importados; d) financiamento proveniente da emissão de dívida pública interna combinada com despesas efectuadas no exterior. Tomando em devida conta o conjunto de todos estes aspectos concluimos que: i) o caso a) é neutral quer em relação ao PIB quer em relação ao saldo da balança de pagamentos; ii) o caso b) traduz-se numa política orçamental de facto expansionista, consistente com um saldo orçamental negativo, e um impacto favorável na balança de pagamentos; iii) o caso c) tem um efeito

---

[374] O exemplo típico é a extracção do petróleo nacionalizado cujos lucros pertencem, por isso, ao Estado.

[375] Como bem se compreende, esta é uma questão que interessa particularmente aos países cujos Estados mantêm relações significativas com países terceiros, seja no comércio, seja sobre capitais. Por exemplo, a desvalorização da moeda local aumenta as despesas orçamentadas destinadas às importações e ao pagamento dos juros da dívida pública, criando ou acentuando défices na perspectiva do saldo convencional. Se não tivermos consciência deste problema concluímos, erradamente, que a política orçamental se tornou expansionista, quando nada disso realmente aconteceu.

contraccionista no PIB, consistente com um superávite orçamental, e um défice na balança de pagamentos; iv) por fim o caso d) onde as implicações sobre o PIB são nulas, consistentes com um orçamento doméstico equilibrado, enquanto geradoras de défice no sector externo da economia.

A expressão do saldo doméstico do orçamento é como se segue abaixo:

249) $SO_{p.a.doméstica} = (D1 + E1a) - (A1 + B1 + C1) =$
$= -[E1b + (D2 - A2 - B2) + (E2 - C2)]$

Por outras palavras, este saldo é constituído por duas componentes: a) variação no período da dívida pública interna e, b) oferta líquida de divisas ao sector monetário.

Finalmente, o impacto directo do orçamento sobre o sector externo é o que decorre do valor das rubricas orçamentais que traduzem transacções reais e financeiras com o exterior. Assim, teremos:

250) $SO_{b.pagamentos} = (D2 + E2) - (A2 + B2 + C2) =$
$= -[(D1 - A1) + (E1 - B1 - C1)]$

Por outras palavras, este saldo é igual ao negativo do somatório dos saldos das operações correntes e de capital efectuadas com residentes.

24.4.1.6. Os Saldos Estrutural e Cíclicamente Ajustados

O orçamento afecta a conjuntura económica, mas o inverso é também verdade em consequência do funcionamento dos mecanismos automáticos de ajustamento. Como sabemos, os períodos de recessão económica geram menos receitas tributárias[376] e acrescem as despesas por via das transferências pagas pelo Estado. É, então, compreensível que se queira avaliar o saldo orçamental numa base mais estável e, portanto, mais previsível. Estamos a falar de saldos orçamentais de onde tenham sido expurgados os efeitos dos ciclos económicos. As medidas que entretanto surgiram para preencher esta necessidade são de dois tipos: a) o saldo do orçamento de pleno emprego (*full-employment balance*), ou saldo estrutural; b) o saldo do orçamento ajustado ciclicamente, igualmente conhecido por saldo tendencial (*trend budget balance*).

---

[376] Existe bibliografia empírica nesta área que, todavia, detecta pró-ciclicidade da política orçamental.

Para se calcularem estes saldos, tem-se que, em relação aos valores do orçamento, desagregar os que são explicados por movimentos cíclicos e por fundamentos estruturais. O saldo do orçamento de pleno emprego é pura e simplesmente o que se verificaria caso a economia estivesse a operar em condições de pleno emprego.

O principal problema que se aponta ao saldo do orçamento de pleno emprego é que a obediência a uma regra de política orçamental que o tenha como referência conduz potencialmente ao agravamento da dívida pública porque, por norma, as economias operam a níveis abaixo do pleno emprego. A medida orçamental alternativa surge, pois, da preocupação em se obter uma regra de política orçamental compatível com a constância da dívida pública.

24.4.1.7. O Saldo Primário do Orçamento

O saldo efectivo do orçamento costuma ser apresentado como a expressão quantitativa das políticas discricionárias decididas pelos governos em funções[377] e, portanto, dos respectivos programas de acção. Porém, inclui no seu valor uma rubrica que advém de decisões orçamentais tomadas em períodos anteriores e que prejudicam o rigor de um tal entendimento: trata-se dos juros da dívida pública. A eliminação destes valores da despesa que servem para o cálculo do saldo efectivo dá lugar ao saldo do orçamento primário (igual ao saldo do orçamento efectivo adicionado[378] da despesa relativa a juros e outros encargos da dívida pública) este sim, a expressão das medidas discricionárias de política orçamental decididas para o período. Neste sentido, este saldo indica também quais as consequências dessas decisões no montante do stock da dívida pública e, por isso, é igualmente importante para se avaliar a sustentabilidade das contas públicas já que o saldo primário não pode ser permanentemente negativo, a não ser que se verifiquem condições muito particulares. Como se escreve em publicação do Banco Mundial "*The primary deficit measures how current actions improve or worsen the public sector´s net indebtedness, and*

---

[377] A própria permanência e conteúdo dos estabilizadores automáticos correspondem a decisões governamentais.

[378] A adição serve para efectivamente eliminar os juros do cálculo do saldo pois eles são uma das componentes das despesas efectivas que, juntamente com as receitas da mesma natureza, determinam o saldo global. Neste sentido surge a noção de despesas primárias que são iguais ao valor das despesas efectivas depois de subtraídos tais juros e encargos.

it is important for evaluating the sustainability of government deficits. Although fiscal deficits can be run indefinitely, the primary balance must eventually become positive to cover at least part of the interest on current debt. If public revenue and the economy as a whole grow faster than the real interest rate, then even the primary balance can remain in deficit. However, it is generally not possible in the long run to always grow faster than the interest rate." (World Bank, 1988, p. 56).

Em 1991, por força do elevado nível a que já tinha chegado a dívida pública portuguesa e correspondentes encargos na forma de juros, entendeu-se que as opções financeiras dos governos deste país não deveriam ficar condicionadas pelas opções fiscais de governos anteriores. Por isso foi determinado que o equilíbrio orçamental fosse apurado pelo saldo do orçamento primário.

O saldo primário do orçamento escreve-se então como:

251) $SOP_t = (R_t^T - NDP_t) - (D_t^T - ADP_t - ALAF_t - JD_t) =$
$= R_t^{EF} - D_t^{EF} + JD_t = ALAF_t + ADP_t - NDP_t + JD_t =$
$= -\Delta DP_t + ALAF_t + JD_t$

SOP denomina o saldo primário do orçamento, enquanto que *JD* simboliza os juros da dívida pública e demais encargos liquidados no período.

24.4.1.8. O Saldo Operacional do Orçamento

Consiste, como os anteriores, numa tentativa de aperfeiçoamento da medida do saldo do orçamento do Estado, tal como dado pelo saldo do orçamento convencional, para efeitos da interpretação do estado das contas públicas e da formulação de políticas económicas correctas da parte do governo. É uma medida do défice que se crê ser a mais adequada para os países que sofrem de elevados níveis de inflação, como os da América Latina nos idos anos 80 e 90 do Séc. XX, e nos quais o peso da dívida pública no PIB seja considerável. A estas duas condições podemos acrescentar uma terceira e que é a elevada volatilidade da própria taxa de inflação.

A ideia subjacente é que a inflação, quando deixa de ser moderada, afecta as contas públicas de muitas maneiras, tanto na esfera das receitas quanto na das despesas. Nessas condições, cuida-se que a utilização continuada do saldo convencional, efectivo ou global, como se lhe queira chamar, distorce a verdadeira dimensão do desequilíbrio orçamental que ele apura, sobreavaliando-o, de onde resulta o perigo de se decidirem medidas excessivas de ajustamento fiscal.

Quando a remuneração da dívida pública contraída em períodos anteriores está indexada à taxa de inflação, ou sempre que há novas emissões de dívida, por forma a proporcionar uma certa e determinada remuneração real aos credores do Estado, a formação da taxa de juro nominal segue os termos da teoria de Fisher. Isto é, a taxa nominal de juro é igual à soma da taxa real de juro pretendida pelos investidores, acrescida da expectativa inflacionária para o período da remuneração. Isto quer dizer que a taxa nominal de juro será tanto maior quanto mais elevada for a taxa de inflação. E daqui se segue que os juros da dívida pública se hão-de naturalmente agravar com a taxa de inflação. Formalmente a teoria de Fisher para a formação da taxa nominal de juro apresenta-se como:

$$252) \quad i_t = r_t + \rho_t + r_t\rho_t$$

em que i é a taxa nominal de juro, r a taxa real de juro pretendida para o período e ρ a taxa de inflação esperada para o mesmo período. Utilizando uma expressão que no seu tempo foi muito comum no Brasil, os incrementos na taxa nominal de juro paga aos credores, justificados pela taxa de inflação, constituem a correcção monetária.

Além disso, deve-se atender ao seguinte aspecto deveras relevante para fundamentar a perspectiva presente na formulação do saldo operacional. A inflação reduz o valor real do capital. Para um capital inicial de € 1 000, se no final de um qualquer período de tempo se constatar que a taxa de inflação foi de 0%, o poder de compra em bens e em serviços implícito naquele capital mantém-se intacto. Diferentemente, se a taxa de inflação tiver sido de 20%, seria necessário acrescentar € 200 para se manter o valor real do capital inicial. Mas se o investidor pretende obter uma taxa real de juro de 5%, com aquela taxa de inflação terá que receber no final do período mais € 210 de juros só para o compensar dos efeitos da inflação. Ora, estes € 210 adicionais traduzem precisamente a desvalorização real do seu capital e, bem vistas as coisas, o seu pagamento significa a compensação por essa perda. Na verdade há aqui uma amortização de parte do principal, e como a liquidação destas quantias não integra as despesas efectivas, não deverão estes valores que integram a componente nominal da taxa de juro figurar entre os juros quando se pretende quantificar o saldo do orçamento. *"In other words, some of the government´s interest payments on its debt are in reality part of the amortization of that debt. If the inflationary component of interest rates is not removed from the interest bill, the deficit will be overstated by the size of the amortization element included as interest payments above the line, rather than below"* (Blejer & Cheasty, 1991, p. 1655-56).

Assim, este saldo calcula-se somando a componente puramente nominal dos juros ao saldo efectivo, ou subtraindo a componente real ao saldo primário do orçamento. Nestas condições podemos exprimir o saldo operacional, *SOOP* da seguinte maneira:

$$253) \quad SOOP_t = (R_t^T - NDP_t) - (D_t^T - ADP_t - ALAF_t - JN_t) =$$
$$= R_t^{EF} - D_t^{EF} + JN_t = ALAF_t + ADP_t - NDP_t + JN_t =$$
$$= -\Delta DP_t + ALAF_t + JN_t$$

A desagregação das duas componentes dos juros com esta finalidade faz-se modificando a equação de Fisher para a exprimir em termos *ex-post* e já não em termso *ex-ante*[379].

24.4.1.9. *As Soluções Actualmente Vigentes em Portugal*

Compaginando todos os elementos que se acabam de mencionar, os equilíbrios a que a LEO submete os três sub-sectores da administração pública integrados no Orçamento do Estado são:

a. Serviços integrados – equilíbrio do orçamento primário, e considerando-se como efectivas todas as receitas e todas as despesas excepto as respeitantes aos passivos financeiros (artigo 23.º, n.º 3);
b. Serviços e fundos autónomos – a LEO (n.ºs 1 e 2 do artigo 25.º) impõe aqui o que chama de equilíbrio do orçamento global, e manda excluir do seu cálculo tanto os passivos financeiros quanto os activos da mesma natureza; contudo, na nossa interpretação, e com base em fundamentos suficientemente desenvolvidos anteriormente, consideramos que vigora aqui o equilíbrio do saldo efectivo[380];
c. Segurança social – equilíbrio do orçamento efectivo, sem todavia discriminar expressamente quais as operações que são efectivas e aquelas que o não são (LEO; artigo 28.º).

---

[379] Montante que se obtém considerando o valor da taxa real de juro (r) para o período. Em termos *ex-post*, esta taxa é função da taxa nominal de juro contratada (i) e da taxa de inflação verificada no período ($\dot{p}$), segundo a fórmula $r = \frac{i - \dot{p}}{1 + \dot{p}}$.

[380] Admitimos que o legislador ao realizar estas opções tenha tido consciência dos problemas envolvidos na distinção entre valores efectivos e não efectivos. Podemos admitir que tenha excluído os activos financeiros do saldo primário dos serviços integrados, e não dos serviços e fundos autónomos, em virtude de, para o primeiro caso, haver um peso relativamente maior de empréstimos e subsídios reembolsáveis.

As regras seguidas pela União Europeia são diferentes. O critério é o do saldo efectivo do sector público administrativo, logo abarcando o conjunto das administrações públicas, incluindo as administrações local e regional, apurado na óptica da contabilidade nacional e como percentagem do PIB.

24.4.2. Estabilidade Orçamental

A legislação portuguesa explícita claramente a sua preocupação quanto à consecução de uma estabilidade orçamental não limitada aos três sub-sectores que são objecto do Orçamento do Estado, e não apenas a cada ano económico mas também ao médio prazo. O objectivo da estabilidade orçamental está consagrado no Título V da LEO, artigos 82.° a 92.°. O artigo 82.° aclara o objecto das disposições que compõem o título V, enquanto o artigo 83.° define o respectivo âmbito. No que concerne ao objecto, estas disposições dão expressão aos princípios e aos procedimentos específicos a que devem obedecer a aprovação e execução de todos os orçamentos do sector público administrativo em matéria de estabilidade orçamental por forma a cumprir com o disposto pelo artigo 104.° do Tratado que institui a Comunidade Europeia e com o Pacto de Estabilidade e Crescimento até à plena realização deste. Trata-se, em suma, da necessidade de integração e de coordenação dos orçamentos de todos os sub-sectores das administrações públicas, ficando de fora apenas as empresas públicas.

A estabilidade orçamental consiste, na definição que lhe é dada pelo n.° 2 do artigo 84.° da LEO, numa situação de equilíbrio ou de excedente orçamental calculada de acordo com a definição constante no Sistema Europeu de Contas Nacionais e Regionais, nas condições estabelecidas para cada um dos subsectores. O mesmo artigo 84.° da LEO indica o que se pode entender como sendo as condições necessárias e suficientes para a realização da estabilidade orçamental, a saber, a observância de dois princípios: a) o da solidariedade recíproca e, b) o da transparência orçamental. Pelo primeiro quer-se dizer (n.° 3 do artigo 84.° da LEO) que todos os sub-sectores do sector público administrativo estão obrigados a contribuirem proporcionalmente para a realização do princípio da estabilidade orçamental, de modo a evitarem-se situações de desigualdade. E o princípio da transparência orçamental traduz-se no dever de informação entre as entidades públicas por forma a garantir a estabilidade orçamental e a solidariedade recíproca (n.° 4 do artigo 84.° da LEO). Para possibilitar a coordenação de esforços compatível com estes objectivos criou-se, com natureza consultiva, (artigo 85.° da

LEO), o Conselho de Coordenação Financeira do sector público administrativo onde têm assento as seguintes entidades: ministro das Finanças; ministros responsáveis pela administração do território, saúde e segurança social; secretários dos governos regionais da Madeira e dos Açores responsáveis pela área das finanças; presidentes da associação nacional de municípios e da associação nacional de freguesias. Finalmente, deve-se notar que a LEO, por via dos artigos 90.º a 92.º, contempla mecanismos de acompanhamento, de verificação, de salvaguarda e, por fim, de sancionamento das entidades que porventura não cumpram com as obrigações que impendem sobre elas neste quadro normativo. Em especial, no que respeita às sanções, o artigo 92.º prevê, no caso de haver incumprimento das regras e procedimentos previstos no capítulo, a comunicação imediata dos factos ao Tribunal de Contas (n.º 2), a suspensão das transferências inscritas no Orçamento do Estado e a redução, na proporção do incumprimento (n.º 3), das transferências a efectuar após audição prévia dos órgãos constitucional e legalmente competentes dos subsectores envolvidos (n.º 4).

24.5. *Lei e Proposta de Lei do Orçamento do Estado: conteúdo formal e estrutura*

Nos termos da CRP, artigo 161.º alínea g)[381], a competência política e legislativa para a aprovação da Lei do Orçamento do Estado pertence à Assembleia da República. Na LEO, esta é matéria tratada no capítulo II do título III que se inicia com o artigo 30.º o qual dispõe que a Lei do Orçamento do Estado é constituída pelo articulado e pelos mapas orçamentais. O articulado é tratado no artigo 31.º que determina o respectivo conteúdo e consta de uma longa lista, contemplada nas alíneas a) a p), de mapas, requisitos, normas, indicações e determinações a respeitar na fase de execução do orçamento sobre uma multiplicidade de aspectos. Contudo, o próprio n.º 2 do artigo em questão impõe que o articulado desta lei se deve limitar ao estritamente necessário para a execução da política orçamental e financeira.

Os mapas orçamentais, essenciais para o bom conhecimento do conteúdo do orçamento, são em número de 21, devidamente discriminados e numerados no artigo 32.º da LEO, e compõem-se dos mapas de classi-

---

[381] A alínea h) do mesmo artigo da CRP determina que compete à Assembleia da República autorizar o governo a contrair e a conceder empréstimos e a realizar outras operações de crédito que não sejam dívida flutuante, e estabelecer os limites máximos dos avales a conceder pelo governo em cada ano.

ficação das receitas e das despesas dos vários subsectores integrados no Orçamento do Estado (os 14 primeiros), para além de outros onde se encontram o relativo ao PIDDAC[382] (mapa XV); o das responsabilidades contratuais plurianuais dos serviços integrados e dos serviços e fundos autónomos (mapa XVII); os das transferências de verbas para as regiões autónomas, municípios e freguesias (mapas XVIII a XX); o das receitas tributárias cessantes dos serviços integrados, dos serviços e fundos autónomos e da segurança social (mapa XXI).

Nos termos do disposto no artigo 33.º da LEO, estes mapas são, por sua vez, classificados em mapas de base e em mapas derivados. A distinção baseia-se no facto de as verbas inscritas nos mapas derivados serem obtidas a partir dos mapas de base mas sujeitas a formas diferentes ou complementares de classificação. Por outro lado, as verbas inscritas nos mapas derivados, ao contrário do que se aplica às inscritas nos mapas de base, não são vinculativas para o Estado[383] a não ser na circunstância de as alterações a que se procedam nestes impliquem mudanças nos mapas de base (n.º 6 do artigo 33.º). Nos termos do n.º 2 do artigo que temos estado a citar, são mapas de base os seguintes: I a III, V-VIII, X-XI e XV.

A proposta de Lei do Orçamento é tratada nos artigos 34.º a 38.º da LEO. Este articulado obedece ao n.º 3 do artigo 105.º da CRP que explicita os elementos, a informação, que devem acompanhar a proposta do Orçamento de Estado que o governo remete à Assembleia da República. No primeiro destes artigos da LEO determina-se que a proposta de lei tenha uma estrutura e um conteúdo formal idênticos aos da lei conexa, enquanto o n.º 2 especifica o respectivo conteúdo feito:

a. Pelos desenvolvimentos orçamentais;
b. Pelo relatório;
c. Pelos elementos informativos previstos na LEO;
d. Todos os demais elementos que se afigurem necessários para justificar as políticas orçamental e financeira apresentadas.

Os desenvolvimentos orçamentais que acompanham a proposta de Lei do Orçamento do Estado (artigo 35.º da LEO) não são mais do que os quadros com as previsões das receitas e das despesas dos serviços integrados, serviços e fundos autónomos e segurança social devidamente classificadas.

---

[382] Programa de Investimentos e Despesas de Desenvolvimento da Administração Central.
[383] Que por isso os poderá alterar.

O relatório apresenta e justifica a política orçamental proposta pelo governo. Como tal inclui obrigatoriamente informação e análise sobre os elementos justificativos julgados pertinentes e enumerados no artigo 36.º, n.º 2 da LEO em obediência ao disposto no n.º 3 do artigo 106.º da CRP, de entre eles constando, por exemplo: a) a evolução e as projecções dos principais agregados macroeconómicos com influência no Orçamento do Estado; b) as linhas gerais da política orçamental; c) o impacto orçamental das decisões relativas às políticas públicas, entre outras.

Os elementos informativos são previstos, mas sem carácter exaustivo, pelo n.º 1 do artigo 37.º da LEO que se limita a especificar aqueles que entende serem necessários em todas as circunstâncias. Em todo o caso estes são já muito numerosos pois ascendem a 18 como sejam, por exemplo: a) indicadores financeiros de médio e longo prazos; b) programação financeira plurianual; c) situação da dívida pública, das operações de tesouraria e das contas do Tesouro; d) benefícios tributários, estimativas das receitas cessantes e sua justificação económica e social; e) orçamento consolidado dos serviços integrados e dos serviços e fundos autónomos e orçamento consolidado do Estado, incluindo o da segurança social.

Constatamos a partir deste conjunto de requisitos que a lei obriga o governo a apresentar informação numerosa e muito minuciosa à Assembleia da República para habilitar esta com todos os dados imprescindíveis à discussão e votação fundamentadas do orçamento que lhe é proposto.

24.6. *Prazos para a Discussão e Votação da Proposta de Lei do Orçamento*

No que se refere aos prazos a cumprir em Portugal em matéria de apresentação da proposta de Lei do Orçamento do Estado pelo governo, discussão e votação, e publicação oficial do conteúdo integral do Orçamento, eles estão contemplados nos artigos 38.º a 40.º da LEO. O primeiro deles estipula que o governo apresente à Assembleia da República, até 15 de Outubro, a proposta de Lei do Orçamento para o ano económico seguinte, acompanhada de todos os elementos a que se referem os artigos 35.º a 37.º. Estes prazos não se aplicam, por força do n.º 2 do mesmo artigo 38.º da LEO, nos casos em que: a) o governo em funções se encontre demitido em 15 de Outubro; b) o novo governo tome posse entre 15 de

Julho e 14 de Outubro; c) o termo da legislatura se verifique entre 15 de Outubro e 31 de Dezembro[384].

A votação da proposta de lei submetida pelo governo é concretizada na Assembleia da República no prazo de 45 dias após a data da sua admissão pela Assembleia da República (artigo 39.º da LEO). E o governo é obrigado a assegurar a publicação integral do Orçamento do Estado até ao final do 2.º mês após a entrada em vigor do mesmo (artigo 40.º da LEO).

Pode-se dar, todavia, o caso de este calendário não decorrer normalmente em resultado da demissão do governo ou da rejeição pelo Parlamento da proposta de lei orçamental. Neste caso os prazos têm que ser prorrogados, para além de outras consequências ao nível, por exemplo, das garantias de condições imprescindíveis à continuação do normal funcionamento do Estado. Esta é a matéria que constitui o objecto do artigo 41.º da LEO. Assim, a vigência do Orçamento do Estado é prorrogada quando: a) haja rejeição da proposta de Lei do Orçamento; b) o novo governo em funções tiver tomado posse entre 1 de Julho e 30 de Setembro; c) quando houver caducidade da proposta de lei apresentada por virtude da demissão do governo proponente ou de o governo anterior não ter apresentado qualquer proposta, d) a não votação parlamentar da proposta de lei orçamental. Durante este período transitório de prorrogação da vigência da Lei do Orçamento do Estado respeitante ao ano anterior[385], a execução do orçamento das despesas faz-se por aplicação do regime dos duodécimos[386].

A discussão e votação da proposta de Lei do Orçamento deve decorrer na Assembleia da República nos termos do disposto na CRP, na LEO e no Regimento da Assembleia da República (artigo 39.º n.º 1 da LEO).

A discussão e a votação decorrem na generalidade e na especialidade em sede quer do plenário da Assembleia da República quer da comissão especializada permanente competente na matéria[387]. Mais concretamente, o plenário discute e vota na generalidade; a discussão e votação na especialidade é feita na comissão especializada. Porém, não obstante o que se acabou de escrever, o plenário discute e vota obrigatoriamente na especialidade (artigo 39.º, n.º 5 da LEO):

---

[384] Nos termos do n.º 3 do artigo 38.º, o novo governo tem 3 meses, contados a partir da data da sua tomada de posse, para apresentar a sua proposta de orçamento à Assembleia da República.

[385] Com as limitações impostas pelo n.º 3 do artigo 41.º da LEO.

[386] Número 4 do artigo 41.º da LEO.

[387] E tem por objecto o articulado e os mapas orçamentais constantes da proposta de lei.

a. A criação de impostos e o seu regime de incidência, taxas, isenções e garantias dos contribuintes;
b. As alterações aos impostos vigentes que versem sobre o respectivo regime de incidência, taxas, isenções e garantias dos contribuintes;
c. A extinção de impostos;
d. As matérias relativas a empréstimos e outros meios de financiamento.

Além disso, n.º 6 do mesmo artigo 39.º da LEO, quaisquer matérias compreendidas na fase de discussão e votação na especialidade da proposta de lei podem ser objecto de avocação pelo plenário da Assembleia da República.

24.7. *A Execução do Orçamento do Estado*

A execução do orçamento é uma competência administrativa do governo nos termos da alínea b) do artigo 199.º da CRP. Uma vez aprovado, o orçamento entra então em vigor, isto é, começa a ser executado na data prevista que é, normalmente, 1 de Janeiro do ano económico subsequente àquele em que é aprovado. Uma vez que o orçamento é um conjunto de previsões, logo se vê que a concretização dos valores nele previstos fica condicionada à verificação dos cenários económicos e políticos nele antecipados, ou pela capacidade técnica e política que presidiram à sua elaboração. Mas, para além deste entendimento quanto ao que seja a execução, esta deve ser de molde a respeitar a autorização dada pela Assembleia da República e, desejavelmente, os bons princípios da gestão financeira do Estado. E é sobre esta dimensão, também ela contemplada na lei quadro, que nós aqui nos vamos debruçar.

A execução do orçamento obedece, obviamente, a um conjunto de regras disciplinadoras expressas no capítulo III do Título III, artigos 42.º a 48.º da LEO, discriminadas consoante se trate de receitas ou de despesas.

A cobrança de receitas fica sujeita aos princípios da legalidade[388] e da segregação das funções de liquidação e de cobrança. Esta segregação de funções é constituída entre agentes do mesmo serviço ou, em alternativa, entre serviços distintos. E nenhuma receita, mesmo sendo legal, pode ser liquidada ou cobrada sem que sejam verificadas simultaneamente duas condições, a saber: a) correcta inscrição orçamental, e b) adequada classi-

---

[388] N.º 3 do artigo 103.º da CRP.

ficação. Por fim, tenha-se em atenção que os valores em causa podem exceder os que constam das respectivas autorizações orçamentais[389].

Regime diferente vigora para as despesas pois, conforme o disposto no n.º 5 do artigo 42.º da LEO, as dotações constantes do orçamento das despesas constituem o limite máximo para a realização destas. E bem se compreendem os fundamentos desta disposição. As despesas só podem ser autorizadas e pagas na condição de cumprirem com os princípios da legalidade, do cabimento orçamental e da boa gestão económica e financeira previstos no n.º 6 do mesmo artigo 42.º e onde eles são expressos do seguinte modo:

a. O facto gerador da obrigação de despesa respeita as normas legais aplicáveis;
b. A despesa em causa dispõe de inscrição orçamental, tem cabimento na correspondente dotação, está adequadamente classificada e obedece ao princípio da execução do orçamento por duodécimos, salvo as excepções previstas na lei;
c. A despesa em causa satisfaz o princípio da economia, eficiência e eficácia[390].

O cabimento a que se faz referência na alínea b) acima afere-se pelas rubricas do nível mais desagregado da classificação económica.

Contudo, o artigo 16.º da LEO, em cumprimento do n.º 2 do artigo 105.º da CRP que estipula que o orçamento seja elaborado tendo ainda em conta as obrigações decorrentes de lei ou de contrato, impõe a existência do que designa de despesas obrigatórias e que são, segundo o respectivo n.º 1: a) as dotações necessárias para o cumprimento das obrigações decorrentes de lei ou de contrato; b) as dotações destinadas ao pagamento dos encargos resultantes de sentenças de quaisquer tribunais e, c) outras dotações determinadas por lei. É a alínea a) atrás referida que incorpora estabilizadores automáticos na despesa sob a forma da obrigação de o Estado pagar, por exemplo, os subsídios de desemprego que sejam devidos, por conformidade com a lei, aos sujeitos que, tendo perdido os seus postos de trabalho, se qualifiquem para os receber, independentemente do valor dos encargos totais que, a este título, o Estado tenha que suportar.

---

[389] Muito embora a LEO o não diga expressamente, a mesma possibilidade se coloca para valores que sejam inferiores.

[390] Princípio especialmente aplicável às despesas que envolvam elevados encargos para o Estado, inclusivamente pelo seu carácter continuado (n.º 8 do artigo 42.º).

Estamos perante excepções ao princípio geral de se não poderem efectuar despesas que excedam as orçamentadas.

Já antes falámos do importante regime dos duodécimos a que deve obedecer a execução do orçamento das despesas. Este regime significa que em cada mês N do ano, com N compreendido no intervalo fechado de 1 a 12, se não podem efectuar despesas por conta de uma determinada dotação orçamental que, adicionadas às despesas acumuladas até ao mês anterior, ultrapassem $\frac{N}{12}$ dessa mesma dotação[391]. Em Janeiro não se pode dispender mais do que $\frac{1}{12}$ da dotação, mas se nada for gasto, em Fevereiro já se pode gastar $\frac{1}{6}$ da dotação do serviço.

O princípio do duplo cabimento orçamental aplicável às despesas com receitas consignadas encontra-se contemplado no n.º 9 do artigo 42.º.

Para efeitos de execução, a LEO reconhece que a Lei do Orçamento, tal como é aprovada pela Assembleia da República, não é, por si só, suficiente para prover à sua adequada execução e, por esta razão, o artigo 43.º, nos seus n.º 1 a n.º 3, determina que o governo defina por Decreto-Lei as operações de execução orçamental da competência dos membros do governo e dos dirigentes dos serviços sob a sua direcção ou tutela, incluindo a execução do orçamento da segurança social. Uma matéria que o Decreto-Lei de execução orçamental deve definir são as dotações orçamentais que ficam cativas, bem como as condições que condicionam a sua utilização total ou parcial (alínea b, do n.º 5 do artigo 43.º)[392]. O n.º 4 do mesmo artigo 43.º, salvaguarda, no entanto, a possibilidade de durante o ano económico serem aprovados outros decretos-lei de execução orçamental caso tal se afigure necessário perante a eventual ocorrência de factos supervenientes.

A execução do orçamento das despesas distrinça entre os serviços consoante o regime de autonomia administrativa, relativa aos serviços integrados (n.º 1, alínea a do artigo 44.º); de autonomia administrativa e financeira na parte respeitante aos serviços e fundos autónomos (n.º 1, alínea b do artigo 44.º); e especial de execução do orçamento da segurança social (n.º 1, alínea c do artigo 44.º).

---

[391] Alguns dos encargos do Estado são incompatíveis com o regime dos duodécimos, como é o caso do pagamento dos juros da dívida pública. Ora, segundo a alínea a) do n.º 5 do artigo 43.º da LEO estipula-se que o Decreto-Lei de execução orçamental indique as dotações orçamentais em relação às quais não será aplicável o regime dos duodécimos.

[392] As cativações orçamentais consubstanciam a imposição de um limite para as despesas de valor inferior ao orçamentado. Têm como finalidade aumentar o controlo do ministro das finanças sobre a execução as despesas.

As exigências a respeitar para a assunção de compromissos constam do artigo 45.ª da LEO, o qual começa por obrigar a que só possam ser assumidos compromissos de despesa após os serviços de contabilidade competentes exararem informação prévia de cabimento orçamental para a despesa no próprio documento de autorização. Mas quando se tratar de despesas plurianuais elas só podem ser assumidas mediante autorização prévia a conceder por portaria conjunta dos Ministros das Finanças e da tutela, salvo nas condições constante do n.º 2 do artigo 45.º.

No que se refere à execução do orçamento dos serviços integrados, a LEO, no seu artigo 46.º, determina que ela é assegurada: a) na parte respeitante às receitas, pelos serviços que as liquidam e que zelam pela sua cobrança, bem como pela rede de cobranças do Tesouro; b) na parte respeitante às despesas, pelos membros do governo e pelos dirigentes dos serviços, bem como pelo sistema de pagamentos do Tesouro.

No concernente à execução do orçamento dos serviços e fundos autónomos, o artigo 47.º determina que ela incumbe aos respectivos dirigentes sem prejuízo das autorizações de despesa que, nos termos da lei, devem ser concedidas por membros do governo. Chama-se a atenção para o disposto no n.º 3 deste artigo onde se diz que os serviços e fundos autónomos utilizam prioritariamente as suas receitas próprias, não consignadas por lei a fins específicos, para a cobertura das respectivas despesas, doutrina que é completada com o n.º 4 que determina que só nos casos em que essas receitas próprias se revelem insuficientes, os fundos e serviços autónomos procederão à cobertura das respectivas despesas através das transferências que recebam do orçamento dos serviços integrados ou dos orçamentos de outros serviços ou fundos autónomos.

Finalmente, compete ao Instituto de Gestão Financeira da Segurança Social a gestão global da execução do orçamento daquela entidade (n.º 1 do artigo 48.º da LEO). Mais, as cobranças das receitas e os pagamentos das despesas do sistema de segurança social são efectuados pelo Instituto de Gestão Financeira da Segurança Social que assume as competências de tesouraria única do sistema de segurança social em articulação com a Tesouraria do Estado (artigo 48.º, n.º 4 da LEO).

Como se começou por escrever no início desta secção, a realização das despesas e das receitas previstas no orçamento fica dependente da verificação dos cenários antecipados, mas torna-se impossível face a alterações substanciais das condições económicas, sociais e políticas subjacentes não haver desvios entre esses valores e os efectuados. O desencadear de uma profunda crise económica, a ocorrências de desastres naturais, uma pandemia e tantas outras circunstâncias podem gravemente comprometer a justeza do orçamento em vigor, conduzindo, assim, à sua reformulação por via de alterações orçamentais.

24.7.1. Alterações Orçamentais

Os artigos 49.º a 57.º da LEO dispõem sobre as leis de alteração orçamental. As disposições legais em que nos concentramos agora distinguem entre alterações ao orçamento das despesas e alterações ao orçamento das receitas, destrinçando entre as que são da competência da Assembleia da República e as que o são do governo.

São competência da Assembleia da República as alterações do orçamento das receitas dos serviços integrados, fundos autónomos e segurança social que: a) sejam determinadas por alterações nos respectivos orçamentos das despesas da competência da mesma Assembleia; b) envolvam um acréscimo nos respectivos limites de endividamento líquido fixados na Lei do Orçamento do Estado. Competirão ao governo todos os outros casos.

No que diz respeito à distribuição das competências com as alterações no orçamento das despesas, há que distinguir entre: a) orçamento por programas (artigo 54.º); b) orçamento dos serviços integrados (artigo 55.º da LEO); c) orçamento dos serviços e fundos autónomos (artigo 56.º da LEO) e, d) orçamento da segurança social (artigo 57.º da LEO). Assim, a título ilustrativo, podemos dizer que são da competência da Assembleia da República as que se explicam por:

    a. Inscrição de novos programas;
    b. Aumento do montante total das despesas de cada programa;
    c. Transferências de verbas entre programas;
    d. Aumento do montante total das despesas inscritas em cada título ou capítulo;
    e. Alterações de natureza funcional;
    f. Alteração das despesas globais de cada serviço ou fundo autónomo;

Atente-se que os poderes da Assembleia da República não são absolutos em matéria orçamental. Para evitar que preocupações políticas sem relevância nacional influenciem os valores do orçamento, o artigo 167.º da CRP, nos seus n.ºs 2 e 3, impede que os deputados, os grupos parlamentares, as assembleias legislativas das regiões autónomas e os grupos de cidadãos eleitores apresentem projectos de lei, propostas de lei, propostas de alteração e projectos de referendo que envolvam, no ano económico em curso, aumento das despesas ou diminuição das receitas do Estado previstas no orçamento.

Todas as alterações orçamentais são devidamente publicitadas, nos termos da lei, em Diário da República e dentro dos prazos legalmente estabelecidos.

24.8. *A Fiscalização da Execução do Orçamento*

A execução do Orçamento do Estado é objecto de controlo administrativo, jurisdicional e político, e realiza-se ao longo de diferentes momentos do tempo. Tem como propósito atingir os vários fins explicitados pela própria lei aplicável (artigo 58, n.º 1 da LEO):

a. Verificação da legalidade e da regularidade financeira das receitas e das despesas públicas;
b. Apreciação da boa gestão dos dinheiros e outros activos públicos e da dívida pública.

Ela cumpre-se antes, ao mesmo tempo e após a realização das operações que consubstanciam a execução orçamental (n.º 3 do artigo 58.º da LEO).

Conforme determina o artigo 58.º, n.º 4 da LEO, o controlo administrativo compete a várias entidades: a) ao próprio serviço ou instituição responsável pela respectiva execução; b) aos respectivos serviços de orçamento e de contabilidade pública; c) às entidades hierarquicamente superiores de superintendência ou tutela; d) aos serviços gerais de inspecção e de controlo da administração pública. Este articulado da lei envolve neste processo de fiscalização entidades públicas como a Direcção Geral do Orçamento do Ministério das Finanças, a Inspecção Geral de Finanças directamente dependente do mesmo ministério, e os serviços de inspecção próprios de cada um dos outros ministérios. À Direcção Geral do Orçamento cabe superintender "... *na elaboração, gestão e execução do Orçamento do Estado, na contabilidade pública, no controlo da legalidade, regularidade e economia da administração financeira do Estado e na elaboração das contas públicas*[393]...".

O controlo jurisdicional é da competência do Tribunal de Contas[394] e processa-se nos termos da legislação respectiva (n.º 6 do artigo 58.º da

---

[393] Retirado de Missão em www.dgo.pt/A_DGO/dgo.htm
[394] O artigo 107.º da CRP dispõe que a execução do orçamento será fiscalizada pelo Tribunal de Contas e pela Assembleia da República que, precedendo parecer daquele tribunal, apreciará e aprovará a Conta Geral do Estado, incluindo a da segurança social.

LEO). Mas o n.º 7 do mesmo artigo 58.º amplia esta competência alargando-a a outros tribunais ao afirmar que o controlo jurisdicional de actos de execução do orçamento e a efectivação das responsabilidades não financeiras deles emergentes[395] incumbem também aos demais tribunais, nomeadamente aos tribunais administrativos e fiscais, e aos tribunais judiciais nos domínios das respectivas competências. O controlo exercido pelo Tribunal de Contas é feito quer pelo instituto do visto, ou seja, controlo *a priori*, ou simultâneamente com a execução do orçamento e a qualquer momento no decurso desta fase. Actualmente tende-se a privilegiar a segunda destas vias devido ao tempo de espera que o visto coloca à capacidade de os serviços concretizarem as despesas, algo incompatível com a celeridade requerida para a atempada satisfação das necessidades públicas.

Por fim, a fiscalização política compete à Assembleia da República nos termos da CRP (artigo 107.º), do seu próprio Regimento e da demais legislação aplicável, e para tanto o governo está obrigado a fornecer ao Parlamento toda a informação pertinente para que este possa cumprir cabalmente a sua missão de fiscalização política, e dentro dos prazos também nomeados na lei de maneira a tornar efectivo o dever de informar. Os elementos informativos encontram-se eles próprios explicitamente discriminados no artigo 59.º da LEO. Por exemplo, o relatório respeitante à execução do Orçamento do Estado, incluindo o da segurança social, deve ser remetido mensalmente à Assembleia da República, e os restantes trimestralmente e nos 60 dias posteriores ao fim do período a que respeitam. De notar que a Assembleia da República pode comunicar directamente com o Tribunal de Contas, e vice-versa, com o propósito de lhe disponibilizar toda a informação julgada necessária para aquele fim.

24.9. *A Conta Geral do Estado*

O Título IV da LEO ocupa-se da Conta Geral do Estado. Como já anteriormente foi definida, esta conta, ao contrário do orçamento, não contém previsões de receitas e de despesas mas, antes, os montantes efectivamente recebidos e pagos pelo Estado durante um ano económico já transcorrido. Consiste, pois, em valores *ex-post* e, portanto, realizados.

O artigo 73.º da lei em referência estabelece os prazos que devem ser cumpridos e o conteúdo dessa conta. Assim, o governo deve apresentar à

---

[395] Está-se aqui a referir o sancionamento judicial de irregularidades de natureza cível ou criminal cometidas no decurso da execução do orçamento.

Assembleia da República a Conta Geral do Estado até 30 de Junho do ano subsequente àquele a que respeita, enquanto o Parlamento a aprova até 31 de Dezembro do mesmo ano. Se não houver lugar a esta aprovação, o Parlamento procederá à correspondente efectivação de responsabilidades se para tal houver fundamento. A discussão e a votação a que nos referimos agora realiza-se sobre um amplo conjunto de informações. Desde logo no parecer obrigatório do Tribunal de Contas e na informação a prestar pelo próprio governo que se sub-divide nos seguintes elementos (artigo 73.º n.º 4 da LEO):

    a. Relatório;
    b. Mapas contabilísticos gerais;
    c. Os agrupamentos de contas[396];
    d. Os elementos informativos.

O relatório contém a apresentação da Conta Geral do Estado e a análise dos principais elementos (artigo 74.º da LEO). Os mapas contabilísticos gerais referem-se à (artigo 75.º da LEO): a) execução orçamental; b) situação de tesouraria; c) situação patrimonial; d) conta dos fluxos financeiros do Estado. Os n.ºs 2 a 5 deste último artigo detalham a composição de cada um destes mapas contabilísticos gerais.

Com o propósito de permitir a correcta avaliação do realizado por comparação com o que foi previsto no orçamento, o n.º 7 obriga a que a estrutura dos mapas I a XIX seja idêntica à dos correspondentes mapas orçamentais, devendo o seu conteúdo, bem como o dos restantes mapas, evidenciar, conforme os casos, as principais regras contabilísticas utilizadas na execução das receitas e das despesas. Os elementos informativos estão pormenorizadamente indicados no artigo 76.º.

---

[396] Muito embora sejam mencionados no n.º 4 do artigo, não se lhes encontra qualquer outra referência na LEO. Antes da última revisão a que esta lei foi sujeita, o artigo 72.º da LEO indicava quais os agrupamentos de contas; entretanto este artigo foi revogado no âmbito dessa revisão.

25. A Dívida Pública

Como já o dissemos antes, o Estado, no exercício das funções tradicionais das finanças públicas, também financia a sua actividade por meio de empréstimos que contrai. Começamos, então, por enunciar algumas das razões que podem levar o Estado a emitir dívida.

Uma primeira razão prende-se com a correcta gestão da tesouraria, adequando os meios às necessidades de cada momento ao longo do ano económico. Mesmo que as receitas efectivas sejam de montante adequado para cobrir as despesas da mesma natureza, isso não significa que as datas de recebimento estejam de tal modo sincronizadas com as datas dos pagamentos que o Estado não tenha, por virtude disso, de recorrer a meios externos por curtos períodos de tempo. Umas vezes isso acontecerá, e de outras não, levando-o a fazer aplicações de fundos no caso de haver excedentes de tesouraria, ou a contrair empréstimos se os valores disponíveis não forem suficientes para cobrir os pagamentos. A contracção de empréstimos para cobrir necessidades de tesouraria que, pela sua natureza, são temporárias, corresponde a antecipações de receitas, motivo pelo qual os empréstimos devem ser de curto-prazo pois há a expectativa de que possam ser amortizados no decurso do mesmo ano económico.

A gestão de uma conjuntura macro-económica caracterizada por pressões inflacionistas é fundamento suficiente para o Estado retirar poder de compra ao sector privado da economia, esterilizando-o de seguida. Pode fazê-lo pela cobrança de impostos, dando lugar a superavites orçamentais ou, porventura, contraindo empréstimos que, deste modo, representam capital que deixa de estar disponível para ser aplicado no consumo ou no investimento[397]. Da mesma forma, a correcta gestão da política orçamental em períodos de recessão exige a aplicação de medidas de expansão da

---

[397] É óbvio que a eficácia deste mecanismo na consecução deste fim fica largamente dependente da mobilidade internacional do capital, sendo-o tanto maior quanto menor esta fôr. Um factor que cria fricções nesta mobilidade é o risco de crédito do Estado emitente de dívida.

despesa pública que, sendo acompanhadas pela natural contração das receitas, conduzem a défices financiados por dívida. Na opinião expressa por Teixeira Ribeiro (1984, p. 141) estes devem ser empréstimos de curto-prazo por força de, à partida, não se conhecer a duração das circunstâncias que os ditaram, havendo sempre, além disso, a possibilidade de eles serem renovados através de operações de *roll-over*, se tal se revelar aconselhável.

Em terceiro lugar, o Estado pode recorrer à emissão de dívida subordinando-se a critérios de boa gestão económica, concretamente ao respeito pelo princípio da equidade inter-geracional. Neste contexto, a equidade interpreta-se à luz do princípio do benefício. Assim, as despesas de capital que produzam utilidade sobre vários anos, e sobretudo aquelas que também a vão produzir sobre períodos de tempo suficientemente longos para beneficiar futuros contribuintes, não devem ser suportadas exclusivamente por impostos cobrados sobre as actuais gerações mas, igualmente, por impostos futuros a suportar por esses outros indivíduos. A forma de conseguir este objectivo é socorrendo-se de empréstimos a amortizar no médio e longo-prazos.

Todas estas razões concorrem para haver dívida pública sem que tal signifique haver também desequilíbrio das contas públicas, na acepção substantiva da expressão. Na verdade, de uma ou outra forma, estes exemplos acabados de dar configuram opções deliberadas de boa gestão financeira ou económica. Mas, infelizmente, não são estas as únicas situações que de facto emergem, como quando se financiam despesas correntes com passivo financeiro em violação da regra de ouro das finanças públicas e como produto de um processo mais ou menos descontrolado de crescimento de longo-prazo das despesa das administrações públicas.

A emissão de dívida pública faz-se a curto, médio e longo prazos. A sua emissão e gestão é regida em Portugal pela Lei Quadro da Dívida Pública (LQDP), Lei n.º 7/98 de 3 de Fevereiro, com as alterações introduzidas pelo artigo 81.º da Lei n.º 87-B, de 31 de Dezembro, a que se acrescentam as Orientações para a Gestão da Dívida Directa do Estado e a Gestão das Disponibilidades de Tesouraria do Estado (OGDDEGDTE), publicadas no Despacho n.º 698/2007 de 20 de Dezembro de 2006. Ao Instituto de Gestão da Tesouraria e do Crédito Público, I.P., (IGCP, I.P.), antes Instituto de Gestão do Crédito Público, dotado de autonomia administrativa, financeira e com património próprio, colocado sob a tutela do ministro das Finanças, compete a gestão da dívida pública do Estado.

As responsabilidades do IGCP, I.P. compreendem tanto a emissão de instrumentos de dívida quanto a execução de operações que visem a sua gestão. Entre estas últimas figuram amortizações antecipadas, totais ou parciais; reforço das dotações para amortização de capital; substituição entre a emissão das várias modalidades de empréstimo e conversão dos empréstimos existentes, tudo isto nos termos do artigo 12.º, n.º 1, da LQDP, e operações de reporte[398] bem como a troca directa de títulos. As finalidades que se procuram atingir com a atribuição destas responsabilidades são de dois tipos; em primeiro lugar, dar profundidade e liquidez ao mercado concentrando a emissão de dívida em alguns poucos instrumentos estandardizados, nomeadamente em Obrigações do Tesouro (OT) e, novamente a partir de 2003, em Bilhetes do Tesouro (BT)[399] e, em segundo lugar, a gestão dos riscos de refinanciamento, de crédito, cambial e da taxa de juro[400].

No ano de 2006 o IGCP, I.P. recebeu ainda as competências para gerir as disponibilidades de tesouraria do Estado com vista a obterem-se as poupanças próprias de uma gestão integrada.

O programa de trocas[401] iniciou-se em 2001 como instrumento para substituir dívida antiga pouco líquida por OT, aproveitando ao mesmo tempo a circunstância para acrescer à liquidez deste último mercado. A partir de 2004, o programa passou a ter também como seu objectivo atenuar o risco de refinanciamento.

Nos termos do n.º 2 do artigo 2.º da LQDP a gestão da dívida pública directa do Estado deve subordinar-se a critérios de rigor e de eficiência, prosseguindo cinco objectivos:

1. Minimização dos custos directos e indirectos numa perspectiva de longo-prazo;
2. Garantia de uma distribuição equilibrada de custos pelos vários orçamentos anuais;
3. Prevenção de excessiva concentração temporal das amortizações;
4. Não exposição a riscos excessivos;
5. Promoção de um equilibrado e eficiente funcionamento dos mercados financeiros.

---

[398] Os conhecidos *repurchase agreements*.

[399] Há ainda que contar como modalidades de dívida pública os Certificados de Aforro, séries A, B e C, os Certificados Especiais de Dívida Pública, as promissórias e os contratos (n.º 1 do artigo 10.º da LQDP). Para além disso e até à respectiva extinção podem ainda ser contratadas as seguintes formas de dívida pública directa: certificados de renda perpétua e certificados de renda vitalícia (n.º 4 do artigo 10.º da LQDP).

[400] Para informação pormenorizada sobre os riscos considerados e normas correspondentes aplicáveis consultar as OGDDEGDTE.

[401] O programa de trocas é executado por operações de compra em mercado que se configuram nas seguintes modalidades (www.igcp.pt/gca/?id=53): a) *janelas* de compra; b) leilões de compra; c) leilões de troca; d) negociação directa e casuística.

Tratam-se, todos eles, de princípios de boa gestão financeira e económica, incluindo o de prudência na assunção de riscos que, naturalmente, apela à utilização de instrumentos de cobertura de risco, o *hedging*. A este propósito, a lei aplicável autoriza, no n.º 2 do artigo 12.º da LQDP, o IGCP, I.P. a realizar operações financeiras que envolvam derivados financeiros, tais como *swaps* de taxas de juro e de divisas, bem como operações a prazo, de futuros e de opções desde que tenham por base as responsabilidades inerentes à dívida pública.

QUADRO 48 – **Necessidades e Fontes de Financiamento do Estado em 2010**[402]

Quadro III.49. Necessidades e Fontes de Financiamento do Estado – 2010
(Milhões de euros)

	2010p
1. NECESSIDADES LÍQUIDAS DE FINANCIAMENTO	**16.483**
Défice Orçamental	14.259
Aquisição líquida de activos financeiros (excepto receita de privatizações)	3.184
Receita de privatizações aplicadas na amortização de dívida (-)	960
2. AMORTIZAÇÕES E ANULAÇÕES (Dívida Fundada)	**30.008**
Certificados de Aforro	1.200
Dívida de curto prazo em euros	21.777
Dívida de médio e longo prazo em euros	5.907
Dívida em moedas não euro	1.124
Fluxos de capital de *swaps* (líq.)	0
3. NECESSIDADES BRUTAS DE FINANCIAMENTO (1. + 2.)	**46.491**
4. FONTES DE FINANCIAMENTO	**46.491**
Saldo de financiamento de Orçamentos anteriores	0
Emissões de dívida relativas ao Orçamento do ano	43.283
Emissões de dívida no Período Complementar	3.208
5. SALDO DE FINANCIAMENTO PARA EXERCÍCIOS SEGUINTES	**0**
p.m. EMISSÕES DE DÍVIDA NO ANO CIVIL (Dívida Fundada)	**46.491**
Relativas ao Orçamento do ano anterior (Período Complementar)	3.208
Relativas ao Orçamento do ano	43.283

*Sem prejuízo dos valores acima explicitados, o Governo está autorizado a emitir dívida pública até ao limite global de 9149,2 milhões de euros destinados à Iniciativa para o Reforço da Estabilidade Financeira.
Fonte: Ministério das Finanças e da Administração Pública.

---

[402] Fonte: Relatório da proposta de Lei do Orçamento do Estado para 2010, Ministério das Finanças.

Merece ainda ser destacado o quinto objectivo indicado acima pois reconhece que o normal funcionamento dos mercados financeiros pode ser gravemente lesado, com prejuízo da economia, por operações que, na sua concepção e implementação, não relevem as considerações aí previstas.

As responsabilidades pelas diversas fases da tramitação da dívida pública são de natureza política e técnica, por isso se repartindo pela Assembleia da República, governo e IGCP, I.P., referindo-se-lhes a LQDP em termos de condições gerais, complementares e específicas. A LQDP explicita no seu artigo 4.º que compete a lei da Assembleia da República definir, em cada exercício orçamental, as condições gerais a que se deve subordinar esse financiamento e a gestão da dívida correspondente. Nos termos do artigo 5.º é o Conselho de Ministros quem define, mediante resolução, e obedecendo às condições gerais, as condições complementares a que atenderão a negociação, a contratação e a emissão de empréstimos pelo IGCP, I.P., bem como a realização pelo mesmo Instituto de todas as operações financeiras de gestão da dívida pública directa. O ministro das Finanças pode, a qualquer momento, estabelecer orientações específicas sobre a matéria. Por fim, as condições específicas dos empréstimos e das operações financeiras de gestão da dívida pública directa são estabelecidas pelo IGCP, I.P. em obediência às condições anteriores (artigo 6.º da LQDP).

A condução da gestão da dívida pública está sujeita a fiscalização política da competência da Assembleia da República, em relação à qual o governo tem a obrigação de a informar àcerca dos financiamentos realizados e das condições específicas dos empréstimos (n.º 1 do artigo 14.º da LQDP)[403]. Ao Procurador-Geral da República compete emitir pareceres ou opiniões legais para a certificação jurídica da legalidade da emissão da dívida pública no caso de lhe serem pedidos pelos mutuantes (n.º 1 do artigo 9.º da LQDP).

25.1. *Tipos de Dívida Pública*

É corrente nas finanças públicas a utilização de nomenclatura específica para sistematizar a dívida pública quanto ao local e quanto aos prazos de emissão. Assim, entende-se por dívida pública flutuante aquela que se destina a ser totalmente amortizada até ao fim do exercício orçamental

---

[403] No exercício das suas competência a Assembleia da República pode ainda convocar o Presidente do IGCP, I.P. para prestação de informações sobre a matéria.

em que foi contraída (LQDP, artigo 3.°). Trata-se, portanto, de dívida de curto-prazo. Já dívida pública fundada é a que se amortiza num exercício orçamental subsequente àquele em que foi contraída (LQDP, artigo 3.°).

Se o empréstimo é emitido no país falamos de dívida pública interna, em contraponto com a dívida pública externa que é aquela que se contrai no exterior. A principal relevância desta distinção encontra-se nas moedas de financiamento, e correspondentes consequências em termos da balança de pagamentos, da capacidade para gerar receitas em moeda estrangeira em montante suficiente para cumprir com as obrigações contraídas nela denominadas e também nas diferentes restrições de ordem política e jurídica resultantes da contracção de empréstimos externos versus internos. A integração na zona euro retira, naturalmente, alguma da relevância mais pertinente a esta distinção.

Os empréstimos podem ser voluntários ou forçados, estes conhecidos igualmente por patrióticos. Há na literatura competente uma grande discussão em torno de se saber se os empréstimos patrióticos são verdadeiros empréstimos ou se, pelo contrário, são de facto impostos ou, pelo menos, se existe algum grau implícito de tributação. A questão surge essencialmente da presunção de que um empréstimo é voluntário por definição, porque só empresta quem quer, e desde que possa. Entendemos nós que pelo principal não há similitude alguma com o imposto porque ele é reembolsável; poderá, contudo, havê-la no que respeita aos juros se estes se vencerem a uma taxa de juro, líquida de impostos, inferior ao custo de oportunidade para o cidadão detentor de tais títulos e para aplicações equiparáveis em termos de risco. E, nesta acepção, discordamos do raciocínio exposto por Teixeira Ribeiro (1984, p. 154, nota de rodapé 1)[404].

Importa igualmente saber que os títulos são nominativos ou ao portador. No primeiro caso, o reconhecimento dos direitos que lhes estão associados exige que o detentor dos mesmos esteja registado oficialmente nessa qualidade. Essa condição não se coloca nos títulos emitidos ao portador, cuja simples posse atribui esses direitos a todo aquele que os tiver em seu poder. Ao contrário do que se verificava no passado ainda relativamente recente, a grande maioria dos títulos existe e circula hoje desmaterializada, isto é, prescindindo de todo e qualquer suporte físico. A LQDP, no seu n.° 2 do artigo 10.°, estipula, justamente, que a dívida pública

---

[404] A própria valorimetria que é apresentada não é clara e não parece ser correcta pois está implícita a utilização da taxa de cupão paga pelo Estado para se fazer a actualização dos *cash-flows* futuros antecipados, em vez do custo de oportunidade do capital que é dito ser de 6%.

directa pode ser representada por títulos, nominativos ou ao portador, ou assumir forma meramente escritural.

O artigo 11.º da LQDP em vigor determina que a garantia da dívida pública, aí compreendidos os juros devidos, é assegurada pela totalidade das receitas não consignadas incritas no Orçamento do Estado. De onde se conclui que a emissão de dívida se faz assente na reputação do emitente Estado.

Contudo, no que se refere à emissão de dívida por outras entidades que não os Estados soberanos também se afigura importante diferenciá-la consoante as garantias que oferecem aos credores. Neste contexto, são comparativamente raras as emissões de dívida sem garantias específicas, de natureza real ou outra, e só acontecem quando a entidade privada emitente apresenta um elevado nível de reputação que é atestado pelo *rating* que lhe está atribuído pelas empresas especializadas e de renome internacional. Contudo, o mais das vezes são exigidas garantias dessa índole. Quanto às garantias prestadas, distinguimos entre dívida sénior e dívida subordinada. Dívida sénior é a que tem precedência sobre outros créditos, de forma que estes só são liquidados depois daqueles e na medida em que tiverem sobrado activos para esse efeito. Estes outros credores são, pois, titulares de dívida subordinada.

25.2. *A Conceptualizações dos Mercados*

A dívida é emitida no mercado primário e a liquidez é-lhe dada pelo mercado secundário onde pode depois ser transaccionada.

Os mercados financeiros são uma realidade muito complexa e, por isso, podem ser vistos sob vários prismas que conduzem a outras tantas classificações. Importa, portanto, e para já, definir a este propósito alguns conceitos básicos, entre eles os de mercados primário e secundário.

Mercado primário é aquele onde são transaccionados títulos acabados de emitir e, por isso, é neles que se efectua a primeira transacção a que eles ficam sujeitos; por outras palavras, e atendendo ao contexto específico em que agora nos situamos, é aí que o emitente, o Estado, os vende e angaria os recursos financeiros que procura. Já o mercado secundário é o segmento do mercado financeiro em que os títulos são transaccionados pela segunda e demais vezes. Isto é, quem compra dívida pública aquando da sua emissão pode posteriormente realizar a sua venda, mas isso acontece, por definição, no mercado secundário. Percebe-se, portanto, que a função do mercado secundário é dar liquidez aos títulos emitidos, tornando-se com isso os mercados financeiros suficientemente atraentes para os agentes económicos.

Uma outra classificação básica que nos importa reter é a que distingue entre mercado monetário e mercado de capitais. Esta sistematização assenta na consideração do prazo de emissão da dívida. Assim, mercado monetário é aquele onde se transaccionam títulos vencíveis a curto-prazo, isto é, até um ano e que dão lugar à chamada dívida pública flutuante prevista no artigo 3.º da LQDP; e mercado de capitais quando os títulos se vencem a mais de um ano, criando a dívida pública fundada[405].

Fala-se igualmente de mercados formais, versus mercados informais[406]. Os primeiros são aqueles que estão sujeitos a um conjunto de regras bem definidas e pré-anunciadas a que se sujeitam as transacções que neles se efectuam, bem como o comportamento dos seus participantes. Por norma conduzem à estandardização das operações, ao contrário do que sucede com os outros onde a personalização dos negócios é uma característica emblemática, com vantagens para a transparência do mercado e da observância dos bons princípios de uma concorrência leal. Por vezes, em alguns destes mercados, o risco de crédito é inclusivamente eliminado, como sucede nos mercados de futuros. Alguns dos aspectos sobre os quais incide o formalismo, são: admissão de participantes e de títulos à negociação; datas e formas de liquidação das transacções; horário de funcionamento dos mercados; quantidades mínimas que podem ser transaccionadas em cada ordem de compra ou de venda; prestação de informação ao mercado; etc. Estas regras não existem nos mercados informais, vulgarmente chamados de OTC (*over the counter markets*) onde tudo se pode negociar em

---

[405] Em boa verdade, e em rigor, à luz da conceptualização legal constante do mencionado artigo 3.º, não existe uma correspondência exacta entre dívida fundada e dívida a médio e longo-prazos já que sendo aquela vencível em ano económico subsequente ao da sua emissão, nos termos da definição legal, se o fôr no ano económico seguinte e desde que a sua amortização não exceda 12 meses contados a partir da data da sua emissão, teremos dívida de curto-prazo embora não flutuante segundo a classificação oficial. Portanto, nem toda a dívida de curto prazo é flutuante e, dizemo-lo nós, nem toda a dívida fundada é de médio e longo-prazos. Em suma, são classificações que assentam em critérios não coincidentes; o que estabelece limites temporais precisos é económico e o da LQDP talvez de índole mais jurídica.

[406] Há quem distinga entre regulamentados e formais. A nós, esta distinção, e para os estritos fins que temos em vista, parece-nos desnecessária na medida em que assenta na distinção entre as entidades que impõem o conjunto de regras, formalismos, a que esses mercados e os comportamentos dos seus agentes estão sujeitos nas transacções que realizam. Ademais, é difícil imaginar-se um mercado informal regulado!

quaisquer condições desde que compradores e vendedores cheguem a acordo entre si; claro que a desvantagem é a menor transparência e o maior risco de crédito dos negócios.

Para terminar convém distinguir entre mercados tangíveis e intangíveis. Os primeiros são mercados físicos, que possuem um endereço, onde compradores e vendedores se encontram e directamente, ou por interposta pessoa[407], negoceiam entre si. Nos mercados tangíveis, ou materiais, o sistema de negociação utilizado é o *open-outcry* construído sobre uma forte linguagem gestual e oral. Os desenvolvimentos das tecnologias de informação permitiram o aparecimento dos mercados intangíveis, ou imateriais, que funcionam não obstante não se encontrarem localizados em nenhum sítio concreto. O exemplo mais perfeito é aquele que se obtém pelo uso de plataformas informáticas especializadas onde são introduzidas ordens de compra e de venda que, de seguida, são *casadas* entre si.

QUADRO 49 – **Estrutura da Dívida Directa do Estado**[408]

Quadro III.45. Estrutura da Dívida Directa do Estado
(Óptica da Contabilidade Pública; milhões de euros)

Instrumentos	2008 Montante	%	2009e Montante	%
OT - taxa fixa	82 148	69,3	91 907	69,2
Certificados de Aforro	17 198	14,5	16 871	12,7
Dívida de curto prazo em euros	17 738	15,0	21 773	16,4
Da qual: Bilhetes do Tesouro	12 817	10,8	17 231	13,0
Outra dívida em euros(1)	455	0,4	145	0,1
Dívida em moedas não euro(1)	923	0,8	2 046	1,5
TOTAL	118 463	100	132 743	100

(1) Inclui promissórias de participação no capital de instituições internacionais e exclui derivados financeiros.
Fonte: Ministério das Finanças e da Administração Pública.

25.3. *O Mercado Secundário da Dívida Pública Portuguesa*

Em Portugal, o mercado secundário da dívida pública foi objecto de uma reforma profunda em 2000 que teve como principal objectivo a sua reor-

---

[407] Em alguns mercados, como as bolsas, os compradores e vendedores não podem ser eles próprios a negociarem entre si. São obrigados a fazê-lo por intermédio de casas de corretagem que executam as ordens dos clientes.

[408] Fonte: Relatório da proposta de Lei do Orçamento do Estado para 2010, Ministério das Finanças.

ganização compatível com maiores níveis de liquidez. O Mercado Especial de Dívida Pública (MEDIP)[409], é um mercado regulamentado nos termos do Código dos Valores Mobiliários, destinado à negociação, por via electrónica, e por grosso de OT[410] e de BT entre os especialistas do mercado.

O MEDIP é administrado pela sociedade de direito português MTS Portugal, SGMR S.A.[411], que é detida maioritariamente pelos OEVTs (70% do capital social), e onde também têm participações o IGCP, I.P. e o MTS S.p.a. com uma quota de 15% cada um deles. A CMVM (Comissão de Mercado de Valores Mobiliários) é a entidade que tem a seu cargo a supervisão deste mercado, da sociedade gestora e dos respectivos participantes.

25.4. *A Dívida Pública Portuguesa de Curto Prazo*

O Estado português emite actualmente bilhetes do tesouro e contrata acordos de recompra (operações de reporte). Os certificados de aforro que são actualmente emitidos não se colocam aqui porque têm um prazo de emissão de 10 anos; contudo, é possível proceder-se ao resgate antecipado[412].

25.4.1. *Os Bilhetes do Tesouro*

Os BT são obrigações de cupão zero. Quer isto dizer que não pagam cupão; por isso são emitidos a desconto com prazos até um ano, e amortizados pelo seu valor facial, ou nominal[413], que é de um euro. O juro que pagam é a diferença entre o valor facial e o preço pelo qual foram adquiridos. São títulos que podem ser emitidos com indexação à taxa de infla-

---

[409] Começou a funcionar em Julho de 2000 com 12 OEVT (Operadores Especializados de Valores do Tesouro); em finais de 2007 estes ascendiam já a 30.

[410] As OT admitidas à cotação no MEDIP classificam-se em três tipos em função da obrigação que os *market-makers* têm com respeito à sua cotação: a) títulos *benchmark* – os que são obrigatoriamente cotados por todos os *market-makers*; b) outros títulos líquidos – obrigatoriamente cotados pelos *market-makers* mas numa base rotativa; c) títulos regulares – os *market-makers* não estão obrigados a cotar.

[411] Constituída em Lisboa por escritura pública em 24 de Maio de 2000.

[412] A característica que distingue os certificados de aforro dos outros produtos financeiros emitidos pelo Estado é que a sua distribuição é feita a retalho, directamente junto das famílias. Tendo em conta os seus destinatários alvo, só podem ser titulados por pessoas singulares e apresentam-se com montantes mínimos de subscrição bastante reduzidos (€ 100 na série C). Não são transmissíveis a não ser em caso de falecimento do titular.

[413] Vocábulos com o mesmo significado.

ção por forma a que os credores do Estado, os detentores dos BT, tenham a garantia de auferirem uma certa remuneração real.

São colocados por leilão ou por subscrição limitada junto de um grupo de bancos reconhecidos pelo IGCP, I.P., como especialistas em BT (são os EBT) e que funcionam igualmente como *market-makers*[414] no MEDIP. Quer dizer então que estes EBT operam como rede de colocação dos BT, garantindo a sua colocação tanto no espaço nacional quanto no internacional, e asseguram a liquidez do mercado.

Os BT foram introduzidos em Portugal em 1985 e suspensos no início de 1999 para permitir ao Estado concentrar-se no desenvolvimento de um mercado de dívida de médio e longo prazos dotado de expressão internacional e com bastante liquidez, o das OT. A emissão foi retomada em 2003, após se ter realizado esse outro objectivo.

25.4.1.1. Os Leilões

Os BT são usualmente colocados em leilões que se cumprem segundo um calendário que é pré-anunciado no início de cada ano ou de cada trimestre e aos quais apenas têm acesso os EBT. Realizam-se habitualmente na primeira e/ou terceira quarta-feira de cada mês. As características de cada leilão são comunicadas aos EBT até três dias antes da sua realização e a liquidação é no segundo dia útil seguinte àquele em que se executam. Aquelas características têm a ver principalmente com a indicação do montante da emissão e com a taxa de juro máxima que o Estado está disposto a pagar naquele leilão.

Os leilões compreendem duas fases: a fase competitiva e a fase não competitiva que, de resto, está relacionada com a anterior, mormente quanto à taxa de juro contratada[415]. A adjudicação é feita aos EBT licitantes por ordem crescente das taxas de juro que eles propõem[416], e caso a procura exceda a oferta há lugar a rateio[417].

---

[414] No MEDIP os *market-makers* "... têm a obrigação de manter cotações firmes de compra e venda no sistema, durante um mínimo de cinco horas diárias, para um conjunto de títulos líquidos. As propostas dos *market-makers* estão sujeitas a um limite mínimo de quantidade e a um *spread bid/offer* máximo, pré-estabelecidos..." (www.igcp.pt/gca/?id=72).

[415] Para descrição exaustiva das fases do leilão ver www.igcp.pt/gca/index/php?id=156.

[416] Como vamos ver a seguir na valorimetria destes títulos, há uma relação inversa entre a taxa de juro e o preço do título, e ao Estado interessa encaixar o máximo em cada emissão. Logo, prefere taxas de juro mais baixas a taxas de juro mais altas.

[417] O leilão poderia ser a taxa de juro fixa que, provavelmente, conduziria a sobre-licitação. Por outro lado, quando o leilão é feito a taxas de juro variáveis, o leilão holân-

25.4.1.2. A Valorimetria dos Bilhetes do Tesouro

A valorimetria dos activos tem como preocupação determinar os seus valores teoricamente correctos. Estes são os preços de referência, não necessariamente coincidentes com os preços cotados no mercado a cada instante, sem os quais ninguém estaria jamais em condições de dizer que os activos estão caros ou estão baratos e que, portanto, devem, naquele momento, ser vendidos ou, pelo contrário, comprados. Essa coincidência só existe quando os mercados estão em equilíbrio[418] e, por norma, estarão, a não ser que haja obstáculos de qualquer natureza, inclusivamente de natureza legal. Este preço é calculável a qualquer momento entre a data da sua emissão e a data do seu vencimento.

Os activos que produzem *cash flows* no futuro avaliam-se descontando para o presente tais quantias à taxa de desconto apropriada que é a que traduz o custo do capital para operações com o nível de risco do título em questão. Representando por r a taxa de desconto, também dita de actualização; por t o prazo até ao vencimento, expresso como fracção do ano e contado a partir do momento em que estamos a fazer esta avaliação[419]; por VN o valor nominal, ou facial, a ser liquidado na data do vencimento e, por fim, por P_o o preço teórico que queremos calcular, e que é a nossa incógnita, temos:

$$254) \quad P_0 = \frac{VN}{(1+r)^t}$$

FIGURA 84 – **Representação Esquemática da Linha do Tempo**

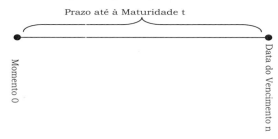

---

des utilizado na adjudicação aos licitantes tem a particularidade de todos eles pagarem a mesma taxa de juro, a taxa marginal de colocação, ainda que tenham feito licitações a taxas diversas desta. A taxa marginal de colocação é a taxa mais alta a que se faz a colocação da emissão; normalmente, se tudo correr bem, é aquela com a qual se esgota a emissão.

[418] Quando falamos em coincidência, isto é, igualdade de valores, estamos propositadamente a simplificar ignorando os custos de transacção, como é de tradição na ciência económica.

[419] Conhecido por maturidade do título, ou prazo até à maturidade.

Um exemplo de cálculo. Admitamos um título destes com valor nominal de € 1 e com uma maturidade de 9 meses. A taxa de juro licitada no leilão foi de 5%[420]. Pergunta-se: qual foi o encaixe que a entidade emitente obteve com cada um destes BT? Resposta:

$$\frac{1}{(1+5\%)^{\frac{9}{12}}} = € 0.964$$

E passados três meses quanto é que estes títulos valem? Vamos admitir que por essa altura houve alterações nas condições prevalecentes no mercado monetário. Em particular, alteraram-se as taxas de juro para aplicações com aquele nível de risco em resultado de novas orientações de política monetária e, assim, a taxa de juro para operações a 6 meses é de 4%[421]. Atente-se que o prazo até à maturidade é neste instante de 6 meses. Logo, a resposta à pergunta é:

$$\frac{1}{(1+4\%)^{\frac{6}{12}}} = € 0.981$$

Não será necessário dizer-se que no momento em que o título se vence o seu preço é exactamente igual ao *cash-flow* que gera por essa ocasião (t = 0).

Contudo, o preço de mercado, como já se disse atrás, pode divergir do preço de referência.

Para um dado preço cotado no mercado, P_0^M, interessa-nos conhecer a taxa de remuneração que se está a obter, para o que procuramos calcular o chamado *discount yield*, cuja fórmula se escreve a seguir, onde n é o número de meses que faltam até ao vencimento.

255) $dy = \frac{VN - P_0^M}{VN} * \frac{12}{n} * 100$

Assim, para prosseguirmos com o exemplo acabado de dar, se aquela obrigação estivesse a ser cotada a € 0.950 em vez de a € 0.981, a taxa de

---

[420] Independentemente dos prazos das operações, as taxas de juro são sempre expressas em termos anuais, competindo-nos a nós realizar as necessárias operações de ajustamento temporal.

[421] Alternativamente poderíamos pensar que diminuiu a percepção do mercado quanto ao risco deste título. Referimo-nos a toda a problemática que nesta altura preocupa os mercados quanto ao risco da dívida soberana.

remuneração, entendida como o *discount yield*, seria maior que os 4%; concretamente:

$$dy = \frac{1 - 0.950}{1} * \frac{12}{6} * 100 = 10\%$$

A equação (254) evidencia uma relação negativa entre o preço deste título e a taxa de juro. É matéria que será desenvolvida adiante.

Note-se que esta medida de avaliação calcula-se tomando o valor a receber, VN, como a referência para o respectivo cômputo. Porém, normalmente a rentabilidade de um qualquer investimento é apurada tomando como base o preço de aquisição do activo, que é, realmente, o valor do investimento efectuado. Em conformidade com isto, a medida que exprime esta outra perspectiva é a chamada *bond equivalent yield*, *by*, que se calcula segundo a fórmula abaixo:

256) $by = \frac{VN - P_0^M}{P_0^M} * \frac{12}{n} * 100$

A comparação entre as duas expressões permite-nos imediatamente concluir que $by > dy$.

25.4.2. Os Acordos de Recompra

É um instrumento financeiro muito comum, largamente utilizado, por exemplo, na implementação das orientações de política monetária pelos Bancos Centrais. Nos mercados são conhecidos pela designação anglo-saxónica de *repurchase-agreements* ou, abreviadamente, por *repos*. Consistem num acordo entre duas partes em que uma concorda em vender à outra, por determinado preço, um activo, geralmente financeiro, e, ao mesmo tempo, concordam na reversão da operação ao fim de um determinado período de tempo pelo preço que fica desde logo estabelecido entre elas. Ou seja, nesta operação não só hoje o sujeito A vende ao sujeito B alguns activos, como ainda decidem que A os irá comprar a B no termo do prazo especificado, habitualmente inferior a um ano, e ao preço que for combinado na altura.

Como bem se percebe, estamos de facto perante um empréstimo de B a A, garantido pelos títulos que são trocados entre ambos. Os juros do contrato de mútuo encontram-se na diferença entre os preços de venda e de retoma.

No quadro do financiamento das necessidades do Estado, estas operações versam sobre OT e BT em que as contrapartes do IGCP, I.P., são os Operadores Especializados de Valores do Tesouro (OEVT)[422] e os EBT.

25.5. *A Dívida Pública Portuguesa de Médio e Longo Prazos*

Desde 1999, com o início da 3.ª fase da UEM, a dívida pública portuguesa tem tomado grande expressão na forma de OT. O regime jurídico das OT (RGOT) encontra-se lavrado no Decreto-Lei n.º 280/98 de 17 de Setembro.[423]

Como se caracterizam? Em conformidade com o n.º 2 da legislação citada, são denominados em euros. O valor facial é de um euro (artigo 3.º), e podem ser emitidas por prazos iguais ou superiores a um ano (artigo 8.º)[424]. Podem ser do tipo cupão zero, ou vencerem juros (cupões) periódicos, a taxas de juro fixas (taxas de cupão e cupões fixos) ou variáveis (taxas de cupão e cupões variáveis), e podem mesmo ser objecto de *stripping*[425] (artigos 5.º e 10.º). Vencem-se, tanto no capital quanto nos cupões, nas datas de vencimento contratadas mas se os contratos de emissão o autorizarem, podem ser total ou parcialmente objecto de reeembolso antecipado (artigo 6.º). A emissão é simples ou por séries, e a colocação, seja directa ou indirecta, realiza-se segundo duas modalidades (artigo 4.º): a) leilão; b) subscrição limitada a instituições financeiras, organizadas ou não em consórcios. O IGCP, I.P., tem privilegiado a emissão na forma de leilões e por sindicatos bancários. O calendário dos leilões é anunciado no início de cada trimestre e realizam-se na 2.ª quarta-feira de cada mês.

---

[422] São o equivalente aos EBT na colocação de OT no mercado primário e, adicionalmente, como *market-makers* no mercado secundário (MEDIP). Há ainda os Operadores de Mercado Primário (OMP) que são instituições sem estatuto de OEVT por não cumprirem todos os requisitos para acederem a esse estatuto mas que, ainda assim, têm capacidade para contribuir para o desenvolvimento deste mercado da dívida pública. Aos OMP é permitido participar na fase competitiva dos leilões de OT; o acesso à fase não competitiva é exclusivo dos OEVT.

[423] Mas como sabemos, as OT não são os únicos títulos de dívida emitidos pelo Estado português. Para além das já mencionadas Certificados de Aforro, desde logo, e por força da Resolução do Conselho de Ministros 40/2010, de 11 de Junho, foram lançados os Certificados de Tesouro dirigidos às famílias e com uma maturidade de 10 anos. Apresentam, de resto, características muito próximos dos outros certificados.

[424] A maior maturidade das emissões é de 50 anos (www.igcp.pt/gca/?id=57).

[425] Em português dir-se-ia destaque de direitos, mas a que figura no texto é a expressão técnica consagrada no mercado.

Para além das modalidades acabadas de descrever, existem ainda outros veículos de financiamento possíveis do Estado, tais como os empréstimos perpétuos e as rendas vitalícias.

Empréstimos perpétuos, como o nome o indica, são os que o Estado não está obrigado a reembolsar, comprometendo-se, em vez disso, a pagar juros periódicos para todo o sempre. Contudo, o contrato de emissão poderá consentir que o Estado venha a proceder, quando o entender, a essa amortização; se assim for, estamos perante empréstimos perpétuos remíveis. Mas se esta faculdade estiver excluída, então o empréstimo perpétuo é irremível. Como o reconhece, e bem, Teixeira Ribeiro (1984, p. 143) não são verdadeiros empréstimos, justamente devido à circunstância de o Estado não estar constrangido a amortizar o capital recebido. Trata-se, isso sim, de rendas perpétuas.

Para além das rendas perpétuas temos as rendas vitalícias[426]. Nesta figura o Estado obriga-se a pagar ao credor uma renda enquanto ele for vivo, renda essa que incorpora juros e a amortização de parte do capital. A rentabilidade para o Estado da utilização deste instrumento depende da esperança de vida dos credores, contada a partir da data em que o empréstimo é realizado mas, historicamente, tem redundado em prejuízos significativos[427].

As obrigações existem numa considerável diversidade de modalidades quanto aos seus aspectos mais relevantes, e podemos concluir que a legislação portuguesa admite praticamente todas as soluções[428]. Na próxima sec-

---

[426] O n.º 4 do artigo 10.º da LQDP admite a consideração como formas de financiamento dos certificados de renda perpétua e vitalícia, mas só até à sua extinção. Daqui se conclui que o Estado português não contempla a emissão de novos títulos com esta natureza.

[427] Historicamente parece terem sido as *tontines* uma das primeiras formas de financiamento das necessidades do Estado. Designam-se assim porque teriam sido uma criação do banqueiro napolitano Lorenzo Tonti em 1653. Foram emitidas pela primeira vez pelo Rei Luís XIV em 1689 para suportar os custos com as guerras em que a França estava envolvida. A Inglaterra emitiu-as pela primeira vez em 1693. Com as *tontines* cada investidor subscreve-as por um certo montante; a partir daí recebe juros até morrer (o capital nunca é amortizado) e quando isso acontece os juros do capital que investiu passam para os subscritores sobrevivos. A obrigação para o Estado extingue-se com a morte do último subscritor. Nessa emissão a que há instantes nos referimos, o último sobrevivente foi a viúva Charlotte Barbier que morreu no ano de 1726 com 96 anos de idade tendo ascendido a 73000 libras o último pagamento que lhe foi feito. Porque a longevidade dos investidores se revelou superior ao previsto, este mecanismo revelou-se desastroso para as finanças públicas, e foi definitivamente abandonado em meados do século XIX.

[428] Obviamente com excepção das obrigações convertíveis e das trocáveis (*exchangeable*), no que se refere às modalidades do seu vencimento.

ção vamos sucintamente apresentar alguns tipos de obrigações com cupão, pois as de cupão zero já foram consideradas em espaço próprio.

25.6. A Sistematização das Obrigações

A noção de partida é a de obrigações com cupão que se definem como sendo aquelas que pagam juros periódicos, os cupões, calculados à taxa de juro que tiver sido contratada (taxa de cupão) e que poderá ser fixa ou variável. A taxa de cupão é variável quando, perante um processo inflacionário ou deflacionário, se deseja garantir ao detentor da obrigação, o mutuário, um rendimento certo em termos reais.

A sistematização das obrigações faz-se a dois níveis; atendendo à forma de remuneração e às condições para a sua liquidação.

25.6.1. Classificação Quanto à Remuneração

Perante a enorme diversidade de situações, é por demais evidente que não temos a pretensão de sermos exaustivos. Mesmo assim tocaremos nos casos mais representativos.

A obrigação é de taxa fixa sempre que seja constante a taxa de juro nominal que paga ao longo da sua vida. Portanto, os cupões são iguais uns aos outros, período após período. Entendem-se também como de taxa fixa aquelas cujas taxas de cupão, embora sendo variáveis ao longo do tempo, são definidas no momento da emissão e, portanto, conhecidas desde então.

A obrigação é a taxa variável quando, potencialmente, a taxa de juro varia entre períodos, mas sendo quantitativamente conhecida apenas no início de cada um desses momentos. É uma modalidade adequada a emissões por prazos relativamente longos num contexto macro-económico de inconstância do nível geral de preços, com a intenção de se prevenirem redistribuições não planeadas de rendimento e de riqueza entre mutuantes e mutuários. Este resultado obtém-se de vários modos, tais como:

I. Somando-se um *spread* constante à taxa de juro de referência contratada, por exemplo a Euribor ou a Libor a 3 meses, cuja cotação de mercado é, por natureza, oscilante. Em consequência, os cupões periódicos são eles próprios variáveis. Um produto que elucida esta obrigação são as *floating rate notes* (FRNs) que, habitualmente, pagam cupões trimestrais ou semestrais. Estas obrigações têm elas próprias variantes denominadas de:
   a) *Capped FRNs* quando há imposição de um valor máximo para os cupões;

b) *Floored FRNs* quando há imposição de um valor mínimo para os cupões;
c) *Collared FRNs* quando os cupões estão limitados por valores máximos e mínimos.

II. Taxas de cupão sujeitas periodicamente a revisão por meio de leilões. São as *auction rate securities* (ARS) comuns nos E.U.A. até 2008, altura em que deixaram de ser emitidas devido à crise financeira que rebentou em Agosto de 2007.

III. Indexação do valor nominal da obrigação à taxa de inflação. São os *inflation linked bonds* também conhecidos por *linkers*. Os primeiros de que há memória foram emitidos em 1780 pela Massachusets Bay Company nos actuais E.U.A. Os que são hoje emitidos pelo Tesouro dos E.U.A. chamam-se *Treasury Inflation Protected Securities* (TIPS). Para o cálculo dos cupões continua-se a aplicar a taxa fixa de cupão, mas agora sobre o principal ajustado[429] e podem ser sujeitos a *stripping*, com o que se criam os *STRIPS* (*separate trading of registered interest and principal of securities*).

Ora bem, os *STRIPS*[430] são instrumentos de dívida que resultam da separação, desmembramento, dos cupões do principal. Desta maneira uma obrigação que, suponhamos, tenha ainda a vencer 10 cupões mais o principal, este no vencimento, desagrega-se em 11 obrigações independentes de cupão zero: os dez cupões mais o principal, que passam a ser negociadas separada e independentemente entre si no mercado. Há vários motivos que os tornaram tão populares quanto o são hoje em dia, a saber:

a) O activo subjacente é dívida com baixo risco de incumprimento (risco de crédito) por ser emitida pelo Estado;
b) Permite um investimento mais baixo em comparação com o da obrigação original;
c) Oferece uma considerável multiplicidade de datas de vencimento e de taxas de rentabilidade em virtude da dispersão dos prazos de vencimento que assim se consegue;
d) Existe um mercado secundário muito activo para *STRIPS*.

---

[429] Se houver deflação, aplica-se por norma uma cláusula contratual pela qual se garante que o principal nunca descerá abaixo do par.

[430] Os *STRIPS* foram uma criação de companhias financeiras americanas a partir das obrigações do Tesouro dos E.U.A. Elas deixaram de os emitir em 1986 quando o Tesouro criou o seu próprio sistema que se revelou mais seguro para os investidores. Eram os felinos: *TIGRs (Treasury Income Growth Receipts, da Merrill Lynch), CATS (Certificates of Accrual on Treasury Securities, do Salomon Brothers), LIONs (Lehman Investment Opportunity Notes, do Lehman Brothers)*, a que se acrescentavam os *RATS, COUGARs, GATORs, EAGLEs, DOGs*, etc.

Debrucemo-nos em seguida sobre as modalidades em que as obrigações podem (ou não) ser amortizadas pelo valor do principal em dívida.

25.6.2. Classificação Quanto ao Vencimento

A forma mais simples é o vencimento das obrigações na íntegra e numa única data futura pelo valor do principal. Mas há, sem dúvida, outras possibilidades e cujo número é certamente mais amplo no caso de serem emitidas por empresas[431].

Prossigamos com as obrigações emitidas com opção *call* (as *callable bonds*). Definem-se como aquelas em que o emitente tem o direito, mas não a obrigação, que lhe é conferido pelo contrato de emissão de, querendo-o, proceder à sua amortização em data anterior à da maturidade e ao preço também contratualmente determinado (o *call price*). À cláusula do contrato que confere esta capacidade dá-se o nome de *call provision*. Frequentemente, o contrato de emissão também fixa um prazo antes do qual essa opção não pode ser exercida e, se assim for, diz-se que a obrigação está protegida (*call protected*) por meio de uma cláusula de limitação temporal da capacidade desse exercício (cláusula de *deferred call*); ao contrário, quando a opção é exercível a qualquer momento diz-se que a obrigação é *freely callable*. Em geral o *call price* está acima do par, e a diferença é o *call premium* (*call price-valor facial*) que diminui de valor à medida que se aproxima a data do vencimento. A vantagem deste tipo de obrigações está na possibilidade que confere de reestruturação da dívida, com substituição de dívida mais cara, a vigente, por outra remunerada a uma taxa de juro mais baixa; institui, assim, uma forma de cobertura do risco de descida da taxa de juro. Para concluir, deve-se dizer que estas opções são, por via de regra, exercidas quando o preço de mercado excede o preço de exercício (*call price*) por virtude dos custos de transacção que se têm que suportar com a emissão da nova dívida.

As obrigações com opção *put* (*puttable bonds*) são como que o recíproco das anteriores. Agora são os detentores das obrigações emitidas com esta cláusula que têm o direito, mas não a obrigação de, querendo-o, exi-

---

[431] Pela possibilidade que se coloca de serem convertidas em acções da própria empresa emitente (obrigações convertíveis) ou de empresa distinta que, todavia, se lhe encontre associada (obrigações trocáveis). Na esfera do Estado aplicar-se-ão, eventualmente, em emissões realizadas pelo sector empresarial do Estado desde que o respectivo capital esteja titulado por acções cotadas em bolsa.

gir a liquidação antecipada delas. Constitui-se como um instrumento de gestão do risco de subida da taxa de juro, pois permite a reestruturação dos créditos pelos investidores, possibilitando a mobilidade para instrumentos remunerados a taxas de juro superiores. Em consequência deste direito, que tem como contrapartida inconvenientes para os emitentes, estas obrigações são remuneradas a taxas de juro mais baixas.

Há ainda aquelas emissões obrigacionistas que são parcialmente amortizadas com início em ano anterior ao das respectivas maturidades, concluindo-se a liquidação na maturidade. Para financiar estas operações de resgate são constituídos fundos aprovisionados anualmente pelos emitentes (os *sinking funds*) a partir de certa data, em função do que estiver a este respeito estipulado no contrato de emissão. Um problema associado a esta prática é a selecção das unidades concretas desses títulos que vão ser liquidados antes da maturidade e, se o forem, em que momentos exactos. Basicamente existem dois procedimentos que são praticados: a) por lotaria, ou seja, as obrigações contempladas são sorteadas, pelo que o regime é aleatório; b) *pro rata,* o que indica que a liquidação antecipada se aplica a todos os detentores de unidades dssas obrigações e é feita para todos eles na exacta proporção dos títulos a amortizar.

25.7. *A Valorimetria das Obrigações que Pagam Cupão*

O princípio básico para esta valorimetria é o mesmo do dos bilhetes do tesouro, obrigações de cupão zero, explanado em secção anterior, ou seja, o valor descontado para o presente, à taxa de actualização adequada, de todos os *cash-flows* previstos para o futuro a produzir pelo título em causa.

Os cupões periódicos podem ser variáveis ou constantes de período para período. Vamos, para já, considerar o caso mais geral de cupões variáveis, a partir do qual derivaremos a expressão de cálculo para o caso particular de cupões constantes.

Admitamos, pois, que determinada obrigação paga cupões periódicos, havendo ainda a vencer, até à maturidade, n deles com valores iguais a C_1, C_2, ..., C_n. Para além disso, no vencimento, em n, há também lugar ao pagamento do principal, cujo montante ascende a *VN*. Finalmente, do momento presente até ao vencimento de cada um dos *cash-flows* previstos, faltam, respectivamente 1, 2, ..., n períodos de tempo correspondentes à periodicidade com que são liquidados os cupões.

O símbolo t que vamos utilizar significa o número de cupões a liquidar num ano, de tal maneira que $\frac{1}{t}$ é a fracção do ano que corresponde a cada período de pagamento de cupões. Desta forma, se essa periodicidade for trimestral $\frac{1}{t}$ é igual a (1/4), se fôr semestral já será $t = \frac{1}{2}$ e assim sucessivamente até $\frac{1}{t} = 1$ que se verifica quando a periodicidade dos cupões é anual e, por isso, coincidente com o período de referência para a cotação da taxa de actualização r. Consequentemente, a fórmula de cálculo do preço teórico é apresentada na fórmula imediatamente a seguir[432].

257) $P_0 = \dfrac{C_1}{(1+r)^{\frac{1}{t}}} + \dfrac{C_2}{(1+r)^{\frac{2}{t}}} + \ldots + \dfrac{C_n}{(1+r)^{\frac{n}{t}}} + \dfrac{VN}{(1+r)^{\frac{n}{t}}}$

Na circunstância de os cupões serem iguais período após período, $C_1 = C_2 = \ldots = C_n = C$, a expressão anterior reduz-se a:

258) $P_0 = C \sum_{i=1}^{n} \dfrac{1}{(1+r)^{\frac{i}{t}}} + \dfrac{VN}{(1+r)^{\frac{n}{t}}}$

Com o intuito de simplificar o cálculo, a fórmula dada pela expressão anterior reescreve-se como:

259) $P_0 = C(pvifa, t, r, n) + VN(pvif, t, r, n)$

em que $(pvifa, t, r, n) = \dfrac{1}{(1+r)^{\frac{1}{t}} - 1} - \dfrac{1}{[(1+r)^{\frac{1}{t}} - 1](1+r)^{\frac{n}{t}}}$ e $(pvif, t, r, n) = \dfrac{1}{(1+r)^{\frac{n}{t}}}$.

Para ilustrar a aplicação destas expressões, vamos supôr este exemplo: em Novembro de 2003, imediatamente após a liquidação do último cupão pago por obrigações do tesouro *13s Novembro 2007*, pretende-se conhecer qual deverá ser o seu preço, atendendo a que o valor nominal é € 1 000 e que pagam cupões semestrais. Sabe-se também que a taxa de juro no mercado é de 10%. Considerando a designação destas obrigações, exposta acima em itálico, ficamos a saber que vencem uma taxa de cupão de 13%, que se vencem em Novembro de 2007 e, portanto, feitos os cálculos correspondentes, o prazo até à maturidade é, em Novembro de 2003, de 4 anos ou, oito semestres, tendo em conta a periodicidade com que os cupões são pagos. Além disso, o valor do cupão semestral é de € 1000* $[(1 + 13\%)^{\frac{1}{2}} - 1] = $ € 63.015.

---

[432] Esta fórmula aplica-se quando a valorimetria é feita no momento imediatamente a seguir ao pagamento do último cupão, de tal maneira que o período de tempo que falta até ao pagamento do próximo cupão é exactamente igual à periodicidade com que são pagos. Quando a situação é diferente a fórmula tem que ser ajustada.

Então, o valor pretendido calcula-se como:

$$P_0 = \frac{\text{€}63.015}{(1+10\%)^{\frac{1}{2}}} + \frac{\text{€}63.015}{(1+10\%)^{\frac{2}{2}}} + \dots + \frac{\text{€}63.015}{(1+10\%)^{\frac{8}{2}}} + \frac{\text{€}1000}{(1+10\%)^{\frac{8}{2}}} = \text{€ }1092.258$$

Ou, alternativamente, por recurso à fórmula da Equação (259):

$$P_0 = \text{€}63.015 * \left[\frac{1}{(1+10\%)^{\frac{1}{2}}-1} - \frac{1}{[(1+10\%)^{\frac{1}{2}}-1](1+10\%)^{\frac{8}{2}}}\right] + \frac{\text{€}1000}{(1+10\%)^{\frac{8}{2}}} = \text{€ }1092.258$$

Se em vez de serem pagos semestralmente, os cupões fossem anuais, mantendo-se todos os demais dados do problema, a cotação teórica daquele título seria assim calculado:

$$P_0 = \frac{\text{€}130}{(1+0.10)^1} + \frac{\text{€}130}{(1+0.10)^2} + \dots + \frac{\text{€}130}{(1+0.10)^4} + \frac{\text{€}1000}{(1+0.10)^4} = \text{€ }1095.096$$

e, concomitantemente, a resolução do problema exprime-se pela fórmula simplificada do seguinte modo:

$$P_0 = \text{€}130 * \left[\frac{1}{0.10} - \frac{1}{0.10(1.10)^4}\right] + \frac{\text{€}1000}{(1.10)^4} = \text{€}1095.096$$

Repare-se que todas as receitas esperadas foram actualizadas para o presente à mesma taxa de desconto. Se bem que seja esta a prática corrente, justificada por razões de simplicidade, do ponto de vista teórico o procedimento só é correcto quando a estrutura de prazos das taxas de juro é horizontal. Sempre que assim não seja, então o procedimento teoricamente correcto consiste em actualizar cada *cash-flow* à taxa de juro do respectivo período. E nesta situação, a fórmula da Equação (257) é alterada para:

$$260)\quad P_0 = \frac{C_1}{(1+r_1)^{\frac{1}{t}}} + \frac{C_2}{(1+r_2)^{\frac{2}{t}}} + \dots + \frac{C_n}{(1+r_n)^{\frac{n}{t}}} + \frac{VN}{(1+r_n)^{\frac{n}{t}}}$$

com pelos menos alguns dos valores de r diferentes entre si.

25.7.1. Quando a Valorimetria é Feita entre Dois Pagamentos de Cupões

A situação de longe mais comum é quando a valorimetria se realiza numa data entre dois pagamentos de cupões. Por exemplo, os cupões são semestrais e nós desejamos avaliar determinada obrigação quando já se passou um mês sobre o pagamento do último cupão e, por consequência, faltam ainda cinco meses até ao pagamento do próximo. Ora, sempre que um investidor adquire uma obrigação em tais momentos do tempo deve pagar juros corridos ao vendedor da obrigação já que uma parte do próximo cupão pertence, por direito, ao vendedor. Essa parte corresponde ao tempo transcorrido entre o último pagamento e a data da transacção. Para formalizar esta ideia, vamos admitir que o número de dias entre cupões, a sua periodicidade, é representada por T e que até ao momento já passaram λ dias, tal que $\lambda < T$. Continuando a simbolizar os cupões por C, então o comprador do título deve pagar ao vendedor juros corridos que ascendem a:

261) $C * \frac{\lambda}{T}$

Seja, a título de mero exemplo, que os cupões de certa obrigação são semestrais, ascendendo a €100. O último foi pago em 1 de Janeiro pelo que o próximo o será em 1 de Julho do mesmo ano, e estamos hoje em 13 de Março de um ano não bisexto. Então, $T = 181$ dias e $\lambda = 71$ dias. Com estes dados do problema concluímos que o vendedor deverá receber, a título de juros corridos, €$100 * \frac{71}{181}$ = € 39.227.

Vamos então proceder à valorimetria de uma obrigação nestas circunstâncias com base neste exemplo: uma certa obrigação paga cupões trimestrais de valor igual a €50 e vence-se daqui a 4 anos e 8 meses; o valor nominal é de €1000 e a taxa de actualização apropriada é de 6%.

Do enunciado do problema ficamos a saber que ainda faltam vencer 19 cupões e que nos encontramos a dois meses do próximo vencimento, motivo pelo qual o último foi pago há um mês. A resolução do problema faz-se em dois passos: a) actualização de dezoito cupões mais valor nominal para daqui a dois meses, na data exacta em que se vence o próximo; b) actualização do resultado obtido no passo anterior para a data em que a transacção se está a efectuar, ou seja, dois meses antes dessa data. E é tudo isto que vamos agora concretizar através da fórmula que se segue.

$$P_0 = \frac{€50 + €50 \left[\frac{1}{0.014674} - \frac{1}{0.014674(1.06)^{\frac{18}{4}}} \right] + \frac{€1000}{(1.06)^{\frac{18}{4}}}}{(1 + 0.06)^{\frac{2}{12}}} = €1589.759$$

O que acabou de se calcular mais não foi do que o valor actualizado para o presente de todos os recebimentos previstos para o futuro, e onde se encontram incluídos os juros corridos.

25.7.2. A Valorimetria das Perpetuidades

Trata-se, em boa verdade, de um caso particular do que se acabou de estudar nas secções anteriores. Não há liquidação do principal, pelo que $VN = 0$ e os juros são devidos para todo o sempre, isto é, n tende para mais infinito. Supondo que os juros são de valor fixo ao longo do tempo, temos[433]:

$$262) \quad P_0 = C \sum_{i=1}^{\infty} \frac{1}{(1+r)^{\frac{i}{t}}} = C \frac{1}{(1+r)^{\frac{1}{t}}} \left[1 + \frac{1}{(1+r)^{\frac{1}{t}}} + \frac{1}{(1+r)^{\frac{2}{t}}} + \cdots + \frac{1}{(1+r)^{\frac{n-1}{t}}} \right].$$

Como bem se percebe, o termo à direita do símbolo de somatório é uma progressão geométrica de razão $\frac{1}{(1+r)^{1/t}}$. Procedendo-se como é habitual facilmente encontramos o valor desse somatório, tal que o preço teórico da perpetuidade é:

$$263) \quad P_0 = \frac{c}{(1+r)^{\frac{1}{t}} - 1}.$$

Ilustremos a aplicação desta fórmula com o exemplo que se segue. Uma perpetuidade paga um cupão trimestral de € 30. Considerando que a taxa de juro é de 12%, a que preço deverá ela ser transaccionada? Os cálculos são fáceis de fazer:

$$P_0 = \frac{€30}{(1 + 12\%)^{\frac{1}{4}} - 1} = €1043.938$$

Porém, se a taxa de juro passar para 18%, constata-se, por aplicação da mesma fórmula, que o preço deverá baixar para € 710.116. De facto, uma vez que a taxa de juro se encontra no denominador da expressão, facilmente se conclui que há uma relação negativa entre ela e o preço.

25.8. A Taxa Interna de Rentabilidade (Yield to Maturity)

A taxa interna de rentabilidade (TIR), conhecida vulgarmente no mercado pela expressão anglo-saxónica de *yield to maturity*, é uma medida de avaliação dos investimentos em obrigações com larga utilização pelos investidores. Esta taxa interna de rentabilidade que se pretende cal-

---

[433] t continua a ter o significado que lhe temos vindo a dar, pelo que também cumpre as condições habituais.

cular, e que agora é a nossa incógnita, define-se como aquela que actualiza para o presente todos os recebimentos antecipados para o futuro igualando-os ao preço de mercado. Note-se bem que neste novo enquadramento o preço é um dado e já não a incógnita e que o preço agora em questão não é o teórico, ou de referência, mas o efectivamente cotado no mercado na altura. Assim sendo, a expressão que nos possibilita o cálculo da TIR é dada a seguir[434].

264) $P_0^M = \frac{c_1}{(1+i)^1} + \frac{c_2}{(1+i)^2} + \ldots + \frac{c_n}{(1+i)^n} + \frac{VN}{(1+i)^n}$

Expressamos a TIR por i que está referida ao mesmo período de tempo em que os cupões são pagos.

Vamos admitir que uma obrigação, como o valor nominal de € 1000 paga cupões semestrais de € 45 e restam ainda 4 anos e meio até ao seu vencimento. Há ainda, portanto, 9 cupões a receber. Nessa mesma altura a sua cotação de mercado é de € 971.442. A *yield* será calculada como:

$$€971.442 = €45 \left[\frac{1}{(1+i)^{\frac{1}{2}}} + \frac{1}{(1+i)^{\frac{2}{2}}} + \ldots + \frac{1}{(1+i)^{\frac{9}{2}}} \right] + \frac{€1000}{(1+i)^{\frac{9}{2}}}$$

Resolvendo a expressão anterior obtemos que $i = 10.04\%$, em termos de taxa anualizada. Veja-se, a propósito, que se o preço de mercado fosse de € 1000, então a *yield* teria o mesmo valor que a taxa de cupão: 4.5% semestral ou cerca de 9.20% anual. Daí se segue que preços mais altos que o valor nominal estão associados a *yields* inferiores à taxa de cupão e vice-versa.

Para concluir este assunto é importante que se não fique com a ideia de que a taxa interna de rentabilidade é o mesmo que taxa de rentabilidade de um investimento feito em obrigações. O cálculo desta taxa a que acabámos de aludir exige ter-se em conta o efeito cupão, o mesmo é dizer, os juros de juros que são, pois, fruto do reinvestimento dos cupões.

---

[434] Atente-se a que esta expressão se aplica às situações em que o cálculo é efectuado imediatamente após o pagamento do último cupão.

25.9. Alguns Teoremas sobre o Preço das Obrigações

O objectivo desta secção do texto é explicitar algumas relações importantes sobre a valorimetria das obrigações apresentadas, como é norma na literatura, pela enunciação de teoremas.

Teorema I: O preço das obrigações varia inversamente com a taxa de actualização.

Ilustração: consideremos uma obrigação com maturidade de 8 anos, que paga cupões anuais à taxa de 10%, e cujo valor facial é de € 1000. Então: a) se a taxa de juro de actualização fôr de 10%, o preço do título é € 1000; b) se aquela taxa baixar para 9%, então o preço sobe para € 1 055.348; c) se, diferentemente, a taxa de juro subir para 11% o preço passar para € 948.539.

Teorema II: A subida de preço relacionada com a descida da taxa de actualização por um certo montante é maior que o valor absoluto da descida verificada no preço desse título em consequência de uma subida dessa taxa pelo mesmo valor da descida mencionada antes.

Ilustração: retomando os valores do exemplo empregue no teorema I, se a taxa de actualização baixar 1% tal significa que o preço aumenta € 55.348, mas se aumentar pelo mesmo 1% o preço desce apenas € 51.461.

Teorema III: Para todas as obrigações cotadas ao par ou acima do par, e para quase todas as obrigações cotadas abaixo do par, quanto maior a maturidade, maior é a variação relativa do preço da obrigação para uma dada variação da taxa de actualização.

Ilustração: consideremos as obrigações A e B que se caracterizam assim

   Obrigação A: valor facial de € 1000, cupão anual 10%, maturidade a 5 anos;
   Obrigação B: valor facial de € 1000, cupão anual 10%, maturidade a 10 anos

Se a taxa de actualização passar de 10% para 9%, o preço de A sobe para € 1038.897 enquanto o de B sobe para € 1064.177.

Teorema IV: Quanto menor a taxa de cupão, maior é a variação percentual do preço da obrigação para uma dada variação da taxa de actualização[435]. Exemplo:

---

[435] Este teorema não é válido para perpetuidades.

Obrigação A com *VN* = € *1000*, cupões anuais, taxa de cupão 8%, prazo até à maturidade 3 anos, taxa de actualização inicial 10%, tudo isto implicando um preço de € 950.263; obrigação B com *VN* = € *1000*, cupões anuais, taxa de cupão 9%, prazo até à maturidade 3 anos, taxa de actualização inicial 10% implicando um preço de € 975.132. Se a taxa de actualização se alterar para 11%, o preço de A desce para € 926.689 (i.e., 2.48%) e o de B desce para € 951.126 (i.e., 2.46%).

25.10. *Risco de Crédito e Rating*

Risco significa incerteza quanto aos resultados das operações económicas em curso ou planeadas. Este risco pode advir de muitas e diversas fontes e, consoante os casos, assim se designa de risco preço, risco de crédito, risco político, risco económico, etc. A nós interessa-nos aqui considerar o risco de crédito cujo conteúdo se traduz na possibilidade de o devedor não pagar ao credor as importâncias que lhe são devidas e nos momentos aprazados contratualmente. No contexto das obrigações estamos a falar da liquidação dos valores pertinentes aos cupões e ao principal. Este risco é avaliado para as emissões de dívida dos Estados e das grandes empresas, quer seja de curto prazo quer seja de médio e longo prazos, por empresas internacionais de notação (*rating*) onde sobressaem a Standard and Poors (S&P), a Moody´s e a Fitch Ratings[436].

O *rating* é atribuído segundo a escala de risco específica a cada uma dessas empresas. Essas escalas estão organizadas internamente de forma a distinguirem desde logo entre obrigações com relativamente baixo risco (*investment grade*) e obrigações de elevado risco (*speculative grade* ou *junk bonds*). Assim, na escala da Moody´s, são, por ordem crescente de risco, dívida de longo prazo do primeiro tipo as classificadas com Aaa; Aa1, Aa2 Aa3; A1, A2, A3; Baa1, Baa2, Baa3. As classificadas com Aaa são as de melhor qualidade, de risco muito baixo; a última classe, Baa1 a Baa3, apresentam já risco moderado de incumprimento. São obrigações de risco elevado as que têm notação, por ordem crescente de risco: Ba1, Ba2, Ba3; B1, B2, B3; Caa1, Caa2, Caa3; Ca; C. As que são notadas com C representam o risco mais elevado e, tipicamente, já se encontram em incumprimento.

---

[436] Para além destas três há naturalmente outras como a Dominion Bond Rating Service e a A.M.Best.

Para a S&P a escala de notação correspondente é, para as obrigações de médio e longo prazos de mais baixo risco (*investment grade*): AAA; AA+, AA, AA-; A+, A, A-; BBB+, BBB, BBB-. E para as de maior risco (*speculative grade*), de novo por ordem crescente de risco: BB+, BB, BB-; B+, B, B-; CCC+, CCC, CCC-; CC+, CC, CC-; C+, C, C-; CI; R; SD; D.

O quadro abaixo refere a notação da dívida pública portuguesa ao tempo em que escrevemos este texto.

QUADRO 50 – **Notação de Risco de Crédito (Rating) da Dívida Pública Portuguesa**[437]

Agência de *rating*	Longo Prazo	Curto Prazo	Última Avaliação	Última Alteração de *rating*	Outlook
Standard & Poor's	A-	A-2	2010	2010	Negativo
Moody's	Aa2	P-1	2009	1998	Negativo
Fitch Ratings	AA-	F1+	2010	2010	Negativo

---

[437] Fonte: IGCP, I.P. Entretanto, em 2010 também a Moody's reviu desfavoravelmente a notação da dívida pública portuguesa baixando-a em dois pontos.

26. A Relevância Económica do Défice das Contas Públicas

Nos últimos anos a questão do défice das contas públicas tem-se manifestado de forma muito enfática, sobretudo a partir do momento da entrada em vigor, na U.E., do Pacto de Estabilidade e Crescimento que o procura limitar a níveis historicamente muito reduzidos. O défice passou a ser visto como algo de inerentemente mau e indesejável[438], e a sua eliminação[439] tornou-se no principal objectivo económico dos governos da U.E., independentemente da fase do ciclo económico em que se encontrem as respectivas economias, sob a alegação discutível[440] de que se trata de uma condição *sine-qua-non* para projectar níveis acrescidos de desenvolvimento económico[441], a tal ponto que degenera, de facto, em políticas fiscais pró-cíclicas em períodos de recessão económica[442]. Porém, o estudo do pensamento económico sobre este tema, desenvolvido desde Adam Smith até à actualidade, torna bem patente que os economistas não partilham uma visão unânime sobre este assunto. Bem pelo contrário, a literatura económica mostra uma significativa diversidade de pontos de vista sobre os malefícios, ou virtualidades, do défice das finanças públicas. Num dos próximos capítulos será nosso propósito, ainda que de modo sucinto, mostrar quanto se está longe desse unanimismo.

---

[438] Já o era pelos economistas clássicos, embora, como veremos mais adiante neste texto, com diferentes gradações.

[439] Os valores admitidos são muito baixos, 3% do PIB. Contudo, no momento em que se escreve já a Alemanha introduziu na sua Constituição a obrigatoriedade do equilíbrio orçamental, ideia que começa a ser discutida por outros países da zona euro.

[440] Em nosso entender, mais importante do que o valor da subtracção entre despesas e receitas, é o valor das parcelas constitutivas, ou seja, o peso do Estado na economia tal como quantificável pela proporção do PIB que ele absorve.

[441] Uma concepção, tornada quase um preconceito, que está muito longe de recolher a unanimidade dos economistas e dos mercados.

[442] Estamo-nos, obviamente, a referir aos anos de recessão económica que precederam a grande crise financeira e económica iniciada em Agosto de 2007, em que os Estados aderentes procuraram cumprir com as obrigações dos Tratados.

Neste capítulo a nossa atenção vai-se concentrar nos problemas de carácter económico que se associam a esses défices e na análise das condições para a sua sustentabilidade.

26.1. Porque se Receiam os Défices?

As objecções de natureza económica que se levantam aos défices das contas públicas têm evidentemente fundamento quando eles se verificam de forma sistemática e continuada[443], reflectindo-se na acumulação descontrolada de dívida publica até ao momento em que se despoleta uma crise e se exigem medidas de ajustamento fiscal e orçamental. Em última instância, os receios prendem-se com a capacidade do país para proceder à sua amortização e ainda satisfazer o respectivo serviço de dívida, o pagamento dos juros, sem pôr em causa o seu próprio desenvolvimento económico e preservando princípios de equidade inter-geracional.

Toda a despesa pública tem efeitos reais mesmo quando consiste na transferência de rendimento entre grupos da população[444]. As consequências económicas das despesas públicas dependem não só dos respectivos montantes como proporção do PIB, mas também da natureza das despesas efectuadas e das suas modalidades de financiamento. Como muito bem se sabe, as fontes de financiamento são basicamente três: impostos, dívida pública interna e externa, e monetização[445], ou seja, financiamento directo realizado pelo Banco Central contra aquisição de dívida emitida pelo Es-

---

[443] A recusa sistemática dos défices equivale a renúnciar à política orçamental como instrumento de gestão da conjuntura económica e à total dependência na política monetária, incorrendo-se no risco de, por virtude disso, passar a haver mais objectivos do que instrumentos com as correspondentes consequências de impossibilidade.

[444] Buiter (1985, p. 15) exclui-as da sua análise das consequências económicas dos défices sob o argumento de que são equivalentes a impostos negativos e, por isso, não implicam a absorção de recursos reais pelo Estado. Mas mesmo que essa asserção seja válida, há pelo menos alterações na composição do PIB e no potencial de crescimento da economia, com eventual introdução das distorções que habitualmente decorrem de programas de apoio que modificam os preços relativos. As propensões marginais a consumir e a poupar dos que financiam os programas de redistribuição por via do pagamento de impostos são distintos dos que deles beneficiam.

[445] Dando lugar a acréscimos da base monetária. Mas fala-se igualmente em monetização indirecta quando o Estado se financia junto da banca comercial, recorrendo depois esta ao financiamento junto dos Bancos Centrais com recurso ao redesconto (a chamada *discount window*) ou a quaisquer outros mecanismos que injectem liquidez no sistema.

tado a seu favor. A estas fontes de financiamento podem-se acrescentar as receitas provenientes da alienação de activos patrimoniais[446] e de activos sobre o exterior, tal como as reservas em divisas e em ouro, todas as quais são finitas por natureza.

Sucintamente, as principais razões que se apontam contra os défices são:

1. Determinarem elevadas taxas de juro reais, poupanças reduzidas, baixas taxas de crescimento do PIB, défices nas balanças de pagamentos ou a depreciação das taxas de câmbio[447];
2. A capacidade para gerarem processos inflacionários descontrolados em resultado do seu financiamento via monetização, com liquidação dos encargos da dívida por meio do imposto inflacionário que reduz o valor real da dívida e redistribui o rendimento;
3. O potencial crescimento explosivo da dívida pública fruto da incapacidade de o Estado prover ao seu abatimento em termos líquidos, e forçando-o a proceder ao *roll-over* da dívida vencida, com pagamento de prémios de risco cada vez mais elevados, e a assumir nova dívida para liquidação de juros também eles vencidos; em última análise, um cenário destes pode conduzir à insolvência do Estado e ao repúdio total ou parcial da dívida pública, com graves consequências sobre a sua reputação e futura capacidade de acesso aos mercados financeiros ou, então, em situações um pouco menos extremas, ao recurso a formas extraordinárias de financiamento como sejam os impostos sobre o capital, a emissão de empréstimos domésticos forçados ou mesmo à expropriação de activos dos residentes;
4. O efeito *crowding-out* pelo qual o crescimento da despesa pública, da mesma forma que a substituição das receitas tributárias pelo recurso ao crédito, resulta na redução da componente privada da procura agregada, nomeadamente do investimento que é negativamente afectado pela resultante subida das taxas de juro de mercado[448].

Entretanto, mau grado os sérios problemas colocados pela acumulação sucessiva de défices, não existe uma proporção limite que se possa

---

[446] Por exemplo, as que derivam da privatização, ou reprivatização, de empresas.

[447] Barro (1989, p. 37) depois de enumerar todos estes potencias problemas refere que: *"This crisis scenario has been hard to maintain along with the robust performance of the U.S. economy since late 1982. This performance features high average growth rates of real GNP, declining unemployment, much lower inflation, a sharp decrease in nominal interest rates and some decline in expected real interest rates, high values of real investment expenditures..."*.

[448] Assume imperfeita mobilidade internacional do capital ou uma grande economia no contexto mundial.

estabelecer para a dívida pública, como proporção do PIB, consistente com a ausência daqueles problemas, passando estes a colocarem-se apenas se tal percentagem for ultrapassada. Citando Spaventa (1987, p. 375): *"but a large and growing body of the literature offers few certainties about many crucial issues regarding the short and medium run-effects of debt; the most crucial is perhaps the one about which there is least certainty – how fast and how far can debt grow before causing a change of regime in one of the forms experienced in history."* E isto é assim porque o montante da dívida pública não é, realmente, uma condição suficiente para o despoletar de uma crise. Para isso terão que concorrer outros elementos, nomeadamente o comportamento das taxas de crescimento real da economia[449] e da taxa real de juro ao longo do tempo.

Historicamente os défices têm atingido os seus valores máximos, como proporção do PIB ou do PNB[450], durante períodos de guerra ou, então, nos anos que lhes são subsequentes. Em 1821, no seguimento das guerras napoleónicas, aquele rácio foi de 2.88 no Reino-Unido, o máximo alguma vez atingido na História desse país para a qual existem registos. Em 1924, após a I Guerra Mundial, aquele valor foi de 2.09. Outras datas merecedoras de menção são as seguintes, com os respectivos valores para essa variável: 1930, com 1.79; 1934, com 2.07; 1947, com 2.72 (Buiter, 1985, pp. 16-17). Em 1821 o serviço da dívida pública representava cerca de 11% do PIB britânico, cerca de 9% em 1921 e 6% em 1981. Por outro lado, enquanto a dívida pública era de 86.2% em 1970, em 1983 tinha-se reduzido para 54.2%; enquanto os valores do Japão tinham passado de 12% para 66.8% (Buiter, 1985, pp. 17-18). Como refere Spaventa (1987, p. 374) *"In the UK, the ratio of public debt to gross domestic product exceeded unity for nearly a century, declining to lower levels only after 1860. The debt ratio reached very high levels in many countries after the two world wars. The past decade has been another period of fast growth of debt almost everywhere:...The remarkable feature of these recent experiences is that they have ocurred in peacetime..."*

---

[449] Compreende-se intuitivamente a importância desta variável neste processo já que o que importa, claro está, não é o valor absoluto da dívida acumulada, mas sim o seu peso na economia; portanto como proporção do PIB. Consequentemente, o rácio em questão depende tanto do comportamento da variável que se encontra no numerador como daquela que figura no denominador. Muito embora este comentário possa parecer trivial, ele é aconselhado pelo conteúdo das intervenções públicas que se vão ouvindo sobre esta matéria e que sistematicamente esquecem o papel do comportamento do rendimento nacional, para se cingirem exclusivamente ao valor absoluto da dívida.

[450] Produto Nacional Bruto.

O modo como estas situações acabaram por ser corrigidas, com crises ou sem elas, e com recurso a que instrumentos, tem dependido não tanto dos valores dos défices e do *stock* da dívida acumulada, mas muito mais dos países em concreto e das respectivas políticas económicas. Citando agora Buiter (1985, p. 16) "*A remarkable feature of this period*[451] *is ... that this decline in the debt-GDP ratio was accompanied by a steady, if gentle, decline in the general price-level. Hence, although it is possible to reduce the real value of nominal debt through inflation, it was in fact real growth that accounted for the decline in the debt-GDP ratio.*" Ou, como o diz o já mencionado Spaventa (1987, p. 375) "*Past experiences of debt accumulation are varied in their eventual outcomes. There are important cases of painless re-entry to a more normal situation, mostly in Anglo-Saxon countries; cases in which the overhang of a high debt stock became a primary cause of financial instability, leading eventually to inflation, which in turn provided a drastic remedy to the original problem by curtailing the real value of the outstanding debt, as in France in the 1920s; cases in which a high debt stock was one of the many factors producing conditions of hyperinflation, as in the Republic of Germany and other countries after the first world war; cases of forced loans, wealth taxes, or forced consolidation, as in Piedmont in the early nineteenth century or in Mussolini´s Italy in the 1920s. The one safe lesson one can draw from both facts and theory is that it is meaningless to look for a critical value of the ratio of debt to GDP beyond which the system breaks down and traumatic solutions become necessary; after all, the ratio was lower in France in the 1920s than in the UK beetween 1790 and 1840.*"

Entretanto, mau grado toda esta considerável diversidade de condições e circunstâncias, a ortodoxia clássica das finanças públicas tem-se vindo a impor na Europa a partir dos anos 80 do século XX, acentuando-se a tendência entre os países da U.E com o Plano de Estabilidade e Crescimento (PEC). A este propósito, Buiter (1985, p. 14) afirma o que a nós nos parece muito pertinente e absolutamente correcto. "*In continental Europe, countries as diverse as ... have felt compelled to make the control and reduction of public sector financial deficits a (often **the**) cornerstone of macroeconomic policy design, overriding traditional concerns with the use of fiscal policy and budgetary deficits as cyclical stabilization devices.*"[452]

---

[451] 1820-1914.

[452] Na verdade, trata-se do regresso a práticas que se julgavam desacreditadas pela experiência da Grande Depressão dos anos 20 e 30 do século passado. Fischer (1989, p. 3) escreve a propósito: "*The devotion to balanced budgets is evident from the desire of poli-*

Nas secções que se seguem procuraremos analisar com algum pormenor esta problemática mas, para melhor a enquadrarmos vamos, desde já, recordar a restrição orçamental do Estado. É o que faremos imediatamente a seguir.

26.2. A Restrição Orçamental do Estado

As necessidades líquidas de financiamento do Estado, na acepção de administrações públicas e com exclusão, portanto, das empresas públicas, financeiras e não financeiras, e do Banco Central[453], em termos nominais e para um determinado exercício t, são dadas pela equação abaixo.

265) $NFSP_t = (G_t - T_t) + iD_{t-1}$

onde os símbolos utilizados significam: $NFSP$, necessidades líquidas de financiamento do sector público; G, a despesa pública efectiva líquida do pagamento de juros (despesas primárias); T, as receitas efectivas do sector público; i, a taxa nominal de juro que remunera a dívida pública emitida em exercícios anteriores; D, o *stock* de dívida pública expressa pelo respectivo valor nominal. Os conteúdos de G e de T são os compatíveis com a noção de saldo primário do orçamento expresso por $(G - T)$[454].

Estas necessidades podem ser cobertas pela emissão de nova dívida no período, aumento da base monetária, alienação de activos cujas receitas não estejam integradas na noção de T (outras formas de receitas não efectivas), nomeadamente activos financeiros tais como as originadas pela venda das reservas em ouro e em divisas do Banco Central e pelas receitas das reprivatizações das empresas públicas, de forma que:

266) $(G_t - T_t) + iD_{t-1} = \Delta D_t + \Delta B_t - \Delta A_t$

---

tical candidates and governments to balance the budget even during the Great Depression. Though few succeeded in balancing the budget, some governments raised tax rates during that period."

[453] Em termos da classificação adoptada pelo *Government Finance Statistics Manual*, 2nd edition, IMF, corresponde ao sector denominado de *general government* (pp. 10-16).

[454] Ou seja, os juros estão excluídos do conteúdo de G. Isto independentemente do respeito ou não pelas regras da unidade e da universalidade em cada país em concreto na elaboração do seu orçamento de Estado. Se $G - T > 0$ estamos em presença de um défice e, no caso de aquele valor ser negativo, na de um superávite.

Agora, os símbolos por nós empregues pela primeira vez na Equação (266) são: *B*, que significa o valor da base monetária; *A*, que significa o valor dos activos patrimoniais detidos pelo Estado e cujas receitas provenientes da sua venda não estejam contempladas em *T*. Finalmente, Δ indica a variação no valor da variável que acompanha este símbolo, entre o fim do período relativo ao exercício *t* e o seu início, ou fim do exercício imediatamente anterior $(t - 1)$[455].

Queremos saber como evolui o *stock* da dívida como proporção do PIB nominal, representado por *Y*, ao longo do tempo. Recordando que $Y = Py$, onde *P* é o nível geral de preços e *y* o PIB avaliado em termos reais, o objectivo almejado formaliza-se asim, omitindo-se os índices para simplificar a notação:

$$267) \quad \Delta\left(\frac{D}{Y}\right) = -\frac{D}{Y}(\dot{p} + \dot{y}) + \frac{\Delta D}{Y}$$

tal que $\dot{p}$ e $\dot{y}$ são, respectivamente, a taxa de inflação e a taxa de crescimento do PIB real em termos percentuais. Substituindo agora na Equação (267) Δ*D* pela expressão que lhe corresponde, e que é a dada pela Equação (266), recordando-nos também que $i \approx r + \rho$[456], onde *r* é a taxa de juro real *ex-ante* e ρ a taxa esperada de inflação, obtemos, finalmente:

$$268) \quad \Delta\left(\frac{D}{Y}\right) = \frac{G-T}{Y} + [r - (\dot{p} - \rho) - \dot{y}]\frac{D}{Y} - \frac{\Delta B}{Y} + \frac{\Delta A}{Y}$$

Como se verifica, a taxa real de juro *ex-ante* coincide com o seu valor *ex-post* se não houver erros de previsão quanto à taxa de inflação. Como facilmente se percebe, $r - (\dot{p} - \rho)$ é a taxa de juro real *ex-post*.

$\frac{\Delta B}{Y}$ pode-se equivalentemente escrever como[457] $\frac{\Delta B}{B}\frac{B}{Y} = \dot{b}\frac{k}{m}$, onde $\dot{b}$ é a taxa de variação percentual da base monetária por unidade de tempo. Estamos agora em condições de reformular a Equação (268) tornando explícita a influência desta última taxa de variação:

---

[455] De acordo com os significados acabados de atribuir, o financiamento com base em receitas provenientes da alienação desses outros activos patrimoniais implica que Δ*A* < 0, isto é, redução no *stock* patrimonial.

[456] Recordemos que a equação de Fisher é $i = r + \rho + r\rho$.

[457] Estamos a assumir uma função procura real de moeda muito simples cuja especificação é $M_d = kPy$ e que corresponde à versão Cambridge da teoria quantitativa da moeda. A oferta nominal de moeda é igual ao produto da base monetário pelo multiplicador monetário m, de onde $M = mB$. Logo, a condição de equilíbrio no mercado monetário pode ser escrita como $mB = kY$, de onde resulta que $B = \frac{kY}{m}$.

269) $\Delta\left(\frac{D}{Y}\right) = \frac{G-T}{Y} + [r - (\dot{p} - \rho) - \dot{y}]\frac{D}{Y} - \dot{b}\frac{k}{m} + \frac{\Delta A}{Y}$

Alternativamente, podemos relevar o comportamento da dívida real do Estado, $\frac{D}{P}$, ao longo do tempo. Para tanto basta determinar a expressão para $\Delta\left(\frac{D}{P}\right)$ e ter em atenção o conteúdo de ΔD. A expressão pretendida escreve-se então como se segue:

270) $\Delta\left(\frac{D}{P}\right) = \frac{G-T}{P} + [r - (\dot{p} - \rho)]\frac{D}{P} - \frac{\Delta B}{P} + \frac{\Delta A}{P}$

ou, seguindo o mesmo procedimento de há instantes:

271) $\Delta\left(\frac{D}{P}\right) = \frac{G-T}{P} + [r - (\dot{p} - \rho)]\frac{D}{P} - \dot{b}\frac{ky}{m} + \frac{\Delta A}{P}$

O quociente $\frac{\Delta B}{P}$ é o valor real da senhoriagem, entendida como o acréscimo da base monetária deflacionada pelo nível geral de preços P; por outras palavras, o valor real da emissão da base monetária.

Todas as fontes de financiamento têm os seus limites, seja por existirem em quantidades limitadas, como as reservas em meios de pagamento sobre o exterior e o património em geral, seja por perda de credibilidade resultante do elevado nível do risco de crédito que se tenha atingido com as inerentes dificuldades no acesso a novo financiamento junto do mercado, seja, por último, devido à perfeita antecipação pelos agentes económicos da emissão adicional de base monetária com o que se anulam os efeitos reais pretendidos pelo Estado.

Para cada meio de financiamento é possível identificarem-se os problemas que lhes estão directamente associados: a inflação à monetização do défice; as crises da balança de pagamentos e dos regimes cambiais também à monetização; a subida das taxas de juro reais ao endividamento e à perda de credibilidade[458], em última instância, ao repúdio, parcial ou total, da dívida. Mas, na verdade todas as fontes de financiamento produzem efeitos que se cruzam entre si. Veja-se a monetização do défice que determina processos inflacionários, crises nas balanças de pagamentos e que por aí conduz igualmente a ataques especulativos sobre a moeda por ser incompatível com um regime cambial de paridades fixas ou ajustáveis,

---

[458] Mesmo com oferta de fundos infinitamente elástica, a perda de credibilidade por acréscimo significativo do risco de crédito leva à exigência de um prémio de risco, tanto maior quanto o risco. Ou seja, o posicionamento da curva da oferta de fundos depende do risco.

estimulando as saídas líquidas de capitais e, por consequência, à exaustão das reservas em meios de pagamento sobre o exterior e consequente colapso desses regimes cambiais; ou, então, à depreciação da moeda nos regimes de câmbios flutuantes e à diminuição das taxas de juro reais em relação aos empréstimos a taxas de juro nominais fixas já emitidos, e ao aumento das taxas de juro nominais, e eventualmente das taxas de juro reais também, nas novas emisssões na condição de se verificarem alterações nas expectativas inflacionárias e na percepção do risco de crédito. Ou o endividamento externo que quando é proporcionalmente significativo pode apressar e acentuar a perda de reservas e as consequentes crises nas balanças de pagamentos e regimes cambiais quando é objecto de liquidação e repatriamento em situações de pânico. Enfim, com todas estas considerações pretende-se chamar a atenção para a extrema complexidade das inter-relações económicas associadas à problemática do endividamento e para a existência, algures, de um limite para ele sem que, contudo, se lhe possa apontar um valor pré-definido aplicável a todos os países e a cada um individualmente. Pelo contrário, é imprescindível atender às capacidades específicas de cada país para prover à sua amortização, nomeadamente ao seu potencial de crescimento[459].

Na sistematização apresentada por Buiter (1985, p. 22) há quatro formas de o Estado reduzir a sua dívida real, quais sejam:

1. Amortização com financiamento conseguido por meio dos superávites orçamentais, sem variação do nível geral de preços;
2. Execução de políticas que aumentam as taxas de juro de mercado e, por essa via, baixem o preço de mercado dos títulos da dívida pública, sem alterações no nível geral de preços;
3. Prossecução de políticas inflacionárias;
4. Repúdio total ou parcial da dívida.

A estas quatro possibilidades podemos acrescentar uma quinta que consiste no aumento do nível geral de preços causado por um choque discreto, acarretando a desvalorização real do *stock* da dívida interna com ausência de inflação[460]. Isto pode ser feito por meio de uma desvalorização discreta da moeda que, de uma só vez, aumenta o nível geral de preços.

---

[459] Que depende de coisas aparentemente tão simples quanto um sistema de educação assente na efectiva rentabilização dos recursos que se lhe encontram afectos enfatizando a consecução de resultados na formação de competências.

[460] É bom recordar que a inflação se define como um processo *contínuo* de aumento do nível geral de preços.

A segunda das vias apontadas por Buiter pode ser executada por meio de um aumento das taxas de juro decidido para defender o regime cambial vigente de ataques especulativos contra a moeda nacional ou, então, como política de gestão da conjuntura numa fase de crescimento económico acelerado[461]. O terceiro caso acontece sempre que há emissão de moeda em excesso da que é procurada pelos agentes económicos.

O crescimento indefinido da dívida pública como proporção do PIB não é sustentável; há um limite máximo que ela não pode ultrapassar sob risco de se desencadear uma crise de sustentabilidade. Interpretando a Equação (269) vê-se que para que o endividamento, assim avaliado, se mantenha constante a um certo nível $\frac{D}{Y}$ é preciso que, naturalmente, se cumpra, a partir de certo momento, a condição $\Delta\left(\frac{D}{Y}\right) = 0$ período após período. Trabalhando devidamente essa equação, a condição exprime-se assim[462]:

272) $\quad [r - (\dot{p} - \rho) - \dot{y}]\frac{D}{Y} = \frac{k}{m}\dot{b} + \frac{T}{Y} - \frac{G}{Y}$

De onde se retira que:

273) $\quad \dfrac{D}{Y} = \dfrac{\dfrac{k}{m}\dot{b} + \dfrac{T-G}{Y}}{\left[r - (\dot{p} - \rho) - \dot{y}\right]}$

As Equações (272) e (273) dão-nos o valor máximo da dívida pública que é sustentável, como proporção do PIB, e como função dos valores das variáveis que figuram no segundo membro da Equação (273). A Equação (272) diz-nos que o serviço real da dívida pública, ajustado pela taxa de crescimento do PIB real, é sustentável na condição de haver receitas suficientes para o pagar com origem ou na monetização ou em receitas fiscais em excesso das despesas, ou seja, por superávites do orçamento primário. E, naturalmente, este efeito é reforçado com aumentos da taxa real de juro comparativamente à taxa de crescimento do PIB real. Logo, sempre que aumenta o diferencial positivo $[r - (\dot{p} - \rho) - \dot{y}]$, para um dado valor de $\frac{D}{Y}$ ou se aumenta a tributação ou se reduzem as despesas como proporção do PIB ou, por último, uma combinação entre as duas, para além, natural-

---

[461] Competência dos Bancos Centrais.
[462] Com algumas diferenças de pormenor corresponde à Equação (2) de Buiter (1985, p. 29). Eliminou-se desta vez a parcela ΔA pela razão simples de que o património alienável é finito e frequentemente pouco líquido para poder ser empregue sistematicamente.

mente, do uso da monetização[463]. Do estrito ponto de vista da teoria económica, porque se reconhece que tanto as receitas quanto as despesas e a monetização são responsáveis pela introdução de ineficiências na economia, a solução óptima está na combinação entre os valores das receitas, das despesas públicas e da emissão monetária que minimize o valor actualizado para o presente dos custos de bem estar que produzem, sujeita às necessidades de financiamento que se coloquem.

Tenha-se na devida atenção que a dívida, como proporção do rendimento, que figura na Equação (273) é uma das formas de exprimir o nível do endividamento máximo que é sustentável ou, dito de outra maneira, a condição para que a política orçamental se qualifique como sustentável no limite. Por meio dela ficamos a saber que essa dívida é função de um conjunto de factores, entre os quais a carga fiscal implícita nas receitas fiscais e a despesa pública primária. Por isso, tem todo o cabimento perguntarmo-nos sobre a carga fiscal que é suportável sem rupturas económicas ou sócio-políticas e o mesmo quanto à contracção potencial da despesa. Os aspectos essenciais a observar para se responder ao problema agora suscitado são:

1. O efeito do aumento do esforço fiscal exigido pelo acréscimo dos impostos nos incentivos ao trabalho, ao investimento, à poupança e à fraude fiscal; em última análise o seu impacto no valor da base tributária, no PIB e nas receitas que o Estado consegue cobrar;
2. As consequências, sobre a estabilidade política e social do país, da conjugação da maior carga fiscal sobre os contribuintes com a redistribuição de rendimento a favor dos credores do Estado inerente ao pagamento dos juros da dívida pública, sem ignorar os mesmos aspectos ligados à diminuição da despesa primária.
3. As consequências da contracção da despesa pública na evolução do PIB.

O segundo dos aspecto mencionados tem sido abundantemente tratado na literatura económica desde bastante cedo; veja-se, por exemplo, o que Keynes escreve a propósito da situação francesa durante os anos vinte do século passado (Keynes, 1971, p. 54-59). Nomeadamente, escreve (p. 55) que quando "*the claims of the bond holder are more than the taxpayer can support*" torna-se insustentável o crescimento da dívida e, por isso, escreve também um pouco mais à frente (p. 59) "*France must come in due course to some compromise between increasing taxation, and diminishing expenditure,*

---

[463] De que se espera o aumento da taxa de inflação.

and reducing what they owe their rentiers.". Efectivamente, Keynes propõe para aquele caso concreto o lançamento de um imposto sobre o capital[464], muito embora estivesse muito consciente da dificuldade em explicar a medida aos contribuintes afectados, ou a depreciação da moeda[465] pela qual, de uma só vez, se promovesse o aumento do nível geral de preços. A dificuldade em explicar esse imposto não reside unicamente no facto de ele representar mais um encargo a pesar sobre os cidadãos, em particular e em geral[466], mas também por serem lançados pelos mesmos governantes responsáveis pela aplicação da regra fiscal que conduziu as contas públicas a um tal estado de coisas. Neste ponto é importante reconhecer-se que qualquer programa dirigido ao financiamento e à redução da dívida pública é inútil se essa regra fiscal não for mudada de modo consistente com esse objectivo. De outro modo, essa redução será apenas temporária e transitória. A não ser assim, o agravamento da tributação, seguida pelo insucesso no saneamento das contas públicas, têm o potencial para agravar a perda de credibilidade das autoridades junto dos mercados, reflectida esta na baixa do *rating* e na subida da taxa de juro real cobrada por força da aplicação de *spreads* mais altos.

O imposto inflacionário é menos equitativo do que um imposto extraordinário sobre o capital mas, mau grado isso, parece ser, dos dois, o instrumento preferido por Keynes com a justificação de que *"owners of small savings suffer quietly ... these enormous depredations, when they would have thrown down a government which had taken from them a fraction of the amount by more deliberate but juster instruments..."* (Keynes, 1923, 1971, p. 54-55). Contudo, o aumento, por esta forma, do nível geral de preços não será de nenhum efeito no valor do stock da dívida pública se esta for indexada ao nível geral de preços[467]; pelo contrário, a dívida terá que ser constituída por títulos de cupão fixo e com maturidades de longo prazo. Porém, reconhecemos que esta é uma condição cada vez mais

---

[464] O Estado só pode lançar impostos sobre os residentes do país onde exerce a sua autoridade. Se os seus credores forem predominantemente residentes, o imposto sobre o capital, da mesma forma que os empréstimos forçados e as expropriações de que pode lançar mão em última instância, consubstanciam formas extremas de redução da dívida real.

[465] "Currency depreciation".

[466] Em consequência da repercussão dos impostos promovida por aqueles a quem compete a respectiva incidência legal.

[467] Nesta situação concreta preferimos expressarmo-nos desta maneira em vez de falarmos em taxa de inflação porquanto não existe aí um processo contínuo de aumento no nível geral de preços, característica que é indispensável para que se possa falar correctamente de inflação.

difícil de preencher na medida em que as experiências inflacionárias verificadas a partir da década de setenta levaram os credores a procurar protecção contra a perda do valor real dos seus créditos na contratação de dívida indexada, seja no valor do principal seja em taxas de cupão variáveis.

É indispensável chamar a atenção para a importância de que se reveste, nesta problemática do valor sustentável da dívida pública, o papel desempenhado pela taxa de crescimento real da economia.

Na afirmação de Spaventa (1987, p. 377), a noção mais ampla de sustentabilidade do crescimento da dívida não consiste, contudo, em impor um valor limite à proporção que ela representa no PIB, mas antes à sua taxa de crescimento de longo-prazo. E, neste aspecto, o coeficiente do termo $\frac{D}{Y}$ na Equação (272) assume uma importância crucial. De facto, mesmo quando o défice do orçamento primário se mantém constante e a dívida é por isso crescente e continuamente financiada por nova dívida, caso $[r - (\dot{p} - \rho) < \dot{y}]$ a dívida pública, sempre como proporção do rendimento, cresce a uma taxa decrescente tendendo, eventualmente, para um valor estacionário[468]. É nestas situações que cabe a afirmação de Buiter (1985) segundo a qual os governos podem executar jogos de Ponzi honestos. Em situações como estas, o governo pode simplesmente emitir nova dívida para amortizar dívida anterior e, para além disso, cumprir com o serviço da dívida. O *stock* da dívida há-de assim crescer à taxa de juro real mas a base tributária aumenta a um ritmo que lhe é superior. Como o próprio Spaventa reconhece, estes jogos honestos de Ponzi são compatíveis com níveis de endividamento muito consideráveis se, por qualquer motivo, a taxa real de juro aumentar relativamente à taxa de crescimento do rendimento real, ainda que se mantenha a desigualdade indicada.

Se, porém, esta condição não for respeitada e, em vez disso, tivermos $[r - (\dot{p} - \rho) > \dot{y}]$, o crescimento da dívida pública é insustentável, ou seja, o seu comportamento é explosivo.

Hoje em dia há um número significativo de países para os quais se reduziram os meios de promover a desvalorização real da dívida pelos processos habituais e já mencionados. Portugal, e todos os países da zona euro, fazem parte desse conjunto. Por um lado já não beneficiam de políticas monetárias autónomas, razão pela qual não conseguem monetizar os seus défices, nem sequer influenciar as taxas de juro de mercado que igualmente pertencem ao domínio da política monetária, exactamente como

---

[468] $\dfrac{d\left[\Delta\left(\frac{D}{Y}\right)\right]}{d\left(\frac{D}{Y}\right)} = r - (\dot{p} - \rho) - \dot{y}$.

sucede com a própria taxa de câmbio. Realmente, os únicos instrumentos de que dispõem para atingirem essa finalidade são a gestão da própria credibilidade que determina o *spread* das taxas de juro que conseguem negociar no mercado, o valor da despesa pública e a carga fiscal na medida em que esta seja económica, social e politicamente suportável. Claro que pensamos que o repúdio da dívida não é uma solução, mas antes a comprovação da falta de empenho na procura e aplicação das soluções disponíveis e exequíveis.

26.2.1. Mais Sobre as Condições de Sustentabilidade da Política Orçamental e do Défice

Nesta questão procura-se determinar em termos *ex-ante* se a regra fiscal em vigor é sustentável no longo prazo, no sentido de ela ser capaz de prover os meios de financiamento necessários à liquidação da dívida e encargos correlativos, sem que para isso se tenha ela própria que corrigir. É claro que ao longo do percurso se podem, e devem se fôr caso disso, promover ajustamentos na regra fiscal de maneira a prevenirem-se rupturas. Ajustamentos patentes na adopção de medidas extraordinárias como empréstimos forçados, impostos extraordinários, racionalização da despesa pública ou quaisquer outras iniciativas da mesma natureza, tomadas ao longo do tempo na condição de serem política, social e economicamente suportáveis, nos termos em que já antes se expuseram.

Para além de esta preocupação se poder exprimir como nas Equações (272) e (273), é comum na literatura económica fazê-lo ainda assente em duas outras perspectivas equivalentes:

a) A igualdade entre o valor da dívida pública no momento *t* e o valor descontado para esse mesmo instante dos saldos orçamentais primários esperados no futuro[469]; esta perspectiva é conhecida como o valor actualizado da restrição orçamental inter-temporal do Estado;
b) O valor actualizado para o presente do *stock* da dívida pública tende para zero à medida que o tempo tende para mais infinito.

Qualquer que seja a definição escolhida, decorre sempre a exigência da obtenção de superávites futuros do orçamento primário. Na verdade, a

---

[469] Muito embora a literatura económica tenda, compreensivelmente, a restringir-se a esta fonte de financiamento, nada obsta, de facto, a que o valor actualizado para o presente da restrição orçamental inclua as duas outras fontes habituais de receitas, isto é, senhoriagem e alienação do património na condição de serem viáveis.

verificação desta segunda condição redunda necessariamente na verificação da primeira delas.

O valor actualizado para o presente da restrição orçamental do Estado escreve-se como figura na equação seguinte, onde todas as variáveis, sem excepção, estão conceptualizads em termos reais[470]:

274) $\quad \widehat{D}_t = \sum_{s=1}^{\infty} E_t[\frac{\widehat{T}_{t+s} - \widehat{G}_{t+s}}{\prod_{j=1}^{s}(1+\ddot{r}_{t+j})}] + lim_{s \to \infty} \prod_{j=1}^{s} E_t[\frac{\widehat{D}_{t+s}}{(1+\ddot{r}_{t+j})}]$

O símbolo ^ aposto sobre uma variável significa expressá-la em termos reais. Por outro lado, $\ddot{r}$ é a taxa de juro real *ex-post*.

A noção de sustentabilidade da política orçamental requer que a segunda parcela do segundo termo da Equação (274) seja zero[471] e, portanto, que o valor real do *stock* da dívida iguale o valor actualizado para o presente dos saldos primários reais futuros onde, necessariamente, os superávites hão-de dominar sobre os défices.

A sustentabilidade dos défices reais e da política orçamental impõe que cessem, algures no futuro, os jogos de Ponzi no respectivo financiamento.

26.3. *Défices, Dívida e Inflação*

As ideias centrais que sustentam o tema desta secção são: (1) o Estado tem fortes incentivos para reduzir o valor real da dívida pública; (2) a inflação é um fenómeno essencialmente monetário que resulta do excesso da oferta de moeda em relação à sua procura, e cuja responsabilidade é, por norma, imputável às autoridades monetárias, ou seja, à oferta.

Assumindo desta vez uma formulação semi-logarítmica da função procura de moeda, tal como $M^d = KPy^{\delta}e^{-\alpha i}$, onde: M^d é a procura nominal de moeda; K é uma constante; P é o nível geral de preços; y é o rendimento real e δ a elasticidade da procura de moeda em relação ao rendimento real; e o número Neper; i a taxa nominal de juro e α a sensibilidade da procura de moeda em relação à taxa de juro. A oferta nominal de moeda é representada por M e é igual ao produto do multiplicador monetário m pela base monetária B, que, tal como todas as demais variáveis, está referida a um mesmo período do tempo.

---

[470] Para a derivação ver Afonso (2000, pp. 9-10).

[471] O que equivale a impôr a condição de transversalidade que obriga a dívida a não crescer a uma taxa superior à da taxa de juro real: $lim_{s \to \infty} \frac{\widehat{D}_{t+s}}{(1+\ddot{r})^{s+1}} = 0$.

Partindo da condição de equilíbrio no mercado monetário, expressa pela igualdade entre M e M^d, trabalhando-a de modo a exprimirmos o nível geral de preços P como variável dependente e, finalmente, diferenciando a igualdade obtida em ordem ao tempo, obtemos a expressão matemática que nos explica a formação e o comportamento da taxa de inflação:

275) $\dot{p} = (\dot{m} + \dot{B}) - (\delta \dot{y} - \alpha \frac{di}{dt})$

onde um ponto sobre uma qualquer variável representa a sua taxa percentual de variação por unidade de tempo. Se considerarmos, para simplificarmos a exposição, que o multiplicador é uma constante[472], o primeiro termo em parêntesis reduz-se à taxa de variação da base monetária, pelo que haverá inflação desde que se verifique a condição abaixo. Esta diz-nos que há inflação se a taxa a que a base monetária cresce excede a que é simplesmente necessária para acomodar a variação na procura real de moeda:

276) $\dot{B} > (\delta \dot{y} - \alpha \frac{di}{dt})$

As receitas reais para o Estado provenientes da senhoriagem, o seu *direito* de emitir moeda, são o valor real da variação da base monetária emitida no período, portanto a terceira parcela do segundo membro da Equação (276). Como se pode ver observando a Equação (275), toda a emissão que simplesmente se limite a acomodar variações na procura real de moeda não gera inflação, mas o contrário é o que sucede com a parcela da emissão que excede a variação nessa procura. Contudo, em ordem a poder analisar-se correctamente a medida em que a emissão de moeda se transmite aos preços, é fundamental distinguirmos entre choques monetários perfeitamente antecipados e os choques não antecipados que, por isso mesmo, são surpresas para os agentes económicos.

Quando não há surpresas de política monetária $P = E(P)$, querendo significar-se com isto que o nível geral de preços verificado em certo período é igual ao seu valor esperado e, do mesmo modo, $r^p = E(r)$, isto é, a taxa real de juro *ex-post* é a mesma que o seu valor *ex-ante*. Tudo isto é o que muito provavelmente acontece quando, ao longo do tempo, a base monetária varia de acordo com uma mesma regra que é seguida pelo Banco Central[473], verificando-se, nesta particular situação, o efeito adi-

---

[472] Estando implícita a ideia de estabilidade do multiplicador, a quantidade de moeda em circulação, M, cresce à mesma taxa da base monetária B.

[473] Assumindo, adicionalmente, um multiplicador monetário estável.

cional de as expectativas inflacionárias se manterem inalteradas. O facto de estas expectativas se não modificarem tem como consequência a manutenção da taxa de juro nominal e, portanto, da procura real de moeda para um dado valor do rendimento real. Contudo, também de igual forma não haverá surpresas se a mudança na regra seguida pelo Banco Central tiver sido perfeitamente antecipada. Na circunstância de o público concluir que a nova taxa de variação planeada para a a base monetária será permanente, assistir-se-á então a ajustamentos nas expectativas inflacionárias no mesmo sentido em que a base tenha evoluído, na taxa nominal de juro e, por conseguinte, na procura real de moeda[474]. Em particular, se houver um agravamento das expectativas inflacionárias, a taxa de inflação vai exceder a taxa de crescimento da base monetária.

Um processo inflacionário perfeitamente antecipado só consegue alterar o valor real do stock da dívida pública se, e na medida em que consiga afectar as componentes da Equação (270). O impacto do aumento do nível geral de preços sobre o défice primário $G-T$ depende, como bem refere Buiter (1985, p. 24), dos aspectos legais, administrativos e institucionais que ditam as despesas e as receitas públicas e que são responsáveis pela inserção de algum grau de rigidez no sistema. Por exemplo, se o sistema tributário for progressivo com escalões de rendimento cujos limites se ajustem por importâncias inferiores ao da taxa de inflação, produz-se um acréscimo real das receitas fiscais; ao mesmo tempo, na hipótese de algumas das despesas estarem limitadas a montantes nominais máximos, também não integralmente ajustados à taxa de inflação, as despesas reais do Estado reduzem-se. Os incrementos no nível geral de preços contribuirão para abrandar a taxa a que cresce a dívida pública real, por via do défice do orçamento primário real, quando se verifica que $\frac{d[(G-T)/P]}{dP} < 0$. Do lado da despesa não há suficiente evidência empírica que nos faça supôr que o impacto da inflação seja significativo a este respeito, pelo que se pode admitir que $\frac{dG}{dP} = 0$. Pelo contrário, há evidência empírica segundo a qual $\frac{dT}{dP} > 0$. Assim sendo, pode-se concluir que onde há rigidez incorporada no sistema, mesmo com inflação perfeitamente antecipada, a senhoriagem produz receitas reais para o Estado por via do chamado imposto inflacionário.

---

[474] Que diminuirá ou aumentará consoante as expectativasa inflacionárias se agravem ou melhorem.

Quanto aos juros da dívida é indiferente para o caso em apreço que ela esteja fixada em valores nominais ou, pelo contrário, indexada no seu valor facial, ou nominal, à taxa de inflação, tipo *TIPS*[475] ou, por fim, que seja de cupões variáveis[476], precisamente porque estamos a supôr que a taxa de inflação foi correctamente antecipada e, por isso, está total e correctamente incorporada na taxa nominal de juro. Por outro lado, não há motivos para pensar, pelo menos com fundamento na teoria económica, que a taxa real de juro *ex-ante* dependa da taxa de inflação. A conclusão é, pois, que uma taxa de inflação perfeitamente antecipada não afecta o valor real dos juros da dívida.

O crescimento da base monetária não se traduz em aumento das receitas reais propiciadas pela senhoriagem na condição de o multiplicador monetário e as variáveis reais na função procura de moeda se manterem constantes, tal como as expectativas inflacionárias, pois aí a taxa de crescimento da base é exactamente igual à taxa de inflação. Existe ainda a possiblidade de haver crescimento tanto da base monetária como da procura real de moeda, de tal modo que a taxa de inflação é inferior à taxa de expansão da base monetária.

Em suma, na presença de processos inflacionários perfeitamente antecipados, a emissão monetária só consegue produzir receitas reais de senhoriagem na medida em que haja rigidez nas despesas nominais e na cobrança de receitas, e quando aumenta a procura real de moeda em resultado do crescimento real da economia, algo cuja consecução não depende directamente da vontade do Estado e cujas magnitudes não serão por certo significativos.

Também o valor real do património alienável considerado sob o símbolo A não é influenciado por uma política monetária perfeitamente antecipada. E se o valor real desses activos se modificar no período, como pode acontecer com as reservas em ouro do Banco Central, não é certamente por causa da política monetária nacional, mas sim por razões imputáveis às condições no mercado internacional onde esses preços são determinados.

Consequentemente, para que a política monetária tenha uma efectiva capacidade para gerar receitas reais a favor do Estado, é indispensável que seja conduzida de forma a não ser totalmente antecipada pelos agentes

---

[475] *Treasury Inflation Protected Securities*.

[476] Que teriam como única finalidade manter o valor real *ex-post* dos cupões ao nível planeado.

económicos, por outras palavras, de maneira a constituir surpresas. Partindo do pressuposto de que as expectativas se formam adaptativamente, extrapolando-se para o futuro o comportamento das autoridades monetárias no passado, as novas emissões monetárias terão que acontecer a taxas crescentes e também a ritmos cada vez mais acelerados pois as expectativas também se passam a ajustar cada vez mais depressa. Estas são, na verdade, as condições para que a política monetária consiga continuamente surpreender os agentes económicos e, assim, proporcionar acréscimos de poder de compra ao Estado. Mas, por outro lado, se as próprias expectativas inflacionárias tiverem aumentado em resultado de emissões a taxas cada vez altas, é a própria procura real de moeda que diminui acentuando-se, com isso, o processo inflacionário e a quebra das receitas reais geradas pela senhoriagem.

Fischer (1989, p. 9) escreve que a evidência histórica revela que a taxa média de senhoriagem é de 1% do PNB para os países industrializados e de menos de 2.5% do PNB para os países em desenvolvimento e, acrescenta, as estimativas das taxas de inflação consistentes com a maximização da senhoriagem situam-se entre 30% e mais de 100%.

Os números acabados de fornecer justificam bem a preocupação com a monetização do défice: não só as receitas são relativamente pequenas, em proporção do PNB, como são conseguidas à custa de elevadas taxas de inflação. Fischer (1989, p. 10) escreve a propósito." *The government may initially obtain large amounts of revenue, perhaps even 7-8% of GNP by increasing the money stock rapidly. But as the inflation proceeds and individuals find ways of reducing their holdings of local currency, the government has to print money more rapidly to obtain the same revenue. Thus it is safe to argue that rates of seignorage of much more than 2.5% of GNP would not be sustainable, and that even that rate would only be possible in a very rapidly growing economy*". Em última análise, o financiamento do défice com recurso à monetização pode gerar processos hiperinflacionários, como o da Bolívia em 1985 onde a taxa de inflação atingiu os 11 000% anuais, apesar de as receitas de senhoriagem terem nesse ano caído para 8% do PIB em vez dos 14% verificados no ano anterior[477]. No mesmo sentido vai a opinião de Buiter na obra que temos vindo a citar: "*Not only has seigniorage historically been an insignificant source of government revenue in the United Kingdom, but my estimate of the demand*

---

[477] Fischer, 1989, p. 10.

for narrow money suggests that the maximum possible yield of this tax is also small. With a constant semi-elasticity of -1.5, the seigniorage maximizing annual inflation rate is 67% and the maximal seigniorage in mid-sample 1967 is 2.74% of GDP." (Buiter, 1985, p. 26).

Mankiw (1987) apresenta uma teoria sobre o nível óptimo de senhoriagem. Ele parte do princípio de que o financiamento do Estado é satisfeito com impostos e com senhoriagem, e que ambos introduzem ineficiências na economia. Deste modo, trata-se de o Estado encontrar a combinação entre as taxas de imposto e de inflação que minimiza os custos sociais actualizados para o presente inerentes à utilização desses meios. O problema para o Estado é, pois, escolher as taxas óptimas de tributação[478] e de inflação para esse propósito. As consequências práticas deste exercício são, por um lado, que as taxas de imposto, a taxa de inflação e as taxas de juro nominais se devem comportar como *random-walks* e, em segundo lugar, que o aumento das necessidade de financiamento do Estado implica o recurso a ambos os instrumentos de financiamento. Haverá, portanto, uma relação positiva entre taxa de imposto e taxa de inflação e, por consequência, o mesmo acontecerá entre a taxa de imposto e as taxas de juros nominais[479].

26.3.1. Dívida e Solvência do Estado

O equilíbrio financeiro inter-temporal do Estado está sujeito ao respeito pela restrição de solvência em termos *ex-ante*. Em termos *ex-post* esta restrição é sempre necessariamente cumprida pela aplicação das medidas de correcção indispensáveis, nelas incluída a mais grave de todas e que é o repúdio total da dívida. Às outras, quais sejam os ajustamentos na despesa, nas receitas e na senhoriagem com impacto na taxa de inflação[480], já nos referimos o suficiente, pelo que de momento nos vamos concentrar no repúdio da dívida.

---

[478] Mankiw usa a taxa média de imposto que calcula como o quociente entre as receitas tributárias totais e o PIB.

[479] Os mecanismos económicos conducentes a estes resultados foram explicados na secção anterior deste texto.

[480] Buiter (1985, p. 38) observa com muita pertinência a este respeito que, se na margem, a rentabilidade do investimento público exceder o seu custo de oportunidade real, o seu incremento é capaz de contribuir para a melhoria das contas públicas.

Entende-se por repúdio da dívida a decisão de incumprimento a título definitivo dos compromissos contratualmente assumidos quanto a prazos e a montantes relativos quer ao pagamento de juros quer da amortização do principal.

Decisões deste teor só acontecem em situações extremas o que significa que, apesar do *jus imperium* de que goza, o Estado só as promove quando todas as outras alternativas estão esgotadas[481]. Apesar da sua simplicidade operacional, as muitas complicações que delas derivam são suficientemente fortes e duráveis no tempo para constituírem desincentivos convincentes à sua utilização corrente.

É fácil enunciar um conjunto de efeitos indesejáveis, a saber: a) redistribuição do rendimento dos credores para os devedores; b) contracção da actividade económica em virtude da perda de capitais próprios pelas classes mais empreendedoras, e propagação da não liquidação de empréstimos vencidos na esfera privada, com a inerente perda de emprego e redução do investimento; c) *legitimação política* do repúdio da dívida nos contratos entre privados. Mas, sobretudo, a consequência mais nefasta é a quebra de confiança dos mercados nesse Estado, que vê a sua credibilidade afectada não só no presente como também no futuro. O acesso a novos financiamentos revelar-se-á difícil e só possível mediante garantias especiais e pagamento de prémios de risco suficientemente altos que sobem na mesma medida a taxa de juro real que passam a ter que suportar. No limite, o prémio de risco compatível com a concessão de novo crédito teria que ser tão alto que se revelaria mais vantajoso para o Estado atingido repetir o repúdio, a suportar tamanhas condições; é neste momento que o acesso ao crédito é interrompido. Portanto, a gravidade das consequências da perda de credibilidade são tais que os governos, contrapondo os benefícios aos custos, só em circunstâncias extremas decidem seguir por esse caminho.

26.4. *Crowding-Out*

Os efeitos da política orçamental no comportamento de algumas variáveis que traduzem a actividade do sector privado da economia constituem, igualmente, razão para alguns temerem os défices das contas públi-

---

[481] A não ser, eventualmente, quando haja rupturas político-ideológicas muito vincadas. São exemplos o repúdio da dívida czarista pelos bolcheviques da Rússia soviética em 1918, e da dívida contraída pelo regime de Baptista quando os comunistas de Fidel Castro tomaram o poder em Cuba no final da década de 50.

cas. Concretamento estamos a pensar no *crowding-out* pelo qual a redução dos impostos, e sua substituição por dívida pública ou, o que é o mesmo, o aumento da despesa pública financiada por dívida pública reduz o investimento privado e a composição do PIB. Este resultado é por via de regra perspectivado segundo a abordagem Keynesiana, mas tem igualmente lugar no quadro da Escola clássica. No primeiro dos enquadramentos o pressuposto fundamental é o de a economia estar a operar a um nível do rendimento de equilíbrio que é, simultaneamente, de desemprego, enquanto para os clássicos a economia está em pleno emprego, mesmo no curto-prazo, em consequência da perfeita flexibilida de preços, incluindo os salários.

A tese Keynesiana ilustra-se com recurso ao muito trivial modelo IS-LM, representado na figura que se segue. No eixo das abcissas está representado o valor do rendimento real e no das ordenadas está quantificada a taxa de juro.

FIGURA 85 – **Ilustração do Efeito *Crowding-Out* na Perspectiva Keynesiana**

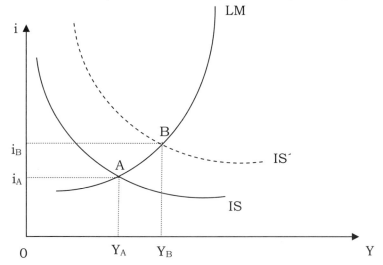

Partindo-se de uma situação inicial em A, o rendimento de equilíbrio é Y_A para uma taxa de juro i_A. O aumento da despesa pública ou a redução dos impostos, em qualquer dos casos financiados por endividamento, conduz a uma nova combinação de equilíbrio em B, com Y_B e i_B[482]. O au-

---

[482] Não se está a querer dizer que o efeito quantitativo é exactamente o mesmo. Mas apenas que, em qualquer dos dois casos, a curva IS se desloca para a direita.

mento da taxa de juro a que se assiste impõe a redução do investimento privado, de maneira que a expansão do rendimento acontece por força do acréscimo da despesa pública ou, em alternativa, do consumo privado.

Contudo, uma questão pertinente que se pode a este propósito discutir consiste em saber se este efeito tem como causa a política orçamental ou se, na verdade, é explicado por uma falta de coordenação entre ela e a política monetária que a não acomoda.

A economia tem ainda uma via alternativa para percorrer o mesmo trajecto de A para B, apenas que com implicações substantivamente diferentes na composição do PIB. Na hipótese de o acréscimo da despesa pública financiado por dívida tivesse consistido em subsídios ao investimento, não haveria qualquer *crowding-out*; pelo contrário, em *B* o nível de investimento privado seria indubitavelmente superior ao que se existiria em *A*.

No contexto da economia clássica, o *crowding-out* tem forçosamente que acontecer porque a economia está sempre em pleno emprego.

27. Equivalência Ricardiana

A perspectiva Keynesiana postula que a substituição de impostos por dívida pública para financiar no presente a despesa do Estado tem efeitos positivos sobre as variáveis económicas reais. Isso acontece porque o défice das contas públicas estimula a procura agregada e esta desencadeia o efeito multiplicador do rendimento. Isto significa que a redução dos impostos não se transforma em acréscimos da poupança por igual valor; de facto, esta deve aumentar menos do que o rendimento disponível.

Numa economia fechada ou, então, numa grande economia aberta, as taxas de juro nominal e real têm que aumentar para equilibrar a procura de poupanças com a sua oferta[483]. Seguir-se-á o efeito *crowding-out* com a inerente redução na procura de investimento e na formação de *stock* de capital produtivo do qual beneficiariam as gerações futuras. As gerações futuras são prejudicadas por passarem a usufruir de um *stock* de capital inferior àquele de que disporiam caso não tivesse havido endividamento público.

Numa pequena economia aberta com perfeita mobilidade internacional do capital a taxa de juro forma-se no mercado internacional e é um dado para essa economia. Não há efeito *crowding-out* mas um aumento no endividamento externo e um défice na balança de transacções correntes. A taxa de juro real só deve aumentar se a análise da sustentabilidade do nível do endividamento justificar a cobrança de um prémio de risco pelos credores. Ainda que as gerações futuras não sejam afectadas pela redução do *stock* de capital à sua disposição, terão contudo de prover à amortização da dívida externa[484].

---

[483] No mundo keynesiano os preços são constantes devido ao pressuposto fundamental de desemprego.

[484] Evidentemente que os efeitos que se apontaram no parágrafo anterior também se produzem neste outro contexto se todos os países estiverem a agir simultaneamente da mesma maneira.

Graças sobretudo ao artigo publicado por Barro em 1974, desenvolveu-se na literatura o conceito de equivalência Ricardiana por, aparentemente, ter as suas raízes na obra de David Ricardo, muito embora haja autores que pensem que Ricardo, ele próprio, dificilmente se reconheceria nesta abordagem[485]. Esta perspectiva teórica diz-nos que o défice não tem qualquer impacto sobre a procura agregada e, portanto, não produz os efeitos reais antecipados pelos Keynesianos. A procura por obrigações do Estado aumenta sempre pela quantidade que é necessária para absorver a oferta de nova dívida pública, o que implica que a poupança privada aumenta pelo mesmo valor do défice[486], que é a poupança negativa do Estado, pelo que também não se assinala impacto algum sobre as taxas de juro[487] e, portanto, também não haverá efeitos a assinalar sobre o investimento e o saldo da balança de transacções correntes.

As gerações presentes que se tornam devedoras do Estado no futuro, verificada que é a expectativa de aumento das taxas de imposto que permita ao Estado a amortização da dívida que contrai hoje, tornam-se simultaneamente credoras do mesmo Estado e pelos mesmos montantes referidos ao mesmo momento do tempo. E, neste sentido, a compra de dívida pública pelas gerações presentes, financiada pelas poupanças criadas pela redução da carga fiscal funciona, efectivamente, como a constituição de activos que se vencem no futuro e que irão cobrir o passivo antecipado que sobre eles é forçado pelas escolhas de financiamento realizadas pelo Estado. Dito de outra forma: o valor actualizado para o presente do aumento esperado na carga fiscal é igual ao valor pelo qual no presente os impostos são reduzidos.

Esta contribuição não nega que as despesas governamentais e os impostos tenham impactos reais; o que nega é que a escolha do financiamento, entre impostos e dívida, seja de algum efeito na esfera real. Por consequência, o financiamento da despesa pública por impostos ou por dívida pública produz efeitos equivalentes sobre a economia.

A ideia da equivalência Ricardiana brota directamente da validade da restrição orçamental inter-temporal do Estado. Se não houver alterações na trajectória das despesas públicas, em termos dos seus montantes e momentos de realização[488], e se não se verificarem alterações na capacidade de

---

[485] O'Driscoll (1977).
[486] Ou seja: pelo mesmo montante pelo qual os impostos se reduzem.
[487] Porque a poupança total planeada do país se mantém inalterada.
[488] Porque é capaz de modificar o valor actualizado para o presente do rendimento disponível esperado para o futuro.

financiamento proveniente de fontes alternativas de receita, então, necessariamente, uma diminuição dos impostos hoje terá que ser compensada por um aumento deles no futuro e pelo mesmo valor actualizado para o presente. Isto por si só é, porém, insuficiente para se obterem os resultados previstos. Há, portanto, que acrescentar outras condições que são: a) o público está perfeitamente informado sobre a condução das finanças públicas; b) o público sabe que os impostos subirão no futuro; c) o público sabe igualmente que o montante desse aumento actualizado para o presente é, como se acabou de escrever há instantes, igual ao valor pelo qual eles se reduziram hoje e, d) o consumo comporta-se de acordo com a hipótese do ciclo de vida e do rendimento permanente[489]. Em suma, o público goza de *perfect foresight* e o consumo é uma função do valor actualizado para o presente do rendimento disponível.

Claro que há aí um *pequeno* problema. Os indivíduos têm vidas finitas e os seus patrimónios servem, em primeira instância, para pagar as dívidas aos credores e nada mais vincula esses patrimónios, só estando em condições de se transmitir aos sucessores o que sobejar depois de satisfeitas aquelas obrigações prioritárias por via de normas legais. Entretanto, em princípio, o Estado tem uma existência infinita no tempo que lhe permite aumentar os impostos com que há-de liquidar as dívidas depois de já se terem extinto as gerações que beneficiaram da sua descida. Nestes termos, as gerações actuais não têm razão aparente para se preocuparem com subidas futuras de impostos se elas acontecerem após se terem esgotado os seus horizontes de vida e, a ser assim, também não têm incentivos para não gastarem as poupanças tributárias. Logo, nestas condições deve haver efeitos reais. Então tem forçosamente que se introduzir um pressuposto essencial para a validade da equivalência Ricardiana: as gerações actuais são altruístas e, por isso, preocupam-se com o bem-estar das gerações futuras, onde quer que elas se situem na linha do tempo futuro, e não desejam ver os níveis de bem-estar dos seus descendentes afectados negativamente. Dir-se-ia que há aqui uma externalidade positiva no consumo produzida pelas gerações vindouras sobre as presentes que leva estas a poupar as importâncias que, capitalizadas para o futuro, ainda que este seja incerto, geram um valor acumulado igual aos impostos futuros[490].

---

[489] O que quer dizer que o consumo não depende do rendimento disponível no período em que é realizado.

[490] Se a taxa de desconto inter-temporal dos contribuintes for a mesma do Estado então, como já ficou escrito, a poupança corresponde exactamente à redução verificada nos impostos.

Mas, como iremos ver quando percorrermos e discernirmos sobre as críticas feitas, a equivalência Ricardiana tem que, além dos pressupostos já referidos, buscar suporte em outros mais, a saber (Bernheim, 1988): a) os mercados de capitais são perfeitos ou falham em casos específicos; b) não há redistribuição de recursos intra-gerações causada pelo diferimento dos impostos no tempo; c) os impostos não introduzem ineficiências; d) os défices não criam valor; e) os défices não alteram o processo político[491].

Esta teoria suscitou uma considerável literatura teórica e empírica. Não lhe faltam críticas que apontam uma considerável variedade de situações, ou hipóteses que, a verificarem-se, implicam a não validade da equivalência Ricardiana. Além disso, a evidência empírica disponível parece apoiar mais a perspectiva Keynesiana do que esta. Vamo-nos, a partir deste instante, ocupar das que são mais significativas[492].

27.1. *A Discussão de Alguns Pressupostos*

A equivalência Ricardiana tem sido sujeita pela literatura económica a uma série de críticas de natureza teórica e a testes empíricos destinados a avaliar a sua capacidade explicativa. Barro (1989) menciona cinco dessas objecções teóricas: a) as pessoas não têm vidas de duração infinita e, por isso, a questão é-lhes irrelevante se o aumento dos impostos acontecer após as suas mortes; b) os mercados privados de capitais são imperfeitos com constrangimentos de liquidez e onde a taxa de desconto aplicável às pessoas é superior à que se aplica ao Estado; c) os impostos e os rendimentos futuros são, hoje, incertos; d) os impostos lançados não são

---

[491] Para alguns autores o altruísmo é condição apenas necessária mas não suficiente para que as gerações presentes transfiram poupanças para as futuras. Além disso, exigem que o altruísmo seja operativo o que significa que os pais, para além de terem em conta a utilidade dos filhos quando formulam os seus planos devem-se confrontar com situações em que a maximização do problema que pretendem resolver impõe essas transferências de riqueza (Seater, 1993, p. 149).

[492] Noto que a teoria da equivalência Ricardiana é assimétrica. Fala-nos do que acontece com a descida dos impostos mas omite qualquer referência ao que aconteceria se, ao invés, os impostos subissem no presente. A simetria de tratamento imporia que as gerações futuras, ainda não nascidas, fossem também elas altruístas e compensassem as gerações actuais. Mas não se percebe como isto poderia ser feito por decisão delas próprias, condição *sine qua non* para que também elas fossem altruístas.

do tipo *lump-sum*, isto é, são ineficientes; e) a equivalência Ricardiana exige pleno emprego. Bernheim (1987) acrescenta uma outra objecção e que é a da redistribuição do rendimento inerente ao adiamento dos impostos intrínseco aos défices.

Não pretendendo ser excessivamente detalhados e pormenorizados em relação a este debate, preferimos concentrarmo-nos naquelas objecções que nos parecem comparativamente de maior importância. No entanto, parece haver consenso na literatura económica de que essa equivalência não se verifique, pelo menos exactamente (Seater, 1993, p. 143).

27.1.1. Vidas Finitas e Altruismo

Embora com algumas raízes na teoria do ciclo de vida e do rendimento permanente, esta última está nas suas implicações muito mais próxima da perspectiva tradicional que da equivalência Ricardiana. Efectivamente, se os cidadãos[493] antecipam que o aumento dos impostos subsequente ao défice só terá lugar, total ou parcialmente, depois da sua morte, o valor actualizado para o presente do rendimento disponível esperado para o futuro aumenta como consequência do défice. A poupança privada não aumenta o suficiente para compensar exactamente a descida da poupança do sector público e, portanto, a taxa de juro real tem que aumentar, do mesmo modo, aliás, que a procura agregada.

Verdadeiramente o pressuposto do altruísmo inter-geracional aplica-se em cadeia a todas as gerações, presentes e futuras, até à amortização total da dívida pública[494]. O que se assume para as gerações que hoje são vivas é exactamente o mesmo que se presume para as que ainda hão-de vir como mecanismo indispensável para garantir o horizonte temporal infinito necessário, mas não suficiente, para a validade da teoria. Aliás, este mecanismo em cadeia é visível no processo pelo qual é capaz de se efectuar a transmissão de riqueza entre gerações; não só o valor das heranças pode ser acrescido como também, na perspectiva de Barro (1989, p. 40), os cuidados que os filhos prestam aos pais pode ser reduzido para tornar possível essa compensação[495].

---

[493] O seu comportamento é determinado por horizontes de tempo finitos.

[494] Portanto nunca se extingue enquanto houver emissão de dívida pública.

[495] Como afirma Barro, a transmissão de valor entre gerações não tem que se fazer apenas por herança quando algum membro do agregado falece. Realiza-se de múltiplas formas, mesmo por doação entre vivos. O que importa é que o altruísmo seja operativo na margem para a maioria dos indivíduos.

Uma das várias dificuldades que se colocam no caminho do altruísmo é a existência de famílias sem filhos, caso em que se quebra essa cadeia inter-geracional pondo em causa a validade da teoria. Barro contorna a questão afirmando que muito embora estas famílias sejam relativamente numerosas e com uma propensão marginal a consumir superior às famílias que têm filhos, o impacto é trivial porque as famílias com um número de filhos superior à média têm que reforçar as suas poupanças quando os impostos descem. *"However, the quantitative effect is likely to be trivial. Making the same assumptions as in the previous example, a budget deficit of $100 per capita would raise real consumption demand per capita by 30 cents per year if the real interest rate is 5 percent, and by 90 cents if the real interest rate is 3 percent."*(Barro, 1989, p. 41).

Mas mesmo que se aceite a existência de transferências de riqueza entre gerações de uma mesma família, elas podem ser motivadas por razões que não o altruísmo. Se assim for, a equivalência Ricardiana fica prejudicada porque essas transferências não respondem aos défices das contas públicas como deveriam para garantir esse resultado. Uma das críticas que se apresenta à formulação de Barro é que ela vê as famílias como unidades fechadas e harmónicas, sem conflitos no seu interior e sem trocas com outras famílias. Em primeiro lugar, as doações podem ser fruto de comportamentos estratégicos pelos quais os pais tentam induzir certos comportamentos da parte dos filhos. E quando há lugar a um défice que redistribui rendimento dos mais novos para os mais velhos, é provável que os pais deixem de ter o mesmo interesse nesses comportamentos estratégicos, dando menos e passando a consumir mais. Um segunda linha de crítica apontada por alguns é que o momento da morte é imprevisível fazendo com que muitas das heranças não sejam planeadas, logo insusceptíveis de serem programadas à luz do postulado pela equivalência Ricardiana.

Um ponto particularmente interessante foi levantado por Feldstein (1976) quando notou que se a taxa de crescimento real da economia for superior à taxa real de juro, a dívida pública não necessita de ser amortizada porque o Estado pode proceder indefinidamente ao respectivo *roll-over* com a consequência de os presumíveis impostos futuros serem adiados indefinidamente. Neste caso a motivação para a prática do altruísmo está prejudicada e o défice tem efeitos reais no presente quer haja ou não acumulação ineficiente de capital no futuro. Talvez que o melhor contra--argumento a esta observação de Feldstein seja a improbabilidade de os impostos serem permanentemente adiados.

A evidência empírica quanto à significância do altruísmo é resumida por Bernheim (1988) com a conclusão de que uma minoria substancial de indivíduos promove poucas ou nenhumas transferências intencionais, e que a grande maioria dos restantes é motivada por uma multiplicidade de razões.

27.1.2. Mercados Financeiros Imperfeitos

As imperfeições destes mercados significam que há diferentes grupos de indivíduos com diferentes capacidades de acesso ao crédito. Alguns não têm restrições e beneficiam das melhores taxas de juro, equivalentes às que remuneram a dívida pública com a melhor notação de risco de crédito, e outros estão sujeitos a restrições quantitativas e suportam taxas de juro mais altas. O último grupo experimenta, pois, restrições quanto à sua liquidez por razões que a literatura explica quer por factores exógenos quer por factores endógenos. Esta última situação acontece, por exemplo, como um efeito da informação assimétrica.

A literatura estabelece, porém, que as restrições no acesso à liquidez afectam a validade da equivalência Ricardiana na condição de se deverem a determinado conjunto de motivos e não a outros. Isto é, os motivos subjacentes são aqui determinantes. A equivalência Ricardiana é invalidada por essas restrições se a emissão de dívida pública, por qualquer motivo, introduzir elementos que os mercados privados por si não poderiam inserir. É o caso se a dívida levar à diminuição dos custos de transacção nessas operações financeiras, ou se nos mercados privados se colocar a questão da selecção adversa devido às dificuldade dos potenciais credores conhecerem o risco que cada devedor efectivamente representa. Mas se as restrições acontecerem devido, por exemplo, à incerteza sobre os rendimentos futuros já a equivalência Ricardiana não é prejudicada pelas restrições de liquidez (Seater, 1993, pp. 151-152).

Quando o governo corta nos impostos e gera défices os impactos sobre aqueles dois grupos da população são distintos. Para o primeiro não há qualquer variação na riqueza líquida porque a redução dos impostos é exactamente igual ao valor actualizado para o presente do aumento que se lhe há-de seguir futuramente. Mas para os segundos, porque descontam a uma taxa mais alta, o corte nos impostos excede o valor actualizado para o presente do aumento que irão suportar em períodos vindouros. A sua riqueza líquida aumentou e, em conformidade, o mesmo acontece com a procura agregada de que são responsáveis. Efectivamente, para este segundo grupo tudo se passa como se passasse a ter acesso a financiamento à mesma taxa que o Estado e o primeiro grupo de pessoas; o Estado funciona aqui como intermediário entre o mercado e eles promovendo o esbatimento do diferencial entre as duas taxas aplicadas no mercado. No conjunto deve-se assistir ao aumento da procura agregada global e da taxa de juro para induzir o primeiro grupo de indivíduos a absorverem toda a emissão de dívida pública, uma vez que à taxa de juro vigente até aí o aumento da poupança privada é menor que a redução da poupança do sector público[496]. De onde se conclui, finalmente, que devidos às restrições de liquidez o endividamento público pode ter efeitos reais e, por consequência, a neutralidade Ricardiana pode ser prejudicada.

27.1.3. *Impostos Ineficientes*

Considerando que os impostos *lump-sum* são impraticáveis, os que se aplicam são necessariamente ineficientes[497]. O propósito da minimização desses padrões de ineficiência poderá ditar, porventura, a adopção de uma regra de taxas de imposto constantes[498] ao longo do tempo, independentemente do comportamento inter-temporal do valor da base tributária, por se considerar que a ineficiência é função positiva da taxa do imposto. Partindo-se do princípio de que as despesas públicas variam em função da conjuntura económica, no sentido conhecido, essa regra iria ditar défices orçamentais em períodos de recessão e superávites em períodos de crescimento económico, com equilíbrio plurianual. Neste sentido, o défice presente seria financiado pela expansão da base tributária, com prejuízo para a validade da equivalência Ricardiana. Não obstante esta conclusão, vale a pena mencionar a opinião expressa por Bernheim a este respeito e que a nós nos não parece indiscutível "*While tax smoothing is an important normative concept, this theory does not appear to generate any clear positive*

---

[496] Necessário para induzir os agentes económicos a tomarem a totalidade da nova emissão de dívida pública correspondente ao défice. O grupo sem restrições de liquidez é o que toma a totalidade da dívida ficando, assim, com um *stock* de capital em excesso da proporção que lhe cabe, passando-se exactamente o contrário com o outro grupo. E é por isto que se afirma que o Estado funciona como intermediário financeiro entre o mercado e os cidadãos que enfrentam restrições de liquidez.

[497] Com as excepções conhecidas.

[498] Ou, pelo menos, sujeitas a variações mínimas por forma a garantir alguma regularidade nos seus valores.

implications concerning the link between deficits and aggregate consumption" (Bernheim, 1988, p. 272).

27.1.4. Incerteza sobre os Rendimentos Futuros

Entre outros, este ponto é suscitado por Feldstein (1988) e decorre da teoria do ciclo de vida e do rendimento permanente. O aspecto fulcral é a consideração de que o indivíduo sofre de incerteza quanto ao valor dos seus rendimentos futuros e, por isso, não pode decidir quanto ao valor da transferência a executar a favor dos filhos. Na verdade, ele não está numa situação de indiferença entre possuir um euro hoje e fazer no futuro um pagamento aos filhos de igual valor quando actualizado para o presente. A consequência é prejudicar a validade da equivalência Ricardiana.

27.1.5. Jogos de Ponzi Virtuosos

Se a economia crescer em termos reais a uma taxa superior à da taxa real de juro, o governo pode contrair sucessivamente novos empréstimos, tanto para amortizar dívida como para prover ao serviço da dívida, sem necessidade, enquanto isto se verificar, de aumentar impostos. O resultado é, ainda, invalidar a equivalência Ricardiana. O que se pode dizer a este respeito é que é altamente improvável que uma situação com estas características tenha uma duração infinita.

27.2. *A Evidência Empírica*

Como é habitual na literatura económica, os numerosos estudos empíricos efectuados apontam em sentidos inteiramente divergentes. Há uma série de resultados que apoiam a tese que é sujeita a estes testes, e outra igualmente numerosa que a refuta liminarmente. Barro (1989) menciona especialmente os primeiros trabalhos de investigação empírica que avaliaram o impacto dos défices orçamentais sobre as taxas de juro, o consumo, a poupança e os défices das balanças de pagamentos, e conclui a certo ponto *"Overall, the empirical results on interest rates support the Ricardian view. Given these findings it is remarkable that most macroeconomists remain confident that budget deficits raise interest rates."* *(Barro, 1989, p. 48)*. Contudo, nós sabemos que tais resultados qualitativos não constituem necessariamente a validação daquela tese; em larga medida é um resultado que pode derivar da forma como a política monetária é conduzida. Há razões para que as taxas de juro subam se a política monetária tiver como objectivos operacionais e intermédios os agregados monetários, mas se esses objectivos forem as taxas de juro, estas deverão manter-se dentro do espaço de valores pretendido pelo Banco Central que, para tanto, acomoda as variações na procura de liquidez.

Mas a maioria dos autores reconhece que os testes empíricos feitos à equivalência Ricardiana sofrem de inúmeras insuficiências que perturbam seriamente a interpretação e a validade dos resultados a que chegam. Entre eles, os mais mencionados são os erros de medição das variáveis e as metodologias econométricas utilizadas, com especial referência para a questão da endogeneidade de muitas das variáveis do modelo.

Portanto, a equivalência Ricardiana continua a ser uma questão ainda por esclarecer e tem que ser tratada mais como uma hipótese do que como uma certeza firmemente estabelecida na teoria económica.

28. Perspectivas sobre os Défices Orçamentais e da Obrigação Constitucional de um Orçamento Equilibrado

Para efeitos da análise, da formulação e da implementação das políticas económicas, como quando se pretendem estabelecer comparações entre países, o défice orçamental é quantificado como uma percentagem do PIB do respectivo país, o que naturalmente significa que o valor apurado depende quer do numerador quer do denominador da expressão. Por isso, qualquer quociente que se considere elevado tanto pode ser fruto do numerador, sinal de contas públicas descontroladas, como do denominador, sinal de economias com um nível de actividade comparativamente baixo como é, aliás, típico de países em fase desenvolvimento com grandes exigências de investimentos em infra-estruturas e em capital humano, ou de países atravessando fases de recessão ou de depressão e, tipicamente, conflitos militares. Acresce que, como muito bem se sabe, o valor absoluto do défice não é independente do PIB mas função negativa dele por via tanto das receitas quanto das despesas públicas. E, portanto, *a priori* qualquer analista fica sem saber se o problema é do défice propriamente dito ou se do relativamente baixo nível de actividade económica do país em causa. Por outras palavras, um mesmo valor do défice relativo das contas públicas não significa sempre a mesma realidade económica, nem tem, por isso, os mesmos efeitos futuros. Macauley (1902, p. 414), referindo-se aos grandes temores revelados por A. Smith e por D. Hume, e que se viriam a revelar infundados, em relação aos défices da Inglaterra da época e à potencial acumulação de dívida pública escreveu, *"They saw that de debts grew; and they forgot that other things grew as well as the debt"* querendo com isso significar que o mais importante, por ser o elemento determinante da capacidade de endividamento de um país, é que as economias cresçam de forma sustentada ao longo do tempo, isto é, a análise desta matéria tem que ser dinâmica e não estática[499].

---

[499] Esta posição tem implícita a avaliação do défice e do endividamento público que lhe está associado como factor de desenvolvimento e crescimento do país.

Na actualidade, o valor do défice como proporção do PIB é comummente apresentado pelo discurso *oficial* como um bom indicador do peso do Estado na economia e dos efeitos que sobre ela pode ter a médio e longo prazos. A ideia implícita é que se devem sistematicamente procurar orçamentos equilibrados porque eles são necessariamente bons para o país. Contudo, a propósito desta perspectiva[500] lembremo-nos que para Buchanan toda a regra constitucional que exija um orçamento equilibrado tem uma natureza processual e não substantiva pois[501] *"Such a rule does not constrain either the overall size of the public sector (the Budget) or the composition of the activities within that sector. Outcomes are allowed to emerge from the interaction of the various cooperative and conflictual pressures that describe the workings of ordinary majoritarian politics..... The proposed balance budget amendment lays out a new rule for making fiscal choices; it does not lay down guidelines for what these choices might be. In its bare-bones formulation, the amendment requires only that congressional majorities, ..., pay for what they spend, with "pay for" being defined in a willingness to levy taxes on ... citizens...."* (Buchanan, 1997, p. 125).

Se se entender que os défices são em si mesmo nefastos segue-se necessariamente como válida a ideia de que o equilíbrio das contas públicas, bem como os superávites orçamentais, são resultados inevitavelmente desejáveis e, em coerência com as mesmas normas de apreciação, reveladores de uma boa gestão da economia e das contas públicas[502]. É uma concepção absurda das coisas. Em nossa opinião são indefensáveis equilíbrios orçamentais que se formem independentemente da fase da conjuntura económica e das necessidades de desenvolvimento dos países. Como igualmente o seriam superávites sistemáticos, e quiçá vultuosos, gerados pela

---

[500] Perspectiva que ganhou terreno no discurso oficial a partir da celebração do Tratado de Maastricht e da adopção subsequente dos Planos de Estabilidade e Crescimento (PEC), com limitações impostas ao valor do défice e da dívida pública, como percentagem do PIB:

[501] Reflexões deste autor a propósito do debate político e económico acontecido nos E.U.A. nos anos 90 do Séc. XX a propósito de uma proposta de emenda constitucional que impusesse a obrigação de orçamentos equilibrados.

[502] O PEC não fixa valores máximos para os superávites. Bem sabemos que, considerando o processo político de decisão em democracia, é mínima a probabilidade de haver superávites significativos e sistemáticos. Porém, o verdadeiro problema deste alheamento é a sua capacidade, ainda que involuntária, para estimular vícios de avaliação normativa sobre os saldos das contas públicas.

apropriação e esterilização de uma parte substancial do rendimento nacional produzido pelos cidadãos[503]. Seria bem o caso para, em tais circunstâncias, pensarmos em Burke ((1756), 1982, pp. 64-65) quando ele contesta do seguinte modo as razões invocadas por Thomas Hobbes para justificar a existência do Estado e dos respectivos governos: *"In vain you tell me that Artificial Government is good, but that I fall out only with the Abuse. The Thing! The Thing itself is the abuse!... It was observed that Men had ungovernable Passions, which made it necessary to guard against the Violence they might offer to each other. They appointed governors over them for this Reason; but a worse and more perplexing difficulty arises, how to be defended against the Governors?"* Claro está que *The Thing* são os governos e a sua burocracia!

O problema do défice resume-se afinal a um problema de receitas ou de despesas públicas e das suas consequências sobre o potencial de crescimento de uma economia no contexto de um sistema democrático, isto é, dos respectivos custos de oportunidade, aí incluídas as ineficiências que tanto umas quanto outras injectam nos sistemas económicos, como vimos antes e em capítulos próprios! Seria, pois, preferível para efeitos de formulação e avaliação das políticas económicas, deixar-se de falar apenas em défice e passar-se a falar também, e em lugar de destaque, do peso relativo das despesas e das receitas do Estado nas economias nacionais! A natureza substantiva do discurso seria completamente diferente com a vantagem de se constrangerem as escolhas políticas e de se reduzir a opacidade do tema para os eleitores em geral, e para o eleitor mediano em particular. A insistência do discurso político e económico exclusivamente no défice, que é uma variável líquida e não bruta, é útil sobretudo quando se deseja encontrar uma cortina de fumo para exibir a floresta e esconder as árvores. Ou seja, a avaliação das políticas económicas é prejudicada pela opacidade do sistema quanto à sua capacidade para transmitir informação substantiva[504]. É exactamente esta a posição de M. Friedman, como a de outros antes dele, quando desvaloriza a importância do défice comparativamente com a dimensão do Estado que ele entende ser a óptima. Foi ele que escre-

---

[503] E, portanto, aquilo que se entende ser essencial nesta matéria, até por questões vinculadas à restrição inter-temporal do Orçamento do Estado, é a natureza das despesas e a sua rentabilidade económica em alternativa a uma menor carga fiscal.

[504] Acredita-se que os políticos não sintam necessidade de alterar este estado de coisas que, para eles, funciona como um seguro. Esta opacidade é compatível com a ocultação de incompetências passadas e actuais, e também de desígnios futuros consentindo-lhes, portanto, maior discricionaridade na gestão da coisa pública.

veu em várias ocasiões que preferia viver num Estado com um pequeno orçamento, ainda que não equilibrado, do que noutro com um grande orçamento equilibrado. *"Taxes and spending are the real culprits, not deficits and debt"* (Friedman e Friedman, 1984, p. 27), isto é, um Estado que tenha uma presença minimalista na sociedade nunca será capaz nem de instilar ineficiências significativas nem de produzir dívida pública por montantes capazes de produzir desequilíbrios fundamentais. E há evidência empírica a favor desta tese de Friedman, tal como a obtida por Razzolini e Shughart II (1997, p. 217): " *We find that while the estimated coefficients on all three fiscal variables are invariably negative, at the data means taxes and spending restrain growth to a considerably greater extent than do deficits. We conclude from this evidence that, at least in terms of our measure of economic welfare, a smaller, unbalanced public budget is indeed preferable to a larger balanced one. As such, a relatively low level of government spending financed partly by borrowing seems to be the best way of promoting economic growth.*[505]"

28.1. As Lições do Debate Recente nos E.U.A.

Na primeira metade da década de 90 do século XX os Estados-Unidos debateram calorosamente as vantagens e as desvantagens da introdução de uma emenda constitucional impondo orçamentos equilibrados[506] a partir do ano fiscal de 2002. Como é natural em tais coisas, as opiniões dividiram-se entre os que apoiavam e os que estavam contra; Buchanan e Friedman, apesar de serem ambos economistas de inspiração neo-clássica, colocaram-se neste debate, pelo menos aparentemente, em lados opostos; o primeiro apoiou a emenda e o segundo opôs-se-lhe com igual vigor. Em 26 de Janeiro de 1995 a Câmara de Representantes dos Estados-Unidos

---

[505] Note-se que o indicar para a aferição que aqui é sugerido é a promoção do crescimento económico. A regra de ouro das finanças públicas está implícita e contextualizada por uma economia de mercado onde, por definição, o papel do Estado é limitado.

[506] Neste contexto, a regra do orçamento equilibrado baseia-se " ... *na aceitação dos princípios clássicos das finanças públicas."* (Buchanan, 1997, p. 119), o que se traduz pela exigência de equilíbrio orçamental apenas no concernente ao orçamento corrente, sendo aceitáveis défices para o orçamento de capital, desde que no respeito por determinados requisitos.

Segundo reza a história parece que já em 1798, numa carta escrita a um amigo, Thomas Jefferson tinha sugerido a introdução dessa emenda.

votou favoravelmente a proposta de emenda mas ela não se viria a transformar em lei porque a 2 de Março do mesmo ano foi reprovada pelo Senado pela escassa diferença de um voto apenas. Desta maneira, o Congresso norte-americano entendeu que o país deveria continuar a dispor da política orçamental para estar em condições de alcançar no futuro os fins económicos que entendesse convenientes[507]. Tratou-se de uma orientação diametralmente oposta àquela pela qual a União Europeia viria a seguir alguns poucos anos depois[508].

Para a rejeição da emenda concorreu como um dos principais argumentos a perda do orçamento enquanto instrumento de política económica que sucederia no caso da sua aprovação, aquilo a que Buchanan se referiu como a *"perda de flexibilidade da política orçamental"* (1997, p. 127). Buchanan, que sai derrotado nesta disputa, não tem dúvidas de que a regra de um orçamento equilibrado restringiria necessariamente as opções orçamentais. Mas sendo esse um facto inquestionável, o problema central consistia para ele em saber se essas restrições eram ou não relevantes para o caso. Ele desvaloriza a política orçamental na base de questões técnicas próprias do seu mecanismo de transmissão e de questões político-institucionais muito típicas da teoria das escolhas colectivas e, em particular, da escola da Virgínia da qual ele é um lídimo representante. Em primeiro lugar entende, como Friedman, que a política fiscal é um instrumento muito imperfeito (*"crude"*) porque entre a tomada de decisões e a produção dos seus efeitos decorre um longo período de tempo, correndo-se o perigo de ela actuar já na fase seguinte do ciclo económico, transformando a política orçamental de idealmente anti-cíclica em pró-cíclica[509], ou seja, de facto, em importante elemento desestabilizador dos mercados económicos. Outrossim, entende que a defesa da relevância da política orçamental pressupõe a ineficácia da política monetária: *"In a setting in which the central bank fulfills its primary responsibility and keeps the value of*

---

[507] A crise financeira e económica surgida em Agosto de 2007 mostrou quão avisada foi esta decisão.

[508] Nesta altura, Maio e Junho de 2010, muitos sectores políticos da UE reclamam a consagração constitucional desta regra sem, contudo, fazerem qualquer referência a este debate e ao espólio valioso de conclusões que se obtiveram então; no fundo como se se tratasse de uma ideia original e genial daqueles que ora a promovem.

[509] O erro sistematicamente cometido pelos executores políticos dos Tratados aplicáveis na Europa sobre esta matéria. Isto não vai sem se dizer que se entende dever distinguir em relação a despesa que represente simples desperdício a qual, deve, sem qualquer margem de dúvida, ser eliminada pelos elevados custos de oportunidade que significa.

the monetary unit stable ... and in which the government budget is balanced, major internal sources for instability are eliminated." (Buchanan, 1997, p. 129).

Por outro lado, para este autor, as escolhas e as preferências que a regra do orçamento equilibrado constrange são as dos políticos e as dos burocratas que, numa democracia representativa, tomam decisões tributárias e de despesa em nome e no suposto interesse dos cidadãos. Buchanan não acredita nem que os mercados políticos sejam eficientes nem que os políticos sejam omniscientes e benevolentes, dotados de uma capacidade única para determinarem qual seja o interesse público, os chamados superiores interesses da Nação, e suficientemente altruístas para dedicarem a sua vida à prossecução da felicidade pública. Ao contrário, os políticos e os burocratas procuram maximizar a sua utilidade pessoal por via da sua reeleição e da maximização de orçamentos discricionários. Evidentemente que, prossegue, para aqueles que crêem numa visão romântica dos políticos e das suas motivações essas restrições são atentatórias da causa pública porque os privam de meios importantes para produzirem resultados supostamente benéficos para a comunidade. Mas também, como escreve Buchanan, *"Why, for example, should benevolent and omniscient governments ever be required to seek electoral approval for their actions?"* (Buchanan, 1997, p. 127). Governos omniscientes, por definição, sabem tudo o que é preciso saber-se e ainda, talvez, muito mais, não sendo portanto sequer legítimo julgá-los em eleições! Buchanan resvala aqui para uma argumentação populista e demagógica, da qual se demarca a Escola de Chicago da teoria das escolhas colectivas, omitindo o facto de que eles devem corresponder minimamente às preocupações do eleitorado.

Contribuiu igualmente para a rejeição daquela emenda constitucional a convicção de que a sua adopção criaria conjuntamente incentivos para a sua própria violação, como é de resto inerente a qualquer norma jurídica. Como tal, os níveis acrescidos de desorçamentação e de produção de receitas extraordinárias transformariam o cumprimento dessa exigência legal em actos puramente formais desacompanhados da correspondente substância, ou seja, em autênticas mistificações contribuindo para adensar a já habitual opacidade dos orçamentos. Os políticos, frequentemente imbuídos de uma forte influência jurídica, têm uma razoável pré-disposição para pensarem que o formal prevalece sobre o substantivo. Este argumento veio-se a revelar particularmente clarividente no caso da experiência recente das finanças públicas portuguesas. Esses políticos, mesmo quando têm alguma formação económica, esquecem que os equilíbrios das variáveis económicos só se atingem pelo natural funcionamento dos mecanismos da economia, não sendo classificáveis como tal aqueles que só existem porque constrangidos por normas legislativas, agindo como autênticos espartilhos e que forçam deliberadamente a obtenção de determinados resultados que na sua ausência nunca se verificariam, e que deixam de se verificar logo que os constrangimentos burocrático-legislativos sejam retirados.

As diferenças notadas há pouco entre Buchanan e Friedman são, na nossa interpretação, mais de método que de substância. Seria estranho que assim não fosse pois ambos são economistas neo-clássicos. Parece-nos absolutamente correcto inferir do conjunto da obra de Buchanan que o orçamento equilibrado não é para ele um objectivo final, mas simplesmente um objectivo intermédio para a partir daí alcançar uma redução significativa das despesas e da dimensão do Estado. Não poderia ser de outro jeito quando se conhece a visão descrente sobre o Estado e os políticos que perpassa toda a sua obra. E quanto à diferença metodológica ela compreende-se sem dificuldades assente na consideração explícita que Buchanan, contrariamente a Friedman e a outros autores importantes, entre os quais também Keynes, faz ao enquadramento institucional das sociedades, nomeadamente aos processos colectivos de decisão em democracia baseados na regra da maioria absoluta. Para Buchanan as democracias têm uma tendência inata, natural, e incontrariável para, fora do normativo constitucional[510], gerar défices, e os motivos que aponta são: (1) a função objectivo dos políticos é a sua reeleição; (2) o desejo dos eleitores é maximizarem os benefícios líquidos que aufiram do Estado consubstanciados na máxima produção de bens e de serviços com minimização da tributação; (3) a autoridade dos políticos para gastarem sem tributar; (4) a falta de incentivos sentida por qualquer governo para ser fiscalmente responsável dada a impopularidade das medidas necessárias e a potencial rotatividade das administrações decorrente de eleições periódicas em datas pré-definidas e que não asseguram a continuação das políticas de contenção pelos governos seguintes. Logo, as democracias tendem a gastar e a não tributar! Portanto são incapazes, por si mesmas, de controlar os défices e a acumulação de dívida pública![511]

---

[510] Para as escolhas colectivas é mais fácil os membros da comunidade porem-se de acordo na fase pré-constitucional, que envolve decisões *sobre* regras colectivas, do que na pós-constitucional que envolve decisões *dentro* das regras. Vejam-se Buchanan, Rawls e outros.

[511] Entramos aqui no domínio das teorias explicativas do crescimento do Estado (ver Fernandes, 2008).

O problema do financiamento por endividamento é que os contribuintes não têm a percepção exacta do custo do funcionamento do Estado e do preço dos bens e dos serviços que lhe exigem ou, dito de outro modo, não têm noção dos reais custos de oportunidade associados à manutenção do Estado que lhes proporciona o conjunto de bens e de serviços que lhe solicitam. Na mente dos contribuintes o preço relativo dos bens e serviços fornecidos pelo Estado é inferior ao seu custo real[512]. Desta forma Buchanan assume que os défices provocam ilusão fiscal nos contribuintes, levando a um nível excessivo de actividade pelo Estado e, consequentemente, ao aparecimento de Estados com um peso desmesurado nas economias nacionais. Para Buchanan a única forma de contrariar essa tendência é repercutindo completamente sobre os cidadãos esses custos de funcionamento através dos respectivos impostos adicionais[513]. Esperava ele, em contrapartida, que a procura dos cidadãos se reduzisse, e com ela as despesas e a dimensão do Estado.

As despesas do Estado constituem um sério problema económico porque quando excessivas em relação ao óptimo social introduzem ineficiências na afectação de recursos que se repercutem quer sobre as gerações presentes quer sobre as futuras. É impossível estimular-se o crescimento económico e, portanto, o bem-estar e a prosperidade dos cidadãos se o Estado se não dispuser a diminuir as suas despesas em termos reais[514], isto é, a remover as ineficiências que ele próprio, e por essa via, introduz no sistema económico. E não se trata de continuar a produzir o mesmo a custos mais baixos por via da redução dos salários e das promoções dos funcionários públicos mas, isso sim, trata-se de efectivamente reduzir algumas das produções e encerrar outras por forma a reafectar os factores de produção. É igualmente por esta razão muito ponderosa que o controlo das contas públicas só faz sentido se se fizer por via da despesa. Para tanto os responsáveis políticos têm que decidir quais as funções de que o Estado deve continuar a ser responsável, e a que nível, e aquelas que deve abandonar de todo. Se a gestão do défice se fizer pela receita o Estado resolverá eventualmente o seu problema mas à custa de uma economia cada vez mais debilitada e enfraquecida. Quando nos anos 80 os E.U.A. se depararam com os maiores défices da sua história em tempo de paz, o Presidente

---

[512] É a ilusão fiscal.
[513] Estamos a falar em termos dos princípios clássicos das finanças públicas, *grosso modo* no que respeita ao orçamento corrente.
[514] E concomitantemente as receitas fiscais.

Reagan recusou-se sistematicamente a aumentar os impostos porque, na sua opinião, aumentar os impostos para eliminar o défice pura e simplesmente não funcionaria, pelo contrário, o seu único resultado seria estimular ainda mais o aumento das despesas públicas![515]

28.2. *Uma Breve Referência Histórica às Perspectivas sobre a Relevância dos Défices do Estado*

A teoria económica tem-se desde sempre preocupado com a questão do défice, dividindo-se as opiniões ao longo do tempo consoante as escolas do pensamento económico; mas mesmo dentro da mesma escola económica há *nuances* apreciáveis. Em geral, os autores clássicos não admitem défices, a não ser no orçamento de capital[516], para financiar a guerra, e pouco mais. Tinham deles uma visão catastrófica que deixou marcas profundas tanto na teoria como na política económica, ou seja, entre economistas e políticos até pelo menos meados da década de 40 do século passado. Atribuíam-lhes toda uma série de males inevitáveis e nenhum benefício: inflação, subida das taxas de juro, desemprego, desequilíbrio das contas externas, baixo nível de poupanças e de produtividade, até ruína, invasões e tiranias, conforme as conveniências do momento[517]. Mas convém desde já termos a noção de que para os clássicos às finanças públicas não competiam as funções que depois os keynesianos haveriam de, segundo o seu pensamento, sistematizar como funções tradicionais das finanças públicas (estabilização, redistribuição do rendimento e afectação óptima de recursos) e que hoje continuam plenamente e pacificamente assimiladas pela consciência colectiva[518].

Sobre a relevância económica dos défices e da dívida pública, os economistas discordam fundamentalmente entre si não só sobre os seus efei-

---

[515] Pode-se afirmar que resolver o défice pelo lado da receita equivale a prosseguir com as orientações orçamentais subjacentes quanto à afectação dos recursos económicos entre aplicações alternativas. Dito de outra maneira: não há alteração substantiva da regra fiscal em vigor.

[516] Regra de ouro das finanças públicas.

[517] O nosso próprio entendimento àcerca desta matéria tem que ser compreendido tendo em conta o capítulo anterior dedicado à sustentabilidade da dívida pública, com referência aos problemas associados à senhoriagem para efeitos de amortização da dívida.

[518] O que não equivale a admitir que seja esta a visão dos políticos europeus e, em particular, da zona euro. De facto, a tragédia da União Europeia em geral, e da zona euro em particular, é a *burocratização* de que as teorias económicas aí têm sido objecto.

tos prováveis mas também sobre os seus eventuais mecanismos de transmissão. Nem mesmo entre os clássicos o grau de aversão aos défices e à dívida pública foi igualmente partilhado por todos.

D. Hume (1764) previa que, em resultado da evolução da dívida pública, fruto de défices sucessivos, chegaria o tempo em que a Inglaterra deixaria de a poder amortizar, destruindo desta maneira a sua reputação e arruinando os seus credores, a maioria deles cidadãos do país ou, ainda pior, sucumbiria à tirania ou à invasão estrangeira! A. Smith (1776, (1976), p. 446) escrevia que uma enorme dívida pública "... *at present oppress, and will in the long run probably ruin all the great nations of Europe*". Esta preocupação funda-se no receio de ambos de que a amortização da dívida pública: (1) exigisse o agravamento da carga fiscal para além do limite do suportável; (2) promovesse a transferência de rendimento das classes produtivas para credores improdutivos e, (3) que conduzisse a um excesso de emissão monetária com a qual o Estado intentaria cumprir as suas obrigações de devedor mas gerando, em contrapartida, fortes pressões inflacionárias e consequente desvalorização da moeda.

Nessa sua obra Smith sugere duas ideias fundamentais nas discussões actuais sobre o défice e a dívida pública, preocupações de facto centrais no pensamento de Buchanan e de outros sobre este tema: a ilusão fiscal e as relações fiscais inter-geracionais. É ele quem pela primeira vez insinua que a emissão de dívida pública é deliberada e conscientemente preferida pelos governos à alternativa de aumentar os impostos com o fito de esconder da opinião pública os custos reais das guerras e, em geral, dos seus programas de despesas, negligenciando assim também os efeitos da transferência de encargos fiscais para as gerações futuras.

Entretanto, mau grado os défices e a dívida pública acumulada por virtude deles, a Inglaterra não deixou de se desenvolver e de se tornar a maior potência económica e militar do Séc. XIX, e uma das maiores no primeiro terço do século seguinte. Foi a propósito disto que Macauley (1902, pp. 411-14) escreveu a respeito de Hume *"one of the most profound political economists of his time had given memorable proof of the weakness from which the strongest minds are not exempted"* enquanto que Smith *"...saw a little, and a but little further."*. É que, segundo ele, as previsões catastróficas daqueles autores tinham-se revelado *"... a great fallacy ... signally falsified by a long succession of indisputable facts."* Pelas razões económicas que nós já sabemos explicar nesta altura.

Ricardo (1817,(1951)) continua a tradição dos seus antecessores, mas ao mesmo tempo afasta-se deles em alguns pontos essenciais. Se bem que por um lado entenda que o Estado deve seguir os mesmos princípios de sensatez e de prudência que são válidos para cada pessoa (1817,(1951), 1, p. 248) porque *"What is wise in an individual is wise also in a nation..."*, por outro encara a dívida pública de maneira menos fundamentalista do que Hume e Smith recusando que a mesma tenha inevitavelmente efeitos calamitosos (1817, (1951), 1, p. 247): *" A country which has accumulated a large debt, is placed in a most artificial situation; and although the amount of taxes, and the increased price of labour, may not, ..., place it under any other disadvantage with respect to foreign countries, except the unavoidable one of paying those taxes ..."*.

A teoria económica enfatiza que a posição dos indivíduos é substantivamente distinta da do Estado no que respeita ao endividamento. A diferença encontra-se no carácter orgânico das comunidades humanas e, correspondentemente, do Estado: elas perpetuam-se no tempo através da renovação das gerações, diferentemente do que se passa com cada pessoa que tem uma vida de duração finita. Por isso, enquanto nenhum indivíduo pode obrigar gerações futuras por encargos assumidos em vida (o passivo dos que morrem é coberto até ao limite do valor dos activos que deixem), o Estado, porque é um ente perpétuo, está permanentemente coagido a cumprir com obrigações assumidas no passado. Isto é, os credores do Estado detêm um direito efectivo sobre a base tributária da comunidade política que eles ou os seus descendentes podem executar nos termos do contrato de emissão da dívida pública. As circunstâncias enunciadas significam que enquanto para os particulares há uma restrição orçamental clara que impõe um limite às despesas que podem efectuar, ou então arriscam-se a falir, para o Estado essa é a restrição inter-temporal que se apresenta assaz difusa.

Tal como Smith antes dele, Ricardo refere-se aos efeitos riqueza, e suas implicações sobre os níveis de poupança, que podem resultar do défice ou do lançamento de impostos enquanto métodos alternativos de financiamento da despesa pública. O que conclui é de uma extrema modernidade porque o coloca em perfeita sintonia com a teoria das expectativas racionais. Resumindo o seu pensamento, para que as modalidades de financiamento da despesa, impostos ou dívida pública, fossem capazes de produzir efeitos diferenciados tem que se assumir que as pessoas sofrem de ilusão fiscal, ou seja na acepção que aqui se lhe aplica, que ignoram que um défice no presente implica[519] o lançamento de impostos no futuro que

---

[519] Como vimos em capítulo anterior a propósito da equivalência Ricardiana, um dos contra-argumentos refere-se justamente à inevitabilidade um tal acréscimo nos impostos.

elas, ou os seus descendentes, terão que suportar. É daqui que surge o que actualmente nós conhecemos por equivalência Ricardiana. *"From what I have said, it must not be inferred that I consider the system of borrowing as the best calculated to defray the extraordinary expenses of the State. It is a system which tends to make us less thrifty – to blind us to our real situation ... and then deludes himself with the belief, that he is as rich as before"* (Ricardo, 1817,(1951), 1, p. 247).

Todavia, no cerne deste argumento ricardiano, se conjuntamente não houver ilusão fiscal e comportamentos estratégicos destinados a minimizar a carga fiscal pessoal (*"... yet it becomes the interest of every contributor to withdraw his shoulder from the burthen, and to shift this payment from himself to another; and the temptation to remove himself and his capital to another country, where he will be exempted from such burthens becomes at last irresistible..."* (Ricardo, 1817 (1951), 1, pp. 248-9)) os indivíduos percebem que a sua riqueza é igual ao valor bruto dos activos que detêm descontado do valor actualizado para o presente dos impostos futuros necessários para amortizar a dívida[520]. Por outras palavras, os contribuintes sabem que a sua riqueza líquida diminui pelo exacto valor do défice, ou seja, pelo mesmo montante em que diminuíria se tivesse havido lançamento de novos impostos para financiar a despesa pública adicional.

Muito embora para Jean-Baptiste Say (1867) o verdadeiro mal fossem as despesas do Estado, independentemente do seu modo de financiamento, pode-se dizer que, em geral, os economistas do século XIX, incluindo Malthus e Stuart Mill viam os défices com preocupação e advogavam orçamentos correntes equilibrados como princípio de boa gestão da coisa pública[521].

A influência da ortodoxia clássica permaneceu muito forte ainda no século XX. Em 1932 Franklin Roosevelt fez campanha assente na fidelidade aos princípios de um orçamento equilibrado e, de facto, nos começos do seu primeiro mandato tentou o seu melhor para os alcançar. De novo, e agora já em 1937, perante pequenos défices, o Presidente Franklin Roosevelt declarava " *I have said fifty times that the budget will be balanced for the fiscal year 1938. If you want me to say it again, I willl say it either once or fifty times more. That is my intention.*" Roosevelt cumpriu a sua

---

[520] Ver a matéria relativa à equivalência Ricardiana no capítulo a ela expressamente dedicado neste livro.

[521] Para uma explanação mais detalhada das normas clássicas das finanças públicas ver Bastable (1922).

promessa em 1938 cortando nas despesas e aumentando nos impostos. O resultado não poderia ter sido pior: a economia, que até aí tinha recuperado ligeiramente, cai de novo em recessão[522]. De facto foi a guerra que resolveu a Grande Depressão[523].

Porém, a partir dos anos trinta, coincidindo com a Grande Depressão e o despontar do keynesianismo, começa a surgir e a afirmar-se um novo grupo de economistas para os quais os défices não eram apenas aceitáveis dentro de limites de prudência e sob circunstâncias excepcionais mas, pelo contrário, eram até desejáveis e imprescindíveis na condição de estarem presentes as condições exigíveis[524]. Eles negavam que o financiamento por dívida pública pudesse sobrecarregar as gerações futuras, mesmo no caso de as despesas realizadas serem incapazes de gerar ganhos equivalentes aos juros. Embora os maus programas de despesa reduzissem a riqueza nacional, esse facto era de todo independente dos mecanismos de financiamento. Para eles nem o nível da dívida pública nem a decisão entre impostos e défice tinham qualquer relevância do ponto de vista inter-geracional. Como escrevia e explicava Mishan (1964, p. 185) *"visions of a nation weighed down by debt, tottering towards bankrupcy (had such a) hold ... on the minds of influential people (that) assurances of the innocuous nature of the public debt could not be too frequently repeated"*.

Esta nova concepção dominante sobre a ausência de problemas associados aos défices é exposta por Abba Lerner (1964, p. 95) melhor do que ninguém: *"The false belief (that debt financing burdens future generations) may well contribute to a failure of the free nations to take the steps necessary to maintain and extend freedom in the world. There is even a clear and present danger that because of a baseless fear of impoverishing future generations by leaving them with a larger internal debt (which they will owe to themselves), we may fail to protect them from nuclear war and/or totalitarian domination; the confusion sown by (the dissenters) tends to increase that danger."*

Ou seja, agora são os orçamentos equilibrados que se apresentam com o mesmo potencial para causar desgraças que cerca de século e meio

---

[522] A influência desta ortodoxia nunca foi completamente expurgada da política norte-americana. Nos anos 70 o Presidente Carter ainda nutria as mesmas preocupações.

[523] Mas foi, de facto, a Grande Depressão que alterou o paradigma da política económica em geral, e da orçamental em particular, patente na substituição das teses clássicas pelo Keynesianismo.

[524] Esta perspectiva permanece indisputada até aos finais dos anos 50 quando economistas como Buchanan e Bowen, Davis e Kopf a começaram a pôr em causa.

antes Hume e Smith atribuíam aos défices como uma fatalidade inevitável. E assim se fechava o círculo em torno da questão da relevância, ou irrelevância do défice! Como sabemos já, a verdade não se encontra em nenhum dos extremos, mas antes nas condições concretas a cada Estado.

A essência da posição keynesiana já a conhecemos, mas também é preciso dizer que ela evoluiu ao longo do tempo, muito embora atribuindo sempre ao défice um carácter instrumental, ou funcional, face à inerente instabilidade dos mercados económicos. Inicialmente, numa fase que corresponde a um natural período de transição entre perspectivas, propunha a combinação entre aquela natureza funcional e a obtenção de orçamentos equilibrados, não anualmente, mas sobre o período temporal correspondente ao ciclo económico. Depois, e principalmente a partir dos anos 60 nos E.U.A. sob o impulso de Walter Heller durante a Presidência de John Kennedy, passaram a defender o que chamaram de *equilíbrio do orçamento de pleno emprego*. Tão difícil de estimar e de operacionalizar quanto é hoje o *orçamento ajustado ciclicamente*, consistia em produzir orçamentos com valores de despesa e de receita correspondentes aos previsíveis para uma situação hipotética de pleno emprego. A consecução do equilíbrio orçamental anual ou pluri-anual deixava de ser necessário e até desejável. De facto, passava-se a propugnar por défices sistemáticos sempre que a economia não estivesse em pleno emprego, como instrumento para estimular o crescimento das economias até esse ponto limite.

Para concluir esta referência à Escola keynesiana desejamos simplesmente acrescentar que apesar de ter entrado em crise de aceitação nos anos 70 em virtude, principalmente, do fenómeno da *stagflation*, conseguiu recuperar o seu prestígio e influência entre os académicos e alguns decisores económicos.

As flutuações do pensamento económico em torno desta matéria prosseguem pelos anos 70 adiante com nomes que já analisámos suficientemente aos quais, por isso, não vale a pena regressar: Buchanan, Lucas e Sargent, Friedman, e outros.

PARTE V
POLÍTICA ORÇAMENTAL EM ECONOMIA ABERTA

29. A Política Orçamental em Economia Aberta

Para atingir objectivos económicos de equilíbrio interno e de equilíbrio externo, as autoridades dispõem de uma razoável variedade de instrumentos que se podem classificar de gestão da procura agregada, os exemplos são as políticas monetária e orçamental, e de desvio da procura agregada, como os direitos aduaneiros e as taxas de câmbio. O nosso propósito neste novo capítulo é o de ficarmos a conhecer a capacidade da política orçamental para influenciar esses dois tipos de objectivos, seja num contexto de taxas de câmbio fixas, seja num de taxas de câmbio perfeitamente flutuantes, e em função do grau de mobilidade internacional do capital.

Para começar temos que definir as condições de equilíbrio numa economia aberta. Para além do sector externo, esta economia tem um mercado de bens e de serviços, o mercado real, e o mercado monetário.

Daqui em diante assumiremos sempre que estamos a tratar com uma pequena economia aberta. Um outro pressuposto que sempre manteremos nesta abordagem é a de que os preços são constantes, razão pela qual sempre que nos referirmos ao rendimento nacional estaremos a defini-lo em termos reais.

29.1. *Condições de Equilíbrio*

29.1.1. *A Condição de Equilíbrio da Balança de Pagamentos*

O equilíbrio da balança de pagamentos (BP) define o equilíbrio do sector externo. Esta condição escreve-se através da equação seguinte.

277) $BP = T(Y, R) + K(i) = 0$

T (Y, R) é o saldo da balança de transacções correntes, que é função negativa do rendimento nacional do país (Y), e positiva da taxa de câmbio

(R) definida em termos directos[525]. A balança de transacções correntes é a diferença entre as exportações (X) e as importações de bens e de serviços (M)[526], escrevendo-se, no quadro analítico em que estamos a operar, como:

278) $T(Y, R) = X(R) - M(Y, R)$

A balança de capitais, representada pela função K (i) só existe na condição de o capital ser móvel internacionalmente, seja ele perfeita ou imperfeitamente móvel, e é uma função positiva da taxa de juro interna (i).

Quando o capital é perfeitamente imóvel internacionalmente, isso quer dizer que não reage a variações nas taxas de juro internas; por outras palavras, a elasticidade da oferta do capital em relação à taxa de juro é zero. E se assim acontecer, então a balança de pagamentos resume-se unicamente à balança de transacções correntes. Mas quando o capital é perfeitamente móvel, aquela elasticidade tende para mais infinito, o que quer dizer que os activos financeiros domésticos são sucedâneos perfeitos dos que são transaccionados no mercado internacional, e sempre que este seja o caso verifica-se que $i = i^*$, em que este último símbolo significa a taxa de juro cotada no mercado internacional. Por último, a imperfeita mobilidade acontece sempre que a oferta de capital reage a variações na taxa de juro interna, aumentando as entradas líquidas quando ela sobe, e vice-versa quando ela desce, de tal maneira que a elasticidade de que estamos a falar assume valores no intervalo aberto entre zero e mais infinito pois os activos financeiros internos já não são substitutos perfeitos dos externos.

Sempre que o saldo da balança de pagamentos é positivo, temos um superávite; no caso contrário temos um défice. É claro que o equilíbrio da balança de pagamentos não exige o equilíbrio de cada uma das suas parcelas.

---

[525] Uma das consequências do pressuposto de pequena economia aberta é que as exportações passam a ser uma variável exógena, da mesma maneira que a taxa de juro externa.

[526] Na verdade as importações são uma função do rendimento disponível (Y_D) o qual, por seu lado, é função do rendimento nacional (Y) e dos impostos suportados, líquidos de subsídios (T_R). Assim: $Y_D = Y - T_R$. Para efeitos de exposição, tanto se pode assumir que estes impostos líquidos são uma variável exógena, como uma função positiva do rendimento nacional. Na primeira destas perspectivas teríamos $T_R = \bar{T}_R$, enquanto a segunda conduz à formulação diferente de $T_R = t_Y$, onde t é um parâmetro que representa a taxa média de imposto. Ou seja, finalmente e para concluir, as importações são uma função do rendimento nacional.

Assumindo que a taxa de câmbio R é dada, pode-se resolver a Equação (288) em ordem a i. Porque se trata de uma equação a duas incógnitas, alcançamos múltiplas combinações (Y, i) que verificam a condição de equilíbrio. No espaço a duas dimensões podemos representar o lugar geométrico dessas combinações que dá pela designação de curva BP. A inclinação desta curva depende, certamente, do grau de mobilidade internacional do capital.

FIGURA 86 – **Três Curvas BP Alternativas em Função do Grau de Mobilidade Internacional do Capital**

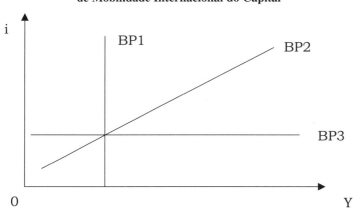

As curvas BP1, BP2 e BP3 representam, respectivamente, situações de perfeita imobilidade, imperfeita mobilidade e perfeita mobilidade internacional do capital. Todos e quaisquer pontos localizados abaixo e para a direita destas curvas significam balanças de pagamentos deficitárias, enquanto os que lhes estão acima e para a esquerda constituem soluções superavitárias.

29.1.2. *A Condição de Equilíbrio no Mercado Real*[527]

Concentrando-nos agora no mercado real, sabemos que ele está em equilíbrio quando a oferta (Y) iguala a procura agregada *ex-ante*, ou planeada (AD). A procura agregada é a soma do consumo interno (C) com o investimento planeado (I), com as despesas do sector público em bens e

---

[527] O mercado dos bens e dos serviços.

em serviços (G), a que se adicionam as exportações subtraídas das importações. A condição que exprime este equilíbrio é:

279) $Y = C(Y) + I(i) + \overline{G} + X(R) - M(Y, R)$

Sabemos que o consumo é uma função positiva do rendimento nacional[528] e que o investimento depende negativamente da taxa de juro. As despesas governamentais assumimo-las como sendo uma variável exógena[529]. Se assumirmos que a taxa de câmbio é um dado, pressuposto compatível com um regime de taxas de câmbio fixas ou de paridades ajustáveis, podemos resolver a Equação (279) expressando a taxa de juro como função do rendimento nacional. O que obtemos é uma equação a duas incógnitas, i e Y, em que o valor atribuído a uma delas determina univocamente o valor da outra. Conseguimos, portanto, um número infinito de combinações (i, Y) para as quais o mercado real se encontra em equilíbrio, e o lugar geométrico destas combinações é a bem conhecida curva IS. Esta curva tem uma inclinação negativa cujo valor depende das propensões marginais a consumir, a importar e a investir. A sua posição no plano, essa depende positivamente da procura agregada autónoma[530] e negativamente dos impostos líquidos, para dados valores das referidas propensões marginais[531]. A cada posição da curva IS no plano corresponde um certo valor da taxa de câmbio.

Como se entende de tudo quanto já ficou dito, a política orçamental afecta a localização dessa curva no plano. Quando as despesas públicas crescem, a curva desloca-se paralelamente para a direita, o que traduz uma política orçamental expansionista. Diversamente, o aumento dos impostos força-a a deslocar-se para a esquerda, pois trata-se de uma política contraccionista.

---

[528] São integralmente aplicáveis à função consumo as considerações feitas, na nota de rodapé anterior, à função importações. Se assumirmos, apenas por facilidade de exposição que não fere nenhum elemento essencial do que desejamos mostrar, que os impostos são uma variável exógena, segue-se $Y_D = Y - \overline{T}_R$. Se, além disso, a função consumo se escreve como $C = a + bY_D$, temos que $C = (a - b\overline{T}_R) + bY$. Portanto, o que desejamos aqui relevar é que os impostos líquidos estão explicitamente incorporados na condição de equilíbrio, e afectados de sinal negativo.

[529] É esse o significado de um traço colocado sobre uma variável. Apesar de termos imposto este pressuposto, quando a política orçamental é utilizada pelas autoridades para estabilizar a conjuntura económica, G é, de facto, uma variável endógena.

[530] Definida como aquela que não depende do rendimento.

[531] Para um maior detalhe sobre estes conceitos, e especialmente da função relativa à curva IS, ver um qualquer manual de macroeconomia.

FIGURA 87 – **A Curva IS**

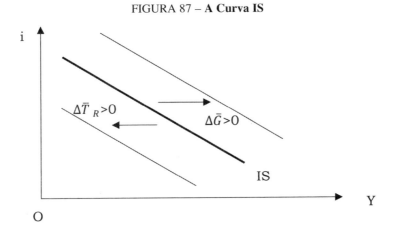

Alternativamente, a condição de equilíbrio respeitante ao mercado real pode ser escrita em termos da igualdade, o equilíbrio, entre as perdas líquidas domésticas no circuito de rendimento e o saldo da balança de transacções correntes, isto é, o investimento líquido externo. Para derivarmos a esta condição temos primeiro que considerar as aplicações, ou usos, do rendimento nacional. Este, como se sabe distribui-se por consumo (C), por poupanças privadas (S_P), e por impostos líquidos pagos ao sector público (T_R). Assim, o rendimento nacional visto segundo a óptica das suas utilizações, escreve-se como na Equação (280):

280) $Y = C(Y) + S_P(Y, i) + \overline{T}_R$

Uma vez que $Y = Y$, temos que:

281) $I(i) + \overline{G} + X(R) - M(Y, R) = S_P(Y, i) + \overline{T}_R$

ou, rearranjando a expressão:

282) $S_P(Y, i) + (T_R - \overline{G}) - I_{(i)} = X(R) - M(Y, R)$

ou, finalmente:

283) $S(Y, i) - I_{(i)} = X(R) - M(Y, R)$

em que S_G significa as poupanças do Estado e S as poupanças totais geradas pelos sectores privado e público da economia, isto é, $S = S_P(Y, I) + S_G$, com $SG = (T_R - \overline{G})$ As representações gráficas de cada um dos membros da Equação (283) vai-se fazer na figura abaixo, assumindo que são dadas as taxa de juro e de câmbio; qualquer modificação destas acarreta a mudança na posição das ditas curvas no plano. Partimos de uma situação inicial em que essas duas curvas se intersectam em A; por consequência, esta economia encontra-se em equilíbrio com um rendimento nacional igual a OA. Atendendo a que ambas as linhas se intersectam sobre o eixo das abcissas, também a balança de transacções correntes se encontra em equilíbrio.

FIGURA 88 – **Solução de Equilíbrio no Mercado Real**

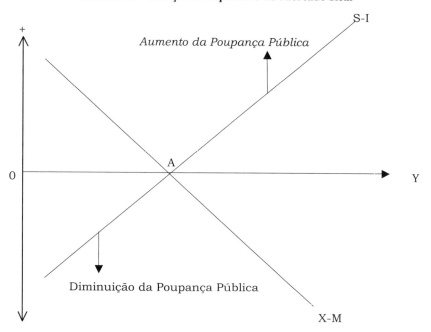

A política orçamental tem apenas capacidade para afectar directamente a curva S-I, através da componente poupança pública. Essa curva desloca-se para cima, *ceteris paribus*, sempre que aumenta a poupança pública, ou seja, quer quando os impostos líquidos aumentam ou a despesa pública se contrai. E vice-versa, naturalmente, para deslocamentos para baixo. O acréscimo da poupança do sector governamental é o resultado de políticas contraccionistas, enquanto a sua redução manifesta políticas expansionistas de gestão da procura agregada.

29.1.3. *A Condição de Equilíbrio no Mercado Monetário*

Resta-nos abordar o mercado monetário em ordem a chegarmos à derivação da curva LM, continuando, neste exercício, a assumir preços constantes. Em consequência, toda e qualquer variação na quantidade de moeda em circulação é-o tanto em termos nominais quanto em termos reais. A condição de equilíbrio no mercado monetário verifica-se com a igualdade entre a oferta de moeda e a sua procura, quer sejam expressas em termos reais ou nominais. Utilizando valores nominais, escrevemos então:

284) $M = PL(Y, i)$

onde M é a oferta nominal de moeda, P o nível geral de preços e L a procura real de moeda. Esta última é função positiva do rendimento, e negativa da taxa de juro, o custo de oportunidade de deter moeda em vez de outros activos.

Resolvendo a Equação (284) em ordem a Y, tomando i como a variável dependente, conseguimos, com isso, determinar um número infinitamente grande de combinações (Y, i) para as quais o mercado monetário está em equilíbrio. O lugar geométrico dessas combinações é a curva LM que se apresenta com inclinação positiva[532].

FIGURA 89 – **A Curva LM**

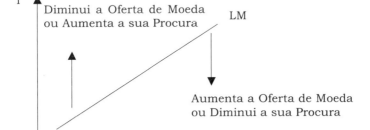

---

[532] Esta é a situação mais comum. No entanto, a curva pode ser infinitamente elástica, como quando há armadilha de liquidez, ou vertical, perfeitamente inelástica, quando a política monetária não consegue influenciar o rendimento nacional.

Uma vez que se impõe a condição de constância dos preços, os movimentos da curva LM, devidamente identificados na Figura 89 têm a sua explicação em variações em *M* ou em *L*.

29.2. *Política Orçamental com Taxas de Câmbio Fixas*

Para além dos pressupostos já enunciados, vamos incluir neste momento aquele que impõe a não esterilização pelas autoridades monetárias dos efeitos dos desequilíbrios da balança de pagamentos sobre a quantidade de moeda em circulação. A consequência deste pressuposto é tornar a oferta de moeda endógena ao mecanismo automático de ajustamento da balança de pagamentos neste regime cambial.

Utilizando as curvas IS-LM-BP iremos ver que o impacto da política orçamental sobre o rendimento nacional de equilíbrio vai depender criticamente do grau de mobilidade internacional do capital. A análise é exclusivamente conduzida com recurso à exposição gráfica.

FIGURA 90 – **O Impacto de uma Política Orçamental Expansionista com Câmbios Fixos e Perfeita Imobilidade Internacional do Capital**

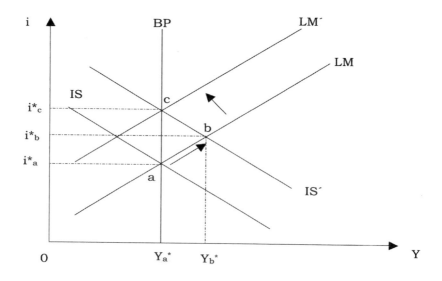

Na Figura 90 supõe-se perfeita imobilidade internacional do capital o que, como sabemos, reduz a balança de pagamentos à balança de transacções correntes. Todas as três curvas se intersectam no ponto a, pelo que as soluções de equilíbrio para as duas variáveis endógenas são Y^*_a e i^*_a. Considere-se que as autoridades tomam a decisão de estimular o crescimento da economia recorrendo à política orçamental, seja por aumento da despesa pública ou por diminuição dos impostos líquidos ou, ainda, por uma combinação de ambas as medidas. A curva IS desloca-se para a direita, para IS´, e os mercados monetário e real encontram-se em equilíbrio no ponto b, para uma taxa de juro i^*_b e um rendimento nacional real de Y^*_b. Mas aí a balança de pagamentos é deficitária. O tipo de regime cambial conduz a perda de reservas em meios de pagamento sobre o exterior, reduzindo-se com isso a oferta nominal de moeda, pelo que a curva LM se desloca para a esquerda, reflectindo essa mesma contracção da oferta de moeda no país. A contracção acontecerá até que seja restabelecido o equilíbrio da balança de pagamentos, ou seja, quando o rendimento nacional tiver regressado ao valor anterior, que é o compatível com o equilíbrio da balança de transacções correntes.

Conclusão: com este enquadramento, a política orçamental tem um efeito expansionista sobre o rendimento nacional que é meramente temporário; o reequilíbrio do mercado monetário, que só se pode fazer com aumentos na taxa de juro interna, obriga a que o rendimento nacional regresse ao seu valor de partida com corte do investimento. A taxa de juro interna passa para i^*_c. Há tão somente a assinalar uma alteração na composição do rendimento nacional, com menos investimento e mais despesa pública ou mais consumo privado consoante, respectivamente, tenha sido a despesa pública a aumentar ou os impostos a baixar.

A introdução neste modelo de movimentos internacionais de capitais serve para reforçar o poder da política orçamental para influenciar o rendimento nacional já que, com balança de capitais, o equilíbrio da balança de pagamentos não impõe o equilíbrio de nenhuma das suas parcelas. Além disso, a pressão para a subida das taxas de juro leva ao aumento da entrada líquida de capitais no país, cujo efeito é amenizar a subida da taxa de juro interna. Em última análise, quando os capitais são perfeitamente móveis, a taxa de juro interna é a taxa de juro internacional, e o impacto da política orçamental é máximo. Nestes termos, o que teremos é uma balança de transacções correntes deficitária e uma balança de capitais superavitária por iguais valores absolutos. A próxima figura retrata a diferença qualitativa que surge em virtude desse maior grau de mobilidade.

Em conformidade com a assumpção de imperfeita mobilidade internacional do capital, a linha BP surge com inclinação positiva, tanto menor quanto maior o grau de mobilidade internacional do capital. A génese do exercício é exactamente a mesma: uma política orçamental expansionista que leva a curva IS para IS´. Antes deste choque acontecer, a solução de equilíbrio verificava-se em *a* com os três sectores em equilíbrio, por definição, e onde a taxa de juro e o rendimento nacional de equilíbrio têm os valores correspondentes às coordenadas desse ponto. O deslocamento da curva IS para a direita gera uma nova solução de equilíbrio para os mercados real e monetário, em *b*; mas aqui, a balança de pagamentos é superavitária[533]. Para este ponto *b*, o rendimento de equilíbrio aumentou para Y_b^* enquanto a taxa de juro subiu igualmente para i_b^*. O acréscimo do rendimento nacional agrava o saldo da balança de transacções correntes, mas a melhoria do saldo da balança de capitais mais do que compensa o que acontece com a balança de transacções correntes e, assim, a balança de pagamentos, como se disse, é superavitária em *b*. Como tal, aumenta a quantidade de moeda em circulação no país, arrastando a curva LM para a direita até que esses fluxos parem, e param quando, de novo, a balança de pagamentos estiver em equilíbrio. Tal acontece em *c*; a entrada de capitais reduz a taxa de juro, deteriora o saldo da balança de capitais; a redução da taxa de juro estimula o investimento e, por efeito do multiplicador do rendimento, este aumenta ainda mais, para Y_c^*, com o que também a balança de transacções correntes vê o seu saldo agravado, resultando assim o reequilíbrio da balança de pagamentos em *c*. Aqui, os três mercados estão, de novo, em equilíbrio.

---

[533] Tenha-se na devida atenção que a curva BP pode ser mais ou menos inclinada do que a curva LM. Neste exemplo foi assumido que a mobilidade internacional do capital é suficientemente grande para que a curva BP se apresente com menor inclinação do que a curva LM. No entanto pode acontecer o contrário e, a ser assim, para a direita do ponto *a*, a curva BP estaria acima da curva LM com a consequência de a deslocação da curva IS para a direita acarretar um déficite da BP em vez do superávite com que trabalhamos na figura respectiva.

FIGURA 91 – **O Impacto de uma Política Orçamental Expansionista com Câmbios Fixos e Imperfeita Mobilidade Internacional do Capital**

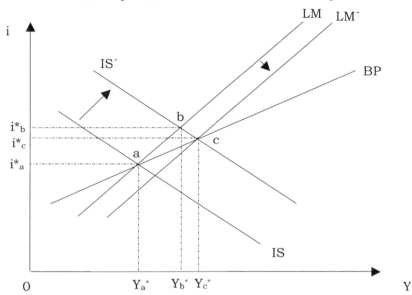

Um dos efeitos da política orçamental que merece ser destacado, pela sua particularidade em comparação com a política monetária, é o aumento da taxa de juro, excepto no caso extremo já assinalado e que também, *grosso modo*[534], é o aplicável a áreas monetárias como aquela que se materializa no euro.

29.3. *A Política Orçamental com Taxas de Câmbio Perfeitamente Flutuantes*

O carácter substantivamente distintivo de um regime de taxas de câmbio perfeitamente flutuantes é que o seu valor é estabelecido, a todo o instante, pela relação entre a procura e a oferta das moedas no mercado, as quais são explicadas por operações comerciais e de capitais. Como resultado, a balança de pagamentos, no seu conjunto, está sempre em equilíbrio; logo, não existem problemas de balanças de pagamentos identificados com desequilíbrios destas.

---

[534] A perfeita substitutabilidade entre títulos pressupõe o mesmo nível de risco.

A introdução deste regime cambial tem, todavia, outras consequências dignas de nota, como a de isolar as economias que as adoptam da transmissão internacional dos ciclos económicos e de as dotar de políticas monetárias autónomas em relação ao resto do mundo.

Vamos, pois, estudar, neste novo quadro económico, as implicações da política fiscal em função, mais uma vez, do grau de mobilidade internacional do capital. Vamos começar, tal com o fizemos na secção anterior, pelo caso de perfeita imobilidade e, para tanto, observe-se a figura abaixo.

Partimos de uma situação inicial de equilíbrio em A, onde a balança de pagamentos está em equilíbrio e o rendimento nacional ascende a OA unidades. A política orçamental expansionista diminui as poupanças do sector governamental e, com isso, a curva (S-I) desloca-se para baixo, e passa a ser S´-I´. O rendimento nacional tende a expandir-se em AC unidades, e assiste-se também ao desencadear de tensões no sentido do surgimento de um défice na balança de transacções correntes. Isto é, a tendência é o deslocamento de A para B, com um défice CB dessa balança. Contudo, como estamos em câmbios perfeitamente flutuantes, este défice é impossível pois a taxa de câmbio ajusta-se automaticamente com desvalorização da moeda deste país. A desvalorização da taxa de câmbio movimenta X-M para X´-M´, de tal maneira que a solução de equilíbrio se transfere de A para D. Em conclusão, com taxas de câmbio perfeitamente flexíveis, ainda que com perfeita imobilidade internacional do capital, a política orçamental é, neste contexto económico, um instrumento efectivo para afectar o nível do rendimento de equilíbrio. Na verdade tudo se passa como estivéssemos em presença de uma economia fechada. Veja-se que a expansão do rendimento nacional advém não apenas da política orçamental mas também do impacto expansionista da subsequente desvalorização cambial que ela provoca. Obviamente que tudo isto acontece em conjugação com taxas de juro mais altas.

A Política Orçamental em Economia Aberta

FIGURA 92 – **Efeitos da Política Orçamental com Taxas de Câmbio Flutuantes e Perfeita Imobilidade Internacional do Capital**

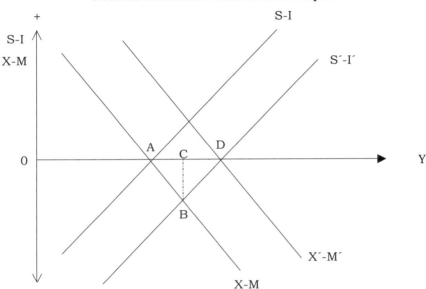

Com o auxílio do modelo IS-LM-BP vejamos qual a capacidade da política orçamental para influenciar o nível do rendimento real, assumindo-se imperfeita mobilidade internacional do capital. Diferentemente do tratamento dado na Figura 91, nesta ocasião assumimos que a curva BP é mais inclinada que a curva LM. Esta nova situação está patente na Figura 93.

Na Figura 93 partimos ainda do ponto *a* onde os dois mercados estão em equilíbrio, a exemplo da balança de pagamentos. A política orçamental expansionista leva a curva IS para IS´, intersectando a curva LM no ponto *b*; aqui assistimos a uma expansão do rendimento nacional, com subida das taxas de juro internas, e tensões para o surgimento de um défice na balança de pagamentos. Porque estamos em câmbios perfeitamente flexíveis, a moeda deste país desvaloriza-se e, como resultado disto, a curva BP vai-se deslocando para a direita, do mesmo modo que a própria curva IS é também impulsionada na mesma direcção. Este movimento prossegue até ao ponto em que as três curvas se intersectem de novo sobre a curva LM. É o que sucede no ponto *c*.

FIGURA 93 – **Política Orçamental com Câmbios Flutuantes e Imperfeita Mobilidade Internacional do Capital**

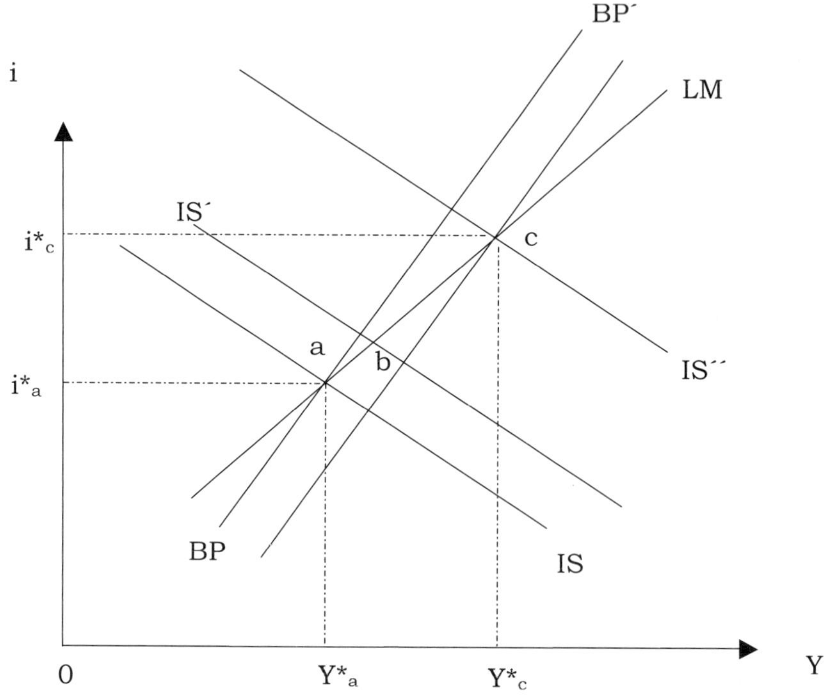

A conclusão continua a ser a mesma. A política orçamental com taxas de câmbio perfeitamente flutuantes é mais poderosa do que quando elas são fixas.

ANEXO I
LISTA CODIFICADA DOS SERVIÇOS E FUNDOS AUTÓNOMOS[535]

Anexo VII
Lista codificada dos Serviços e Fundos Autónomos

Alínea	Subalínea	Designação
52	00	PRESIDÊNCIA DA REPÚBLICA
52	01	ASSEMBLEIA DA REPÚBLICA
52	02	SERVIÇO DO PROVEDOR DE JUSTIÇA
52	05	INSTITUTO DO DESPORTO DE PORTUGAL
52	08	COFRE PRIVATIVO DO TRIBUNAL DE CONTAS - SEDE
52	09	COFRE PRIVATIVO DO TRIBUNAL DE CONTAS - SECÇÃO REGIONAL DOS AÇORES
52	10	COFRE PRIVATIVO DO TRIBUNAL DE CONTAS - SECÇÃO REGIONAL DA MADEIRA
52	13	FUNDO DE ESTABILIZAÇÃO ADUANEIRO
52	14	FUNDO DE ESTABILIZAÇÃO TRIBUTÁRIO
52	15	INSTITUTO DE GESTÃO DA TESOURARIA E DO CRÉDITO PÚBLICO
52	16	INSTITUTO FINANCEIRO PARA O DESENVOLVIMENTO REGIONAL
52	18	FUNDO DE ACIDENTES DE TRABALHO
52	21	INSTITUTO DE SEGUROS DE PORTUGAL
52	22	CAIXA GERAL DE APOSENTAÇÕES
52	23	FUNDO DE REGULARIZAÇÃO DA DIVIDA PÚBLICA
52	24	COMISSÃO DO MERCADO DE VALORES MOBILIARIOS
52	27	SERVIÇO DE INFORMAÇÕES ESTRATÉGICAS DE DEFESA
52	29	INSTITUTO HIDROGRÁFICO
52	33	LABORATÓRIO MILITAR DE PRODUTOS QUIMICOS E FARMACÊUTICOS
52	34	MANUTENÇÃO MILITAR
52	35	OFICINAS GERAIS DE FARDAMENTO E EQUIPAMENTO
52	36	OFICINAS GERAIS DE MATERIAL DE ENGENHARIA
52	39	INSTITUTO DE ACÇÃO SOCIAL DAS FORCAS ARMADAS
52	42	FUNDO PARA AS RELAÇÕES INTERNACIONAIS
52	45	COFRE DE PREVIDÊNCIA DA P.S.P.
52	47	SERVIÇO DE INFORMAÇÕES DE SEGURANCA
52	48	SERVIÇOS SOCIAIS DA G.N.R.
52	49	SERVIÇOS SOCIAIS DA P.S.P.
52	59	INSTITUTO DE GESTÃO FINANCEIRA E DE INFRA-ESTRUTURAS DA JUSTIÇA, IP
52	62	INSTITUTO NACIONAL DE MEDICINA LEGAL
52	66	INSTITUTO DE APOIO ÁS PEQUENAS E MÉDIAS EMPRESAS E A INOVAÇAO IP
52	67	INSTITUTO PORTUGUÊS DA QUALIDADE
52	70	AUTORIDADE NACIONAL DAS COMUNICAÇÕES - ICP
52	71	ENTIDADE REGULADORA DOS SERVIÇOS ENERGÉTICOS
52	77	INSTITUTO DE TURISMO DE PORTUGAL IP
52	78	ESCOLA SUPERIOR DE HOTELARIA E TURISMO DO ESTORIL
52	86	INSTITUTO DA VINHA E DO VINHO
52	92	GABINETE DE GESTÃO FINANCEIRA
52	94	EDITORIAL DO MINISTÉRIO DA EDUCAÇÃO
52	98	FUNDAÇÃO PARA A CIÊNCIA E TECNOLOGIA, I.P.
53	01	ESTÁDIO UNIVERSITÁRIO DE LISBOA
53	04	UNIVERSIDADE ABERTA
53	05	UNIVERSIDADE DOS AÇORES
53	06	UNIVERSIDADE DO ALGARVE
53	08	UNIVERSIDADE DA BEIRA INTERIOR

---

[535] Lista Relativa à preparação do Orçamento de Estado para 2010. Fonte: Circular Série A n.º 1354 da DGO (Direcção Geral do Orçamento) de 4 de Dezembro de 2009.

Alínea	Subalínea	Designação
53	09	UNIVERSIDADE DE COIMBRA
53	10	UC - FACULDADE DE CIÊNCIAS E TECNOLOGIA
53	11	UC - FACULDADE DE MEDICINA
53	12	UNIVERSIDADE DE ÉVORA
53	13	UL - REITORIA
53	14	UL - FACULDADE DE LETRAS
53	15	UL - FACULDADE DE DIREITO
53	16	UL - FACULDADE DE MEDICINA
53	17	UL - FACULDADE DE CIÊNCIAS
53	18	UL - FACULDADE DE FARMÁCIA
53	19	UL - FACULDADE PSICOLOGIA E CIÊNCIAS DA EDUCAÇÃO
53	20	UL - FACULDADE DE MEDICINA DENTÁRIA
53	21	UL - FACULDADE DE BELAS-ARTES
53	22	UL - INSTITUTO DE CIÊNCIAS SOCIAIS
53	24	UL - INSTITUTO DE ORIENTAÇÃO PROFISSIONAL
53	25	UNIVERSIDADE DA MADEIRA
53	26	UNIVERSIDADE DO MINHO
53	27	UNL - REITORIA
53	28	UNL - FACULDADE DE CIÊNCIAS E TECNOLOGIA
53	29	UNL - FACULDADE DE CIÊNCIAS SOCIAIS E HUMANAS
53	30	UNL - FACULDADE DE DIREITO
53	31	UNL - FACULDADE DE ECONOMIA
53	32	UNL - FACULDADE DE CIÊNCIAS MÉDICAS
53	33	UNL - ESCOLA NACIONAL DE SAÚDE PUBLICA
53	34	UNL - INSTITUTO HIGIENE E MEDICINA TROPICAL
53	35	UNL - INSTITUTO DE TECNOLOGIA QUIMICA E BIOLOGICA
53	52	UTL - REITORIA
53	53	UTL - INSTITUTO SUPERIOR TÉCNICO
53	54	UTL - INSTITUTO SUPERIOR DE ECONOMIA E GESTÃO
53	55	UTL - INSTITUTO SUPERIOR DE AGRONOMIA
53	56	UTL - FACULDADE DE MEDICINA VETERINARIA
53	57	UTL - INSTITUTO SUPERIOR CIÊNCIAS SOCIAIS POLITICAS
53	58	UTL - FACULDADE DE ARQUITECTURA
53	59	UTL - FACULDADE DE MOTRICIDADE HUMANA
53	60	UNIVERSIDADE DE TRÁS-OS-MONTES E ALTO DOURO
53	63	UNL - INSTITUTO SUPERIOR ESTATISTICA E GESTÃO DA INFORMAÇÃO
53	67	INSTITUTO POLITÉCNICO DE BEJA
53	72	INSTITUTO POLITÉCNICO BRAGANCA
53	74	INSTITUTO POLITÉCNICO DE CASTELO BRANCO
53	79	INSTITUTO POLITÉCNICO DO CAVADO E DO AVE
53	80	INSTITUTO POLITÉCNICO DE COIMBRA
53	85	INSTITUTO POLITÉCNICO DA GUARDA
53	89	INSTITUTO POLITÉCNICO DE LEIRIA
53	93	INSTITUTO POLITÉCNICO DE LISBOA
54	00	INSTITUTO SUPERIOR DE ENGENHARIA DE LISBOA
54	01	INSTITUTO POLITÉCNICO DE PORTALEGRE
54	06	INSTITUTO POLITÉCNICO DO PORTO
54	10	INSTITUTO SUPERIOR DE ENGENHARIA DO PORTO
54	11	INSTITUTO POLITECNICO DE SANTARÉM
54	16	INSTITUTO POLITÉCNICO DE SETUBAL
54	20	INSTITUTO POLITÉCNICO DE TOMAR
54	21	INSTITUTO POLITÉCNICO DE VIANA DO CASTELO
54	26	INSTITUTO POLITÉCNICO DE VISEU
54	33	SAS - UNIVERSIDADE DOS AÇORES
54	34	SAS - UNIVERSIDADE DO ALGARVE
54	36	SAS - UNIVERSIDADE BEIRA INTERIOR
54	37	SAS - UNIVERSIDADE DE COIMBRA
54	38	SAS - UNIVERSIDADE DE ÉVORA

Anexo I

Alínea	Subalínea	Designação
54	39	SAS - UNIVERSIDADE DE LISBOA
54	40	SAS - UNIVERSIDADE DA MADEIRA
54	41	SAS - UNIVERSIDADE DO MINHO
54	42	SAS - UNIVERSIDADE NOVA DE LISBOA
54	44	SAS - UNIVERSIDADE TÉCNICA DE LISBOA
54	45	SAS - UNIVERSIDADE DE TRÁS-OS-MONTES E ALTO DOURO
54	48	SAS - INSTITUTO POLITÉCNICO DE BEJA
54	49	SAS - INSTITUTO POLITÉCNICO DE BRAGANCA
54	50	SAS - INSTITUTO POLITÉCNICO DE CASTELO BRANCO
54	51	SAS - INSTITUTO POLITÉCNICO DE COIMBRA
54	52	SAS - INSTITUTO POLITÉCNICO DA GUARDA
54	53	SAS - INSTITUTO POLITÉCNICO DE LEIRIA
54	54	SAS - INSTITUTO POLITÉCNICO DE LISBOA
54	55	SAS - INSTITUTO POLITÉCNICO DE PORTALEGRE
54	56	SAS - INSTITUTO POLITÉCNICO DO PORTO
54	57	SAS - INSTITUTO POLITÉCNICO DE SANTAREM
54	58	SAS - INSTITUTO POLITÉCNICO DE SETÚBAL
54	59	SAS - INSTITUTO POLITÉCNICO DE TOMAR
54	60	SAS - INSTITUTO POLITÉCNICO DE VIANA DO CASTELO
54	61	SAS - INSTITUTO POLITÉCNICO DE VISEU
54	84	FUNDO DE FOMENTO CULTURAL
54	85	CINEMATECA PORTUGUESA - MUSEU DO CINEMA, I.P.
54	86	INST DE GEST DO PATRIMONIO ARQUITECTÓNICO E ARQ, I.P.
54	87	INSTITUTO DO CINEMA E DO AUDIOVISUAL , I.P.
54	88	INSTITUTO DOS MUSEUS E DA CONSERVAÇÃO,I.P.
54	91	INEM-INSTITUTO NACIONAL DE EMERGENCIA MEDICA, IP
54	93	INFARMED - AUTORIDADE NACIONAL DO MEDICAMENTO E PRODUTOS DE SAUDE, IP
54	94	ADMINISTRAÇAO CENTRAL DO SISTEMA DE SAUDE, IP
54	98	INSTITUTO NACIONAL DE SAÚDE DR. RICARDO JORGE
54	99	CENTRO DE HISTOCOMPATIBILIDADE DO NORTE
55	00	CENTRO DE HISTOCOMPATIBILIDADE DO CENTRO
55	01	CENTRO DE HISTOCOMPATIBILIDADE DO SUL
55	02	INSTITUTO PORTUGUÊS DE SANGUE
55	04	INSTITUTO OFTALMOLÓGICO DR. GAMA PINTO
55	08	ADMINISTRAÇÃO REGIONAL DE SAÚDE DO ALENTEJO,IP
55	09	ADMINISTRAÇÃO REGIONAL DE SAÚDE DO ALGARVE,IP
55	10	ADMINISTRAÇÃO REGIONAL DE SAÚDE DO CENTRO,IP
55	11	ADMINISTRAÇÃO REGIONAL DE SAÚDE DE LISBOA E VALE DO TEJO,IP
55	12	ADMINISTRAÇÃO REGIONAL DE SAÚDE DO NORTE,IP
55	24	HOSPITAL DE JOAQUIM URBANO
55	27	CENTRO HOSPITALAR DE CASCAIS
55	31	HOSPITAL CURRY CABRAL
55	34	HOSPITAL DE S. MARCOS - BRAGA
55	35	CENTRO MÉDICO DE REABILITAÇÃO DA REGIÃO CENTRO - ROVISCO PAIS
55	38	MATERNIDADE DR. ALFREDO DA COSTA
55	54	HOSPITAL AMATO LUSITANO - CASTELO BRANCO
55	69	CENTRO HOSPITALAR DE TORRES VEDRAS
55	72	HOSPITAL REYNALDO DOS SANTOS - VILA FRANCA DE XIRA
55	76	HOSPITAL DISTRITAL DE ÁGUEDA
55	86	HOSPITAL JOSÉ LUCIANO DE CASTRO - ANADIA
55	87	HOSPITAL ARCEBISPO JOÃO CRISÓSTOMO - CANTANHEDE
55	89	HOSPITAL VISCONDE DE SALREU - ESTARREJA
55	93	HOSPITAL DO MONTIJO
55	94	HOSPITAL DR. FRANCISCO ZAGALO - OVAR
55	95	HOSPITAL DE POMBAL
56	02	HOSPITAL CÂNDIDO DE FIGUEIREDO - TONDELA
56	03	HOSPITAL N.S. DA CONCEIÇÃO - VALONGO
56	19	INSTITUTO DO EMPREGO E FORMAÇÃO PROFISSIONAL

Alínea	Subalínea	Designação
56	20	INSTITUTO DE GESTÃO DO FUNDO SOCIAL EUROPEU
56	57	INSTITUTO DA CONSTRUÇAO E DO IMOBILIÁRIO
56	64	INSTITUTO NACIONAL DE AVIAÇÃO CIVIL
56	70	INSTITUTO DA HABITAÇÃO E DA REABILITAÇAO URBANA
56	78	INSTITUTO PORTUARIO E DOS TRANSPORTES MARITIMOS
56	81	ENTIDADE REGULADORA DOS SERVIÇOS DAS ÁGUAS E DOS RESIDUOS
56	82	INSTITUTO DA CONSERVAÇÃO DA NATUREZA E DA BIODIVERSIDADE
56	85	COMISSÃO DE COORDENAÇÃO E DESENVOLVIMENTO REGIONAL DO NORTE
56	86	COMISSÃO DE COORDENAÇÃO E DESENVOLVIMENTO REGIONAL DO CENTRO
56	87	COMISSÃO DE COORDENAÇÃO E DESENVOLVIMENTO REGIONAL DE LISBOA E VALE DO TEJO
56	88	COMISSÃO DE COORDENAÇÃO E DESENVOLVIMENTO REGIONAL DO ALENTEJO
56	89	COMISSÃO DE COORDENAÇÃO E DESENVOLVIMENTO REGIONAL DO ALGARVE
56	90	AUTORIDADE DA CONCORRÊNCIA
56	93	INSTITUTO DOS VINHOS DO DOURO E DO PORTO
56	97	ESCOLA PORTUGUESA DE MOÇAMBIQUE
57	05	INSTITUTO PORTUGUÊS DE ACREDITAÇÃO
57	06	ENTIDADE REGULADORA DA SAÚDE - ORÇ.PRIV
57	08	HOSPITAL DO LITORAL ALENTEJANO
57	19	UMIC - AGÊNCIA PARA A SOCIEDADE DO CONHECIMENTO, I.P.
57	20	INSTITUTO DE INVESTIGAÇÃO CIENTÍFICA E TROPICAL, I.P.
57	21	INSTITUTO DE METEOROLOGIA, I.P.
57	22	INSTITUTO TECNOLÓGICO E NUCLEAR, I.P.
57	23	LABORATÓRIO NACIONAL DE ENGENHARIA CIVIL
57	24	LABORATORIO NACIONAL DE ENERGIA E GEOLOGIA IP
57	31	ESCOLA SUPERIOR DE ENFERMAGEM DE COIMBRA
57	32	ESCOLA SUPERIOR DE ENFERMAGEM DO PORTO
57	33	ENTIDADE REGULADORA PARA A COMUNICAÇAO SOCIAL
57	35	INSTITUTO NACIONAL DE ADMINISTRAÇAO
57	36	INSTITUTO DE FINANCIAMENTO DA AGRICULTURA E PESCAS I P
57	37	AGÊNCIA NACIONAL PARA A QUALIFICAÇÃO, I.P.
57	38	AUTORIDADE NACIONAL DE PROTECÇAO CIVIL
57	39	SERVIÇOS SOCIAIS DA ADMINISTRAÇAO PUBLICA
57	40	ADMINISTRAÇAO DA REGIAO HIDROGRAFICA DO NORTE
57	41	ADMINISTRAÇAO DA REGIAO HIDROGRAFICA DO CENTRO
57	42	ADMINISTRAÇAO DA REGIAO HIDROGRAFICA DO TEJO
57	43	ADMINISTRAÇAO DA REGIAO HIDROGRAFICA DO ALENTEJO
57	44	ADMINISTRAÇAO DA REGIAO HIDROGRAFICA DO ALGARVE
57	45	INSTITUTO NACIONAL DE PROPRIEDADE INDUSTRIAL
57	46	AGENCIA PARA A MODERNIZAÇAO ADMINISTRATIVA, I.P.
57	47	ESCOLA SUPERIOR NÁUTICA INFANTE D.HENRIQUE
57	48	ESCOLA SUPERIOR DE ENFERMAGEM DE LISBOA
57	49	INSTITUTO DA MOBILIDADE E DOS TRANSPORTES TERRESTRES
57	50	CONSELHO SUPERIOR DE MAGISTRATURA
57	51	INSTITUTO NACIONAL DE RECURSOS BIOLOGICOS, I.P.
57	52	CENTRO HOSPITALAR PSIQUIATRICO DE LISBOA
57	53	GABINETE DO SECRETÁRIO-GERAL DO SIRP E ESTRUTURAS COMUNS AO SIED E AO SIS
57	54	CENTRO HOSPITALAR PSIQUIATRICO DE COIMBRA
57	56	FUNDO DE GARANTIA AUTOMOVEL
57	57	FUNDO DE INTERVENÇAO AMBIENTAL
57	58	FUNDO PORTUGUES DE CARBONO
57	59	CENTRO HOSPITALAR DO OESTE NORTE
88	88	VERBAS SUJEITAS A CANDIDATURA

ANEXO II
LISTA CODIFICADA DOS SERVIÇOS INTEGRADOS[536]

Anexo VIII
Lista codificada dos Serviços Integrados

AL	Sal.	Designação
10	01	GABINETE DO MINISTRO DAS FINANÇAS
10	02	GABINETE DO SECRETARIO DE ESTADO ADJUNTO E DO ORÇAMENTO
10	03	GABINETE DO SECRETARIO DE ESTADO DOS ASSUNTOS FISCAIS
10	05	GABINETE DO SECRETARIO DE ESTADO DO TESOURO E FINANÇAS
10	06	SECRETARIA GERAL DO MINISTÉRIO DAS FINANÇAS E ADM. PÚBLICA
10	07	DIRECÇAO-GERAL DO ORÇAMENTO
10	10	INSPECÇÃO-GERAL DE FINANÇAS
10	11	DIRECÇAO-GERAL DA ADMINISTRAÇAO E DO EMPREGO PUBLICO
10	12	DIR.GERAL PROT.SOCIAL FUNCIONARIOS E AGENTES ADMIN. PUBLICA (ADSE)
10	13	TRIBUNAL DE CONTAS - SEDE
10	15	DIRECÇAO-GERAL DO TESOURO E FINANÇAS
10	18	CAP.60 - DESPESAS EXCEPCIONAIS - DGTF
10	21	DIRECÇAO-GERAL DOS IMPOSTOS
10	22	DIR.GERAL DAS ALFANDEGAS E DOS IMP. ESPEC. SOBRE O CONSUMO
10	23	INSTITUTO DE INFORMATICA
10	29	CONTRIBUIÇAO FINANCEIRA
10	30	MFAP-ENCARGOS DA DIVIDA
12	00	GABINETE DO MINISTRO DA JUSTIÇA
12	01	DIRECÇÃO-GERAL DA ADMINISTRAÇÃO DA JUSTIÇA
12	02	INSTITUTO DE TECNOLOGIAS DE INFORMAÇÃO NA JUSTIÇA, I.P.
12	03	SECRETARIA GERAL DO MINISTÉRIO DA JUSTIÇA
12	06	SUPREMO TRIBUNAL DE JUSTIÇA
12	07	SUPREMO TRIBUNAL ADMINISTRATIVO
12	19	PROCURADORIA GERAL DA RÉPUBLICA
12	21	INSTITUTO DOS REGISTOS E DO NOTARIADO, I.P.
12	23	POLICIA JUDICIÁRIA
12	39	DIRECÇÃO GERAL DOS SERVIÇOS PRISIONAIS
12	77	DIRECÇAO-GERAL DE REINSERÇÃO SOCIAL
12	81	CENTRO DE ESTUDOS JUDICIÁRIOS
14	01	INSTITUTO DA ÁGUA
16	05	INSPECÇÃO GERAL DA AGRICULTURA E PESCAS
19	02	INSPECÇÃO GERAL DE EDUCAÇÃO
19	06	INSPECÇAO-GERAL DAS ACTIVIDADES EM SAUDE
19	08	GABINETE DO MINISTRO DO AMBIENTE E ORDENAMENTO DO TERRITÓRIO
19	09	GABINETE DO SECRETÁRIO DE ESTADO DO DESENVOLVIMENTO REGIONAL
19	10	GABINETE DO SECRETÁRIO DE ESTADO DO AMBIENTE
19	11	SECRETARIA GERAL MAOT
19	19	DIRECÇAO-GERAL DO CONSUMIDOR
19	20	TRIBUNAL DE CONTAS - SECÇÃO REGIONAL DOS AÇORES
19	21	TRIBUNAL DE CONTAS - SECÇÃO REGIONAL DA MADEIRA
19	24	GABINETE DO SECRETÁRIO DE ESTADO DOS TRANSPORTES
19	34	COMISSÃO DE PLANEAMENTO DE EMERGÊNCIA DOS TRANSPORTES TERRESTRES
19	38	COMISSÃO DE PLANEAMENTO DE EMERGÊNCIA DO TRANSPORTE AÉREO
19	47	INSPECÇÃO GERAL DA ADMINISTRAÇÃO INTERNA
19	50	SECRETARIA GERAL DO MINISTÉRIO DA ADMINISTRAÇÃO INTERNA

---

[536] Lista Relativa à preparação do Orçamento de Estado para 2010. Fonte: Fonte: Circular Série A n.º 1354 da DGO (Direcção Geral do Orçamento) de 4 de Dezembro de 2009.

AL	Sal.	Designação
19	53	GOVERNO CÍVIL DO DISTRITO DE AVEIRO
19	54	GOVERNO CÍVIL DO DISTRITO DE BEJA
19	55	GOVERNO CIVIL DO DISTRITO DE BRAGA
19	56	GOVERNO CÍVIL DO DISTRITO DE BRAGANÇA
19	57	GOVERNO CÍVIL DO DISTRITO DE CASTELO BRANCO
19	58	GOVERNO CIVIL DO DISTRITO DE COIMBRA
19	59	GOVERNO CIVIL DO DISTRITO DE ÉVORA
19	60	GOVERNO CIVIL DO DISTRITO DE FARO
19	61	GOVERNO CIVIL DO DISTRITO DA GUARDA
19	62	GOVERNO CIVIL DO DISTRITO DE LEIRIA
19	63	GOVERNO CÍVIL DO DISTRITO DE LISBOA
19	64	GOVERNO CIVIL DO DISTRITO DE PORTALEGRE
19	65	GOVERNO CIVIL DO DISTRITO DO PORTO
19	66	GOVERNO CÍVIL DO DISTRITO DE SANTARÉM
19	67	GOVERNO CIVIL DO DISTRITO DE SETÚBAL
19	68	GOVERNO CIVIL DO DISTRITO DE VIANA DO CASTELO
19	69	GOVERNO CIVIL DO DISTRITO DE VILA REAL
19	70	GOVERNO CIVIL DO DISTRITO DE VISEU
19	73	SERVIÇO DE ESTRANGEIROS E FRONTEIRAS
19	74	POLÍCIA DE SEGURANÇA PÚBLICA
19	75	GUARDA NACIONAL REPUBLICANA
19	77	GABINETE DO MINISTRO DE ESTADO E DOS NEGÓCIOS ESTRANGEIROS
19	78	SECRETARIA GERAL DO MTSS
19	79	GABINETE DO SECRETÁRIO DE ESTADO ADJUNTO E DOS ASSUNTOS EUROPEUS
19	80	GABINETE DO SECRETÁRIO DE ESTADO DAS COMUNIDADES PORTUGUESAS
19	81	COMISSÃO NACIONAL DA UNESCO
19	86	INSTITUTO CAMÕES, I.P.
19	87	SECRETARIA GERAL DO MINISTÉRIO DOS NEGÓCIOS ESTRANGEIROS
19	96	CONTRIBUIÇÕES E QUOTIZAÇÕES PARA ORGANIZAÇÕES INTERNACIONAIS - DOT. ESPECIFICA
19	97	CIMIERAS E REUNIOES MINISTERIAIS
21	63	GABINETE DO MINISTRO DA CIÊNCIA TECNOLOGIA E ENSINO SUPERIOR
21	64	ACADEMIA DAS CIÊNCIAS DE LISBOA
21	68	CENTRO CIENTÍFICO E CULTURAL DE MACAU, I.P.
21	72	GABINETE DO MINISTRO (MOPTC)
21	73	GABINETE DO SECRETÁRIO DE ESTADO ADJUNTO, DAS OBRAS PÚBLICAS E COMUNICAÇÕES
21	75	SECRETARIA GERAL DAS OBRAS PÚBLICAS TRANSPORTES E COMUNICAÇÕES
21	78	DIRECÇÃO GERAL DAS AUTARQUIAS LOCAIS
21	80	DIRECÇÃO GERAL DO ORDENAMENTO DO TERRITÓRIO E DESENVOLVIMENTO URBANO
21	90	INSTITUTO NACIONAL DE ESTATÍSTICA, I.P.
21	91	CENTRO DE ESTUDOS E FORMAÇÃO AUTÁRQUICA
21	92	VISITAS DE ESTADO E EQUIPARADAS
21	93	ACÇÕES DIPLOMÁTICAS EXTRAORDINÁRIAS
21	94	DIRECÇÃO GERAL DE SAÚDE
22	00	GABINETE DO MINISTRO DA ECONOMIA E DA INOVAÇÃO
22	01	GABINETE DO SECRETÁRIO DE ESTADO ADJ DA INDÚSTRIA E DA INOVAÇÃO
22	03	GABINETE DO SECRETÁRIO DE ESTADO DO COMERCIO SERV DEF CONSUMIDOR
22	04	SECRETARIA-GERAL DO MINISTÉRIO DA ECONOMIA E DA INOVAÇÃO
22	08	DIRECÇÃO-REGIONAL DE ECONOMIA DO NORTE
22	09	DIRECÇÃO-REGIONAL DE ECONOMIA DO CENTRO
22	10	DIRECÇÃO-REGIONAL DE ECONOMIA DE LISBOA E VALE DO TEJO
22	15	GABINETE DO SECRETÁRIO DE ESTADO DOS NEGÓCIOS ESTRANGEIROS E DA COOPERAÇÃO
22	20	GABINETE GESTÃO DE INICIATIVA COMUNITÁRIA
22	33	DIRECÇÃO GERAL DA SEGURANÇA SOCIAL
22	36	INSTITUTO NACIONAL PARA REABILITAÇÃO ,IP

Anexo II 557

AL	Sal.	Designação
22	43	COMISSÃO DE PLANEAMENTO DE EMERGÊNCIA DO TRANSPORTE MARÍTIMO
22	47	DIRECÇÃO-REGIONAL DE ECONOMIA DO ALENTEJO
22	48	DIRECÇÃO-REGIONAL DE ECONOMIA DO ALGARVE
22	63	COMISSÃO DE APLICAÇÃO DE COIMAS EM MATÉRIA ECONÓMICA E PUBLICIDADE
22	79	GABINETE DO MINISTRO
22	80	GABINETE DO SECRETÁRIO DE ESTADO DA CULTURA
22	81	SECRETARIA GERAL DO MINISTÉRIO DA CULTURA
22	83	INSPECÇÃO-GERAL DAS ACTIVIDADES CULTURAIS
22	86	DIRECÇÃO REGIONAL DE CULTURA DO NORTE
22	87	DIRECÇÃO REGIONAL DE CULTURA DO CENTRO
22	88	DIRECÇÃO REGIONAL DE CULTURA DO ALENTEJO
22	89	DIRECÇÃO REGIONAL DE CULTURA DO ALGARVE
22	90	INSTITUTO DE GESTÃO PATRIMÓNIO ARQUIT.E ARQUEOLÓGICO, I.P. SERVI. DEPENDENTES
22	97	BIBLIOTECA NACIONAL DE PORTUGAL
22	98	DIREÇÃO-GERAL DO LIVRO E DAS BIBLIOTECAS
23	05	ACADEMIA PORTUGUESA DE HISTÓRIA
23	06	ACADEMIA NACIONAL DE BELAS ARTES
23	07	ACADEMIA INTERNACIONAL DA CULTURA PORTUGUESA
23	11	CENTRO PORTUGUÊS DE FOTOGRAFIA
23	15	TRIBUNAL CONSTITUCIONAL
23	16	GABINETE DO PRIMEIRO-MINISTRO
23	17	GABINETE DO SECRETÁRIO DE ESTADO DA PRESIDÊNCIA DO CONSELHO DE MINISTROS
23	18	GABINETE DO MINISTRO DOS ASSUNTOS PARLAMENTARES
23	20	SECRETARIA GERAL DA PRESIDÊNCIA DO CONSELHO DE MINISTROS
23	27	GABINETE DO SECRETARIO DE ESTADO DA ADMINISTRAÇAO PUBLICA
23	28	INSTITUTO PORTUGUÊS DA JUVENTUDE, I.P.
23	34	CONSELHO ECONÓMICO E SOCIAL
23	35	GABINETE DO REPRESENTANTE DA REPÚBLICA - REGIÃO AUTÓNOMA DA MADEIRA
23	36	GABINETE DO REPRESENTANTE DA REPÚBLICA - REGIÃO AUTÓNOMA DOS AÇORES
23	41	COMISSÃO PARA A CIDADANIA E A IGUALDADE DO GENERO
23	42	GABINETE DE MEMBROS DO GOVERNO DO MDN
23	43	SECRETARIA GERAL DO MINISTÉRIO DA DEFESA
23	44	DIRECÇÃO DE POLÍTICA DE DEFESA NACIONAL
23	45	DIRECÇÃO GERAL DE PESSOAL E RECRUTAMENTO MILITAR
23	46	DIRECÇÃO GERAL DE INFRA-ESTRUTURAS
23	47	DIRECÇÃO GERAL ARMAMENTO E EQUIPAMENTO DE DEFESA
23	49	INSPECÇÃO GERAL DE DEFESA NACIONAL
23	50	INSTITUTO DE DEFESA NACIONAL
23	51	POLICIA JUDICIÁRIA MILITAR
23	52	CONSELHO NACIONAL DE PLANEAMENTO CIVIL DE EMERGÊNCIA
23	84	GABINETE DO MINISTRO (MADRP)
23	86	GABINETE DO SECRETÁRIO DE ESTADO DO DESENVOLVIMENTO RURAL E DAS FLORESTAS
23	88	COMISSÃO DE PLANEAMENTO DE EMERGÊNCIA DA AGRICULTURA
23	92	GABINETE DO SECRETÁRIO DE ESTADO ADJUNTO DA AGRICULTURA E DAS PESCAS
23	93	SECRETARIA GERAL DO MADRP
24	02	DIRECÇÃO REGIONAL DE AGRICULTURA E PESCAS DE LISBOA E VALE DO TEJO
24	03	DIRECÇÃO REGIONAL DE AGRICULTURA E PESCAS DO ALENTEJO
24	04	DIRECÇÃO REGIONAL DE AGRICULTURA E PESCAS DO ALGARVE
24	10	DIRECÇÃO GERAL DE VETERINÁRIA
24	11	DIRECÇÃO GERAL DAS PESCAS E AQUICULTURA
24	16	INSTITUTO ANTÓNIO SÉRGIO DO SECTOR COOPERATIVO
24	17	GABINETE PARA OS MEIOS DE COMUNICAÇÃO SOCIAL
24	25	GABINETE DO MINISTRO DA ADMINISTRAÇÃO INTERNA
24	26	GABINETE DO SECRETÁRIO DE ESTADO ADJUNTO E DA ADMINISTRAÇÃO INTERNA

AL	Sal.	Designação
24	27	GABINETE DO SECRETÁRIO DE ESTADO DA PROTECÇAO CIVIL
24	30	GABINETE DO MINISTRO DA SAÚDE
24	31	GABINETE DO SECRETÁRIO DE ESTADO DA SAÚDE
24	34	DIR.GERAL DE INFORMAT. E APOIO AOS SERVIÇOS TRIBUT. E ADUANEIROS
24	35	CENTRO JURÍDICO
24	36	CENTRO DE GESTÃO DA REDE INFORMÁTICA DO GOVERNO
24	37	ALTO COMISSÁRIO PARA A IMIGRAÇÃO E DIALOGO INTERCULTURAL, I.P.
24	38	GABINETE NACIONAL DE SEGURANÇA
24	43	CONSELHO NACIONAL DO AMBIENTE E DESENVOLVIMENTO SUSTENTÁVEL
24	47	SECRETARIA-GERAL DA CIÊNCIA, TECNOLOGIA E ENSINO SUPERIOR
24	50	CONSELHO NACIONAL DA ÁGUA
24	53	GABINETE DO SECRETÁRIO DE ESTADO DO TURISMO
24	79	TRANSFERENCIAS PARA A ADMINISTRAÇAO LOCAL
25	05	GABINETE DO SECRETÁRIO DE ESTADO ADJUNTO E DA SAÚDE
25	09	GABINETE DO MINISTRO DA PRESIDÊNCIA
25	20	GABINETE PREVENÇÃO E INVESTIGAÇÃO DE ACIDENTES COM AERONAVES
25	28	INSPECÇÃO GERAL DO MTSS
25	30	DIRECÇÃO GERAL DOS RECURSOS HUMANOS DA EDUCAÇÃO
25	36	GABINETE DO SEC. ESTADO DO EMPREGO E FORMAÇÃO PROFISSIONAL
25	38	COMISSÃO PARA A IGUALDADE NO TRABALHO E EMPREGO
25	39	GABINETE DO SECRETÁRIO DE ESTADO ADJUNTO E DA ADMINISTAÇÃO LOCAL
25	50	INSPECÇÃO GERAL DOS SERVIÇOS DA JUSTIÇA
25	54	GABINETE PARA A RESOLUÇAO ALTERNATIVA DE LITIGIOS
25	57	SG - GABINETE PARA O DESENVOLVIMENTO DO SISTEMA LOGISTICO NACIONAL
25	58	GABINETE DO SECRETÁRIO DE ESTADO DA JUSTIÇA
25	59	GABINETE DO SECRETÁRIO ADJUNTO DO MINISTRO DA JUSTIÇA
25	60	GABINETE DO GESTOR DO POE/PRIME
25	61	DIRECÇÃO-GERAL DO ENSINO SUPERIOR
25	62	INSPECÇÃO GERAL DA ADMINISTRAÇÃO LOCAL
25	63	DIRECÇÃO-GERAL DOS ARQUIVOS
25	65	GABINETE DO MINISTRO DO TRABALHO E DA SOLIDARIEDADE SOCIAL
25	68	GABINETE DO SECRETÁRIO DE ESTADO ADJUNTO DO PRIMEIRO-MINISTRO
25	69	INSPECÇÃO GERAL DAS OBRAS PÚBLICAS, TRANSPORTES E COMUNICAÇOES
25	70	INSPECÇÃO GERAL DO AMBIENTE E DO ORDENAMENTO DO TERRITÓRIO
25	80	INSTITUTO GEOGRÁFICO PORTUGUES
25	82	GABINETE DO SECRETÁRIO DE ESTADO DA CIÊNCIA E TECNOLOGIA E ENSINO SUPERIOR
25	88	GABINETE DA MINISTRA DA EDUCAÇÃO
25	89	GABINETE DO SECRETÁRIO DE ESTADO DA EDUCAÇÃO
25	90	GABINETE DO SECRETÁRIO DE ESTADO ADJUNTO E DA EDUCAÇÃO
25	91	GABINETE DE AVALIAÇÃO EDUCACIONAL
25	94	DIRECÇÃO REGIONAL DE EDUCAÇÃO DO ALENTEJO
25	95	DIRECÇÃO REGIONAL DE EDUCAÇÃO DO ALGARVE
25	96	DIRECÇÃO REGIONAL DE EDUCAÇÃO DO CENTRO
25	97	DIRECÇÃO REGIONAL DE EDUCAÇÃO DE LISBOA E VALE DO TEJO
25	98	DIRECÇÃO REGIONAL DE EDUCAÇÃO DO NORTE
26	00	ARQUIVO DISTRITAL DE BEJA
26	01	ARQUIVO DISTRITAL DE ÉVORA
26	02	ARQUIVO DISTRITAL DE FARO
26	03	ARQUIVO DISTRITAL DA GUARDA
26	04	ARQUIVO DISTRITAL DE LEIRIA
26	05	ARQUIVO DISTRITAL DE PORTALEGRE
26	06	ARQUIVO DISTRITAL DO PORTO
26	07	ARQUIVO DISTRITAL DE SETÚBAL

Anexo II

AL	Sal.	Designação
26	08	ARQUIVO DISTRITAL DE VIANA DO CASTELO
26	09	ARQUIVO DISTRITAL DE VILA REAL
26	10	ARQUIVO DISTRITAL DE VISEU
26	11	DIRECÇÃO GERAL DO EMPREGO E RELAÇÕES DE TRABALHO
26	13	ESTABELECIMENTOS DE EDUCAÇÃO E ENS. E AGRUPAMENTOS DE ESC. COM 2ºC ENSI. BÁSICO
26	14	ESCOLAS BÁSICAS INTEG. 2º E 3º CICLOS E AGRUPAMENTOS ESC. COM 3ºC ENSINO BÁSICO
26	15	ESCOLAS SECUNDÁRIAS E AGRUPAMENTOS DE ESCOLAS COM ENSINO SECUNDÁRIO
26	16	ESCOLAS PROFISSIONAIS PÚBLICAS
26	18	SECRETARIA GERAL DO MINISTÉRIO DA EDUCAÇÃO
26	19	ARQUIVO DISTRITAL DE AVEIRO
26	20	ARQUIVO DISTRITAL DE BRAGANÇA
26	21	ARQUIVO DISTRITAL DE CASTELO BRANCO
26	22	ARQUIVO DISTRITAL DE SANTARÉM
26	23	INSTITUTO PORTUGUÊS APOIO AO DESENVOLVIMENTO, I.P.
26	24	FUNDO DE COMPENSAÇÃO SALARIAL DOS PROFISSIONAIS DA PESCA
26	25	CONSELHO NACIONAL DE EDUCAÇÃO
26	30	FUNDO DE ACÇÃO SOCIAL
26	41	DIRECÇÃO GERAL DE INOVAÇÃO E DESENVOLVIMENTO CURRICULAR
26	47	INSTITUTO DA DROGA E TÓXICODEPENDÊNCIA, IP
26	50	INSPECÇÃO-GERAL DA CIÊNCIA, TECNOLOGIA E ENSINO SUPERIOR
26	54	TRIBUNAL DA RELAÇÃO DE LISBOA
26	55	TRIBUNAL DA RELAÇÃO DO PORTO
26	56	TRIBUNAL DA RELAÇÃO DE COIMBRA
26	57	TRIBUNAL DA RELAÇÃO DE ÉVORA
26	58	TRIBUNAL DA RELAÇÃO DE GUIMARÃES
26	59	TRIBUNAL CENTRAL ADMINISTRATIVO - SUL
26	94	EMBAIXADAS, CONSULADOS E MISSÕES
26	95	MAGISTRATURA JUDICIAL
27	12	DIRECÇÃO-GERAL DAS ARTES
27	15	MAGISTRATURA DO MINISTÉRIO PUBLICO
27	16	MAGISTRATURA DOS TRIBUNAIS ADMINISTRATIVOS E FISCAIS
27	19	GABINETE DE ESTRATÉGIA E ESTUDOS
27	21	DIRECÇÃO-GERAL DE ENERGIA E GEOLOGIA
27	23	CASA -MUSEU DR. ANASTÁCIO GONÇALVES
27	24	MUSEU DO ABADE DE BAÇAL
27	25	MUSEU DE ALBERTO SAMPAIO
27	26	MUSEU DE ARTE POPULAR
27	27	MUSEU DE AVEIRO
27	28	MUSEU DOS BISCAINHOS
27	29	MUSEU DE CERÂMICA
27	30	MUSEU DO CHIADO/MUSEU NACIONAL DE ARTE CONTEMPORÂNEA
27	31	MUSEU ETNOGRÁFICO E ETNOLÓGICO DR. JOAQUIM MANSO
27	32	MUSEU DE ETNOLOGIA DO PORTO
27	33	MUSEU DE ÉVORA
27	34	MUSEU FRANCISCO TAVARES PROENÇA JUNIOR
27	35	MUSEU GRÃO VASCO
27	36	MUSEU DA GUARDA
27	37	MUSEU DE JOSÉ MALHOA
27	38	MUSEU DE LAMEGO
27	39	MUSEU MONOGRÁFICO DE CONÍMBRIGA
27	40	MUSEU DA MÚSICA
27	41	MUSEU NACIONAL DE ARQUEOLOGIA
27	42	MUSEU NACIONAL DE ARTE ANTIGA
27	43	MUSEU NACIONAL DO AZULEJO

AL	Sal.	Designação
27	44	MUSEU NACIONAL DOS COCHES
27	45	MUSEU NACIONAL DE ETNOLOGIA
27	46	MUSEU NACIONAL MACHADO DE CASTRO
27	47	MUSEU NACIONAL DE SOARES DOS REIS
27	48	MUSEU NACIONAL DO TEATRO
27	49	MUSEU NACIONAL DO TRAJE
27	50	MUSEU DE D. DIOGO DE SOUSA
27	51	MUSEU DA TERRA DE MIRANDA
27	56	LEI DE PROGRAMAÇÃO MILITAR
27	71	GABINETE DO SEC. ESTADO DA SEGURANÇA SOCIAL
27	90	ESTADO-MAIOR GENERAL DAS FORÇAS ARMADAS
27	91	MARINHA
27	92	EXERCITO
27	93	FORÇA AEREA
27	95	AUTORIDADE FLORESTAL NACIONAL
28	04	TRIBUNAL CENTRAL ADMINISTRATIVO - NORTE
28	05	OUTRAS DOTAÇÕES PARA O APOIO AO ENSINO SUPERIOR
28	08	GABINETE DO SECRETÁRIO DE ESTADO DA JUVENTUDE E DO DESPORTO
28	74	EDITORIAL DO MINISTÉRIO DA EDUCAÇÃO
28	87	SUPERVISÃO INVESTIGAÇÃO E PRESTAÇÃO DE CUIDADOS DE SAÚDE
28	95	GABINETE DO SECRETÁRIO DE ESTADO DA ADMINISTRAÇÃO INTERNA
28	96	GABINETE DO SECRETÁRIO DE ESTADO DO ORDENAMENTO DO TERRITÓRIO E DAS CIDADES
28	97	SECRETARIA-GERAL DO MINISTERIO DA SAUDE
28	98	GABINETE DA SECRETÁRIA DE ESTADO ADJUNTA E DA REABILITAÇÃO
29	02	AUTORIDADE DE SEGURANÇA ALIMENTAR E ECONÓMICA
29	03	INSTITUTO DE ESTUDOS SUPERIORES MILITARES
29	04	GABINETE DO COORDENADOR NACIONAL DA ESTRATEGIA DE LISBOA E DO PLANO TECNOLOGICO
29	14	SECRETARIA-GERAL PRESIDENCIA CONSELHO MINISTROS - SISTEMA DE MOBILIDADE ESPECIAL
29	15	SECRETARIA-GERAL DO MAI - SISTEMA DE MOBILIDADE ESPECIAL
29	16	SECRETARIA-GERAL DO MNE - SISTEMA DE MOBILIDADE ESPECIAL
29	18	SECRETARIA-GERAL DO MINISTERIO DA DEFESA NACIONAL-SISTEMA DE MOBILIDADE ESPECIAL
29	19	SECRETARIA-GERAL DO MINISTERIO DA JUSTICA-SISTEMA DE MOBILIDADE ESPECIAL
29	20	SECRETARIA - GERAL DO MAOTDR - SISTEMA DE MOBILIDADE ESPECIAL
29	21	SECRETARIA GERAL DO MEI - SISTEMA DE MOBILIDADE ESPECIAL
29	22	SECRETARIA-GERAL - SISTEMA DE MOBILIDADE ESPECIAL
29	23	SECRETARIA-GERAL DO MOPTC - SISTEMA DE MOBILIDADE ESPECIAL
29	24	SECRETARIA - GERAL - SISTEMA DE MOBILIDADE ESPECIAL
29	25	SECRETARIA GERAL DO MINISTERIO DA SAUDE- SISTEMA DE MOBILIDADE ESPECIAL
29	26	SECRETARIA - GERAL DO MINISTERIO DA EDUCAÇAO - SISTEMA DE MOBILIDADE ESPECIAL
29	27	SG - MCTES - SISTEMA DE MOBILIDADE ESPECIAL
29	28	SECRETARIA-GERAL MINISTERIO DA CULTURA - SISTEMA DE MOBILIDADE ESPECIAL
29	29	GPEARI - FUNCIONAMENTO
29	30	DIRECÇÃO-GERAL DAS ACTIVIDADES ECONOMICAS
29	31	SECRETARIA-GERAL DO MINISTERIO DA JUSTIÇA - SUBSISTEMA DE SAUDE DA JUSTIÇA
29	32	DIRECCAO-GERAL DA POLITICA DE JUSTIÇA
29	34	DIRECÇÃO-GERAL DA ADMINISTRAÇÃO INTERNA
29	35	DIRECÇÃO-GERAL DE INFRA-ESTRUTURAS E DE EQUIPAMENTOS
29	36	ALTO COMISSARIADO DA SAUDE
29	37	AUTORIDADE PARA OS SERVIÇOS DE SANGUE E DA TRANSPLANTAÇÃO
29	38	GABINETE DE ESTRATEGIA E PLANEAMENTO
29	40	DIRECÇÃO GERAL DA AGRICULTURA E DESENVOLVIMENTO RURAL
29	41	GABINETE DE ESTATISTICA E PLANEAMENTO DA EDUCAÇÃO
29	43	GABINETE COORDENADOR DO SISTEMA DE INFORMAÇÃO DO MINISTÉRIO DA EDUCAÇÃO

Anexo II

AL	Sal.	Designação
29	44	DIRECÇAO REGIONAL DE AGRICULTURA E PESCAS DO NORTE
29	47	AUTORIDADE NACIONAL DE SEGURANÇA RODOVIARIA
29	48	AGENCIA PORTUGUESA DO AMBIENTE
29	49	DIRECÇAO REGIONAL DE AGRICULTURA E PESCAS DO CENTRO
29	50	GABINETE DE PLANEAMENTO, ESTRATÉGIA, AVALIAÇÃO E RELAÇÕES INTERNACIONAIS
29	51	DIRECÇAO REGIONAL DE CULTURA DE LISBOA E VALE DO TEJO
29	52	INSTITUTO DOS MUSEUS E DA CONSERVAÇÃO, I.P. -SERVIÇOS DEPENDENTES - PALÁCIOS
29	53	GABINETE DE PLANEAMENTO, ESTRATEGIA E RELAÇOES INTERNACIONAIS
29	54	COMISSAO PARA AS ALTERAÇOES CLIMATICAS
29	61	GABINETE DE PLANEAMENTO E POLITICAS
29	64	COMISSAO PERMANENTE DE CONTRAPARTIDAS
29	65	AUTORIDADE PARA AS CONDIÇOES DE TRABALHO
29	66	DIRECÇÃO GERAL DOS ARQUIVOS - SERVIÇOS DEPENDENTES
29	69	GABINETE DE PLANEAMENTO, ESTRATÉGIA, AVALIAÇÃO E RELAÇÕES INTERNACIONAIS
29	70	DEPARTAMENTO DE PROSPECTIVA E PLANEAMENTO E RELAÇOES INTERNACIONAIS
29	71	GABINETE DE INVESTIGAÇAO DE SEGURANÇA E DE ACIDENTES FERROVIARIOS
29	72	INSTITUTO DE INFRA-ESTRUTURAS RODOVIARIAS
30	08	GABINETE DO SECRETARIO DE ESTADO DA MODERNIZAÇAO ADMINISTRATIVA
30	09	SEGURANÇA SOCIAL-LEI DE BASES
30	10	SEGURANÇA SOCIAL- ADICIONAL AO IVA
30	12	COMISSAO NACIONAL PARA AS COMEMORAÇÕES DO CENTENÁRIO DA REPÚBLICA
30	14	CONSELHO DE PREVENÇAO DA CORRUPÇAO
30	15	PROGR. REGUL. EXTRAORDINARIA DIVIDAS DO ESTADO BALCAO UNICO-SGMFAP
30	16	SISTEMA DE SEGURANÇA INTERNA
30	17	LEI DE PROGRAMAÇAO DAS INFRA-ESTRUTURAS MILITARES
30	18	FUNDO DA LINGUA PORTUGUESA
30	19	GABINETE COORDENADOR DA SEGURANÇA ESCOLAR
30	20	UNIDADE DE TECNOLOGIAS DE INFORMAÇAO E SEGURANÇA
30	21	FUNDO DE REABILITAÇAO E CONSERVAÇAO PATRIMONIAL
30	22	AUTORIDADE METROPOLITANA DE TRANSPORTES DE LISBOA
88	88	VERBAS SUJEITAS A CANDIDATURA

ÍNDICE DE FIGURAS

Figura 1 – Receitas Tributárias em Portugal como Percentagem do PIB e com Linha de Tendência	31
Figura 2 – Impostos em Portugal como Percentagem do PIB em 2004	37
Figura 3 – Peso Relativo de Cada Tipo de Imposto e das Receitas Contributivas no Total das Receitas Conjuntas em Portugal (em %)	37
Figura 4 – Carga Fiscal Portuguesa Comparada (1975-2007)	47
Figura 5 – Carga Fiscal de 2007 como Proporção da Carga Fiscal de 1975	48
Figura 6 – Carga Fiscal de 2007 como Proporção da Carga Fiscal de 2000	49
Figura 7 – Decomposição da TIIT nas suas Componentes – 2005	53
Figura 8 – Evolução da Componentes da TIIT no Período 1995-2005 (em %)	54
Figura 9 – Variação da TIIT e da CF 2000-2004 (em %)	55
Figura 10 – Representação da Cunha Fiscal e do seu Impacto sobre o Emprego	58
Figura 11 – Taxas Marginais Máximas do Imposto sobre os Lucros das Sociedades (em %)	61
Figura 12 – % dos Impostos Directos sobre as Pessoas Singulares (IDP) e Colectivas (IDE) no Total dos Impostos Cobrados	62
Figura 13 – Variação da TIIC 2000 – 2004 (em %)	63
Figura 14 – % dos Impostos Indirectos no PIB e no Total Receitas Fiscais na UE	64
Figura 15 – Igual Sacrifício em Termos Absolutos	71
Figura 16 – Igual Sacrifício em Termos Proporcionais	74
Figura 17 – Igual Sacrifício em Termos Marginais	76
Figura 18 – Modelo Organizacional da Administração Fiscal na Itália	84
Figura 19 – Modelo Organizacional da Administração Fiscal nos E.U.A.	85
Figura 20 – Fases do Processamento das Declarações de Rendimento Pré-Preenchidas (OECD, Março 2006)	89
Figuras 21 (A) E 21 (B) – Representação Gráfica de T, t e t´ em Função de X	100
Figuras 22 (a) e 22 (b) – Representação Gráfica de T, t e t´em Função de X	103
Figuras 23 (a) e 23 (b) – Progressividade Efectiva em Regime Formalmente Proporcional	105
Figura 24 – A Curva de Lorenz	109
Figura 25 – Imposto Unitário Lançado sobre os Produtores ou sobre os Consumidores	156
Figura 26 – Imposto *ad-valorem* Lançado sobre os Produtores ou sobre os Consumidores	157
Figura 27 – Comparação entre Impostos Indirectos Unitários e *Ad-Valorem*	158
Figura 28 – Evolução da Incidência no Longo Prazo em Equilíbrio Parcial	168
Figura 29 – Incidência do Imposto sobre o Trabalho em Concorrência Perfeita	171

Figura 30 – Incidência da Tributação do Capital numa Economia Aberta com Perfeita Mobilidade do Capital 182
Figura 31 – Incidência de Impostos Indirectos em Mercados Monopolistas 185
Figura 32 – Impostos Unitários e *Ad-Valorem* Comparados em Monopólio 187
Figura 33 – Soluções de Equilíbrio Após Lançamento de Imposto Indirecto sobre X. 202
Figura 34 – Ausência de Efeito Substituição quando os Bens são Complementares. 204
Figura 35 – Medida da Ineficiência de um Imposto Indirecto para Determinado Nível de Receita 205
Figura 36 – Carga Excedentária do Imposto com Curva da Procura Compensada e Variação Compensadora 209
Figura 37 – Carga Excedentária do Imposto com Curva da Procura Compensada e Variação Equivalente 210
Figura 38 – Carga Fiscal Excedentária com Curva da Oferta Ascendente 211
Figura 39 – Impostos Indirectos com Curvas da Procura e da Oferta Lineares 213
Figura 40 – Impostos Indirectos em Monopólio com Curvas da Procura e de Custo Marginal Lineares 214
Figura 41 – Representação Gráfica da Regra de Ramsey para o Bem X 221
Figura 42 – Ilustração da Instabilidade Política da Regra de Ramsey 230
Figura 43 – Solução Óptima para a Quantidade Consumida de Lazer sem Imposto 253
Figura 44 – Solução Óptima para a Quantidade Consumida de Lazer com Imposto Proporcional 254
Figura 45 – Solução Óptima para a Quantidade Consumida de Lazer com Imposto Progressivo 256
Figura 46 – Linha Orçamental Não Convexa com Progresssividade 259
Figura 47 – Restrição Orçamental Ajustada pelos Custos Fixos do Trabalho 260
Figura 48 – Progressividade com Taxas Proporcionais de Imposto 261
Figura 49 – Comparação ao Nível da Eficiência entre Impostos Proporcionais e Progressivos com Taxas Proporcionais 262
Figura 50 – Recta Orçamental com Mercados Perfeitos 270
Figura 51 – Recta Orçamental em Mercados Imperfeitos Sem Restrições Quantitativas 271
Figura 52 – Recta Orçamental em Mercados Imperfeitos Com Restrições Quantitativas 272
Figura 53 – Distribuição Inter-temporal Óptima do Consumo para um Particular Consumidor 274
Figura 54 – Distribuição Inter-temporal Óptima do Consumo com Tributação 275
Figura 55 – Restrição Orçamental Inter-Temporal sem Dedução Fiscal dos Juros .. 276
Figura 56 – Soluções de Canto no Consumo Presente 278
Figura 57 – Representação da Carga Fiscal Excedentária 278
Figura 58 – Solução de Equilíbrio entre Poupança e Investimento numa Economia Fechada 283
Figura 59 – Solução de Equilíbrio entre Poupança e Investimento numa Economia Aberta 286
Figura 60 – Canais de Transmissão da Política Fiscal sobre o Investimento e o PIB Real 294
Figura 61 – Curva de Laffer 320

Índices de Figuras

Figura 62 – Efeitos no Longo-Prazo da Redução da Carga Fiscal numa Perspectiva Diferenciada	325
Figura 63 – Incidência de um Subsídio *Ad-Valorem* em Concorrência Perfeita	354
Figura 64 – Incidência de um Subsídio *Ad-Valorem* em Concorrência Perfeita com Oferta Perfeitamente Inelástica	356
Figura 65 – Incidência de um Subsídio *Ad-Valorem* em Concorrência Perfeita com Procura Perfeitamente Elástica	356
Figura 66 – Incidência de um Subsídio *Ad-Valorem* em Concorrência Perfeita com Procura Perfeitamente Inelástica	357
Figura 67 – Restrição Orçamental para Um Subsídio em Quantidades Fixas com Preço Zero	360
Figura 68 – Restrição Orçamental Quando o Subsídio em Quantidades Fixas Não É a Título Gratuito	361
Figura 69 – Subsídio em Quantidades Fixas Não Gerador de Ineficiência	362
Figura 70 – Subsídios em Quantidades Fixas com Sobre-Consumo	364
Figura 71 – Subsídios em Quantidades Fixas com Sub-Consumo	366
Figura 72 – Efeitos Possíveis de um Subsídio em Quantidades Fixas à Alimentação	370
Figura 73 – Efeitos sobre o Trabalho de Um Subsídio Constante em Quantidades Fixas	372
Figura 74 – Cheque de Alimentos Pago Parcialmente pelo Beneficiário	374
Figura 75 – Efeitos dos Subsídios em Quantidades Variáveis	377
Figura 76 – O Subsídio às Rendas de Casa	380
Figura 77 – Subsídio à Frequência de Estabelecimento de Ensino Especial	383
Figura 78 – Exemplos de Restrições Orçamentais Sem e Com INR	387
Figura 79 – Soluções Individuais de Optimização com INR	390
Figura 80 – Restrição Orçamental com Crédito Fiscal sobre os Rendimentos do Trabalho	393
Figura 81 – Optimização do Nível de Bem-Estar com CFRT	398
Figura 82 – Representação Esquemática do RSI com Pagamento de Apoios Extra	403
Figura 83 – Abono de Família para Crianças e Jovens – 1.º e 2.º Escalão	408
Figura 84 – Representação Esquemática da Linha do Tempo	470
Figura 85 – Ilustração do Efeito *Crowding-Out* na Perspectiva Keynesiana	508
Figura 86 – Três Curvas BP Alternativas em Função do Grau de Mobiliade do Capital	539
Figura 87 – A Curva IS	541
Figura 88 – Solução de Equilíbrio no Mercado Real	542
Figura 89 – A Curva LM	543
Figura 90 – O Impacto de uma Política Orçamental Expansionista com Câmbios Fixos e Perfeita Imobilidade do Capital	544
Figura 91 – O Impacto de uma Política Orçamental Expansionista com Câmbios Fixos e Imperfeita Mobilidade do Capital	547
Figura 92 – Efeitos da Política Orçamental com Taxas de Câmbio Flutuantes e Perfeita Imobilidade do Capital	549
Figura 93 – Política Orçamental com Câmbios Flutuantes e Imperfeita Mobilidade do Capital	550

ÍNDICE DE CAIXAS

Caixa 6-1 – Ilustração do Conceito de Taxa Média de Imposto	98
Caixa 6-2 – Ilustração do Conceito de Taxa Marginal de Imposto	99
Caixa 6-3 – Ilustração de Função de Imposto Correspondente às Figuras 21(a) e 21(b)	101
Caixa 6-4 – Ilustração do Cálculo da Elasticidade da Receita Fiscal em Relação à Base Tributáira	102
Caixa 6-5 – Ilustração da Medida da Progressividade do Sistema Fiscal	107
Caixa 9-1 – Cômputo da Taxa Efectiva de Imposto sobre o Capital	143
Caixa 10-1 – Demonstração da Relação Funcional entre r e t	154
Caixa 10-2 – Exemplo Numérico Ilustrativo	155
Caixa 10-3 – Exemplo Numérico Ilustrativo	160
Caixa 12-1 – Exemplo Numérico Ilustrativo	169
Caixa 12-2 – Exemplo Ilustrativo com Funções Lineares	175
Caixa 12-3 – Exemplo Ilustrativo com Elasticidade e Função Custo Linear	176
Caixa 12-4 – Exemplo Numérico Ilustrativo	179
Caixa 12-5 – Exemplo Numérico Ilustrativo	183
Caixa 23-1 – Exemplo de Cálculo do RSI	402
Caixa 24-1 – O que são Serviços e Fundos Autónomos	416

ÍNDICE DE QUADROS

Quadro 1 – Sectores Institucionias segundo o Sistema Europeu de Contas (SEC 95).	20
Quadro 2 – Estrutura Organizativa do Sector Público em Portugal	25
Quadro 3 – Receitas Fiscais em Portugal (Milhões de Euros)	38
Quadro 4 – Receitas Não Fiscais em Portugal (Milhões de Euros)	38
Quadro 5 – Peso das Receitas Fiscais no PIB para Anos Seleccionados % (1975--2007)	46
Quadro 6 – Cunha Fiscal para Alguns Países – 2003 (em %)	57
Quadro 7 – Coeficientes Estimados (*World Bank*, 2005, p. 12)	59
Quadro 8 – Escalões de Imposto e Respectivas Taxas	103
Quadro 9 – Cálculo do Imposto a Liquidar e Comparação entre Taxas Médias e Marginais	104
Quadro 10 – Exemplo Numérico de Progressividade Escondida num Regime Proporcional	105
Quadro 11 – Taxas Marginais de Imposto	128
Quadro 12 – Cálculo do Imposto a Pagar com Penalização do Casamento	129
Quadro 13 – Cálculo do Imposto a Pagar com Bónus do Casamento	129
Quadro 14 – Declarações Conjuntas e Ineficiência Económica	133
Quadro 15 – Efeitos da Reforma Fiscal de Andrew Mellon nos E.U.A.	140
Quadro 16 – Efeitos da Reforma Fiscal de John Kennedy nos E.U.A.	140
Quadro 17 – Declaração de Rendimentos Provenientes dos Salários	145
Quadro 18 – Declaração de Rendimentos Provenientes de Negócios	146
Quadro 19 – Regimes de Taxa Uniforme em Vigor	147
Quadro 20 – O Imposto Dual nos Países Nórdicos – valores de 2004 das Taxas em %	150
Quadro 21 – Ilustração do Funcionamento de um Imposto Indirecto Multi-Estádio (€)	235
Quadro 22 – Ilustração do Funcionamento de um Imposto Indirecto Estádio Único (€)	236
Quadro 23 – Ilustração do Funcionamento do IVA (€)	237
Quadro 24 – Cálculo do IVA com a Mesma Taxa em Todos os Estádios	243
Quadro 25 – Cálculo do IVA com Taxas Diferenciadas	244
Quadro 26 – Cálculo do IVA com Taxa de 0%	245
Quadro 27 – Cálculo do IVA com Regime de Isenção	245
Quadro 28 – Cálculo do IVA com Isenção no Grossista	246
Quadro 29 – Cálculo do IVA com o Método da Subtracção	248
Quadro 30 – Despesas dos Serviços Integrados, por Classificação Económica	332

Quadro 31 – Sistematização das Despesas dos Serviços Integrados por Classificação Funcional (Relatório do Orçamento de Estado para 2010) 335
Quadro 32 – Despesas do Estado segundo a Classificação Orgância 336
Quadro 33 – Nova Tabela dos Programas Aprovada pelo Governo Português em 2009 (Relatório do Orçamento do Estado para 2010) 338
Quadro 34 – Sistematização dos Subsídios 352
Quadro 35 – Tabela de Atribuição de Cheques de Alimentos nos E.U.A, em USD, para Famílias com 4 Elementos, 1975 373
Quadro 36 – Plano de Subsídio a Título do INR para uma Família de 4 Pessoas (2 Adultos e 2 Crianças) 385
Quadro 37 – Tabela dos Créditos Fiscais sobre os Rendimentos do Trabalho para 1 Adulto 397
Quadro 38 – Tabela para o Cálculo do RSI 400
Quadro 39 – Apoios Extra no Âmbito do RSI 401
Quadro 40 – Quem Recebe Abono com Mais de 16 Anos de Idade 405
Quadro 41 – Valor das Prestações do AFCJ para o Ano de 2009 em Euros 406
Quadro 42 – Escalões de Rendimento de Referência Familiar para Manutenção de Direitos em 2009. Em Euros 407
Quadro 43 – Orçamento das Administrações Públicas – 2010 417
Quadro 44 – Grandes Agregados do Orçamento do Estado 422
Quadro 45 – Saldo Global das Administrações Públicas 425
Quadro 46 – Orçamento 429
Quadro 47 – Orçamento do Estado 436
Quadro 48 – Necessidades e Fontes de Financiamento do Estado em 2010 462
Quadro 49 – Estrutura da Dívida Directa do Estado 467
Quadro 50 – Notação de Risco de Crédito (Rating) da Dívida Pública Portuguesa . 486

BIBLIOGRAFIA

Abizadeh, S., & Gray, J. (1985). Wagner's Law: A Pooled Time Series,Cross-Section Analysis. *National Tax Journal*, 209-218.

Afonso, A. (2000). *Fiscal Policy Sustainability: Some Unpleasant European Evidence*. (I. U. Department of Economics, Editor) Retrieved 2009, from http://www.iseg.utl.pt/departamentos/economia/wp/wp122000.pdf

Alesina, A. e Roberto Perotti (1996). "Fiscal Discipline and the Budget Process", The American Economic Review.

Alesina, A., & Roberto, P. (1995). The Political Economy of Budget Deficits. *IMF Staff Papers*.

Alesina, A., Roubini, N., & Gerald, C. (1997). *Political Cycles and the Macroeconomy*. Massachusets: The MIT Press.

Allingham, M., & Sandmo, A. (1972). Income Tax Evasion: a Theoretical Analysis. *Journal of Public Economics*, 323-38.

Alm, J., & Whittington, L. (1995). Income Taxes And The Marriage Decision. *Applied Economics*, 25-31.

Alm, J., Dickert-Colin, S., & Whittington, L. (1999). Policy Watch – The Marriage Penalty. *Journal of Economic Perspectives*, 193-204.

Ashenfelter, O. (1983). Determining Participation in Income Tested Social Programs. *Journal of American Statistical Association*, 517-25.

Atkinson, A., & Sandmo, A. (1980). Welfare Implications of the Taxation of Savings. *The Economic Journal*, 529-549.

Atkinson, A., & Stiglitz, J. (1972). The Structure of Indirect Taxation and Economic Efficiency. *Journal of Public Economics*, 97-119.

Auerbach, A. (1985). Excess Burden and Optimal Taxation. In A. Auerbach, & M. Feldstein, *Handbook of Public Economics, Vol.I* (pp. 61-128). North-Holland.

Bairam, E. I. (1992). Variable Elasticity and Wagner's Law. *Public Finance*, 491-495.

Baldry, J. (1979). Tax Evasion and Labor Supply. *Economics Letters*, 53-6.

Ballard, C., Shoven, J., & Whalley, J. (1985). The Total Welfare Cost of the United States Tax System. *National Tax Journal*, 125-40.

Barro, R. (1974). Are Government Bonds Net Wealth? *Journal of Political Economy*, 1095-1117.

Barro, R. (1989). The Ricardian Approach to Budget Deficits. *Journal of Economic Perspectives*, 37-54.

Barro, R. (1991). Economic Growth in a Cross Section of Countries. *Quarterly Journal of Economics*, 407-443.

Bastable, C.F. (1922). *Public Finance*, MacMillan.

Baumol, W. (1967). Macroeconomics of Unbalanced Growth: The Anatomy of Urban Crisis. *American Economic Review*, 415-426.
Benavie, A. (1998). *Deficit Hysteria: A Common Sense Look at America's Rush to Balance the Budget*, Praeger.
Bernheim, D. (1987). Ricardian Equivalence: An Evaluation of Theory and Evidence. In S. Fischer, *NBER Macroeconomics Annual 1987, volume 2* (pp. 263-316). NBER.
Bishop, R. (1968). The Effects of Specific and Ad Valorem Taxes. *Quarterly Journal of Economics*, 198-218.
Blejer, M., & Cheasty, A. (1991). The Measurement of Fiscal Deficits: Analytical and Methodological Issues. *Journal of Economic Literature*, 1664-1678.
Blough, R. (1948). Review Article for Agenda for Progressive Taxation by W. Vickrey. *The American Economic Review*, 670-73.
Bosworth, B., Burtless, G., & Sabelhaus, J. (1991). The Decline in Savings: Evidence from Household Surveys. *Brookings Papers on Economic Activity*, 183-256.
Browning, E. K., & Browning, J. M. (1979). *Public Finance and the Price System*. MacMillan Publishing Co., Inc.
Buchanan, J. M. (1997). "The Balanced Budget Amendment: Clarifying the Arguments", Public Choice, pp. 117-138.
Buiter, W. (1985). A Guide to Public Sector Debt and Deficits. *Economic Policy*, 14-79.
Buiter, W., Giancarlo Corsetti e Nouriel Roubini (1993). "Excessive Deficits: Sense and Nonsense in the Treaty of Maastricht", Economic Policy: a European Fórum.
Burke, Edmund ((1756) 1982). A Vindication of Natural Society. Or a View of the Miseries and Evils Arising to Mankind from Every Species of Artificial Society. In a Letter to Lord **** by a Late Noble Writer, ed. By Frank Pagano, IN: Liberty Fund.
CE. (1996). *Regulamento (CE) do Conselho, de 25 de Junho de 1996 Relativo ao Sistema Europeu de Contas Nacionais e Regionais na Comunidade*. JO L 310 de 30.11.1996.
Chelliah, R. (1973). Significance of Alternative Concepts of Budget Deficit. *IMF Staff Papers*, 741-84.
Chen, K. e C. Cyrus Chu. (2005). Internal Control versus External Manipulation: a Model of Corporate Income Tax Evasion. *Rand Journal of Economics*, 151-164.
Chirinko, R. (2002). Corporate Taxation, Capital Formation, and the Substitution Elasticity between Labor and Capital. *National Tax Journal*, 339-355.
Chua, D. (1995). The Concept of Cost of Capital: Marginal Effective Tax Rate on Investment. In P. Shome, *Tax Policy Handbook* (pp. 161-65). International Monetary Fund, Fiscal Affairs Department.
Chua, D., & King, J. (1995). The Mechanics of Integration. In P. Shome, *Tax Policy Handbook* (pp. 151-155). IMF.
Congressional Budget Office. (1997). *For Better or for Worse: Marriage and the Federal Income Tax*. The Congress of the United States.
Corlett, W., & Hague, D. (1953). Complementarity and the Excess Burden of Taxation. *Review of Economic Studies*, 21-30.
Crocker, K. e Joel Slemrod. (2005). Corporate Tax Evasion with Agency Costs. *Journal of Public Economics*, 1593-1610.
Currie, J. (1994). Welfare and the Well-Being of Children: The Relative Effectiveness of Cash and In-Kind Transfers. In J. Poterba, *Tax Policy and the Economy* (Vol. 8, pp. 1-44). MIT Press.

Diamond, P., & Mirrlees, J. (1971a). Optimal Taxation and Public Production I: Production Efficiency. *American Economic Review*, 8-27.
Diamond, P., & Mirrlees, J. (1971b). Optimal Taxation and Public Production II: Tax Rules. *American Economic Review*, 261-78.
Due, J. (1985). The Choice Between a Value-Added Tax and a Retail Sales Tax. In *Report of Proceedings of the Thirty-Seventh Tax Conference* (pp. 16:1-16:10). Canadian Tax Foundation.
Dupuit, J. (1844). De la Mesure de l'Utilité des Travaux Publics. In K. Arrow, T. Scitovsky, & (1969), *AEA Readings in Welfare Economics* (pp. 255-283).
Eisner, R. (2001). Which Budget Deficit? Some Issues of Measurement and their Implications. *AEA Papers and Proceedings*, 138-43.
Eisner, R., & Pieper, P. (2001). A New View of the Federal Debt and Budget Deficits. *American Economic Review*, 11-29.
Eissa, N., & Hoynes, H. (1998). *The Earned Income Tax Credit and the Labor Supply of Married Couples*. NBER Working Paper Series.
Eurostat Statistical Books. (2007). *Taxation Trends in the European Union – Data for the EU Member States and Norway*. European Commission. Luxembourg: Office for Official Publications of the European Communities.
Eurostat. (n.d.). *General Government Debt – [tsieb090]*. Retrieved Dezembro 2009
Feenberg, D., & Poterba, J. (1993). Income Inequality and the Incomes of Very High Taxpayers. In J. Poterba, *Tax Policy and the Economy, vol. 7* (pp. 145-177). MIT Press.
Feenberg, D., & Rosen, H. (1995). Recent Developments in the Marriage Tax. *National Tax Journal*, 91-101.
Feldstein, M. (1976). Perceived Wealth in Bonds and Social Security: a comment. *Journal of Political Economy*, 331-36.
Feldstein, M. (1988). The Effects of Fiscal Policies When Incomes are Uncertain: a Contradiction to Ricardian Equivalence. *American Economic Review*, 14-23.
Feldstein, M. (1995). The Effect of Marginal Tax Rates on Taxable Income: A Panel Study of the 1986 Tax Reform Act. *The Journal of Political Economy*, 551-572.
Fernandes, A. C. (1998). *Fundamentos, Competências e Financiamento das Regiões na Europa – uma perspectiva comparada*. Ministério do Equipamento, do Planeamento e da Administração do Território.
Fernandes, A. C. (2008). *Economia Pública – Eficiência Económica e Teoria das Escolhas Colectivas*. Edições Sílabo.
Fischer, S. (1989). The Economics of the Government Budget Constraint. *Development Economics, The World Bank, WPS 224*.
Franco, A. S. (1993). *Finanças Públicas e Direito Financeiro* (4.ª ed., Vol. II). Almedina.
Fraser, J. M. (1986). The Marriage Tax. *Management Science*, 831-40.
Friedman, M. e R. Friedman, (1984). Tyranny of the Status – Quo, Harcourt Brace Jovanovich.
Fullerton, D., & Metcalf, G. E. (2002). Tax Incidence. In A. J. Auerbach, & M. Feldstein, *Handbook of Public Economics vol. 4* (pp. 1787-1872). North-Holland.
Gelardi, A. (1996). The Influence of Tax Law Changes on the Timing of Marriage: A Two-Country Analysis. *National Tax Journal*, 17-30.
Genser, B. (2006). *The Dual Income Tax: Implementation and Experience in European Countries*. mimeo, Department of Economics of the University of Konstanz.

Georgakopoulos, T., & Hitiris, T. (1992). On the Superiority of the Destination Principle over the Origin Principle of Taxation for Intra-Union Trade. *The Economic Journal*, 117-26.

Goffman, I. (1962). The Taxation of Capital Gains: An Economic Analysis. *Canadian Journal of Economics and Political Science*, 235-44.

Goolsbee, A. (1998). Investment Subsidies and Wages in Capital Goods Industries: the Workers Go to the Spoils? *NBER Working Paper n.° 6526*.

Goolsbee, A. (2002). *The Impact and Inefficiency of the Corporate Income Tax: Evidence from State Organizational Form Data*. National Bureau of Economic Research.

Governo da República Portuguesa. (2010). Relatório do Orçamento do Estado para 2010.

Gravelle, J., & Kotlikoff, L. (1988). Does the Harberger Model Greatly Understate the Excess Burden of the Corporate Income Tax? *NBER Working-Paper n.° 2742*.

Gravelle, J., & Kotlikoff, L. (1989). The Incidence and Efficiency Costs of Corporate Taxation when Corporate and Noncorporate Firms Produce the Same Good. *Journal of Political Economy*, 749-80.

Gravelle, J., & Kotlikoff, L. (1993). Corporate Tax Incidence and Inefficiency when Corporate and Noncorporate Goods are Close Substitutes. *Economic Inquiry*.

Grinberg, I. (2009). *Where Credit is Due: Advantages of the Credit-Invoice Method for a Partial Replacement VAT*. Washington, D.C.: Prepared for the American Tax Policy Institute Conference.

Haig, R. (1921). *The Federal Income Tax*. New York.

Hall, R. (2007). *The Flat Tax*. The Hoover Institution, www.hoover.org/publications/books/3602666.html.

Harberger, A. (1962). The Incidence of the Corporation Income Tax. *The Journal of Political Economy*, 215-40.

Harberger, A. (1966). Efficiency Effects of Taxes on Income from Capital. In M. Krzyzaniak, *Effects of the Corporation Income Tax* (pp. 107-117). Wayne State University Press.

Hasseldine, John, Peggy Hite e Norman Gemmel. (2006). *Alternative Methods of Taxing Personal Income: Administrative Issues*. mimeo.

Hausman, J. (1981). Labor Supply. In H. Aaron, & J. Pechman, *The Effect of Taxes on Economic Activity* (pp. 27-72). The Brookings Institution.

Hicks, J. R. (1939). *Value and Capital*. Clarendon Press.

Hines, J., Hlinko, J., & Lubke, T. (1995). From Each According to His Surplus: Equi-proportionate Sharing of Commodity Tax Burdens. *Journal of Public Economics*, 417-28.

Holcombe, R. (1997). Selective Excise Taxes from an Interest-Group Perspective. In W. Shughart, *Taxing Choice:The Predatory Politics of Fiscal Discrimination* (pp. 81--103). Transaction Books.

Holcombe, R. (2002). The Ramsey Rule Reconsidered. *Public Finance Review*, 562-78.

Holsey, C. M., & Borcherding, T. (1997). Why Does Government's Share of National Income Grow? An Assessment of the Recent Literature on the U.S. Experience. In D. C. Mueller, *Perspectives on Public Choice: A handbook*. Cambridge University Press.

Hubbard, R. (1998). Capital-Market Imperfections and Investment. *Journal of Economic Literature*, 193-225.

Hume, D. (1764). "Essays IX: On Public Credit" in Essays and Treatises on Several Subjects, vol. I, pp. 382-400, A. Miller in the Strand.
IMF. (2001). *Government Finance Statistics Manual*. IMF.
IMF. (2002). *Government Finance Statistics Manual*. IMF.
Instituto da Segurança Social, I.P. (2009a). *Guia Prático – Rendimento Social de Inserção*. Instituto da Segurança Social, I.P.
Instituto da Segurança Social, I.P. (2009b). *Guia Prático – Abono de Família para Crianças e Jovens*. Instituto da Segurança Social, I.P.
Instituto da Segurança Social, I.P. (2009c). *Guia Prático – Subsídio de Renda de Casa*. Instituto da Segurança Social, I.P.
Instituto da Segurança Social, I.P. (2009d). *Guia Prático – Subsídio por Frequência de Estabelecimento de Ensino Especial*.
Instituto Nacional de Estatística. (n.d.). *Nomenclatura dos Sectores Institucionais*. Retrieved Janeiro 2010, from INE: http://metaweb.ine.pt/SINE/UInterfaces/SineVers_Downpart.aspx
Isachsen, A., & Strom, S. (1980). The Hidden Economy:the Labor Market and Tax Evasion. *Scandinavian Journal of Economics*, 304-11.
Kakwani, N. (1976). Measurement of Tax Progressivity: an International Comparison. *Economic Journal*, 71-80.
Keen, M., Kim, Y., & Varsano, R. (2006). The Flat Taxe(s): Principles and Evidence. *IMF Working Paper*.
Kennedy, J. (1963). *Economic Report of the President*.
Keynes, J. M. (1923, 1971). *A Tract on Monetary Reform* (The Collected Writings of John Maynard Keynes ed., Vol. IV). Macmillan, 1971.
Keynes, J. M. (1936). *The General Theory of Employment, Interest and Money*. Harcourt.
Keynes, J. M. (1972). *The Collected Writings of John Maynard Keynes*. MacMillan Cambridge University Press.
King, J. (1995). Integration of Personal and Corporate Income Taxes: Advantages and Disadvantages. In P. Shome, *Tax Policy Handbook* (pp. 149-151). International Monetary Fund, Fiscal Affairs Department.
King, R. (1993). *Money, Time and Politics: Investment Tax Subsidies and American Democracy*. Yale University Press.
Kolm, A. e Birthe Larsen. (2003). Does Tax Evasion Affect Unemployment and Educational Choice? *Institute for Labor Market Policy Evaluation. Working Paper n.° 4. Uppsala University*.
Kotlikoff, L. J. (1992). Generational Accounting: Knowing who Pays, and When, for what we Spend, Free Press.
Kotlikoff, L. J., & Summers, L. H. (1987). Tax Incidence. In A. J. Auerbach, & M. Feldstein, *Handbook of Public Economics, vol. 2* (pp. 1043-1092). North-Holland.
Laffer, A. (2004). *The Laffer Curve: Past, Present and Future*. Backgrounder, The Heritage Foundation, www.heritage.org/research/taxes/bg1765.cfm.
Laffer, A. (2009). *The Laffer Curve*. Texas Public Policy Foundation.
Lerner, A. (1964). "The Burden of the National Debt", in Public Debt and Future Generations, ed. James M. Ferguson, University of North Carolina Press.

Lienert, I., & Fainboim, I. (2010). *Reforming Budget System Laws*. IMF – Fiscal Affairs Department.

Lindahl, E. (1919). Just Taxation – a Positive Solution. In R. Musgrave, & A. Peacock, *Classics in the Theory of Public Finance* (pp. 168-76). 1994, St. Martins's Press.

Macauley, T. Babington (1902). The History of England from the Accession of James the Second, vol. 4, Harper Brothers, p. 414.

MaCurdy, T., David, G., & Paarsch, H. (1990). Assessing Empirical Approaches for Analyzing Taxes and Labor Supply. *Journal of Human Resources*, 415-90.

Marrelli, M. (1984). On Indirect Tax Evasion. *Journal of Public Economics*, 181-96.

Masson, P. e Michael Mussa (1995). "Long-Term in Budget Deficits and Debt" in Budget Deficits and Debt: Issues and Options, Federal Reserve Bank of Kansas City.

McMorran, R. (1995). A Comparison Between the Sales Tax and a VAT. In P. Shome, *Tax Policy Handbook* (pp. 82-85). IMF, Tax Policy Division, Fiscal Affairs Department.

McMorran, R. (1995). Mechanisms to Alleviate Cascading. In P. Shome, *Tax Policy Handbook* (pp. 80-82). IMF, Tax Policy Division, Fiscal Affairs Department.

Mill, J. (1848). *Principles of Political Economy*. Longman's 1921.

Ministério das Finanças. (2010). *Relatório da Proposta de Orçamento do Estado para 2010*. Ministério das Finanças.

Mirrlees, J. (1971). An Exploration in the Theory of Optimum Income Taxation. *Review of Economic Studies*, 175-208.

Mirrlees, J. (1976). Optimal Tax Theory: a Synthesis. *Journal of Public Economics*, 327-58.

Mishan, E. J. (1964). "How to Make a Burden of the Public Debt", in Public Debt and Future Generations, ed. James M. Ferguson, University of North Carolina Press.

Moffitt, R. (1992). Incentive Effects of the U.S. Welfare System: a Review. *Journal of Economic Literature*, 1-61.

Morinobu, S. (2004). *Capital Income Taxation and the Dual Income Tax*. Policy Research Institute, Ministry of Finance, Japan.

Munnell, A. (1980). The Couple versus the Individual under the Federal Personal Income Tax. In H. J. Boskin, *The Economics of Taxation* (pp. 247-278). The Brookings Institution.

Musgrave, R. A e Peggy Musgrave. (1973). *Public Finance in Theory and Practice*. McGraw-Hill.

Musgrave, R. A. (1990). Horizontal Equity, Once More. *National Tax Journal*, 43, 113-22.

Musgrave, R., & Thin, T. (1948). Income Tax Progression, 1929-48. *Journal of Political Economy*, 498-515.

Myrdal, G. (1939). *Monetary Equilibrium*. Hodge.

O'Driscoll, G. (1977). The Ricardian Nonequivalence Theorem. *Journal of Political Economy*, 207-210.

OECD. (2006). *Using Third Party Information Reports to Assist Taxpayers Meet their Return Filing Obligations – Country Experiences with the Use of Pre – Populated Personal Tax Returns*. Forum on Tax Administration. Centre for Tax Policy and Administration.

OECD. (2000). *COFOG*. Retrieved from United Nations Statistics Division Classifications Registry: http://unstats.un.org/unsd/cr/registry/regcst.asp?Cl=4

OECD. (2004). *Compliance Risk Management: Managing and Improving Tax Compliance*. Forum on Tax Administration Compliance Sub-group. Centre for Tax Policy and Administration.

OECD. (2006). *Reforming Personal Income Tax*. Policy Brief.

OECD. (2006). *Tax Administration in OECD and Selected Non-OECD Countries:Comparative Information Series*. Centre for Tax Policy and Administration.

OECD. (2008). *OECD.stat (stats.oecd.org/WBOS/index.aspx)*.

OECD. (n.d.). *OECD.Stat*. Retrieved January 2010, from http://oberon.sourceoecd. org/vl= 7707080/cl=15/nw=1/rpsv/dotstat.htm

Owens, J. (2005). *Fundamental Tax Reform: The Experience of OECD Countries*. Tax Foundation.

Peltzman, S. (1973). The Effect of Government Subsidies-in-Kind on Private Expenditures: The Case of Higher Education. *Journal of Political Economy*, 1-27.

Pencavel, J. (1979). A Note on Income Tax Evasion, Labour Supply and Nonlinear Tax Schedules. *Journal of Public Economics*, 115-24.

Pencavel, J. (1986). Labor supply of men. In O. Ashenfelter, & R. Layard, *Handbook of Labor Economics* (pp. 3-102). North-Holland.

Pestieau, P. e Uri Possen. (1991). Tax Evasion and Occupational Choice. *Journal of Public Economics*, 131-49.

Peter, D., & Mirrlees, J. (1970). Optimal Taxation and Public Production. *American Economic Review*, 8-27.

Pigou, A. (1920). *The Economics of Welfare*. Londres: Macmillan.

Pigou, A. (1929). *Public Finance*. Londres: Macmillan.

Pigou, A. (1947). *A Study in Public Finance* (3.ª ed.). Londres: Macmillan.

Pirttila, J. e Selin, H. (2006). *How Successful is the Dual Income Tax? Evidence from the Finnish Tax Reform of 1993*. Working Paper 2006:26, Uppsala University, Department of Economics.

Ramsey, F. (1927). A Contribution to the Theory of Taxation. *Economic Journal*, 47-61.

Razzolini, L. e William Shughart II (1997). "On the (relative) Unimportance of a Balanced Budget", Public Choice, pp. 215-233.

Reiganum, J., & Wilde, L. (1985). Income Tax Compliance in a Principal-Agent Framework. *Journal of Public Economics*, 1-18.

Reiganum, J., & Wilde, L. (1986). Equilibrium Verification and Reportiing Policies in a Model of Tax Compliance. *International Economic Review*, 739-60.

República Portuguesa. (2002). Decreto-Lei n.º 26/2002 de 14 de Agosto, I Série-A.

República Portuguesa. (2004). Lei de Enquadramento do Orçamento do Estado, lei n.º 91/2001 de 20 de Agosto, republicada em 24 de Agosto de 2004 I-Série A.

República Portuguesa. (2009). *Orçamento do Estado*. Direcção Geral do Orçamento.

República Portuguesa. (n.d.). Código do Imposto do Selo.

Ribeiro, T. (1984). *Lições de Finanças Públicas*. Coimbra Editora.

Ricardo, D. (1817 (1951)). The Works and Correspondence of David Ricardo, vols. 1 e 4, ed. Piero Sraffa, Cambridge University Press.

Rosen, H. (2005). *Public Finance, 7ª ed*. Mc-Graw Hill Irwin.

Rosen, H. S. (1987). The Marriage Tax is Down But Not Out. *National Tax Journal*, 567-76.

Ruggiero, E. (1985). *A Survey of the Literature on Crowding Out in Italy*. unpublished, IMF.

Samuelson, P. (1986). Theory of Optimal Taxation. *Journal of Public Economics*, 137--143.
Sandmo, A. (1976). Optimal Taxation – An Introduction to the Literature. *Journal of Public Economics*, 37-54.
Sandmo, A. (1985). The Effects of Taxation on Savings and Risk Taking. In A. Auerbach, & M. Feldstein, *Handbook of Public Economics volume II* (pp. 265-312). North-Holland.
Sandmo, A. (2005). The Theory of Tax Evasion: a Retrospective View. *National Tax Journal*, 643-63.
Say J.-B. (1867). A Treatise on Political Economy; or the production, distribution, and consumption of wealth, C. R. Prinsep., J. Lippincott.
Schanz, G. (1896). Der Einkommensbegriff und die Einkommenssteuergesetze. *Finanz-Archiv*, 1-87.
Scholz, J. (1994). Tax Policy and the Working Poor: The Earned Income Tax Credit. *Focus*, 1-12.
Seater, J. (1993). Ricardian Equivalence. *Journal of Economic Literature*, 142-190.
Seligman, E. (1927). *The Shifting and Incidence of Taxation* (5.ª ed.). New York: Columbia University Press.
Shaviro, D. (1997). Do Deficits Matter?, University of Chicago Press.
Shoven, J. (1976). The Incidence and Efficiency Effects of Taxes on Income from Capital. *Journal of Political Economy*, 1241-1283.
Showalter, M., & Thurston, N. (1997). Taxes and Labour Supply of High-Income Physicians. *Journal of Public Economics*, 73-97.
Simons, H. (1950). *Federal Tax Reform*. University of Chicago Press.
Simons, H. C. (1938). Personal Income Taxation – the Definition of Income as a Problem of Fiscal Policy. The University of Chicago Press.
Sjoquist, D., & Walker, M. (1995). The Marriage Tax and the Rate and Timing of Marriage. *National Tax Journal*, 550-64.
Slemrod, Joel e S. Yitzhaki. (2002). Tax Avoidance, Evasion and Administration. In A. e. Auerbach, *Handbook of Public Economics, vol. 3*. Elsevier Science B.V.
Smith, A. (1776 (1976)). An Inquiry into the Nature and Causes of the Wealth of Nations, vol. 2, ed. Edwin Cannan, University of Chicago Press.
Smith, A. (1776 (1976)). *An Inquiry into the Nature and Causes of the Wealth of Nations*, ed. Edwin Cannan, University of Chicago Press.
Sorensen, P. (2001). The Nordic Dual Income Tax – In or Out? *Invited Speech Delivered at the Meeting of Working Party 2 on Fiscal Affairs, OECD, 14 June*.
Sousa, D. P. (1992). *Finanças Públicas*. Instituto Superior de Ciências Sociais e Políticas.
Spaventa, L. (1987). The Growth of Public Debt: Sustainability, Fiscal Rules and Monetary Rules. *IMF Staff Papers*, 374-399.
Stiglitz, J. (2000). *Economics of the Public Secor*. W.W. Norton & Company, Inc.
Suits, D. B., & Musgrave, R. A. (1953). Ad Valorem and Unit Taxes Compared. *Quarterly Journal of Economics*, 598-604.
Tait, A. (1988). *Value Added Tax*. International Monetary Fund.
Tanzi, V. (1993). Fiscal Deficit Measurement: Basic Issues. In M. Blejer, & A. Cheasty, *How to Measure the Fiscal Deficit: Analytical and Methodological Issues* (pp. 13-20). IMF.

Tanzi, V., Blejer, M., & Teijeiro, M. (1988). The Effects of Inflation on the Measurement of Fiscal Deficits. In M. Blejer, & K. Chu, *Measurement of Fiscal Impact: Methodoligal Issues*. IMF.

Thomas, D. (1994). Like Father Like Son, Or, Like Mother Like Daughter: Parental Education and Child Health. *Journal of Human Resources*, 950-988.

Tobin, J. (1992). Voodoo Course. *Harvard International Review*, 10.

Triest, R. (1990). The Effect of Income Taxation on Labor Supply in the United States. *Journal of Human Resources*, 491-516.

U.N. (1993). *System of National Accounts*. Retrieved from U.N. Statistics Division National Accounts: http://unstats.un.org/unsd/sna1993/toctop.asp

U.S. Department of the Treasury – Office of Tax Analysis –. (2006). *A Dynamic Analysis of Permanent Extension of the President's Tax Relief*.

Vickrey, W. (1939). Averaging of Income for Income-Tax Purposes. *The Journal of Political Economy*, 379-97.

Vickrey, W. (1947, 1972). *Agenda for Progressive Taxation*. 1ª ed. Mc-Graw Hill, 2.ª ed. A.M.Kelley.

Wanniski, J. (2009). *Memo on the Margin – Sketching the Laffer Curve*. www.yorktownpatriot.com/printer_78.shtml.

Wicksell. (1896). A New Principle of Just Taxation. In R. Musgrave, & A. Peacock, *Classics in the Theory of Public Finance* (pp. 168-76). 1994, St. Martins's Press.

World Bank. (1989). *World Development Report*. The World Bank.

World Bank. (2005). *Special Topic: Labor Taxes and Employment in the EU8*. Retrieved Fevereiro 2010, from http://siteresources.worldbank.org/INTECA/Resources/042005EU8QERPart2of2.pdf

Yang, C., & Stitt, K. (1995). The Ramsey Rule Revisited. *Southern Economic Journal*, 767-774.

Yitzhaki, S. (1974). A Note on Income Tax Evasion: a Theoretical Analysis. *Journal of Public Economics*, 201-2.

Zee, H. (1995). Value-Added Tax. In P. Shome, *Tax Policy Handbook* (pp. 86-99). IMF, Tax Policy Division, Fiscal Affairs Department.

Zee, H. H. (2005). *Personal Income Tax Reform: Concepts, Issues, and Comparative Country Developments*. Working-Paper, IMF, Fiscal Affairs Department.

Ziliak, J., & Kniesner, T. (2005). The Effect of Income Taxation on Consumption and Labor Supply. *Journal of Labor Economics*, 769-796.

Zodrow, G. (1991). On the "Traditional" and "New" Views of Dividend Taxation. *National Tax Journal*, 497-509.